Verlag Wissenschaft und Politik

Otto Wenzel

Kriegsbereit

Der Nationale Verteidigungsrat der DDR 1960 bis 1989

Umschlaggestaltung Rolf Bünermann
Gesamtherstellung Werbedruck Zünkler, 33689 Bielefeld
Printed in Germany · ISBN 3-8046-8824-1

Die Deutsche Bibliothek – CIP-Einheitsaufnahme

Wenzel, Otto:
Kriegsbereit: der Nationale Verteidigungsrat der DDR 1960 bis 1989 / Otto Wenzel. –
Köln: Verl. Wiss. und Politik, 1995
ISBN 3-8046-8824-1

Inhalt

Vorwort

Seit der deutschen Wiedervereinigung haben uns die Medien mit einer Flut von Informationen über die einstige DDR überschwemmt. Diese reichen von der Politik der damaligen Machthaber über die Verwerfungen der Zentralverwaltungswirtschaft, das Treiben der Staatssicherheit und das kulturelle Leben im SED-Stat bis hin zu den vielfältigen Problemen im Alltag des kleinen Mannes. Otto Wenzel, ein Berliner Historiker, hat in gründlicher Arbeit in den Akten des Nationalen Verteidigungsrates der DDR die Kriegsvorbereitungen der DDR erforscht. Ihm haben wir zu verdanken, daß wir nun in aller Deutlichkeit erkennen können, wie sich die SED-Machthaber bis in Details auf eine bewaffnete Auseinandersetzung mit dem Westen vorbereitet hatten:

- Durfte an der Führungsrolle der Partei im SED-Staat ohnehin kein Zweifel bestehen, so ließen die »Grundsätze der Führung der DDR im Verteidigungszustand« auch die letzten Hüllen fallen, die noch einen Schein von Trennung zwischen Staat und Partei vortäuschten. Da wäre dann die ungeteilte Macht auf Honecker als »Generalsekretär des ZK der SED, Vorsitzender des Nationalen Verteidigungsrates der DDR und Oberster Befehlshaber« übergegangen.
- Daß den SED-Machthabern die Informationspolitik besonders am Herzen lag, dürfte niemanden überraschen, der sich über den totalitäten Charakter dieses Regimes nicht hat hinwegtäuschen lassen. Selbst für die »Frontberichterstattung« im Sinne sozialistischer Gleichschaltung wurde Vorsorge getroffen. Für die Stärkung der »Kampfmoral« der Truppe war bereits die Aufstellung einer »Kulturbrigade« vorbereitet.
- Die Wirtschaft der DDR mußte sich auf das erste Kriegsjahr vorbereiten, das in der SED-Tarnsprache »B-Jahr« hieß. Alle fünf Jahre wurde ein B-Plan aufgestellt (zuletzt noch für 1986), in dem die Umstellung der Friedenswirtschaft auf die Kriegswirtschaft bis ins einzelne geregelt wurde. So sollte die Zahl der instandzusetzenden Panzer und gepanzerten Fahrzeuge – im Volkswirtschaftsplan 1985 betrug sie 563 Stück – im B-Jahr auf 14 857 erhöht werden. Dagegen sollte die industrielle Warenproduktion des Ministeriums für Bezirksgeleitete Industrie und Lebensmittelindustrie auf 17,6 % abgesenkt werden.
- Die Kriegsvorbereitungen betrafen aber nicht nur die Wirtschaft. Von 53 Universitäten und Hochschulen sollten 14 ihre Tätigkeit einstellen. Es war vorgesehen, daß die Tätigkeit der meisten »gesellschaftlichen Organisationen«, wir würden sagen Verbände, im Krieg »ruhen« sollte.

– Da wurde selbst schon die Stiftung eines »Blücher-Ordens für Tapferkeit« – natürlich im Dienste der kommunistischen Eroberungspolitik – vorbereitet. Pläne für die Eroberung West-Berlins waren bis in die Einzelheiten ausgearbeitet. In Übungen des Warschauer Paktes wurde die Eroberung Dänemarks, der Bundesrepublik, der Benelux-Staaten und Frankreichs durchgespielt. Das SED-Zentralorgan »Neues Deutschland« sollte Extrablätter für die Bevölkerung der »befreiten Gebiete« herausbringen. 4,9 Milliarden Mark »Militärgeld«, das »als Zweitwährung auf gegnerischem Territorium den dort gültigen Zahlungsmitteln gleichgestellt« werden sollte, waren bereits in fünf Depots der Staatsbank eingelagert.

All diese uns heute entsetzenden Kriegsvorbereitungen der SED-Machthaber sind nicht etwa in den dunklen Jahren der Ost-West-Konfrontation um 1958 bis 1961 entstanden. Nein, hier geht es um Dokumente, die aus der letzten Phase der DDR stammen, ausgerechnet aus der Zeit, als im Westen ein großer Teil der politischen Öffentlichkeit geradezu in eine Entspannungseuphorie verfiel.

Wir sind noch einmal davongekommen. Um so mehr sind wir herausgefordert, aus unseren Versäumnissen in dieser zum Glück hinter uns liegenden Phase der Ost-West-Konfrontation die Lehren zu ziehen. Der so oft beschworene Wahlspruch der NATO »Wachsamkeit ist der Preis der Freiheit« verlangt eben auch Wahrhaftigkeit in der Beurteilung der Lage und bei den zu treffenden Entscheidungen.

Möge uns die jüngste weltpolitische Entwicklung vor der Illusion bewahren, nun sei der ewige Friede angebrochen. Wir werden uns nach Kräften bemühen müssen, den Frieden zu erhalten. Das wird aber auch künftig nur gelingen, wenn wir glaubhaft nachweisen, daß wir zur Verteidigung von Recht und Freiheit bereit sind. Möge dieses Buch uns dazu ein Mahnung sein!

Dr. Günter Kießling, General a. D.

Einleitung

»Kriegsbezogenes Denken und Handeln« verlangte Partei- und Staatschef Honecker von den »Bevollmächtigten des Generalsekretärs des ZK der SED und Vorsitzenden des Nationalen Verteidigungsrates der DDR«[1], von den Ministern, den Leitern anderer zentraler Staatsorgane, den 1. Sekretären der SED-Bezirksleitungen und den Vorsitzenden der Räte der Bezirke, ja selbst von den Vorsitzenden der Blockparteien, wenn sie vor dem Nationalen Verteidigungsrat der DDR (NVR) zu erscheinen hatten. Dort mußten sie berichten, wie sie sich in ihrem Verantwortungsbereich auf den Kriegszustand vorbereitet hatten, der in der Tarnsprache der SED »Verteidigungszustand« genannt wurde. Es war derselbe Honecker, der in seinen öffentlichen Reden und Interviews, insbesondere während seines Bonn-Besuches im Jahre 1987, dauernd vom »Frieden« sprach. Das »kriegsbezogene Denken und Handeln« schon im Frieden wurde jedoch nicht nur von den genannten Spitzenfunktionären verlangt, sondern von allen, die im Krieg ihren Mann oder ihre Frau zu stehen hatten, bis hin zu den Lehrern in den Schulen.
Der NVR gehörte zu den unter strenger Geheimhaltung arbeitenden Institutionen des SED-Staates. 1960 gebildet, hielt er bis 1989 78 Sitzungen ab. Im parteioffiziellen »Kleinen Politischen Wörterbuch« heißt es über ihn, daß wegen der großen Bedeutung der Landesverteidigung für die sozialistische Gesellschaft und der führenden Rolle der Arbeiterklasse und ihrer Partei der Generalsekretär des ZK der SED Vorsitzender dieses »Führungsgremiums« ist. Er wird von der Volkskammer gewählt (Artikel 50 der Verfassung der DDR), die Mitglieder werden vom Staatsrat berufen (Artikel 73). Der NVR arbeitet »auf der Grundlage der Beschlüsse der Parteitage und Direktiven der Parteiführung der SED, der Verfassung der DDR, der Gesetze und anderer Rechtsvorschriften der Volkskammer sowie des Staatsrates«. Entsprechend den Festlegungen des Verteidigungsgesetzes haben alle staatlichen Organe die Maßnahmen durchzuführen, die der NVR in seinen Rechtsakten (Anordnungen und Beschlüssen) festgelegt hat.[2] Eine wenig aussagekräftige Definition, die aber einem Gremium, dessen Vorlagen allesamt Geheime Kommandosache waren, angemessen ist.
Die Namen der Mitglieder des NVR wurden – mit Ausnahme des Namens des Vorsitzenden und des Sekretärs – niemals bekanntgegeben, so daß in westlichen Publikationen nur Vermutungen angestellt werden konnten.[3]
Die Öffnung der Archive des Ministeriums für Nationale Verteidigung (MfNV) und des Ministeriums für Staatssicherheit (MfS) nach der Wiedervereinigung gestattet uns nicht nur einen Blick in die Arbeitsweise dieses Gremiums, sondern

auch in die Abgründe eines Regimes, dessen Führer vom Frieden sprachen, aber die Militarisierung des staatlichen und gesellschaftlichen Lebens zur Perfektion trieben. Bis zum Jahre 1989 mußten die Spitzenfunktionäre auf Republik- und Bezirksebene in umfangreichen Dokumentationen dem NVR berichten, wie sie sich auf den *»Verteidigungszustand«* * vorbereitet hatten. Daß dieser Begriff ein DDR-typischer Euphemismus war, alle anderen Staaten des Warschauer Paktes statt dessen von »Krieg«, »Kriegsgefahr« und »Kriegszustand« sprachen, hat der langjährige DDR-Minister für Nationale Verteidigung, Armeegeneral Heinz Hoffmann, Mitglied des Politbüros und des NVR, in der 55. Sitzung dieses Gremiums zugegeben. Deshalb soll in diesem Buch das Wort »Verteidigungszustand« nur in Zitaten gebraucht werden.[4]
Aus den Akten des NVR geht hervor, daß die Kriegsvorbereitungen der DDR ausgerechnet zu einem Zeitpunkt intensiviert wurden, als sich das Regime nach dem Abschluß des Grundlagenvertrages mit der Bundesrepublik Deutschland (1972) am Ziel seiner langgehegten Wünsche sah: von fast allen Staaten der Welt diplomatisch anerkannt, in die Vereinten Nationen aufgenommen. Und in der Mitte der achtziger Jahre, auf dem Höhepunkt der Entspannungspolitik, wurden mit großem Aufwand selbst solche Einzelheiten wie die Stiftung des »Blücher-Ordens für Tapferkeit« (1985), »Grundsätze der Frontberichterstattung« und die kulturelle Betreuung der Truppen und der Heimat im Kriegszustand (1986) geregelt.[5]
Einzelne Bürger der alten Bundesrepublik und Bürger der ehemaligen DDR, denen der Autor von solchen Kriegsvorbereitungen und Plänen zur Eroberung West-Berlins, Westdeutschlands und Westeuropas berichtete[6], bemerkten dazu, daß es sich dabei wohl um Gedankenspiele von Generalstabsoffizieren gehandelt habe, wie das in allen Armeen der Welt geschehe. Ein hoher kirchlicher Würdenträger (Ost) wollte erst alles als unwahr hinstellen. Als ihm der Autor und ein Bundeswehr-Oberst belegbare Tatsachen nannten, erwiderte er: »Dann hat das die politische Führung nicht gewußt.« Sie hat es gewußt! Dem NVR gehörten 1986 unter dem Vorsitzenden Honecker elf weitere SED-Politbüromitglieder und fünf einfache ZK-Mitglieder an. Die Generalität der Nationalen Volksarmee (NVA) war lediglich durch den Chef des Hauptstabes (der gleichzeitig Sekretär des NVR war) und den Chef der Politischen Hauptverwaltung vertreten. Beide waren ZK-Mitglieder.[7]
Dieses Buch ist nicht chronologisch, sondern systematisch gegliedert, das Schwergewicht der Darstellung liegt dabei auf den siebziger und achtziger Jahren, der Ära Honecker. Dennoch müssen einige der Aspekte der sechziger Jahre unter der Führung Ulbrichts zur Sprache gebracht werden, in denen so wichtige Entscheidungen wie der Mauerbau in Berlin (1961) und die Niederschlagung des Prager Frühlings (1968) fielen. Schließlich soll ein Überblick über die Arbeit der Sicherheitskommission des ZK der SED gegeben werden (1954 bis 1960), in der bereits Festlegungen getroffen wurden, die für die bewaffneten Organe der DDR, aber auch die Militarisierung dieses Staates, bis zum Ende der SED-Herrschaft bestimmend waren.
Dieses Buch ist keine Geschichte der NVA. Über sie haben in der Bundesrepublik mehrere Autoren schon vor dem Zusammenbruch der SED-Herrschaft

informiert, soweit ihnen Material darüber zur Verfügung stand.[8] Gesetze und Rechtsvorschriften, die im Gesetzblatt der DDR veröffentlicht wurden, sollen ebenso wie anderes offenes Material nur behandelt werden, wo das für das Verständnis des Gesamtzusammenhanges notwendig ist. Hier soll vor allem die Entwicklung der »bewaffneten Organe« der Ministerien für Nationale Verteidigung, für Staatssicherheit und des Innern dargestellt werden, wie sie sich in den geheimen Akten des NVR widerspiegelt, ihre Einbettung in eine für uns geradezu unvorstellbare Militarisierung von Staat, Wirtschaft und Gesellschaft.

Mit diesem Blick hinter die Kulissen, in das geheime Innenleben des SED-Staates, sollen Pläne, Daten, Strukturen und Mißstände aufgedeckt werden, die in DDR-Zeiten nicht nach draußen dringen durften, aber der Partei- und Staatsführung bekannt waren. Diese Darstellung soll aber auch deutlich machen, daß die Bevorzugung der bewaffneten Organe und die aufwendigen Kriegsvorbereitungen, die die wirtschaftliche Leistungsfähigkeit des Regimes überforderten, von den kommunistischen Führern gewollt waren.

Der Autor ist bestrebt, den Text so allgemeinverständlich zu formulieren, daß er auch vom Nichtfachmann ohne Schwierigkeiten gelesen werden kann. Darum werden Fachausdrücke, wo sie nötig sind, an geeigneter Stelle mit einem Stern (*) versehen und erläutert, entweder im Text oder in einer Fußnote. Ein Register der Definitionen im Anhang des Buches soll die Suche nach diesen Erläuterungen, die sich meist auf amtliche Veröffentlichungen der DDR stützen, erleichtern. Für einige Inhalte hat die DDR-Sprache andere Bezeichnungen. So heißt es nicht »Atomwaffen«, sondern »Kernwaffen«. Der Autor hat diesen Begriff durchgehend übernommen, weil er häufig in Zitaten vorkommt und im übrigen verständlich ist. Wo militärische Bezeichnungen in der NVA eine andere Bedeutung hatten als in der Bundeswehr, werden sie im Text oder in Anmerkungen erläutert.

In der Darstellung werden nur solche Abkürzungen verwendet, die in den allgemeinen Sprachgebrauch eingegangen oder wegen ihrer Häufigkeit unverzichtbar sind, wie DDR, SED, ZK, MfS, NVA, NVR, MfNV und MdI. Die Abkürzungen für die übrigen Ministerien gebraucht der Autor nur in dem Abschnitt »Bevollmächtigte, Minister und Leiter anderer zentraler Staatsorgane«, die Abkürzung ZeNIB nur in den Abschnitten über die Führung der DDR und der SED im Kriegszustand. Andere Abkürzungen, wie MR und SPK, findet der Leser nur in den Anmerkungen und in den biographischen Daten in der Liste der Mitglieder des NVR.

Die in den Akten des NVR gelegentlich unterschiedlich verwendete Schreibweise wird nach Möglichkeit vereinheitlicht. So werden militärische und zivile Übungen in Ost und West ohne Anführungszeichen in Großbuchstaben geschrieben, die Jahreszahl wird hinter einem Bindestrich angehängt (also SOJUS-83, MEILENSTEIN-87). Die Nummern der Truppenteile (Regimenter und selbständige Bataillone; in der Bundeswehr werden sie als Verbände bezeichnet) werden ebenfalls mit einem Bindestrich angekoppelt (also Luftsturmregiment-40).

Die Anmerkungen stehen am Ende des Buches. Die Langform der Buchtitel und der im Militärischen Zwischenarchiv Potsdam und in der Behörde des Bundesbeauftragten für die Unterlagen des Staatssicherheitsdienstes der ehemaligen Deutschen Demokratischen Republik benutzten Akten wird nur bei der ersten Erwähnung zitiert. Dort wird in Klammern die Kurzform angegeben, die in den folgenden Anmerkungen mit Hinweis auf die Fußnote der ersten Erwähnung verwendet wird. Zur Sicherheit wird ein Verzeichnis der benutzten Akten mit Angabe der Zitierweise beigefügt. Dieses gibt gleichzeitig einen Überblick über die Termine der 29 Sitzungen der Sicherheitskommission des ZK der SED (1954–60) und der 78 Sitzungen des NVR (1960–89).
Ein Buch über eine Institution des SED-Staates und wichtige Bereiche seiner Politik muß sich in weiten Teilen der offiziellen Terminologie bedienen, weil eine Übertragung in unseren Sprachgebrauch zu einer Bedeutungsveränderung führen würde. Solche Begriffe werden, wo sie außerhalb von Zitaten benutzt werden, in Anführungszeichen gesetzt. Die SED-Sprache verschleiert viele Sachverhalte – auf den »Verteidigungszustand« ist schon hingewiesen worden –, häufig enthält sie Schwammwörter mit einer Vielzahl von Bedeutungsinhalten. Die Begriffe »Objekt« und »Organ« sind typische Beispiele. Ein weiteres Merkmal ist der häufige Gebrauch von Wörtern, die den von der marxistisch-leninistischen Ideologie vorgeschriebenen Fortschritt verdeutlichen sollen, wie »allseitig«, »weiter vervollkommnet« und »zielstrebig«. Sie kommen gelegentlich in Zitaten vor, mit denen eine Vorlage oder ein Redner charakterisiert werden soll.
Ein besonderes Merkmal der SED-Sprache war die stereotype Aneinanderreihung von Genitiven bei der Aufzählung von Titeln und Funktionen der Würdenträger. Keine Zeitung getraute sich, vom »Parteichef« Honecker zu berichten, immer mußte er als »Generalsekretär des Zentralkomitees der SED und Vorsitzender des Staatsrates der DDR« tituliert werden. In diesem Buch werden die offiziellen Funktionsbezeichnungen häufig durch Kurzfassungen ersetzt.[9] Typisch war aber auch die Langatmigkeit der Texte, die Fülle von nichtssagenden Phrasen in Reden, Berichten, »Grundsätzen« und Statuten, die für die Darstellung des NVR zu verarbeiten waren. Wo einzelne Absätze zitiert werden mußten, wurden daher vom Autor Kürzungen vorgenommen, um Wiederholungen zu vermeiden.

Der Autor hat sich bei der Deutung und Wertung der dargestellten Sachverhalte weitgehend zurückgehalten, vor allem die Quellen sprechen lassen. Spekulationen, aber auch moralische Entrüstung wären bei diesem Thema ebenso verfehlt wie Apologetik. Was sich Männer wie Honecker, Keßler und die sowjetischen Spitzenmilitärs des Warschauer Paktes bei diesen massiven Kriegsvorbereitungen gedacht haben, wie ernst sie gemeint waren, haben sie uns nicht gesagt und werden sie uns nicht sagen, ist auch irrelevant. Festzuhalten ist, was sie damals gesagt, geschrieben und getan haben, in wie hohem Maße sie die wirtschaftlichen Ressourcen ihrer Länder für diese Kriegsvorbereitungen verausgabt haben, was schließlich maßgeblich zum Ruin dieser Staaten beigetragen hat. Das Urteil über solche Staaten und politischen Systeme soll sich der Leser selbst bilden.

Der Autor dankt allen, die ihm bei der Arbeit an diesem Buch geholfen haben. Stellvertretend für viele andere seien genannt: die Herren Oberstleutnant i.G. Helmut Göpel, Hans-Hermann Hertle, Oberstleutnant Heinrich Lebek, Oberstleutnant i.G.a.D. Harald Nielsen, Dr. Ralf Georg Reuth und Oberstleutnant i.G. Heinz-Werner Rose, die ihm Hinweise auf wichtiges Archivmaterial gaben, Frau Liane Welke, die im Militärischen Zwischenarchiv Potsdam 20 Monate lang mit Geduld und Freundlichkeit seine vielen Wünsche nach Mikrofilmrollen und Akten erfüllt hat, die Herren Thomas Auerbach und Hans-Jürgen Zeidler von der Behörde des Bundesbeauftragten für die Unterlagen des Staatssicherheitsdienstes der ehemaligen Deutschen Demokratischen Republik (Gauck-Behörde), die für ihn wertvolle Akten des Ministeriums für Staatssicherheit heraussuchten, und die Herren Günther Buch, Brigadegeneral a.D. Wolfgang Gerhardt, Generalmajor a.D. Adalbert v. der Recke und Senatsrat a.D. Heinz Wendlandt, die Teile des Manuskripts mit hilfreichen Korrekturen versahen.

Der Autor sprach während der Arbeit an diesem Buch mehrmals mit Generalen der NVA, die auch Teile des Manuskripts gelesen haben, aber hier nicht genannt werden wollen. Diese Gespräche zeichneten sich durch Offenheit und gegenseitigen Respekt aus, und der Autor verdankt ihnen zahlreiche Hinweise, die im Text durch ein (X) gekennzeichnet sind. Nicht ausgeräumt werden konnte verständlicherweise der Unmut von NVA-Angehörigen darüber, daß die Archivbestände der NVA der Forschung zugänglich sind, die der Bundeswehr dagegen nicht. Da die Bundeswehr nach wie vor einen Verteidigungsauftrag zu erfüllen hat, ist das aus der Sicht des Autors jedoch gerechtfertigt. Im übrigen war in einer offenen Gesellschaft wie der Bundesrepublik Deutschland weit mehr öffentlich – und selbst Geheimes gelangte in die Öffentlichkeit, dafür sorgten schon Blätter wie »Der Spiegel« – als in einem geschlossenen System wie der DDR. Der These eines NVA-Generals, man müsse wegen dieser Ungleichbehandlung mit einem Buch wie dem vorliegenden noch 50 Jahre warten, vermag der Autor nicht zu folgen. Er teilt auch nicht die Auffassung, wie im Kapitel »Bundeswehr und Übungen der NATO« darzustellen sein wird, daß der Warschauer Pakt durch die NATO objektiv bedroht wurde. Damit sollen Ängste auf beiden Seiten nicht ausgeschlossen werden, doch muß man dabei berücksichtigen, daß der Warschauer Pakt über die NATO stets ungleich besser informiert war als umgekehrt.

Dieses Buch wendet sich an den Leser, der sich über einen Teil der DDR-Wirklichkeit informieren möchte, der in den letzten vier Jahren wenig Beachtung gefunden hat, ebenso an den militärischen Laien, der sich noch nie mit militärischen Strukturen und Militärdoktrinen beschäftigt hat, aber auch an die militärischen Fachleute aus der alten Bundesrepublik und aus der DDR. Er möchte von ihnen ernstgenommen werden, auch wenn sie seinen Interpretationen nicht immer folgen können.

I Von der Sicherheitskommission des ZK der SED zum Nationalen Verteidigungsrat der DDR

Vorläuferin des Nationalen Verteidigungsrates (NVR) der DDR war die Sicherheitskommission des ZK (manchmal wurde sie auch Sicherheitskommission des Politbüros genannt), die am 6. Juli 1954 zu ihrer ersten Sitzung zusammentrat und bis zum 28. Januar 1960 29 Sitzungen abhielt. Westlichen DDR-Experten war damals bekannt, daß der Parteiführung ständige Kommissionen angegliedert waren, die dem jeweils zuständigen ZK-Sekretär unterstanden.[1] Die Mitglieder der geheimen Sicherheitskommission waren im Jahre 1954 der Erste Sekretär des ZK der SED, Walter Ulbricht, als Vorsitzender, der Vorsitzende des Ministerrates der DDR, Otto Grotewohl, der Vorsitzende der Zentralen Parteikontrollkommission, Hermann Matern, der für Kaderfragen zuständige ZK-Sekretär, Karl Schirdewan, der Minister des Innern (ab 1956 für Nationale Verteidigung), Willi Stoph, der Staatssekretär (ab 1955 Minister) für Staatssicherheit, Ernst Wollweber, und der Leiter der Abteilung für Sicherheitsfragen des ZK, Gustav Röbelen. Seit dem 28. Oktober 1956 wurden die Protokolle vom damaligen Politbürokandidaten Erich Honecker als Sekretär der Sicherheitskommission »bestätigt«.[2]

Hatten die Sitzungsunterlagen des NVR (Vorlagen, Ausführungen des Ministers für Nationale Verteidigung, abschließende Bemerkungen des Vorsitzenden und Beschlußprotokolle) unter Honecker einen Umfang von mehreren hundert Seiten, umfaßten die Protokolle der Sicherheitskommission in den ersten Jahren bescheidene zwei bis acht Seiten. Trotzdem ist der Verlauf der Sitzung aus ihnen mitunter besser ablesbar als aus den stereotypen Protokollen des NVR. So hieß es in einem Protokoll: »Die Vorlage des Genossen Heinz Hoffmann über die Aufgaben der KVP (Kasernierte Volkspolizei; O.W.) 1955 wird als fehlerhaft zurückgewiesen.«[3] In einem anderen wurde »festgestellt, daß als Stellvertreter des Genossen Dölling (Generalmajor und Chef der Politverwaltung; O.W.) der Genosse Dickel (damals Generalmajor und Stellvertreter des Chefs der Politverwaltung, von 1963 bis 1989 Minister des Innern; O.W.) nicht den Anforderungen entspricht«. Ein andermal wurde eine Vorlage Mielkes über das Statut der Hauptabteilung I (damals Sicherung der KVP) der Staatssicherheit zurückgewiesen, was sich in der nächsten Sitzung wiederholte.[4]

Während das Ministerium für Staatssicherheit (MfS, Stasi) im NVR unter Honecker, sieht man von Personalentscheidungen ab, nicht mehr thematisiert wurde, nahm es in den Sitzungen der Sicherheitskommission oft mehr Zeit in Anspruch als die KVP. Das hing einerseits mit den Gefährdungen zusammen, denen das Regime in den Jahren 1953 (17. Juni) und 1956 (Ungarn-Aufstand)

ausgesetzt war, aber auch mit der Zugehörigkeit der Stasi-Chefs Zaisser (1950 bis 1953) und Wollweber (1953 bis 1957) zu einer Anti-Ulbricht- Fraktion, was SED-Chef Ulbricht noch Jahre danach peinigte und dazu führte, daß unter ihm der Stasi-Chef niemals wieder in das Politbüro aufrückte.[5] So wurde am 6. Juli 1954 beschlossen, zur Verbesserung der politischen Erziehungsarbeit im Staatssekretariat für Staatssicherheit einen Parteiorganisator des ZK einzusetzen, der gleich zum Mitglied des Kollegiums [6] ernannt wurde.[7] Am 4. März 1955 berichtete Wollweber über den Stand der Ermittlungen gegen das 1950 gestürzte Politbüromitglied Paul Merker und den nach dem 17. Juni 1953 verhafteten Justizminister Max Fechner. Es wurde »vorgeschlagen«, beide Fälle in etwa vier Wochen der Justiz zur Aburteilung zu übergeben. Das Strafmaß dürfe sechs Jahre nicht unterschreiten.[8] Die Beendigung der Finanzierung der West-Berliner »Wirtschaftszeitung« durch das MfS war Gegenstand der Beratungen am 20. April 1956. Künftig sollten die Außenhandelsorgane unter der Verantwortung des Ministers Heinrich Rau mit ihr »zusammenarbeiten«.[9]
Sorgen bereiteten der Sicherheitskommission, daß sich namentlich aufgeführte KVP-Angehörige der Bereitschaft (= Regiment) Potsdam »feindlich betätigten«. Am 31. März 1955 wurde beschlossen, sie durch Organe der Staatssicherheit verhaften zu lassen. In diesem Zusammenhang sollten Frauen von Offizieren, die nach West-Berlin fuhren, bei ihrer Rückkehr festgenommen und vernommen werden. West-Berlinerinnen, die Verbindung zu KVP-Angehörigen aufgenommen hatten, sollten bestraft werden.[10]
Durch eine Erklärung der Sowjetregierung wurde der DDR am 25. März 1954 die Souveränität gewährt.[11] Wie wenig ernst dieser Rechtsakt genommen wurde, soll an zwei Beispielen verdeutlicht werden: Am 29. Juni 1955 beschloß die Sicherheitskommission in einer Sitzung, an der zeitweise der stellvertretende sowjetische Chefberater bei den DDR-Streitkräften teilnahm, daß der Antrag an die Volkskammer über die Aufstellung einer Volksarmee den »sowjetischen Freunden« zur »Begutachtung und Genehmigung« vorgelegt werden solle.[12] Am 20. April 1956 stellten die Genossen mit Bedauern fest, daß die Gruppe der Sowjetischen Streitkräfte in Deutschland (GSSD) es nicht für nötig erachtet hatte, Partei, Regierung und Ministerium für Nationale Verteidigung (MfNV) von einer Übung der sowjetischen und der tschechoslowakischen Armee auf dem Gebiet der DDR in Kenntnis zu setzen. Die Sonderstellung der GSSD sollte für die DDR-Führung noch in den achtziger Jahren ein Ärgernis sein.[13]
Die Militarisierung der Gesellschaft machte schon vor der Bildung der Nationalen Volksarmee (NVA) große Fortschritte. Am 4. März 1955 wurde die Schaffung einer Militär-Ärztlichen Fakultät unter der Verantwortlichkeit der KVP beschlossen. Vier Wochen später wurde angeordnet, daß Studenten, die offen gegen die Werbung für diese Fakultät auftraten, vom Studium auszuschließen seien.[14] Im selben Jahr wurde die Einführung einer sechswöchigen militärischen Pflichtausbildung für alle Studenten beschlossen.[15]
Es nimmt nicht wunder, daß in der Sicherheitskommission auch die Übersiedlung aller Mitglieder und Kandidaten des Politbüros in die geschlossene Funktionärssiedlung im Berliner Bezirk Pankow (»Städtchen« genannt, die Vorgängerin von Wandlitz) besprochen wurde. Alle »unzuverlässigen« Personen soll-

ten aus ihrer Umgebung ausquartiert werden. Bei dieser Gelegenheit wurde bestimmt, welcher Personenkreis berechtigt war, auf seinem Dienstwagen Blaulicht und Martinshorn zu führen: neben den Politbüromitgliedern und -kandidaten die Mitglieder des Präsidiums des Ministerrates und »Herr Dieckmann« (der Präsident der Volkskammer war als Mitglied der LDPD kein Genosse). Zwei Jahre später mußte das Blaulicht wieder entfernt werden, da es offenbar zu Irritationen geführt hatte. Das MfS wurde beauftragt, ein besonderes Hupsignal und Lichtsignal zu vereinbaren.[16]

Eine merkwürdige Notiz enthält das Protokoll der 4. Sitzung am 31. März 1955. Ulbricht hatte dem ehemaligen Generalfeldmarschall Paulus einen Besuch abgestattet. Dieser habe berichtet, daß ehemalige SS-Generale die erbittertsten Gegner der Adenauer-Regierung seien, aus Verärgerung darüber, daß diese ihre Versorgungsansprüche nicht anerkannte und ihre Anstellung in der geplanten Bundeswehr verweigerte. Zunächst ist man erstaunt, derartiges vom ersten Mann des SED-Regimes zu erfahren, das sich stets seines »Antifaschismus« rühmte. Doch das Protokoll verrät, welche Absichten dahintersteckten: Die Unzufriedenheit der SS-Generale sei »von unseren Organen noch ungenügend erkannt und ausgenutzt« worden. Ehemalige höhere SS- und HJ-Führer waren den Kommunisten nicht zu schlecht, wenn sie sich vor ihren Karren spannen ließen.[17]

Es ist verständlich, daß der Ausbruch des ungarischen Volksaufstandes im Jahre 1956 die Sicherheitskommission aufs höchste alarmierte. Mit den »für notwendig erachteten Maßnahmen zur Unterdrückung konterrevolutionärer Aktionen« wurde Stoph beauftragt, der als Politbüromitglied und Stellvertreter des Vorsitzenden des Ministerrates offenbar neben dem von ihm geleiteten MfNV auch das MfS und das Ministerium des Innern (MdI) beaufsichtigte.[18]

Daß den Politbürokraten der ungarische Volksaufstand in die Glieder gefahren ist, können wir im Protokoll der 12. Sitzung der Sicherheitskommission vom 30. November 1956 nachlesen. Verteidigungsminister Stoph wurde angewiesen, eine Gruppe sowjetischer Offiziere, die an den Kämpfen in Budapest teilgenommen hatten, in die DDR einzuladen, um die Erfahrungen dieser Kämpfe für die NVA und die anderen bewaffneten Organe auszuwerten.[19]

Die Sicherheitskommission beschloß die Bewaffnung von 8182 Parteifunktionären (»Genossinnen und Genossen«) mit Pistolen. Ausgegeben werden sollten diese durch die Deutsche Volkspolizei nach Abschluß einer Schießausbildung. An der Spitze des »Nomenklaturverzeichnisses« standen 665 Funktionäre des zentralen Parteiapparates, darunter alle ZK-Mitglieder, alle ZK-Abteilungsleiter und ihre Stellvertreter, je elf Funktionäre der Parteihochschule »Karl Marx« und des Instituts für Gesellschaftswissenschaften beim ZK der SED sowie das Redaktionskollegium des Zentralorgans »Neues Deutschland«. Im zentralen Staatsapparat erhielten eine Pistole »alle Genossen Minister der Regierung« (also nicht die Minister der Blockparteien), die »Genossen« Stellvertreter der Minister und Staatssekretäre sowie die Leiter der wichtigsten Hauptabteilungen der Ministerien, insgesamt 294 Personen. Außerdem wurden 63 Spitzenfunktionäre des Obersten Gerichtes und der Generalstaatsanwaltschaft bewaffnet, die Inhaber von acht Spitzenpositionen der Nachrichtenagentur ADN und des Rundfunks sowie fünf leitende Mitarbeiter der Deutschen Reichsbahn. 69 Pistolen wurden an die obersten Funktionäre der Massenorganisationen FDGB, GST und FDJ ausgegeben. Auf der Bezirks- und Kreisebene wurden 7078 Funktionäre bewaffnet. In dieser Zahl sind auch 160 hauptamtliche Parteisekretäre in 160 »Schwerpunktbetrieben« enthalten, die einzeln aufgeführt wurden.[20]

Verantwortlich für diese Aktion war Honecker, der drei Jahre später auch dafür sorgte, daß die »leitenden Kader« der Handelsflotte eine Pistole erhielten. »Ständige Waffenträger« wurden der Kapitän und der Politoffizier (dessen Uniform in der DDR-Handelsmarine ebenfalls vier goldene Ärmelstreifen zierten), im »Ernstfall« sollten zusätzlich der 1. Offizier, der leitende Ingenieur und der Parteisekretär eine Waffe erhalten.[21]

Am 30. November 1956 geriet das Ministerium für Staatssicherheit in das Feuer der Kritik. In der Zeit vom 16. bis zum 20. Oktober 1956 hatte eine Übung der militärischen Verbände dieses Ministeriums stattgefunden, dem damals auch die Deutsche Grenzpolizei, die Transportpolizei und die Bereitschaftspolizei unterstellt waren. Übungsziel war, eine feindliche Agentengruppe in einem Waldgebiet zu stellen und zu vernichten. Die ZK-Abteilung für Sicherheitsfragen gab darüber ein vernichtendes Urteil ab. Die Mehrzahl der Kommandeure habe die an sie gestellten Anforderungen nicht erfüllt, ihnen wurden mangelnde Kenntnisse auf militärischem Gebiet und organisatorische Versäumnisse vorgeworfen, beispielsweise bei der Versorgung der Truppen mit Verpflegung. Einige Offiziere konnten keine Karten lesen und nicht mit dem Kompaß umgehen. Auch die Nachrichtenübermittlung habe nicht funktioniert. Selbst die Politorgane mußten sich einen Tadel gefallen lassen: Sie hätten diese Übung nicht ernstgenommen.[22]

Schon in der nächsten Sitzung erfolgte eine regelrechte Demontage des MfS. Es mußte die Deutsche Grenzpolizei, die Transportpolizei und die Bereitschaftspolizei an das Innenministerium abgeben. Seine Hauptverwaltung Innere Sicherheit, der diese militärischen Verbände unterstanden hatten, wurde aufgelöst.[23]

Am 3. April 1957 wurde die Kritik noch massiver: »Die Tätigkeit konterrevolutionärer Kreise in der DDR wurde von den Organen des Ministeriums für Staatssicherheit nicht genügend beachtet, die neuen Methoden der imperialistischen Kräfte zur Verstärkung ihrer feindlichen Tätigkeiten nicht rechtzeitig erkannt ... Anstelle systematischer Bekämpfung der Agenturen und feindlichen Stützpunkte, zum Beispiel der westdeutschen Konzerne und (des) Ostbüros der SPD, und der hierzu erforderlichen richtigen Anleitung der Informatoren (gemeint waren Informanten; O.W.), wurden die Mitarbeiter der Organe für Staatssicherheit zu einem großen Teil mit der Abfassung und Vorbereitung von Berichten beschäftigt.«[24]

In dieser Sitzung merkte man, daß Minister Wollweber nicht mehr Herr im eigenen Hause war. Dem Protokoll wurde ein Beschluß des Kollegiums des MfS »für die Verbesserung und Veränderung der Arbeit« beigefügt, in dem die Konsequenzen aus einem kritischen Bericht über die Zustände in den Bezirksverwaltungen Potsdam und Magdeburg gezogen wurden. Unter anderem wurde darin der Minister aufgefordert, Dienstbesprechungen mit den Leitern der

Bezirksverwaltungen gründlich vorzubereiten und, ebenso wie seine Stellvertreter, die Leiter der Hauptabteilungen und ihre Stellvertreter, jeden Monat in die Bezirke zu fahren, um die dortigen Genossen »anzuleiten und zu kontrollieren«.[25]

Diese Kritik am MfS ging offenbar auf Honecker zurück, der, sicher im Auftrag Ulbrichts, schon in der Politbürositzung vom 18. bis 20. Dezember 1956 Wollweber eine Vernachlässigung der operativen Arbeit vorgeworfen hatte.[26] Zehn Monate später wurde Wollweber, angeblich aus Gesundheitsgründen, seines Postens enthoben und Erich Mielke zum Staatssicherheitsminister ernannt.[27] Schon drei Monate danach, auf der 35. Tagung des ZK, am 3. Februar 1958, teilte Honecker in seinem Bericht des Politbüros mit, Wollweber habe der von Karl Schirdewan (der lange als Ulbrichts Kronprinz galt) geführten »Fraktion« angehört, die das Ziel verfolgt habe, »die Generallinie der Partei und die Parteiführung selber zu verändern«. Beide wurden offiziell aus dem ZK ausgeschlossen; der Sicherheitskommission gehörten sie bereits nicht mehr an. Honecker wurde Sekretär des ZK und noch in demselben Jahr Vollmitglied des Politbüros.[28]

Doch einmal ins Schußfeld geraten, wurde das MfS auch unter Mielke seinen schlechten Ruf nicht so schnell los. Am 15. März 1958 lag ein Bericht einer »Brigade« der ZK-Abteilung für Sicherheitsfragen über »Mängel und Schwächen« im MfS-Wachregiment vor. Die Sicherheitskommission hielt die sofortige Einstellung eines »qualifizierten, parteierfahrenen« Regimentskommandeurs für erforderlich, und das MfNV wurde beauftragt, aus seinen Reihen geeignete Bataillonskommandeure zur Verfügung zu stellen. Was während der Überprüfung (vom 21. bis zum 27. Januar 1958) zu Tage getreten war, löste helles Entsetzen aus. 1956 mußten 841, 1957 gar 1529 Bestrafungen verhängt werden, das waren 58,4 % des Personalbestandes. Unter den Bestraften befanden sich auch 160 Mitglieder und Kandidaten der SED. Die Zahl der Desertionen hatte sich von 1956 auf 1957 verdoppelt (von acht auf 16). Auch die Zahl der »Parteiverfahren« nahm zu: von 20 auf 25. Der Bildungsstand der Soldaten war sehr schlecht, zum Teil hatten sie nicht einmal das Klassenziel der 5. oder 6. Klasse der Grundschule erreicht. Was die Genossen vollends aufbrachte: Von den Bataillonskommandeuren hatten vier als Kompaniechef, Zugführer oder Hauptfeldwebel in der Wehrmacht gedient, die in kommunistischen Schriftsätzen meist mit dem Attribut »faschistisch« versehen wurde.[29]

Dabei war erst am 31. Juli 1957 beschlossen worden, welche Objekte vom Wachregiment zu »sichern« waren: das ZK-Gebäude, die Amtssitze des Staatspräsidenten und des Ministerratsvorsitzenden, die Wohnobjekte der Partei- und Staatsführung (das »Städtchen« in Pankow), die sowjetische Botschaft, das Regierungskrankenhaus, die Erholungsheime des Staatspräsidenten (in Prieros) und des ZK (in Liebenberg), die Gebäude des MfS und das Wohngebiet der Sowjets in Karlshorst. Damit diese Objekte auch militärisch verteidigt werden konnten, beschloß die Sicherheitskommission, das aus 2575 Soldaten, Unteroffizieren und Offizieren bestehende Wachregiment um 1300 Mann aufzustocken. Unter anderem sollte es zwei Granatwerferbatterien und zwei Pakbatterien erhalten.[30]

Die Sicherheitskommission beschäftigte sich auch mit einem Thema, das auf den Tagesordnungen des NVR niemals auftauchen sollte: der Hauptverwaltung Aufklärung (HVA). Nach einem mündlichen Bericht von Markus Wolf wurde am 25. Februar 1957 der Verteiler des 14tägigen Informationsdienstes beschlossen. Ihn erhielten die Mitglieder und Kandidaten des Politbüros, die Mitglieder der Sicherheitskommission, die Sekretäre des ZK und Paul Verner, der damals Leiter der ZK-Abteilung für Gesamtdeutsche Fragen war. Die Exemplare dieses Informationsdienstes mußten bei Empfang der nächsten Ausgabe wieder zurückgegeben werden. Analysen und Auskünfte der HVA zu besonderen politischen, wirtschaftlichen und militärischen Problemen erhielten nur die Mitglieder der Sicherheitskommision vollständig, die Mitglieder und Kandidaten des Politbüros nur für ihren Zuständigkeitsbereich.[31] Offenbar waren die Spitzengenossen damals mit der Arbeit der HVA nicht ganz zufrieden, denn am 3. August 1959 wurde Mielke mit einer strengen Untersuchung ihrer Arbeitsmethoden beauftragt.[32]

In dieser Sitzung wurde auch ein Beschluß über die Offiziere im besonderen Einsatz (OibE) gefaßt, die nach dem Untergang der DDR soviel Wirbel verursacht haben. Folgende Personen konnten in diese Kategorie eingereiht werden:

»a) Offiziere des Ministeriums für Staatssicherheit, die für besondere Aufgaben in Westdeutschland oder im kapitalistischen Ausland bestimmt werden;

b) Mitglieder der SED und der FDJ, die für besondere Aufgaben eingesetzt werden und in der Regel den kaderpolitischen Anforderungen des Ministeriums für Staatssicherheit entsprechen;

c) Inoffizielle Mitarbeiter, die bereits erfolgreich für besondere Aufgaben eingesetzt sind und ihre Zuverlässigkeit unter Beweis gestellt haben;

d) Personen aus dem von a) bis c) genannten Kreis, die im Auftrag des Ministeriums für Staatssicherheit zur Tarnung in anderen Dienststellen, Institutionen und Organisationen oder deren Vertretung im Ausland tätig sind oder für den aktiven Einsatz vorbereitet werden.«[33]

Es wurde festgelegt, daß die OibE bei Beförderungen und Anrechnung des Dienstalters besondere Vergünstigungen erfahren sollten. So zählte die Zeit eines erfolgreichen illegalen Einsatzes doppelt. Große Sorgen bereitete der Parteiführung, daß die »in Westdeutschland oder im kapitalistischen Ausland arbeitenden Genossen . . . den Einflüssen der kapitalistischen Umwelt ausgesetzt« waren. Sie bedurften deshalb einer starken und systematischen Anleitung durch den mit ihnen zusammenarbeitenden offiziellen Mitarbeiter des MfS. Aus diesem Papier geht übrigens hervor, daß einige OibE zur Vervollkommnung ihrer Tarnung pro forma aus der SED ausgeschlossen wurden. Dieser Ausschluß wurde durch die Zentrale Parteikontrollkommission sofort annulliert.[34]

Schon 1957 wurden Einzelheiten des »zivilen Straßenschutzes« bei den täglichen Fahrten der Politbüromitglieder vom »Städtchen« zum ZK-Gebäude und den Ministerien im Bezirk Mitte sowie, wenn erforderlich, anderen Objekten geregelt. Die Hauptabteilung Personenschutz hatte dafür zu sorgen, daß MfS-Angehörige in Zivil an der Fahrstrecke die Spitzengenossen »schwerpunktmäßig gegen beabsichtigte Provokationen feindlicher Elemente unauffällig deck(t)en«. Damit sich bei Reparaturarbeiten an den Häusern der Politbürokraten

keine derartigen »Elemente« einschleichen konnten, wurde vom MfS eine »Zivilarbeiterkolonne« geschaffen.[35]
Am 10. April 1958 legte sich die Sicherheitskommission ein Instrument zu, das den NVR bis zu seinem Ende begleiten sollte: die Kontrollgruppe. Sie setzte sich aus Oberstleutnant d.R. Erhard Heyde, Major Rolf Martin und Oberst d.VP Gerhard Exner zusammen. Sie wurden von Honecker in ihr neues Aufgabengebiet eingeführt.[36]
Für die 19. Sitzung am 9. Janur 1958 wurde den Mitgliedern eine Vorlage zugestellt, mit der die Militarisierung der DDR forciert wurde. Die Sicherheitskommission beschloß »Maßnahmen zur Stärkung der Verteidigungsbereitschaft der DDR«. Als Begründung mußte die Behauptung herhalten, daß die USA versuchten, entsprechend der neuen NATO-Konzeption »begrenzte Kriege« in Europa zu organisieren, die durch »konterrevolutionäre Provokationen, Morde, Sabotageakte im Gebiet der DDR und anderen volksdemokratischen Ländern« ausgelöst werden sollten. Die Staatliche Plankommission erhielt den Auftrag, auf ökonomischem Gebiet den gesamten Staatsapparat der DDR in die Kriegsvorbereitungen, denn darum handelte es sich, einzubeziehen. Kritisch wurde festgestellt, daß die nach den Erfahrungen des 17. Juni 1953 gebildeten Einsatzleitungen in den Bezirken und Kreisen ungenügend auf die Einsatzplanung und Bereitstellung von Reserven aller Art Einfluß genommen hätten. Vor allem hätten sie keine qualifizierten ständigen Arbeitsstäbe.[37] Diesen Einsatzleitungen gehörten unter dem Vorsitz des 1. Sekretärs der SED-Bezirksleitung der Chef des Wehrbezirkskommandos, der Leiter der MfS-Bezirksverwaltung, der Chef der Bezirksbehörde der Deutschen Volkspolizei, der Vorsitzende des Rates des Bezirkes und der Leiter der Abteilung für Sicherheitsfragen der SED-Bezirksleitung an. Die Kreiseinsatzleitungen waren analog zusammengesetzt. Diese Einsatzleitungen sollten noch häufig auf die Tagesordnung des NVR kommen und werden bei dessen Darstellung beschrieben werden.
Vom 27. bis zum 28. Juli 1958 fand ein »Stabsspiel« mit den Mitgliedern aller Bezirkseinsatzleitungen statt. Folgende Ausgangslage wurde gegeben:
»Der Angriff auf die Staatsmacht der DDR ist am 6. August 1958 im Raum Magdeburg konzentriert mit allen zur Verfügung stehenden Kräften der Konterrevolution zu beginnen. Ziel der Handlungen ist zunächst, die staatliche Leitung im Bezirk Magdeburg zu beseitigen und die Staatsgewalt der DDR herauszufordern, um nach Ergebnis und Verlauf der Aktion das weitere Vorgehen zu bestimmen.«[38]
Dieses »Stabsspiel« – später würde man »Kriegsspiel« sagen – war auf den Beschluß »Maßnahmen zur Unterdrückung konterrevolutionärer Aktionen« vom 8. November 1956 zurückzuführen, den das Politbüro unter dem Eindruck der Erfahrungen des Ungarn-Aufstandes vom Oktober 1956 gefaßt hatte.[39] Es endete mit dem Entschluß

»– Abriegelung der Stadt Magdeburg mit Teilkräften und der Aufgabe, nicht zuzulassen das Eindringen von Kräften der Konterrevolution nach Magdeburg;
– Aufgabe der Hauptkräfte Zerschlagung der Konterrevolution in Magdeburg.«[40]

Im Jahre 1959 erhielten die Kampfgruppen der Arbeiterklasse die Organisationsform, die sie bis zum Ende der SED-Herrschaft beibehalten sollten: Es wurde beschlossen, etwa 80 Bataillone der Bezirksreserve aufzustellen, wobei in den Industriebezirken sechs bis neun, in den ländlichen Bezirken drei bis vier gebildet werden sollten.[41] Ein halbes Jahr zuvor waren Angaben über den damaligen Bewaffnungsstand gemacht worden: 140 023 Karabiner, 28 093 Maschinenpistolen und 70 Panzerabwehrkanonen.[42]
Am 22. Januar 1959 erhielt Verteidigungsminister Stoph den Auftrag, der Sicherheitskommission bis zum 15. September 1959 eine Vorlage über die Bildung des Nationalen Verteidigungsrates vorzulegen.[43] Sie ist jedoch in ihr niemals beraten worden.
In der Zeit vom 17. bis zum 23. März 1959 fand im Militärbezirk III (Leipzig) eine Übung der 4. und der 11. Motorisierten Schützendivision (MSD) statt, an der 21 000 Generale, Offiziere und Mannschaften mit über 3300 Kraftfahrzeugen aller Art und 1100 Funkstationen teilnahmen. Es war die erste zweiseitige Übung, an der eine so große Anzahl von Truppen und Technik beteiligt war.[44]
Den Angreifern (rote Seite) war folgende Aufgabe gestellt:
»Durchbruch einer vorbereiteten Verteidigung durch eine MSD mit Entfaltung der Truppen aus der Bewegung. Entwicklung des Durchbruchs zur Einnahme des zweiten Verteidigungsstreifens, gewaltsames Überwinden eines großen Wasserhindernisses, Zerschlagung der Reserven des Gegners in Begegnungsgefechten im Zusammenwirken mit den Luftstreitkräften und Luftlandetruppen.«[45]
Die Verteidiger (blaue Seite) brauchte man lediglich, um den Angreifern die Gelegenheit zu geben, ihre Fähigkeiten unter Beweis zu stellen.[46]
Die Anlage dieser Übung ließ erkennen, was für die NVA bis zum Jahre 1987 charakteristisch war: Sie wurde für den Angriff ausgebildet. So lobte denn auch der Bericht, der den Mitgliedern der Sicherheitskommission am 13. Mai 1959 vorlag,
»a) die richtige Wahl des Hauptschlages;
b) die richtige Planung und Organisation der Atomschläge zur Verwirklichung der Aufgaben in der Hauptrichtung;
c) die zweckmäßige Aufteilung der Kräfte und Mittel und Planung der Jagdbomberstarts.«[47]

Es ist deshalb nicht verwunderlich, daß an diesem Tag die Grundsätze für die Bildung eines Fallschirmjägerbataillons beraten wurden, deren Angehörige jederzeit bereit sein mußten, »alle gestellten Aufgaben unter den kompliziertesten Bedingungen an der Front und im Hinterland, an jedem Ort und zu jeder beliebigen Zeit unter Einsatz ihres Lebens zu erfüllen«. Recht unverhüllt geht aus diesem Papier hervor, daß es sich bei dem Hinterland um West-Berlin und die Bundesrepublik handelte. Die Fallschirmjäger durften keinerlei persönliche Verbindungen nach dort haben und mußten zum Haß auf die »Monopolisten und Militaristen Westdeutschlands« erzogen werden.[48]
Zum Atomwaffeneinsatz erfahren wir in den »Grundsätzen der politischen und militärischen Arbeit der NVA im Ausbildungsjahr 1960«, das Studium der Grundlagen der Anwendung der Atom- und Raketenwaffen sei bei der Zerschla-

gung des Gegners fortzusetzen.[49] Auf der Parade zum 15jährigen Bestehen der DDR am 7. Oktober 1964 wurde erstmals die Boden-Boden-Lenkrakete Scud-A vorgeführt, die mit einem atomaren Gefechtskopf eine Reichweite von bis zu 150 Kilometern hatte, mit einem konventionellen bis zu 275 Kilometern.[50]

Mit einer Militärdoktrin hat sich die Sicherheitskommission in keiner ihrer 29 Sitzungen beschäftigt. Allerdings lag ihr eine Reihe von Papieren vor, aus denen einwandfrei hervorging, daß die Angehörigen der NVA auf einen »Befreiungskrieg« eingestimmt werden sollten. So wurde in den zitierten Grundsätzen einerseits auf die »Friedenspolitik der Partei und Regierung« Bezug genommen, die auf den Abschluß eines Friedensvertrages mit Deutschland und die Bildung einer Konföderation beider deutschen Staaten hinauslief, andererseits die Aufgabe gestellt, »die Probleme der Anfangsperiode eines modernen Krieges« zu untersuchen. Recht genau wurde beschrieben, worauf es dabei ankam:

»Das Schwergewicht bei der Durcharbeitung der Angriffsoperationen ist auf die schnelle und gedeckte Konzentrierung und Entfaltung der Stoßgruppierungen, ihren überraschenden Übergang zum Angriff aus der Bewegung unter wirksamster Ausnutzung der Atomschläge zu legen. Kommandeure und Stäbe müssen lernen, entschlossene manöverreiche Kampfhandlungen zu führen, dem Gegnern Schläge in die Flanke und den Rücken seiner Hauptgruppierung zu versetzen. Die Methoden des Einführens der zweiten Staffel und Reserven in die Schlacht sowohl zum Verstärken der Schläge als auch für die Handlungen in neue Richtungen sind zu vervollkommnen. Die Kenntnisse in der Führung von Begegnungsschlachten und das Forcieren von Wasserhindernissen aus der Bewegung und in breiter Front, Kampfhandlungen in Ortschaften und waldigbergigem Gelände sind weiter zu vertiefen.«[51]

Es war daher nur folgerichtig, daß in den »Maßnahmen der operativen und taktischen Ausbildung im Ausbildungsjahr 1960« Lektionen über die »Organisation einer Angriffsoperation in der Anfangsoperation eines Krieges« vorgesehen waren und ein zweiseitiges Kriegsspiel des Kommandos der Seestreitkäfte unter Teilnahme von operativen Gruppen der Land- und Luftstreitkräfte zum Thema »Handlungen der Seestreitkräfte beim Durchbruch und bei der Verteidigung von Meerengen« stattfinden sollte. Die Durchführung einer taktischen Landung im Zusammenwirken mit Land- und Luftstreitkräften war Aufgabe einer Kommandostabs- und taktischen Übung der 4. Flottille mit der 8. MSD.[52]

Es konnte nicht ausbleiben, daß dieser offensichtliche Widerspruch zwischen Friedenspropaganda und Angriffsvorbereitungen selbst Offizieren Schwierigkeiten bereitete. Die ZK-Abteilung für Sicherheitsfragen zog daher aus verschiedenen »Brigade«-Einsätzen, die zwischen dem 2. März und dem 26. Mai 1959 unter anderem bei der 1. und der 4. MSD stattfanden, die Schlußfolgerung, die »verantwortlichen Genossen« hätten »bei einer klassenmäßigen Erziehung nicht beachtet, daß die NVA im Falle eines Krieges als Verbündeter und Befreier der Arbeiterklasse und aller patriotischen Kräfte in ganz Deutschland handelt«.[53]

Der Aufbau der KVP und der NVA wäre nicht so zügig vonstatten gegangen, wenn ihr nicht Generale und Offiziere der Wehrmacht, die sich in sowjetischer

Gefangenschaft der kommunistischen Sache verschrieben hatten, dabei sachkundig geholfen hätten. Die prominentesten waren Generalmajor Arno von Lenski, der 1939 bis 1942 ehrenamtlicher Richter am Volksgerichtshof gewesen war, Generalmajor Otto Korfes und Generalleutnant Vinzenz Müller. Müller, der nach der Gründung der Nationaldemokratischen Partei Deutschlands (NDPD) in der damaligen Sowjetzone (1948) zu ihrem politischen Geschäftsführer berufen worden war, brachte es sogar zum Chef des Hauptstabes der KVP bzw. NVA und zum Stellvertreter des Ministers des Innern bzw. für Nationale Verteidigung.[54] Am 15. Februar 1957 beschloß das Politbüro, die ehemaligen Offiziere der Wehrmacht in die Reserve zu versetzen. Dabei wurden folgende Termine vorgegeben:

a) Auch nach 1960 sollten ehemalige Offiziere in der NVA verbleiben, die als Lehrer, wissenschaftliche Mitarbeiter oder Ärzte beschäftigt waren und keinerlei Stabs- oder Kommandostelle innehatten,
b) nur noch bis Ende 1957 solche, die führende Positionen in der Wehrmacht bekleidet, dem Generalstab angehört oder in der Legion Condor am Spanischen Bürgerkrieg teilgenommen hatten,
c) die übrigen bis Ende 1959.[55]

In der 18. Sitzung der Sicherheitskommission am 12. Dezember 1957 wurden Müller und von Lenski zum Jahresende pensioniert. Auch der Kommandeur der Hochschule für Offiziere der NVA, Oberst Werner Adam, der in Stalingrad Adjutant von Generalfeldmarschall Paulus gewesen war. 20 Jahre später, im Alter von 84 Jahren, wurde er zum Generalmajor a.D. ernannt, weil er »seine Kenntnisse und Erfahrungen . . . uneigennützig für den Aufbau bewaffneter Streitkräfte eingesetzt« habe. Korfes war schon 1956 aus Altersgründen nicht in die NVA übernommen, aber zum Direktor des Staatsarchivs in Potsdam ernannt worden.[56]

Dem Protokoll der 26. Sitzung der Sicherheitskommission wurde eine Aufstellung beigefügt, aus der hervorging, daß bis zum 30. Juni 1959 293 Offiziere in die Reserve versetzt, für eine Berufsvorbereitung freigestellt oder entlassen wurden. Darunter befanden sich zwölf Stellvertreter des Ministers oder Chefs von Verwaltungen oder ihre Stellvertreter und neun Divisionskommandeure oder ihre Stellvertreter. Nach 1960 befanden sich nur noch zehn ehemalige Wehrmachtoffiziere auf verantwortlichen Posten: ein Konteradmiral, ein Generalmajor, drei Oberste, vier Oberstleutnants und ein Hauptmann.[57] Konteradmiral Neukirchen, der in der Kriegsmarine Oberleutnant z. S. gewesen und 1959 von der NDPD zur SED übergetreten war, übte 1961 bis 1963 sogar die Funktion des Chefs der Volksmarine aus, als sein Vorgänger, Konteradmiral Ehm, die Seekriegsadademie der UdSSR in Leningrad besuchte. 1964 wurde er als Vizeadmiral a. D. zum Präsidenten der Direktion Seeverkehr und Hafenwirtschaft berufen. Generalmajor Heitsch, ein ehemaliger Major der Wehrmacht, der 1949 gleich der SED beigetreten war, ist 1977 als Generalleutnant, Professor und 1. Stellvertreter des Kommandeurs der Militärakademie »Friedrich Engels« pensioniert worden.[58]

Gegen die Weiterbeschäftigung von ehemaligen Feldwebeln und Unteroffizieren der Wehrmacht hatte die SED-Führung keine Bedenken. Wilhelm

Ehm, der nach der Beendigung seines Studiums in der Sowjetunion wieder Chef der Volksmarine wurde und es in dieser Funktion zum Admiral (in der NVA ein Drei-Sterne-Admiral) und ZK-Mitglied brachte, war in der Kriegsmarine Funkmaat gewesen.[59]

Verteidigungsminister Stoph teilte in seinem Bericht über die Durchführung des Politbürobeschlusses vom 15. Februar 1957 mit, daß die ausgeschiedenen ehemaligen Offiziere zum größten Teil durch die 190 Absolventen der Militärakademien und Kurse in der Sowjetunion sowie durch Absolventen anderer Qualifizierungslehrgänge ersetzt worden seien. Die ehemaligen Wehrmachtoffiziere wurden aber vom SED-Regime noch für Propagandazwecke benötigt. Im Januar 1958 wurde die Arbeitsgemeinschaft ehemaliger Offiziere (AeO) gebildet, deren 1. Vorsitzender Generalmajor a.D. Otto Korfes wurde. Von ihr wird bei der Darstellung der Versuche der SED-Führung, Einfluß auf ehemalige Offiziere in der Bundesrepublik zu nehmen, noch die Rede sein. Auch dem inzwischen gegründeten Militärgeschichtlichen Institut stellten einige von ihnen ihre Dienste zur Verfügung.[60]

Am 18. Januar 1960 hielt die Sicherheitskommssion sang- und klanglos ihre letzte Sitzung ab. Ulbricht fehlte, und obwohl der Ministerratsvorsitzende Grotewohl anwesend war, leitete Politbüromitglied Matern die Sitzung.[61] In der Zusammensetzung dieses Gremiums waren in den sechs Jahren seines Bestehens einige Veränderungen eingetreten. Nach dem Ausscheiden Röbelens waren seine Nachfolger als ZK-Abteilungsleiter (Kurt Riemer 1957/58, Walter Borning ab 1958) nicht mehr Mitglied, sondern nur ständige Teilnehmer.[62] Bei dieser Praxis sollte es auch im NVR bleiben, obwohl der Nachfolger des 1972 als Generalleutnant ausgeschiedenen Borning, Generaloberst Herbert Scheibe (1972 bis 1985), seit 1975 Mitglied des ZK war.[63] Erst dessen Nachfolger, Wolfgang Herger, durfte in dieses Gremium aufrücken.[64] Neu in die Sicherheitskommission aufgenommen wurden – und sie verblieben im NVR – Innenminister Maron (1956), der Vorsitzende der Staatlichen Plankommission, Leuschner (1958), und der 1. Bezirkssekretär von Magdeburg, Pisnik (1959).[65]

Allerdings traf die Sicherheitskommission in ihrer letzten Sitzung noch eine interessante Personalentscheidung. Otto Last, von dem Karl Wilhelm Fricke vermutete, daß er im Range eines MfS- Generalmajors in Pension ging[66], wurde ohne Angabe von Gründen von seiner Funktion als Leiter der Abteilung W entbunden und zum Oberst degradiert. Außerdem wurde die Liste der Mitglieder des Kollegiums des MfNV bestätigt. Ihm gehörten an: Minister Armeegeneral Stoph, der 1. Stellvertreter und Chef des Hauptstabes, Generaloberst Hoffmann, die Stellvertreter des Ministers, Vizeadmiral Waldemar Verner (Chef Politische Verwaltung), Generalmajor Dickel (Chef Technik und Bewaffnung), Generalmajor Wagner (Chef Ausbildung) und Generalleutnant Keßler (Chef Luftstreitkräfte/Luftverteidigung), sowie die Chefs Rückwärtige Dienste (Generalmajor Allenstein), Seestreitkräfte (Konteradmiral Ehm), Kader (Generalmajor Munschke), Militärbezirk III (Generalmajor Kunath) und Militärbezirk V (Generalmajor Bleck).[67]

Zuständigkeit, Zusammensetzung und Arbeitsweise

II

II.1. Zuständigkeit

Der Nationale Verteidigungsrat der DDR (NVR) wurde durch Gesetz vom 10. Februar 1960 geschaffen und durch Gesetz vom 12. September 1960 in die damals noch gültige DDR-Verfassung von 1949 aufgenommen. Der neugeschaffene Abschnitt »V. Staatsrat der Republik« enthält im Artikel 106 unter anderem die Bestimmung, daß der Staatsrat die grundsätzlichen Anordnungen des NVR bestätigt und seine Mitglieder beruft.[1] In der Verfassung von 1974 wird im Artikel 50 die Wahl des Vorsitzenden des NVR durch die Volkskammer, im Artikel 73 die Berufung seiner Mitglieder durch den Staatsrat bestimmt. Von der Bestätigung der grundsätzlichen Anordnungen des NVR durch den Staatsrat ist aus den unten genannten Gründen nicht mehr die Rede.[2] Vorbild für den NVR war der Verteidigungsrat der UdSSR, der ähnliche Aufgaben und eine ähnliche Zusammensetzung hatte.[3]

Das Gesetz über die Landesverteidigung der DDR (Verteidigungsgesetz) vom 13. Oktober 1978 erwähnt den NVR in § 2 (»zentrale Leitung der Verteidigungs- und Sicherheitsmaßnahmen«, »Festlegungen, die für alle staatlichen und wirtschaftsleitenden Organe, Kombinate, Betriebe, Einrichtungen, Genossenschaften, gesellschaftlichen Organisationen, Vereinigungen und Bürger verbindlich sind«) und in § 4 (»beschließt über die allgemeine oder teilweise Mobilmachung«). Charakteristisch für die starke Stellung dieses Gremiums ist die Formulierung in § 4 des Verteidigungsgesetzes, daß der NVR berechtigt ist, auch Maßnahmen zu treffen, die »abweichend von Gesetzen oder anderen Rechtsvorschriften erforderlich sind«. Die anschließenden Beschlüsse der Volkskammer bzw. des Staatsrates waren nur noch eine Formalität.[4]

Nach § 2 Absatz 1 hat der NVR die Kompetenz zur Rechtsetzung in Form von Anordnungen und Beschlüssen. Diese konnten im Gesetzblatt der DDR veröffentlicht werden. Der überwiegende Teil seiner Entscheidungen bestand jedoch aus internen Beschlüssen, die durch seine Mitglieder »innerhalb ihres Zuständigkeitsbereiches realisiert bzw. durch Befehle, Direktiven, Anordnungen oder Weisungen und in anderer Form an die entsprechenden zentralen staatlichen Organe oder an die Bezirkseinsatzleitungen weitergeleitet« wurden.[5]

Eine Präzisierung erfuhren die Kompetenzen des NVR in den insgesamt dreimal geänderten Statuten. In der am 30. November 1973 beschlossenen Fassung wird eindeutiger als vorher die Funktion des Ersten Sekretärs des ZK der SED hervorgehoben.[6] Das ist verständlich, war doch zum Zeitpunkt des Inkrafttretens des bis dahin gültigen Statuts, 1967, Ulbricht in Personalunion Partei- und Staatschef gewesen, sein Nachfolger Honecker von 1971 bis 1976 nur Parteichef. Die herausgehobene Stellung seiner Parteifunktion – seit dem 22. Mai 1976[7] »Generalsekretär des Zentralkomitees der SED« – betonte er jedoch auch nach der Übernahme des Amtes des Vorsitzenden des Staatsrates der DDR. So tragen alle Dokumente des NVR den Bestätigungsvermerk: »Generalsekretär des Zentralkomitees der Sozialistischen Einheitspartei Deutschlands und Vorsitzender des Nationalen Verteidigungsrates der Deutschen Demokratischen Republik« und die Unterschrift »E. Honecker«.[8]

Nach Nr. 10 des Statuts von 1973 ist der Erste Sekretär des ZK der SED Vorsitzender des NVR. In Nr. 15 heißt es: »Weisungsberechtigt an den Vorsitzenden des Ministerrates, die Leiter der zentralen Staatsorgane sowie die 1. Sekretäre der Bezirksleitungen der SED und Vorsitzenden der Bezirkseinsatzleitungen[9] in Durchführung der Beschlüsse des Nationalen Verteidigungsrates ist nur der Erste Sekretär des Zentralkomitees der SED . . .« Nr. 19 bestimmt: »Nach Verkündung bzw. Feststellung des Eintritts in den Verteidigungszustand bzw. unter besonderen Lagebedingungen wird auf Weisung des Ersten Sekretärs des Zentralkomitees der SED . . . die Hauptführungsstelle der Partei- und Staatsführung entfaltet«.[10]

Das Statut des NVR vom 27. Oktober 1981, das bis zum Ende dieses Gremiums seine Gültigkeit behielt, ist noch perfekter als seine Vorgänger. Nr. 4 lautet:

»Der Nationale Verteidigungsrat

- organisiert und leitet alle erforderlichen Verteidigungs- und Sicherheitsmaßnahmen und regelt alle grundsätzlichen internationalen Fragen der Militär- und Sicherheitspolitik der DDR
- bestimmt für alle staatlichen, wirtschaftsleitenden und gesellschaftlichen Organe, Institutionen und Organisationen verbindlich die zum Schutz und zur Sicherheit der DDR, zur Erfüllung ihrer internationalen militärischen Beistandsverpflichtungen sowie zur Gewährleistung der Verteidigungsbereitschaft und Verteidigungsfähigkeit des Landes erforderlichen Aufgaben und Maßnahmen
- übt die oberste militärische Kommandogewalt gegenüber allen bewaffneten Kräften der DDR aus
- verwirklicht die unmittelbare Leitung des Einsatzes der NVA und der Schutz- und Sicherheitsorgane der DDR sowie dessen Koordinierung mit den Handlungen der Vereinten Streitkräfte bei Gefährdung der inneren und äußeren Sicherheit.«

Nr. 5 bestimmt, daß der NVR Rechtsvorschriften in Form von Anordnungen und Beschlüssen, der Generalsekretär des ZK und Vorsitzende des NVR Befehle und Direktiven erläßt.[11]

Der Zuständigkeitskatalog im Anhang 1 enthält unter anderem

»a) auf politischem Gebiet . . .

- die Ableitung der Schlußfolgerungen aus der gemeinsamen Militärdoktrin der Staaten des Warschauer Vertrages für die DDR . . .
- die Festlegung der grundsätzlichen politischen Konzeptionen und Maßnahmen, die sich aus einer *Besetzung des Territoriums des Kriegsgegners* (vom

Autor hervorgehoben) und zur Behandlung der Angehörigen des Kriegsgegners ergeben

b) auf militärischem Gebiet . . .
die Festlegung der Gesamtstärke der bewaffneten Kräfte der DDR und der Grundsätze ihrer politisch-ideologischen Erziehung, Organisation, Gliederung, Führung, Ausbildung, Ausrüstung, Versorgung und Sicherstellung . . .

c) auf dem Gebiet der staatlichen Sicherheit . . .

– die Bestätigung der Grundsätze für die Maßnahmen der inneren Sicherheit in den Strafvollzugsanstalten sowie in den *Kriegsgefangenen- und Internierungslagern*« (vom Autor hervorgehoben). . .

e) auf staatlichem und volkswirtschaftlichem Gebiet . . .

– die Festlegung der Grundsätze und Hauptmaßnahmen für die ökonomische Sicherstellung der Landesverteidigung im Frieden, in Vorbereitung auf den Verteidigungszustand und im Verteidigungszustand, einschließlich der wirtschaftlichen Mobilmachung
– die Bestätigung der Grundsätze der außenpolitischen Tätigkeit der zuständigen Organe der DDR und ihrer Organisation im Verteidigungszustand
– die Bestätigung der Grundsätze für die Versorgung, die Betreuung und den Schutz der Bevölkerung im Verteidigungszustand«.[12]

Entwürfe von Rechtsvorschriften zu Fragen der Landesverteidigung bzw. zur Vorbereitung der DDR auf den »Verteidigungszustand«, für deren Erlaß die Volkskammer, der Staatsrat oder der Ministerrat zuständig ist, müssen vorher vom NVR bestätigt werden.[13]

An einer anderen Stelle des Anhangs 1 werden der Einsatz und die Abberufung von »Nomenklaturkadern«[14] des NVR, die Ernennung und Beförderung von Generalen und Admiralen sowie die Verleihung staatlicher Auszeichnungen geregelt. Bei Vorlagen über »Kaderentscheidungen« ist die Zustimmung des Leiters der Abteilung für Sicherheitsfragen des ZK der SED einzuholen und der Beschlußvorlage eine Kurzbiographie der betreffenden »Kader« beizufügen.[15]

Hier stellt sich die Frage, welches Gewicht der NVR im Gefüge der Partei- und Staatsführung hatte. Die Staatsanwaltschaft beim Kammergericht Berlin kommt zu dem Ergebnis, daß er eine zentrale Rolle bei der Schaffung von Rechtsvorschriften in den Bereichen Sicherheit, Militär, Grenzsicherung und Landesverteidigung spielte. Er setzte höherrangiges Recht als Beschlüsse des Ministerrates und Durchführungsbestimmungen des MfNV. Nur Gesetze der Volkskammer und Beschlüsse des Staatrates gingen vor. Letzterer tat das allerdings höchst selten, Beschlüsse kamen nur zustande, wenn der NVR einen entsprechenden Beschluß gefaßt hatte.[16]

In der Begründung des Urteils in der Strafsache gegen Keßler u.a. heißt es dagegen, daß der NVR nach der Verfassung der DDR das höchste militärische Gremium war, in der Praxis jedoch keine grundlegenden Entscheidungen getroffen hat. Diese seien durch Honecker oder das Politbüro getroffen worden und mußten vom NVR nur noch bestätigt werden. Dieser tatsächlichen Funktion habe auch die Arbeitsweise dieses Gremiums entsprochen: Es tagte nur wenige

Stunden im Jahr und beispielsweise in der kritischen Phase des zweiten Halbjahres 1989 überhaupt nicht mehr. Als Beleg wird angeführt, daß der NVR mit der Existenz der Splitterminen SM-70 eher beiläufig zum ersten Mal am 14. Juli 1972 konfrontiert worden ist. Bereits mehrere Monate vorher habe Honecker die Entscheidung getroffen und Verteidigungsminister Hoffmann mitgeteilt. Mit dem Abbau der Minen hat sich der NVR in konkreter Form überhaupt nicht befaßt. Lediglich in der Sitzung am 1. Juli 1983 ist von Honecker die Möglichkeit einer Perspektive ohne Minensperren angeschnitten worden.[17]
Diese Wertung verkennt Honeckers Regierungsstil. Auch das Politbüro war trotz seiner Allzuständigkeit kein eigentliches Machtzentrum. Wichtige politische Fragen wurden häufig ausgeklammert, in den Sitzungen herrschte »Klassenzimmeratmosphäre«. Selbst für Nebensächlichkeiten wie die Lieferung von 1000 Maschinenpistolen und 1,5 Millionen Schuß Munition im Wert von 1,4 Millionen Mark an die »Nationale Befreiungsfront Farabundo Marti« (FMLN) in El Salvador wurde eine Politbüro-Vorlage gefertigt. Allerdings erst, nachdem ihr Honecker zugestimmt hatte.[18] Die auf ihren Zuständigkeitsbereich spezialisierten Mitglieder gewannen bei der Fülle der Themen keinen Durchblick und waren hauptsächlich daran interessiert, daß ihre eigenen Vorlagen beschlossen werden.
Der ehemalige Politbürokandidat und Vorsitzende der Staatlichen Plankommission, Schürer, sagte am 18. März 1994 in einem Gespräch mit Fritz Schenk, das Politbüro sei damals »eine reine Beschlußmaschine für vorgefertigte und unter allen nur denkbaren Beteiligten längst abgestimmte Maßnahmen und Verfahrensrichtlinen« gewesen. Angelegenheiten des MfS wurden im Anschluß an die Sitzungen in Vier-Augen-Gesprächen zwischen Honecker und Mielke entschieden. Auch Weichenstellungen in der Wirtschaftspolitik gingen am Politbüro vorbei, so daß dieses Gremium erst nach dem Sturz Honeckers und des allmächtigen ZK-Sekretärs für Wirtschaft, Mittag, auf Betreiben Schürers Ende Oktober 1989 eine ungeschminkte Analyse der katastrophalen wirtschaftlichen Lage der DDR erhalten konnte.[19]
Welchen Platz der NVR in der Hierarchie der Organe des SED- Staates einnahm, können wir der Vorlage »Grundsätze zur effektiveren Gestaltung der Vorbereitung des Staatsapparates und der Volkswirtschaft auf den Verteidigungszustand« entnehmen, die in der 66. Sitzung am 17. September 1982 beschlossen wurde. Dort heißt es:
»Die wichtigsten Grundlagen der Vorbereitung des Staatsapparates und der Volkswirtschaft bilden

- die Beschlüsse des Zentralkomitees der SED und seines Politbüros
- die Beschlüsse des Nationalen Verteidigungsrates der DDR und die Weisungen seines Vorsitzenden
- die Beschlüsse des Ministerrates und die Weisungen seines Vorsitzenden
- die vom Minister für Nationale Verteidigung koordinierten operativen Forderungen der Landesverteidigung«.[20]

Zuammenfassend kann man sagen, daß der NVR für die Ministerien der bewaffneten Organe, also Verteidigungsministerium, Staatssicherheitsministerium und Innenministerium, und die Vorbereitung von Staat, Wirtschaft und

Gesellschaft auf den Kriegszustand nach dem Politbüro das wichtigste Organ war. Es konnte jedoch vorkommen, daß das Politbüro, dessen Mitglieder im übrigen mehr als zwei Drittel der Mitglieder des NVR stellten, insbesondere in Krisensituationen Beratungsgegenstände, die von der Natur der Sache zum Aufgabenkatalog des NVR gehört hätten, an sich riß, ohne daß dieser damit befaßt wurde.[21] Das hing allerdings auch damit zusammen, daß das Politbüro einmal in der Woche zu einer Routinesitzung zusammentrat, während der schwerfällige NVR in der Honecker-Zeit nur ein- bis dreimal im Jahr tagte. Wie wichtig jedoch Honecker selbst ihn nahm, geht aus der Tatsache hervor, daß er sich in diesem Gremium – anders als im Politbüro – niemals vertreten ließ.

II.2. Zusammensetzung

Während im Staatsrat, im Ministerrat und in der Volkskammer der DDR die vier Blockparteien vertreten waren – ihr Anteil schwankte zwischen 9 % im Ministerrat und 41,6 % in der Volkskammer[1] –, war der NVR der DDR ein reines SED-Organ. 1986 gehörten ihm an:

- Generalsekretär des ZK der SED und Vorsitzender des Staatsrates der DDR, Erich Honecker, Vorsitzender des Nationalen Verteidigungsrates
- Politbüromitglied Werner Eberlein, 1. Sekretär der Bezirksleitung Magdeburg
- Politbüromitglied Werner Felfe, ZK-Sekretär für Landwirtschaft
- Politbüromitglied Kurt Hager, ZK-Sekretär für Kultur und Wissenschaft
- Politbüromitglied Armeegeneral Heinz Keßler, Minister für Nationale Verteidigung
- Politbüromitglied Egon Krenz, ZK-Sekretär für Sicherheitsfragen, Jugend und Sport
- Politbüromitglied Werner Krolikowski, 1. Stellvertreter des Vorsitzenden des Ministerrates
- Politbüromitglied Armeegeneral Erich Mielke, Minister für Staatssicherheit
- Politbüromitglied Günter Mittag, ZK-Sekretär für Wirtschaft
- Politbüromitglied Alfred Neumann, 1. Stellvertreter des Vorsitzenden des Ministerrates
- Politbüromitglied Horst Sindermann, Präsident der Volkskammer
- Politbüromitglied Willi Stoph, Vorsitzender des Ministerrates
- ZK-Mitglied Hans Albrecht, 1. Sekretär der Bezirksleitung Suhl
- ZK-Mitglied Wolfgang Herger, ZK-Abteilungsleiter für Sicherheitsfragen
- ZK-Mitglied Armeegeneral Friedrich Dickel, Minister des Innern und Chef der Deutschen Volkspolizei
- ZK-Mitglied Generaloberst Fritz Streletz, Stellvertreter des Ministers für Nationale Verteidigung und Chef des Hauptstabes, Sekretär des Nationalen Verteidigungsrates
- ZK-Mitglied Generalleutnant Horst Brünner, Stellvertreter des Ministers für Nationale Verteidigung und Chef der Politischen Hauptverwaltung der NVA.[2]

Warum gerade die genannten Politbüromitglieder dem NVR angehörten, ist in den meisten Fällen nachvollziehbar: Eberlein gehörte ihm als Parteichef des Bezirkes Magdeburg an, der nach dem Bezirk Suhl den längsten Anteil an der innerdeutschen Grenze hatte (darum die Mitgliedschaft von Albrecht). Die übrigen Politbüromitglieder waren außer Hager[3] Mitglieder des im Abschnitt »Die Führung der DDR« zu beschreibenden Kriegskabinetts. Zu den »geborenen« Mitgliedern gehörten auch der Minister des Innern, der Chef des Hauptstabes und der Chef der Politischen Hauptverwaltung der NVA. Die im DDR Handbuch ausgesprochene Vermutung, daß ihm »möglicherweise die Chefs der Truppengattungen der NVA« angehören[4], traf nicht zu. Es fällt auf, daß der ZK-Sekretär für Internationale Verbindungen, Politbüromitglied Axen, dem NVR nicht angehörte. Das mag damit zusammenhängen, daß Honecker die Außenpolitik immer mehr an sich riß, er über den Kopf Axens hinweg, der nicht zu seinem innersten Kreis gehörte, in die für auswärtige Angelegenheiten zuständigen Fachabteilungen hineinregierte.[5]

Seit Bestehen des NVR hat seine Zusammensetzung einige Änderungen erfahren:

In seiner konstituierenden Sitzung am 16. März 1960 gehörten ihm die Politbüromitglieder Ulbricht (Erster Sekretär des ZK), Grotewohl (Vorsitzender des Ministerrates), Matern (Vorsitzender des Zentralen Parteikontrollkommission), Stoph (Minister für Nationale Verteidigung), Neumann (ZK-Sekretär für Organisation), Honecker (ZK-Sekretär für Sicherheitsfragen), Norden (ZK-Sekretär für Propaganda) und Leuschner (Vorsitzender der Staatlichen Plankommission) an. Ferner der 1. Sekretär der Bezirksleitung Magdeburg, Pisnik, Staatssicherheitsminister Mielke, Innenminister Maron, der 1. Stellvertreter des Verteidigungsministers, Generaloberst Hoffmann, und der Chef der Politischen Hauptverwaltung der NVA, Vizeadmiral Waldemar Verner.[6]

Als nach dem Ausscheiden Materns (1971) der ehemalige Sozialdemokrat Mückenberger Vorsitzender der Zentralen Parteikontrollkommission wurde[7], rückte er nicht für seinen Vorgänger in den NVR auf. Der Bezirksparteichef von Suhl gehörte diesem Gremium seit 1972 an, der Chef des Hauptstabes der NVA seit 1963, der ZK-Abteilungsleiter für Sicherheitsfragen seit 1986.

Nach 1986 trat in der Zusammensetzung des NVR nur noch eine Veränderung ein. Als Felfe 1988 starb und Krolikowski sein Nachfolger als ZK-Sekretär für Landwirtschaft wurde, rückte das Politbüromitglied Günther Kleiber, 1. Stellvertreter des Vorsitzenden des Ministerrates, in den NVR auf.

II.3. Arbeitsweise

Die Arbeit des NVR knüpfte nahtlos an die Arbeit der Sicherheitskommission des ZK an. Die Entscheidungen beider Gremien waren für die bewaffneten Organe, aber auch den Staats- und Wirtschaftsapparat oberstes Gesetz. Formal war jedoch der NVR ein Staatsorgan, das Rechtsvorschriften in Form von Anordnungen und Beschlüssen erließ, sein Vorsitzender in Form von Befehlen und Direktiven.[1] Darum wurden ihm schon in der konstituierenden Sitzung die

Einsatzleitungen unterstellt, die bis dahin offiziell dem Innenministerium unterstanden hatten. Bei dieser Gelegenheit bestätigte er 32 Beschlüsse, die von der Sicherheitskommission in den Jahren 1955 bis 1960 gefaßt worden waren.[2]
Hatte der NVR einem Gesetzentwurf zugestimmt, hieß es im Beschluß: »Die Entwürfe sind vom Minister für Nationale Verteidigung im Namen des Nationalen Verteidigungsrates dem Politbüro des ZK zur Bestätigung vorzulegen und über den Ministerrat dem Staatsrat zur Einbringung in die Volkskammer bzw. zur Beschlußfassung zuzuleiten.«[3] Doch dieser umständliche Instanzenweg war wohl nur noch eine Formalität.
Nach den Personalentscheidungen des NVR erließ Honecker zu Ernennungen bzw. Beförderungen und zu Ordensverleihungen Befehle.[4]
Ulbricht beging den Fehler, schon in der konstituierenden Sitzung im Jahre 1960 das Politbüromitglied Honecker, ZK-Sekretär für Sicherheitsfragen, als Sekretär des NVR »bestätigen« zu lassen.[5] Faktisch übte Honecker das Amt des stellvertretenden Vorsitzenden aus, er hatte bei Abwesenheit Ulbrichts den Vorsitz[6], und das damalige Statut enthält die Bestimmung, daß neben dem Vorsitzenden sein Vertreter im Amt gegenüber den Vorsitzenden der Bezirkseinsatzleitungen weisungsberechtigt ist.[7] Die am 23. Oktober 1967 beschlossene Fassung des Statuts unterschrieben Ulbricht als Vorsitzender des Staatsrates und des NVR und Honecker als Politbüromitglied und Sekretär des NVR.[8] Der solchermaßen als Kronprinz Ausgezeichnete hat das seinem Wohltäter nicht gedankt, sondern ihn 1971 nach allen Regeln der Intrige gestürzt und anschließend gedemütigt.[9] Ulbricht blieb zwar bis zu seinem Tod einfaches Mitglied des NVR, hat aber an keiner seiner Sitzungen mehr teilgenommen.[10]
Honecker zog als 1. ZK-Sekretär und NVR-Vorsitzender die Lehren daraus. Das Schicksal Ulbrichts wollte er nicht erleiden. Um seinen Nachfolger als ZK-Sekretär, das Politbüromitglied Paul Verner (den Bruder von Admiral Waldemar Verner), nicht zu mächtig werden zu lassen, verwehrte er ihm die Zuständigkeit für Sicherheitsfragen und die Mitgliedschaft im NVR. Als Sekretär berief er einen Generalleutnant der NVA, Fritz Streletz, damals Stellvertreter des Chefs des Hauptstabes, der nicht einmal ZK-Mitglied war. Das wurde er erst 1981.[11]
Honecker schlug Streletz mit der Begründung vor, daß es zweckmäßig sei, zum Sekretär einen General des MfNV zu berufen, da dort alle Fragen der Landesverteidigung koordiniert würden. Dem ist voll zuzustimmen. Wenn er jedoch hinzufügte, daß »dadurch nicht ständig alle Dokumente und Unterlagen des NVR zwischen Berlin und Strausberg (wo die Sitzungen stattfanden; O.W.) transportiert werden müssen«[12], so verbarg er mit dieser zusätzlichen Begründung seine wahren Absichten. Da die Mitglieder bis auf Hoffmann, Keßler und Waldemar Verner ihren Amtssitz in Ost-Berlin oder in einer Bezirkshauptstadt hatten, mußten die Unterlagen in jedem Fall hin- und hertransportiert werden. Das geschah aber auch mit den umfangreichen Unterlagen für die Politbürositzungen, die von den Mitgliedern über das Wochenende in ihrer Wohnung oder auf ihrer »Datsche« durchgearbeitet werden mußten.[13]
Mit seiner so niedrigen Position in der Parteihierarchie konnte Streletz selbstverständlich niemals in Abwesenheit Honeckers die Sitzung leiten. Dieser hat den Vorsitz übrigens niemals aus der Hand gegeben und das Recht, Weisungen

gegenüber den Vorsitzenden der Bezirkseinsatzleitungen zu erteilen, in einer Neufassung des Statuts auf seine Person beschränkt.[14] Welche Verbindlichkeit im übrigen die Statuten hatten, beweist die Tatsache, daß weder der Sitzungsturnus des Statuts von 1960 (in der Regel einmal im Monat[15]) noch der des Statuts von 1973 (in der Regel einmal vierteljährlich[16]) eingehalten wurde. Unter Ulbricht schwankte die Zahl der jährlichen Sitzungen zwischen fünf (1961, 1962 und 1968) und einer (1969), unter Honecker zwischen drei (1972, 1977 bis 1980, 1985) und einer (1971, 1983, 1984, 1987 und 1989).[17] Jedoch konnten in Dringlichkeitsfällen Beschlüsse im Umlaufverfahren gefaßt werden.[18]

Gleich nach der Arbeitsaufnahme von Streletz sieht man den Akten die ordnende Hand des geschulten Generalstäblers an.[19] Bis dahin hatten sie aus Beschlußprotokollen bestanden, die allerdings das Ergebnis der Aussprache erkennen ließen, wenn auch bis auf die gelegentliche Erwähnung von »Anregungen« Ulbrichts keine Wortbeiträge festgehalten wurden. So wurde beschlossen, welche Maßnahmen zu ergreifen waren und wer für sie verantwortlich war. Die Vorlagen, meist Berichte oder Entwürfe von Rechtsvorschriften, wurden als Anlagen beigefügt.

Zur Einreichung von Beschlußvorlagen waren unter Honecker nur er und die Mitglieder des NVR berechtigt. Die Leiter zentraler Führungsbereiche, zentraler Staatsorgane sowie die 1. Bezirkssekretäre, die nicht Mitglied des NVR waren, reichten Beschlußvorlagen ein, wenn sie dazu von Honecker aufgefordert wurden. Die Einreichung erfolgte in der Regel nach einem mit dem ZK-Sekretär für Sicherheitsfragen, dem Ministerratsvorsitzenden sowie den Ministern für Nationale Verteidigung und Staatssicherheit abgestimmten und von Honecker bestätigten Jahresarbeitsplan. Im IV. Quartal des Vorjahres bat Streletz die Mitglieder im Auftrag Honeckers, ihm zur Vorbereitung auf diesen Jahresarbeitsplan Vorschläge zur Behandlung von Vorlagen zu machen. Jede Vorlage mußte zu Beginn des Quartals, in dem die Beschlußfassung vorgesehen war, in 19 Ausfertigungen dem Sekretär zugeleitet werden.[20]

Die Vorlagen, die als Geheime Kommandosache einzustufen waren, mußten vom Einreicher mit allen Stellen abgestimmt werden, die später mit ihrer praktischen Umsetzung befaßt sein würden. So weisen die vom Kulturminister Hans-Joachim Hoffmann für die 73. Sitzung des NVR am 5. Dezember 1986 eingereichten »Grundsätze« für den Einsatz kulturell-künstlerischer Kräfte im Kriegszustand die Zustimmung folgender Funktionsträger auf: Ministerratsvorsitzender, Leiter der Führungsstelle des ZK, Vorsitzender des Zentralen Nachrichten- und Informationsbüros, Verteidigungsminister, Staatssicherheitsminister, Vorsitzender der Staatlichen Plankommission, Innenminister, Bevollmächtigter für Bildung und Kultur.[21]

Der vom NVR gefaßte Beschluß enthielt außer der Zustimmung zur Vorlage die Arbeitsaufträge, die zu seiner Ausführung an Staatsorgane erteilt wurden. Honecker erhielt allerdings nur Empfehlungen. Der in die Vorlage eingearbeitete Beschlußentwurf wurde häufig unverändert in das Protokoll übernommen. Er enthielt sogar den Satz, daß der Vorlage »unter Beachtung der während der Sitzung gegebenen Hinweise und unterbreiteten Vorschläge zugestimmt« wurde. Wer diese Hinweise gegeben, ob überhaupt zu einem Tagesordnungs-

punkt eine Aussprache stattgefunden hat, wurde im Protokoll nicht festgehalten.[22]
Aus den Akten geht nur einmal hervor, daß es bei der Einreichung einer Beschlußvorlage zu Meinungsverschiedenheiten gekommen ist. In der 43. Sitzung am 17. Mai 1973 standen »Maßnahmen zur Vervollkommnung der stabsmäßigen Vorbereitung der staatlichen und wirtschaftsleitenden Organe auf den Verteidigungszustand und der ökonomischen Sicherstellung der Landesverteidigung« auf der Tagesordnung. Sie waren das Beratungsergebnis einer Arbeitsgruppe, die in der vorangegangenen Sitzung eingesetzt worden war. Der 1. Stellvertreter des Ministerratsvorsitzenden Neumann, Mitglied des Politbüros und des NVR, machte beim Zustimmungsverfahren zwei »Präzisierungs«-Vorschläge, die von den Ergebnissen der Arbeitsgruppe abwichen. Wie Streletz am 10. Mai an Honecker schrieb, wurden diese Vorschläge nicht berücksichtigt. Aus dem Protokoll ist nicht ersichtlich, ob Neumann in der Sitzung sein Anliegen noch einmal vorbrachte.[23]
Am 30. November 1973 ist während der Sitzung in die zur Beschlußfassung anstehenden »Grundsätze für die Führung der DDR im Verteidigungszustand« der im Entwurf nicht vorgesehene Staatsrat eingefügt worden.[24] Einmal wurde unter dem Tagesordnungspunkt »Kaderfragen« ein Name ausgewechselt. Für die 71. Sitzung am 11. November 1985 war die Verleihung des Scharnhorst-Ordens an Generalmajor a. D. Bernhard Bechler vorgeschlagen worden, der 1943 als Major der Wehrmacht in sowjetische Kriegsgefangenschaft geraten und zum Nationalkomitee Freies Deutschland gestoßen war. Schon im Jahre 1945 wurde er Vizepräsident der Provinzialverwaltung Brandenburg. In der Sitzung wurde er durch Generalleutnant a. D. Arthur Franke ersetzt, der eine untadelige kommunistische Vergangenheit nachweisen konnte.[25]
Regelmäßig fanden Vorbesprechungen statt, an denen unter anderen Honecker, Hoffmann bzw. Keßler und Mielke teilnahmen. Als Krenz 1983 ZK-Sekretär für Sicherheitsfragen wurde, mußte Streletz ihm alle Unterlagen vorlegen.[26] Dem Aktenbestand »Sekretariat des Ministers« des Ministeriums für Staatssicherheit können wir entnehmen, wie sich Mielke auf eine Sitzung vorbereitete. Vom Leiter der »Arbeitsgruppe des Ministers« erhielt er ein Schreiben, in dem ihm das Ergebnis der in seinem Hause vorgenommenen Prüfung der Beschlußvorlagen mitgeteilt wurde. Als Beispiel soll hier die 64. Sitzung am 2. Oktober 1981 herausgegriffen werden. Der Leiter der Arbeitsgruppe, Generalmajor Geisler, teilte dem Minister auf drei Seiten mit, worin sich die zur Beschlußfassung anstehenden Neufassungen der Statuten des NVR und der Einsatzleitungen von den vorangegangenen Fassungen unterschieden, warum eine Änderung notwendig war und was an den für 1982 geplanten gesamtstaatlichen Schulungsmaßnahmen neu sein werde. Geisler erwähnte schließlich, daß die Vorlagen auf den zuständigen Arbeitsebenen des MfNV mit dem MfS abgestimmt und die von Mielke mitgezeichneten Entwürfe der Vorlagen danach nicht mehr geändert worden seien.[27]
Die Vorlagen wurden den Mitgliedern des NVR in versiegelten Mappen einige Tage vor der Sitzung durch Boten überbracht. Nach der Sitzung mußten sie diese Unterlagen im Sitzungsraum liegenlassen. Das Protokoll wurde nach Bestäti-

gung durch den Vorsitzenden zusammen mit den Vorlagen archiviert. Die Beschlüsse leitete der Sekretär den von ihnen Betroffenen, immer einem sehr kleinen Personenkreis, zu. Nach Erfüllung ihrer Aufträge mußten sie die Protokollauszüge an den Sekretär zurücksenden, der sie »protokollarisch« vernichtete. Ihnen selbst war das nicht gestattet. (Staatssicherheitsminister Mielke hat sich an diese Vorschrift jedoch nicht gehalten. Im »Sekretariat des Ministers« sind häufig Beschlüsse abgelegt worden.) Die Prinzipien der Wachsamkeit und Geheimhaltung waren streng einzuhalten.[28]

Die Ablaufpläne sahen in den achtziger Jahren für jeden Tagesordnungspunkt nur zehn bis 20 Minuten vor. Nach der Aufrufung eines Punktes machte der Verteidigungsminister oder einer seiner Stellvertreter oder Verwaltungschefs schriftlich ausgearbeitete »Ausführungen« zur jeweiligen Vorlage. Wenn die Vorlage von einem Einreicher außerhalb des MfNV eingebracht wurde, beispielsweise einem 1. Bezirkssekretär, einem Bevollmächtigten oder zivilen Minister, folgten auf dessen kurze mündliche Erläuterung, die in der Regel für die Akten nicht festgehalten wurde, »Ausführungen« des Verteidigungsministers oder eines seiner Stellvertreter als fachliche Stellungnahme.

Wie Teilnehmer an den Sitzungen berichten, gab es gelegentlich keine mündlichen Äußerungen der Mitglieder, meist kam es jedoch zu einer kurzen Erörterung des Themas. Durch einen Zufall ist über eine Sitzung, die 45. am 3. Mai 1974, von General Streletz eine 15seitige Niederschrift gefertigt worden, weil der erkrankte Verteidigungsminister Hoffmann ihn darum gebeten hatte. Es war die Sitzung, in der Honecker die Äußerung machte, bei »Grenzdurchbruchsversuchen« müsse von der Schußwaffe »rücksichtslos Gebrauch gemacht werden, und es sind die Genossen, die die Schußwaffe erfolgreich angewandt haben, zu belobigen«.[29]

Dieser Niederschrift können wir entnehmen, daß in der Aussprache zu drei von sechs Tagesordnungspunkten sechs Wortmeldungen durch Mitglieder erfolgten (Sindermann und Mielke je zwei, Stoph und Albrecht je eine), zwei durch Hinzugezogene (den ZK-Abteilungsleiter Scheibe und den Stellvertreter des Innenministers Riß). Die Mitglieder begannen ihren Redebeitrag mit der Zustimmung zur Vorlage, machten aber gelegentlich auch eine Bemerkung über Mißstände, etwa wenn Mielke sagte, bei der Ausrüstung und Bewaffnung dürfe die DDR keine »Ladenhüter« kaufen. Auch von Hinzugezogenen konnten Hinweise auf Schwierigkeiten gegeben werden, so von Generalmajor Riß auf die unzureichenden Nachrichtenverbindungen. Honecker sprach zu jedem Tagesordnungspunkt, am ausführlichsten zur »Lage an der Staatsgrenze«, und stellte je eine Frage an Streletz, Keßler und an den Chef der Grenztruppen, Generalleutnant Erich Peter.[30]

In dem Entwurf der ihm von Streletz vorgelegten »abschließenden Bemerkungen«, der regelmäßig in die Akten des NVR aufgenommen wurde, hat Honecker bei der Vorbereitung auf die Sitzung manchmal geringfügige Änderungen vorgenommen, häufig Wichtiges angestrichen oder unterstrichen. Offenbar hat er sich jedoch gelegentlich, wie die Niederschrift der 45. Sitzung beweist, nicht daran gehalten. In diesem Entwurf konnte, wenn die Vorlage nicht aus dem Hause des Verteidigungsministers kam, eine Abänderung des vom Einreicher

vorgeschlagenen Beschlußentwurfes stehen, die dann in das Protokoll übernommen wurde. Honeckers Bitte um Zustimmung war eine Floskel, denn eine formelle Abstimmung durch Handaufheben fand nicht statt, und es ist kein Fall bekannt, in dem einer seine Zustimmung verweigert hätte.[31]
Der Plan der Alarmierung der Mitglieder des NVR, der am 23. Juni 1961 beschlossen wurde, gibt einen guten Einblick in ihre Tarnbezeichnungen, ihren Begleitschutz und die Fahrstrecken, die auf der Fahrt nach Strausberg zu den Sitzungen zurückgelegt wurden. Die Politbüromtglieder bzw. -kandidaten und Mielke führten als Tarnbezeichnung das Wort »Kommando (Kdo.)« und eine römische Zahl: Grotewohl IX, Honecker XIV, Leuschner XII, Matern VII, Neumann XVIII, Pisnick XXVIII, Stoph V, Mielke XX. Hoffmann hatte die Tarnbezeichnung »Kdo. NVA I«, Verner »Kdo. NVA II« und Maron »Kdo. MdI«.
Der damalige Ministerratsvorsitzende Grotewohl hatte als Begleitschutz einen Vorauswagen und einen Schlußwagen mit jeweils vier Mann Besatzung, die mit drei Maschinenpistolen und 900 Schuß Munition sowie vier Pistolen und 56 Schuß bewaffnet waren. Der Hauptwagen hatte zwei Mann Besatzung mit zwei Pistolen und 28 Schuß. Die übrigen Mitglieder des NVR hatten keinen Vorauswagen. Ulbricht ist in dieser Aufstellung nicht verzeichnet.
Die Fahrstrecke vom ZK-Gebäude und vom Sitz der Regierung zu den Sitzungen nach Strausberg (43 Kilometer) war genau beschrieben. Für die Fahrt vom »Objekt Li.«, der Waldsiedlung Wandlitz, nach Strausberg waren die Fahrstrecken I (45 Kilometer), II (40 Kilometer) und III (55 Kilometer) festgelegt. Die Fahrzeit betrug zwischen 40 und 45 Minuten.[32]
Militärisches Planungs- und Koordinierungsorgan des NVR war im Frieden der Hauptstab (vergleichbar einem Generalstab) der NVA. Im Haus 3 des Gebäudekomplexes des Verteidigungsministeriums in Strausberg bei Berlin fanden die Sitzungen statt.[33] Es war daher nur folgerichtig, daß unter Honecker der Chef bzw. stellvertretende Chef des Hauptstabes sein Sekretär war. Der unmittelbare Stab des NVR war seine »Kontrollgruppe«, die in den sechziger Jahren aus drei Stabsoffizieren und einem Zivilisten bestand[34], unter Honecker aus zwei Stabsoffizieren. In der von ihm mit Befehl Nr. 08/86 bestätigten Kontrollgruppe war Oberst Wolfgang Hertel Leiter, Oberstleutnant Heinz Barich Mitglied.[35] Vier Monate vorher war der langjährige Leiter, Oberst Rolf Martin, der als Major schon der Kontrollgruppe der Sicherheitskommission angehört hatte, zum Dank für seine fast 20jährige Tätigkeit aus Anlaß seiner Pensionierung zum Generalmajor a.D. ernannt worden.[36]
Die Kontrollgruppe hatte auf Weisung des Sekretärs für die organisatorische Betreuung des NVR zu sorgen und mit den zentralen Führungsbereichen sowie den Bezirkseinsatzleitungen zusammenzuarbeiten. Sie war für die Vorbereitung und Durchführung der Sitzungen verantwortlich, nahm Einfluß auf die Erarbeitung der Beschlußvorlagen und ihre termingerechte Fertigstellung, sorgte für die Übergabe dieser »Sitzungsdokumente« an die Mitglieder und fertigte das Protokoll an. Einfluß nahm sie auch auf die Vorbereitung von Direktiven und »Jahresaufgabenstellungen« des Vorsitzenden sowie die von ihm befohlenen Überprüfungs- und Ausbildungsmaßnahmen. Schließlich bereitete sie die Ver-

leihung von Auszeichnungen und die Durchführung von Beförderungen und Ernennungen vor.[37]
In der konstituierenden Sitzung des NVR nach der Volkskammerwahl teilte Honecker den anwesenden Mitgliedern mit, daß sie auf Beschluß des Politbüros vom Staatsrat berufen worden seien. Er verpflichtete sie, ihre Funktion »verantwortungsbewußt, auf der Grundlage der Beschlüsse unserer Partei und der geltenden Gesetze auszuüben«. Dann wurde jedem die Berufungsurkunde und der Sonderausweis für Mitglieder des NVR ausgehändigt. Anschließend wurden die Mitglieder der Kontrollgruppe bestätigt.[38]
Unter Ulbricht dauerten Sitzungen mitunter viereinhalb Stunden[39], war nicht ersichtlich, mit wem die Vorlagen abgestimmt worden waren, auch gab es keine Ablaufpläne. Nicht selten mußten Vorlagen zum Teil überarbeitet werden. Das passierte insbesondere Anfang der sechziger Jahre den Planungen für die »militär-politische Arbeit« (zu der auch die Westarbeit gehörte), die der Chef der Politischen Hauptverwaltung der NVA, Admiral Waldemar Verner, eingebracht hatte.[40] Es konnte sogar vorkommen, daß sich im Protokoll der Satz fand, der vorgelegte Entwurf sei nicht bestätigt worden, »da keine Veranlassung besteht, einen solchen Beschluß zu fassen«.[41] Gelegentlich wurden Pläne nicht bestätigt, weil die vorgeschlagenen Maßnahmen mit volkswirtschaftlich nicht vertretbaren hohen Kosten verbunden waren.[42] Soviel Spontaneität wäre unter Honecker undenkbar gewesen.
Zur Beratung der einzelnen Tagesordnungspunkte wurden auch Nichtmitglieder hinzugezogen. Es waren Funktionäre, die eine Vorlage eingebracht hatten (zum Beispiel der 1. Bezirkssekretär und der Chef des Wehrbezirkskommandos, wenn die Vorbereitung ihres Bezirkes auf den Kriegszustand auf der Tagesordnung stand), oder Fachleute des Verteidigungsministeriums, die eine Vorlage erarbeitet hatten. Ständig hinzugezogen wurde der ZK-Abteilungsleiter für Sicherheitsfragen in den Jahren, in denen er nicht Mitglied des NVR war (bis 1985).[43]
Dem Protokoll der 50. Sitzung am 18. November 1976 ist eine Sitzordnung beigefügt. Die Schmalseite des rechteckigen Tisches nahm Honecker allein ein. Ihm zur Rechten saß Streletz, an den sich Stoph, Krolikowski, Neumann, Hoffmann, Keßler und Waldemar Verner anschlossen. Außerdem der ZK-Abteilungsleiter Generaloberst Scheibe, der nicht Mitglied des NVR, aber ständiger Teilnehmer war. Zu Honeckers Linken saßen Sindermann, Norden, Mielke, Felfe, Dickel, Albrecht und Pisnik. Sieht man von Streletz ab, waren die »hinteren« Plätze den Mitgliedern vorbehalten, die nicht dem Politbüro angehörten.[44]
Die Akten des NVR geben einen vorzüglichen Einblick in den »politisch-militärisch-ökonomischen Komplex«. Man sollte sich jedoch trotz der erwähnten Jahresarbeitspläne keiner Illusion hingeben. Er war mit einem rechtsstaatlichen Organ nicht zu vergleichen, beispielsweise einem Parlament, das alljährlich den Haushalt zu beschließen hat. Vieles war doch dem Prinzip »Zufall« überlassen. Wo Zahlenangaben gemacht wurden, waren sie meist aus dem Zusammenhang gerissen und unvollständig, oft handelte es sich um Prozentzahlen. Absolute Zahlen waren gelegentlich widersprüchlich und nicht immer richtig. Eine Aufstellung über die jährlichen Ausgaben für die NVA und die

anderen bewaffneten Organe, eine Übersicht über ihre Bewaffnung und Ausrüstung, die Stellenpläne und die Gesamtzahl der Militärs und Zivilbeschäftigen sucht man in den Akten des NVR vergeblich. Ebenso eine realistische Gesamtsumme der Ausgaben, die die immensen Vorbereitungen auf den Kriegszustand im Staats- und Wirtschaftsapparat verursachten.

Wie wenig die Arbeit des NVR selbst den Anforderungen eines Kollegialorgans genügte, kann man auch der Tatsache entnehmen, daß Honecker zwei der wichtigsten Dokumente für die Kriegsvorbereitungen der DDR, die »Grundsätze der Führung der DDR im Verteidigungszustand«[45] und den »Plan der Überführung der DDR vom Frieden in den Verteidigungszustand«[46], am 27. November 1985 unterschrieb, ohne daß darüber ein Beschluß des NVR gefaßt worden war. In der 72. Sitzung des NVR am 3. Juli 1986 wurden lediglich die Außerkraftsetzung von sieben Beschlüssen mit der Inkraftsetzung »dieser neuen Grundsatzdokumente« begründet. Ihre Unterzeichnung durch Honecker wurde mit dem am 31. Mai 1985 gefaßten Beschluß über die Schulungsmaßnahmen MEILENSTEIN-85 und MEISTERSCHAFT-85 gerechtfertigt.[47]

Beratungsgegenstände und Entscheidungen

III

III.1. Sozialistische Militärdoktrin

Der NVR beschäftigte sich auch mit der »sozialistischen Militärdoktrin«. Die Spitzengenossen wußten und billigten sehr wohl, daß trotz allen Geredes über den Frieden der Krieg vorbereitet war. In den am 30. November 1973 beschlossenen »Grundsätze(n) für die Führung der DDR im Verteidigungszustand« wird das wie folgt beschrieben:
»Die sozialistische Militärdoktrin geht davon aus, daß die Kriegsgefahr bestehen bleibt, solange der Imperialismus existiert . . .
Ein moderner Krieg auf dem westlichen Kriegsschauplatz würde
- weiträumige militärische Operationen auf dem Territorium des Aggressors
- schnelle und umfassende Truppen-, Nach- und Abschubbewegungen auf dem Territorium der DDR und später auch auf dem besetzten Gebiet des Aggressors
- Zerstörungen großen Ausmaßes in politisch-administrativen Zentren, Verkehrsknotenpunkten, ökonomischen Schwerpunkten sowie in Räumen mit militärischer Bedeutung
- erschwerte Bedingungen zur Gewährleistung der Arbeitsfähigkeit des Nachrichten-, Verkehrs- und Gesundheitswesens sowie zur Aufrechterhaltung der industriellen und landwirtschaftlichen Produktion
- hohe personelle und materielle Verluste

zur Folge haben.«[1]
Als Hauptaufgaben der »Landesverteidigung« der DDR werden genannt:
»1. Die Abwehr einer Aggression und Zerschlagung des Gegners auf seinem Territorium durch Verbände der Landstreitkräfte, der Luftstreitkräfte/Luftverteidigung und der Volksmarine der NVA an der Seite der Sowjetarmee und der anderen Armeen der Vereinten Streitkräfte auf dem westlichen Kriegsschauplatz.
2. Die Fortführung von Maßnahmen zur Aufrechterhaltung der Verteidigungsfähigkeit der DDR sowie zur Gewährleitung der Operationsfähigkeit der Vereinten Streitkräfte. Dazu gehört auch die personelle und materielle Auffüllung der Streitkräfte sowie die Sicherung der Staatsgrenze der DDR.«[2]

Was unter dem *»westlichen Kriegsschauplatz«** zu verstehen war, kann einer Karte entnommen werden, die als »Militärgeographisches Auskunftsdokument« 1981 vom MfNV als Geheime Verschlußsache herausgegeben wurde. Er umfaßte die westlichen Militärbezirke der Sowjetunion, Polen, die DDR und die Tschechoslowakei, die neutralen Staaten Österreich und die Schweiz, die NATO-Staaten Bundesrepublik Deutschland, Belgien, die Niederlande und Luxemburg, Großbritannien und die Republik Irland, Frankreich, Spanien und Portugal.[3]

An einer anderen Stelle der »Grundsätze für die Führung der DDR im Verteidigungszustand« aus dem Jahre 1973 heißt es, die Umstellung der Führung auf den Kriegszustand erfolge auf Weisung des Ersten Sekretärs des ZK

»a. im Falle der Gefahr einer Aggression gegen die DDR

b. in Erfüllung internationaler Bündnisverpflichtungen«.[4]

Daraus kann man schließen, daß diese Umstellung auch dann erfolgen mußte, wenn keine Gefahr einer Aggression der NATO bestand – sobald der Warschauer Pakt, also die Sowjetunion, entschieden hatte, einen Krieg zu führen. Das wird durch die Bestimmung illustriert, daß das Ministerium für Nationale Verteidigung mit allen Fragen befaßt war, die sich »entsprechend der gemeinsamen Planung des Stabes der Vereinten Streitkräfte aus der Besetzung des Territoriums und der Behandlung des Kriegsgegners ergeben«. Das Ministerium war zusammen mit den Ministerien für Staatssicherheit und des Innern für die Leitung des Kriegsgefangenenwesens verantwortlich.[5]

Wie offensiv die sowjetische Militärdoktrin war, geht aus einer Rede hervor, die im Jahre 1961 der damalige sowjetische Verteidigungsminister, Marschall Malinowski, nach Abschluß der ersten Kommandostabsübung hielt, an der die NVA teilgenommen hatte. Die Ausführungen des Marschalls, die Grundsatzcharakter hatten, erwähnen mit keinem Wort Verteidigungshandlungen oder die Abwehr eines gegnerischen Angriffs. Er sagt, die Kampfhandlungen würden »in Blitzkriegsschnelle ablaufen. Die Anfangsperiode wird großen Einfluß auf den ganzen Verlauf des Krieges besitzen. Gelingt es uns, die Atommittel des Gegners gleich zu Anfang bedeutend zu vernichten, dann wird der Verlauf des Krieges schnell sein.«[6] An einer anderen Stelle heißt es: »Die Truppen sind zu offensiven Handlungen zur schnellen Zerschlagung des Gegners in kürzester Frist auf seinem eigenen Territorium vorzubereiten. . .«[7] Daß der Gegner überrascht werden soll, geht aus den Worten hervor, die modernen Panzerarmeen des Warschauer Paktes sollten »ganz zu Beginn des Krieges das schnelle Verlegen der Hauptanstrengungen auf große Tiefe, die Zerschlagung der operativen und strategischen Reserven des Gegners, die Vernichtung seiner Kernwaffen sowie die Verhinderung der Mobilmachungsmaßnahmen« gewährleisten.[8] Malinowski sprach übrigens von der Überführung vom Frieden in den »Kriegszustand«.[9] Das in den Dokumenten des NVR immer wieder verwendete Wort »Verteidigungszustand« kam bei ihm kein einziges Mal vor.

DDR-Verteidigungsminister Hoffmann berichtete in der 8. Sitzung des NVR am 29. November 1961 über die Herbstmanöver des Warschauer Paktes. Das Protokoll enthält jedoch keine näheren Angaben[10], so daß nicht festgestellt werden kann, ob er etwas über die Rede Malinowskis sagte.

Offenbar bereitete es den Genossen Schwierigkeiten, den Angehörigen der NVA die Offensivdoktrin des Warschauer Paktes verständlich zu machen. Eine »Brigade des ZK der SED« bemängelte nach der Überprüfung der 1. Motorisierten Schützendivision (6. Januar bis 6. Februar 1960), es sei bisher nicht herausgearbeitet worden, »daß im Falle einer Aggression des westdeutschen Militarismus dieser auf seinem Territorium vernichtend geschlagen werden« müsse. Es sei Ausdruck der »noch ungenügenden klassenmäßigen Erziehung«, daß die Mehrheit der Angehörigen der NVA keine Vorstellungen darüber besitze, daß sie »auf westlichem Territorium als Befreier der Arbeiter, Bauern und aller patriotischen Kräfte unseres Volkes« handle.[11] Zum Verständnis dieses Satzes muß gesagt werden, daß die Deutschland-Politik der SED damals noch offiziell an der Wiederherstellung der Einheit Deutschlands festhielt, selbstverständlich »auf der Grundlage der Demokratie und des Sozialismus« (also mit einem politischen System, wie es in der DDR bestand). Diese Formulierung wurde in den Artikel 8 Absatz 2 der Verfassung von 1968 aufgenommen, aber im Jahre 1974 gestrichen, als jeder Hinweis auf die Wiedervereinigung getilgt werden sollte.[12]

Der offensive Charakter der sozialistischen Militärdoktrin spiegelte sich in der oben zitierten Vorlage an den NVR auch darin, daß zwar vom Territorium des angeblichen Aggressors die Rede war, an keiner Stelle jedoch von einem tiefgestaffelten Verteidigungssystem auf dem eigenen Territorium, von der Lenkung des bei einem gegnerischen Angriff zu erwartenden Flüchtlingsstromes, wie das bei NATO-Übungen geschah. Auch nicht – wie im strategischen Denken der NATO – von der Wiederherstellung des »status quo ante« und einer möglichst schnellen Beendigung der Kampfhandlungen unter Gesichtswahrung für den Gegner. Hoch war der Preis, den die DDR-Führung für diese Art Kriegsführung zu zahlen bereit war: 1983 wurde in der Kommandostabsübung SOJUS-83 als Folge der Luftkriegsoperationen der NATO auf dem Territorium der DDR in neun Tagen konventioneller Kriegsführung mit einer Million ziviler Opfer und 100 000 Toten in den bewaffneten Organen der DDR gerechnet.[13]

Der Autor hat in den Akten des NVR aus den Jahren vor 1988 einige Stellen gefunden, in denen von einer »möglichen zeitweiligen Besetzung des Territoriums (der DDR; O.W.) durch den Gegner«[14] bzw. der »Vernichtung der militärischen Feindkräfte auf dem Territorium der DDR«[15] die Rede war. Das dürfte damit zusammenhängen, daß es Übungsszenarien der Vereinten Streitkräfte des Warschauer Paktes gab, die einen durch die schwache Besetzung der Mittelgebirgslinie provozierten erfolgreichen Gegenangriff von US-Korps gegen die dort sichernden Kräfte des Militärbezirkes III der NVA vorsahen. Er wurde jedoch im Raum Gotha durch eine verstärkte sowjetische Armee zum Stehen gebracht, die US-Korps wurden im Raum nördlich Nürnberg eingekesselt und vernichtet.[16]

Der NVA-Konteradmiral Günther Pöschel berichtete nach dem Ende der DDR, die Planungen der Vereinten Ostseeflotte hätten bei Kriegsausbruch unter anderen folgende Operationen vorgesehen:

»– sofortige Landung auf der Insel Bornholm;
– eine operativ-strategische Luft-Seelandung auf der dänischen Inselgruppe durch Kräfte aller drei Flotten (Bestand etwa drei Divisionen). Realisierung der Landung entsprechend der Entwicklung der Lage an der Landfront und des Kampfes um die Luftherrschaft;

– taktische Landungen an der Küste der Bundesrepublik (Fehmarn, Kieler Bucht) zur direkten Unterstützung der vorrückenden Landstreitkräfte (vorwiegend durch die Landungskräfte der Volksmarine)«.[17]

Erst die 1987 angekündigte neue Militärdoktrin der Sowjetunion sah Maßnahmen vor, die auf eine Verhinderung eines Krieges gerichtet waren. Es dauerte jedoch noch einige Zeit, bis sich diese Doktrin in Äußerungen führender sowjetischer Militärs und in Übungen des Warschauer Paktes durchsetzte. 1989 fand endlich eine Übung statt (JUG-89), in der die Vernichtung des Feindes auf seinem eigenen Territorium keine Erwähnung mehr fand.[18]

Pöschel beschreibt die Auswirkungen der neuen Militärdoktrin auf die Volksmarine. Alle offensiven Seelandungen seien aus dem Konzept gestrichen worden. Durchgeführt werden sollten sie nur zur Evakuierung von an die Küste abgedrängten Einheiten. Der eigene Mineneinsatz diente jetzt vorrangig dem Auslegen von Sperren in eigenen Territorialgewässern.[19]

III.2. Personalentscheidungen und Personalprobleme

Unter *»Kadernomenklatur«** verstand man in der DDR ein Verzeichnis der Positionen, für deren Besetzung die Zustimmung eines bestimmten staatlichen Organs oder einer Instanz der SED eingeholt werden mußte. Solche Verzeichnisse gab es für die staatlichen und wirtschaftlichen Leitungspositionen auf der Ebene der Stadt, des Kreises, des Bezirkes und der Regierung. Die höchste Nomenklatur war die Liste der Positionen, über die nur das Politbüro entscheiden konnte.[1]

Schon die Sicherheitskommission des ZK hatte eine Kadernomenklatur. Die des NVR ist mehrfach geändert worden, wobei Funktionen manchmal neu aufgenommen, manchmal gestrichen wurden. Die Ernennung zum Generalmajor/Konteradmiral und die Beförderung zum Generalleutnant/Vizeadmiral oder Generaloberst/Admiral gehörte bis 1970 zur ausschließlichen Nomenklatur des Politbüros, mit der sich der NVR gar nicht befaßte. Seitdem waren diese Positionen in seinem Nomenklaturverzeichnis enthalten, seine Entscheidung mußte jedoch vom Politbüro bestätigt werden. Von Anfang an gehörten zur Nomenklatur dieser beiden Gremien »Veränderungen von Nomenklaturkadern«, die Besetzung bestimmter Kommandos, zum Beispiel des Chefs eines Militärbezirkes oder des Kommandeurs einer Division.

Den Akten des Sekretariats des Staatssicherheitsministers können wir entnehmen, welcher Abstimmungsprozeß der Kadernomenklatur, die am 5. Dezember 1986 beschlossen wurde (es war die letzte Fassung), vorausgegangen ist. Am 7. April 1986 schickte der ZK-Abteilungsleiter für Sicherheitsfragen, Herger, Mielke ein Schreiben, in dem er einen Überblick über den am 2. Oktober 1981 beschlossenen Stand gab und Änderungsvorschläge machte. Demnach gehörten für den Bereich des Ministers für Staatssicherheit zur Nomenklatur des Politbüros eine Stelle (der Minister; allerdings auch die Ernennung, Beförderung sowie Entlassung von Generalen), zur Nomenklatur des Sekretariats des ZK zwei Stellen (der 1. und der 2. Sekretär der Kreisleitung im MfS), zur Nomenklatur des NVR 40 und zur Kontrollnomenklatur der Abteilung für Sicherheitsfragen 94 Stellen. Herger schlug vor, die letzte Stufe auf 37 Positionen zu reduzieren, und bat Mielke um seine Meinung. Zur Kontrollnomenklatur, über die in den Akten des NVR nichts zu finden ist, gehörten nach Hergers Aufstellung unter anderen die Stellvertreter der zwölf Hauptabteilungsleiter, die zur Nomenklatur des NVR gehörten.

Dem Stasi-Chef, der sich nicht gern in seine Karten sehen ließ, ist es gelungen, aus der von Herger vorgeschlagenen Kadernomenklatur des NVR neun Stellen zu streichen, so daß nicht zwölf Hauptabteilungsleiter, sondern nur noch sieben verblieben, von den fünf Stellvertretern des Leiters der Hauptverwaltung A (Aufklärung) nur einer. Das ist um so erstaunlicher, als die Stellenzahl bei den Ministerien für Nationale Verteidigung und des Innern in der Kadernomenklatur des NVR um je eine erhöht wurde.[2]

Die 1986 beschlossene »Kadernomenklatur des Nationalen Verteidigungsrates der DDR«[3] enthielt 189 Stellen, die auf die verschiedenen Ministerien bzw. Bereiche wie folgt aufgeschlüsselt waren:

Ministerium für Nationale Verteidigung	119
Ministerium des Innern	36
Ministerium für Staatssicherheit	31
Zivilverteidigung der DDR	2
Zollverwaltung der DDR	1

Außerdem gehörte dazu die Ernennung, Beförderung sowie Entlassung von Generalen und Admiralen, die allerdings, was aus dieser Liste nicht hervorgeht, vom Politbüro bestätigt werden mußte.

Man kann nicht sagen, daß zu dieser Kadernomenklatur nur die ranghöchsten Offiziere gehörten. Mit dabei waren nämlich sämtliche Militärattachés, die, abgesehen vom Militärattaché in der Sowjetunion – im Range eines Obersts bzw. Kapitäns z. S. oder Oberstleutnants bzw. Fregattenkapitäns standen. Wurden sie wieder an das Ministerium zurückversetzt, fanden sie in der Verwaltung Aufklärung außerhalb der Nomenklatur des NVR Verwendung. In dieser Verwaltung war nur der Chef, ein Generalleutnant, Nomenklaturkader des NVR. Generell wurden die Militärattachés aus den »Auslandsreservekadern« der Verwaltung Aufklärung genommen.[4] Man kann also sagen, daß sie geschulte Angehörige des militärischen Geheimdienstes waren.

Nomenklaturkader des NVR waren in allen drei Ministerien die Stellvertreter des Ministers; allerdings mit Ausnahme des Chefs des Hauptstabes und des Chefs der Politischen Hauptverwaltung der NVA. Diese gehörten zur Nomenklatur des Politbüros. Im Ministerium für Staatssicherheit waren nur die Hauptabteilungsleiter I (Sicherung der NVA und der GT), II (Spionageabwehr), XVIII (Sicherung der Volkswirtschaft), XIX (Sicherung des Verkehrswesens), XX (Staatsapparat, Kunst, Kultur, Kirche, Untergrund), Personenschutz sowie Kader und Schulung im Nomenklaturverzeichnis, nicht jedoch die Hauptabteilungsleiter III (Elektronische Aufklärung), VI (Sicherung und Kontrolle der Grenze), VII (Sicherung der Organe des Ministeriums des Innern), VIII (Observierung) und IX (Untersuchungsabteilung). Wohl aber gehörten zur Nomenklatur dieses Gremiums alle Leiter der Bezirksverwaltungen für Staatssicherheit,

wie auch die Chefs der Bezirksbehörden der Deutschen Volkspolizei und die Chefs der Wehrbezirkskommandos sowie die Kommandeure der Divisionen der Landstreitkräfte, der Grenzkommandos, der Luftstreitkräfte/Luftverteidigung und die Chefs der Flottillen der Volksmarine.
Schließlich ein Kuriosum, das für die DDR typisch war: In den Weltraum durfte nur geschossen werden, wer die Zustimmung des NVR gefunden hatte. Position 21. der Kadernomenklatur enthielt die Bezeichnung: »Fliegerkosmonauten der DDR«. Auch der Leiter der Kontrollgruppe des NVR, ein Oberst, stand auf dieser Liste. Angesichts der Bedeutung seiner Position war das durchaus angemessen.[5]
Militärrichter der Militärgerichte und Militärobergerichte gehörten nicht zur Kadernomenklatur des NVR, die ja Geheime Kommandosache war. § 19 Absatz 1 der »Anordnung des Nationalen Verteidigungsrates über die Aufgaben, Zuständigkeit und Organisation der Militärgerichte (Militärgerichtsbarkeit)« vom 27. September 1974 bestimmt ganz offiziell, daß sie von ihm gewählt werden. Nach § 19 Absatz 2 werden die Militärrichter des Obersten Gerichtes auf Vorschlag des NVR von der Volkskammer gewählt.[6] Vorlagen für diese Wahlen wurden in den Sitzungen des NVR ebenso behandelt wie die Vorlagen für Entscheidungen über Nomenklaturkader und mußten die gleichen formalen Kriterien erfüllen.
Der Anhang 3 des Statuts vom 27. Oktober 1981 bestimmt, daß bei Vorlagen über »Kaderentscheidungen« die Zustimmung des Leiters der ZK-Abteilung für Sicherheitsfragen einzuholen und der Beschlußvorlage eine Kurzbiographie der betreffenden »Kader« als Anlage beizufügen ist.[7] Sieht man sich heute diese Vorlagen an, merkt man, welche Kriterien dabei maßgebend waren. So heißt es bei der Begründung für die Ernennung eines Obersts aus der Politoffizierslaufbahn, der jetzt Chef eines Wehrbezirkskommandos war, zum Generalmajor unter anderem: »Oberst B. setzt in seiner Führungstätigkeit die Parteibeschlüsse und militärischen Grundsatzdokumente durch und verwirklicht die Einheit von politischer und militärischer Führung. Als Mitglied der SED-Bezirksleitung genießt er Ansehen und setzt sich für eine enge Zusammenarbeit mit den Partei-, Staats- und Wirtschaftsorganen des Bezirkes ein. In seiner Grundorganisation (der SED; O.W.) leistet er eine aktive und konstruktive Parteiarbeit«.[8]
In der tabellarischen Kurzbiographie war hinter dem Geburtsdatum gleich die SED-Mitgliedsnummer anzugeben. Es folgten folgende Angaben: Personenkennzahl, Wohnsitz, jetzige Tätigkeit, soziale Herkunft (Beruf des Vaters und der Mutter mit Mitgliedschaften vor und nach 1945), abgeschlossene Berufe, berufliche Entwicklung, Schulbildung, Parteischulen, Schulen in den bewaffneten Organen, Fremdsprachen/Grad, politische Entwicklung, gesellschaftliche Funktionen, Auszeichnungen, Dienst in der ehem. Wehrmacht, Gefangenschaft, Familienverhältnisse Ehefrau, Kinder, Geschwister, Schwiegereltern, Geschwister des Ehepartners (mit Beruf und Mitgliedschaften), illegaler Verzug von Verwandten 1. Grades und 1. Grades des Ehepartners in kapitalistische Länder und WB (West-Berlin), Verwandte 1. Grades und 1. Grades des Ehepartners im Ausland.[9]
Ab 1986 wurde in den Kurzbiographien auf die Angabe der SED-Mitgliedsnum-

mer und der Personenkennzahl verzichtet, Angaben über Verwandte wurden auf Ehefrau und Kinder beschränkt, die Frage nach illegalem Verzug von Verwandten in die Bundesrepublik und nach West-Berlin entfielen ebenso wie die Frage nach Aufenthalt von Verwandten im kapitalistischen Ausland.[10]
Die Vorlage mußte eine Befürwortung des Chefs der Politischen Hauptverwaltung des Ministeriums für Nationale Verteidigung aufweisen[11], beim Ministerium für Staatssicherheit lag gelegentlich eine Befürwortung des 1. Sekretärs der SED-Kreisleitung vor. Die Vorlagen des Ministers des Innern enthielten den Hinweis, daß von ihm eine Beschlußvorlage für das Politbüro vorzubereiten und einzureichen war.[12]
Akten des NVR können wir entnehmen, wie sich die Zeremonie einer Ernennung von Obersten zum Generalmajor abspielte. Am 29. Februar 1972 fand eine solche von 16.00 bis 16.30 Uhr im ZK-Gebäude am Werderschen Markt statt. Verteidigungsminister Hoffmann, Staatssicherheitsminister Mielke und Generalleutnant Borning, der damalige ZK-Abteilungsleiter für Sicherheitsfragen, betraten hintereinander Honeckers Arbeitszimmer, gefolgt von den sechs Obersten, je zur Hälfte Offzieren der NVA und des MfS. Im Ablaufplan heißt es dann im schönsten Hofzeremoniell:
»Der Minister für Nationale Verteidigung, Genosse Armeegeneral Hoffmann, meldet dem Vorsitzenden des Nationalen Verteidigungsrates.
Der Sekretär des Nationalen Verteidigungsrates verliest den Befehl des Vorsitzenden des Nationalen Verteidigungsrates.
Der Vorsitzende des Nationalen Verteidigungsrates überreicht jeweils den 3 Genossen der Nationalen Volksarmee und den 3 Genossen des Ministeriums für Staatssicherheit die Urkunden sowie die Effekten (Generals-Achselstücke und -Kragenspiegel; O.W.).
Die Urkunden und Effekten werden dem Vorsitzenden des Nationalen Verteidigungsrates durch den Leiter der Kontrollgruppe des Nationalen Verteidigungsrates zugereicht.
Im Anschluß an den Ernennungsakt wird ein Glas Sekt gereicht.
Genosse Generalmajor Dirwelis dankt im Namen der neu ernannten Generale.«[13]
Welche Abstimmung der Einreichung einer Beschlußvorlage für Beförderungen und Ernennungen von Generalen und Admiralen vorausgegangen war, geht aus einem Schreiben hervor, das Verteidigungsminister Hoffmann am 27. Juli 1977 an Honecker richtete. Er teilte darin mit, die beigefügte Liste sei von ihm mit dem Chef des Hauptstabes, Generaloberst Keßler, und dem Chef der Politischen Hauptverwaltung, Admiral Verner, sowie dem ZK-Abteilungsleiter für Sicherheitsfragen, Generaloberst Scheibe, abgestimmt worden. Keine volle Übereinstimmung habe es bei einem Generalmajor und einem Oberst gegeben – beide waren Politoffiziere –, gegen die er und Keßler gewisse Einwände erhoben hätten. Sie hätten vorgeschlagen, beide auf ein Jahr zurückzustellen. Auf Wunsch von Verner seien sie dann doch auf die Liste gesetzt worden. Wenn Honecker zustimme (dieser schrieb sein »Einverstanden« an den oberen rechten Rand des Briefes), werde er eine Beschlußvorlage für den NVR bzw. das Politbüro fertigen.[14]

Die Ernennung bzw. Beförderung von Generalen fand nicht wie in der Bundeswehr nach der Versetzung auf eine entsprechende Planstelle, sondern aus Anlaß eines Jahrestages statt. So wurden am 7. September 1979 aus Anlaß des 30. Jahrestages der Gründung der DDR im Bereich des MfNV zwei Beförderungen zum Generaloberst, acht zum Generalleutnant und eine Beförderung zum Vizeadmiral beschlossen. Ferner 30 Ernennungen zum Generalmajor und zwei zum Konteradmiral. Das MfS mußte sich diesmal mit einem Generalleutnant und fünf Generalmajoren begnügen, das MdI ging leer aus.[15]
Gelegentlich beschäftigte sich der NVR mit mehr oder weniger ernstzunehmenden Personalproblemen. So wurde im Jahre 1988 der Kommandeur der 1. Mot. Schützendivision, Oberst B., von seinem Posten abberufen und zum Leiter der Gefechtsausbildung im Militärbezirk III ernannt, weil er Verbindung zu einer anderen Frau aufgenommen und die Ehescheidung betrieben hatte. Das wurde ihm als »unparteiliche Haltung« angelastet.[16] Diese moralische Entrüstung ist deshalb so verlogen, weil in den oberen Führungsrängen des SED-Staates Ehebruch und Scheidung durchaus nicht karriereschädigend waren. Honecker selbst hatte als FDJ-Vorsitzender neben seiner ersten Ehefrau, Edith Baumann (von 1946 bis 1949 stellvertretende Vorsitzende der FDJ), seit 1949 ein Verhältnis mit der 18 Jahre jüngeren Margot Feist, die er 1953 heiratete.[17]
Protokollen der Sitzungen des NVR in den sechziger Jahren kann man entnehmen, welchen Preis die NVA für die von der Partei gewollte soziale Umwälzung zu zahlen hatte. Eine »Brigade des ZK der SED«, die in der Zeit vom 3. bis zum 25. März 1961 die 11. Mot. Schützendivision überprüft hatte, kam zu dem Ergebnis, daß nur 18 % aller Offiziere das Abitur oder die Mittlere Reife hatten, 73 % hatten die Schule acht Jahre mit Erfolg besucht, 9 % nicht einmal das. Die »Hauptmängel der Führungstätigkeit« kamen nach Meinung der ZK-Genossen allerdings nicht von der unzureichenden Allgemeinbildung der Offiziere, sondern davon, »daß die Beschlüsse der Partei nicht Ausgangspunkt und Leitmotiv der gesamten Arbeit« waren.[18]
Nicht wenige Offiziere müssen aber diesen Mangel empfunden haben. Die erwähnte »Brigade« (sechs Genossen der ZK-Abteilung für Sicherheitsfragen sowie Genossen aus verschiedenen Verwaltungen des MfNV und des Militärbezirkes V) hatte in der Zeit vom 6. Januar bis zum 6. Februar 1960 die 1. Mot. Schützendivision kontrolliert. Damals bemängelte sie unter anderem, daß der stellvertretende Divisionskommandeur für Technische Ausrüstung, Oberstleutnant K., und 14 Offiziere des Stabes des Mot. Schützenregimentes-3 an einem Volkshochschulkursus zur Erlangung der Mittleren Reife teilnahmen.[19]
In den Anfangsjahren der NVA glaubte die politische Führung, den zunehmenden sozialen Abstand von Generalität und Offizierskorps zu den Mannschaften überbrücken zu können. Jährlich sollten 25 % der Offiziere, die noch keine Produktionserfahrung hatten, für einen Monat zur Arbeit in der »sozialistischen Produktion« freigestellt werden. Ein Viertel der Offiziere, Generale und Admirale sollte gar einen Monat als Soldat, Unteroffizier oder Hauptfeldwebel Dienst bei der Truppe leisten. Dieses Ziel wurde bei weitem nicht erreicht. Insgesamt 159 Offiziere waren im Ausbildungsjahr 1959 davon betroffen. Ihr Einsatz soll zwar Einfluß auf die »Verbesserung des klassenmäßigen Verhältnisses zwi-

schen Soldaten und Offizieren« gehabt haben. Aber es wurde festgestellt, daß diese Aktion die Einsatzbereitschaft der Einheiten und Stäbe beeinträchtigt hat. Der Militärbezirk V und das Kommando der Seestreitkräfte sprachen das in ihren Berichten offen aus.[20]
Ende 1960 wurden diese spektakuläre Aktionen, die auf chinesische Vorbilder zurückgingen und über die sich sowjetische Offiziere sehr gewundert hatten, sang- und klanglos beendet.[21]
Wie starr in der Folgezeit in der NVR die hierarchischen Strukturen zelebriert wurden, beweist – ein Beipsiel für viele – die vom NVR am 16. Juni 1978 beschlossene Innendienstvorschrift. Dort heißt es in der Nr. 45: »Beim Herantreten an einen Vorgesetzten oder Dienstgradhöheren ist die Ehrenbezeugung zu erweisen und danach das Anliegen vorzutragen. Beispiel: ›Genosse Leutnant, gestatten Sie, daß ich Sie spreche?‹«[22]

III.3. Vorbereitungen auf das erste Kriegsjahr (Mob-Arbeit)

Die *Mob-Arbeit* * (Mobilmachungs-Arbeit, in der Bundeswehr sagt man dazu: MOB-Vorbereitungen) war in der DDR so geheim, daß nicht einmal dieser Begriff verwendet werden sollte[1], was jedoch in den Vorlagen des NVR geschah. Und das Wort Mobilmachung kam natürlich im Verteidigungsgesetz vom 19. Oktober 1978 vor.[2]
Der NVR beschloß am 29. November 1961 die »Vorläufige Ordnung für die Mob-Arbeit in der Volkswirtschaft«.[3] Diese umfaßt u.a.:
»1. Die Erarbeitung des Volkswirtschaftsplanes für das erste Kriegsjahr. Er enthält alle Aufgaben für die Volkswirtschaft zur Sicherung des Bedarfes der Streitkräfte und der Bevölkerung im ersten Kriegsjahr.
2. Die Planung und Sicherung aller Maßnahmen zur Vorbereitung und Durchführung der Umstellung der Volkswirtschaft für die Landesverteidigung. Der Umfang der Umstellungsmaßnahmen wird vom Nationalen Verteidigungsrat festgelegt.«

Die Abteilung Wirtschaftsstatistik in der Hauptabteilung I der Staatlichen Plankommission wurde zum zentralen Leitungsorgan für die Mob-Arbeit bestimmt und mit der Federführung für die Ausarbeitung des Mobilmachungsplanes in der Volkswirtschaft beauftragt.
Es ging vornehmlich darum, technisch-ökonomische Maßnahmenpläne für die Produktionsumstellung im ersten Kriegsjahr zu erarbeiten. Maßnahmenpläne für das Gesundheitswesen, das Verkehrswesen, das Nachrichtenwesen, die Landwirtschaft, die Versorgung, die Kultur und die Bauwirtschaft sollten im Krieg den Bedarf der bewaffneten Organe, der Bevölkerung und der Verteidigungsproduktion sicherstellen. Auch Maßnahmenpläne für die Umgruppierung von Arbeitskräften waren erforderlich. Die Schaffung von Eisernen Reserven im Frieden sollte ebenso wie die dann einzuführende Rationierung und Kontingentierung von Lebensmitteln und Gebrauchsgütern die planmäßige Versorgung der bewaffneten Organe und der Bevölkerung am Anfang des Krieges sicherstellen.[4]

Die Staatliche Plankommission erhielt vom Ministerium für Nationale Verteidigung die Mob-Anforderungen aller bewaffneten Organe für das jeweilige Berechnungsjahr, eine Aufstellung aller Lieferungen, Leistungen und sonstigen Anforderungen, für die die Volkswirtschaft aufzukommen hatte. Dabei mußten auch die Dienstleistungsforderungen der auf dem Territorium der DDR operierenden Vereinten Streitkräfte des Warschauer Paktes erfüllt werden.[5]
Die Begriffe Mobilmachung (Mob) und Planung für das erste Kriegsjahr durften weder im mündlichen noch im schriftlichen Sprachgebrauch verwendet werden. Vorgeschrieben wurden:
- anstelle »Mob-Arbeit« der Begriff »Berechnungsarbeit«
- anstelle »Erstes Kriegsjahr« der Begriff »Berechnungsjahr«
- anstelle »Mobilmachung« der Begriff »Umstellung«.

Alle abgewandelten oder zusammengesetzten Wörter waren analog anzuwenden. Es bildete sich schnell die Zusammensetzung mit dem Buchstaben *»B«** heraus: B-Jahr, B-Plan der Volkswirtschaft, B-Stellenplan, B-Haushaltsplan, B-Kader u.a.
Die offizielle Bezeichnung für die Mob-Organe auf der Ebene der Staatlichen Plankommission, der Ministerien und der Bezirke war »Abteilung Wirtschaftsstatistik«.[6] Später verbargen sich diese Mob-Organe hinter der Bezeichnung (Haupt-)Abteilung I.
Vier Monate später mußte der damalige Vorsitzende der Staatlichen Plankommission, Mewis, zugeben, daß die ihm vom NVR gestellte Aufgabe viel schwieriger war, als sich das die Beteiligten vorgestellt hatten. Dazu führte er aus:
Im Volkswirtschaftsplan 1962 waren für die bewaffneten Kräfte Lieferungen in Höhe von rund 1,2 Milliarden Mark vorgesehen; außerdem Waffen- und Ausrüstungs-Importe für 0,6 Milliarden Mark. Dem standen für das erste Kriegsjahr die Anforderung von Lieferungen im Wert von 7,7 Milliarden und Importe für fünf Milliarden gegenüber. Außerdem die Instandsetzung von militärischer Technik für die DDR-Streitkräfte und ihre Verbündeten für sechs bis acht Milliarden. Die Anforderungen des zivilen Luftschutzes waren dabei noch gar nicht berücksichtigt. Mewis erläuterte das an einigen Beispielen:
Im ersten Kriegsjahr sollten rund 380 000 Handfeuerwaffen geliefert werden. 1962 wurden 95 000 geliefert, die gegenwärtige Produktionskapazität würde für 120 000 ausreichen. Bei der Instandsetzung von Panzern war die Situation besonders kritisch. Gegenwärtig wurde in einem Betrieb täglich ein Panzer oder gepanzertes Fahrzeug instandgesetzt. Gefordert wurden für den Krieg jedoch 140. Das würde nach Berechnungen der Abteilung Wirtschaftsstatistik 70 zusätzliche Betriebe erfordern.[7]
Der DDR-Planungschef berichtete, daß in den letzten Monaten damit begonnen worden sei, in der Staatlichen Plankommission, im Volkswirtschaftsrat und in den Ministerien für Verkehrswesen, für Gesundheitswesen, für Bauwesen, für Handel und Versorung, für Post- und Fernmeldewesen, für Land-, Ernährungs- und Forstwirtschaft sowie in den Räten der Bezirke Mob-Organe zu bilden, also Dienststellen, die ausschließlich mit diesen Arbeiten beschäftigt wurden. Dafür waren 134 Planstellen (davon 32 für technische Kräfte, also vorwiegend Sekre-

tärinnen) vorgesehen. Eine wichtige Aufgabe war es festzustellen, welche zivile Produktion eingeschränkt bzw. eingestellt werden konnte und welche Kapazitäten dadurch für die Kriegsproduktion frei wurden. Auch wurde bereits festgelegt, die Versorgung der Bevölkerung auf die Rationierungssätze von 1950 zurückzufahren. Durch Abschlachten von etwa 40 % des Schweinebestandes, wodurch 300 000 Tonnen Fleisch anfallen würden, könnte der Fleischbedarf der auf DDR-Territorium operierenden Vereinten Streitkräfte des Warschauer Paktes gedeckt werden.[8]

Am 17. Mai 1973 wurden vom NVR »Maßnahmen zur Vervollkommnung der stabsmäßigen Vorbereitung der staatlichen und wirtschaftsleitenden Organe auf den Verteidigungszustand und die ökomomische Sicherstellung der Landesverteidigung« beschlossen. Mit der »stabsmäßigen« Vorbereitung der staatlichen und wirtschaftsleitenden Organe auf den Kriegszustand wurde die *Hauptverwaltung beim Vorsitzenden des Ministerrates**, die auch als »Stabsorgan« bezeichnet wurde, beauftragt, an deren Spitze der ehemalige Chef des Hauptstabes der NVA, Generalleutnant Riedel, als Staatssekretär stand. Für die Planung, Organisation, Koordinierung und Kontrolle der Deckung des materiellen Bedarfes der bewaffneten Organe und der Vorbereitung der Volkswirtschaft auf den Kriegszustand war der *Militärbereich der Staatlichen Plankomission** zuständig, an dessen Spitze ein später zum Generalleutnant beförderter Generalmajor stand, der gleichzeitig Stellvertreter des Vorsitzenden war.[9]

Diese Doppelgleisigkeit, die im Vorfeld der Beschlußfassung zu Meinungsverschiedenheiten zwischen Mitgliedern des NVR geführt hatte[10], wurde auf sowjetische Erfahrungen zurückgeführt. Der Vorlage wurden die Organisationsstrukturen beider Organe beigeben. Demnach waren für die Hauptverwaltung beim Ministerratsvorsitzenden 30 bis 40 Mitarbeiter vorgesehen (wobei die technischen Kräfte nicht mitgerechnet wurden), von denen 50 bis 60 % Armeeangehörige und die übrigen Zivilbeschäftigte waren. Der Militärbereich der Staatlichen Plankommission sollte aus 100 bis 120 Mitarbeitern bestehen, davon 30 bis 40 % Armeeangehörige. Es wurde ausdrücklich vermerkt, daß in diesen Organen eingesetzte Offiziere des aktiven Wehrdienstes militärisch-disziplinarisch dem Verteidigungsministerium unterstellt waren.[11]

Der Beschluß vom 17. Mai 1973 wurde am 17. September 1982 wieder aufgehoben. Es wurde beschlossen, die Hauptverwaltung beim Vorsitzenden des Ministerrates bis zum 30. November 1982 aufzulösen. Allerdings wurden die von ihr wahrgenommenen Aufgaben nicht, wie man erwartet hätte, dem Militärbereich der Staatlichen Plankommission übertragen, womit tatsächlich Doppelgleisigkeit vermieden und eine Straffung der Verantwortlichkeit herbeigeführt worden wäre. Vielmehr fielen sie an den Leiter der Zivilverteidigung der DDR. Dieser unterstand formal dem Ministerratsvorsitzenden, doch ist der Vorlage ein Organisationsschema beigegeben, auf dem diese Funktion dem Verteidigungsminister zugeordnet ist, bei dem die Hauptverwaltung Zivilverteidigung ohnehin ressortierte. Neben dieser ist die neue Hauptabteilung I des Ministerrates eingezeichnet. Zwischen beiden wurden die Aufgaben der aufgelösten Hauptverwaltung aufgeteilt.[12]

Die Vorlage »Grundsätze zur effektiveren Gestaltung der Vorbereitung des

Staatsapparates und der Volkswirtschaft auf den Verteidigungszustand« ist aber sehr instruktiv, weil sie einen Überblick über die »speziellen Strukturabteilungen« gibt, was ein anderers Wort für die Organe ist, in denen das erste Kriegsjahr vorbereitet wurde. Es waren vorgesehen:

a) für den Führungsbereich des Vorsitzenden des Ministerrates
   - die Hauptverwaltung Zivilverteidigung mit der Hauptabteilung I des Ministerrates
   - der Militärbereich der Staatlichen Plankommission
b) für die Bereiche der Bevollmächtigten[13]
   - je eine B-Abteilung
c) in den Ministerien und anderen zentralen Staatsorganen
   - je eine Abteilung/Unterabteilung I
d) in den Räten der Bezirke
   - der Stab der Zivilverteidigung mit einer speziellen Struktureinheit des Rates des Bezirkes
   - eine Abteilung I im Bestand der Bezirksplankommission
   - Gruppen/Mitarbeiter I in den Fachorganen
e) in den Räten der Kreise
   - der Stab der Zivilverteidigung mit einer speziellen Struktureinheit des Rates des Kreises
   - eine Gruppe I im Bestand der Kreisplankommission
f) in den Kombinaten, wirtschaftsleitenden Organen und anderen staatlichen Einrichtungen
   - Abteilungen/Gruppen/Mitarbeiter I
g) in ausgewählten verteidigungswichtigen und lebenswichtigen Betrieben
   - Gruppen/Mitarbeiter I.[14]

Die Beratung über den B-Plan der Volkswirtschaft zog sich wie ein roter Faden durch die Beratungen des NVR. Am 18. November 1976 wurde berichtet, daß erstmalig ein »Dokument« vorliege, das die »Hauptrichtungen des volkswirtschaftlichen Reproduktionsprozesses in der Umstellungsperiode umfaßt«. Es wurde gleich hinzugefügt, Ziel des B-Planes, an dem von 1973 bis 1975 gearbeitet wurde, sei es, »im Falle eines Krieges alle ökonomischen Potenzen der DDR im Rahmen der sozialistischen Militärkoalition für die Erringung des Sieges über den Aggressor« einzusetzen. Dieser Plan enthielt u. a. folgende Festlegungen:

- Erhöhung der Produktion und Leistungen für die bewaffneten Organe im Vergleich zum Vorjahreswirtschaftsplan auf ca. 440 %
- Bereithaltung von 29 % des im B-Jahr zu verwendenden Nationaleinkommens für die Aufrechterhaltung der Operationsfreiheit der Streitkräfte, für die mögliche Sicherung der Lebensbedingungen der Bevölkerung sowie für den Ausgleich von Zerstörungen
- Steigerung der Anzahl der Betten und Bettenplätze für die stationäre Versorgung auf mehr als das Zehnfache
- Reduzierung der Versorgung der Bevölkerung mit Nahrungsgütern und lebenswichtigen Industriewaren auf etwa 30 % gegenüber dem Vorjahreswirtschaftsplan.[15]

In umfangreichen Tabellen wurde nachgewiesen, in welchem Umfang den B-Forderungen der NVA und der Schutz- und Sicherheitsorgane nachgekommen werden konnte. Dabei stellte sich heraus, daß nicht die im Jahre 1961 geforderten 51 100 Instandsetzungen von Panzern und gepanzerten Fahrzeugen zu realisieren waren, wohl aber 17 200. Die geforderte Produktion von Maschinenpistolen (224 523) konnte nur zu 55,7 % erfüllt werden, die Herstellung von Felddienstanzügen (573 000) und Lederstiefeln (1,133 Millionen Paar) zu 100 %.[16] Hier zeigt sich, daß es einfacher war, die Produktion von zivilen Verbrauchsgütern auf militärischen Bedarf umzustellen, als die Produktion von Waffen und Munition zu steigern.

Da die B-Pläne ein sehr aufwendiges Zahlenwerk waren, wurden sie nur alle fünf Jahre erarbeitet, für 1976, 1981 und 1986.

Der »Bericht über den Stand der Vorbereitung der Überführung der Volkswirtschaft auf den Verteidigungszustand auf der Grundlage des B-Planes der Volkswirtschaft« wurde für die 65. Sitzung am 23. April 1982 vom Vorsitzenden der Staatlichen Plankommission, Schürer, eingereicht. Erarbeitet wurde er vom Chef des Militärbereiches, Generalleutnant Neidhardt. Darin wurde ausgeführt, daß der B-Plan für das Jahr 1981 mit der Sowjetunion und anderen Staaten des Warschauer Paktes koordiniert und in 35 B-Gremien (unter der Leitung der zuständigen Minister und der Vorsitzenden der Räte der Bezirke) erörtert wurde. Dieser Plan macht deutlich, daß mit einer erheblichen Schrumpfung der Wirtschaft gerechnet wurde. Das gesellschaftliche Gesamtprodukt würde im ersten Kriegsjahr 48 % des Volkswirtschaftsplanes betragen, das im Inland zu verwendende Nationaleinkommen 56 % des Volkswirtschaftsplanes. Davon würde über die Hälfte für die bewaffneten Organe, Aufwendungen für die Operationsfreiheit der Vereinten Streitkräfte, Schutzbauten und andere Aufwendungen sowie Reserven zum Ausgleich bei Zerstörungen aufgebracht werden müssen.

In umfangreichen Berechnungen wurde nachgewiesen, daß der Bedarf der bewaffneten Organe zu 89 % gedeckt werden konnte. Der Plan enthielt auch Angaben über die mit dem Verteidigungsministerium abgestimmte Zurückstellung von 150 000 Wehrpflichtigen vom Wehrdienst und eine Übersicht über die Aufstellung von 898 vom Verteidigungsminister geforderte zivile Spezialformationen, von denen 802 einsatzbereit waren: 513 für das Verkehrswesen, 168 für das Nachrichtenwesen, zwei für das Bauwesen und 119 für das Gesundheitswesen.[17]

Die Vorlage über den B-Plan 1986, der am 3. Juli 1986 beschlossen wurde, war von dem für Wirtschaft zuständigen Politbüromitglied Mittag, Verteidigungsminister Keßler und Staatssicherheitsminister Mielke mitgezeichnet worden; merkwürdigerweise nicht vom Ministerratsvorsitzenden Stoph. Er enthielt, was Mittags Handschrift verrät, die wirklichkeitsfremde Feststellung, daß der »kontinuierliche und dynamische Leistungsanstieg der Volkswirtschaft, der entsprechend der vom XI. Parteitag beschlossenen Strategie realisiert« werde, günstige Voraussetzungen für die Erfüllung der Anforderungen der Landesverteidigung im Falle der Mobilmachung und im Kriegszustand schaffe. Die Bedarfsanforderungen der NVA und der anderen bewaffneten Organe für das erste Kriegsjahr könnten in den meisten Positionen erfüllt werden. Keine Deckung war u.a. bei

Maschinenpistolen und Patronen, den Panzerbüchsen RPG, Lastkraftwagen, Nichteisenmetallen und Walzstahlsortimenten möglich. Zu 100 % zugesagt werden konnte die Instandsetzung von 14 607 Panzern und gepanzerten Fahrzeugen, 73 205 Kraftwagen, 1380 Geschützen und Granatwerfern sowie 188 Flugzeugen.
Von den 782 200 wehrpflichtigen männlichen Berufstätigen zwischen 18 und 35 Jahren sollten 45,2 % einberufen werden. Folgende Inanspruchnahme von Technik aus der Volkswirtschaft (VW) war geplant:

Nutzkraftfahrzeuge ab 1,3 Tonnen Nutzlast	64 200	(Verbleib in der VW: 43 %)
Bagger	1 100	(Verbleib in der VW: 70 %)
Pionierraupen	1 600	(Verbleib in der VW: 67 %)
Notstromaggregate	3 900	(Verbleib in der VW: 56 %)

192 700 Bettenplätze in Reservelazaretten waren vorgesehen, davon 120 950 in bestehenden Krankenhäusern; das waren 71 % des Bestandes. 693 Zivile Spezialformationen mit 86 420 Kräften waren aufstellungsbereit.[18]
Honeckers »Direktive« vom 27. November 1985 über die Aufgaben bei der Vorbereitung der zentralen Führungsbereiche und der Bevollmächtigten[19] auf den Kriegszustand im Zeitraum von 1986 bis 1990 befahl unter anderem, den B-Plan 1986 fertigzustellen und auf die einzelnen Betriebe und Kreise aufzuschlüsseln sowie im Zusammenwirken mit den anderen Teilnehmerstaaten des Warschauer Paktes auf der Grundlage der Ergebnisse der Realisierung des Fünfjahrplanes 1986–90 den B-Plan 1991 vorzubereiten.[20]
Der SED-Generalsekretär sorgte sich offenbar darum, daß die mit diesen Aufgaben befaßten Mitarbeiter nicht ernst genug bei der Sache waren. Er mahnte daher:
»Die Arbeit mit den B-Kadern ist auf eine den höheren Anforderungen entsprechende klassenmäßige Erziehung und ideologische Stählung, allgemeinmilitärische und spezialfachliche Weiterbildung sowie auf die zielstrebige Entwicklung ihrer schöperischen Fähigkeiten zu richten. Die zuständigen staatlichen Leiter haben der Auswahl dieser Kader, ihrer kontinuierlichen Entwicklung und der Stabilität ihres Bestandes besondere Aufmerksamkeit zu widmen.« Er verlangte die weitere Erhöhung der Qualität der B-Planung, damit der B-Bedarf nach Quantität und Erzeugnissen vollständig gesichert werde. Mit anderen Worten: Im ersten Kriegsjahr sollte den bewaffneten Organen alles an Waffen, Munition und Bedarfsgütern zur Verfügung stehen, was sie benötigten. Er fuhr fort, daß die B-Pläne bei veränderten militärischen Erfordernissen präzisiert werden müßten.[21] An eine Umstellung der Planungen auf einen Verteidigungskrieg war damals noch nicht zu denken.
Immer wieder wurden die B-Planungen der einzelnen Ministerien überprüft. Verteidigungsminister Hoffmann kritisierte am 24. November 1975 an der Vorlage über die Vorbereitung des Ministeriums für Elektrotechnik und Elektronik auf den Kriegszustand, daß dessen Berechnungen keinesfalls eine kurzfristige Erfüllung der B-Aufgaben im ersten Monat und im ersten Quartal des Krieges sicherten, weil eine konkrete Umstellungsvorbereitung in den Betrieben noch nicht erfolgt sei. In der Reservebildung an Baugruppen und Bauelementen

seien bestimmte Fortschritte erzielt worden, jedoch seien für im Krieg benötigte Vorrichtungen, Werkzeuge, Lehren und technische Dokumentationen keinerlei Bestände vorhanden. Er schlug vor, in verstärktem Maße Spezialisten der Produktionsvorbereitung als »nebenamtliche B-Kader« einzusetzen. Dabei hatte das Ministerium stolz verkündet, daß es seine Lieferungen für die Landesverteidigung von 514 Millionen Mark im Jahre 1971 auf 964 Millionen Mark im Jahre 1975 gesteigert habe, die Zahl der Forschungs- und Entwicklungsaufgaben von 27 Themen auf 50.[22]
Wie weit die B-Arbeit auch die Köpfe der Bezirksverantwortlichen beherrschte, bewies in derselben Sitzung des NVR der Bericht, den der Vorsitzende des Rates des Bezirkes Suhl über seine Kriegsvorbereitungen vorlegte. Da war in diesem Grenzbezirk nicht etwa von der Vorbereitung von Brückensprengungen und Straßensperren die Rede, sondern von der Unterstützung der Operationsfreiheit der Vereinten Streitkräfte durch den Ausbau des Straßennetzes. Engstellen in Ortsanlagen sollten durch den Abriß von Wohnhäusern bzw. durch aufwendige Ortsumgehungen beseitigt werden, was jedoch nur in einem längeren Zeitraum zu verwirklichen sei. Für die Versorgung der Streitkräfte und der Bevölkerung sei ein B-Ernährungsplan und ein B-Versorgungsplan vorbereitet. Für die medizinische Betreuung sei eine Verfünffachung der Bettenkapazität geplant.[23]
Weitere Einzelheiten der B-Planung werden in den Abschnitten »Bevollmächtigte, Minister und Leiter anderer zentraler Staatsorgane« und »Bezirke« noch ausführlich darzustellen sein.

III.4. Beschlüsse über Aufgaben, Struktur, Ausrüstung, Kampfkraft und Sicherstellung[1] der bewaffneten Organe und ihrer Hilfsorganisationen

III.4.1. Nationale Volksarmee

Die Nationale Volksarmee (NVA) war unter den bewaffneten Organen der DDR das bedeutendste und zahlenmäßig stärkste. Sie war ein Vorzeigeobjekt bei Staatsbesuchen und Paraden, besonders am 1. Mai und am 7. Oktober. Ihr Minister, bis 1985 Heinz Hoffmann, war die Nr. 1 unter den drei Ministern der bewaffneten Organe. Dem Befehl, den Ulbricht als Vorsitzender des NVR am 20. August 1968 erließ, können wir entnehmen, daß es zum Auftrag des Verteidigungsministers gehörte, bei Aktionen wie dem geplanten Einmarsch in die Tschechoslowakei »den Einsatz der anderen bewaffneten Organe zu koordinieren«.[2]
Trotzdem begegnete die Partei- und Staatsführung ihrer NVA – nach sowjetischem Vorbild – mit einem gewissen Mißtrauen. Die mit der Überwachung der NVA und der Grenztruppen betraute Hauptabteilung I des Ministeriums für Staatssicherheit (MfS) hatte im Jahre 1989 2457 Mitarbeiter.[3] Ihr Leiter firmierte im Ministerium für Nationale Verteidigung (MfNV) als Chef der Verwaltung 2000 und nahm an den Sitzungen des Kollegiums teil. Die MfS-Offiziere der

Verwaltung 2000 hatten ihre Büros in den Dienstgebäuden der Teilstreitkräfte, Militärbezirke, Divisionen, Regimenter und selbständigen Bataillone.(X)[4]
Zum Verständnis der folgenden Darstellung ist es erforderlich, einige Angaben über die Struktur der NVA zu machen: Sie war gegliedert in die Landstreitkräfte, die Luftstreitkräfte/Luftverteidigung und die Volksmarine, deren Chefs ebenso wie die Chefs des Hauptstabes und der Politischen Hauptverwaltung (PHV), der Chef Rückwärtige Dienste und der Chef Technik und Bewaffnung Stellvertreter des Ministers waren.[5] Die Grenztruppen wurden im September 1961 dem MfNV unterstellt. Vorher unterstanden sie als »Deutsche Grenzpolizei« von 1952 bis 1957 dem MfS, anschließend dem Ministerium des Innern (MdI). Um die Jahreswende 1973/74 wurden sie aus der NVA ausgegliedert und erhielten die Bezeichnung »Grenztruppen der DDR«. Das geschah, damit sie bei den damals aufgenommenen Wiener Verhandlungen über gegenseitige Reduzierung der Streitkräfte in Mitteleuropa nicht angerechnet wurden.[6] Ihr Chef war ebenfalls einer der Stellvertreter des Ministers. Zu den Abteilungen des MfNV gehörte auch die Hauptverwaltung Zivilverteidigung.[7]
Die Politorgane hatten in der NVA eine Doppelfunktion. Sie waren einerseits die Parteiorganisation der SED, andererseits auf militärischem Gebiet zuständig für die politische Schulung aller NVA-Angehörigen, »die Parteischulung der SED- und FDJ-Mitglieder, die Sicherung der Kampfmoral, die Überwachung der Einhaltung von Befehlen, die Mitwirkung in allen Personalangelegenheiten und die Führung von kaderpolitischen Personalakten«.[8]
Streng hierarchisch gegliedert, stand an der Spitze die *Politische Hauptverwaltung** (PHV), deren Chef die Rechte eines ZK-Abteilungsleiters hatte. Gleichzeitig war er einer der Stellvertreter des Ministers. Das Sekretariat der PHV wurde von ihm berufen und vom ZK-Sekretariat bestätigt.[9] Der PHV unterstanden die Politischen Verwaltungen (PV) der Teilstreitkräfte, der Militärbezirke, der Grenztruppen und der Stadtkommandantur Berlin. Die Leiter dieser Politverwaltungen waren gleichzeitig Stellvertreter der jeweiligen Chefs. Die Sekretariate der Politverwaltungen wurden von ihnen berufen und vom Sekretariat der PHV bestätigt. Die Ebene darunter bildeten die Politabteilungen der Verbände (Divisionen, Flottillen), Schulen und in der Führung der politischen Arbeit Gleichgestellter.
Politverwaltungen und Politabteilungen der Verbände hatten die Rechte von Kreisleitungen, hatten also eine Parteikontrollkommission und eine Revisionskommission, durften die Bildung von Partei- und FDJ-Grundorganisationen und die Aufnahme in die Partei bestätigen. Diese Rechte hatten die Arbeitsgruppen für politische Arbeit der Truppenteile (Regimenter) nicht.
In allen Bataillonen, Einheiten und Stäben der verschiedenen Ebenen bestanden Grundorganisationen der SED, deren Sekretäre nicht ernannt, sondern von den Mitgliedern gewählt wurden und durch das übergeordnete Parteiorgan bestätigt werden mußten. Ebenso wie die Delegierten zur nächsthöheren Delegiertenkonferenz.
Einen Politstellvertreter hatten die Kommandeure der Divisionen, Regimenter und Bataillone sowie – zum Teil – die Kompaniechefs, ebenfalls die ihnen Gleichgestellten bei den Luftstreitkräften und der Luftverteidigung, der Volks-

marine sowie den Schulen der NVA. Sie hatten alle die Rechtsstellung eines Parteifunktionärs.[10]
Nach der am 16. Juni 1978 vom NVR beschlossenen Innendienstvorschrift der NVA gehört es zu den Aufgaben des Politstellvertreters des Regimentskommandeurs unter anderem, »alle Armeeangehörigen des Regimentes um die SED zu scharen« und »die kulturpolitische Arbeit auf die Ausprägung der marxistisch-leninistischen Weltanschauung und der sozialistischen Lebensweise sowie auf die sinnvolle Gestaltung der Freizeit auszurichten und zu gewährleisten, daß der Regimentsklub den wachsenden geistigen und kulturellen Ansprüchen der Armeeangehörigen gerecht wird«.[11]
Der gesamte Politapparat bestand 1989 aus 5669 Armeeangehörigen und 2173 Zivilbeschäftigten.[12] Die Politische Hauptverwaltung des Ministeriums hatte Planstellen für zehn Generale und 88 Oberste, ein Kommando einer Teilstreitkraft für vier Generale, 45 bis 50 Offiziere und andere Mitarbeiter. Jeder Divisionsstab hatte 14 bis 16 Politoffiziere, jeder Regimentsstab vier bis sechs, jeder Bataillonsstab zwei und jede Kompanie einen. Der PHV unterstanden weitere 2311 Armeeangehörige in ihr unterstellten Einheiten und militärischen Einrichtungen, wie der Propagandabrigade, dem Militärverlag und dem Filmstudio der NVA.[13]
Welche Aufgaben die Politorgane im Krieg gehabt hätten, können wir den Akten des Kriegsspiels BORDKANTE-86 entnehmen, in dem die Eroberung West-Berlins geübt wurde.[14] Sie hatten in Erfüllung des »Klassenauftrages« des XI. Parteitages der SED (1986) bei den beteiligten Truppen für die »Einstellung des Bewußtseins und der Psyche der Menschen auf die Bedingungen des modernen Krieges« zu sorgen und das Heldentum zu propagieren. Mit Angehörigen der 2. Propagandabrigade, die der PHV unterstand, waren sie dafür verantwortlich, daß in der zu erobernden Stadt die Bereitschaft von alliierten Soldaten und deutschen Polizisten untergraben wurde, »das Leben in einer wenig aussichtsreichen Situation einzusetzen«. Dabei wurde den Franzosen eingeredet, daß sie für amerikanische Interessen kämpften, was ihrer großen Nation nicht würdig sei, die Briten wurden aufgefordert, nicht für amerikanische Kriegsziele zu sterben, und die Amerikaner wurden daran erinnert, daß ihre Armee noch nie über sozialistische Streitkräfte gesiegt habe.
Die deutsche Bevölkerung sollte dazu gebracht werden, die Verteidigungshandlungen durch aktiven und passiven Widerstand zu beeinträchtigen. Schließlich wurden »progressive Bürger zur Mitarbeit bei der Wiederingangsetzung des öffentlichen Lebens« gewonnen. Für die Rundfunk-, Lautsprecher- und Flugblattpropaganda standen eine Flugblattabteilung mit motorisierter Druckerei und Redaktion, eine motorisierte Sendeabteilung mit mobilem Mittelwellensender, anderem technischen Gerät und Redaktion und ein Werferzug für »Agitationsgranaten« zur Verfügung. Flugblätter sollten auch von Flugzeugen abgeworfen werden. Kurz vor Beginn der X-Zeit erhielt die Politabteilung 70 000 Flugblätter A 6 (Passierscheine) und 90 000 Flugblätter A 5 (Empfehlung für die Bevölkerung zum Verhalten im Kampfgebiet und gegenüber den Truppen der Sowjetunion und der DDR), ferner für die eigenen Truppen 50 Tonbandkassetten mit einem Aufruf des Befehlshabers der 1. Front (entsprach einer Heeres-

gruppe der NATO), eines sowjetischen Generals, sowie 10 000 Merkblätter »Verhalten gegenüber der Bevölkerung des Gegners«.
Daß in der NVA trotz dieses immensen personellen und materiellen Einsatzes der Politorgane nicht alles zur Zufriedenheit der Genossen lief, beweisen die Berichte über »Brigadeeinsätze« der ZK-Abteilung für Sicherheitsfragen und der Kontrollgruppe des NVR. Eine solche Brigade »half« in der Zeit vom 18. März bis zum 6. April 1963 den Soldaten und Offizieren der 1. Motorisierten Schützendivision (MSD), die Probleme des VI. Parteitages der SED (15. bis 21. Januar 1963) zu erläutern und Schlußfolgerung für ihre Arbeit daraus zu ziehen. Dabei wurde kritisch vermerkt, daß viele Soldaten Zweifel an der Realisierbarkeit der Ziele des Parteiprogramms geäußert hätten.[15]
Zu diesen Zweifeln muß man diese Soldaten beglückwünschen. Denn der VI. Parteitag schwamm auf der Woge des 1961 beschlossenen Parteiprogramms der KPdSU, dessen Entwurf vom »Neuen Deutschland« am 31. Juli 1961 mit der die ganze Breite der Titelseite einnehmenden Überschrift gefeiert worden war: »Kommunismus bringt der Welt Frieden, Arbeit, Freiheit, Gleichheit und Glück. Die kommunistische Gesellschaft wird der größte Sieg der Menschheit in ihrer Geschichte. Die heutige Generation der Sowjetmenschen wird im Kommunismus leben«.[16]
Die Kritik der Brigade nahm die Politarbeit der Division nicht aus. Der Parteiorganisation wurde vorgeworfen, auf die politische Argumentation in der Truppe entschieden zu wenig Einfluß zu nehmen. Sie habe ihre Mitglieder zu wenig mit konkreten Argumenten ausgerüstet und erziehe sie nicht zur vorbildlichen Erfüllung ihrer Aufgaben. Das schwarze Schaf war das Panzerregiment-1, in dem die Untergebenen (in der Sprache der NVA »Unterstellten«) unter Weglassung des Dienstgrades und der Anrede »Genosse« angesprochen würden. Diese »ideologischen Schwächen« hätten auch eine mangelhafte Gefechtsbereitschaft zur Folge. In diesem Regiment fielen 50·% der Panzer noch vor Erfüllung ihrer Gefechtsaufgaben aus. Von den 152 Panzer- und kfz.-technischen Offiziersplanstellen der Division seien nur neun mit ausgebildeten Ingenieuren, drei mit Technikern und elf mit Meistern der volkseigenen Industrie besetzt.[17] Daß derartige Mißstände wohl mit mangelnder technischer Ausrüstung und offenbar unzureichender fachlicher Ausbildung, nichts aber mit dem »richtigen« politischen Bewußtsein zu tun hatten, konnte den Genossen nicht in den Sinn kommen.
Ab 3. November 1960 führten die Seestreitkräfte der DDR auf Beschluß des NVR die Bezeichnung »Volksmarine«[18], in Anknüpfung an die Tradition der meuternden Matrosen vom November 1918 und der »Volksmarinedivision«, die im Dezember 1918 in Berlin versuchte, den von der Reichsversammlung der Arbeiter- und Soldatenräte beschlossenen Weg zur parlamentarischen Demokratie zu sabotieren, das Schloß besetzte und die Reichskanzlei blockierte.[19] Das konnte jedoch nicht verhindern, daß die DDR-Marine in den folgenden Jahrzehnten den Ruf hatte, »konservativ« zu sein, wie ein ehemaliger Konteradmiral der Volksmarine nach dem Ende der DDR bekannte.[20]
Ein halbes Jahr später, am 3. Mai 1961, wurde die schwarz-rot-goldene Mützenkokarde gegen eine solche mit dem Staatswappen der DDR ausgetauscht. In

dieser Sitzung wurden als Beratungsgremien bei den Kommandos der Militärbezirke, der Luftstreitkräfte/Luftverteidigung und der Volksmarine (ein Kommando der Landstreitkräfte gab es erst seit 1972) Militärräte eingeführt, die auf ihrer Ebene dem Kollegium des Verteidigungsministeriums entsprachen. Ihnen gehörten damals die Stellvertreter des Chefs, der Leiter der Abteilung Kader, die Kommandeure der Divisionen (in der Volksmarine die Chefs der Flottillen) und andere berufene Offiziere an.[21] Das am 23. Oktober 1967 beschlossene Statut stellt den Militärräten die Aufgabe, »die konsequente Durchführung bzw. Verwirklichung der Beschlüsse des ZK und des Politbüros des ZK der SED sowie der gesetzlichen Bestimmungen der DDR und der vom Minister für Nationale Verteidigung befohlenen Hauptaufgaben« zu gewährleisten. Als solche werden bezeichnet:

- die ständige Gefechtsbereitschaft
- die politisch-ideologische Erziehung
- die Gefechtsausbildung der Stäbe und Truppen
- die Kaderarbeit.

Die Mitglieder des Militärrates werden auf Vorschlag des Vorsitzenden vom Verteidigungsminister berufen. Das SED-Politbüro delegiert in jeden Militärrat ein ZK-Mitglied mit beschließender Stimme.

Das Statut der Militärräte, die im Frieden einmal in zwei Monaten zu einer Beratung zusammentreten sollen, ist nicht frei von Widersprüchen. Einerseits sind ihre Beschlüsse für alle Mitglieder verbindlich und in ihrem Zuständigkeitsbereich konsequent durchzusetzen, andererseits sind sie nur die »Grundlage« für die Entschlußfassung und die Befehlsgebung des Chefs und seines Stabes.[22] Denn er ist verpflichtet, sein Kommando nach dem Prinzip der »Einzelleitung« zu führen, das auch den Vorsitzenden der Bezirkseinsatzleitungen auferlegt wurde, was ihnen manchmal sichtlich schwerfiel.[23]

Die angeblich mangelnden politischen Kenntnisse der Offiziere veranlaßten den NVR am 23. Juni 1961 zu dem Beschluß, daß allen Offiziersschülern der Schulen der NVA ab 1. Januar 1962 im Verlauf ihrer Offiziersausbildung als Minimum die Kenntnisse des Programms einer SED-Bezirksparteischule zu vermitteln seien.[24]

Die weitgehende Übereinstimmung der Strukturen und der Ausbildung der NVA mit denen der sowjetischen Streitkräfte ist auch daran erkennbar, daß auf Grund eines Beschlusses der Verteidigungsminister der Staaten des Warschauer Paktes, beginnend mit dem Ausbildungsjahr 1964, an die Stelle der Offiziersschulen der Waffengattungen vier »Schulkombinate« geschaffen wurden: für die Landstreitkräfte, die Luftstreitkräfte/Luftverteidigung, die Volksmarine und die Grenztruppen. Nach einer drei- bis vierjährigen Ausbildung legten die Offiziersschüler ein Staatsexamen für eine militärische und ein weiteres für eine zivile berufliche Qualifikation ab.[25] Wie groß bis zuletzt der Einfluß der Sowjets auf die NVA war, geht daraus hervor, daß die sowjetischen Berater bis zur Ebene der Division und des Fla-Raketenregimentes tätig waren und der »Vertreter des Oberkommandierenden der Vereinten Streitkräfte der Teilnehmerstaaten des Warschauer Vertrages in der NVA« noch 1989 den Rang eines Generaloberststs (Drei-Sterne-General) hatte.[26] Es konnte sogar vorkommen, daß der Kommandeur einer Division Oberst, der sowjetische Beratar Generalmajor war.(X) In der 15. Sitzung, in der die Schaffung der »Schulkombinate« beschlossen wurde, nahm der NVR auch die Information über die erste Schießübung mit einer operativ-taktischen Rakete zustimmend zur Kenntnis. Mit welchem Raketentyp diese Übung durchgeführt wurde, geht aus dem Protokoll nicht hervor. Es war eine Rakete des sowjetischen Systems 8 K 11 mit einer Reichweite von 250 Kilometern (X), die auf der Militärparade zum 15jährigen Bestehen der DDR am 7. Oktober 1964 vorgeführt wurde.[27]

In der ersten Sitzung, die Honecker als 1. ZK-Sekretär und Vorsitzender des NVR leitete, am 30. September 1971, berichtete Verteidigungsminister Hoffmann über die Pläne für die Entwicklung der NVA in den Jahren 1971 bis 1975. Er teilte mit, daß sich der Bestand in den Jahren 1967 bis 1970 um 20 % erhöht habe. Dadurch wurde erreicht, daß die Divisionen der ständigen Gefechtsbereitschaft sofort aus den Dislozierungsräumen heraus ohne Zuführung von Kräften und Mitteln zu Gefechtshandlungen übergehen konnten. Sie erhielten damit fast den gleichen Kampfwert wie die Verbände der Gruppe der Sowjetischen Streitkräfte in Deutschland (GSSD). Verbliebene Ergänzungsmaßnahmen beschränkten sich auf medizinisches Personal und Sicherstellungskräfte.

Hoffmann konnte über eine Reihe von Verbesserungen berichten. So die Umrüstung der Jagdfliegerkräfte auf die MiG-21, die Vergrößerung der Einwirkungstiefe der Artillerie der Mot. Schützendivisionen von zwölf auf 21 Kilometer. Die Bevorratung an Munition, Treib- und Schmiermitteln, Verpflegung, Bekleidung und Ausrüstung reiche zur Führung ununterbrochener Gefechtshandlungen im Verlauf des ersten Kriegsmonats, für Fla-Raketen und Flugtreibstoff allerdings nur für die ersten acht bis zehn Tage.

Einige von den Sowjets gewünschte Verbesserungen müßten allerdings gekürzt oder verschoben werden. Als Grund nannte er die gegenwärtig komplizierten ökonomischen Bedingungen und die Notwendigkeit, die Versorgung der Bevölkerung mit Konsumgütern zu verbessern. Honeckers »Einheit von Wirtschafts- und Sozialpolitik« verlangte also auch von der NVA Opfer. Insgesamt mußten die Anmeldungen für Baumaßnahmen und Beschaffung von militärischer Technik um 820 Millionen Mark gekürzt werden, 260 Millionen Valutamittel von den ersten in die letzten Jahre des Fünfjahrplanes 1971 bis 1975 verschoben, die geplante Bevorratung von Bekleidung und persönlicher Ausrüstung um 60 Millionen reduziert werden.

Als Folge könne bis 1975 nur eine statt zwei zusätzliche Mobilmachungsdivisionen aufgestellt werden, auf die Verstärkung der Stoßkräfte (in der Bundeswehr würde man sagen: Angriffskräfte) der Volksmarine durch Artillerieschnellboote müsse verzichtet, ein zusätzliches Fla-Raketenregiment könne eventuell erst nach 1975 aufgestellt werden. Wegen der notwendigen Einsparungen könne der bis 1975 beabsichtigte Anstieg des Kampfbestandes bei Raketenstartrampen auf 145 %, bei Panzern auf 130 %, bei Artillerie und Granatwerfern auf 230 %, bei Panzerabwehrmitteln auf 180 % und bei Fliegerabwehrmitteln auf 170 % nicht realisiert werden.[28] Wie Hoffmann zu dieser für den Leser höchst unglaubwürdig klingenden Steigerung des Kampfbestandes kam, ist dem Text nicht zu entnehmen, da nur wenige Zahlen über die Einführung neuer

Waffensysteme oder die Erhöhung der Stückzahlen angegeben sind. So sagte der Verteidigungsminister, daß die Mot. Schützendivisionen, wenn es nicht zu diesen Kürzungen gekommen wäre, die Zahl ihrer Rohre an Artillerie und Granatwerfern von 60 auf 144 erhöht hätten. Man hat den Eindruck, daß der DDR-Verteidigungsminister bei solchen Gelegenheiten zu Übertreibungen neigte. So auch in der 37. Sitzung des NVR am 2. Februar 1970, als er meinte, wenn die Militärischen Abteilungen an 54 Hoch- und Fachschulen nach sowjetischem Vorbild zusätzliche 500 Offiziersplanstellen, Bewaffnung, Ausrüstung und Kampftechnik erhielten, würde das dem Eineinhalbfachen einer Mot. Schützendivision entsprechen. Leider fehlten dazu die finanziellen Voraussetzungen.[29]

Einen wichtigen Einschnitt in der Geschichte der NVA stellte die am 14. Juli 1972 beschlossene Bildung des Kommandos der Landstreitkräfte dar. Bis dahin hatten nur die Luftstreitkräfte/Luftverteidigung und die Volksmarine eigene Kommandos, während die Landstreitkräfte direkt dem Ministerium unterstanden. In der Begründung zur Vorlage über die »Vervollkommnung der Struktur der Nationalen Volksarmee und des Ministeriums für Nationale Verteidigung« heißt es, in der Vergangenheit habe sich das MfNV mit einer Vielzahl von Problemen befassen müssen, was es daran hinderte, sich »tiefgründig genug« mit der Landesverteidigung zu befassen. Das Bestehen von zwei Führungsebenen unterhalb der Ebene des Ministeriums, der Militärbezirke III (Leipzig) und V (Neubrandenburg) sei mit Komplikationen verbunden gewesen. Vermutlich, weil es doch wohl nicht möglich war, ihre Arbeit ausreichend zu koordinieren. Nach Konsultation des sowjetischen Generalstabschefs Kulikow habe man sich dazu entschlossen, ein Kommando der Landstreitkräfte zu schaffen, das im Kriegszustand folgende Aufgaben zu erfüllen hatte:

- Vorbereitung und Führung des Ersatzheeres,
- Führung der beiden Territorialen Militärbezirke
- Führung der territorialen Einrichtungen der NVA
- Bereitstellung entsprechend vorbereiteter »Kader« für die Mobilmachungs-Verbände und -Einrichtungen der NVA.

Als Personalbestand des Kommandos der Landstreitkräfte, das am 1. Dezember 1972 seine Arbeit aufnahm, waren 350 bis 400 Armeeangehörige und 80 bis 120 Zivilbeschäftigte sowie »Sicherstellungseinheiten«, bestehend aus 280 bis 300 Armeeangehörigen und 50 bis 70 Zivilbeschäftigten vorgesehen. Damit war das Personal gemeint, das außerhalb der eigentlichen Stabsarbeit tätig werden sollte. In den Akten befindet sich ein Schaubild »Führungsbeziehungen MfNV-Kdo.LaSK-MB«, das die offensiven Absichten, die mit der Bildung dieser Kommandobehörde verbunden waren, erkennen läßt. Auf der rechten Seite ist das Organisationsschema wiedergegeben, mit dem Ministerium an der Spitze, darunter dem Kommando der Landstreitkräfte, den Militärbezirken, den Divisionen und den selbständigen Truppenteilen. Links daneben ist die Staatsgrenze West eingetragen, westlich von ihr sind Symbole für eine Armee und ein Armeekorps sowie ihnen unterstellte Divisonen mit nach Westen weisenden Pfeilen eingezeichnet. Diese Großverbände waren aus den Verbänden der Militärbezirke III (4. und 11. MSD, 7. PD) und V (1. und 8. MSD, 9. PD) zu

bilden. Die nicht zur Feldführung gehörenden Stäbe der beiden Militärbezirke waren östlich der Staatsgrenze eingezeichnet. Ihnen unterstanden die Wehrbezirkskommandos, die Truppenteile des Ersatzheeres (Mot. Schützen-Ersatzregimenter, Panzer-Ersatzregimenter, Artillerie-Ersatzregimenter, Raketen-Ersatzabteilungen, Fla-Ersatzregimenter) und rückwärtige territoriale Einrichtungen (Lager und Werkstätten).[30]
Am 30. November 1973 beschäftigte sich der NVR mit der Konzeption der Entwicklung der NVA und der Grenztruppen im Zeitraum 1976 bis 1980. Es wurde beschlossen, für die Kriegszeit die Anzahl der Mobilmachungsdivisionen von vier auf fünf zu erhöhen, zur Erhöhung der »Gefechtsmöglichkeiten« Kampf- und Transporthubschraubereinheiten zu schaffen und die Verteidigungsausgaben jährlich um 7,6 % zu steigern. Insgesamt wurde für die Jahre 1976 bis 1980 ein Betrag von 47,5 Milliarden Mark genannt, übrigens das einzige Mal, daß das Protokoll des NVR solch konkrete Angaben enthält.[31]
Verteidigungsminister Hoffmann fügte am 21. November 1983 einem Schreiben an Honecker eine Übersicht über die Entwicklung der Ausgaben für die NVA, die Grenztruppen (GT), die Hauptverwaltung Zivilverteidigung (ZV), die Gesellschaft für Sport und Technik (GST) und die Ausgaben für die B-Planung (die Vorbereitung auf das erste Kriegsjahr) bei. Danach entfielen auf das Jahr 1982 (in Milliarden Mark):

	Haushaltsansatz	davon Rüstungsimporte	davon Bauinvestit.	Ist-Rechnung
NVA	10,776	3,673	0,763	10,740
GT	0,990	0,038	0,130	0,982
ZV	0,1244	0,028	0,0035	0,122
GST	0,2147	0,0005	0,0036	0,1923
B-Planung	0,2179			0,1931[32]

Es ist fraglich, ob diese Angaben stimmen, denn die für die NVA genannte Summe entspricht den Angaben im Statistischen Jahrbuch der DDR. Im Westen wurde schon immer vermutet, daß die offiziell im Verteidigungshaushalt der DDR ausgewiesenen Beträge nicht alle Ausgaben enthielten, die für militärische Zwecke aufgewendet wurden.[33]
Der langjährige Vorsitzende der Staatlichen Plankommission, Politbürokandidat Schürer, sagte am 18. März 1994 in einem Gespräch mit Fritz Schenk, daß die Rüstungslasten acht Prozent des Staatshaushaltes ausgemacht hätten, was »ganz erheblich an unseren Kräften gezehrt« habe. Der Staatshaushalt der DDR wies in den Jahren 1980 bis 1988 etwa 5,9 % der Ausgaben für »Nationale Verteidigung« aus, weitere 2,2 % für »Öffentliche Sicherheit und Sicherung der Staatsgrenze«.[34]
1973 wurde ein zusätzlicher Bedarf von 9800 Armeeplanstellen und 5500 Planstellen für Zivilbeschäftigte angekündigt. Durch Schaffung weiterer Urlaubsplätze sollte jeder Berufssoldat alle drei bis vier Jahre einen Urlaubsplatz beanspruchen können. 1976 bis 1980 sollten für Armeeangehörige 10 400 neue Wohnungen gebaut werden. Im Jahre 1989 verfügten NVA und Grenztruppen

über 90 000 Wohnungen, wobei sich 70 % in Rechtsträgerschaft des Verteidigungsministeriums befanden.[35]
Der Vorlage »Stand der Erfüllung der ökonomischen Sicherstellung der Landesverteidigung der DDR« für die 58. Sitzung am 7. September 1979 kann man entnehmen, daß seit 1976 Probleme bei der Planerfüllung der *»speziellen Staatsauflagen«** auftraten. Gemeint waren damit die Lieferungen aus der *»speziellen Produktion«** (Rüstungsproduktion) und Dienstleistungen für die bewaffneten Organe. So waren zum 30. Juni 1979 nicht 48 bis 50 % erreicht, wie es der Plan vorschrieb, sondern bei den *»speziellen Importen«** (Rüstungsimporten) nur 40,5 %, bei den Bauleistungen 41,4 %. Auf der anderen Seite hatte der *»spezielle Außenhandel«** bis zu diesem Zeitpunkt noch keine Käufer für 64 000 Maschinenpistolen und 29,6 Millionen Stück Munition aus der DDR-Produktion gefunden. Der Verteidigungsminister rügte: »Es ist nicht genügend gelungen, die Werktätigen für die Erfüllung der speziellen Staatsauflagen bzw. für die Aufholung der eingetretenen Rückstände zu mobilisieren.«
Wichtige Instandsetzungsarbeiten auf dem Gebiet der Flugzeugtechnik, Panzertechnik und Schiffstechnik konnten wegen fehlender Importersatzteile nicht durchgeführt werden. Selbst die Instandsetzung von 600 schweren Lastkraftwagen und 300 Tankfahrzeugen mußte zurückgestellt werden. Allerdings wurde bei dieser Gelegenheit festgestellt, daß die DDR bei einer Reihe wichtiger Ersatzteile den höchsten Bedarf von allen Mitgliedsstaaten des Warschauer Paktes hatte. Es wurde als notwendig bezeichnet, »mit dem geringsten Aufwand einen höchstmöglichen Zuwachs an Kampfbereitschaft sowie innerer Sicherheit und Ordnung zu erzielen«. Daß die Ursachen in der Fehlkonstruktion ihres Wirtschaftssystem liegen könnte, kam den Genossen allerdings nicht in den Sinn. Sie verlangten, »die Kampfposition in den zentralen Organen, Kombinaten und Betrieben weiter zu stärken, um die Kollektive für die mengen-, qualitäts- und sortimentsgerechte Erfüllung der Forschungs-, Produktions- und Instandsetzungsaufgaben auf allen Gebieten zu mobilisieren«. Die Erhöhung der Gefechts- und Einsatzbereitschaft sollte durch hohe Effektivität und Sparsamkeit erzielt werden.[36]
Diese Klagen lassen darauf schließen, daß die Motivation der Betriebe, Kriegsmaterial herzustellen oder Dienstleistungen für die NVA, die Grenztruppen, die Volkspolizei-Bereitschaften und andere bewaffnete Organe zu erbringen, nicht eben groß war. Erschwerend kam hinzu, daß fast das gesamte Großgerät der NVA aus der Sowjetunion und der Tschechoslowakei, Lizenproduktionen aus Rumänien, Bulgarien und zum Teil auch aus der Tschechoslowakei, importiert werden mußte. Bei den Lizenzproduktionen machte das häufige Instandsetzungen notwendig, vom ständigen Ersatzteilmangel ganz zu schweigen. Übrigens widersprechen die in dieser Vorlage gemachten Angaben ebenso wie schon die Ausführungen Hoffmanns in der 39. Sitzung des NVR (30. September 1971) der westlichen Annahme, daß der NVA »die meisten Wünsche erfüllt wurden«.[37]
Am 23. November 1979 beriet der NVR die Vorlage »Die Entwicklung der NVA der DDR im Zeitraum von 1981 bis 1985«, die vom Ministerratsvorsitzenden Stoph und vom Planungskommissionsvorsitzenden Schürer mitgezeichnet worden war. In ihr mußte zugegeben werden, daß die vom Oberkommandierenden

der Vereinten Streitkräfte des Warschauer Paktes übergebenen »Empfehlungen« wegen wirtschaftlicher Schwierigkeiten nur zu etwa 80 % erfüllt werden könnten. So könne die Feldartillerie der Mot. Schützendivisionen nur von 140 auf etwa 180 (statt 198) Rohre verstärkt werden, der Panzerdivisionen von 96 auf 144 (statt 162), die Zahl der Panzerabwehrmittel der Mot. Schützendivisionen von 75 auf 90 (statt 102). Die Truppenluftabwehr auf der operativen Ebene (über 100 Kilometer) könne nur von 27 auf 36 (statt 54) Startrampen verstärkt werden, auf der taktischen Ebene (bis 100 Kilometer) von 80 auf 100 (statt 112). Von dem weitreichenden Fla-Raktensystem WEGA, das in der Lage war, mit einer Raketensalve zwölf Luftziele auf eine maximale Entfernung von 240 Kilometern zu bekämpfen, könnten nicht 24, sondern nur zwölf Startrampen aufgestellt werden. Die Zahl der Hubschrauber könne nur von 110 auf 138 (statt 278) erhöht werden. Die Volksmarine könne nur eine Jagdbomberstaffel (12 Maschinen) anstelle eines -geschwaders (36 Maschinen) erhalten. Die Bevorratung werde von 30 auf 60 Tage erhöht, nicht, wie »empfohlen«, auf 90 Tage. Verteidigungsminister Hoffmann konnte jedoch den Abschluß der Umrüstung eines Jagdgeschwaders von der MiG-17 auf die MiG-23 ankündigen. Dadurch werde die »Handlungstiefe auf dem Territorium des Gegners von bisher 90 auf 500 Kilometer (vergrößert), bei gleichzeitiger Erhöhung der Waffenzuladung von 20 auf 90 Tonnen bei einem Geschwaderstart«.

Trotz der nur 80%igen Erfüllung der »Empfehlungen« bedeuteten die geplanten Beschaffungen eine jährliche Steigerung der Rüstungsimporte um 11 %, der Verteidigungsausgaben um 5 %, eine Erhöhung der Planstellen für Armeeangehörige um 4000 bis 5000 und der Planstellen für Zivilbeschäftigte um 2000 bis 3000.[38]

Daß Verteidigungsminster Hoffmann häufig Geldsorgen plagten, geht unter anderem aus einem Schreiben hervor, das er am 17. Januar 1983 an Honecker richtete. In Erfüllung von dessen Weisung seien bisher wegen der komplizierten ökonomischen Lage der DDR von den im Fünfjahrplan 1981 bis 1985 vorgesehenen Mitteln für Rüstungsimporte 3,034 Milliarden Mark an den Vorsitzenden der Staatlichen Plankommission, Schürer, zurückgegeben worden. Jetzt habe der Oberkommandierende der Vereinten Streitkräfte des Warschauer Paktes, Marschall Kulikow, zu einer Beratung über die Modernisierung der Bewaffnung und Kampftechnik für die NVA in den Jahren 1983 bis 1985 nach Moskau eingeladen. Hoffmann bemerkte, aus Umsetzungen bzw. nicht realisierten Lieferungen könnten 615 Millionen Mark für diesen Zweck bereitgestellt werden, und schlug vor, Schürer anzuweisen, 1984 und 1985 jeweils 350 bis 400 Millionen Mark für die Beschaffung von Jagdbombern SU-22 M und MiG-27 zur Verfügung zu stellen. Honecker schrieb an den Rand dieses Briefes, es solle geprüft werden, ob 1983/84 mindestens die Hälfte der zurückgegebenen Mittel durch weitere Umsetzungen erbracht werden könnten.[39] Dieser Vorgang ist im NVR niemals zur Sprache gebracht worden, wie er überhaupt ein bezeichnendes Licht auf die Finanzgebaren der Partei- und Staatsführung wirft.

Dem Schriftwechsel des Verteidigungsministers mit dem Generalsekretär kann man entnehmen, daß die wirtschaftlichen Schwierigkeiten noch größer waren, als das aus den Akten des NVR herausgelesen werden kann. Am 6. Januar 1982

schrieb Hoffmann an Honecker, durch eine Streichung im Oktober 1981 seien die Aufwendungen für die operative Vorbereitung des Territoriums der DDR auf den Kriegszustand für den Zeitraum 1981 bis 1985 auf 1,4 Milliarden Mark reduziert worden (für den Zeitraum 1976 bis 1980 standen noch 2,3 Milliarden zur Verfügung). Nunmehr konnte er, abermals zu einer Streichung angehalten, nach nochmaliger Überprüfung weitere 160 Millionen zurückgeben.[40] Am 27. April meldete er, in der Zeit von 1980 bis 1982 sei der Kraftstoffverbrauch bei Vergaserkraftstoff durch Kürzungen von 71 000 Tonnen auf 61 500 Tonnen zurückgegangen, bei Flugkraftstoff von 143 000 auf 135 100 und bei Heizöl von 94 700 auf 76 900. Lediglich bei Diesel sei wegen des vermehrten Einsatzes von Zug- und Transportmitteln eine leichte Steigerung von 79 800 auf 80 500 zu verzeichnen. Der Verteidigungsministers sagte weitere Kürzungen zu, bei Vergaserkraftstoff und Diesel um 8 %, bei Flugkraftstoff um 3 %.[41]
Ein Beispiel für die technisch-ökonomische Rückständigkeit der DDR lieferte der Chef der Luftstreitkräfte/Luftverteidigung, Generaloberst Reinhold, in einer Vorlage über die Flugbetriebsflächen der NVA und der zivilen Luftfahrt am 11. November 1985. Auf den rekonstruierten Flugplätzen Peenemünde, Drewitz und Marxwalde traten kurz nach der Wiederinbetriebnahme, nach ein bis zwei Winterperioden, erhebliche Schäden an den Oberflächen auf. Eine höhere Qualität der Fertigungstechnik, die zur Zeit bei der Rekonstruktion in Peenemünde angewendet werde, sei nur mit dem Einsatz von nicht näher definierter »NSW-Technik«, also Technik aus dem Nichtsozialistischen Wirtschaftsgebiet, den nichtkommunistischen Industriestaaten, möglich. Die bisherige bituminöse Beschichtung entspreche nicht mehr den Anforderungen insbesondere der dritten Generation von Düsenflugzeugen (SU-22 und MiG-23). Besonders gefährlich waren Oberflächenschäden durch Fremdkörpereinschläge, die zu Triebwerksausfällen vor Erreichen der geplanten Sollbetriebszeit führten.
Auch die auf Autobahnabschnitten vorgesehenen sieben Flugplatzabschnitte – zwei weitere waren geplant – seien bis auf zwei (Pernewitz und Netzeband im Bezirk Potsdam) für eine ständige uneingeschränkte militärische Nutzung nicht geeignet.[42] Trotzdem hatten im Rahmen der Luftverteidigungsübung GRANIT-82 des Warschauer Paktes auf dem Autobahnabschnitt Spreenhagen (Kreis Fürstenwalde) und auf dem Fernverkehrsstraßenabschnitt Marxwalde – Gottesgabe Starts und Landungen von Jagdflugzeugen stattgefunden.[43]
Reinhold forderte eine hohe Qualität der Bauleistungen durch ein spezielles Qualitätssicherungssystem. Das setze die Entwicklung moderner Spezialwerkstoffe, leistungsfähige Maschinen und Geräte voraus.[44]
Im Jahre 1980 wurde auf dem Gelände des Verteidigungsministeriums in Strausberg ein Operatives Führungszentrum als unterirdische Anlage gebaut. In ihm nahm der Minister am letzten Freitag im Monat zusammen mit seinen Stellvertretern von den Chefs und Leitern des Ministeriums Meldungen über die Lage und den Zustand der Kräfte in Mitteleuropa entgegen. Im Frieden bestand die diensthabende Besatzung aus etwa 14 Offizieren, die in Krisensituationen und Spannungsperioden um 30 bis 40 weitere verstärkt und von einem General geführt wurden. In den zwei Etagen dieses Bauwerkes gab es 18 Arbeitsräume, 14 Räume für die technische Sicherstellung, zehn Räume für die allgemeine

Sicherstellung und sechs Sanitär- und Ruheräume. Insgesamt bestanden Arbeitsmöglichkeiten für 100 Armeeangehörige. Durch unterirdische Gänge war dieses Bauwerk mit der Reserveführungsstelle und der Nachrichtenzentrale des Ministeriums verbunden. Im Krieg sollten bei Ausfall der Hauptführungsstelle des Ministeriums in diesem Gebäude Teile der Führungen der NVA, der Grenztruppen und der Zivilverteidigung aufgenommen werden. Für die Kommandostabsübung SOJUS-81 wurde es drei Wochen lang ununterbrochen benutzt.(X)[45]
Honecker und die Mitglieder NVR nahmen am 23. April 1982 im Anschluß an ihre 65. Sitzung im Operativen Führungszentrum eine Lagemeldung entgegen.[46]
Das ebenfalls auf dem Gelände des Verteidigungsministeriums in Strausberg gelegene *Operative Ausbildungszentrum** (OAZ) war für Kommandostabsübungen, Kriegsspiele und andere Übungen gut geeignet, da sein Kernstück ein großer Raum mit einer 13 mal 21 Meter großen begehbaren Karte von Gesamtdeutschland (ohne den äußersten Süden) und Dänemark war. Auf ihr konnten Flugplätze, provisorische Rollbahnen auf Autobahnen, wichtige Straßen, Flußübergänge, Ballungszentren und Waldgebiete durch Aufleuchten von verschiedenfarbigen Lämpchen dargestellt werden, Verbände und Truppenteile durch Aufstellung entsprechender Symbole. Für jeden Abschnitt, der von einer an einer Schiene hängenden Studiokamera aufgenommen und auf eine große Bildfläche übertragen wurde, konnten über EDV für die Stadt- und Landkreise der DDR und der Bundesrepublik alle für eine Übung relevanten Daten auf Bildschirme in den Arbeitsbereichen eingespielt werden: die Stationierung von Warschauer-Pakt- und NATO-Truppenteilen, Angaben über Flugplätze, Kernkraftwerke, die wirtschaftliche und politische Struktur. In einem Nebengebäude wurde ein Relief Berlins (Ost und West) aufgestellt, das beispielsweise jeden Straßenzug und jeden U-Bahnhof detailgetreu wiedergab.[47]
Am 2. Oktober 1981 wurde ein neues Wehrdienstgesetz beschlossen, das an die Stelle des Wehrpflichtgesetzes vom 28. Januar 1962 trat. Es enthielt Bestimmungen über den »Dienst in anderen Organen, der der Ableistung des Wehrdienstes entspricht« (wodurch der alte Begriff »Wehrersatzdienst« entfiel). Als solcher gelten in diesem Gesetz der Dienst im MfS, in den kasernierten Einheiten des MdI (Volkspolizei-Bereitschaften, Kompanien der Transportpolizei, Bereitschaften der Offiziershochschulen und der Unteroffiziersschulen des MdI), in der Zivilverteidigung (soweit die Dienstlaufbahnordnung der Zivilverteidigung gilt) und in den Baueinheiten. Diese waren vom NVR am 7. September 1964 offenbar im Umlaufverfahren beschlossen worden, denn an diesem Tag fand keine Sitzung statt. In einer Lesenotiz, die der Leiter der Rechtsabteilung des MfNV für Honecker fertigte, heißt es über sie: »Während der Mobilmachung und im Verteidigungszustand soll jedoch die Anordnung des NVR über die Aufstellung von Baueinheiten keine Anwendung finden. Soweit in diesem Zeitraum noch Probleme des Dienstes mit der Waffe bestehen, sind diese über den Dienst in der Zivilverteidigung zu leisten.«
Neu ist im Wehrdienstgesetz auch, daß »während der Mobilmachung und im Verteidigungszustand . . . weibliche Bürger der DDR vom Beginn des 18. Lebensjahres an bis zum 31. Dezember des Jahres, in dem sie das 50. Lebensjahr vollenden, in die allgemeine Wehrpflicht einbezogen werden« können (§ 3

Absatz 5). Hier handelte es sich nicht um einen freiwilligen Wehrdienst, sondern um eine Wehrpflicht für Frauen, soweit diese von der Partei- und Staatsführung im Krieg benötigt wurden. Dabei wurde nicht die Einschränkung gemacht, daß Frauen vom Dienst mit der Waffe ausgenommen werden.[48]
Das Prestigedenken der NVA-Führung litt schwer darunter, daß ihr höchstes militärisches Planungsorgan die Bezeichnung Hauptstab, nicht wie in den anderen Staaten des Warschauer Paktes Generalstab, führen mußte. Auf Betreiben Honeckers brachte das Generaloberst Streletz bei einem Besuch in Moskau am 18./19. Februar 1982 zur Sprache. Die »sowjetischen Genossen« empfahlen jedoch, wegen außenpolitischer Rücksichtnahmen die Umbenennung zu einem späteren, günstigeren Zeitpunkt vorzunehmen.[49] Dazu ist es jedoch niemals gekommen.
Über den Einsatz von Angehörigen der bewaffneten Kräfte in der »sozialistischen Produktion« ist in mehreren Abschnitten dieses Buches berichtet worden. An dieser Stelle soll eine Mitteilung wiedergegeben werden, die Verteidigungsminister Hoffmann am 26. Oktober 1983 in einem Schreiben an Honecker machte. An sechs Wochenenden hätten 125 000 Angehörige der NVA und der Grenztruppen insgesamt 750 000 Stunden »sozialistische Hilfe bei der Kartoffelernte« geleistet.[50]
Obwohl die Volksmarine die kleinste Teilstreitkraft der NVA war, beschäftigte sich der NVR mehrmals mit ihr. Am 2. Februar 1984 wurde berichtet, daß das Bauprogramm 1976 bis 1985 insgesamt 60 Schiffe und Boote vorsah. Begonnen worden sei mit der Entwicklung des Raketen- und Artillerieschnellbootes Projekt 151 und des neuen Seezielraketenkomplexes Projekt 152. Bis 1990 sei die Herstellung von 55 Schiffsneubauten geplant, und zwar 29 Kampfschiffe und -boote für die Volksmarine, für die Sowjetunion zwölf Kampfschiffe und 14 Militärtransporter bzw. Hebeschiffe. Honecker stellte in seinen abschließenden Bemerkungen mit Genugtuung fest, daß erstmals Kampfschiffe auch an die Sowjetunion und andere Länder geliefert werden konnten.[51]
Aber mit diesem Vorhaben hat sich die Rüstungsindustrie der DDR übernommen. Die ursprünglich geplanten 28 Raketenschnellboote Projekt 151 mußten aus finanziellen Gründen auf zehn reduziert werden, und der Seezielraketenkomplex Projekt 152 wäre erst in den neunziger Jahren einsatzbereit gewesen.[52]
Um im Krieg den vermehrten Bedarf an Seetransportraum decken zu können, wurden mehrfach Vorbereitungen für die Indienstnahme von Beständen der Handelsflotte (in der DDR-Terminologie: Zivilflotte) getroffen. Am 5. Dezember 1986 berichtete der stellvertretende Verteidigungsminister und Chef des Hauptstabes der NVA, Generaloberst Streletz, daß beim Übergang auf den Kriegszustand zusätzlich zu dem bereits geplanten Bedarf von 110 Schiffen der Handelsflotte 30 Transportschiffe und zwölf Deckschubprahme in den Bestand der Volksmarine eingegliedert werden sollten. In Übereinstimmung mit Beschlüssen bzw. Empfehlungen des Politischen Beratenden Ausschusses der Teilnehmerstaaten des Warschauer Paktes, des Generalstabes der sowjetischen Streitkräfte und des Oberkommendierenden der Vereinten Streitkräfte sei eine »Präzisierung des operativen Einsatzes der Teilstreitkräfte der NVA im Krieg erforderlich«. In diesem Zusammenhang sei der Volksmarine »im Rahmen der

strategischen Operationen auf dem westlichen Kriegsschauplatz, insbesondere in der Seelandungsoperation, eine größere Verantwortung zu übertragen«.
Mit dem vorhandenen Bestand an Landungsschiffen[53] sei die Volksmarine nicht in der Lage, die geplanten Aufgaben zum Transport von Seelandungstruppen in vollem Umfang zu erfüllen. Eine Erhöhung des Bestandes im Frieden sei ökonomisch nicht gerechtfertigt. Deshalb erscheine es zweckmäßig, durch Mobilmachung von Schiffen der Handelsflotte zusätzliche Seetransportabteilungen zu bilden. Damit sei ein »weiteres Anwachsen der Möglichkeiten zur Erreichung der gestellten operativen Ziele« gewährleistet. Die Vorbereitung der Schiffe auf den militärischen Einsatz solle in Verbindung mit den periodischen Werftliegezeiten erfolgen. Eine Einbeziehung der Schiffe in Übungen und andere Ausbildungsmaßnahmen der Volksmarine sei unter Berücksichtigung der planmäßigen Fahrten zwischen dem Kommando der Volksmarine und dem Kombinat Seeverkehr und Hafenwirtschaft abgestimmt worden.[54]
Diese Ausführungen von General Streletz, der als Sekretär des NVR Honeckers engster militärischer Mitarbeiter war, machten deutlich, daß die Schiffe der Handelsflotte nicht für Verteidigungsoperationen, sondern für Landungen an den Küsten der Bundesrepublik und Dänemarks benötigt wurden.[55] Und das geschah im Jahr 2 der Ära Gorbatschow.
Das Jahr 1 der Ära Gorbatschow brachte für die NVA wichtige Entscheidungen, die keinen Eingang in die Akten des NVR gefunden haben, aber hier dargestellt werden müssen, weil sie eine Erklärung für die Intensivierung der Kriegsvorbereitungen geben, die damals einsetzte. Armeegeneral Hoffmann unterzeichnete am 13. Mai 1985 die »Direktive Nr.1/85 des Ministers für Nationale Verteidigung über die Führung der Nationalen Volksarmee und der Grenztruppen der DDR im Kriege«. In ihr sind die organisatorischen Maßnahmen dargestellt, die mit der Überführung der DDR in den Kriegszustand eintreten. (Auf die Tarnbezeichnung »Verteidigungszustand« wurde in dieser Direktive durchgehend verzichtet.) Sie enthält unter anderem folgende Bestimmungen:

- Der Chef der Landstreitkräfte wird Stellvertreter des Oberkommandierenden der Vereinten Streitkräfte auf dem Westlichen Kriegsschauplatz
- Sein Stellvertreter und Chef des Stabes wird als »Befehlshaber der Besonderen Gruppierung« mit der Feldführung der Gruppierung dem Minister direkt unterstellt. Mit den von ihm geführten Verbänden, Truppenteilen und Einheiten erfüllt er »militärische und administrative Aufgaben« im Zusammenwirken mit dem Chef der Luftstreitkräfte/Luftverteidigung und dem Chef der Grenztruppen. Der Besonderen Gruppierung wird das Grenzkommando Mitte (Ring um West-Berlin) unterstellt, sie erhält Unterstützung durch Luftstreitkräfte.[56]
- Das Kommando der Landstreitkräfte wird nach Auslösung der Stufe »Gefechtsbereitschaft bei Kriegsgefahr«[57] oder auf besonderen Befehl aufgelöst. Aus seinem Bestand werden neben der Feldführung der Besonderen Gruppierung Kräfte zur Auffüllung zentraler Führungsorgane, der Feldführungen der operativen Vereinigungen, der Kommandos der Territorialen Militärbezirke und der Mobilmachungsverbände herangezogen.
- An die Stelle des Kollegiums des MfNV tritt ein zentraler Militärrat.

Am 19. März 1990, einen Tag nach der freien Volkskammerwahl, setzte Admiral Theodor Hoffmann, der Verteidigungsminister der Modrow-Regierung, seine Unterschrift unter diese Direktive[58] – eine der größten Überraschungen, die der Autor beim Studium der Akten des NVR und des MfNV erlebte.
Der Chef der Landstreitkräfte, Generaloberst Stechbarth, unterzeichnete am 30. September 1985 die Anordnung 31/85. In ihr wurde befohlen, daß nach Auflösung des Kommandos der Landstreitkräfte die Feldführung der Besonderen Gruppierung aus dem »Objekt 04/62« (in Wildpark West bei Potsdam) bzw. aus dem Wechselgefechtsstand (in der Bundeswehr würde man sagen: Ausweichgefechtsstand) »Objekt Blankenfelde« (südlich von West-Berlin) geführt wird. Dem Befehlshaber der Besonderen Gruppierung, Generalleutnant Skerra, werden unmittelbar unterstellt die 40. Artilleriebrigade, das Luftsturmregiment-40 (ohne die Fallschirmjägerkompanie-40), das Wach- und Sicherstellungsbataillon-40, die Militärstreifenausbildungskompanie-40, die Wartungseinheit-40, die Kommandonachrichtenzentrale-40 sowie die Auswerte-, Rechen- und Informationsgruppe-40.[59]
Im Jahre 1985 verteidigte an der Militärakademie »Friedrich Engels« in Dresden der Stellvertreter des Chefs des Stabes des Kommandos der Landstreitkräfte, Generalmajor Petroschka, eine Dissertation »Über die Angriffsoperationen zur Einnahme eines Ballungsgebietes aus der Bewegung ohne Einsatz von Kernwaffen«. Diese Aufgabe erarbeitete er am »Modellfall« Hannover.
Petroschka unterscheidet in dieser Arbeit zwischen Ballungsräumen wie Hamburg und Verdichtungsräumen wie Kiel und Lübeck. Die Armee müsse »unmittelbar nach Entfesselung eines Krieges durch die NATO, noch in Grenznähe, nach Erringung der Initiative und entschlossenem Angriff innerhalb der ersten drei Tage den Kampf im Ballungsgebiet führen«. Eine solche Angriffsoperation erfordere den Einsatz von Vorauskräften in Form von Operativen Manövergruppen (OMG), Vorausabteilungen, Vorhuten, operativ-taktischen Luftlandeeinheiten und -sturmtruppen. Durch sie solle ein hohes Angriffstempo erreicht werden. Das mittlere Angriffstempo von sechs bis acht Kilometern pro Stunde im Vorfeld verringere sich beim Durchbruch durch den Hauptverteidigungsstreifen auf zwei bis vier Kilometer, im Umland des Ballungsgebietes auf einen Kilometer und schließlich im Ballungsgebiet auf 200 bis 300 Meter pro Stunde.[60]
In den Jahren 1985 bis 1988 wurde alljährlich eine Kommandostabsübung bzw. ein Kriegsspiel mit der Tarnbezeichnung BORDKANTE durchgeführt, in dem die Aufgabe gestellt wurde, eine große Stadt einzunehmen. Bei BORDKANTE-85 und -86 handelte es sich dabei um Magdeburg, aber diese Stadt hatte einen Regierenden Bürgermeister, ein Abgeordnetenhaus, Parteizentralen von SPD und FDP, eine Alliierte Kommandantur sowie Grenzübergangsstellen und wurde von einer amerikanischen, einer britischen und einer französischen Brigade verteidigt. Wir haben es mit West-Berlin zu tun. Das gleiche trifft für die Stadt Leipzig zu, die in BORDKANTE-87 und BORDKANTE-88 eingenommen werden sollte.[61] BORDKANTE-89 sollte am 30. und 31. Oktober 1989 stattfinden, wozu es wegen des Zusammenbruchs der SED-Herrschaft nicht mehr gekommen ist. Allerdings wurde am 17. und 18. Mai 1989 eine vorberei-

tende Stabsdienstausbildung abgehalten. Derartige Übungen hatten übrigens seit TURNIER-73 nicht mehr stattgefunden.[62]
Nach Angaben ehemaliger Offiziere der NVA bestanden für die Einnahme West-Berlins operative Planungen (NATO-Terminologie: Operationspläne) unter dem Tarnnamen STOSS, an denen seit 1983 gearbeitet wurde; ab 1988 unter dem Tarnnamen ZENTRUM. Sie waren mit dem Übungsgeschehen BORDKANTE nahezu identisch. Die Besondere Gruppierung führte in ihnen die Bezeichnung Berliner Gruppierung. Ihr unterstanden die 1. Mot. Schützendivision der NVA, die 6. selbständige Mot. Schützenbrigade der GSSD, ein Regiment des Grenzkommandos Nord der Grenztruppen der DDR, acht Regimenter des Grenzkommandos Mitte, zwei Volkspolizei-Bereitschaften, acht motorisierte Kampfgruppenbataillone und die in der Anordnung 31/85 aufgeführten Truppenteile und Einheiten. STOSS sah die Einnahme West-Berlins im Rahmen einer Präventivaktion bereits bei Zuführung von NATO-Verstärkungskräften aus Übersee und vor der Eröffnung der militärischen Auseinandersetzung an der deutsch- deutschen bzw. deutsch-tschechoslowakischen Grenze vor, ZENTRUM erst nach erfolgtem Überschreiten der Staatsgrenze durch die NATO.[63]
Die hier dargestellten Übungen gingen – wie alle anderen Übungen der NVA – auf Direktiven des Oberkommandos der Vereinten Streitkräfte des Warschauer Paktes zurück. Die operativen Planungen wurden im Generalstab der sowjetischen Streitkräfte ausgearbeitet.(X) Offenbar muß man sie im Zusammenhang mit der angeblichen »Zunahme des aggressiven und reaktionären Wesens der Militärdoktrinen der NATO und ihrer Mitgliedsstaaten« sehen, die sich nach Auffassung der Führung des Warschauer Paktes in einer Reihe von Operationskonzepten äußerte. Als Beispiele wurden genannt:
»– der Beschluß von Montebello vom Oktober 1983 über die Modernisierung der taktischen und operativ-taktischen Kernwaffen der NATO,
– das ›Luft-Land-Kriegsführungskonzept‹ der NATO, aufgebaut auf Grundsätzen der ›AirLand Battle Doctrine‹ der US-Streitkräfte,
– das Konzept ›FOFA‹ – vom Dezember 1984 – ›für die Bekämpfung von Folgestaffeln des Warschauer Vertrages‹«.[64]
Die AirLand Battle Doctrine, das Gefecht der verbundenen Waffen, in dem Landoperationen durch schwerbewaffnete Kampfhubschrauber und Kampfflugzeuge massiv unterstützt wurden, wozu auch Luftangriffe auf die einem Angriff folgenden Staffeln des Warschauer Paktes in dessen Hinterland (Follow-On-Forces-Attack, FOFA) gehörten, bedeutete jedoch keine Abkehr von der defensiven Strategie der NATO zugunsten einer offensiven. Sie hatte das Ziel, trotz zahlenmäßiger Unterlegenheit der NATO die Vorneverteidigung an der innerdeutschen Grenze zu ermöglichen.[65]
Der ehemalige ZK-Abteilungsleiter für Internationale Verbindungen, Günter Sieber, berichtet, während der Amtszeit von KPdSU-Generalsekretär Tschernenko (1984/85) habe in Moskau ein Spitzengespräch der sowjetischen Führung mit der DDR-Führung stattgefunden, das erkennen ließ, wer in der Sowjetunion die Macht ausübte: der militärisch-industrielle Komplex unter dem damaligen sowjetischen Verteidigungsminister Ustinow. Er fährt fort, unter Gorbatschow

sei die Position des militärisch-industriellen Komplexes »zumindest stark eingeschränkt« worden. Aber der Prozeß der Zerrüttung der Volkswirtschaft durch eine »gigantische Rüstung« hielt auch unter seiner Führung an: Noch 1992 seien viereinhalbmal so viele Panzer, fünfmal so viele Schützenpanzer, neunmal so viele Artilleriegeschütze, dreimal so viele Atom-U-Boote und doppelt so viele Bomber produziert worden wie in den USA.[65a] Es liegt also nahe, daß Gorbatschows Politik des »Neuen Denkens« und des »Ballastabwerfens« (Mittelstreckenvertrag vom 7. Dezember 1987, Vertrag über den Abzug aus Afghanistan vom 14. April 1988) auf die operativen Planungen des sowjetischen Generalstabes und die vom Stab des Oberkommandos der Vereinten Streitkräfte des Warschauer Paktes angeordneten Übungen nicht durchschlug, die Übung BORDKANTE sogar noch für das Jahr 1989 vorgesehen war.
Sorgen bereiteten der Partei- und Staatsführung die Gewinnung des militärischen Berufsnachwuchses. Eine Vorlage, die Verteidigungsminister Hoffmann für die 67. Sitzung am 1. Juli 1983 einbrachte, enthielt Festlegungen bis zum Jahr 1995. Das Sekretariat des ZK der SED hatte nämlich beschlossen, die Zahl der Aufnahmen in die Erweiterte Oberschule (EOS, 11. und 12. Klasse) und der Hochschulzulassungen zu reduzieren. Um das im Fünfjahrplan (in der »speziellen Staatsauflage«) festgelegte Kontingent von 4530 Berufsoffiziersbewerbern, die bereits in der 9. Klasse der Polytechnischen Oberschule (POS) zu gewinnen waren, aufrechterhalten zu können, mußte ab 1985 die Zahl der Bewerber mit Abitur an der EOS von 2330 auf 2050 heruntergefahren werden, die Zahl der Bewerber, die ihr Abitur am Ende ihrer Berufsausbildung ablegten, von 1400 auf 1250. Zum Ausgleich mußten nicht wie bisher 800, sondern 1230 Bewerber nach ihrer Facharbeiterausbildung die Hochschulreifeausbildung als Offiziersschüler durchlaufen.[66]
Für die 70. Sitzung, am 31. Mai 1985, wurde eine Vorlage »Auswirkungen der demographischen Entwicklung der DDR« eingereicht, aber ohne Angabe von Gründen wieder zurückgestellt. Dem Sprechzettel des Verteidigungsministers können wir entnehmen, daß von den 1966 lebend geborenen männlichen Bürgern 130 000 als Wehrpflichtige gemustert wurden (1982 waren es noch 144 000 gewesen). Als diensttauglich wurden 122 000 befunden, doch würden von diesen erfahrungsgemäß 16 000 nicht zur Verfügung stehen: wegen schlechter Schulbildung (keine Versetzung in die 6. Klasse), mehr als zweijähriger Haft oder Verweigerung. Nicht zum Wehrdienst eingezogen würden auch »Leistungsträger« in Sport und Kultur. Von den verbliebenen 106 000 würden 60 % nach Abschluß von Lehre bzw. Abitur bis zum Jahre 1990 zum aktiven Wehrdienst eingezogen, etwa 40 % erst im Alter von 24 bis 26 Jahren. Das zwang die NVA zur Reduzierung von Planstellen in Führungsorganen, Gewinnung von Frauen für den freiwilligen Wehrdienst, Anhebung von Planstellen für Soldaten im Grundwehrdienst in solche für Soldaten und Unteroffiziere auf Zeit sowie zum ständigen Einsatz von Reservisten.[67]
Am 5. Dezember 1986 wurde ohne Vorlage ein zusätzlicher Beschluß in das Protokoll des NVR aufgenommen, der sich wiederum mit der ungünstigen demographischen Entwicklung in der DDR beschäftigte. Es müßten Überlegungen angestellt werden, wie unter diesen Umständen die Auffüllung der NVA, der

Grenztruppen und der anderen Schutz- und Sicherheitsorgane bei Beachtung der gesellschaftlichen und volkswirtschaftlichen Bedürfnisse gewährleistet werden kann. Zur Untersuchung dieses Problems wurde eine Arbeitsgruppe eingesetzt, der unter dem Vorsitz von Keßler die Politbüromitglieder Hager und Krenz, die Minister für Volksbildung sowie Hoch- und Fachschulwesen, Frau Honecker und Böhme, und Generaloberst Streletz angehörten. Ein Lösungsvorschlag solle Honecker bis zum 20. März 1987 vorgelegt werden.[68] Dieses Thema ist nie wieder auf die Tagesordnung des NVR gesetzt worden.
In den letzten drei Honecker-Jahren stieg der ZK-Sekretär für Wirtschaft, Politbüromitglied Mittag, faktisch zur Nr. 2 der Parteiführung auf. Das wirkte sich auch auf den militärisch-industriellen Komplex aus. War er bis dahin nur einer von sieben Bevollmächtigten und einer von 16 Mitgliedern des NVR, wurde er 1986 auf Anordnung Honeckers Vorsitzender der Kommission zur ökonomischen Sicherstellung der Landesverteidigung beim Politbüro. Dieser gehörten als einfache Mitglieder der ZK-Sekretär für Sicherheitsfragen, Krenz, Verteidigungsminister Keßler, der Vorsitzende der Staatlichen Plankommission, Schürer, sowie die ZK- Abteilungsleiter Ehrensperger (Planung und Finanzen) und Herger (Sicherheitsfragen) an. Sekretär war Generaloberst Goldbach, stellvertretender Verteidigungsminister für Technik und Bewaffnung. Zur Arbeit dieser Kommission hinzugezogen wurden vier Industrieminister, der Verkehrsminister, der Staatssekretär des Postministeriums (weil der Minister kein Genosse war) und der Chef des Militärbereiches der Staatlichen Plankommision. Zu den Aufgaben dieser Kommission gehörte die Bestimmung der Hauptrichtlinien und die Bestätigung von Aufgabenstellungen für die Vorbereitung der Volkswirtschaft auf den Kriegszustand.[69]
Eine solche Degradierung des Verteidigungsministers wäre unter Hoffmann, der am 2. Dezember 1985 verstorben war, nicht denkbar gewesen.(X) Die finanziellen Auswirkungen: Während des Fünfjahrplanes 1986 bis 1990 mußte das Verteidigungsministerium seine Mittel für Beschaffungen um 2,83 Milliarden Mark kürzen.[70]

III.4.2. Grenztruppen

Dem DDR-Standardwerk über die Geschichte der NVA können wir entnehmen, daß schon 1963 nahezu alle Offiziere der NVA Mitglieder der SED waren.[71] Die Deutsche Grenzpolizei war davon noch weit entfernt, als das Verteidigungsministerium sie im September 1961 vom Innenministerium übernahm. Von den 4167 Offizieren dieser Truppe waren nur 33,7 % in der SED, von den 6617 Unteroffizieren 32,7 %, von den 27 532 Soldaten 33,6 %. Bewaffnet war die Deutsche Grenzpolizei, die jetzt in Grenztruppen der NVA umbenannt wurde, mit 70 mittleren Panzern. Die Sollzahlen bei den übrigen schweren Waffen betrugen: Schützenpanzerwagen 373, Panzerbüchsen 2784, Geschütze 274, Selbstfahrlafetten 144.
Mit der Moral dieser Truppe war es nicht zum besten bestellt. In der Zeit vom 1. Januar bis zum 15. September 1961 waren drei Offiziere, 22 Unteroffiziere

und 132 Soldaten geflüchtet. Unter ihnen befanden sich 28 Mitglieder und Kandidaten der SED und 109 FDJler.[72]
Das sollte so schnell nicht besser werden. In der 16. Sitzung des NVR am 20. September 1963 stand eine vom ZK-Abteilungsleiter für Sicherheitsfragen, Borning, unterzeichnete »Information über den politisch-moralischen Zustand in den Grenztruppen der NVA« auf der Tagesordnung, die Anlaß zu großer Besorgnis gab. Seit dem 1. Oktober 1961 seien im Bereich des Kommandos Grenze (zuständig für die Grenze zur Bundesrepublik) 741 Grenzer fahnenflüchtig geworden, im Bereich der seit dem 1. Oktober 1962 bestehenden Stadtkommandantur Berlin 82. Schwerpunkte seien die 5. Grenzbrigade (Calbe) mit 54, die 7. Grenzbrigade (Magdeburg) mit 49 und die 1. Grenzbrigade (Berlin/Zentrum) mit 37.[73]
Nach wie vor unterlagen, heißt es in diesem Bericht, die Grenzsoldaten den üblen Machenschaften des Gegners, dessen Aufforderung »Triff daneben – werde nicht zum Mörder« verfehle keineswegs ihre Wirkung. Beim Schußwaffengebrauch stand der Verbrauch an Munition in einem krassen Mißverhältnis zum »Erfolg«. Weitere Parolen, die vom Bundesgebiet aus durch Flugblattaktionen oder Lautsprecherpropaganda die Angehörigen der Grenztruppen irritierten:

»Ihr bewacht ein KZ, ihr seid unbeliebt bei der Bevölkerung, die DDR hat keine Perspektive, bietet schlechtes Leben«

»Man belügt euch über die wahren Verhältnisse in Westdeutschland, man macht euch Angst – seht, wie es sich in Westdeutschland lebt«

»Ihr seid einem unwürdigen Dienst ausgesetzt. Man schikaniert euch, gibt euch schlechtes Essen, wenig Ausgang und ihr habt dumme oder 150%ige Vorgesetzte«.

Ein großer Teil der Flugblätter stammte – zum Ärger der ZK-Kontrolleure – von der »christlich-demokratischen Arbeitsgemeinschaft im Komitee freier NVA-Angehöriger«. In ihnen wurden die Soldaten, die einer Blockpartei angehörten, aufgefordert, bei ihren Vorgesetzten durchzusetzen, daß sie – wie die SED-Mitglieder – Parteiorganisationen bilden und Parteisekretäre wählen durften. Bei Versuchen, persönlichen Kontakt aufzunehmen, habe der Gegner seine Taktik geändert. Im Vordergrund stünden nicht mehr üble Beschimpfungen, sondern freundliche, versöhnliche Worte – auch Geschenke mit dem Hinweis, es gehe doch um Entspannung und Frieden. Der sowjetische Partei- und Regierungschef Chruschtschow spreche doch auch mit dem amerikanischen Präsidenten Kennedy. Der Bericht führte die raffinierten Methoden des Gegners auf den Einfluß der »Verräter« Löffler und Krajewski zurück.
Die Politorgane, Partei und FDJ hätten noch keine »richtige offensiv-wirksame Einstellung« dazu gefunden. Auch die Politische Hauptverwaltung (PHV) der NVA habe der Sache nicht die erforderliche Aufmerksamkeit geschenkt. Bei Offizieren und Unteroffizieren treffe man auf die Meinung: »Wenn ich den Soldaten hart anfasse, dann wird er vielleicht fahnenflüchtig.« Die Verfasser des Untersuchungsberichtes mußten zugeben, daß die Masse der Soldaten, die fahnenflüchtig wurden, in ihren Einheiten einen guten Leumund besaßen, gute Soldaten waren und durch nichts ihre Absicht bekundeten, »Verrat« zu üben. Als eine teilweise Entschuldigung wurde hinzugefügt, die Ursachen der Flucht seien

vielfach persönliche Schwierigkeiten, Unzufriedenheit mit dem Dienst, Angst vor Strafen und ein schlechtes Verhältnis der Vorgesetzten zu ihren Untergebenen gewesen.[74] Damit drückte man sich vor dem Eingeständnis, daß viele Soldaten den Zwang, »Frontdienst im Frieden«[75] zu verrichten, auf Deutsche schießen zu müssen, die nur von Deutschland nach Deutschland gehen wollten, seelisch nicht verarbeiten konnten.
Besondere Sorgen bereiteten den Genossen die Situation in den Grenzbrigaden, die an den Grenzen zum eingemauerten West-Berlin stationiert waren. Die Angehörigen der Grenztruppen seien im Hinterland starken Belastungen ausgesetzt, bis hin zur Bestechung, um bei »Grenzdurchbrüchen« Hilfe zu leisten. Schwerpunkte dieser negativen Beeinflussung seien Gaststätten im Bezirk Berlin-Mitte, wo von »Gegnern« Lagen gespendet, Zigaretten ausgegeben, Geld für »Schleusungen« angeboten und Versprechungen für eine sichere Existenz im Westen nach der Fahnenflucht gemacht würden. »HWG-Personen« würden dabei eine üble Rolle spielen. Eine Erklärung für die mangelnde ideologische Festigkeit der Grenzer wurde darin gesehen, daß etwa 50 % der Wehrpflichtigen vor dem 13. August 1961 West-Berlin besucht hätten.
Ein ganzes Bündel von Gegenmaßnahmen wurde ergriffen. Einerseits wurden im Bereich der Stadtkommandantur Berlin vom November 1962 bis zum April 1963 1035 Soldaten wegen »kaderpolitischer und gesundheitlicher Nichteignung für den Dienst an der Staatsgrenze« zu den Landstreitkräften versetzt. Andererseits wurde darangegangen, Mißstände zu beseitigen. So erhielten die Soldaten besseres Essen, als Dienstuniform wurde der Drillich durch Tuch ersetzt, für den Sommer erhielten sie Uniformblusen. Als Belohnung winkten Besuche im »sozialistischen Ausland«. In den Mittelpunkt der »politisch-ideologischen Schulung« rückten die Themen:

»Grenzsoldat, wer ist dein Freund – wer ist dein Feind«
»Dein Vaterland, die DDR«
»Die sozialistische Perspektive ganz Deutschlands«
»Friedliche Koexistenz und Erhöhung der Gefechtsbereitschaft«.

Doch konnten die Genossen, sozusagen als Silberstreifen am Horizont, erste Erfolge vermelden: Seit Beginn des Jahres 1963 habe sich die Zahl der Festnahmen erhöht, im Bereich der Stadtkommandantur Berlin seien von Januar bis August 2615 Personen festgenommen worden, im Bereich des Kommandos Grenze 1424. Das war gegenüber 1962 eine Zunahme um 32 %.[76]
Zur besseren »Qualifizierung« der Offiziere wurde an der Militärakademie »Friedrich Engels« in Dresden die Fakultät »Allgemeine Kommandeure der Grenztruppen« eingerichtet, die am 1. Dezember 1964 ihre Arbeit aufnahm und eine dreijährige Ausbildung vorsah. In der 19. Sitzung des NVR am 22. Juni 1964 konnte berichtet werden, das »geistig-kulturelle Leben« bei den Grenztruppen sei inhaltsreicher geworden, in den »Perspektivplan der Baumaßnahmen der NVA« sei für das Jahr 1968/69 in Berlin der Bau des »Hauses der Armee für die Grenztruppen« aufgenommen worden.[77]
Mehrfach beschäftigte sich der NVR mit der Bewaffnung der Grenztruppen. 1963 wurden die Grenzbrigaden mit den Panzerbüchsen RPG-7 ausgerüstet. Die Panzerkompanien wurden damals aus nicht erklärlichen Gründen aufgelöst und

die Panzer den Landstreitkräften als Mobilmachungsreserve zugeführt.[78] 1973 wurden die Grenztruppen, die seit 1971 aus Grenzregimentern bestanden, umgerüstet. Im Artillerieregiment-26 erhielten zwei Abteilungen 122 mm Haubitzen D-30, eine Abteilung 130 mm Kanonen M-46. Die Geschoßwerferabteilung-26 wurde von zwei auf drei Batterien erweitert und mit dem Geschoßwerfer BM-21 Tatra ausgestattet. Damals wurde damit begonnen, in den Bataillonen der Grenzkommandos Nord und Süd die schweren Panzerbüchsen SPG-9 W einzuführen und die Artilleriesysteme auf Selbstfahrlafetten umzustellen. In den Regimentern des Grenzkommandos Mitte, rund um West-Berlin, wurde die Ausstattung mit dem Schützenpanzerwagen PSH abgeschlossen.[79]
Der Akte »Operatives Kriegsspiel zum Thema: ›Die Vorbereitung und Durchführung einer Angriffsoperation einer Armee zu Beginn eines Krieges‹, Januar 1975 bis Oktober 1976« können wir entnehmen, daß sich die Aufgaben der Grenztruppen nicht auf die Verhinderung von »Grenzdurchbrüchen« an der innerdeutschen Grenze beschränkten. Im Falle einer Offensive der Vereinten Streitkräfte des Warschauer Paktes auf dem Territorium der Bundesrepublik war auch die Teilnahme von Grenzregimentern vorgesehen. In der zitierten Akte erfahren wir auch, welchen Stellenplan diese Truppenteile hatten. Die Grenzregimenter -16, -18, -23 und das Grenzausbildungsregiment-17 bestanden aus 150 Offizieren, 350 Unteroffizieren und 900 Soldaten, die Grenzregimenter -24 und -25 aus 180 Offizieren, 420 Unteroffizieren und 900 Soldaten, das Grenzregiment-30 aus 100 Offizieren, 200 Unteroffizieren und 700 Soldaten.[80]
Während der NVR unter Ulbricht mehrmals Kontrollberichte über den politisch-moralischen Zustand der NVA und der Grenztruppen erhielt, wurden solche Berichte unter Honecker nur dem Parteichef vorgelegt. In der Zeit vom 24. bis zum 28. Oktober 1983 verschafften sich 63 Generale und Offiziere des MfNV beim Grenzkommando Süd, bei den Grenzregimentern -1, -8 und -33 sowie beim Grenzausbildungsregiment-11 ein Bild von der Stimmung der Truppe. Sie stellten fest, daß mit dem Abbau der Selbstschußanlagen[81] nach Auffassung von vielen Soldaten und Unteroffizieren ein Stück Sicherheit aufgegeben und feindlichen Elementen Tür und Tor zum Verrat der DDR geöffnet würden. In zunehmenden Maße werde erkannt, daß sich aus dieser Maßnahme die politischen und militärischen Anforderungen an die Grenzsicherheit weiter erhöhten. Dieser Beurteilung folgte die kritische Bemerkung der Kontrolleure, bei nicht wenigen Soldaten fehle eine »ausgeprägte klassenmäßige Einschätzung der Politik der Regierung der CDU/CSU/FDP der BRD, einschließlich des aggressiven Charakters ihrer Streitkräfte«.[82] Also immer noch ideologische Schwächen bei dieser Elitetruppe des Regimes.
Auch an der Eroberung West-Berlins sollten sich die Grenztruppen beteiligen. Das Grenzregiment-5 des Grenzkommandos Nord und die Regimenter -34 und -44 des Grenzkommandos Mitte sollten in den Sektor I einmarschieren (das Gebiet westlich der Linie, die vom Ortsteil Konradshöhe im Nordwesten nach Lichtenrade im Süden verlief), in den östlichen Sektor II die Grenzregimenter -33, -35, -38, -39, -40 und -42. Die große Bedeutung, die den Grenztruppen bei dieser Operation zukam, können wir der Tatsache entnehmen, daß in dem Kriegsspiel BORDKANTE-86 drei Frontabschnitte (»Streifen«) gebildet wur-

den. Ein Streifen stand unter dem Befehl des Kommandeurs des Grenzkommandos Mitte, eines Generalmajors. Ihm war auch die 6. selbstständige Mot. Schützenbrigade der Gruppe der Sowjetischen Streitkräfte in Deutschland unterstellt.[83] Bei der Auswertung dieses Kriegsspiels wurde lobend hervorgehoben, daß das Panzerregiment-1 der 1. Mot. Schützendivision der NVA zusammen mit einem Grenzregiment den »Hauptschlag« geführt und einen Keil zwischen die britische und die amerikanische Brigade getrieben hatte. Durch einen zweiten Schlag wurde die amerikanische Brigade aufgespalten.[84]

In der 78. Sitzung des NVR, am 16. Juni 1989, wurden als Maßnahmen der »Vervollkommnung des Schutzes der Staatsgrenze der DDR zur BRD und der dazu erforderlichen Entwicklung der Grenztruppen der DDR« die Grenzkommandos Nord und Süd durch die Grenzbezirkskommandos Schwerin, Magdeburg, Erfurt, Suhl, Gera und Karl-Marx-Stadt ersetzt. Die Zahl der Grenzkompanien wurde von 93 auf 107 erhöht, so daß die Grenzlänge je Kompanie von 15 auf 13 Kilometer verkürzt werden konnte. Damit sollte die Dislozierung der Grenztruppen mit der politischen Territorialstruktur in Übereinstimmung gebracht werden, um bessere Voraussetzungen für das Zusammenwirken mit den Partei- und Staatsorganen, den anderen Schutz- und Sicherheitsorganen, den gesellschaftlichen Organisationen, den Betrieben und Genossenschaften zu schaffen. Von den 26 Grenzkreisen erhielten 16 ein Grenzkreiskommando, in weiteren fünf wurden die Grenzkompanien durch Grenzkreiskommandos der Nachbarkreise geführt, in weiteren fünf durch das Grenzbezirkskommando.

Durch diese Maßnahmen entfielen neben den Grenzkommandos Nord und Süd (das Grenzkommando Mitte rund um West-Berlin blieb bestehen) elf Grenzregimenter, vier Grenzausbildungsregimenter (die durch zwei Grenzausbildungszentren ersetzt wurden) und 33 Grenzbataillone. Auf diese Weise konnte die Anzahl der Führungsorgane von 50 auf 24 reduziert und der Personalbestand um 17 % verringert werden. In die in derselben Sitzung beschlossene Neufassung des Statuts der Einsatzleitungen wurde die Bestimmung eingefügt, daß die Kommandeure der Grenzbezirkskommandos Mitglieder der Bezirkseinsatzleitungen wurden, die Kommandeure der Grenzkreiskommandos Mitglieder der Kreiseinsatzleitungen. Dadurch wurde ihre Stellung in der Hierarchie des SED-Staates gestärkt.

Um ja nicht den Eindruck aufkommen zu lassen, daß man es mit einer Liberalisierung des Grenzregimes zu tun hatte, wurde beschlossen, die Anzahl der Panzerabwehrmittel SPG-9 in den Grenzkompanien zu erhöhen, wobei allerdings keine Zahlen genannt wurden.[85]

III.4.3. Ministerium für Staatssicherheit

Die Sicherheitskommission des ZK der SED (1954 bis 1960) hat sich mit dem Staatssekretariat bzw. Ministerium (seit 1955) für Staatssicherheit (MfS) häufig beschäftigt.[86] Dagegen sind die Akten des NVR für die Ulbricht-Zeit (1960 bis 1970) wenig ergiebig, für die Honecker-Zeit (1970 bis 1989) geben sie fast gar nichts her.

Am 19. Oktober 1960 erhielt Minister Mielke vom NVR den Auftrag, der Agitationskommission des ZK Materialien zu unterbreiten, mit deren Hilfe der »Zersetzungsarbeit« des Ostbüros der SPD entgegengewirkt werden konnte.[87] Wie dieser Auftrag ausgeführt wurde, ist niemals zur Sprache gekommen. Am 3. Mai 1961 – die Sitzung leitete in Ulbrichts Vertretung Honecker – war Tagesordnungspunkt 1 »Probleme des Ministeriums für Staatssicherheit« mit Mielke als Berichterstatter. Über den Inhalt dieses Berichtes ist jedoch nichts vermerkt.[88]

Im Protokoll der 10. Sitzung am 6. April 1962 erfahren wir, daß die Verantwortung für die geplante Führungsstelle des Politbüros der SED und der Regierung der DDR in einer unterirdischen Anlage bei Rüdersdorf dem MfS in Zusammenarbeit mit dem Ministerium für Nationale Verteidigung (MfNV) übertragen wurde. Die 1975 erlassene Direktive über die Hauptführungsstelle der Partei- und Staatsführung bestimmte, daß ihr »Kommandant« vom MfS zu stellen war.[89]

Etwas ausführlicher ist der Tagesordnungspunkt »Probleme des Ministeriums für Staatssicherheit« in der Sitzung am 13. März 1963. Mielke erhält drei Aufträge. Er soll innerhalb von zehn Tagen »analysieren, wie es möglich ist, daß sich die faschistische Ideologie in einigen Kreisen verstärkt. Dabei sind die Ursachen für die verhältnismäßig hohe Beteiligung von Arbeitern zu prüfen«. Bis zur nächsten Sitzung soll er einen Bericht über den Kampf gegen Wirtschaftsspionage in leitenden Organen geben. (Dieser Bericht ist in den Akten des NVR nicht nachzuweisen.) Schließlich sollen Berichte über die Tätigkeit der westlichen Militärmissionen in der DDR vorgelegt werden. Auch soll der Staatssicherheitsminister ermitteln, wie hoch der Anteil der West-Berliner ist, die mit westdeutschem Ausweis nach Ost-Berlin reisen.[90]

Zwei Jahre später, am 15. April 1965, erhielten Mielke und Verteidigungsminister Hoffmann den Auftrag, in Verbindung mit der Agitationskommission des ZK eine Internationale Pressekonferenz abzuhalten, die noch vor dem 8. Mai 1965 stattfinden müsse. Ziel war eine verstärkte Kampagne gegen die »Bonner Ultras«, die einen »verdeckten Krieg« gegen die DDR planten.[91]

Am 27. Oktober 1966 finden wir wieder den Tagesordnungspunkt »Fragen des Ministeriums für Staatssicherheit«. Was Mielke berichtete, geht aus dem Protokoll nicht hervor. Es wird jedoch beschlossen, daß es notwendig sei, die Arbeit der Organe des MfS zu popularisieren, so daß sich »ihre Verbindung mit der Bevölkerung vertieft (zum Beispiel durch Filme, Fernsehen) und ihr Ansehen erhöht«. Mielke und Hoffmann sollen soviel Material wie möglich über die NATO-Übung FALLEX-66 den Publikationsorganen zur Verfügung stellen. Die Rolle der CDU, aber auch der SPD-Politiker Schmidt und Wehner, müsse »entlarvt« werden.

Auch ein innenpolitisches Thema, sogar ein Versäumnis des MfS, wird bei dieser Gelegenheit zur Sprache gebracht. Verantwortliche Mitarbeiter dieses Ministeriums haben nicht rechtzeitig über – nicht näher beschriebene – Vorgänge in der Vereinigung Volkseigener Betriebe (VVB) Schienenfahrzeugbau berichtet. Nun soll geklärt werden, wie es dazu kommen konnte, woraus Schlußfolgerungen für die Mitabeiter des MfS in allen Industrieministerien bzw. VVBs gezogen werden sollen.

Schließlich wird ein Vorschlag der SED-Bezirksleitung Leipzig aufgegriffen, wonach die Propaganda über Rückkehrer (die in die Bundesrepublik geflüchtet waren) und Erstzuziehende aus der Bundesrepublik eingestellt werden soll. Rückkehrern, die schon das zweite Mal um Aufnahme in die DDR ersuchen, sowie »arbeitsscheuen Elementen« soll die Aufnahme in die DDR verweigert werden. Im übrigen dürfe es zu keiner Konzentration von Rückkehrern und Erstzuziehenden in Großstädten und volkswirtschaftlich wichtigen Betrieben kommen.[92]

In der 36. Sitzung des NVR am 23. Oktober 1969 stand das Thema MfS nicht auf der Tagesordnung. In den Aktenbeständen »Sekretariat des Ministers« des Bundesbeauftragten für die Unterlagen des Staatssicherheitsdienstes der ehemaligen Deutschen Demokratischen Republik (Gauck-Behörde) fand der Autor jedoch Aufzeichnungen Mielkes, die für seinen Arbeitsstil und den Inhalt dieser Sitzung recht aufschlußreich sind. Mielke notierte sich auf vier linierten DIN A 4-Seiten mit seiner großen, gut leserlichen Handschrift Stichworte zu fünf von insgesamt 13 Tagesordnungspunkten. Am interessantesten sind seine Stichworte zum mündlichen Bericht von Generaloberst Keßler »Über das strategisch-operative Kriegsspiel«, über den das Protokoll keinerlei Angaben enthält. Mielke notierte sich:

> »Gen(osse). Kessler:
>
> Ein(n)ahme v(on). W(e)stbe(er)l(i)n.
> u(nd). » v(on). W(e)std(eutschland). Koordinierung mit M.f.N.V.
>
> Koordinierung mit M.f.N.V.
> zwecks Sicherung des
> Territoriums der DDR.
>
> Einbeziehung von Kräften der territorial(en)
> Verteidigung.
>
> Angriffsrichtung?«[93]

Es ist nicht klar, wer mit dem Verteidigungsministerium die Einnahme West-Berlins und der Bundesrepublik sowie die Sicherung des Territoriums der DDR koordinieren sollte. Die Sowjets? Oder dachte Mielke dabei an die Rolle seines Ministeriums? Die Einnahme West-Berlins wird in den Akten des NVR – im Gegensatz zur Eroberung der Bundesrepublik und Westeuropas – an keiner Stelle erwähnt.

Welche Rolle das MfS dabei spielen sollte, erfahren wir aus Papieren, die in der Gauck-Behörde in Akten der Bezirksverwaltung (BV) Berlin gefunden wurden. Ein von ihrem Leiter, Generalleutnant Schwanitz, am 5. August 1985 unterzeichnetes Papier »Linienspezifische Aufgaben der BV Berlin« beschrieb die Aufgaben, die bei der Machtübernahme in West-Berlin durch das MfS zu erfüllen waren. Dazu gehörten die Besetzung der »bedeutsamen Zentren des

Feindes« und die Verhaftung der »feindlichen Kräfte«, worunter Geheimdienstmitarbeiter verstanden wurden, leitende Polizeibeamte, Spitzenpolitiker, Spitzenbeamte aus der Verwaltung, Geheimnisträger aus Wirtschaft, Wissenschaft und Technik, antikommunistische Journalisten und Funktionäre antikommunistischer Organisationen. Neben der Aufrechterhaltung der Funktionsfähigkeit aller lebenswichtigen Bereiche und der wichtigsten Produktionsstätten war eine Hauptaufgabe des MfS die Einsetzung einer kommunistischen Verwaltung. Stellenpläne für die MfS-Strukturen in West-Berlin waren vorbereitet. Die »Verwaltung B 2« bestand aus 80 Mitarbeitern, mit einem Oberst an der Spitze. 65 Stellen waren bereits besetzt. Für jeden der zwölf West-Berliner Bezirke sah diese Planung eine Kreisdienststelle mit 42 bis 47 Mitarbeitern vor, geleitet von einem Oberstleutnant oder Major. Hier waren in jedem Bezirk erst sechs Stellen besetzt. Bei den auf den Stellenplänen eingetragen Namen handelte es sich um Klarnamen mit Angabe der Dienststellung, des Dienstgrades und der Personenkennzahl, deren erste sechs Stellen das Geburtsdatum waren.[94] Schwanitz hat diese Vorbereitungen zur Besetzung West-Berlins am 20. Mai 1992 vor Sympathisanten zugegeben, aber mit der Bemerkung heruntergespielt, diese Aktion wäre »im Falle einer Aggression gegen die DDR« erfolgt.[95] Es ist anzunehmen, daß in den 14 übrigen MfS-Bezirksverwaltungen entsprechende Vorbereitungen für die Länder der Bundesrepublik getroffen wurden, da jeder DDR-Bezirk die Patenschaft über ein kleines oder mittleres Bundesland oder einen Teil eines großen Bundeslandes hatte:

Rostock	Hamburg
Neubrandenburg	Schleswig-Holstein
Schwerin	Bremen/Niedersachsen Nord
Magdeburg	Niedersachsen Süd
Frankfurt/Oder – Erfurt	Hessen
Potsdam	Rheinland-Pfalz
Cottbus	Saarland
Leipzig – Halle	Nordrhein-Westfalen Nord
Karl-Marx-Stadt	Nordrhein-Westfalen Süd
Dresden	Baden-Württemberg
Suhl	Bayern Nord
Gera	Bayern Süd[96]

Es war deshalb kein Zufall, daß im September 1989 der Dresdener 1. Bezirkssekretär, Modrow, ausgerechnet dem Land Baden-Württemberg einen Besuch abstattete.[97]

Bis jetzt konnten in den Akten der 14 MfS-Bezirksverwaltungen außerhalb Berlins solche Papiere nicht gefunden werden. Der damalige Leiter der Hauptverwaltung Aufklärung, Markus Wolf, äußerte in einem Gespräch mit dem MDR-Redakteur Frank Wolfgang Sonntag, er gehe davon aus, daß es auch in anderen Bezirken solche Pläne gegeben hat, könne es aber nicht bestätigen. Im übrigen habe er sie nicht so ganz ernstgenommen.[98]

Wie penibel die Machtübernahme in der Bundesrepublik vorbereitet wurde, geht unter anderem daraus hervor, daß unter der Tarnbezeichnung »Aktion Faustpfand« ein Lehrfilm des MfS über die Verhaftung des Bundeskabinetts und der Landesregierungen in ihren Führungsbunkern existiert. Diese Verhaftung wurde in einem nachgebauten Bunker in der Nähe von Lehnin südwestlich von Potsdam geübt.[99]

Wie es dazu kam, daß Themen des MfS unter Honecker niemals auf die Tagesordnung des NVR gesetzt wurden, kann der Autor an Hand des Aktenbestandes »Sekretariat des Ministers« rekonstruieren. Der Sekretär des NVR, Generaloberst Streletz, richtete im III. oder IV. Quartal eines jeden Jahres im Auftrag Honeckers ein Schreiben an die Mitglieder dieses Gremiums, in dem er zur Vorbereitung des Jahresarbeitsplanes um Vorschläge zur Behandlung von Vorlagen bat. Das Sekretariat des Ministers fragte anschließend bei einigen Stellen im Hause nach, erhielt eine Reihe von Fehlanzeigen und bereitete dann für Mielke ein entsprechendes Schreiben an Streletz vor. Noch am 31. Oktober 1988, als die Oppositionsgruppen in der DDR immer mutiger wurden und der Zentralen Auswertungs- und Informationsgruppe besorgniserregende Erkenntnisse vorlagen, die eine Beratung im NVR dringlich erscheinen ließen, teilte Mielke Streletz mit, »daß seitens des Ministeriums für Staatssicherheit keine Probleme anstehen, die im Jahre 1989 eine Behandlung im Nationalen Verteidigungsrat notwendig machen würden«.[100]

Es liegt auf der Hand, daß hier eine Komödie gespielt wurde. Honecker war daran interessiert, Angelegenheiten des MfS aus den Sitzungen des NVR, aber auch des Politbüros herauszuhalten. Das ehemalige Politbüromitglied Schabowski schreibt in seinen Erinnerungen, daß der Generalsekretär jeden Dienstag nach der Sitzung des Politbüros Mielke in seinem Arbeitszimmer empfing, und nimmt an, daß in diesen Vier-Augen-Gesprächen organisatorische und prinzipielle Entscheidungen getroffen wurden.[101] Die oben erwähnten Planungen vom 5. August 1985 dürften auf eine solche Entscheidung zurückgehen.

Das bedeutet nicht, daß der Staatssicherheitsminister im NVR eine Randerscheinung war. Er mußte fast alle Vorlagen mitzeichnen, was natürlich erst geschah, nachdem seine Mitarbeiter auf der zuständigen Ebene an ihrer Abfassung mitgewirkt hatten, und regelmäßig fanden vor den Sitzungen Vorbesprechungen statt, an denen auch Mielke teilnahm.[102] Zwar ist nur über eine einzige Sitzung, die 45. am 3. Mai 1974, eine Niederschrift gefertigt worden. Man kann aber aus ihr schließen, daß Mielke in den Aussprachen relativ häufig das Wort ergriff.[103]

Ein Beispiel dafür, wie sehr Honecker seinen Staatssicherheitsminister Mielke hofierte: Zu Beginn der 62. Sitzung am 21. November 1980 überreichte er ihm »zur 35jährigen treuen Pflichterfüllung in den bewaffneten Organen« eine Ehrenurkunde.[104] Eine solche Ehrung ist weder dem langjährigen Ministerratsvorsitzenden Stoph noch dem langjährigen Verteidigungsminister Hoffmann zuteil geworden.

III.4.4. Ministerium des Innern

Im Jahre 1963 geriet das Innenministerium unter Karl Maron genauso in das Feuer der Kritik wie im Jahre 1957 das Staatssicherheitsministerium unter

Wollweber. Auch jetzt wurde der Minister abgelöst (November 1963). Da er jedoch im Gegensatz zu Wollweber keiner Anti-Ulbricht-Fraktion angehört hatte, ist er sanft gefallen. Er blieb ZK-Mitglied und erhielt die Leitung des Instituts für Meinungsforschung beim ZK. Diese Funktion übte er bis wenige Wochen vor seinem Tod (1975) aus.[105] Sein Nachfolger wurde nicht einer seiner Stellvertreter, sondern der erst einen Monat vorher zum Generalleutnant beförderte Friedrich Dickel, Stellvertreter des Verteidigungsministers und Chef Technik und Bewaffnung. Es war derselbe Dickel, der 1955 den Anforderungen des Amtes des stellvertretenden Polit-Chefs der KVP nicht genügt hatte.[106] Inzwischen hatte er sich jedoch wieder gefangen und 1957 bis 1959 an der Generalstabsakademie der UdSSR die höheren militärischen Weihen empfangen. Obwohl er 1965 zum Generaloberst und 1984 zum Armeegeneral (Vier-Sterne-General) befördert wurde, behielt er bis zu seinem politischen Ende im November 1989 unter den drei Ministern der bewaffneten Organe in der Parteihierarchie den niedrigsten Rang. 1967 wurde er ZK-Mitglied, aber in das Politbüro wurde er – im Gegensatz zu den Verteidigungsministern Hoffmann (1973) und Keßler (1986) sowie Staatssicherheitsminister Mielke (1976) – niemals aufgenommen.[107] Vermutlich aus diesem Grund enthalten Dickels Vorlagen für Personalentscheidungen des NVR den Satz, daß der MdI beauftragt wird, eine Beschlußvorlage für das Politbüro vorzubereiten und einzureichen.[108]
Am 13. März 1963 lag dem NVR ein Bericht der ZK-Abteilung für Sicherheitsfragen über den Zustand der Deutschen Volkspolizei (DVP) vor, der vorgeworfen wurde, im Vergleich zu den anderen bewaffneten Kräften in ihrem politisch-ideologischen Niveau zurückgeblieben zu sein. Auffallend sei der Widerspruch zwischen der Masse der Volkspolizisten in den unteren Einheiten und Dienststellen einerseits und »dem Zurückbleiben in der Führungstätigkeit und der Qualifizierung der Kader in den leitenden Organen bis einschließlich der Leitung des Ministeriums« andererseits. Ähnlich wie seinerzeit bei der Kritik des MfS wurden Mißstände aus den Bereitschaften (= Regimentern) der Bezirke Magdeburg und Potsdam herausgegriffen. Dort hätten sich Gruppen zusammengeschlossen, die in übelster Weise Hetze gegen die DDR trieben. In der 4. Bereitschaft (Magdeburg) habe sich schon 1960 eine »feindliche Bande« organisiert, die in den Klubräumen Gemeinschaftsempfänge von »NATO-Sendern«, wie Radio Luxemburg und SFB, veranstalte. Ein Leutnant Gärtner, Zugführer in der 4. Bereitschaft, habe solche Gemeinschaftsempfänge sogar in seiner Wohnung organisiert, woran auch Vorgesetzte teilgenommen hätten. Diese »Banditen« hätten einen »regulären Hitlerkult« mit dem »faschistischen Gruß« und der Verherrlichung der SS-Leibstandarte eingeführt und eine wüste Hetze gegen Walter Ulbricht entfesselt. Diese »Bande« habe schließlich einen »Gruppengrenzdurchbruch« geplant, der jedoch vereitelt werden konnte. Die Ursachen dieser schlimmen Vorkommnisse sahen die Genossen aus der ZK-Abteilung in einer äußerst mangelhaften Führungstätigkeit, der Negierung der führenden Rolle der Partei und der »völligen Vernachlässigung der Arbeit mit den Menschen«. Ähnliches habe sich in der 3. Bereitschaft Potsdam abgespielt. Selbst die dort stationierte 17. Bereitschaft, die als »Ministerreserve« für besondere Einsätze in Berlin vorgesehen war, sei nicht zuverlässig.

Auch in anderen Diensteinheiten der Volkspolizei (VP) hätten sich »negative Vorkommnisse« von 1961 auf 1962 gesteigert, so die Zahl der Disziplinarverstöße von 9096 auf 9899, und die Zahl der Selbstmorde sei von 30 auf 53 gestiegen. 1962 seien 17 Angehörige von Dienststellen der Volkspolizei und sechs Angehörige der Bereitschaftspolizei desertiert.
Auch unpolitische kriminelle Machenschaften deckten die Berliner Kontrolleure auf: In Rostock hätten 15 Angehörige der Hafenpolizei unter Mißbrauch ihrer dienstlichen Aufgaben Diebstähle im Hafengelände begangen, im Betriebsschutzamt Leuna hätten neun VP-Angehörige über längere Zeit Automateneinbrüche verübt, und ein besonders langes Sündenregister wurde den Verkehrskommandos angelastet: Auf den Verbindungsstraßen zwischen West-Berlin und dem Bundesgebiet hätten in den Bezirken Gera, Potsdam, Halle und Magdeburg größere Gruppen von Volkspolizisten Bestechungsgelder von westlichen Kraftfahrern angenommen und pornographische Bilder und Schriften vertrieben, einige hätten bei Verkehrsunfällen Kraftfahrzeuge geplündert. Im Transportpolizeiamt Erfurt hätten 16 Offiziere und Wachtmeister, vorwiegend Angehörige der Kripo, intime Beziehungen zu Frauen unterhalten, die ihnen im Zusammenhang mit der Bearbeitung von Strafsachen bekannt wurden. Kriminaltechnische Einrichtungen hätten sie zur Vervielfältigung von pornographischen Bildern benutzt.
In Berlin hätten Volkspolizisten der Strafvollzugsanstalt I das »Verbrechen« begangen, Strafgefangenen, die zu Straßenarbeiten eingesetzt waren, die Möglichkeit zu geben, sich illegal mit ihren Ehefrauen zu treffen. Sie ließen es auch zu, daß Strafgefangene Gespräche mit westalliierten Besatzungsangehörigen führten.[109]
Innenminister Maron habe am 6. Januar 1963 in einer Sitzung des Büros der SED-Kreisleitung VIIk[110] zu diesen Vorkommnissen erklärt, er sei noch nicht dahintergekommen, welche konkreten Beweise es für diese Behauptungen gebe. Mit ihrer Untersuchung habe er die Genossen der Politischen Verwaltung betraut, nicht den dafür zuständigen stellvertretenden Minister. Seiner Verpflichtung, in den unteren Dienststellen Kontrollbesuche zu machen, komme er nicht nach. Auch leitende Mitarbeiter seines Ministeriums machten es sich zu leicht. So habe sich der Leiter der Verwaltung Ausbildung, Generalmajor Winkelmann, bei einem Besuch der Bereitschaft Magdeburg nur für die Ausbildung interessiert.
Der Bericht, der vom ZK-Abteilungsleiter für Sicherheitsfragen, Generalmajor Borning, unterschrieben war, zog die Schlußfolgerung, daß es zweckmäßig wäre, »leitende Kader« des Ministeriums, die ungenügende Erfahrung in der Praxis hätten, mit »politisch und fachlich qualifizierten Kadern« aus den Bezirken auszutauschen.[111]
Welche Konsequenzen aus der dargestellten Kritik gezogen wurden, erfuhren die Mitglieder des NVR schon am 20. September 1963: Die Leitungen der Bereitschaften Magdeburg und Potsdam wurden ausgewechselt, die »Polit-Kader« auf einer Bezirksparteischule »qualifiziert«. Sieben Angehörige der Bereitschaft Magdeburg wurden zu insgesamt 29 Jahren und zehn Monaten Zuchthaus sowie einem Jahr Gefängnis verurteilt. In den Verkehrskommandos

Potsdam, Magdeburg und Gera wurden alle Angehörigen abgelöst, ihre Posten übernahmen vorübergehend Angehörige der Bezirksschule und Offiziere der Bezirksbehörde der Deutschen Volkspolizei (BDVP). Alle anderen Verkehrskommandos wurden überprüft und den VP-Kreisämtern unterstellt.
Es wurde jedoch der Versuch unternommen, die unbefriedigende Situation in den Bereitschaften zu erklären: Die besten Kräfte seien zur 1. und 2. Grenzbrigade der in Berlin stationierten Grenztruppen der NVA abgezogen worden, so daß 40 % der Politoffiziere keine ausreichende Ausbildung hätten.[112]
In den siebziger Jahren gelang es dem Innenministerium, seinen bewaffneten Organen in den Augen des NVR einen besseren Ruf zu verschaffen. Das Kernstück waren die kasernierten Volkspolizei- Bereitschaften (VPB), die in der Territorialverteidigung eine wichtige Rolle spielen sollten. Am 2. Februar 1970 wurde erstmals über ihre »Kampfbereitschaft« berichtet. Danach konnten in einer Reihe von Volkspolizei-Bereitschaften, die Bataillonsstärke hatten, in der militär-politischen Erziehungsarbeit gute Ergebnisse und in der Ausbildung hohe Leistungen erzielt werden. Als Beispiele wurden die 10. VPB (Rudolstadt), die 9. VPB (Karl-Marx-Stadt) und die 19. VPB (Basdorf bei Berlin) genannt.
Bei der 5. VPB (Leipzig) und 8. VPB (Dresden) wurden »Mängel der klassenmäßigen Erziehung, in einer nicht ausgeprägten militärischen Ordnung und Disziplin und in unzureichenden Ausbildungsergebnissen sichtbar«. Besonders empörte die Genossen Berichterstatter, daß eine Reihe von Wachtmeistern und Unterführern (Soldaten und Unteroffizieren) der »wachsenden Aggressivität des westdeutschen Imperialismus und der von ihm ausgehenden Kriegsgefahr« »unparteiliche Positionen« entgegenbrachte. Das wurde darauf zurückgeführt, daß viele von ihnen vor ihrer Einberufung – in den Volkspolizei-Bereitschaften konnten Wehrpflichtige einen Wehrersatzdienst leisten – Westrundfunk gehört hätten und das während ihres Urlaubs immer noch täten. Ein Drittel der Neueinberufenen habe Briefpartner in der Bundesrepublik.[113]
Der 61. Sitzung des NVR am 23. Juni 1980 lag ein Bericht über Kampfkraft und Einsatzbereitschaften der Volkspolizei-Bereitschaften vor, in dem festgestellt wurde, daß »in Verwirklichung der Beschlüsse des IX. Parteitages der SED und des Nationalen Verteidigungsrates . . . die einundzwanzig Volkspolizei-Bereitschaften als einsatzbereite, politisch zuverlässige und kampfstarke Einheiten weiter gefestigt« wurden. Ihre Feuerkraft und Manövrierfähigkeit wurde erhöht durch

- die Einführung moderner Schützenpanzerwagen (SPW) in den SPW-Zügen und Aufklärungszügen,
- durch die Erhöhung der Anzahl der Panzerabwehrmittel der Einheiten in den Grenzbezirken
- durch die Aufstellung technischer Pionierzüge und die Einführung von Panzer- und Infanterieminen
- die Bildung von Flak-Zügen 23 mm-Zwilling
- und die Einführung von Scharfschützengewehren.

Nach der Erwähnung von polizeilichen Ordnungseinsätzen bei »Staatsbesuchen und Veranstaltungen von nationaler und internationaler Bedeutung« wurde

berichtet, daß die Volkspolizei-Bereitschaften seit 1977 etwa 8,6 Millionen Arbeitsstunden »zur Lösung wichtiger volkswirtschaftlicher Aufgaben« leisteten. Trotz größter Anstrengungen habe das zu einer Minderung des Kampfwertes der Einheiten geführt. Wichtige Ausbildungsmaßnahmen, wie Einheits-, Artillerieprüfungs- und Flakgefechtsschießen sowie Feldlager, konnten deshalb nur teilweise oder gar nicht durchgeführt werden. Hier äußert sich wieder die verkehrte Welt des SED-Systems. Während es mit seiner maßlosen Militarisierung zivile Arbeitskräfte der Produktion entzog (in den Kampfgruppen, zivilen Spezialformationen u. a.), mußte es auf der anderen Seite wegen Arbeitskräftemangels Soldaten und kasernierte Polizisten in die Produktion schicken.
Die »überwiegende Mehrheit« der Angehörigen der Volkspolizei-Bereitschaften bekenne sich zur Partei der Arbeiterklasse, einem Teil aber, besonders bei Wehrpflichtigen im Grundwehrdienst, bereite es Schwierigkeiten, »die komplizierten Probleme des Klassenkampfes in ihren Zusammenhängen zu erkennen«. Über die Offiziere enthielt dieser Bericht viel Positives. 99,4 % hatten eine Hoch- oder Fachschulausbildung an einer militärischen Bildungseinrichtung abgeschlossen. 20 Kommandeure (91 %) und 32 Stellvertreter (36 %) waren sogar Absolventen der Militärakademie »Friedrich Engels«.
In den Schlußfolgerungen dieses Berichtes heißt es, ein Schwerpunkt der Ausbildung müsse »im Kampfeinsatz zur Aufklärung und Vernichtung subversiver Kräfte des Gegners zu jeder Tageszeit im unterschiedlichen Gelände und in Ortschaften selbständig und im Zusammenwirken mit anderen bewaffneten Kräften, insbesondere den Kampfgruppen der Arbeiterklasse« liegen.[114] Es war aber auch daran gedacht, sie bei Angriffsoperationen einzusetzen. So sollte sich an der Eroberung West-Berlins die 18. VPB beteiligen, mit der 19. VPB als Reserve.[115]
Am 23. November 1979 beschloß der NVR »Grundsätze für die Mobilmachung im Führungsbereich des Ministers des Innern und Chefs der Deutschen Volkspolizei sowie über das Dienstverhältnis in der Deutschen Volkspolizei und anderen Organen des Ministeriums des Innern im Verteidigungszustand«. Diese Vorlage ist eines der wenigen Dokumente, in dem im Text offen von der Überführung vom Frieden in den Kriegszustand (statt Verteidigungszustand) die Rede ist.
Wichtigster Inhalt dieser Grundsätze ist, daß der Dienst in der DVP sowie in den Organen Feuerwehr und Strafvollzug des MdI im Kriegszustand grundsätzlich Wehrersatzdienst ist. Die Zivilbeschäftigten des MdI und die Beschäftigten der Bereiche des Meteorologischen Dienstes, der Verwaltung Vermessungs- und Kartenwesen und der Staatlichen Archivverwaltung, die entsprechend der Kriegsstruktur zur Erfüllung ihnen übertragener Aufgaben erforderlich sind, werden vorerst nicht zum Wehrdienst einberufen.
47 000 Reservisten, die Dienst in Dienststellen des MdI, der NVA oder der Grenztruppen geleistet haben, werden im Kriegszustand für die personelle Ergänzung der Dienststellen und Einheiten des MdI eingezogen. 4000 Gediente und Ungediente nehmen schon im Frieden jährlich an den Ausbildungs- bzw. Qualifizierungsmaßnahmen des MdI, einschließlich Mobilmachungsübungen, teil.

Die Volkswirtschaft hat folgende Leistungen für die Einheiten des MdI (also die Volkspolizei-Bereitschaften, die Kampfgruppen und die Brandschutzeinheiten) zu erbringen: 5200 Kräder, 3500 Personenkraftwagen, 2000 Lastkraftwagen, 6700 Mannschaftstransportwagen, 400 Anhänger, 3200 Löschfahrzeuge. Für jedes Fahrzeug sind zwei Auffüllungen mit Kraft- und Schmierstoffen, für jeden Eingezogenen acht Verpflegungssätze bereitzuhalten. Außerdem sind 18 000 Betten in Reservelazaretten vorzubereiten.

Zum Schluß sehen diese Grundsätze vor, daß die *»spezielle militärische Technik«**, das Kriegsmaterial, und die Ausrüstung für die im Kriegszustand einzuziehenden Reservisten in die Perspektivpläne des MdI aufzunehmen sind.[116]

Die schweren Ausschreitungen vor dem Fußball-Europa-Cup-Finale zwischen dem FC Liverpool und Iuventus Turin am 29. Mai 1985 in Brüssel veranlaßten Honecker, am 31. Mai 1985 vor Beginn der Sitzung eine »Zusätzliche Aufgabenstellung durch den Vorsitzenden des Nationalen Verteidigungsrates« auf die Tagesordnung zu setzen. Bei dieser Gelegenheit sollten auch Konsequenzen aus der Feuerkatastrophe im Fußballstadion der nordenglischen Stadt Bradford am 11. Mai gezogen werden. Innenminister Dickel erhielt den Auftrag, in Zusammenarbeit mit dem ZK-Sekretär und mit dem ZK-Abteilungsleiter für Sicherheitsfragen, Krenz und Herger, folgende Maßnahmen durchzusetzen:

- In den Stadien der DDR schrittweiser Abbau der noch vorhandenen Holztribünen
- Durchsetzung von geeigneten Maßnahmen gegen Rowdytum, »Randalierungen« und andere Erscheinungen der sogenannten »Fußballfans«. Gegen »solche negativen Elemente« sollten bereits bei der Anreise in den Zügen und auf den Bahnhöfen »verstärkte Maßnahmen« ergriffen werden. Es müsse verhindert werden, daß sie überhaupt das Fußballstadion betreten.[117]

Es fällt auf, daß hierbei nicht das MfS eingeschaltet wurde. Offenbar, weil man keinen politischen Hintergrund dieser Ausschreitungen vermutete.

III.4.5. Kampfgruppen der Arbeiterklasse

Die »Kampfgruppen der Arbeiterklasse« wurden »unter der Führung der SED 1953 in einer Periode verschärften Klassenkampfes aus den klassenbewußtesten Arbeitern zum Schutz der Betriebe und des Arbeiter- und Bauernstaates gebildet«, wie es im parteioffiziellen »Kleinen Politischen Wörterbuch« heißt.[118]

Die Sicherheitskommission des ZK beschäftigte sich mit ihnen in sechs von 29 Sitzungen. Ihre Bewaffnung machte anfänglich Schwierigkeiten. Da die Sowjets keine Waffen aus alten Wehrmachtbeständen herausgaben, wurde am 31. März 1955 der damalige Innenminister Stoph beauftragt, bei einem Besuch in der Tschechoslowakei darum zu bitten, daß dort lagernde deutsche Waffen den Kampfgruppen zur Verfügung gestellt werden.[119] Dieser Wunsch muß erfüllt worden sein, denn am 30. Juli 1958 wurden als Bewaffnung 140 023 Karabiner 98 k, 12 000 Maschinenpistolen 41 und 16 093 Maschinenpistolen 44 angegeben. Bis zum 15. Juni waren 70 Panzerabwehrgeschütze 45 mm ausgeliefert worden.[120]

Kritik äußerten die Genossen daran, daß der Ausbildungsstand der Kampfgruppen noch nicht ihren Erwartungen entsprach. Am 31. Juli 1957 ordneten sie an, daß zur Verbesserung der Stabsarbeit die Einsatzleitungen und Einsatzstäbe einmal im Quartal außerhalb der Übungen im Straßen- und Häuserkampf ein Stabsplanspiel oder eine Stabübung durchzuführen hätten.[121]
Am 22. Januar 1959 traf die Sicherheitskommission schließlich eine Entscheidung, die bis zum Ende der SED-Herrschaft Bestand haben sollte: Es wurden 80 Kampfgruppen-Bataillone (KGB) der Bezirksreserve aufgestellt, von denen in diesem Buch noch mehrfach die Rede sein wird.[122]
Am 28. Oktober 1960 fand in der Zeit von 03 bis 12 Uhr in den Bezirken Erfurt, Gera und Suhl eine Übung statt, die vom 1. stellvertretenden Innenminister, Generalmajor Grünstein, geleitet wurde. An ihr nahmen 13 Kampfgruppen-Bataillone und sieben -Hundertschaften teil, ferner Einheiten der Bereitschaftspolizei und der damaligen Grenzpolizei sowie Truppenteile der 4. Mot. Schützendivision. Ihnen war die Aufgabe gestellt, »den angenommenen Gegner in kürzester Frist außerhalb bzw. am Rand der Städte zu liquidieren«. Alarmiert wurden 16 912 »Genossen Kämpfer«, von denen 12 126 zu »aktiven Kampfhandlungen« eingesetzt wurden. Als »Gegner« spielten 1225 Mann Bereitschaftspolizei, die aus der Luft abgesetzt wurden. Die insgesamt 180 Schiedsrichter waren mit dem Ergebnis nicht zufrieden, da sich die Einsatzleitungen noch nicht darüber im klaren gewesen seien, »daß von der schnellen Liquidierung des Gegners im Innern die Sicherheit des Friedens abhängt«. Besonders schlimm war, daß die Kampfgruppen-Bataillone des Bezirkes Suhl erst um 10.15 Uhr gefechtsbereit waren.[123]
Der mit großem Propagandaaufwand herausgestellte Einsatz von Kampfgruppen bei den Absperrmaßnahmen am 13. August 1961 in Berlin spielte sich hinter den Kulissen durchaus nicht so erfolgreich ab. Der 8. Sitzung des NVR, am 29. November 1961, wurde ein Bericht vorgelegt, aus dem hervorgeht, daß die Berliner motorisierten Kampfgruppen-Bataillone nur mit einer Ist-Stärke von 65,5 % angetreten waren. Zahlreiche Partei-, Staats- und Wirtschaftsfunktionäre mußten schon nach kurzer Zeit aus dem Einsatz herausgenommen und für andere Aufgaben freigestellt werden.
Wie häufig bei solchen Gelegenheiten, wurden auch gute Zensuren verteilt. In den Monaten Januar bis September 1961 hatten die Kampfgruppen des Bezirkes Halle mit einer 89,8%igen Beiteiligung an der Ausbildung am besten abgeschnitten, knapp gefolgt von den Kampfgruppen der Deutschen Reichsbahn mit 89,2 %.
Als Ziel der Ausbildung wurde noch einmal formuliert, »die Kampfgruppen zu befähigen, selbständig als auch im Zusammenwirken mit anderen bewaffneten Kräften in kürzester Zeit Luftlandegruppen und Rangergruppen des Gegners außerhalb bzw. am Rande der Städte zu liqudieren«. Andere Aufgaben waren das Verhindern der Bildung von Ansammlungen, das Auflösen von Ansammlungen, das Räumen von Sperren und schließlich – wie in Berlin – das Bauen und Sichern von Sperren. Ferner Posten- und Streifendienste. Die Zahl der an die Kampfgruppen ausgelieferten Waffen betrug damals 165 695 Karabiner und 32 087 Maschinenpistolen.[124]

Erstmals am 30. September 1971 erhielt der NVR eine längerfristige Planung (1971 bis 1980) für die Entwicklung der Kampfgruppen. Der Personalbestand setzte sich jetzt aus 37 000 »Bezirkskampfkräften« (= 21 %), 90 000 »Kreiskampfkräften« (= 50 %) und 53 000 »Sicherungskampfkräften« (= 29 %) zusammen. Eine Vielzahl von Faktoren wurde aufgezählt, die den verantwortlichen Genossen Ärger bereitete, so die Abwesenheit von »Kämpfern« wegen Dienstreisen, fachlicher Qualifizierungslehrgänge, In- und Auslandsmontage, die teilweise großen Entfernungen vom Wohnort zu den Sammelräumen, die außerhalb des Berufsverkehrs ungünstigen Verkehrsverbindungen und die Abwesenheit von »Kämpfern« während des Urlaubs, des freien Wochenendes und aus anderen persönlichen Gründen.

In dieser Planung wurde eine Fülle von Aufgaben aufgezählt, die einen vergessen lassen, daß diese Einheiten einmal als »Betriebskampfgruppen« ins Leben gerufen worden waren. Jetzt wurde unterschieden zwischen

– Kampfkräften zur Erfüllung von Kampfaufgaben und zur Sicherung der Ausweichführungsstellen der Einsatzleitungen (ca. 80 000 Kämpfer)
– Sicherungskräften einschließlich der Flakbatterien der Kampfgruppen (ca. 100 000 Kämpfer).

Hauptaufgaben der Kampfkräfte sollten im Zusammenwirken mit anderen bewaffneten Kräften die »kompromißlose Vernichtung bzw. Zerschlagung von

– Luft- und Seelandeeinheiten
– durchgebrochenen Einheiten
– Aufklärungs- und Diversionsgruppen der Streitkräfte
– bewaffneten zivilen Banden sowie
– Diversions- und Sabotagetrupps der Geheimdienste

des Gegners« sein. Die Flakbatterien sollten außer der Bekämpfung von tieffliegenden Flugzeugen auch gegnerische Erdziele vernichten.

Die jährliche Ausbildung wurden mit sieben Tagen für Kampfkräfte und fünf Tagen für Sicherungskräfte angegeben, und zwar außerhalb der Arbeitszeit. Kommandeure und andere Funktionsträger mußten sich zusätzlich einer Weiterbildung an neun Tagen während der Arbeitszeit unterziehen. Hauptamtlich tätig waren lediglich für jedes motorisierte Kampfgruppen-Bataillon zwei Funktionäre zur Wartung der Bewaffnung und Ausrüstung. Sie waren aus dem Stellenplan des »Standortbetriebes« zu bezahlen.[125]

Es konnte nicht ausbleiben, daß die Bewaffnung der »Genossen Kämpfer« mit Karabinern und Maschinenpistolen für die gestiegenen Anforderungen nicht ausreichte. Das für ihre operative Führung im Frieden zuständige Innenministerium (im Krieg war es das Verteidigungsministerium) legte für die 50. Sitzung des NVR am 18. November 1976 einen Bericht vor, aus dem hervorgeht, daß die »Kämpfer« inzwischen mit 26 106 Pistolen, 139 277 Maschinenpistolen, 5551 leichten Maschinengewehren, 3838 Panzerbüchsen, 156 Fla(Flugabwehr)-Geschützen, 117 Panzerabwehrgeschützen, 117 Kanonen und 117 Geschoßwerfern bewaffnet waren. Die vorgesehene Ausstattung mit Kraftfahrzeugen war erst zu 86,0 % erreicht, mit Schützenpanzerwagen zu 33 % und mit dem Schützenpanzerwagen SPW-40 gar nur zu 20 %. Bis Ende 1977 sollten jedoch 100 bzw. 68 % erreicht werden. Wegen der Lieferung des Fla-MGs 12,7 mm aus

Polen liefen noch Verhandlungen. Der Soll-Bestand betrug 5782 Stück. Zu 100 % vorhanden waren jedoch 3372 Funkstationen.
In dem hier referierten Bericht wurde das Durchschnittsalter mit 43 Jahren angegeben, der Anteil der SED-Mitglieder mit 68,3 %. Mit besonderer Freude erfüllte Honecker beim Lesen dieser Vorlage, daß sich die Schießergebnisse mit Schützen- und Artilleriewaffen weiter verbessert hätten. Der Anteil der Noten »eins« und »zwei« betrage etwa 80 %. Der Partei- und Staatschef unterstrich diese Zahlen, ebenso, daß der Anteil der »qualifizierten« Kommandeure und stellvertretenden Kommandeure, Zug- und Gruppenführer bei den Bezirkskampfkräften 87,3 % betrug.[126]
Am 10. März 1978 konnte der Sekretär des NVR, General Streletz, berichten, daß die Ausstattung der Einheiten mit der Maschinenpistole KMS, den Panzerbüchsen RPG-7 bzw. RPG-2 und den Schützenpanzerwawgen SPW-152 abgeschlossen war, die Ausrüstung mit dem SPW-40 zu 70 %.[127]
Am 22. Dezember 1980 erließ Honecker eine Direktive »über Rolle, Platz, Aufgaben und Ausbildung der Kampfgruppen der Arbeiterklasse der DDR«, die einen Überblick über die Rolle dieses bewaffneten Organs im SED-Staat gibt. Dort heißt es, daß die Kampfgruppen »in den Bestand der territorialen Kräfte der Bezirke und Kreise« eingeordnet sind, ihre Gesamtführung dem ZK der SED obliegt, ihre Führung in den Bezirken und Kreisen den 1. Parteisekretären.[128] Nach Auslösung der Stufen »Gefechtsbereitschaft bei Kriegsgefahr« und »Volle Gefechtsbereitschaft«[129]werden die Kampfkräfte den Chefs bzw. Leitern der Wehrkommandos der NVA, die Sicherungskräfte den Chefs der Bezirksbehörden der Deutschen Volkspolizei bzw. den Leitern der Volkspolizeikreisämter unterstellt. Die Führung liegt bei den Vorsitzenden der Bezirkseinsatzleitungen bzw. Kreiseinsatzleitungen.
Als Angehörige der Kampfgruppen sollen auf der Grundlage der Beschlüsse des Sekretariats des ZK der SED »geeignete männliche und weibliche Bürger der DDR« ausgewählt und »mit den zuständigen Organen (also dem MfS; O.W.) abgestimmt« werden. Für sie darf im Kriegszustand keine andere Verwendung (also der Einsatz in anderen bewaffneten Organen) eingeplant werden, und es ist davon auszugehen, daß sie dann in der Regel aus dem Produktions- bzw. Arbeitsprozeß herausgenommen werden.
Schließlich ist in Honeckers Direktive geregelt, daß nach Herstellung der Stufen »Gefechtsbereitschaft bei Kriegsgefahr« bzw. »Volle Gefechtsbereitschaft« die Dienststellen der DVP bzw. die Wehrkommandos der NVA die Angehörigen der Kampfgruppen zu vergüten haben. Die Versorgung der Familienangehörigen liegt in den Händen der Betriebe und Einrichtungen, bei denen die »Genossen Kämpfer« beschäftigt waren.[130]
Der Direktive vom 22. Dezember 1980 ist ein Schaubild »KG-Bataillon (mot)« beigefügt, dem man entnehmen kann, daß eine solche Einheit aus 531 Mann bestand und sich aus vier Kampfgruppenhundertschaften und vier Stabskompanien zusammensetzte. Die Bewaffnung bestand u.a. aus 75 Pistolen, 414 Maschinenpistolen, 54 leichten Maschinengewehren, 233 Panzerabwehrmitteln, sechs Fla-Maschinengewehren, zwei Fla-Geschützen und drei Granatwerfern. An Kraftfahrzeugen standen u. a. 13 Schützenpanzerwagen, acht Kräder, zwei

Kübelwagen, sechs Personenkraftwagen, 48 Lastkraftwagen und drei Anhänger zur Verfügung.[131] Jedes Kampfgruppenbataillon hatte u. a. 1000 Splitterhandgranaten, 300 Panzerhandgranaten, 200 Panzerabwehrgranaten und einen Satz Spreng- und Zündmittel. Durch die Bestände, die bei Einrichtungen des MdI lagerten, und die B-Planung erhöhten sich die Munitionsbestände auf 3500 Splitterhandgranaten, 2250 Panzerhandgranaten und 400 Panzerabwehrgranaten.[132]

Am 19. März 1980 wurden vom NVR »Grundsätze für die weitere Erhöhung der Kampfkraft und Gefechtsbereitschaft der Kampfgruppen der Arbeiterklasse im Zeitraum 1981 bis 1990« beschlossen. Zu diesem Zeitpunkt waren etwa 75 500 Kämpfer (= 42,4 %) Angehörige der Kampfkräfte, 106 500 (= 57,6 %) Angehörige der Sicherungskräfte. Diese Zahlen sollten sich bis 1985 nur unwesentlich erhöhen (auf 78 811 und 109 753). 1980 bestand eine Personalreserve von 17 000 Kämpfern. Nach der obigen Vorlage, die von Innenminister Dickel eingebracht wurde, hatten 96,7 % der Kommandeure, 90,3 % der Zugführer und 86,2 % der Unterführer eine Qualifizierung auf Kampfgruppenschulen erhalten. Durch die Gründung der Kampfgruppenschule »Ernst Schneller« im Jahre 1974 konnte die Ausbildung der Unterführer sowie der »Kader« der Artillerieeinheiten verbessert werden. 70,5 % der Kämpfer waren Mitglieder oder Kandidaten der SED, 47,3 % dienten bereits länger als zehn Jahre in diesen paramilitärischen Einheiten.

1976 hatte eine Umbildung der KG-Hundertschaften (mot) der KG-Bataillone (mot) durch Zuführung von Schützenpanzerwagen (SPW) zu SPW-Hundertschaften stattgefunden. 1977 waren die KG-Batterien Flak in das System der Feuerführung der Luftstreitkräfte/Luftverteidigung eingegliedert worden. Die Kampfkräfte waren zu 100 % mit Schützenwaffen, Artillerie und Flak ausgerüstet (absolute Zahlen wurden dabei nicht genannt), die Ausrüstung mit dem Fla-MG 12,7 mm aus polnischer Produktion war 1978 begonnen worden und sollte 1985 abgeschlossen sein; hier wurden nicht einmal Prozentzahlen angegeben. Bei dieser Gelegenheit wurde festgestellt, daß die 76 mm Kanone nicht mehr den Anforderungen genügte und nach 1980 durch den Nachfolgetyp SPG-9 ersetzt werden müsse. Ein Schwerpunkt der Bewaffnung sei die Verstärkung der Panzer- und Luftabwehrmittel. Den Vorrang bei der Neuzuführung der Bewaffnung hatten die Bezirkskampfkräfte der Bezirke Berlin (Ost), Potsdam, Frankfurt/Oder, Magdeburg und Erfurt.

Die Kampfkräfte waren darauf vorzubereiten:

»– Einbrüche gegnerischer Kräfte in das Territorium der DDR abzuriegeln und deren Erweiterung durch Führung aktiver Verteidigungshandlungen nicht zuzulassen
– Anlandungen von Seelandeeinheiten des Gegners an der Küste der DDR abzuwehren
– subversive Kräfte, Luftlande- und Aufklärungseinheiten sowie versprengte Kräfte des Gegners einzukreisen, zu vernichten bzw. gefangenzunehmen«.

Wenn man berücksichtigt, daß die Genossen Kämpfer nur sieben Ausbildungstage im Jahr abzuleisten hatten, die Kommandeure zusätzlich neun, waren das beachtlich hohe Anforderungen.

Den Kampfkräften war die Aufgabe gestellt, das Zusammenwirken mit Einheiten der Deutschen Volkspolizei, der Grenztruppen und der NVA sowie ihre Führung durch Kommandeure, denen sie zeitweilig unterstellt waren, zu trainieren. In der Gefechtsausbildung war der Schwerpunkt auf »die Führung geschlossener Handlungen gegen stärkere und schwächere Kräfte des Gegners, besonders in den Gefechtsarten Angriff und Verteidigung, sowie auf den schnellen Übergang von einer Gefechtsart zu einer anderen, selbständig und im Zusammenwirken mit anderen bewaffneten Kräften, in unterschiedlichem Gelände und in Ortschaften zu legen«.
Obwohl die Kampfgruppen im Frieden dem Innenministerium unterstanden, wurde die Ausbildung durch Offiziere der Wehrkommandos der NVA unterstützt.
Ab 1990 sollten die Pionierkräfte in der Lage sein, Sperren und Zerstörungen aufzuklären und zu überwinden sowie einfache Sperren anzulegen.[133]
Für die 70. Sitzung des NVR am 31. Mai 1985 brachte Innenminister Dickel einen Bericht über den Stand der Kampfkraft und Gefechtsbereitschaft der Kampfgruppen ein. Insgesamt 188 564 »Kämpfer« waren inzwischen in Kampf- und Sicherungskräften organisiert, zu denen noch eine Reserve von 20 515 kam. Der Anteil der »weiblichen Bürger« betrug 1830, der der SED-Mitglieder konnte von 70,5 % im Jahre 1980 auf 72,6 % Ende 1984 gesteigert werden. 83 % der Kampfgruppenangehörigen nahmen an den jährlich zwei Alarmübungen teil. Dickel kündigte an, daß die Umbewaffnung der motorisierten Kampfgruppenbataillone von der 76 mm Kanone auf die SPG-9 bis Ende 1985 abgeschlossen sein werde. Bis Ende 1990 sollten die Kampfgruppeneinheiten bis zur Ebene der Gruppe mit Funkgeräten ausgerüstet sein.
Der Beschluß des Präsidiums des Ministerrates vom 28. März 1974 über die Schaffung von Sammelräumen und Geräteparks für die Unterbringung von Bewaffnung, Technik und Ausrüstung sei mit einem Kostenaufwand von etwa 250 Millionen Mark realisiert worden.[134]
Nicht den Akten des NVR, aber Angaben ehemaliger Offiziere der NVA können wir entnehmen, daß motorisierte Kampfgruppen-Bataillone auch bei Angriffsoperationen eingesetzt werden sollten, so bei der militärischen Eroberung West-Berlins. Die Kampfgruppen-Bataillone I bis IV Potsdam sollten zusammen mit NVA- und Grenzregimentern in den »Sektor I« (westlich des Stadtautobahn-Rings) eindringen, die Kampfgruppen-Bataillone I bis IV Berlin (Ost) standen nach diesen Plänen als Reserve für die Eroberung des »Sektors II« bereit.[135]

III.4.6. Gesellschaft für Sport und Technik, Wehrerziehung

Die am 7. August 1952 gegründete Gesellschaft für Sport und Technik (GST) diente, wie im parteioffiziellen »Kleinen Politischen Wörterbuch« zu lesen ist, »der Förderung der Wehrbereitschaft der Werktätigen und der Vermittlung von Kenntnissen, Fähigkeiten und Fertigkeiten zum Nutzen des sicheren militärischen Schutzes des Sozialismus«.[136] Diese Definition, aber auch die Darstellung der GST in den Akten des NVR verraten, daß diese Organisation mit Sport und

Technik nur etwas zu tun hatte, soweit sie militärischen Zwecken dienten. Besonders deutlich wird das im Protokoll der 6. Sitzung am 23. Juni 1961, in der beschlossen wurde, mehrere Sportverbände auszugliedern. So wurde der »Deutsche Pferdesport-Verband« zum Deutschen Turn- und Sportbund (DTSB) überführt, die Sektion Taubensport wurde als selbständiger Verband dem Zentralvorstand für Kleingärtner, Siedler und Kleintierzüchter angeschlossen. Der »Deutsche Schützenverband« und der »Aero-Club« verblieben wegen ihrer militärischen Bedeutung bei der GST, jedoch mußte ihre Struktur vom Verteidigungsministerium bestätigt werden.

Die GST hatte damals 2298 hauptamtliche Angestellte, von denen 2272 der SED angehörten, sechs der NDPD und einer der DBD. CDU- und LDPD-Mitglieder waren nicht darunter. In der Wehrmacht hatten 32 als Offiziere, 338 als Unteroffiziere und 537 als Mannschaften gedient. Der NVR beauftragte sie, zu gewährleisten, daß in der

»a) Schieß- und Gelände-,

b) Kfz.-,

c) Nachrichten-,

d) seemännischen (einschließlich Maschinentechnik und Tauchen),

e) Flug- und Fallschirmausbildung

gutes technisches Können vermittelt wird«.[137]

Ein Schwerpunkt der GST war schon in den fünfziger Jahren die vormilitärische Ausbildung der Studenten an Hoch- und Fachschulen. Der Sicherheitskommission des ZK wurde am 22. Januar 1959 mitgeteilt, daß zu diesem Zeitpunkt auf der Grundlage des vom Verteidigungsministerium bestätigten Ausbildungsprogramms der GST 22 000 Studenten auf den Dienst in der NVA vorbereitet wurden. Zur Unterstützung dieser Ausbildung wurden 16 Offiziere der NVA an die Universitäten abkommandiert.[138]

So war es nur folgerichtig, daß an der Spitze der GST ein General stand. Generalmajor Teller reichte für die 42. Sitzung des NVR am 13. Dezember 1972 die Vorlage »Einschätzung der Ergebnisse der Vorbereitung der Jugend auf den Wehrdienst durch die GST« ein, die einen umfassenden Eindruck davon vermittelt, in wie hohem Maße ihre Strukturen auf die Bedürfnisse der NVA zugeschnitten waren. Damals bestanden in der GST 1025 Hundertschaften der vormilitärischen Grundbildung (1. Jahr), 770 Hundertschaften der Laufbahnausbildung (2. Jahr) und 1800 selbständige Züge. Ausgebildet wurden: 29 858 Militärkraftfahrer, 3430 Matrosenspezialisten, 300 Flugzeugführer, 308 Fallschirmspringer, 5500 Funker/Fernschreiber, 352 Taucher. Im Ausbildungsjahr 1971/72 nahmen 95 % der vorwehrpflichtigen Jugendlichen an der Ausbildung teil, 86 984 schlossen die Ausbildung als Mot.-Schützen erfolgreich ab. 127 194 erwarben die Stufe I des »Abzeichens für vormilitärische und technische Kenntnisse«, 126 240 die Stufe II (mit Laufbahnsymbol). Diese Ausbildung hat dazu beigetragen, »die Herstellung der Gefechtsbereitschaft neu aufgefüllter Einheiten der NVA in kürzester Zeit zu ermöglichen«.

Es konnte nicht ausbleiben, daß auch hier noch einiges zu bemängeln war. Obwohl GST-Mitglieder beim Neu- und Ausbau von Ausbildungsstätten 6,3 Millionen Arbeitsstunden geleistet und Anlagen im Wert von 23,6 Millionen

Mark geschaffen hatten, fehlten immer noch in 35 Kreisen Schießstände und insgesamt 1000 Waffenkammern. Mit der Kleinkaliber-Maschinenpistole habe leider erst jeder dritte Jugendliche geschossen. Schließlich wurde in diesem Bericht angegeben, daß in der GST 53 266 Ausbilder tätig waren, davon 29 000 Reservisten der NVA.
Verteidigungsminister Hoffmann als der Verantwortliche »für die staatliche Anleitung der GST« sagte in dieser Sitzung, es komme bei ihrer vormilitärischen Erziehung und Ausbildung darauf an, die Ziele und Forderungen, die ihr von seinem Ministerium gestellt wurden, zu realisieren.[139]
Für die 74. Sitzung am 3. Juli 1987 brachte Vizeadmiral Kutzschebauch, der Vorsitzende der GST, »Grundsätze für die wehrerzieherische Tätigkeit der Freien Deutschen Jugend (FDJ), des Deutschen Turn- und Sportbundes (DTSB) und der Gesellschaft für Sport und Technik im Verteidigungszustand« ein, die er gemeinsam mit dem 1. Sekretär des Zentralrates der FDJ, Aurich, und dem Präsidenten des DTSB, Ewald, erarbeitet hatte.
Nach diesen Grundsätzen umfaßt die Wehrerziehung
»– die wehrpolitische Arbeit
– die vormilitärische Ausbildung und
– die sportliche Ertüchtigung«.
Vorbereitung und Durchführung der Wehrerziehung im Kriegszustand stehen unter der unmittelbaren Anleitung, Kontrolle und Koordinierung durch den Leiter der Führungsstelle des ZK, Krenz. Kutzschebauch, Aurich und Ewald sind ihm gegenüber rechenschaftspflichtig.
Die wehrpolitische Arbeit hat »die Überzeugung von der Gerechtigkeit und Sieghaftigkeit unserer sozialistischen Sache zu festigen, das Vertrauen und die Treue sowie die bedingungslose Hingabe zur Partei der Arbeiterklasse, zum sozialistischen Staat und zur militärischen Führung der DDR auszuprägen«. Außerdem ist die »Klarheit über die Kriegsschuld des Imperialismus zu schaffen und der Haß auf den Feind zu vertiefen«. Die vormilitärische Ausbildung hat die Auszubildenden zu »Selbstlosigkeit, Opferbereitschaft sowie hoher Klassenwachsamkeit und Disziplin zu erziehen«. Teile der militärischen Grundausbildung und Spezialausbildung in der NVA soll sie vorwegnehmen.
In der Spannungsperiode soll die vormilitärische Ausbildung nach verkürzten Programmen in folgenden Spezialisierungen durchgeführt werden: Mot.-Schütze, Militärkraftfahrer, Nachrichtenspezialist, Taucher und Matrosenspezialist. Im Kriegszustand werden in Kurzprogrammen nur noch Mot.-Schützen und Militärkraftfahrer ausgebildet.
Wie wenig die sportliche Ertüchtigung mit unseren Vorstellungen von Sport in Einklang zu bringen ist, zeigen folgende Angaben: Sie hat die physische Leistungskraft der Werktätigen bei der Erfüllung der Aufgaben in der Produktion und zur Verteidigung der DDR zu erhöhen, zur Erhaltung der Volksgesundheit beizutragen und einen Ausgleich zu den schweren physischen und psychischen Belastungen zu schaffen. Sie wird besonders in verteidigungs- und lebenswichtigen Betrieben durchgeführt. Die sportliche Ertüchtigung besteht aus gymnastischen Übungen, Geländelauf und Lauf mit Überwinden von Hindernissen, Handgranatenweitzielwurf und Schießen mit dem Luftgewehr.

Auch die genannten Organisationen sollten im Krieg ihre Führungsstrukturen stark reduzieren. Der Zentralrat der FDJ auf 15 %, der Bundesvorstand des DTSB auf 7 %, der Zentralvorstand der GST auf 20 % des »Kaderbestandes in Friedenszeiten«.[140]

Bei der vormilitärischen Erziehung in der DDR waren die für Schulen, Hoch- und Fachschulen zuständigen Ministerien in hohem Maße gefordert.
Am 30. Mai 1962 beschloß der NVR, an neun Technischen Hochschulen und 52 Technischen Fachschulen Militärische Abteilungen zu schaffen, deren Planstellen durch das Verteidigungsministerium zu besetzen waren, das auch die Bewaffnung bereitstellte und für die Erarbeitung der Ausbildungssprogramme sowie die nötigen Anleitungen und Kontrollen zuständig war. An diesen Bildungseinrichtungen erhielten die Studenten in jedem Studienjahr eine militärische Ausbildung an 24 Ausbildungstagen.
Männliche Studienbewerber an den übrigen Hoch- und Fachschulen hatten in der Regel vor ihrem Studium den Grundwehrdienst in der NVA oder einen Wehrersatzdienst (in den militärischen Organen des MdI oder des MfS) zu leisten und erhielten während ihres Studiums keine militärische Ausbildung. Sie hatten aber in der GST, in den Ordnungsgruppen der FDJ, im Luftschutz (der späteren Zivilverteidigung) oder im DRK mitzuarbeiten.[141]
Der Sinn dieser Differenzierung ist erkennbar. Der Bedarf des Regimes an technischem Nachwuchs war so groß, daß es darauf angewiesen war, solche Studienbewerber unverzüglich mit ihrem Studium beginnen zu lassen. Bei den Geistes- und Naturwissenschaften war es schon eher möglich, sie zunächst ihren Wehrdienst leisten zu lassen.
In der 37. Sitzung am 2. Februar 1970 wurde für die militärische Ausbildung von Abiturienten und Studenten eine neue Regelung getroffen:
- Alle wehrdiensttauglichen Abiturienten hatten ihren 18monatigen Grundwehrdienst vor Aufnahme ihres Hochschulstudiums zu leisten.
- Wurden sie nicht eingezogen, erhielten sie während ihres Studiums eine militärische Ausbildung in Ausbildungslagern des Ministeriums für Hoch- und Fachschulwesen (MfHF). Als Ausbilder waren dort unter anderen Studenten eingesetzt, die ihren Grundwehrdienst als Unteroffizier der Reserve bzw. Reserveoffiziersanwärter abgeschlossen hatten.
- Wehrdienstuntaugliche und weibliche Studenten erhielten eine Ausbildung in der Zivilverteidigung.

Die 1962 geschaffenen Militärischen Abteilungen wurden weiter ausgebaut. Verteidigungsminister Hoffmann sagte, wollte man dem sowjetischen Vorbild folgen, bedeutete das die Schaffung von zusätzlichen 500 Offiziersplanstellen und eine Ausstattung von 54 Militärischen Abteilungen (sieben weniger als 1962 vorgesehen) mit Bewaffnung, Ausstattung und Kampftechnik, die dem Eineinhalbfachen einer Mot. Schützendivision entspräche. Wie er zu dieser unglaublich klingenden Zahl gekommen ist, sagte er nicht. Er fügte jedoch bedauernd hinzu, gegenwärtig fehlten dazu die Voraussetzungen. Deshalb habe er sich nach Beratungen mit den Ministern des Innern, für Hoch- und Fachschulwesen und für Volksbildung entschlossen, den Anteil der Abiturienten, die

einberufen werden, ohne daß die »Auffüllung« der Universitäten, Hochschulen und Fachschulen gefährdet wurde, von 3000 im Jahre 1969 auf 9000 im Jahre 1975 zu erhöhen.
In der vom NVR beschlosssenen Vorlage wurde festgelegt, daß die für die militärische Ausbildung an den Hochschulen neugeschaffenen Planstellen für 37 Offiziere und sieben Unteroffiziere im Stellenplan der Militärischen Hauptabteilung des MfHF zu führen waren, die von einem Generalleutnant geleitet wurde. Als Kosten wurden jährlich zusätzlich 3,7 Millionen Mark angegeben (bisher 6,8 Millionen), für die Zivilverteidigung 4,8 Millionen.[142]
Am 16. November 1978 berichtete der Minister für Hoch- und Fachschulwesen, Hans-Joachim Böhme, im Ergebnis verstärkter wehrerzieherischer Aktivitäten, besonders nach dem IX. Parteitag der SED (1976), habe sich die politische Einstellung der Studenten und Lehrkräfte bei Erfüllung der ihnen gestellten Aufgaben zur Stärkung der Landesverteidigung verbessert. Ab 1. September 1976 hätten alle wehrdiensttauglichen männlichen Studienbewerber vor Aufnahme ihres Studiums ihren aktiven Wehrdienst zu leisten. Die gedienten Reservisten würden während des Studiums durch Einberufung zum Reservistenwehrdienst in fünfwöchigen Lehrgängen militärisch »qualifiziert«.
Von 1963 bis 1976 wurden 158 887 Studenten während ihres Studiums militärisch ausgebildet, von denen 13 267 zum Offizier ernannt wurden. Seit dem 1. September 1976 erhielten 17 977 gediente Reservisten eine zusätzliche Qualifizierung, von denen 3297 Offiziere wurden. Es sei geplant, ein zentrales Ausbildungsobjekt zu schaffen, in dem ab 1980/81 je Durchgang 1600 Studenten ausgebildet werden könnten.
Probleme bereitete die Ausbildung von wehrdienstuntauglichen männlichen und von weiblichen Studenten für die Zivilverteidigung. Auch hier konnte sich die Zahl der Qualifizierten sehen lassen – seit 1969 waren es 106 788 –, aber die Lehrgänge, an denen 83 % Mädchen teilnahmen, mußten in elf Lagern der Jungen Pioniere durchgeführt werden, die vorwiegend nur eine Sommernutzung zuließen. Das sei eine wesentliche Ursache dafür, daß der Krankenstand bei 20 % liege. Der Minister schrieb in seinen Bericht, daß die Schaffung einer zentralen Ausbildungseinrichtung der Zivilverteidigung für Studenten dringend erforderlich sei, konnte eine solche aber nicht in Aussicht stellen.
Wie eng die Verzahnung des MfHF mit dem MfNV war, beleuchtet die Tatsache, daß an sieben zivilen Universitäten und Hochschulen insgesamt 235 Direktstudienplätze für die NVA eingerichtet waren, u.a. in den Fächern Medizin, Militärbauwesen, Informationsverarbeitung, Sportwissenschaften und Finanwirtschaft. Außerdem 79 Fernstudienplätze. An der Hochschule für Ökonomie (HfÖ) »Bruno Leunschner« in Berlin-Karlshorst würden an der »Abteilung für spezielle Planung« über 900 Führungs- und hauptamtlichen B-Kadern das für ihre Arbeit erforderliche Grundwissen vermittelt. Hier handelte es sich um die Ausbildung der Mitarbeiter der (Haupt-)Abteilungen I der zivilen Ministerien und Einrichtungen, die für die Mobilmachungsplanung zuständig waren.[143]
Für die 71. Sitzung des NVR am 11. November 1985 wurde die Vorlage »Die bisher erreichten Ergebnisse und die weiteren Aufgaben zur Erhöhung des Beitrages des Hoch- und Fachschulwesens zur Stärkung der sozialistischen

Landesverteidigung im Zeitraum 1986 bis 1990« eingebracht. Sie kritisierte »negative« Wirkungen auf das Wehrbewußtsein, »Illusionen über die angebliche Friedfertigkeit des Imperialismus, der seine Existenz nicht durch militärische Abenteuer in Frage stellen werde«. Auch pazifistische und fatalistische Stimmungen (wegen der Wirkung von Massenvernichtungsmitteln) seien beobachtet worden, »die im Einzelfall zur Ablehnung jeglicher militärischer Anforderungen im Studium führen«.
Das alles konnte das MfHF nicht davon abhalten, die Verzahnung mit dem MfNV zu vervollkommnen. Ab 1. August 1985 galten neue Festlegungen für das Studium von verpflichteten Offiziersbewerbern. Vor ihrem Studium erhielten sie eine militärische Grundausbildung. Drei weitere Etappen der militärischen Ausbildung einschließlich eines Truppenpraktikums wurden in den Studienprozeß eingefügt, so daß nach dem Abschluß des Studiums sofort der Einsatz in der geplanten militärischen Dienststellung erfolgen konnte.
1158 Studienplätze in 19 Fachrichtungen an neun Universitäten und einer Ingenieurschule standen 1985 für Angehörige der NVA, des MdI und der Zollverwaltung der DDR zur Verfügung. (1980 waren es noch 314 gewesen.) Die höchsten Anteile mit jeweils zwischen 107 und 138 Studienplätzen hatten die Karl-Marx-Universität Leipzig (Lehrer für Marxismus-Leninismus), die Hochschule für Ökonmomie Berlin-Karlshorst (Militärökonomie), die Ernst-Moritz-Arndt-Universität Greifswald (Militärarzt), die Ingenieurschule Cottbus (Militärbauwesen) und die Humboldt-Universität Berlin (Militärfinanzökonomie).
Von 1979 bis 1985 wurden an der Ausbildungseinrichtung des MfHF jährlich durchschnittlich 7480 gediente Reservisten militärisch weitergebildet, davon 2852 zum Offizier, die übrigen zum Unteroffizier der Reserve. Für den Zeitraum 1986 bis 1990 war eine Steigerung auf jährlich 9100 Studenten vorgesehen, davon sollten 6150 zum Reserveoffizier ausgebildet werden. Die Zahl der Studenten, die während ihres Studiums für die Zivilverteidigung ausgebildet werden sollten, wurde geringfügig abgesenkt: von jährlich 14 550 in den Jahren 1979 bis 1985 auf 14 250 von 1986 bis 1990.[144]
In derselben Sitzung des NVR wurde vom Hauptinspekteur der NVA für Ausbildung ein »Vorschlag« unterbreitet, den Wehrdienst für zugelassene Studienbewerber bestimmter Fachrichtungen, in denen der Nachwuchsbedarf offenbar sehr groß war, zu verkürzen. Sie sollten nach dem Abitur zunächst ein dreimonatiges Praktikum in der Produktion ableisten, anschließend eine neunmonatige (statt 18monatige) militärische Ausbildung erhalten. Während ihres zweiten Studienjahres war eine einmonatige »Reservistenqualifizierung« im Rahmen des Studiums vorgesehen. Nach dessen Beendigung sollten sie bereits zum Unterleutnant der Reserve ernannt werden. Diese Regelung galt für zehn ingenieurwissenschaftliche Fächer sowie Mathematik und Physik. Die Zahl dieser Studenten sollte von 1000 im Jahre 1987 auf 3000 im Jahre 1989 steigen. Für Wehrpflichtige, die für ein Auslandsstudium vorgesehen waren, wurde der Wehrdienst sogar auf sechs Monate verkürzt.[145]
Volksbildungsministerin Margot Honecker brachte für die 66. Sitzung am 17. September 1982 eine Vorlage ein, in der mitgeteilt wurde, daß der Wehrkunde-

unterricht in den 9. Klassen einen Umfang von 104 Stunden für Jungen und 80 Stunden für Mädchen hatte. In den 10. Klassen waren für beide Geschlechter 26 Stunden vorgesehen. Die Quote der Schüler, die ihre Teilnahme verweigerten, betrug nur 0,08 bzw. 0,14 %. Ehemann Honecker konnte nicht umhin, in seinen abschließenden Bemerkungen große Anstrengungen, »zur Entwicklung des kriegsbezogenen Denkens und Handelns der Pädagogen« einzufordern. Die Vorbereitung auf den Kriegszustand müsse fester Bestandteil der täglichen politischen und pädagogischen Arbeit sein.[146]
Für ihre Verdienste um die »Erziehung zur Wehrbereitschaft« wurde Frau Honecker im Jahre 1977 mit dem Ehrentitel »Verdienter Angehöriger der NVA« ausgezeichnet.[147]

III.4.7. Zivilverteidigung

Die Zivilverteidigung (ZV) wurde in der DDR »in Übereinstimmung mit den Erfordernissen der Landesverteidigung« geführt.[148] Für sie gab es zwei Zuständigkeiten: Der Ministerratsvorsitzende war verantwortlich »für alle grundsätzlichen staatlichen Maßnahmen zum Schutz der Bevölkerung und der Volkswirtschaft«, die »unmittelbare Führung« lag beim Verteidigungsminister, der eine »Hauptverwaltung Zivilverteidigung« hatte. Ihr Leiter war von 1976 bis 1989 Generalleutnant Fritz Peter, vorher Stellvertreter des Chefs der Landstreitkräfte.[149]
Die Anfänge gingen auf einen Beschluß des Politbüros vom 16. April 1957 über die Bildung des Luftschutzes zurück. Vom 22. Mai bis zum 2. Juni 1958 hielt sich eine Gruppe von sowjetischen Experten in der DDR auf, um das damals dafür zuständige Innenministerium beim Aufbau dieser Einrichtung und der Personalauswahl zu beraten. Die Sicherheitskommission des ZK beauftragte am 30. Juli 1958 Innenminister Maron, einen Perspektivplan bis zum Jahre 1965 auszuarbeiten, für den ihm 800 Millionen Mark zur Verfügung gestellt wurden. Vorrang hatten dabei:
- die Vorbereitung und Ausrüstung der Formationen des Luftschutzes
- die Schulung der Bevölkerung
- der Ausbau von »Kommandostützpunkten« für die Organe des Luftschutzes in Betrieben und Städten
- die Einrichtung geschützter Arbeitsräume für Partei- und Staatsorgane
- die Wiederherstellung noch vorhandener Luftschutzbunker und Luftschutzanlagen aus dem Zweiten Weltkrieg
- die Wiederherstellung von geeigneten Kellern als Schutzräume für die Bevölkerung in den Städten.

Der Stellenplan sah damals 1201 Stellen vor, von denen erst 47,2 % besetzt waren.[150] Am 19. Oktober 1960 stellte der NVR kritisch fest, daß das »Kommando Luftschutz« trotz eines sowjetischen Beraters und mehrerer Lehrgangsbesuche in Leningrad den wachsenden Aufgaben nicht gerecht wurde.[151]
Einen beträchtlichen Auftrieb erhielt der Luftschutz durch eine Konzeption, die am 13. März 1963 beschlossen wurde. Sie ging davon aus, »daß eine Aggression

der NATO mit einem plötzlichen überraschenden Überfall mit Raketen-Kernwaffen und anderen Massenvernichtungsmitteln sowie mit Schlägen der Luftwaffe gegen wichtige politische und ökonomische Zentren und gegen militärische Objekte des sozialistischen Lagers, darunter auch in der DDR, beginnen« könne. Die Folge wären große Zerstörungen in Industriezentren, im Verkehrs- und Energienetz sowie eine Verseuchung großer Gebiete. Deshalb waren Bergungs-, Rettungs- und Hilfeleistungsmaßnahmen vorzubereiten, die der Sicherstellung der Produktion, des Transport- und Nachrichtenwesens und dem Schutz der Bevölkerung dienten. In den Bezirken und Kreisen waren straff organisierte »Formationen des Luftschutzes« aufzustellen. Eine sogleich beschlossene Verordnung unterwarf Männer im Alter von 16 bis 65 und Frauen zwischen 16 und 60 Jahren einer »Luftschutzdienstpflicht«.[152] Angesichts der vorzüglichen militärischen Aufklärung der Staaten des Warschauer Paktes vermag man einem »plötzlichen überraschenden Überfall« keinen Glauben zu schenken. Daß derartiges in einem Protokoll des NVR steht, erlaubt nur die Erklärung, daß sich die Genossen immer wieder an solchen Horrorszenarien berauschten, um ihre überdimensionierten Kriegsvorbereitungen vor sich selbst und der Bevölkerung zu rechtfertigen. Weiter unten wird darzustellen sein, daß das manchmal kontraproduktiv sein konnte.
In der 16. Sitzung des NVR am 20. September 1963 lag ein Bericht über die Teilnahme einer vom stellvertretenden Innenminister Generalleutnant Seifert geleiteten Delegation vor, die an einer Übung der Zivilverteidigung – wie der sowjetische Luftschutz hieß – in der Sowjetrepublik Usbekistan teilgenommen hatte. Dort existierten Pläne, die gesamte arbeitsunfähige Bevölkerung der Großstädte zu evakuieren. In dieser Sitzung wurde beschlossen, dem Politbüro die Umbenennung des Luftschutzes in Zivilverteidigung vorzuschlagen.[153] Doch erst am 27. Oktober 1966 war es so weit, daß Honecker »Grundsätze über die Schaffung eines Systems der Zivilverteidigung der DDR« vorlegen konnte. Ihre Hauptaufgaben waren:

1. Optimaler Schutz der Bevölkerung, insbesondere vor der Wirkung von Massenvernichtungsmitteln
2. Schaffung wichtiger Bedingungen für die Aufrechterhaltung der staatlichen Führung, der Arbeit der Volkswirtschaft, insbesondere der für die Verteidigung und die Versorgung der Bevölkerung wichtigen Betriebe und Einrichtungen der Industrie, des Verkehrs- und Nachrichtenwesens, der Energie- und Wasserwirtschaft, der Landwirtschaft
3. Durchführung von Bergungs-, Rettungs- und unaufschiebbaren Instandsetzungsarbeiten
4. Unterstützung der Bewegungsfreiheit der handelnden Streitkräfte des Warschauer Paktes und der bewaffneten Organe der DDR.

Am 28. Mai 1967 stimmte das Politbüro diesen Grundsätzen zu, und am 14. September 1967 wurde das System der Zivilverteidigung durch den Ministerrat beschlossen, der noch in dieser Sitzung eine »Verordnung über die Pflicht zur Teilnahme an Ausbildungsveranstaltungen und Übungen der Zivilverteidigung« erließ. Leiter der Zivilverteidigung blieb der Innenminister, bei den Vorsitzenden der Räte der Bezirke und Kreise wurden Stäbe der Zivilverteidigung eingerichtet. Insgesamt waren zu diesem Zeitpunkt 821 Offiziere, 42 Wachtmeister (1977 wurde eine eigene Laufbahnordnung beschlossen) und 235 Zivilbeschäftigte in den Stäben der Zivilverteidigung tätig, außerdem 5000 nebenamtliche Mitarbeiter, vorwiegend Funktionäre der Staats- und Wirtschaftsorgane. Wie das Verteidigungsgesetz von 1978 bestimmte, waren »Minister (ausgenommen die der bewaffneten Organe), die Leiter der anderen zentralen Staatsorgane, die Vorsitzenden der örtlichen Räte, die Leiter der wirtschaftsleitenden Organe, Kombinate, Betriebe oder Einrichtungen sowie die Vorsitzenden der Genossenschaften . . . Leiter der Zivilverteidigung in ihrem Verantwortungsbereich«.[154]

Die Vorbereitung der Zivilverteidigung war bis zur Sitzung des NVR am 21. November 1968 vertraulich behandelt worden. Jetzt sollten der Bevölkerung die Notwendigkeit und Nützlichkeit dieser Maßnahmen bewiesen und dabei aufgezeigt werden, »daß die Bereitschaft der Bürger zur aktiven Mitarbeit und die allseitige Vorbereitung der Bevölkerung im Rahmen der Zivilverteidigung dazu beiträgt, die sozialistische Heimat zu verteidigen und die Aggressionsabsichten des Gegners zu durchkreuzen«.[155]

Große Aufmerksamkeit schenkte der NVR fortan der Versorgung der Bevölkerung mit Schutzmasken. Sie sollten aus der Sowjetunion bezogen werden, und der Ministerratsvorsitzende Stoph wurde am 27. Juni 1968 beauftragt, mit ihr darüber einen langfristigen Liefervertrag abzuschließen. Die Bereitstellung sollte 1971 beginnen und 1980 abgeschlossen werden, wobei eine Reihenfolge festgelegt wurde, die mit den »staats- und wirtschaftsleitenden Organen sowie leitenden Organen der Parteien und Massenorganisationen« begann. Für die Zivilbevölkerung wurden Kosten in Höhe von 13,4 Millionen Mark errechnet, zusätzlich 0,4 Millionen für Kleinkinder.[156]

Am 9. November 1970 konnte berichtet werden, daß an der Zentralschule für Zivilverteidigung bereits 217 Kreisratsvorsitzende in Grundprobleme der Zivilverteidigung eingewiesen worden waren. Außerdem waren 7500 Studenten und 650 Hochschullehrer ausgebildet worden sowie 626 Leiter wichtiger Betriebe. Die erste »komplexe Überprüfung«, die unter dem Tarnnamen FRÜHLING-70 lief, hatte im Thüringer Raum stattgefunden.[157]

In der 48. Sitzung des NVR am 24. November 1975 wurde die Zuständigkeit für die Führung der Zivilverteidigung und damit ihr Stab vom Innenministerium in das Verteidigungsministerium verlagert. Als Begründung wurde angegeben, die Verteidigungsminister des Warschauer Paktes hätten in ihrer 7. Sitzung die Notwendigkeit unterstrichen, die Zivilverteidigung zu vervollkommnen, da sie »in einem modernen Krieg die Bedeutung eines strategischen Faktors erlangt«. Die Verantwortung für den Katastrophenschutz verblieb bei der Feuerwehr, die dem Innenministerium unterstand. Um den für die DDR typischen Zuständigkeitswirrwarr perfekt zu machen, lag die »zentrale staatliche Führung der Zivilverteidigung« nach wie vor beim Ministerratsvorsitzenden, auf den Ebenen darunter bei den Vorsitzenden der örtlichen Räte.[158]

Etwas Licht in die komplizierten Zuständigkeiten bringt eine von Verteidigungsminister Hoffmann am 30. September 1977 eingebrachte Vorlage. Sie nannte drei Organisations-»Prinzipien« (wir würden Strukturen sagen):

1. Das *territoriale* Prinzip vom Ministerrat zu den Räten der Bezirke, Kreise, Städte, Stadtbezirke und Gemeinden (örtlichen Räten)
2. Das *Produktions*-Prinzip vom Ministerrat zu den Ministerien (mit Ausnahme der Ministerien für die bewaffneten Organe), anderen zentralen Staatsorganen, wirtschaftsleitenden Organen, zentralgeleiteten Betrieben und Einrichtungen
3. Das *militärische* Prinzip vom MfNV zu den territorialen militärischen Führungsorganen.

Das militärische Prinzip war das eigentliche Rückgrat der Zivilverteidigung. Es bestand aus damals 1500 Offizieren, Unteroffizieren und Zivilbeschäftigten, für die in dieser Sitzung eine Dienstlaufbahnordnung mit militärischen Dienstgraden beschlossen wurde. Unterster Dienstgrad war der Gefreite der ZV, höchster der Generaloberst. Die Angehörigen erhielten die steingraue NVA-Uniform mit besonderem Kennzeichen und waren nach § 2 Absatz 2 der Dienstlaufbahnordnung verpflichtet, »der Arbeiterklasse und der marxistisch-leninistischen Partei sowie ihrem sozialistischen Staat treu und ergeben zu sein und die Verbundenheit zu den anderen Werktätigen der Deutschen Demokratischen Republik unablässig zu festigen«. In den örtlichen Räten stellten sie – ab Städten mit 20 000 Einwohnern – den Stabschef, der gleichzeitig Stellvertreter des Leiters der Zivilverteidigung war.

Wie diese drei Organisationsprinzipien ineinandergreifen sollten, veranschaulicht die Aussage, daß Rettungs-, Bergungs- und unaufschiebbare Instandsetzungsarbeiten zur Beseitigung von *»Waffenwirkungen«** – gemeint waren Zerstörungen durch gegnerische Bomben und Raketen – von militärischen ZV-Einheiten sowie territorialen und betrieblichen Einsatzkräften durchzuführen waren. In den militärischen ZV-Einheiten konnten junge Männer ihren Wehrdienst ableisten.[159]

Als am 20. Mai 1977 ein Bericht über die Zivilverteidigung im Bezirk Potsdam vorlag, sagte Honecker, daß in der DDR etwa 800 000 Bürger in die vielfältigen Aufgaben der Zivilverteidigung einbezogen seien, etwa 25 % davon Frauen und Mädchen. Im Bezirk Potsdam waren es 61 000, etwa 5 % der Wohnbevölkerung. Davon waren 550 Angehörige der Stäbe, 5300 Angehörige der Komitees, 23 000 Einsatzkräfte und 31 500 Selbstschutzkräfte. 7444 waren »Führungskader«, darunter 1156 Zugführer und stellvertretende Zugführer der Bezirks- und Kreiskräfte. Zu den Aufgaben dieser Kräfte gehörte auch die Unterstützung der Bewegungsfreiheit der Vereinten Streitkräfte des Warschauer Paktes durch Bergungs- und Instandsetzungsabteilungen, Abteilungen für medizinische Hilfe und Abteilungen für »Spezialbehandlung«. Insgesamt hatte die im Bezirk vorhandene Ausrüstung – die Bezirkskräfte hatten 2315 Fahrzeuge, Maschinen und Geräte – einen Wert von 22 Millionen Mark.

Der Bericht verschweigt nicht, daß trotz der Teilnahme von 460 000 Bürgern an Ausbildungsveranstaltungen (das waren aber nur 58 % des Solls) in der Bevölkerung erhebliche Vorbehalte geäußert wurden:

»– die Entspannung macht Fortschritte, warum dann soviel Wesen um die Zivilverteidigung;
– gegen Massenvernichtungsmittel gibt es keinen Schutz;

– ich nehme an der Schulung im Grundwissen nur teil, weil es angewiesen wurde bzw. die Teilnahme im sozialistischen Wettbewerb gewertet wird;
– nach der Arbeitszeit bin ich nicht mehr in der Lage, solchen Themen geistig zu folgen.«[160]

Für die 56. Sitzung am 16. November 1978 reichte der Verteidigungsminister vom Leiter der Zivilverwaltung der DDR erarbeitete »Grundsätze für die Ausbildung in der Zivilverteidigung der DDR« ein. Die Ausbildungs- und Erziehungsziele und der Inhalt der Ausbildung sollten

»– den Erfordernissen und Bedingungen eines modernen Krieges und
– den Aufgaben, welche durch die Bürger im Verteidigungszustand und bei Katastrophen zu erfüllen sind«

entsprechen.

Schon die Schüler der Polytechnischen Oberschulen (bis zur Klasse 10) waren im Rahmen von Brandschutzübungen, in den Fächern Biologie, Chemie und Physik wowie im Wehrkundeunterricht der Klassen 9 und 10 zu unterweisen. In den außerunterrichtlichen Arbeitsgemeinschaften »Junge Sanitäter« und »Junge Brandschutzhelfer« schon ab Klasse 5. Für die Sanitätsausbildung waren an den Erweiterten Oberschulen (Klassen 11 und 12) und an den Berufschulen 60 Stunden vorgesehen, an den Fachschulen, Hochschulen und Universitäten 40, in der Lehrlings- und Facharbeiterausbildung 20, in der Meisterausbildung 30. Die Ausbildung der Leiter der Zivilverteidigung der Bezirke und Kreise sowie der VVBs und Kombinate dauerte fünf Tage, der Städte und Gemeinden sowie verteidigungswichtiger Betriebe sogar fünf bis zehn Tage. Für die Ausbildung der Stäbe auf den verschiedenen Ebenen war eine Dauer von zwei bis vier Wochen vorgesehen. Die Kommandeure der Einsatzkräfte hatten eine achtwöchige Ausbildung mitzumachen, die Kommandeure der Abteilungen eine sechswöchige. Für die Zug-, Gruppen- und Truppführer dauerte sie zwei bis drei Wochen. Die Weiterbildungslehrgänge waren alle fünf Jahre zu besuchen.

Die Mannschaften der Einsatzkräfte hatten jährlich 40 Stunden Einsatzausbildung zu durchlaufen. Die Stäbe hatten alle zwei Jahre eine Stabsübung und alle fünf Jahre eine Kommandostabsübung abzuhalten. Einsatzübungen mußten die Einsatzkräfte alle drei bis fünf Jahre mitmachen, die Betriebe hatten sie alle fünf Jahre, die Städte und Gemeinden sogar jedes Jahr durchzuführen.[161]

Häufig wurde die Zivilverteidigung in der Sowjetunion als leuchtendes Vorbild hingestellt. General Streletz berichtete am 20. Mai 1977, in der Sowjetunion sei der Bedarf an Schutzplätzen zu 90 % gedeckt, in der DDR in Wohngebieten nur zu 7 %, in verteidigungswichtigen und lebensnotwendigen Betrieben zu 30 %.[162]

Am 10. März 1978 stand dann eine Konzeption für die geschützte Unterbringung der Bevölkerung bis zum Jahre 1990 auf der Tagesordnung. Darin wurde unterschieden zwischen Druckwellenschutzräumen (D), Trümmerschutzräumen (T) und Strahlenschutzräumen (S). In den Druckwellenschutzräumen und einem Teil der Trümmerschutzräume (T/2) war ein Schutz vor radioaktivem Niederschlag, chemischen Kampfstoffen und biologischen Kampfmitteln bei ununterbrochenem Aufenthalt von sechs Tagen gewährleistet, in den übrigen Trümmerschutzräumen (T/1) und Strahlenschutzräumen bedingt für zehn Stunden.

Die Einrichtung der Schutzräume D und T/2 war vorgesehen für verteidigungswichtige und lebensnotwendige Betriebe, Städte mit über 50 000 Einwohnern, Vorschuleinrichtungen, Schulen und Krankenhäuser sowie Objekte von staatlichen und wirtschaftsleitenden Organen. Schutzräume T/1 und S sollten die übrigen Städte und Gemeinden sowie Betriebe erhalten. Für den Bau von Schutzräumen waren vor allem Keller, unterirdische Räume, Lager-, Kultur-, Freizeit- und Sporträume geeignet. In den Jahren 1981 bis 1985 sollten mit einer Investitionssumme von 450 Millionen Mark insgesamt 2,513 Millionen Schutzräume gebaut werden, womit der Bestand in Wohngebieten um 14 % und in Betrieben um 10 % erhöht würde.[163]
Schon eineinhalb Jahre später, am 23. November 1979, mußte der Beschluß vom 10. März 1978 auf Grund einer Entscheidung, die Honecker am 6. September 1979 getroffen hatte, aufgehoben werden. Für die Schaffung minimaler Voraussetzungen für die geschützte Unterbringung der Bevölkerung durften in den Jahren 1981 bis 1985 nur bis zu 60 Millionen Mark eingeplant werden. Bei der Planung, Vorbereitung und Realisierung von Baumaßnahmen in allen Bereichen der Volkswirtschaft waren keine Schutzmaßnahmen vorzusehen und dafür keine Finanzmittel zur Verfügung zu stellen. Für die kurzfristige Herrichtung von Trümmerschutzräumen in einer Spannungsperiode waren im Rahmen des komplexen Wohnungsbaus in Bevölkerungsballungsgebieten sowie im Industriebau in verteidigungswichtigen und lebensnotwendigen Betrieben lediglich trümmer- und strahlensichere Kellerdecken und -wände auszuführen.[164]
Am 7. September 1979 billigte der NVR die Vorlage »Grundsätze der Kategorisierung von Orten und Objekten der Volkswirschaft«. In ihr wurden die Städte in die Kategorien I bis III, die Objekte der Volkswirtschaft (Kombinate, Betriebe, Einrichtungen und andere selbständig wirtschaftende Einheiten) in die Kategkorien A bis C eingeteilt. Zur Kategorie I gehörten Ost-Berlin und Bezirkshauptstädte mit über 200 000 Einwohnern bzw. in bedeutender militärgeographischer Lage, zur Kategorie II die übrigen Bezirkshauptstädte und Städte mit mehr als 50 000 Einwohnern, zur Kategorie III Städte mit über 20 000 Einwohnern. Von den Objekten der Volkswirtschaft erhielten die Kategorie A solche aus den Bereichen Energiewesen, Post- und Fernmeldewesen, Verkehr, Wasserwirtschaft, Industrie und Bauwesen mit zentraler Bedeutung, die für die bewaffneten Organe und die Zivilverteidigung arbeiteten, sowie die Lager der Staatlichen Verwaltung der Staatsreserve. Die Kategorie B wurde den Objekten der Volkswirtschaft zuerkannt, die Lieferungen für die Staaten des Warschauer Paktes zu erfüllen hatten, die Kategorie C solchen, die Leistungen für die Versorgung und medizinische Betreuung der Bevölkerung erbrachten.
Die Intensität der Maßnahmen der Zivilverteidigung richtete sich nach der jeweiligen Kategorie. So war die Evakuierung von Kindern nur in Städten der Kategorien I und II vorgesehen. In Objekten der Volkswirtschaft der Kategorie A wurden territoriale Einsatzkräfte der Zivilverteidigung zur Unterstützung der dort tätigen Kräfte eingesetzt.[165]
Am 16. November 1978 berichtete Generalleutnant Peter über »Grundsätze für die Gestaltung der Ausbildung in der Zivilverteidigung der DDR«. Er sagte, die Zahl der Toten, Schwer- und Mittelgeschädigten könne bei einem gegnerischen

Kernwaffeneinsatz von etwa 70 % auf etwa 21 % verringert werden, wenn die Bevölkerung bereits im Frieden befähigt werde, sich in gefährlichen Situationen richtig zu verhalten und Schutzmaßnahmen selbständig vorzubereiten. Bis jetzt seien in der DDR etwa sechs Millionen Bürger im Grundwissen der Zivilverteidigung und 1,75 Millionen in der Selbst- und gegenseitigen Hilfe ausgebildet worden. In den Allgemeinbildenden Polytechnischen Oberschulen würden seit 1973/74 erste Kenntnisse vermittelt. Die Lehrgänge der Zivilverteidigung im Rahmen des Wehrkundeunterrichtes würden 1979 beginnen. Bis zu diesem Zeitpunkt würden ungefähr 5000 Lehrer an den Schulen der Zivilverteidigung dafür vorbereitet.[166]

Am 19. März 1980 berichtete Peter, in einer von einem Kernwaffenschlag betroffenen Stadt würden zwei Drittel des Wohnraums völlig oder für längere Zeit unbrauchbar. Er brachte als Beispiel die Stadt Dessau, wo von 39 000 Wohneinheiten 26 000 betroffen wären. Ziehe man in einer solchen Stadt die Verluste durch Tod und Verwundung ab, blieben 10 bis 15 % der Bewohner obdachlos. Auf die 4,3 Millionen Bewohner der 15 Großstädte der DDR hochgerechnet, ergäbe das 600 000 Obdachlose. Es sei zur Zeit nicht möglich, die Unterbringung, Versorgung und Betreuung der Obdachlosen exakt und bis in Einzelheiten vorausschauend zu planen.[167]

Eine wichtige Rolle spielte bei der Zivilverteidigung das Gesundheitswesen. Es war jedoch abzusehen, daß es mit ihr überfordert werden würde. Verteidigungsminister Hoffmann sagte dazu am 13. März 1981, »nach Schlägen des Gegners mit Massenvernichtungsmitteln, insbesondere mit Kernwaffen«, werde es nicht immer möglich sein, der betroffenen Bevölkerung unverzüglich und in vollem Umfang Hilfe durch Formationen der Zivilverteidigung zukommen zu lassen. Deshalb sollten der Bevölkerung noch umfassender als bisher jene Fähigkeiten vermittelt werden, die notwendig sind, um sich selbst und anderen zu helfen. Diese Schulung müsse durch das DRK der DDR unterstützt werden.[168]

Bald nach seiner Berufung zum ZK-Sekretär für Sicherheitsfragen legte Politbüromitglied Krenz einen Bericht »Maßnahmen zur Gestaltung der Zivilverteidigung« vor. Dieses Papier läßt erkennen, wie es der neue Honecker-Kronprinz verstanden hatte, sich beim Parteichef beliebt zu machen. Einige seiner Formulierungen waren selbst diesem zu dick aufgetragen, wie seine Korrekturen erkennen lassen. So strich er in dem Satz, daß es erforderlich sei, die weitere Gestaltung der Zivilverteidigung in »völliger Übereinstimmung mit der Friedenspolitik der Partei und der Einschätzung der militärischen Lage durchzuführen«, das Wort »Frieden«, sein Lieblingswort in öffentlichen Reden und Interviews, aus. In den Sitzungen des NVR legte Honecker hingegen Wert auf »kriegsbezogenes Denken und Handeln«, was seiner inneren Einstellung eher entsprechen dürfte. Gestrichen wurde auch seine Lieblingsformulierung, die Zivilverteidigung leiste einen gewichtigen Beitrag zur »Verwirklichung der Einheit von Wirtschafts- und Sozialpolitik«.[169]

Interessant ist an dieser Vorlage das Eingeständnis, daß das Regime mit seiner realistischen Darstellung der angeblichen Kriegsgefahr den Bogen überspannt hatte. In einer Reihe von Städten und Gemeinden sei in Übungen und im Rahmen der Ausbildung der Bevölkerung der mögliche Einsatz von Kernwaffen und

anderen Massenvernichtungsmitteln überbetont worden. Dadurch seien dem »Gegner« Möglichkeiten für eine Diffamierungskampagne gegen die Zivilverteidigung gegeben worden. Deshalb wurde angekündigt, daß in den Massenmedien und Materialien für die Öffentlichkeit gegenwärtig die Auswirkungen eines nuklearen Krieges nicht mehr behandelt werden sollten. Auch über die Übungen der Zivilverteidigung solle nicht berichtet werden. Bei der Vorbereitung und Durchführung von Übungen und Überprüfungsmaßnahmen seien Lagen zugrunde zu legen, die sich aus Katastrophen, schweren Havarien und dem Einsatz konventioneller Waffen des Gegners ergeben. In diese Übungen seien vorrangig die Führungsorgane und Formationen der Einsatzkräfte der Zivilverteidigung einzubeziehen. Die Einbeziehung von Berufstätigen und Teilen der nichtberufstätigen Bevölkerung solle nur in Ausnahmefällen geschehen und auf ein unumgängliches Minimum beschränkt werden.
Als Beispiel für die realistische Aufklärung über die Zivilverteidigung enthält die Krenz-Vorlage Angaben über den Inhalt von Vorträgen, die in Ost-Berlin gehalten worden waren. Dort wurde den Zuhörern empfohlen, ab sofort solle jeder sein Gepäck immer bereithalten, einschließlich Lebensmittel für sechs Tage und 15 Liter Wasser pro Person. Diese zweieinhalb Liter pro Tag dürften im Ernstfall nicht ausgetrunken werden, da es notwendig sei, zum Schutz der Mundhöhle Wasser zum Zähneputzen zu verwenden.
Der Bericht enthält auch Angaben über die Konzeption zur geschützten Unterbingung der Bevölkerung in den Jahren 1986 bis 1990. Bis jetzt seien in 31 Städten trümmer- und strahlensichere Kellerdecken und -wände für 300 000 Schutzplätze fertiggestellt worden, bis 1985 seien 200 000 weitere geplant. Untersuchungen hätten ergeben, daß die Komplettierung dieser Mindestanforderungen für Schutzräume in Ballungsgebieten nicht erbracht werden könne, da Arbeitskräfte, Schutzraumausrüstungen und Baumaterial fehlten. Es wurde deshalb vorgeschlagen, in dem genannten Zeitraum für 81 Millionen Mark funktionsfähige Trümmerschutzräume (mit Belüftungsanlage) in 375 000 Wohnungsneubauten der Städte der Kategorie I zu errichten, für 43,5 Millionen eine nichtgenannte Anzahl von Schutzräumen ohne Belüftungsanlage in Städten der Kategorie II.[170]
Vergleicht man diese Zahlen mit den Ankündigungen vom 10. März 1978 – in den Jahren 1981 bis 1985 sollten mit einer Investitionssumme von 450 Millionen Mark 2,513 Millionen Schutzräume gebaut werden – und dem Beschluß vom 23. November 1979 – 1981 bis 1985 nur 60 Millionen –, erkennt man, wie solche Pläne aufgestellt, umgestoßen und abermals geändert wurden. Und das in einem Staat, in dem angeblich alle staatlichen Handlungen wissenschaftlich orientierten Plänen folgten.
Schon in der nächsten Sitzung, am 25. Januar 1985, wurden die Beschlüsse vom 10. März 1978 und 23. November 1979 über die geschützte Unterbringung der Bevölkerung der DDR außer Kraft gesetzt, da sie im Widerspruch zu einem Politbürobeschluß standen, ab 1. Januar 1985 in allen Bereichen der Volkswirtschaft und im Wohnungsbau keine trümmer- und strahlensicheren Kellerdecken und -wände mehr einzubauen. Eine Begründung für den Politbüro-Beschluß wurde nicht genannt.[171]

Am 5. Dezember 1986 berichtete der Ministerratsvorsitzende Stoph in einer von Generalleutnant Peter erarbeiteten Vorlage, daß der Bedarf an Schutzplätzen, der mit 17,574 Millionen angegeben wurde, nur zu 15 % gedeckt war, zum größten Teil ohne Belüftungsanlage. Diesem Bericht kann man entnehmen, daß die Zivilverteidigung auch im Bildungs- und Ausbildungswesen einen hohen Stellenwert hatte. In den 9. Klassen der Polytechnischen Oberschulen waren Lehrgänge der Zivilverteidigung fester Bestandteil des Lehrplanes, ebenso in der Ausbildung von Lehrlingen, Facharbeitern, Meistern sowie Studenten an Hoch- und Fachschulen. In den Jahren 1981 bis 1985 waren am Institut der Zivilverteidigung oder an den Bezirksschulen der Zivilverteidigung insgesamt 86 815 Personen ausgebildet worden.[172]

* * *

In diesem Buch muß der Versuchung widerstanden werden, durch Vergleiche mit der Situation in der Bundesrepublik die völlige Andersartigkeit vieler Bereiche des staatlichen und gesellschaftlichen Lebens in der DDR zu veranschaulichen. Hier soll jedoch eine Ausnahme gemacht werden. Man stelle sich vor, an der Spitze des Technischen Hilfswerks (THW) stünde ein General, der im Bundesverteidigungsministerium die Stellung eines Abteilungsleiters bekleidet, mit entsprechenden Strukturen in den Ländern, Regierungsbezirken, Kreisen und Städten. Das 1953 in der Bundesrepublik als Bundesanstalt gegründete THW, das dem Bundesinnenministerium untersteht und 1994 etwa 64 000 freiwillige Helfer und 860 hauptamtlichte Mitarbeiter hatte, sollte niemals wie die DDR-Zivilverteidigung »in einem modernen Krieg die Bedeutung eines strategischen Faktors« haben. Es hat die Aufgabe, in Katastrophenfällen Hilfe zu leisten und öffentliche Notstände in lebenswichtigen Betrieben zu beseitigen. Eine Verpflichtung zu achtjähriger Teilnahme an Übungen und Einsätzen des THW hat allerdings die Freistellung vom Wehrdienst zur Folge.[173]
Von einer zivilen Verteidigung spricht man auch in der Bundesrepublik. Im Weißbuch 1985 heißt es dazu, sie müsse in einer Krise und im Krieg sicherstellen, »daß
- die Regierung und Verwaltung sowie Gesetzgebung und Rechtsprechung aufrechterhalten werden und funktionsfähig bleiben,
- die Bevölkerung geschützt ist,
- die öffentliche Ordnung gewahrt bleibt,
- Bevölkerung und Streitkräfte versorgt werden,
- die Streitkräfte, auch die der Bündnispartner, mit zivilen Gütern und Leistungen unterstützt werden«.[174]

Die Zusammenarbeit zwischen dem militärischen und dem zivilen Bereich läuft über die territorialen Kommandobehörden der Bundeswehr (Wehrbereichskommandos und Verteidigungsbezirkskommandos), wobei im Rahmen von Übungen die Zivil-Militärische Zusammenarbeit (ZMZ) geübt wird.[175] Das Weißbuch 1994 enthält ähnliche Formulierungen.[176]

III.4.8. Operative Vorbereitung des Territoriums der DDR als Teil des Kriegsschauplatzes

Im Juli 1975 faßte der NVR einen Beschluß über die »operative Vorbereitung des Territoriums der DDR als Teil des Kriegsschauplatzes in den Jahren 1976 bis 1980«, der einen guten Einblick in die umfassenden Kriegsvorbereitungen des Regimes gestattet. In der Begründung zu diesem Beschluß heißt es:
»Die operative Vorbereitung des Territoriums der DDR als Teil des Kriegsschauplatzes
erfolgt mit dem Ziel, Handlungen der Vereinten Streitkräfte auf dem Territorium der DDR unmittelbar vorzubereiten,
beinhaltet bauliche, materielle, technische und organisatorische Maßnahmen im Frieden zur Schaffung günstiger Voraussetzungen für die Handlungen der Vereinten Streitkräfte der Teilnehmerstaaten des Warschauer Vertrages im Verteidigungszustand,
umfaßt die Vorbereitungen und den Ausbau von Führungsstellen, der Stationierungs- und Dezentralisierungsmöglichkeiten der Luftstreitkräfte/Luftverteidigung und der Volksmarine, des staatlichen Nachrichten-, Transport- und Gesundheitswesen sowie die Einlagerung und Bevorratung von Reserven an Versorgungsgütern und anderen verteidigungswichtigen materiell-technischen Mitteln.«[177]
Verteidigungsminister Hoffmann teilte mit, nach der Auswertung der »israelischen Aggression im Jahre 1967« habe man die Bedingungen für die Überlebensfähigkeit des Luftverteidigungssystems überprüft und Maßnahmen zur Erhöhung der Sicherheit der Fla-Raketengruppierungen sowie der Flugplätze auf den operativen Flugplätzen eingeleitet. Der Ausbau der Stellungen für die Fla-Raketenabteilungen sei abgeschlossen, auf den Flugplätzen Peenemünde und Trollenhagen werde bis Ende 1975 der Bau von jeweils 24 geschlossenen Deckungen für Flugzeuge fertiggestellt sein. Zur Dezentralisierung der Jagdfliegerkräfte seien außerdem sechs Feldflugplätze und neun Autobahnabschnitte als Behelfsstart- und -landebahnen vorbereitet.
Die Dezentralisierungsmöglichkeiten für die Volksmarine seien durch die Rekonstruktion von zwölf kleineren Häfen verbessert, die Kapazitäten für den Umschlag von Ausrüstungsgütern in zeitweiligen Umschlagräumen erhöht worden. Von besonderer Bedeutung sei ein leistungsfähiges Nachrichtensystem. In den letzten Jahren seien etwa 2260 Kilometer Nachrichtenkabel verlegt und mit der Errichtung von zwölf geschützten Nachrichtenknoten begonnen worden. Zur Verbesserung der Leistungsfähigkeit der Transportwege in Ost-West-Richtung seien seit 1970 an 520 Kilometer Eisenbahnstrecken der Oberbau erneuert und etwa 2630 laufende Meter Brücken neu gebaut worden. An 1700 Kilometer Straße sei die Fahrbahn verbreitert bzw. erneuert, und etwa 5100 laufende Meter Brücken seien rekonstruiert worden. Umfangreiche Reserven an Brückenkonstruktionen seien angelegt und Zufahrten zu *Brückendublierungen**, also vorbereiteten Ersatzbrücken, über große Wasserhindernisse vorbereitet worden.[178] Mit diesen aufwendigen Maßnahmen, die zu Lasten der zivilen Infrastruktur gingen (man denke an die über zehnjährige Wartezeit bei Beantra-

gung eines privaten Telefonanschlusses) konnte der Transport der Vereinten Streitkräfte an die Westgrenze beschleunigt werden. Der Warschauer Pakt rechnete damit, in zwei bis drei Tagen 25 Divisionen durch das Territorium der DDR »schieben« zu können, bei einer Senkung der Leistungsfähigkeit des Straßen- und Eisenbahnnetzes durch NATO-Luftangriffe in sechs bis sieben Tagen.[179]

Hoffmann konnte berichten, daß bereits drei Eisenbahn- und 14 Straßenbrückendublierungen ausgebaut sowie 1400 laufende Meter Eisenbahn-Behelfsbrükkengeräte und 5560 laufende Meter Straßen-Behelfsbrücken beschafft worden seien. Vorwiegend in Tanklagern der Staatlichen Verwaltung der Staatsreserve (StVSR) und des VEB Minol seien 74 000 Tonnen Treibstoffe für die Vereinten Streitkräfte und 80 000 Tonnen Treib- und Schmiermittel für die NVA eingelagert worden. Ferner befänden sich in den Lagern der StVSR 18 400 Tonnen Verpflegung sowie Reserven an Bekleidung und Ausrüstung, Kfz.-Ersatzteilen und Baumaterialien. Für die medizinische Versorgung der Streitkräfte seien 180 Reservelazarette und 115 000 Betten vorbereitet worden.[180]

Die dargestellten Maßnahmen hatten selbstverständlich erhebliche finanzielle Auswirkungen. Der NVR beschloß, dafür im Zeitraum von 1976 bis 1980 den Ministerien für Post- und Fernmeldewesen, für Verkehrswesen, für Gesundheitswesen, für Umweltschutz- und Wasserwirtschaft sowie der Staatlichen Verwaltung der Staatsreserve und dem VEB Minol einen Betrag von 2,281 Milliarden Mark zur Verfügung zu stellen.[181]

Der Fünfjahrplan 1976 bis 1980 sah vor, die Aufwendungen für »Maßnahmen zur operativen Vorbereitung des Territoriums der DDR« von 1,766 Milliarden Mark (1971–1975) auf 2,362 Milliarden Mark zu erhöhen. Zur Unterstützung der Operationsfreiheit der Vereinten Streitkräfte waren 898 zivile Spezialformationen mit einer Gesamtstärke von 72 500 Mann einschließlich der erforderlichen Ausstattung geplant. Bis zum 1. Mai 1977 sollten bereits 347 mit 28 400 Mann einsatzbereit sein. In diesem Zusammenhang wurde die Forderung aufgestellt, daß die »Befähigung der Kader zum kriegsbezogenen Denken und Handeln« durch zielgerichtet angelegte Ausbildungs- und Überprüfungsmaßnahmen zu erhöhen sei.[182]

Am 23. November 1979 wurden »Grundsätze für die Vorbereitung, Aufstellung, Ausbildung und den Einsatz ziviler Spezialformationen der Volkswirtschaft der DDR« beschlossen. Die zivilen Spezialformationen werden auf der Basis von »Stammbetrieben« nach militärischen Grundsätzen organisiert. Ihre Aufgabe ist vornehmlich die Aufrechterhaltung der Nutzungsfähigkeit bzw. die Wiederherstellung militärisch notwendiger Objekte und Einrichtungen des Territoriums. Sie werden selbständig oder zusammen mit Truppenteilen der NVA eingesetzt

»– zur Erfüllung spezieller verteidigungswichtiger Aufgaben
– zur direkten Unterstützung bei der Sicherstellung der Operationsfreiheit der Vereinten Streitkräfte der Teilnehmerstaaten des Warschauer Vertrages auf dem Territorium der DDR«.

Die Anzahl der zivilen Spezialformationen, ihre personelle Stärke und die materiell-technische Ausstattung werden durch den Verteidigungsminister fest-

gelegt. Die Aufstellung wird durch den Vorsitzenden der Staatlichen Plankommission koordiniert, der die Zuständigkeit an die beauftragten Minister bzw. Bezirksratsvorsitzenden überträgt. Es handelt sich dabei um die Minister für Verkehrswesen, für Post- und Fernmeldewesen, für Gesundheitswesen, für Bauwesen, für Schwermaschinen- und Anlagenbau, für Hoch- und Fachschulwesen sowie Land-, Forst- und Nahrungsgüterwirtschaft. Die Bezirksratsvorsitzenden haben für die Ausbildung und die Aufnahme der Stammbetriebe und der Unterbringungsobjekte in die Einsatzplanung der Einsatzleitungen zu sorgen. Aufstellungsbereit sind die zivilen Spezialformationen, wenn sie mindestens zu 75 % personell aufgefüllt und 70 % der für die geforderte Leistung maßgebenden Technik bereitgestellt sind. Die Ausbildungsprogramme sind in Anlehnung an entsprechende Programme für Truppenteile der NVA auszuarbeiten. Für das erste Kriegsjahr sind Reserven an Technik und Versorgungsgütern zu schaffen. In den Stammbetrieben konnten nur solche Mitarbeiter zu den zivilen Spezialformationen herangezogen werden, die bei einer Mobilmachung nicht für die Einberufung zur NVA oder anderen bewaffneten Organen vorgesehen waren.[183]
In den Akten der 57. Sitzung des NVR am 9. März 1979 befindet sich eine Aufstellung, der man den Stand der Aufstellungsbereitschaft Ende 1978 und die Verwendung der zivilen Spezialformationen entnehmen kann:

- *Verkehrswesen* 256
  z. B. Eisenbahnnutzungsabteilungen
  Streckeninstandsetzungszüge
  Straßennutzungsabteilungen
  Straßenbauabteilungen
  Wasserstraßennutzungsabteilungen u. a.
- *Nachrichtenwesen* 78
  z. B. Fernkabelbauzug
  Rundfunkstudiobetriebszug
  Fernsehbetriebszug u. a.
- *Bauwesen* 2
  z. B. Flugplatzinstandsetzungsabteilungen
- *Gesundheitswesen* 103
  z. B. Kfz.-Sanitätstransportzüge
  Antiepidemische Züge
  Lazarettzüge (Personal) u. a.[184]

Für den Planungszeitraum 1981 bis 1985 erhielten die Ministerien für Post- und Fernmedewesen, für Verkehrswesen und für Gesundheitswesen sowie die Staatliche Verwaltung der Staatsreserve einen Betrag von 2,29 Milliarden Mark zur »Weiterführung der operativen Vorbereitung des Territoriums der DDR als Teil des Kriegsschauplatzes«. Damit wurden die »Empfehlungen« des Oberkommandierenden der Vereinten Streitkräfte des Warschauer Paktes allerdings nur zu 70 % erfüllt. So war es aus ökonomischen Gründen nicht möglich, die Voraussetzungen für die zusätzliche Aufnahme von drei bis vier Divisionen der Luftstreitkräfte »in der Periode der unmittelbaren Vorbereitung der strategischen Operation auf dem Kriegsschauplatz« zu schaffen, weil die dazu erforderlichen 400 bis 600 Millionen Mark nicht aufgebracht werden konnten.

Ebensowenig realisierbar war die Erhöhung der Durchlaßfähigkeit der »Militärhaupteisenbahnlinie 9« (offenbar die Linie Cottbus – Leipzig – Erfurt – Eisenach) auf 72 Zugpaare pro Tag, wofür 350 Millionen benötigt worden wären. Schließlich war auch nicht zu verwirklichen der weitere Ausbau von Übertragungsstellen und Kabelabschnitten im Grundnetz des Staatlichen Nachrichtenwesens, der Kosten in Höhe von 400 Millionen Mark verursacht hätte.
Bedauernd mußte Verteidigungsminister Hoffmann am 23. November 1979 in seiner Vorlage die Schlußfolgerung ziehen: »Dadurch entstehen nachteilige Auswirkungen auf die mögliche Stärke des ersten Schlages der Vereinten Streitkräfte der Teilnehmerstaaten des Warschauer Vertrages im Falle einer Aggression der NATO. Das zeigt sich insbesondere daran, daß die erforderliche Massierung der Fliegerkräfte für den ersten Anflug im Rahmen der ersten Luftoperation auf dem Kriegsschauplatz nicht erreicht wird. Das führt weiterhin zur Verlängerung der Zeit für die Heranführung und Bereitstellung der Truppen, insbesondere von Panzereinheiten, der Vereinten Streitkräfte in der Rhein-Main-Operationsrichtung und zur Verzögerung des Nach- und Abschubs auf der Eisenbahn in diesem Raum.«[185]
Diese Formulierung läßt deutlich erkennen, daß es sich bei der operativen Vorbereitung des Territoriums der DDR um Angriffsvorbereitungen, nicht um Verteidigungsvorbereitungen handelte.
1984 konnte Verteidigungsminister Hoffmann über weitere Fortschritte bei der operativen Vorbereitung des Territoriums der DDR berichten: Bei der Dublierung der stationären Eisenbahn- und Straßenbrücken über die Flüsse Elbe, Saale, Mulde, Oder und Neiße, beim Ausbau von Behelfsstart- und -landebahnen auf Autobahnen und beim Anlegen von Häfen für kleinere Kampfschiffe an der Ostsee. Trotzdem war er mit dem Ergebnis nicht zufrieden, da erst 60 % der für 1985 gestellten Ziele erreicht worden seien.[186]
Eine Besonderheit der Vorbereitung des Territoriums der DDR für die Operationen der Vereinten Streitkräfte war die Anlegung von »Marschstraßen für Kettenfahrzeuge«. In seiner 65. Sitzung am 23. April 1982 beschäftigte sich der NVR mit ihnen. Damals hatten diese Straßen eine Länge von 7390 Kilometern, davon bestanden etwa 4760 Kilometer aus unbefestigten land- und forstwirtschaftlichen Wegen. Genutzt wurden 32 % von der NVA, 44 % von den Sowjets und 24 % von beiden.
In der Vorlage wird ausgeführt, daß Autobahn- und Transitstrecken grundsätzlich nicht als Marschstraßen festzulegen seien, Fernverkehrsstraßen, Ortsdurchfahrtsstraßen sowie Straßen, die für die Nutzung durch Kettenfahrzeuge ungeeignete Deckschichten hätten, seien weitestgehend zu meiden. Als Baumaterial sind vorwiegend Bauschutt, Haldenmaterial, Kies, Industrieabfallprodukte und verschiedene Gesteinsmaterialien (Feldstein, Grobschlag, Schotter und Splitt) zu verwenden. Für die Kreuzungsflächen von unbefestigten Marschstraßen mit Eisenahnlinien, wichtigen öffentlichen Straßen, Fernmeldekabeln, Fernrohrleitungen und Hochwasserschutzanlagen sind Deckschichten aus Zementbeton vorzusehen. In den Fünfjahrplan 1986 bis 1990 wurden für den weiteren Ausbau und die Unterhaltung dieser Marschstraßen für Kettenfahrzeuge jährlich 7,3 Millionen Mark eingestellt.[187]

In der 75. Sitzung am 5. Februar 1988 konnte das Politbüromitglied Krolikowski melden, daß die Gesamtlänge inzwischen auf 11 450 Kilometer ausgebaut werden konnnte.[188] Diese auch als »Panzermarschstraßen« bezeichneten Verkehrswege bestanden aus 15 Ost-West-Verbindungen und vier sogenannten Rochaden in Nord-Süd-Richtung. Sie stellten auf weiten Strecken eine Verbindung zwischen Truppenübungsplätzen und militärischen Sperrgebieten dar und waren von Pionier- und Baueinheiten der NVA angelegt worden. Zum Vergleich: Das gesamte Fernstraßennetz der DDR hatte lediglich eine Länge von 10 985 Kilometern.[189]

Die meisten operativen Vorbereitungen des Territoriums der DDR als Teil des Kriegsschauplatzes sollten einen raschen und reibungslosen Durchmarsch der Vereinten Streitkräfte des Warschauer Paktes an die Grenze zur Bundesrepublik garantieren. Einmal beschäftigte sich der NVR jedoch mit der Frage, was zu geschehen habe, wenn es zu einer »zeitweiligen Besetzung des Territoriums durch den Gegner« kommen sollte. Darum ging es zum Teil in den »Grundsätze(n) für die Vorbereitung des grenznahen Raumes zur BRD auf die Erfordernisse des Verteidigungszustandes«, die am 17. September 1982 beraten wurden. Als »grenznaher Raum« wurden in dieser Vorlage die Kreise an der innerdeutschen Grenze sowie die Kreise Perleberg, Kalbe, Gardelegen, Wanzleben und der Stadtkreis Plauen bezeichnet. Keine der genannten Städte war weiter als 40 Kilometer von der »Staatsgrenze West« enfernt, es handelte sich also um ein Gebiet von geringer Tiefe.

Auch in diesem Gebiet war die wichtigste Aufgabe die Schaffung von »günstigen Bedingungen für die Bewegung und Entfaltung der Vereinten Streitkräfte« und die Unterstützung ihrer Handlungen. Im Rahmen der langfristigen Entwicklungsplanung der Volkswirtschaft der DDR sollten im grenznahen Raum Betriebe und Einrichtungen von gesamtstaatlicher bzw. verteidigungswichtiger Bedeutung nur dann errichtet oder erweitert werden, wenn die Realisierung dieser Maßnahme an einem anderen Standort zu erheblichen ökonomischen Mehraufwendungen führen würde. Für Alleinhersteller und Zulieferbetriebe verteidigungswichtiger und lebensnotwendiger Erzeugnisse sollten – wenn es die ökonomischen Möglichkeiten zuließen – im Rahmen der B-Planung »dublierende Kapazitäten«, also Parallelbetriebe, außerhalb dieses Raumes vorbereitet werden.[190]

Nach Auslösung höherer Stufen der Gefechts-/Einsatzbereitschaft[191] sollten unter anderem folgende Hauptmaßnahmen getroffen werden:

– Auslagerung bzw. Vernichtung von Dokumenten mit geheimzuhaltendem Charakter, Bargeldbeständen, Wertpapieren und Edelmetallen
– Evakuierung von Kindern aus ausgewählten Orten.

Bei Gefahr der zeitweiligen Besetzung dieses Territoriums durch den Kriegsgegner sollten in Abstimmung mit den Befehlshabern bzw. Kommandeuren der Vereinten Streitkräfte die Führungsstellen der Kreiseinsatzleitungen nach hinten verlegt und die Nutzung von Betrieben und Einrichtungen der Volkswirtschaft durch den Gegner verhindert werden. Wichtige Objekte der Infrastruktur sollten »gelähmt« werden. Was darunter zu verstehen ist, offenbar keine Zerstörungen, wurde nicht weiter ausgeführt.[192]

1988 wurde mit dem Ausbau von befestigten stationären Gefechtsständen für die Armeen und Divisionen der ersten Staffel begonnen, also echten Verteidigungsvorbereitungen auf dem Territorium der DDR.(X)

III.4.9. Territorialverteidigung und Mobilmachungsübungen

Das vom Militärverlag der DDR herausgegebene Militärlexikon bezeichnet als Territorialverteidigung »die Gesamtheit der Führungsorgane, Truppen und Einrichtungen verschiedener Zweckbestimmung für die Lösung militärischer Aufgaben sowohl zur Verteidigung des Territoriums als auch zur Gewährleistung der Operationsfreiheit der Streitkräfte auf dem Territorium. Die Territorialverteidigung ist in Übereinstimmung mit der militärischen und Verwaltungsstruktur organisiert«.[193] Sieht man sich die Angaben über die Territorialverteidigung in den Akten des NVR näher an, kommt man zu dem Ergebnis, daß es sich hierbei um die im Kriegszustand auf dem Territorium der DDR verbliebenen bewaffneten Organe handelte, die unter der Führung der Einsatzleitungen der (einschließlich Ost-Berlin) 15 Bezirke und der Gebietskoordinierungsgruppe Wismut standen.

Der NVR beschäftigte sich mit der Territorialverteidigung erstmals ausführlich am 25. März 1968. Ihr Aufbau sollte sich in drei Etappen vollziehen: I. 1968–70, II. 1971–75, III. 1976–80.

In der ersten Etappe sollten die Stäbe der Bezirkseinsatzleitungen mit insgesamt 1310 Planstellen ausgestattet werden (davon 1090 Armeeangehörige). Unter anderem sollten sie »Prinzipien für die Vervollkommnung der Ausbildung, Ausrüstung und Organisationsstruktur von Kampfgruppeneinheiten hinsichtlich ihrer Umgliederung zu Kampf- und Sicherungseinheiten der territorialen Verteidigung der Bezirke und Kreise in Spannungsperioden bzw. im Verteidigungszustand« ausarbeiten.[194]

Für die zweite Etappe war geplant:
- die Sicherstellung der Führung unter erschwerten Bedingungen
- die Modernisierung der Bewaffnung der Kampfgruppen
- die Bildung von Transportkommandanturen
- der Aufbau des Systems der Kernstrahlungsbeobachtung
- zentrale Lager- und Instandsetzungseinheiten
- Rohrleitungseinheiten zur Sicherung des Treibstoffumschlages
- der Aufbau von »Basiseinheiten« der Ministerien für Post- und Fernmeldewesen, für Verkehrswesen und für Gesundheitswesen.

Der personelle Mehrbedarf betrug in dieser Etappe 5250 Planstellen (davon 4820 Armeeangehörige). In der dritten Etappe wurden weitere 1300 Planstellen (davon 1260 Armeeangehörige) benötigt. In dieser Zeit sollte die Einlagerung von Technik und Ausrüstung für die Truppenteile und die Einheiten der territorialen Verteidigung abgeschlossen sein.

Das Innenministerium wurde beauftragt, in Übereinstimmung mit den Vorgaben des Verteidigungsministeriums die Eingliederung von vier Volkspolizei-Bereitschaften aus der Reserve in Regimenter der territorialen Verteidigung vorzube-

reiten. Gleichzeitig sollten sie als »Kampftruppen der territorialen Verteidigung« ausgebildet werden.
In derselben Sitzung wurde beschlossen, bis 1970 jährlich 25 000 bis 30 000 Reservisten zu Mobilmachungsübungen einzuziehen, das waren 15 bis 18 % des Kontingents, das zur Mobilmachung anstand. Desgleichen 5000 bis 6000 Transportmittel und Straßenbaumaschinen (12 bis 15 % des Kontingents). Ab 1971 sollten es 5000 Reservisten und 1000 Fahrzeuge mehr sein.[195]
Mobilmachungsübungen hatten schon Anfang der sechziger Jahre auf der Tagesordnung des NVR gestanden. Am 14. September 1962 wurde für die erste Hälfte Dezember eine »Entfaltungsübung« angekündigt, die das Verteidigungsministerium zusammen mit den »Mobilmachungsorganen« (Hauptabteilungen I)[196] der Ministerien für Verkehrswesen, für Post- und Fernmeldewesen und für Gesundheitswesen, der Staatlichen Plankommission und des damals noch existierenden Volkswirtschaftsrates durchführen sollte. Aufgabe dieser Übung war es, »stabsmäßig« auf der Grundlage einer operativen Übungslage die Volkswirtschaft auf die Kriegsproduktion umzustellen, die Bewegung der Vereinten Streitkräfte des Warschauer Paktes sicherzustellen und Instandsetzungsarbeiten zu organisieren.[197]
Über für das Ausbildungsjahr 1966/67 geplante Mobilmachungsübungen wurde dem NVR am 27. Oktober 1966 berichtet. Im Militärbezirk III (Leipzig) sollte eine Mot. Schützendivision im Rahmen einer Divisionsübung auf Kriegsstärke ergänzt werden. Dabei waren ein Feldpostamt und ein Nachrichtenregiment aufzustellen, ein Artillerieregiment war zu einer Artilleriebrigade zu »entfalten«. Im Militärbezirk V (Neubrandenburg) waren im Rahmen einer Kommandostabsübung das Armeekorpskommando und das Kommando des Militärbezirkes auf Kriegsstärke zu ergänzen. Insgesamt waren in diesem Ausbildungsjahr 6700 Reservisten, 920 Transportmittel und 65 Straßenbaumaschinen einzuziehen.[198]
Am 30. September 1971, in der ersten Sitzung, die Honecker als Nachfolger Ulbrichts leitete, berichtete Verteidigungsminister Hoffmann über »Kräfte«, die »nach derzeitigen Berechnungen ausreichend sein (werden), die Aufgaben der Verteidigung der Bezirke und zur Gewährleistung der Operationsfreiheit der Vereinten Streitkräfte auch unter komplizierten Lagebedingungen zu erfüllen«. Leider nannte er, wie so häufig, keine absoluten Zahlen, sagte lediglich, die »ständig gefechtsbereiten und mit der Mobilmachung zu entfaltenden Führungs- und Sicherungskräfte der territorialen Verteidigung würden in den Jahren 1971 bis 1975 um 76 % zunehmen. Das für Nachrichten zuständige Kontingent werde sogar um das Siebenfache erhöht werden.[199]
In derselben Sitzung hielt der Verteidigungsminister einen Vortrag über die Mobilmachungsübung PRÜFFELD, die vom 22. bis zum 30. Juli 1971 in den Bezirken Dresden und Cottbus stattgefunden hatte. Erstmals wurde dabei eine Mobilmachungsdivision im vollen Bestand neu aufgestellt und ihr Kampfwert bei einer Divisionsübung überprüft. Zu diesem Zeitpunkt verfügte die NVA über Personal, Bewaffnung und Ausrüstung zur Aufstellung von drei Mobilmachungsdivisionen im Kriegszustand (zusätzlich zu den sechs Divisionen der ständigen Bereitschaft). Ihre Zahl sollte bis 1975 auf vier erhöht werden.

Zu PRÜFFELD wurden 15 000 Reservisten einberufen und 2500 Fahrzeuge aus der Volkswirtschaft eingezogen. Aus dem *»Komplexlager«** der NVA in Droben bei Weißwasser wurden 900 Panzer, Geschütze, Gefechts- und Spezialfahrzeuge, 930 Funkmittel, 10 000 Handfeuerwaffen und die gleiche Anzahl Bekleidung entnommen. Ferner 460 Tonnen Treib- und Schmierstoffe sowie 135 Tonnen Verpflegungsgüter. Die Division war nach 48 Stunden formiert, die personelle Auffüllung betrug 98 %. Die angeforderten Transportmittel und Straßenbaumaschinen waren zu 96 % zur Stelle, Treib- und Schmierstoffe sowie Verpflegung zu 100 %.
Die Benachrichtigung der Reservisten war innerhalb von fünf bis zehn Stunden von Angehörigen der Deutschen Post (davon 70 bis 80 % Frauen) erfolgt. Nur zwei der 15 000 Einberufenen sollen die Entgegennahme des Einberufungsbefehls verweigert haben.
In der Übung war die Mobilmachungsdivision Teil der zweiten Staffel der Armee bei der Einführung in die Schlacht und »beim Durchbruch von Zwischenverteidigungsabschnitten des Gegners unter Einsatz von Kernwaffen«. Hoffmann meinte, ein solcher Einsatz werde im Krieg für die Mobilmachungsdivisionen charakteristisch sein.[200]
Die Aufstellung von Mobilmachungsdivisionen – ihre Zahl wurde bis zum Ende der DDR auf fünf erhöht, die nicht mehr verwirklichte Streitkräfteplanung 1986–90 sah sogar eine sechste Mobilmachungsdivision vor – fand nach der Wiedervereinnigung die respektvolle Anerkennung von Generalstabsoffizieren der Bundeswehr.[201] 1971 gab es noch manches zu bemängeln. So seien Kommandeure und Stäbe der mobilgemachten Division zum Teil noch ungeübt, und der technische Zustand der aus der Volkswirtschaft entnommenen Transportmittel sei unbefriedigend.[202]
Mobilmachungsübungen erfaßten gelegentlich nur Teilbereiche der staatlichen Infrastruktur. Auf Weisung Honeckers fand in der Zeit vom 26. März bis 4. April 1974 die Übung ELEKTRONIK-74 statt, an der 17 400 Personen beteiligt waren, darunter 3900 Angehörige der Deutschen Post, 2200 Kraftfahrzeuge, sieben Hubschrauber sowie 400 Feld- und ortsfeste Funkstellen in 140 Funknetzen und -richtungen, 130 Feldrichtfunkstellen, 290 Fernsprech-, Fernschreib- und Übertragungsstellen. Neue Übungselemente waren Maßnahmen des »funkelektronischen Kampfes« unter Einsatz von Funkstöreinheiten der Gruppe der Sowjetischen Streitkräfte in Deutschland (GSSD) und eines Senders der Deutschen Post. Ziel von ELEKTRONIK-74 war es, die Gefechts- und Einsatzbereitschaft des militärischen und staatlichen Nachrichtenwesens im Kriegszustand zu überprüfen.
Der von Generaloberst Keßler erarbeitete Bericht kommt zu der resignativen Feststellung, daß die Nachrichtentruppe nicht in der Lage war, alle ihr gestellten Aufgaben zu erfüllen. Wie Keßler in seinen mündlichen Ausführungen hinzufügte, waren 72 % der Anlagen veraltet, 63 % der Kabel bereits länger als 40 Jahre in Betrieb. Für den Zeitraum 1970 bis 1985 würden für ihre Erneuerung drei Milliarden Mark benötigt, aber bis 1975 waren erst 680 Millionen in die Finanzplanung aufgenommen, für 1976 bis 1980 waren nur 700 vorgesehen, woraus wohl geschlossen werden kann, daß in den letzten fünf Jahren mit den

restlichen 1,62 Milliarden nicht zu rechnen war. Honecker stellte in seinen abschließenden Bemerkungen fest, daß die Bundesrepublik allein in den Jahren 1973/74 sechs Milliarden DM für den Aufbau des Fenmeldenetzes aufgewendet habe.[203] Diese Zahl, die von Streletz' Mitarbeitern in Honeckers Sprechzettel hineingeschrieben wurde, hätte Honecker selbst und die Mitglieder des NVR nachdenklich stimmen müssen. Warf sie doch ein Schlaglicht darauf, daß ein politisches System wie die Bundesrepublik, das viel effektiver war und keine überdimensionierten Kriegsvorbereitungen traf, Investitionen in die Infrastruktur tätigen konnte, von denen man in einem kommunistischen Staat nicht einmal träumte.

TERRITORIUM-76 war eine Mobilmachungsübung, die am 30. und 31. Januar 1976 in den Bezirken Gera und Suhl stattfand. An ihr nahmen die Einsatzleitungen der beiden Bezirke, die leitenden Parteiorgane und die Führungsorgane der Mitglieder der Einsatzleitungen teil, also die Stäbe der Wehrbezirkskommandos, der Bezirksverwaltungen des MfS und der Bezirksbehörden der DVP sowie der beiden Bezirksratsvorsitzenden.

Zusätzlich wurden eingesetzt in jedem Bezirk eine Volkspolizei-Bereitschaft, ein motorisiertes Kampfgruppen-Bataillon und Teile der Sicherungskräfte der Kampfgruppen. In Gera außerdem eine Bereitschaft der Zivilverteidigung, in Suhl zwei Kfz.-Transportbataillone und eine Sanitätstransportkompanie. Insgesamt waren es 4000 Mann und 1000 Transportmittel bzw. Technik verschiedener Bestimmung. Aufgabe dieser Übung war es, die Mobilmachung und die personelle Auffüllung der NVA sowie die Operationsfreiheit der Streitkräfte zu gewährleisten. Die teilweise Mobilmachung wurde »gedeckt«, also für die Öffentlichkeit nicht erkennbar, durchgeführt. Die beiden Transportbataillone und die Sanitätskompanie sind an die GSSD übergeben worden.[204]

Die Übung TERRITORIUM-78/1, die in den Bezirken Halle und Leipzig stattfand, veranlaßte den Verteidigungsminister in seinem mündlichen Vortrag zu dem Lob: »Aus den Leistungen der auf dem Truppenübungsplatz Annaburg geprüften Volkspolizei-Bereitschaften und Kampfgruppen-Bataillone läßt sich verallgemeinernd schlußfolgern, daß die Kampfkräfte der Bezirke Halle und Leipzig über einen hohen Grad der Gefechts- bzw. Einsatzbereitschaft, einen ausgezeichneten politisch-moralischen Zustand und einen sehr guten Ausbildungsstand verfügen und somit in der Lage sind, jederzeit feindliche Kräfte zuverlässig aufzuklären und kompromißlos zu vernichten.«

Zu bemängeln war allerdings, daß »besonders solche Führungsorgane, Einheiten und Formationen, die einen hohen Mobilmachungsbedarf haben, unvertretbar viel Zeit für die Herstellung der befohlenen Stufe benötigen«. Trotzdem lautete das Gesamturteil: »Beide Bezirke sind verteidigungsbereit, Führungsorgane und Kräfte gefechts- bzw. einsatzbereit.«[205]

In der Mobilmachungsübung EICHRAUM-78 (23. bis 30. Juni 1978) im Militärbezirk III war die 17. MSD aufzustellen, wobei die Unteroffiziersschule II in Eilenburg als Basis diente. Über 8000 Reservisten wurden an einem Freitagabend überraschend einberufen und eine Woche lang unter komplizierten Bedingungen ausgebildet, was den sowjetischen Marschall Kulikow zu einem Lob veranlaßte. Honecker meinte, der Erfolg sei nicht zuletzt darauf

zurückzuführen, daß ungefähr ein Fünftel der Einberufenen Parteimitglieder waren. Eine Anerkennung fanden auch die »wirtschaftsleitenden Organe« der beteiligten Bezirke (Halle und Leipzig) und Kreise sowie die Leiter und Mitarbeiter der mit der Bereitstellung von Kraftfahrzeugen, Kraftstoffen und Lebensmitteln beauflagten Betriebe. In den Betrieben und Einrichtungen, aus denen Reservisten und Kraftfahrzeuge in größerem Umfang einberufen bzw. entnommen wurden, leisteten die SED-Parteiorganisationen »intensive Arbeit«, um die Notwendigkeit dieser Maßnahme zu erläutern und die entstandenen Lücken in der Erfüllung der Produktionsaufgaben zu schließen.
1600 Panzer, Geschütze, Gefechts- und Spezialfahrzeuge, 550 Funkmittel, 8000 Sätze Bekleidung und Schutzausrüstung sowie 8000 Schützenwaffen wurden aus dem Komplexlager der NVA für die 17. MSD entnommen, aus der Volkswirtschaft 1700 Fahrzeuge, Maschinen und Geräte, 200 Tonnen Lebensmittel und 500 Tonnen Kraft- und Schmierstoffe. Das Rückgrat der aufzustellenden Division waren 1200 aktive Offiziere, Offiziersschüler, Unteroffiziere und Soldaten. Der Marsch der Division zu den Übungsplätzen mußte über eine Entfernung von 40 bis 180 Kilometern durchgeführt werden. Beim Gefechtsschießen lag die Trefferquote bei Panzern, Schützenpanzerwagen, Panzerbüchsen, Maschinenpistolen und leichten Maschinengewehren zwischen 94 und 97 %.[206]
Nach EICHRAUM-78 erhielt der NVR keine Vorlagen über Mobilmachungsübungen. Die Berichte wurden lediglich dem Generalsekretär vorgelegt. So fanden im März 1982 die Übungen EICHRAUM-82 und ANTENNENMAST-82 statt, bei denen die 6., die 10., die 17. und die 20. MSD aufgestellt wurden. Wegen der mit »ökonomische Erfordernisse« umschriebenen schwierigen Wirtschaftslage wurden »nur« 85 % der Reservisten und 55 % der vorgesehenen Fahrzeuge aus der Volkswirtschaft eingezogen. Insgesamt waren in den Bezirken Karl-Marx-Stadt, Leipzig, Rostock, Dresden, Gera, Schwerin und Neubrandenburg 11 000 Reservisten und 1000 Fahrzeuge, Maschinen und Geräte von diesen Übungen betroffen.[207]

III.5. Vorbereitungen von Partei und Staat auf den Kriegszustand

III.5.1. Führung der DDR

Der NVR hat sich mehrmals mit der Frage beschäftigt, wie der schwer zu handhabende Apparat der DDR-Führung im Kriegszustand gestrafft werden konnte. Verteidigungsminister Hoffmann sagte in der 44. Sitzung am 30. November 1973, dem Ministerratsvorsitzenden unterstünden im Frieden mehr als 50 Organe unmittelbar. Es sei notwendig, zu seiner Unterstützung »Bevollmächtigte« einzusetzen.[1] Diese hatten schon einen Vorlauf. Am 26. Januar 1967 waren drei »Generalbevollmächtigte« eingesetzt worden. Das Politbüromitglied Alfred Neumann wurde Generalbevollmächtigter für Verteidigungswirtschaft. Ihm unterstanden Bevollmächtigte für Nachrichten, Transport, Gesundheit, Bau und Wasserwirtschaft, der Leiter des Amtes für Verteidigungsindustrie, der Leiter des Amtes für Landwirtschaft und Ernährung, der Vorsitzende der Staatlichen Plankommission und der Staatssekretär für Forschung und Technik. Dem Politbüromitglied Gerhard Grüneberg als Generalbevollmächtigtem für staatliche Verwaltung unterstanden ein Bevollmächtigter für die Arbeitskräfte und ein Bevollmächtigter für die Versorgung der Bevölkerung. Der Stellvertreter des Vorsitzenden des Ministerrates, Gerhard Weiß, wurde Generalbevollmächtigter für Außenhandel.[2]

Offenbar ist jemand dahintergekommen, daß die Bezeichnung »Generalbevollmächtiger« durch das Dritte Reich belastet war. Im Jahre 1938 waren für den Kriegszustand gleichfalls Generalbevollmächtigte berufen worden: Reichsinnenminister Frick für die Reichsverwaltung und Reichswirtschaftsminister Funk für die Wirtschaft.[3] Jedenfalls entschied man sich in der 44. Sitzung für nunmehr sechs Bevollmächtigte, die dem Ministerratsvorsitzenden unterstellt wurden: für Planung, für Leistungen, für Produktion, für Finanzen und Banken, für Versorgung sowie für Bildung und Recht.[4]

Am 27. November 1985 unterzeichnete Honecker schließlich »Grundsätze der Führung der DDR im Verteidigungszustand«, die bis zum Ende des SED-Regimes galten.[5] Sie sehen vor, daß im Krieg die Suprematie der Partei über den Staat noch stärker und sichtbarer wird als im Frieden. Unter Honecker als »Generalsekretär des Zentralkomitees der Sozialistischen Einheitspartei Deutschlands, Vorsitzender des Nationalen Verteidigungsrates der Deutschen Demokratischen Republik und Oberster Befehlshaber« (diese Ansammlung von Funktionen kehrt immer wieder, selbst die in der Alltagssprache ständig gebrauchte Abkürzung ZK wird häufig nicht verwendet) sind vorgesehen

- die politische Führung durch das Politbüro der SED
- die militärische, staatliche und wirtschaftliche Führung durch den NVR der DDR
- die »operative Führung« durch die sich ständig auf der »Hauptführungsstelle der Partei- und Staatsführung« aufhaltenden Mitglieder und Kandidaten des Politbüros.[6]

Für die Sicherung und ständige Aufrechterhaltung der Funktionsfähigkeit der Hauptführungsstelle der Partei- und Staatsführung, ihre nachrichtenmäßige, materiell-technische und medizinische Versorgung war das MfS zuständig, das auch den »Kommandanten« stellte.[7]

Hier könnte man einwenden: Auch für die Bundesregierung ist ein geheimer Regierungsbunker (in Marienthal bei Ahrweiler) gebaut worden; entsprechende Anlagen für die Landesregierungen.[8] Für den Verteidigungsfall sind in das Grundgesetz elf zusätzliche Artikel aufgenommen worden.[9] Das war jedoch nicht wie in der DDR eine »Geheime Kommandosache«, sondern konnte von jedermann nachgelesen werden. Die Zugehörigkeit zum NATO-Bündnis ist mit umfangreichen Vorbereitungen auf den Verteidigungsfall verbunden. Der große Unterschied zur DDR: Die Militärdoktrin der NATO sah keine Vernichtung des »Aggressors« auf seinem Territorium, sondern ein tiefgestaffeltes Verteidigungssystem an den Grenzen zu den Staaten des Warschauer Paktes vor und nach Ausbruch eines Krieges die möglichst schnelle Wiederherstellung des status quo

ante unter Gesichtswahrung für den Gegner.[10] Im Kapitel »Bundeswehr und Übungen der NATO« wird darauf näher einzugehen sein.
Honeckers persönlicher Stab (»Arbeitsorgane«) auf der »Hauptführungsstelle« bestand aus 46 Mitarbeitern (davon elf technischen), nämlich

- der »operativen Führung des ZK der SED mit der Arbeitsgruppe Büro des Politbüros« (15 Personen)
- der »Arbeitsstaffel des Ministeriums für Nationale Verteidigung« (13 Personen)
- der »operativen Gruppe des Ministerrates« (zehn Personen)
- der »operativen Gruppe des Ministeriums für Staatssicherheit« (vier Personen)
- der »operativen Gruppe des Ministeriums des Innern« (vier Personen).[11]

Bis auf die Arbeitsgruppe Büro des Politbüros, die schon im Frieden Honeckers engste Mitarbeiter umfaßte, handelte es sich hierbei um die Verbindungskommandos der Leiter der »Zentralen Führungsbereiche«. Diese bildeten zusammen mit den »Bevollmächtigten des Generalsekretärs des Zentralkomitees der SED und Vorsitzenden des Nationalen Verteidigungsrates der DDR« eine Art Kriegskabinett. Alle 14 Mitglieder hatten eigene »Ausweichobjekte« ihrer Führungsstellen in »geschützten Objekten«, die von der »Hauptführungsstelle« zwischen fünf und 83 Autominuten (bei 80 Stundenkilometern) entfernt waren.[12] Nur zwei von ihnen gehörten weder dem Politbüro noch dem NVR an, die meisten saßen in beiden Gremien.
Leiter der *»Zentralen Führungsbereiche«** waren drei SED-Spitzenfunktionäre, der Leiter der »Führungsstelle des ZK der SED«, der Vorsitzende des »Zentralen Nachrichten- und Informationsbüros« und der Chefredakteur des SED-Zentralorgans »Neues Deutschland«. Ferner der Vorsitzende des Ministerrates sowie die Minister für Nationale Verteidigung, für Staatssicherheit und des Innern.[13]
Als *»Bevollmächtigte«** wurden von Honecker durch »Befehl Nr. 16/85« vom 31. Oktober 1985 bzw. »Befehl Nr. 12/86« vom 12. August 1986 zusammen mit ihren Stellvertretern (»Leitern der politischen Führungsgruppe«) eingesetzt bzw. bestätigt:

- für »Staat und Recht« Politbüromitglied Horst Sindermann, Präsident der Volkskammer
- für »Planung« Politbürokandidat Gerhard Schürer, Vorsitzender der Staatlichen Plankommission
- für »Leistungen« Politbüromitglied Werner Krolikowski, Erster Stellvertreter des Vorsitzenden des Ministerrates
- für »Produktion« Politbüromitglied Günter Mittag, ZK-Sekretär für Wirtschaft
- für »Finanzen und Banken« Politbüromitglied Alfred Neumann, Erster Stellvertreter des Vorsitzenden des Ministerrates
- für »Versorgung« Politbüromitglied Heinz Felfe, ZK-Sekretär für Landwirtschaft
- für »Bildung und Kultur« ZK-Mitglied Margot Honecker, Minister für Volksbildung.

Als Felfe 1988 starb, wurde Krolikowski sein Nachfolger als ZK-Sekretär für Landwirtschaft. Er wurde durch Befehl Nr. 11/88 von der Funktion des Bevollmächtigten für Leistungen entbunden und Bevollmächtigter für Versorgung. Sein Nachfolger wurde das Politbüromitglied Günther Kleiber.
Diesen Bevollmächtigten unterstanden fast alle nicht für die bewaffneten Organe zuständigen Minister und Leiter anderer zentraler Staatsorgane, dem Bevollmächtigten für Staat und Recht auch die Sekretariate des Staatsrates und der Volkskammer sowie der Generalstaatsanwalt und das Oberste Gericht der DDR. Dem Bevollmächtigten für Finanzen und Banken unterstand die Staatsbank.
Fünf ihrer Stellvertreter waren ZK-Abteilungsleiter, einer stellvertretender ZK-Abteilungsleiter, einer war der Sekretär des Staatsrates.[14] Man kann sagen, daß damit der Staatsapparat offiziell – nicht wie im Frieden informell – dem Parteiapparat unterstellt wurde.
In einer Anlage der »Grundsätze der Führung der DDR im Verteidigungszustand« wird dargestellt, wie der »Zentrale Führungsbereich des Vorsitzenden des Ministerrates« organisiert war. Ihm unterstanden formal die erwähnten sieben Bevollmächtigten als eine Art Superminister. Er hatte ihnen gegenüber jedoch kein Weisungsrecht (dieses übte direkt der Generalsekretär aus), wohl aber gegenüber den übrigen Mitgliedern. Diese waren der Minister für Auswärtige Angelegenheiten, der Vorsitzende des Komitees der Arbeiter- und Bauern-Inspektion, der Vertreter der DDR beim Rat für gegenseitige Wirtschaftshilfe, der Leiter des Staatlichen Amtes für Atomsicherheit und Strahlenschutz sowie der Staatssekretär für Kirchenfragen. Unterhalb der Republikebene waren in den Bezirken und in den Kreisen entsprechende Strukturen vorgesehen, wobei der 1. Sekretär an der Spitze der Bezirkseinsatzleitung oder Kreiseinsatzleitung stand und auf seiner Ebene eine ähnliche Rolle spielen sollte wie Honecker auf der zentralen Ebene.[15]
Die Kompetenzen der Mitglieder der »Gesamtführung«, die umfangreiche Vorarbeiten bereits im Frieden zu leisten hatten, wurden in den »Grundsätzen« ausführlich beschrieben. Sie sollen hier verkürzt wiedergegeben werden:
Der *Leiter der Führungsstelle des ZK der SED* ist für die Arbeit der Partei auf organisatorischem, materiellem und finanziellem Gebiet sowie für den Druck von Presseerzeugnissen verantwortlich. Darauf soll im Abschnitt »Führung der SED« näher eingegangen werden. Zu seinen Aufgaben gehört auch die »Anleitung und Kontrolle« der zentralen Leitungen der Blockparteien, der Massenorganisationen und der Nationalen Front.
Dem *Vorsitzenden des Zentralen Nachrichten- und Informationsbüros* unterstehen die Nachrichtenagentur ADN, der Rundfunk, das Fernsehen und die Presseorgane der DDR mit Ausnahme des SED-Zentralorgans »Neues Deutschland«. Er ist verantwortlich für die Frontberichterstattung, die Ausübung der Zensur, den Informationsaustausch mit den Massenmedien der Staaten des Warschauer Paktes, die Führung der Auslandskorrespondenten und die Aufsicht über die in der DDR noch tätigen ausländischen Korrespondenten. Schließlich hat er die Meldungen der Agenturen, Rundfunk- und Fernsehstationen der NATO-Staaten zu überwachen.
Der *Chefredakteur des SED-Zentralorgans »Neues Deutschland«* ist für die

Presseversorgung der Bevölkerung und der Streitkräfte in der festgelegten Auflagenhöhe verantwortlich, außerdem für die Herausgabe von Extrablättern für die Bevölkerung der DDR, die »Bevölkerung befreiter Gebiete« und – in russischer Sprache – für die Vereinten Streitkräfte des Warschauer Paktes. Bei der Frontberichterstattung und Zensur handelt er in eigener Zuständigkeit.[16]
Der *Minister für Nationale Verteidigung* hat die NVA und die Grenztruppen in den Kriegszustand zu überführen und personell aufzufüllen. Die in den militärischen Planungen festgelegten Kräfte muß er an die Vereinten Streitkräfte übergeben. Die in nationaler Unterstellung verbliebenen Kräfte der NVA, der Grenztruppen und der Kampfgruppen haben den Luftraum und die Staatsgrenze der DDR zu sichern sowie die Großverbände der Vereinten Streitkräfte bei ihren Bewegungen auf dem Territorium der DDR zu unterstützen. Außerdem obliegt ihm die »Vernichtung von Luftlande-, Seelandungs-, Aufklärungs-, Diversions- sowie anderen Kräften des Gegners auf dem Territorium der DDR«. Schließlich muß er die »Verteidigungsmaßnahmen« mit den anderen zentralen Führungsbereichen und den Bevollmächtigten koordinieren. »Fragen der Besetzung des Territoriums des Kriegsgegners und die Leitung des Kriegsgefangenenwesens« gehören ebenfalls zu seinen Kompetenzen.[17]
Der *Minister für Staatssicherheit* hat »Staats- und andere Verbrechen« zu bekämpfen, die auf eine Lähmung der »Verteidigungsfähigkeit« der DDR gerichtet sind. Die im Bestand der Vereinten Streitkräfte operierenden sowie in nationaler Unterstellung verbliebenen Truppen hat er zu überwachen, ebenso die Kräfte des Innenministeriums und der Zivilverteidigung. Er hat für die Sicherheit aller verteidigungswichtigen und lebenswichtigen Bereiche und Einrichtungen zu sorgen. Seine Auslandsspionage muß er mit der militärischen Aufklärung koordinieren.
Für eine Reihe von Aufgaben ist der Staatssicherheitsminister gemeinsam mit dem Verteidigungsminister und dem Innenminister verantwortlich, unter anderem die Sicherheit im »Operationsgebiet« der Verbände und Truppenteile der NVA und die Sicherheit der Einrichtungen des Strafvollzugs sowie der Kriegsgefangenen- und Internierungslager. Unter *»Operationsgebiet«** verstand das MfS »imperialistische und andere nichtsozialistische Staaten oder Territorien«.[18] Gemeint waren also vornehmlich West-Berlin und die Bundesrepublik, die in diesem Krieg besetzt werden sollten.
Der *Minister des Innern und Chef der Deutschen Volkspolizei* hat vor allem Straftaten zu bekämpfen, die geeignet sind, die »Verteidigungsfähigkeit« der DDR zu beeinträchtigen. Die Sicherheit des für die Landesverteidigung notwendigen Verkehrs auf Straßen, Schienenwegen und Wasserstraßen ist zu gewährleisten, verteidigungswichtige Einrichtungen und Anlagen sind zu schützen, Brände zu bekämpfen. Die Bewegungen der Vereinten Streitkräfte auf dem Territorium der DDR sind durch polizeiliche Maßnahmen auf den Verkehrswegen zu unterstützen.[19]
Der *Vorsitzende des Ministerrates* hat vor allem die ihm unmittelbar unterstellten Minister und Leiter anderer zentraler Staatsorgane sowie die Vorsitzenden der Räte der Bezirke und den Oberbürgermeister von Ost-Berlin anzuleiten. Er ist somit auch für die staatliche Außenpolitik und die Zusammenarbeit mit den

anderen Mitgliedsstaaten des Rates für gegenseitige Wirtschaftshilfe zuständig. Zu seinen Aufgaben gehört ferner die Durchsetzung staatlicher Interessen gegenüber Kirchen und Religionsgemeinschaften. Ihm untersteht auch die Zivilverteidigung, soweit für sie nicht der Verteidigungsminister verantwortlich ist.[20]

Der *Bevollmächtigte für Staat und Recht* ist für die Arbeit des Staatsrates und der Volkskammer verantwortlich. Sollte diese nicht tagen können, nimmt der Staatsrat ihre Aufgaben wahr. Der Bevollmächtigte für Staat und Recht hat in Zusammenarbeit mit den Ministern für Staatssicherheit, des Innern und für Nationale Verteidigung die zentralen Justizorgane zu »führen« und eine »lagebedingte« Strafverfolgung und Rechtsprechung zu garantieren.

Dem *Bevollmächtigten für Planung* obliegt die gesamtstaatliche Planung zur Sicherstellung[21] des Bedarfes der NVA, der anderen Sicherheitsorgane, der Zivilverteidigung (künftig: der bewaffneten Organe), der Bevölkerung und der Volkswirtschaft. Er hat die Arbeitskräfte zu lenken. In seine Zuständigkeit fällt auch der Außenhandel mit den Staaten des Warschauer Paktes.

Der *Bevollmächtigte für Leistungen* hat für die bewaffneten Organe und die Bevölkerung die notwendige Transportkapazität bereitzustellen. Er ist für anfallende Baumaßnahmen, die Instandsetzung von Militärfahrzeugen und die Trinkwasserversorgung zuständig, muß sich aber auch um die Bereitstellung von Nachrichtenkanälen für die Führung kümmern, die Aufrechterhaltung der Sendungen der Nachrichtenagentur ADN, des Rundfunks und Fernsehens, den Pressevertrieb, die Feldpost und den zivilen Postdienst sowie die Warnung der Bevölkerung mittels Rundfunk, Presse und Sirenen. Zu seinem Mammutressort gehört schließlich die medizinische und soziale Versorgung der Bevölkerung.

Der *Bevollmächtigte für Produktion* ist für die Sicherstellung des materiell-technischen Bedarfes und der industriellen Instandsetzung militärischer Technik und Ausrüstung der bewaffneten Organe zuständig. Er ist für die Aufrechterhaltung einer stabilen Energieversorgung verantwortlich und hat die Produktion lebensnotwendiger Industriewaren für die Bevölkerung zu gewährleisten. Schießlich gehören die verteidigungswichtigen Investitionen und die verteidigungswichtige Forschung zu seinen Aufgaben.

Der *Bevollmächtigte für Finanzen und Banken* ist für Fragen der Haushalts-, Finanz-, Geld- und Kreditwirtschaft sowie der Preispolitik verantwortlich. Die Mobilmachung und die Handlungen der bewaffneten Organe müssen von ihm finanziell abgesichert werden. Ebenso die Handlungen der Vereinten Streitkräfte und die Erfüllung verteidigungswichtiger Produktions- und Leistungsaufgaben.

Der *Bevollmächtigte für Versorgung* ist für die Versorgung der bewaffneten Organe und der Bevölkerung mit Nahrungsmitteln verantwortlich. Er hat für die Aufrechterhaltung der Funktionsfähigkeit der Land-, Forst- und Nahrungsgüterwirtschaft zu sorgen und die Tier- und Pflanzenproduktion zu schützen.

Der *Bevollmächtigte für Bildung und Kultur* hat Angehörige der Hoch- und Fachschulen für den Einsatz in den bewaffneten Organen, in verteidigungswichtigen Betrieben und in zivilen Spezialformationen bereitzustellen. Trotzdem soll der Lehrbetrieb an den Hoch- und Fachschulen ebenso wie an den Schulen aufrechterhalten werden. Der Beauftragte für Bildung und Kultur hat bei der Evakuierung von Kindern mitzuwirken. Auf seinen Befehl sollen Künstler für die Truppenbetreuung und die Festigung der Moral der Bevölkerung eingesetzt werden.[22]

Die »Grundsätze der Führung der DDR im Verteidigungszustand« enthalten auch Bestimmungen über die Führung der Bezirke, an deren Spitze die Bezirkseinsatzleitungen stehen. Folgende Hauptaufgaben sind ihnen zugewiesen:

»– die Erfüllung der ihnen übertragenen militärischen Aufgaben,
– die Gewährleistung der allseitigen staatlichen Sicherheit, öffentlichen Ordnung und Sicherheit sowie einer konsequenten Strafverfolgung und Rechtsprechung zur Unterstützung der Landesverteidigung,
– die Realisierung der geforderten Produktions- und Leistungsaufgaben und Führung der zentralgeleiteten Kombinate, Betriebe und Einrichtungen im Territorium bei zeitweiliger Unterbrechung der zentralen Führung,
– die Aufrechterhaltung des gesellschaftlichen Lebens entsprechend den Bedingungen des Verteidigungszustandes,
– die Verwirklichung der Maßnahmen der Zivilverteidigung sowie
– die Anleitung, Kontrolle und Unterstützung der nachgeordneten örtlichen Organe«.[23]

Eine »Arbeitsgruppe des Generalsekretärs« bereitet die Mitarbeit der DDR-Führung im Politischen Beratenden Ausschuß des Warschauer Paktes vor. Ihr gehören an

– der Leiter der Führungsstelle des ZK der SED
– der Minister für Nationale Verteidigung
– der Bevollmächtigte für Produktion
– ein Stellvertreter des Chefs des Hauptstabes der NVA sowie zwei bis drei Generale bzw. Offiziere.

Zu ihren Aufgaben gehört auch, die Maßnahmen zu koordinieren, die sich »aus der Besetzung des Territoriums des Gegners ergeben«[24], womit bewiesen wird, daß es sich hier nicht um bloße Verteidigungsvorbereitungen handelte.

Eine »Lagebesprechung« findet bei Honecker täglich um 9.00 Uhr statt. Die Bevollmächtigten, die ihre Aufgaben in anderen Führungsstellen erfüllen, kommen zwei- bis dreimal in der Woche zur »Lagebesprechung«; Minister und 1. Sekretäre der SED-Bezirksleitungen nur, wenn sie zur Berichterstattung befohlen werden.[25]

Die Ziffern 46 bis 48 der »Grundsätze der Führung der DDR im Verteidigungszustand« legen umfangreiche Vorbereitungsarbeiten schon im Frieden fest. So sollen die Leiter der zentralen Führungsbereiche, die Bevollmächtigten und die 1. Sekretäre der SED-Bezirksleitungen »die erforderliche Führungsdokumentation, bestehend aus Führungs-, Berichts- und Auskunftsdokumenten«, erarbeiten und jährlich mindestens einmal im Zeitraum Januar bis April präzisieren. In Verantwortung der Leiter der zentralen Führungsbereiche, der Bevollmächtigten und der Leiter der zentralen Staatsorgane (Minister und ihnen Gleichgestellte) sollen Schulungsmaßnahmen der zentralen Ebene und der Bezirke, gemeinsame mehrstufige Kommandostabsübungen, Ausbildungs- und Überprüfungs-

maßnahmen sowie Kontrollen durchgeführt werden.[26] Sie werden im Kapitel »Schulungsmaßnahmen« beschrieben.
Mit der Schaffung von *»Führungsstellen«**, wir würden sagen Befehlsständen, in Schutzbauwerken, sogenannten *Spezialbauten**, beschäftigte sich der NVR schon in seiner 10. Sitzung am 6. April 1962. Damals war vorgesehen, die unterirdische Anlage Rüdersdorf als Führungsstelle für das Politbüro der SED, den NVR und die Regierung der DDR auszubauen. Die unterirdische Anlage Geltow sollte den Hauptstab der NVA aufnehmen, die unterirdische Anlage in den Rauenschen Bergen bei Fürstenwalde den zentralen Gefechtsstand des Kommandos der Luftstreitkräfte/Luftverteidigung.[27]
Eine ausführliche Vorlage erhielten die Genossen in der 64. Sitzung am 2. Oktober 1981. Demnach waren von 1976 bis 1980 für »zentrale Spezialbauten« Gesamtinvestitionen in Höhe von 308,5 Millionen Mark (davon 186,0 Millionen Bauleistungen) zu tätigen. Erfüllt werden konnten allerdings nur 167,0 Millionen (davon 116,0 Millionen Bauleistungen), also 54 % bzw. 62 %, was einen Zeitverzug von zwei bis vier Jahren bedeutete. Durch eine Intensivierung der Produktion konnten die jährlichen Bauleistungen von 11,5 Millionen im Jahre 1977 auf 38,0 Millionen im Jahre 1980 gesteigert werden, im Jahre 1981 würden sie bereits 55,0 Millionen betragen. Für den Zeitraum 1981 bis 1985 wurde mit der Staatlichen Plankommission ein Leistungsumfang von 698,0 Millionen (davon 409,0 Millionen Bauanteil) abgestimmt.
Folgende Fertigstellungstermine wurden genannt:

(Haupt-)Führungsstelle	Investitionsaufwand in Millionen Mark	Fertigstellung
Partei- und Staatsführung (mit Sendestelle)	379	30. 06. 83
Ministerratsvorsitzender	355,5	IV/86
Innenminister (mit Sendestelle)	339,4	III/87 (IV/88)
Staatssicherheitsminister	28	III/88
ZK der SED	230	II/91
Zentrales Nachrichten- und Informationsbüro	160	II/93
Partei- und Staatsführung (Ausweichführungsstelle)	320	IV/94
Bezirkseinsatzleitung Frankfurt/Oder	15	III/86
	2126,9	

Nach 1990 sollte mit dem Bau der Führungsstellen der Bevollmächtigten für Planung, für Leistungen, für Produktion, für Versorgung, für Finanzen/Banken und für Bildung/Kultur sowie der Bezirkseinsatzleitung Dresden begonnen werden.
Die genannten Spezialbauten würden ab 1984 – nach einem wissenschaftlich-technischen Vorlauf – in der sowjetischen Silobauweise errichtet, die eine

kosmische bzw. Luftaufklärung erschwere und eine bedeutend höhere Überlebenswahrscheinlichkeit gewährleiste, was in den achtziger und neunziger Jahren zu einer weiteren Erhöhung der Stabilität und Zuverlässigkeit der Führung beitragen werde. Offenbar aus diesem Grund sollte schon 1986 mit dem Bau der Ausweichführungsstelle für die Partei- und Staatsführung begonnen werden. Durch das MfS sei im Berichtszeitraum ein »hoher Grad der politisch-fachlichen Zuverlässigkeit der eingesetzten Kräfte« erreicht worden. Die Legendierung und Tarnung der Vorhaben sei konsequent durchgesetzt worden.
Bei den hier genannten »Spezialbauten« handelte es sich um solche der zweiten und dritten Generation. Außer dem Verteidigungsminister hatten die übrigen Leiter der zentralen Führungsbereiche und Bevollmächtigten Ausweichführungsstellen in einfacheren Schutzbauwerken der ersten Generation. Das galt auch für die Vorsitzenden der Bezirks- und der Kreiseinsatzleitungen.
Am 14. November 1983 schrieb Verteidigungsminister Hoffmann an Honecker, er schlage vor, die fertiggestellte Hauptführungsstelle der Partei- und Staatsführung am 13. Dezember nach der Politbürositzung zusammen mit den Ministern für Staatssicherheit und für Bauwesen zu besichtigen.[28]

III.5.2. Führung der SED

»Grundsätze für die Tätigkeit der leitenden Organe der SED im Verteidigungszustand« sind in ihrer letzten Fassung vom NVR am 23. April 1982 beschlossen worden.[29] Bis dahin galten die »Grundsätze« vom 30. November 1973[30], doch habe sich aufgrund von neuen Erkenntnissen und Anforderungen an die Landesverteidigung die Notwendigkeit einer Präzisierung ergeben. Dabei seien die Erfahrungen, die bei den Ausbildungs- und Schulungsmaßnahmen MEILENSTEIN und MEISTERSCHAFT gemacht wurden[31], eingearbeitet worden.
Der SED fiel im Krieg eine Vielzahl zusätzlicher Aufgaben zu, besonders die Erziehung der Mitglieder zu vorbildlicher Pflichterfüllung im bewaffneten Kampf und in der materiellen Produktion. Alle Bürger der DDR mußten von ihr zur Erfüllung ihrer verfassungsmäßigen Pflicht bei der Verteidigung ihrer sozialistischen Heimat mobilisiert werden, durch ihre »Partei- und massenpolitische Arbeit« mußten die »Abwehr einer Aggression« und die »Zerschlagung des Gegners« sowie die Operationsfreiheit der Vereinten Streitkräfte des Warschauer Paktes gewährleistet werden.[32]
Die »Grundsätze« sehen vor, daß der Apparat der SED im Krieg umstrukturiert wird. Das statutengemäße Gremium Zentralkomitee und die ZK-Abteilungen stellen ihre Tätigkeit ein. An der Spitze des Parteiapparates steht jetzt, dem Generalsekretär unmittelbar unterstellt,
- der Leiter der »Führungsstelle des ZK der SED«, seit 1983 Politbüromitglied Egon Krenz, ZK-Sekretär für Sicherheitsfragen. Ihm gleichgestellt sind
- der Vorsitzende des »Zentralen Nachrichten- und Informationsbüros« (ZeNIB), Politbüromitglied Joachim Herrmann, ZK-Sekretär für Agitation und Propaganda

- der Chefredakteur des Organs des ZK, »Neues Deutschland«, seit 1985 Herbert Naumann.

Dem Leiter der Führungsstelle des ZK unterstehen
- das Stabsorgan und die Bereiche
- materiell-finanzielle Sicherstellung,
- organisatorisch-politische Fragen,
- ideologische Fragen,
- wirtschaftlich-politische Fragen,
- Staatsfragen/gesellschaftliche Organisationen sowie
- internationale Fragen.

Sie ersetzen die im Statut vorgesehenen ZK-Abteilungen; bis auf die ZK-Abteilung für Sicherheitsfragen, die in ihrem Bestand erhalten bleibt. Der Personalbestand wird im Apparat des Zentralkomitees auf 30 bis 40 % des »Kaderbestandes in Friedenszeiten« zurückgenommen.[33] Da im zentralen Parteiapparat etwa 900 politische Mitarbeiter beschäftigt waren[34], hieß das eine Reduzierung auf etwa 270 bis 360. Offiziell sollte das übrige Personal zur »unmittelbaren operativen Anleitung und Kontrolle der Durchführung der Beschlüsse der Parteiführung eingesetzt« werden[35], doch ist anzunehmen, daß sie auch in den »befreiten Gebieten« Verwendung finden sollten.

Obwohl das Politbüro und das Sekretariat des ZK im »Verteidigungszustand« weiterarbeiten, die wichtigsten politischen bzw. organisatorischen Entscheidungen treffen, kommt dem Leiter der Führungsstelle des ZK eine sehr starke Machtposition zu. Von den neun übrigen Sekretären sind zwei als Bevollmächtigte des Generalsekretärs des ZK der SED und Vorsitzenden des NVR, einer als Leiter des ZeNIB und einer als Vorsitzender einer Bezirkseinsatzleitung voll beschäftigt. Vor allem untersteht dem Leiter der Führungsstelle der »verkürzte Bestand« des zentralen Parteiapparates, leitet er bei Abwesenheit des Generalsekretärs offiziell die Sitzungen des Sekretariats. Außerdem sind ihm unterstellt die nachgeordneten Einrichtungen des ZK (Parteischulen, Institute, Betriebe usw.), die Redaktion der Funktionärszeitschrift »Neuer Weg«, die Leiter der politischen Führungsgruppen, also die Stellvertreter der Bevollmächtigten, die Parteiorganisationen der zentralen Staatsorgane, die Politorgane der bewaffneten Organe, die Führungsstellen der Bezirksleitungen sowie die zentralen Führungsstellen der Massenorganisationen und der Blockparteien.[36]

In den Bezirks- und Kreisleitungen der SED sind im Krieg Strukturen vorgesehen, die denen der zentralen Ebene entsprechen. Dort werden Führungsstellen unter der Leitung des 2. Sekretärs gebildet, denen die Industriekreisleitungen und alle nichtterritorialen Kreisleitungen unterstellt sind. Der Personalbestand wird in den Bezirksleitungen auf 60 bis 65 % des Friedensbestandes, in den Kreisleitungen auf 85 bis 90 % reduziert.[37]

Das *Zentrale Nachrichten- und Informationsbüro** (ZeNIB) ist ein »Organ der SED im Verteidigungszustand«. Trotzdem obliegen ihm offiziell staatliche Aufgaben: die Führung der Nachrichtenagentur ADN, des Rundfunks, des Fernsehens und der Presse der DDR. Auch die Redaktionen der »Jungen Welt«, der »Berliner Zeitung« und der »Neuen Berliner Illustrierten« – nicht jedoch des »Neuen Deutschland« – sowie die »Bezirksbüros der Massenmedien«. Diese

haben für die innenpolitische Berichterstattung für die zentralen Medien und den dezentralen Druck der weitererscheinenden Presseerzeugnisse zu sorgen. Dabei arbeiten sie mit den Führungsstellen der Bezirksleitungen zusammen.
Die Gründung des ZeNIB geht auf die 46. Sitzung des NVR am 20. September 1974 zurück, in der eine von Admiral Waldemar Verner, Chef der Politischen Hauptverwaltung (PHV) der NVA, eingebrachte Vorlage »Grundsätze für die einheitliche Führung des Nachrichtendienstes, des Rundfunks, des Fersehens und der Presse der DDR im Verteidigungszustand« beschlossen wurde. Verner wurde beauftragt, eine Beschlußvorlage für das Politbüro vorzubereiten und dort zu begründen. Außerdem wurde diesem Gremium empfohlen, das Politbüromitglied Werner Lamberz, ZK-Sekretär für Agitation, als Vorsitzenden des ZeNIB zu bestätigen.
Das ZeNIB sollte folgende Organisationsstruktur erhalten:
- Planung und Koordinierung (ca. zehn bis zwölf Mitarbeiter)
- Führungsbereiche (ca. acht bis zehn)
- Zensur (ca. acht bis zehn)
- Nachrichtenüberwachung (ca. zwölf bis 15)
- Sicherstellung (ca. zwölf bis 15).

Zusammensetzen sollte es sich aus politischen Mitarbeitern des Apparates des ZK der SED, aus Mitarbeitern und technischem Personal der Nachrichtenagentur ADN, der Staatlichen Komitees für Rundfunk und für Fernsehen, aus Redaktionen und Verlagen von Presseorganen der DDR und aus dem Presseamt beim Vorsitzenden des Ministerrates.
Bei Verkündung des Kriegszustandes oder auf Weisung des 1. ZK- Sekretärs hat das ZeNIB kurzfristig seine »Führungs- und Arbeitsbereitschaft« herzustellen. Aufgabe der ihm unterstellten und von ihm kontrollierten Medien ist es,
- die Überzeugung von der »Gerechtigkeit des bewaffneten Kampfes, der Überlegenheit und Sieghaftigkeit der sozialistischen Militärkoalition zu festigen«
- »die Kriegsziele des imperialistischen Aggressors, seine Gefährlichkeit, Abenteuerlichkeit und Menschenfeindlichkeit zu entlarven, das Feindbild zu vertiefen und den Haß auf den Feind zu verstärken«
- »Möglichkeiten zu nutzen, auf das politisch-moralische Potential der Kräfte des Aggressors und der Bevölkerung in seinem Machtbereich gezielt einzuwirken«.

Daß der vorbereitete Krieg, der verschämt immer wieder als »Verteidigungszustand« bezeichnet wurde, ein »Befreiungskrieg« war, geht aus dem Katalog der Aufgaben hervor, den die dem ZeNIB unterstellten Medien zu erfüllen hatten. Das Staatliche Komitee für Rundfunk hatte sich auf die Inbetriebnahme der Rundfunksender auf dem Territorium des Kriegsgegners vorzubereiten, das Staatliche Komitee für Fernsehen auf die Inbetriebnahme der Fernsehsender, und die Redaktionen der im Kriegszustand noch tätigen Pressorgane sollten bereit sein, Zeitungen für die Bevölkerung »befreiter Territorien des Kriegsgegners« herauszubringen.
Aufschlußreich sind die Ausführungen über die Programmstruktur des DDR-Fernsehens im Kriegszustand. Vorrangig soll das Geschehen an der Front

behandelt werden, durch aktuelle Bild- und Filmberichte soll eine »hohe Überzeugungskraft und emotionale Wirkung« erzielt werden.[38]

Um diese Vorlage beurteilen zu können, muß man sich den geschichtlichen Hintergrund vergegenwärtigen. 1974 war das Jahr, in dem die Ständigen Vertretungen der beiden deutschen Staaten in Ost-Berlin und in Bonn ihre Arbeit aufnahmen.

Verantwortlich für die Vorbereitung der Massenmedien auf den Kriegszustand war bei ADN, dem Staatlichen Komitee für Rundfunk und dem Staatlichen Komitee für Fernsehen die für die Mob-Arbeit zuständige Hauptabteilung I, bei den Presseorganen der »Mitarbeiter I«.[39]

Das ZeNIB ist in der Folgezeit wenig in Erscheiung getreten. Als Lamberz im Jahre 1978 bei einem Hubschrauberabsturz in Libyen tödlich verunglückte, wurde sein Nachfolger als ZK-Sekretär für Agitation, Joachim Herrmann, auch Vorsitzender des ZeNIB. In dieser Eigenschaft nahm er wie sein Vorgägner an den gesamtstaatlichen Schulungsmaßnahmen MEILENSTEIN teil, zeichnete er Vorlagen des NVR mit, die sein Arbeitsgebiet berührten.

Am 23. November 1979 wurde Herrmanns Vorlage »Grundsätze über die Tätigkeit von Bezirksbüros der Massenmedien in den Bezirken der DDR, einschließlich der Hauptstadt der DDR, Berlin, im Verteidigungszustand« beraten. Darin heißt es, daß diese Bezirksbüros als territoriale Organe des ZeNIB folgende Aufgaben haben:

- Übermittlung von Nachrichten und anderen journalistischen Beiträgen der Bezirke für die zentralen Massenmedien
- dezentrale Herstellung von Presseerzeugnissen, die im Kriegszustand weitererscheinen
- Ausstrahlung von Sendungen des Rundfunks und des Fernsehens sowie Herausgabe eines Presseerzeugnisses bei Ausfall der Zentrale auf der Grundlage einer Weisung des Vorsitzenden des ZeNIB in Absprache mit dem 1. Bezirkssekretär.

Die Bezirksbüros der Massenmedien werden von den Chefredakteuren der SED-Bezirkszeitungen geleitet, in Berlin (wo die »Berliner Zeitung« nur das inoffizielle Organ der SED-Bezirksleitung war) wird durch den Vorsitzenden des ZeNIB eine Sonderregelung getroffen. Die Mitarbeiter der Bezirksbüros setzen sich aus Mitarbeitern der Bezirksredaktionen des »Neuen Deutschland«, der Nachrichtenagentur ADN, der Staatlichen Komitees für Rundfunk und für Fernsehen sowie aus Mitarbeitern der Massenmedien der Bezirke zusammen. Unterhalb der Ebene des Leiters ist folgende Organisationsstruktur vorgesehen:

- Stellvertreter für journalistische Arbeit: 20 bis 25 Mitarbeiter
- Stellvertreter für Druckerzeugnisse: acht bis zehn Mitarbeiter
- Stellvertreter für Organisation und materiell-technische Sicherstellung: 15 bis 20 Mitarbeiter.

In der Vorlage wird erwähnt, daß der für den Kriegszustand vorgesehene dezentrale Druck von zentralen Massenmedien in der Mobilmachungsübung ELEKTRONIK-78 erprobt wurde.

Der NVR beauftragte den Vorsitzenden des ZeNIB:

- dem Politbüro eine Vorlage zur Beratung und Beschlußfassung vorzulegen

- die erforderlichen Bestimmungen zur Bildung der Bezirksbüros zu erlassen
- die Herstellung ihrer Einsatzbereitschaft bis zum 31. Dezember 1981 sicherzustellen
- die 1. Bezirkssekretäre in diese Aufgabe einzuweisen.[40]

Eine zweite Vorlage brachte Herrmann für die 73. Sitzung des NVR am 5. Dezember 1986 ein: »Grundsätze über die Zensur von Veröffentlichungen in der DDR während der Mobilmachung und im Verteidigungszustand«. Sie wird im Kapitel »Rechtsvorschriften für den Kriegszustand« dargestellt.[41]

Nur einmal wurde in einer Sitzung des NVR das ZeNIB wie eine schon im Frieden bestehende Institution behandelt. Als in der 63. Sitzung am 13. März 1981 eine Beschluß über neue Aspekte in der amerikanischen Militärpolitik der Reagan-Administration gefaßt wurde, erhielt das ZeNIB den Auftrag, die »aggressiven Aspekte« dieser Administration und der NATO zu popularisieren und ihr das Friedensprogramm des XXVI. Parteitages der KPdSU gegenüberzustellen.[42] Das geschah zu einer Zeit, in der in Kommandostabsübungen des Warschauer Paktes der Vorstoß der Vereinten Streitkräfte bis an die spanische Grenze geübt wurde.[43]

Als Herrmann am 18. Oktober 1989 zusammen mit Honecker und Mittag gestürzt wurde, hatte der Sekretär des NVR, Generaloberst Streletz, nichts Eiligeres zu tun, als vorzuschlagen, den Leiter der ZK-Abteilung für Agitation, Geggel, mit der Wahrnehmung der Aufgaben des Vorsitzenden des ZeNIB zu beauftragen. Das ist dann auch mit Schreiben des Honecker-Nachfolgers Krenz vom 25. Oktober 1989 geschehen.[44]

Wie im Kapitel »Rechtsvorschriften für den Kriegszustand« auszuführen sein wird, hatte das ZeNIB neben dem »Neuen Deutschland« das Monopol über die »Frontberichterstattung« und war es die oberste Zensurbehörde. Über das »Neue Deutschland« heißt es in den »Grundsätzen für die Tätigkeit der leitenden Organe der SED im Verteidigungszustand«, daß es im Krieg auf besondere Weisung Extrablätter für die Bevölkerung der DDR, für die Vereinten Streitkräfte des Warschauer Paktes (in russischer Sprache) und für »die Bevölkerung befreiter Gebiete« herausgibt.[45]

Der im nächsten Abschnitt zu beschreibende »Plan der Überführung der DDR vom Frieden in den Verteidigungszustand« vom 27. November 1985 macht nähere Angaben darüber, welche Strukturveränderungen die Presse im Kriege erfahren soll. Alle Zeitungen außer dem »Neuen Deutschland«, der »Berliner Zeitung« (dem inoffiziellen Organ der SED-Bezirksleitung Berlin), der »Jungen Welt« (der Tageszeitung der FDJ) und der »Neuen Berliner Illustrierten« stellen ihr Erscheinen ein. Die genannten Blätter werden dezentral in den Bezirken herausgegeben. Fernsehen und Hörfunk strahlen nur noch ein Programm aus. Außerdem senden »Stimme der DDR« für das deutschsprachige »Ausland« (also vor allem die Bundesrepublik), »Radio Berlin International« für das fremdsprachige Ausland.[46]

Das »Neue Deutschland« erhöht seine Auflage auf zwei Millionen. Sein Umfang wird auf vier Seiten reduziert, es wird auf das Rheinische Format (360 x 530 Millimeter) verkleinert. Auch 1985, in den »Grundsätzen der Führung der DDR im Verteidigungszustand«, wird die Ankündigung wiederholt, daß für die

Bevölkerung »befreiter Gebiete« auf besondere Weisung Extrablätter herausgegeben werden.[47]
Die »Grundsätze für die Tätigkeit der leitenden Organe der SED im Verteidigungszustand« sehen die Festlegung von Strukturplänen vor, die die Organisation der Arbeit der Führungsstellen in Form von Arbeitsordnungen für den Kriegszustand regeln. Diese »Dokumente« sind durch die Leiter der Führungsstellen zu bestätigen, die auch für die Durchführung von Maßnahmen der Zivilverteidigung und für die Verteidigung ihrer Objekte verantwortlich sind.[48]

III.5.3. Plan der Überführung der DDR vom Frieden in den Kriegszustand

Am selben Tag, an dem Honecker die »Grundsätze der Führung der DDR im Verteidigungszustand« unterschrieb, am 27. November 1985, setzte er seine Unterschrift unter den »Plan der Überführung der DDR vom Frieden in den Verteidigungszustand«. Dieses 100 Seiten lange Schriftstück[49], Geheime Kommandosache wie alle Vorlagen des NVR, sieht folgenden Mechanismus vor:
Alle Führungsorgane[50] und Kräfte müssen Ständige Gefechts- und Einsatzbereitschaft (SG/SE) gewährleisten. Auf entsprechende Weisung folgen ihnen drei Stufen:

- Erhöhte Gefechts-/Einsatzbereitschaft (EG/EE) nach 180 Minuten
- Gefechts-/Einsatzbereitschaft bei Kriegsgefahr (GK/EK) nach 120 Minuten
- Volle Gefechts-/Einsatzbereitschaft (VG/VE) nach 90 Minuten.

Der Befehl über die Auslösung höherer Stufen der Gefechts-/Einsatzbereitschaft wird vom Generalsekretär des ZK der SED und Vorsitzenden des NVR an die Leiter der sieben zentralen Führungsbereiche und an die sieben Bevollmächtigten erteilt. In ihm wird unter anderem die X-Zeit festgelegt. Auf seinen Befehl erfolgen auch die gedeckte militärische Mobilmachung und die Bekanntgabe der offenen militärischen Mobilmachung. Auf der Grundlage dieser Befehle werden die erforderlichen Maßnahmen über die Diensthabenden mit Signal und Kennwort ausgelöst.
Alle Führungsorgane sind im Frieden auf diese Aufgaben vorzubereiten, die organisatorischen Grundlagen sind periodisch zu präzisieren, die geplanten Marschwege und Räume sind regelmäßig zu überprüfen.[51]
Die *Erhöhte Gefechts-/Einsatzbereitschaft* hat das Ziel, die Führungsbereitschaft und die Bereitschaft zur Durchführung der Mobilmachung des Landes zu erhöhen. Sie wird geheim durchgeführt.[52] Zu den Maßnahmen, die auf dieser Stufe zu ergreifen sind, gehört die Übernahme der zivilen Straßenbau-, Eisenbahnbau- und Nachrichteninstandsetzungstruppen, die dem Bevollmächtigten für Leistungen unterstehen, in den Bestand der NVA. Innerhalb des Staatsapparates und der Volkswirtschaft sind in den Kombinaten, Betrieben und Einrichtungen die im B-Plan vorgesehenen Maßnahmen zur wirtschaftlichen Mobilmachung in Kraft zu setzen. Der Bevollmächtigte für Finanzen und Banken hat für den gedeckten Abzug von Valutaguthaben bei Banken in den NATO-Staaten zu sorgen.[53]

Die Stufe *Gefechts-/Einsatzbereitschaft bei Kriegsgefahr* hat das Ziel, die teilweise noch gedeckte Mobilmachung des Landes, insbesondere die teilweise militärische und wirtschaftliche Mobilmachung, zu gewährleisten.[54] Auf dieser Stufe erhalten die Truppen und Flottenkräfte ihre Kriegsstruktur (zum Beispiel Umwandlung des Militärbezirkes III in die 3. Armee) und werden die vorgesehenen Stellungen an der Staatsgrenze zur Bundesrepublik eingenommen. Die operative Führung der Kampfgruppen der Arbeiterklasse wird von der Volkspolizei an die Wehrkommandos der NVA übergeben.[55]
Die Stufe Einnahme der *Vollen Gefechts-/Einsatzbereitschaft* hat das Ziel, die Bereitschaft des Landes »zur Abwehr einer Aggression bzw. zur Erfüllung internationaler Bündnisverpflichtungen« (also wenn keine Aggression der NATO stattfindet) unverzüglich herzustellen und die Mobilmachung des Landes in vollem Umfang durchzuführen.[56] Die Führungsorgane haben die ständige Arbeitsbereitschaft in vollem Bestand zu gewährleisten und zur Verlegung in die *Ausweichobjekte der Führungsstellen** bereit zu sein. Für die zentralen Führungsbereiche und die Bevollmächtigten hat das unter anderem folgende Maßnahmen zur Folge:
Die Parteiorganisationen der zentralen Staatsorgane werden der Führungsstelle des ZK der SED unterstellt. Die gesellschaftlichen Organisationen, zentralen Bildungseinrichtungen, Gremien und Gesellschaften, Redaktionen und Verlage stellen ihre Tätigkeit ein oder erhalten kriegsbedingte Aufgaben zugewiesen. In den Ausbildungslagern der GST wird in Zusammenarbeit mit der FDJ und dem DTSB verstärkt vormilitärische Ausbildung von Jugendlichen durchgeführt.
Die vorgesehene Beschränkung der Printmedien auf das »Neue Deutschland«, die »Junge Welt«, die »Berliner Zeitung« und die »Neue Berliner Illustrierte«, der Rundfunk- und Fernsehprogramme auf jeweils ein Programm tritt in Kraft. Die Zensur der Massenmedien ist eingeführt, die Frontberichterstatter sind eingesetzt.[57]
Die zivile Luftfahrt der DDR und der Bereich Flugsport der GST werden von der NVA übernommen. Die Grenzübergangsstellen an der Staatsgrenze zur Bundesrepublik und zu West-Berlin sind zur kurzfristigen Schließung vorbereitet. Die neu aufzustellenden Verbände und Truppenteile, entsprechend der Kriegsstruktur, sind innerhalb von drei Tagen aufzufüllen.
Die Bereitschaft zur Durchfühung von Internierungen ist innerhalb von vier Stunden herzustellen. Dabei arbeiten das MfS und das MdI mit dem Außenministerium zusammen. Es werden innerhalb von vier Stunden die Staaten bestimmt, deren auf dem Gebiet der DDR befindliche Bürger Kontrollmaßnahmen unterworfen werden, einen Zwangsaufenthalt zugewiesen erhalten, ausgewiesen oder interniert werden. Die Internierungen erfolgen auf Weisung des Vorsitzenden des NVR. Internierungsmaßnahmen sind auch für DDR-Bürger vorbereitet.[58]
Im Staatsapparat und in der Volkswirtschaft treten der B-Plan der Volkswirtschaft und der B-Haushaltsplan in Kraft. Produktion und Leistungen werden auf verteidigungswichtige und lebensnotwendige Aufgaben beschränkt. Der Feldpostdienst wird eingeführt. Die Leistungsfähigkeit der Transportwege zur Abdeckung des Transportbedarfes der Vereinten Streitkräfte und für verteidigungs-

wichtige Aufgaben wird im vorgesehenen Umfang erhöht, der zivile Güter- und Personenverkehr erheblich eingeschränkt. Für die Bevölkerung wird die rationierte Versorgung mit Nahrungsmitteln und Industriewaren eingeführt. Handelsschiffe und Umschlagkapazitäten werden für militärische Seetransporte bereitgestellt. Die Produktion von militärischer Bewaffnung und Ausrüstung wird entsprechend den Kennziffern des B-Planes erhöht. Das Verfügungsrecht der Bürger über ihre Sparguthaben wird ebenso wie der Bargeldumlauf eingeschränkt, eine Staatsanleihe wird aufgelegt. Der grenzüberschreitende Verkehr nach NATO-Staaten wird eingestellt.[59]

III.5.4. Bevollmächtigte, Minister und Leiter anderer zentraler Staatsorgane

In den Sitzungen des NVR mußten regelmäßig zivile Minister, Staatssekretäre mit selbständigem Geschäftsbereich (»Leiter anderer zentraler Staatsorgane«) und Bevollmächtigte Vorlagen einreichen, in denen sie ihre Vorbereitungen auf den Kriegszustand darlegten. Erarbeitet wurden diese Vorlagen in der Regel vom Leiter der *(Haupt-)Abteilung I**, der für die Mobilmachungsarbeit zuständig war und meist einen militärischen Rang bekleidete (Oberst, Generalmajor oder Generalleutnant). Hier sollen die Auftritte der Minister in der alphabetischen Reihenfolge referiert werden, wobei das für sie Typische herausgestellt wird und Wiederholungen vermieden werden. Die Bevollmächtigten des Generalsekretärs des ZK der SED und Vorsitzenden des NVR der DDR werden, obwohl sie weit mächtiger waren als die Minister, zum Schluß behandelt, weil sie erst ab 1987 zur Berichterstattung antraten.
Der *Minister für Außenhandel (MfAH)* berichtete am 23. Juni 1980, daß der B-Import (Einfuhr im ersten Kriegsjahr) aus den Staaten des Warschauer Paktes auf etwa 37 % des Imports gemäß Friedensplan zurückgehen werde. Damit seien jedoch die Lieferungen an verteidigungswichtigen und lebenswichtigen Gütern gesichert. Der B-Export an Rohstoffen, Materialien, Medikamenten und Ausrüstungen werde etwa 25 % des Friedensexports betragen.[60]
Der *Minister für Allgemeinen Maschinen-, Landmaschinen- und Fahrzeugbau (MfALF)* hatte schon im Frieden einen hohen Stellenwert für die bewaffneten Organe, weil in seinem Verantwortungsbereich Militärkraftfahrzeuge und Handfeuerwaffen sowie die dafür benötigte Munition hergestellt wurden. Auch die Instandsetzung von Flugzeugen, Raketensystemen und Funkmeßstationen wurde in seinen Betrieben durchgeführt. Als am 16. Dezember 1977 sein Bericht auf der Tagesordnung stand, nannte Verteidigungsminister Hoffmann die Instandsetzung von Triebwerken für den Hubschrauber Mi-8 unbefriedigend. Das war deshalb so peinlich, weil entsprechend der Arbeitsteilung im Rat für gegenseitige Wirtschaftshilfe (RGW) die DDR Verantwortung nicht nur für die Instandsetzung ihrer eigenen Maschinen trug, sondern auch für die anderer Armeen des Warschauer Paktes.[61]
Minister Kleiber, der es 1984 zum Vollmitglied des Politbüros und 1988 zum Bevollmächtigten für Leistungen brachte, berichtete, daß der B-Bedarf der

bewaffenten Organe an Materialien und Ausrüstung in Höhe von 2401,7 Millionen Mark zu 93 % erfüllt sei, der Bedarf für das I. Quartal im Wert von 710,6 Millionen zu 89,3 %. Das heißt, daß das Ministerium und die ihm unterstellten Betriebe die Umstellung der Friedensproduktion auf die Kriegsproduktion vorbereitet hatten, die eine drastische Reduzierung des zivilen Bedarfes zugunsten des militärischen Bedarfes vorsah. Aber es gab noch verschiedene Schwierigkeiten. So werde die Einführung modernster Verfahren und Maschinen für die Munitionsfertigung, über die gegenwärtig Konsultationen mit der Tschechoslowakei und Ungarn stattfänden, erst im Jahre 1990 zu einer einheitlichen Fertigungsstraße führen. Und bei einigen Waffensystemen stand es um die Instandsetzung noch schlimmer als bei den von Hoffmann angemahnten Hubschraubern, für die der B-Plan immerhin zu 22 % erfüllt werden konnte. Für die geforderten 1070 Artilleriewaffen betrug der Erfüllungsgrad 0 %, und für die 145 Fla-Geschütze 23 mm ZU-23 waren es gerade 4,8 %. Da war es ein schwacher Trost, daß durch Materialvorräte und Reserven die B-Auflage für das I. Quartal bei Sprengkörpern »Geballte Ladung 1 kg« zu 477,3 % erfüllt werden konnte.
Der B-Plan sah für den Bereich des MfALF ein Absinken der industriellen Warenproduktion auf 59 % vor, den Rückgang des Imports auf 5 % und des Exports auf 3 %, die Reduzierung der Zahl der Arbeitskräfte auf 65 %. Die »Störfreimachung« von Importen aus westlichen Industriestaaten, dem sogenannten Nichtsozialistischen Wirtschaftsgebiet (NSW), war nicht leicht zu realisieren. Für 13 von 27 Materialpositionen hatte man bereits »Ausweichpositionen«. Für 14 war das aber noch nicht der Fall, und dazu zählten Spezialfederstahldraht für die Produktion von Maschinenpistolen und Präzisionsstahlrohr für die Produktion von Kraftfahrzeugen.[62]
Der *Minister für Auswärtige Angelegenheiten (MfAA)* erhielt in der 29. Sitzug am 1. September 1967 den Auftrag, bis zum 31. Oktober Honecker als Geheime Kommandosache zu melden, inwieweit in allen diplomatischen und Handelsvertretungen der DDR im Ausland besonders vorbereitete Militärattachés bzw. Offiziere der NVA offiziell oder getarnt eingesetzt werden konnten. Welche Konsequenzen aus diesem Beschluß gezogen wurden, ist im NVR nie wieder zur Sprache gekommen. Offenbar handelte es sich hierbei um »Legalisten«, Offiziere der NVA, die als Diplomaten oder Angestellte von Außenhandelsbetrieben ins Ausland geschickt wurden, wo sie für die Verwaltung Aufklärung des Verteidigungsministeriums arbeiteten.[63]
Am 23. Oktober 1969 standen »Grundsätze der Arbeit, Aufgaben und Ordnung des Zusammenwirkens des Ministeriums für Auswärtige Angelegenheiten und der Auslandsvertretungen der DDR im Verteidigungszustand« auf der Tagesordnung. In ihnen wurde festgelegt, daß im Kriege der Außenminister dem Vorsitzenden des Staatsrates unterstellt wird und zu gewährleisten hat, daß die Leiter der Auslandsvertretungen die Anweisungen des Generalbevollmächtigten für Außenwirtschaft durchzuführen haben.[64] Diese Unterstellungsverhältnisse wurden in den siebziger Jahren wieder abgeschafft.
Am 7. September 1979 mußte Außenminister Fischer gleich mit zwei Vorlagen vor dem NVR erscheinen. In seinem »Bericht über den Stand der Vorbereitungen

des Ministeriums für Auswärtige Angelegenheiten auf den Verteidigungszustand« konnte er melden, daß die »Kader« des MfAA trainiert und befähigt waren, »kriegsbezogen zu denken, vorausschauend und operativ in Abhängigkeit sich entwickelnder Lagen zu handeln, das außenpolitische Fachwissen mit militärischen Führungsprinzipien zu verbinden«. Fischer stellte das Organisationsschema seines »Führungsorgans« vor, das 205 »Genossen« umfaßte, das waren 14,5 % der Friedenspersonalstärke des MfAA.[65]
Die »Grundsätze für die Tätigkeit der Botschaften der DDR in einer Spannungsperiode und im Verteidigungszustand und für ihre Führung durch den Minister für Auswärtige Angelegenheiten« sehen vor, daß mit Auslösung einer Stufe der Einsatzbereitschaft[66] in den Botschaften die vom MfAA festgelegte Führungsstruktur einzunehmen ist. Ist die Rückführung von DDR-Bürgern, die im Ausland im Krieg nicht benötigt werden, nicht mehr möglich, werden sie »dienstverpflichtet und zur Erfüllung von anderen Aufgaben im Dienste der DDR eingesetzt«. Bei Ausfall der Nachrichtenverbindungen zu den Botschaften treten Leitbotschaften in Aktion, deren Botschafter gegenüber den ihnen zugeordneten Botschaftern weisungsberechtigt sind. Als Leitbotschaften waren vorgesehen: Quito, Buenos Aires, Algier, Brazzaville, Addis Abeba, Bagdad, Neu-Delhi, Hanoi und Ulan Bator.[67]
Der Außenminister mußte erst wieder am 5. Feburar 1988 vor dem NVR antreten. Darüber wird im Abschnitt »Die DDR 1988/89« zu berichten sein.
Der *Minister für Bauwesen (MfB)* brachte am 18. November 1976 eine Vorlage ein, die er mit dem ihm übergeordneten Bevollmächtigten für Leistungen, Politbüromitglied Krolikowski, abgestimmt hatte. Ihr kann man entnehmen, welche Strukturveränderungen die Bauproduktion im Kriege erfahren hätte. Während der Wert der Bauproduktion im Volkswirtschaftsplan 1975 23,2 Milliarden Mark betrug, sah der B-Plan 1976 ein Absinken auf 10,8 Milliarden vor, was eine Freisetzung eines großen Teils der Arbeitskräfte ermöglichte. Relativ gering war der Rückgang der industriellen Instandsetzung (von 0,445 auf 0,441 Milliarden) und der Baumaterialproduktion (von 5,8 auf 4,0 Milliarden). Beachtlich gesteigert werden sollte die Herstellung von Barackenelementen, von 84 Millionen auf 200 Millionen Mark.
Es wurde hinzugefügt, daß der überwiegende Teil der verbliebenen Bauproduktion erforderlich war, um die Instandsetzung bzw. den Ausbau von verteidigungswichtigen und lebensnotwendigen Betrieben zu gewährleisten sowie den Bau von Unterbringungs- und Schutzräumen für die Bevölkerung durchzuführen. An der Spitze der Prioritätenliste für die Bauproduktion standen Maßnahmen, die die Operationsfreiheit der Vereinten Streitkräfte des Warschauer Paktes unterstützten, also der Bau von Straßen, Brücken, Depots und anderem.[68]
Der *Minister für Bezirksgeleitete Industrie*[69] *und Lebensmittelindustrie (MfBJL)* war am 2. Februar 1984 an der Reihe. Dieses Ministerium war für die unterschiedlichsten Produkte verantwortlich, es war auch Lieferant für die Streitkräfte. Der Wert der für sie hergestellten Produkte betrug zwar im Volkswirtschaftsplan 1983 nur 0,676 Milliarden Mark, sollte aber nach dem B-Plan 1981 (er wurde alle fünf Jahre aufgestellt) auf 168 % gesteigert werden, während die gesamte industrielle Warenproduktion dieses Ministeriums auf 17,6 % abge-

senkt wurde. Entsprechend groß war die Anzahl der Beschäftigten, die im Kriegszustand freigesetzt werden sollten: 295 338, das waren 72 %.
Verständlich, daß das MfBJL dem Bedarf der »bewaffneten Organe« besondere Aufmerksamkeit schenkte. Es arbeitete daran, die Abhängigkeit vom Import von Panzerkopfhauben und chirurgischem Nahtmaterial aus dem NSW bis 1984, also im Berichtsjahr, durch die Aufnahme eigener Produktion zu beseitigen.
Nach dem B-Plan mußten in der bezirksgeleiteten Industrie für den Kriegszustand 33 400 Schutzplätze geschaffen werden. Diese Auflage war bereits zu 72,2 % erfüllt.[70]
Der Bericht des *Ministers für Chemische Industrie (MfC),* Günther Wyschkofsky, der in der 51. Sitzung am 20. Mai 1977 zur Beratung anstand, war vom Politbüromitglied Mittag, ZK-Sekretär für Wirtschaft, als Bevollmächtigter für Produktion mitgezeichnet worden. Der Minister konnte darauf verweisen, daß in seinem Verantwortungsbereich zur Vorbereitung auf den Kriegszustand zwei Übungen durchgeführt wurden, die einen fachbezogenen Tarnnamen hatten: SYNTHESE-75 und SYNTHESE-76. Als besonderes Verdienst hob er hervor, daß 1975 eine Konzeption zur Wiederinstandsetzung durch Kriegseinwirkungen zerstörter Betriebe erarbeitet worden war. Bis 1980 wollte man Voraussetzungen für die Wiederinstandsetzung der Erdölverbundleitung und der Treibstoffindustrie schaffen. Dafür sollten Spezialkräfte der Zivilverteidigung aufgestellt werden.
Der B-Plan 1976 sah für die Chemie-Industrie 72 % des Volkswirtschaftsplanes 1976 vor, die Exporte sollten auf nur 15 % sinken, die Importe auf 62,5 %, wobei der Umfang der Erdölimporte aus der Sowjetunion gleichbleiben sollte. 25 % der Arbeitskräfte sollten freigestellt werden.
Besondere Mühe gab sich das MfC beim Abbau der Importabhängigkeit vom westlichen Ausland, der bei der Produktion von Kraftfahrzeugbereifung, Schutzausrüstungen und lebensrettenden pharmazeutischen Erzeugnissen besonders ins Gewicht fiel. Insgesamt mußten damals »NSW-Produkte« für 504 Millionen Mark importiert werden. Für 32 % davon waren »Ausweichlösungen«, also Ersatzprodukte, vorbereitet, für 58 % waren sie geplant. Bei den restlichen 10 % wußte man keinen anderen Rat, als ausreichende Reserven für die Kriegszeit einzulagern.[71]
Der *Minister der Finanzen (MdF),* Siegfried Böhm, legte für die 60. Sitzung des NVR am 19. März 1980 einen Bericht vor, der zu den interessantesten gehört, die in diesem Gremium beraten wurden. Er nannte Einzelheiten des für 1981 berechneten B-Staatshaushaltsplanes, also des Staatshaushaltsplanes für das erste Kriegsjahr. Er sah Einnahmen und Ausgaben in Höhe von 152 Milliarden Mark vor (das waren 15 Milliarden weniger als der Friedens-Staatshaushaltsplan), die sich wie folgt zusammensetzten:

Einnahmen:

36 %	Abführungen der volkseigenen Wirtschaft
4 %	Abführungen und Steuern anderer Eigentumsformen
10 %	produktgebundene Abgaben (eine Art Umsatz- und Verbrauchssteuer für private Haushalte)

4 % Lohnsteuer der Arbeiter und Angestellten
8 % Einnahmen der Sozialversicherung
6 % kulturell-sozialer Bereich und Staatsapparat (u.a. Verwaltungsgebühren, Einnahmen aus Kultur- und Sportveranstaltungen, des Fernsehens und Wohnungsmieten)
12 % Zentralisierung von Geldfonds (also Haushaltsmitteln) der örtlichen Staatsorgane im zentralen Haushalt und einmalige Abführungen
13 % Staatsanleihe
7 % patriotische Spenden

Ausgaben:
34 % Verteidigung und Sicherheit
3 % Zuführungen an die volkseigene Wirtschaft
6 % produktgebundene Preisstützungen
16 % Ausgaben der Sozialversicherung
7 % Gesundheits- und Sozialwesen
5 % Bildungswesen
8 % andere staatliche Organe
21 % Haushaltsreserve.

Vergleicht man den Friedens-Staatshaushaltsplan 1981 mit dem Kriegs-Staatshaushaltsplan, stellt man eine Steigerung des Anteils der Ausgaben für Verteidigung und Sicherheit von 8,4 % auf 34 % fest.
In dem Bericht des Finanzministers wurde angekündigt, daß die für den Krieg vorbereitete »Vereinfachung der Ware-Geld-Beziehungen« den Personalbestand der Finanzverwaltung auf 35 % reduzieren werde. Das ist deshalb verwunderlich, weil geplant war, die elektronische Datenverarbeitung der Finanz- und Bankorgane auf manuelle Bearbeitung umzustellen, da die EDV-Anlagen nicht gegen Kriegseinwirkungen geschützt werden konnten. Diese Umstellung sollte auch bei der Berechung der Löhne und Gehälter vorgenommen werden, was jedoch eine Versechsfachung der Zahl der dazu benötigten Arbeitskräfte erforderte. Das wurde als ein noch ungelöstes Problem angesehen, und der Staatssekretär für Arbeit und Löhne wurde beauftragt, es durch eine Vereinfachung der Berechnungen zu lösen.
Der VEB Wertpapierdruckerei war im Krieg in der Lage, bei Dreischichtbetrieb pro Jahr Banknoten im Wert von zehn bis 18 Milliarden Mark zu drucken. Die Höhe richtete sich nach der Art der Stückelung. Die erforderlichen Materialvorräte reichten allerdings nur für ein halbes Jahr. Der VEB Münze konnte pro Jahr ein bis zwei Millionen Stück der für den Kriegszustand vorgesehenen Orden und Medaillen produzieren, je nach Schwierigkeitsgrad ihrer Herstellung. Das benötigte Material war in den B-Plan aufgenommen worden.[72] Wenn man bedenkt, daß im Zweiten Weltkrieg in fünfeinhalb Kriegsjahren 300 000 Eiserne Kreuze 1. Klasse und 2,3 Millionen Eiserne Kreuze 2. Klasse verliehen wurden, also nicht einmal eine halbe Million pro Jahr, kann man sich vorstellen, welch einen Ordenssegen in einem Befreiungskrieg des Warschauer Paktes die siegreichen Soldaten der DDR zu erwarten hatten.[73]

Im Anschluß an die Vorlage von Finanzminister Böhm wurde ein Bericht des *Präsidenten der Staatsbank der DDR,* Kaminsky, beraten, in dem mitgeteilt wurde, daß im Krieg der Personalbestand in der Zentrale um etwa 70 %, in den Bezirksdirektionen um etwa 60 % und in den Kreisfilialen um etwa 15 % reduziert werden sollte. Der Anteil der weiblichen Mitarbeiter sollte dann etwa 90 % betragen. Die Schulung der Mitarbeiter auf manuelle Buchungs- und Verrechnungsverfahren, die der Finanzminister bereits angekündigt hatte, werde vorbereitet.
Sorgen bereitete der Staatsbank der im Kriegszustand zu erwartende Kaufkraftüberhang. Nach dem B-Volkswirtschaftsplan waren Netto-Einnahmen der Bevölkerung im ersten Kriegsjahr in Höhe von 108 Milliarden Mark vorgesehen. Davon konnten jedoch nach diesem Plan nur 27 % für Waren und Dienstleistungen ausgegeben werden. Es war deshalb geplant, durch Zeichnung einer Staatsanleihe und durch »patriotische Spenden« dem Geldumlauf 30 Milliarden zu entziehen. Da das nicht ausreichte, war es notwendig, Vorschläge auszuarbeiten, wie unter Beibehaltung der »materiellen Interessiertheit der Werktätigen für höchste Leistungen« durch Intensivierung des Sparens und andere Maßnahmen der Kaufkraftüberhang abgebaut werden konnte.
Mit dem »Gesetz über das Sparwesen im Verteidigungszustand« unterlagen die Spareinlagen der Bevölkerung, die Kaminsky mit 97 Milliarden Mark bezifferte, einer zeitweiligen Verfügungsbeschränkung, um eine Ausweitung des Bargeldumlaufs und eine Spekulation auszuschließen. Im Besitz von DDR-Bürgern befindliche Valutamittel nichtsozialistischer Staaten waren im Kriegszustand innerhalb von drei Tagen bei der Staatsbank abzuliefern.[74]
Aufschlußreich sind die Ausführungen des Staatsbankpräsidenten über das »Militärgeld«, über das der NVR erst in der 61. Sitzung am 23. Juni 1980 einen Beschluß faßte.[75] Wörtlich heißt es in seiner Vorlage: »Militärgeld zur Versorgung der Verbände und Truppenteile durch Feldbanken auf fremdem Territorium in Höhe von 4,8 Milliarden Mark (Emission des Jahres 1955) ist in Sonderdepots eingelagert.«[76] Ein in Rostock lebender Experte für Münzen, Banknoten und Notgeld, Herr Peter Reißig, erhielt am 29. Oktober 1990 ein Schreiben der ihre Arbeiten abwickelnden Staatsbank der DDR mit der Unterschrift eines Abteilungsleiters und eines Unterabteilungsleiters, in dem die Existenz dieses Militärgeldes bestritten wird.
Die Versorgung der bewaffneten Organe mit Bargeld und die Abwicklung ihres bargeldlosen Zahlungsverkehrs brauchte im Krieg nicht umgestellt zu werden, da bereits im Frieden in den Bezirksdirektionen der Staatsbank eine »spezielle Struktureinheit« dafür zuständig war.[77]
Über den Stand der Vorbereitungen des *Ministers für Gesundheitswesen (MfGes)* auf den Kriegszustand wurde am 30. November 1973 berichtet. Die bewaffneten Organe hatten einen Bedarf von 135 000 Betten angemeldet, der zu 98 % erfüllt werden konnte. Da das 44 % des gesamten Bettenbestandes im Gesundheits- und Sozialwesen waren, hätte das allerdings verheerende Folgen gehabt. So hätte in einigen Kreisen der Bezirke Leipzig und Gera für Zivilisten in stationären Einrichtungen keine Operationsmöglichkeit mehr bestanden. Da für die medizinische Versorgung im Krieg 21 410 Arbeitskräfte fehlten, war

vorgesehen, die Personalnormen drastisch zu verschlechtern. Kamen im Frieden auf 1300 Einwohner ein Arzt und auf 2300 ein Zahnarzt, sollten es im Krieg 3500 und 5000 sein. In den Krankenhäusern sollte ein Arzt für 50 Betten verantwortlich sein, während im Frieden in den operativen Fachdisziplinen auf 18 Betten ein Arzt kam, in den nichtoperativen auf 22.

Der Gesundheitsminister konnte die Zusage machen, daß die von den Streitkräften geforderten Arzneimittel für 30 Tage in den vorgesehenen Lazaretten zu 63,2 % vorhanden waren, in den Behelfseinrichtungen zu 42,5 %. Auch der Leiter der Zivilverteidigung war mit Forderungen an das Gesundheitsministerium herangetreten. Er brauchte 641 300 Unterbringungsmöglichkeiten für *»Geschädigte«**. Darunter verstand man in der DDR Soldaten und Zivilisten, die Verwundungen erlitten hatten, und solche, die durch ABC-Waffen verstrahlt, verseucht oder vergiftet worden waren. Diese Unterbringungsmöglichkeiten sollen zu 93,7 % »abgedeckt« worden sein, allerdings sehr behelfsmäßig. Vielfach wurden nach diesen B-Planungen lediglich Schulen, Ferienheime und ähnliche Einrichtungen mit Camping-Liegen und Luftmatratzen ausgestattet. Für die in Aussicht genommenen Hilfskrankenhäuser mußten Reserven an medizinischer Technik eingelagert werden. Dafür waren bis zum Jahre 1973 16,4 Millionen Mark ausgegeben worden.[78]

Am 10. März 1978 brachte der Gesundheitsminister eine Vorlage ein, die mit dem Bevollmächtigten für Leistungen, dem Verteidigungsminister und dem Staatssicherheitsminister abgestimmt worden war. Als vorrangiges Ziel bezeichnete es Minister Mecklinger, »das kriegsbezogene Denken und Handeln bei den Mitarbeitern des Gesundheits- und Sozialwesens weiter zu entwickeln«. Unter der Tarnbezeichnung DIAGNOSE hatte er im Jahre 1977 eine Mobilmachungsübung abgehalten.

Die bewaffneten Organe hatten inzwischen ihren Bettenbedarf für den Kriegszustand auf 148 500 gesteigert. Dies Forderung konnte erfüllt werden, allerdings hatten nur 70 % der Reservelazarette eine Notstromversorgung, auch die Notwasserversorgung war noch nicht gesichert. Für die Bevölkerung waren jetzt 707 000 Betten vorgesehen, was gegenüber dem Volkswirtschaftsplan eine Steigerung auf 391,8 % bedeutete. Davon waren 97 % sichergestellt, aber nur 7,4 % in Krankenhäusern, 92,6 % in Hilfskrankenhäusern, deren bauliche Vorbereitung allerdings ungenügend war, insbesondere für Operationen und Röntgendiagnostik. Die B-Reserven mußten teilweise in Behelfslagern untergebracht werden, die nicht trocken, lüftbar und gegen Sonneneinwirkung abschirmbar waren. Die benötigten zusätzlichen Arbeitskräfte (Steigerung um 50 %) sollten aus anderen Bereichen der Volkswirtschaft abgezogen und »am Arbeitsplatz qualifiziert« werden. 10 000 Operationshilfskräfte, heißt es in diesem Bericht, seien bereits ausgebildet, und in der ärztlichen Fortbildung habe man begonnen, nach sowjetischem und bulgarischem Vorbild Ärzte für Fachrichtungen auszubilden, für die im Kriegszustand ein erhöhter Bedarf besteht, insbesondere Chirurgie.

Vorbereitet waren 25 Hilfslazarettzüge, vier Lazarettzüge, sieben Kfz.-Transportzüge, 15 Geschädigtentransportzüge und zehn Hilfslazarettschiffe auf Binnengewässern, für die Kosten in Höhe von 96,334 Millionen Mark bereitgestellt

wurden. Insgesamt hätten die materiellen Reserven für den Kriegszustand die Höhe von 299,497 Millionen Mark erreicht.[79]
Am 13. März 1881 berichtete der Gesundheitsminister »über den Stand der Realisierung der Aufgabenstellung auf dem Gebiet der Zivilverteidigung im Verantwortungsbereich des Ministers für Gesundheitswesen«. Hier ging es nicht um den Bedarf der bewaffneten Organe, sondern um die »Beauflagung« der Hauptverwaltung Zivilverteidigung für die Versorgung von durch Massenvernichtungsmittel Geschädigten. Minister Mecklinger führte aus, daß die Kräfte der Sanitätszüge und der Gruppen der ersten ärztlichen Hilfe in der Lage seien, in zwölf Stunden etwa eine Million Erste-Hilfe-Leistungen, 12 000 ärztliche Einstufungen und 40 000 erste ärztliche Hilfeleistungen vorzunehmen. 269 Krankenhausbereiche mit 674 000 Betten und Bettenplätzen (die Beauflagung betrug 692 000) seien vorbereitet und zu 70 % mit medizinischem Gebrauchsmaterial für die Norm von 20 Tagen sichergestellt. Durchschnittlich würden 70 Betten durch einem Arzt betreut, innerhalb von 24 Stunden könnten 21 200 Operationen durchgeführt werden. Dieses Leistungsvermögen sei auf die dafür verfügbaren weiblichen und männlichen Ärzte über 60 Jahre berechnet, da eine umfassende personelle Abstimmung mit den Wehrorganen nicht erfolgt sei.[80]
Da der Minister keine absoluten Zahlen über die zur Verfügung stehenden Ärzte nannte, ist es nicht möglich, diese unglaublich klingenden Angaben zu überprüfen. Daß sich die Situation seit seinem oben beschriebenen Bericht vom 30. November 1973 so grundlegend verbessert hat, muß bezweifelt werden.
Einem Bericht des Gesundheitsministers für die 74. Sitzung am 3. Juli 1987 können wir entnehmen, daß inzwischen 180 Krankenhäuser und 248 angeschlossene Behelfseinrichtungen mit insgesamt 192 700 Bettenkapazitäten als Reservelazarette »umprofiliert« worden waren. Innerhalb von 20 Stunden könnten sie zur Aufnahme bereitgestellt, mit 74 950 Kräften, davon 4470 Ärzten (darunter 990 Chirurgen) ausgestattet werden. Die Durchführung von zehn Operationen an Schwerstgeschädigten je 100 Betten in einem Zeitraum von 24 Stunden sei sichergestellt.
Die vorhandenen Bestände für medizinische Ausrüstung reichten für 30 Tage. Offenbar waren für die Reservelazarette Notstromanlagen vorhanden, an der Notwasserversorgung wurde jedoch noch gearbeitet.[81]
Im Abschnitt »Gesellschaft für Sport und Technik, Wehrerziehung« ist dargestellt worden, welche Rolle der *Minister für Hoch- und Fachschulwesen (HfHF)* bei der Wehrerziehung spielte. Am 16. November 1978 berichtete Minister Hans-Joachim Böhme, wie sich sein Ministerium auf den Kriegszustand vorbereitet hatte.
Für das MfHF war eine Führungsstruktur vorgesehen, die 30 % des gegenwärtigen Personalbestandes umfaßte. Für jeden Bezirk der DDR war ein Rektor bzw. 1. Prorektor bestimmt, der im Krieg als Beauftragter des Ministers gegenüber den dortigen Hoch- und Fachschulen weisungsberechtigt war. Schon im Frieden waren an allen dem MfHF nachgeordneten Universitäten und Hochschulen außerhalb der Arbeitszeit Bereitschaftsdienste eingesetzt, die in der Stunde X die »leitenden Kader« zu benachrichtigen hatten.

Die Vorlage enthält eine Aufstellung der 39 Universitäten und Hochschulen, deren Lehrbetrieb im Krieg weitergeführt werden sollte, und der 14, die ihre Tätigkeit einstellten mußten. Von den zentralgeleiteten Ingenieur- und Fachschulen durften 73 weitermachen, 56 mußten schließen. Dabei wurde nach folgenden Prinzipien vorgegangen:

»– die Ausbildung der Hoch- und Fachschulkader auf dem Gebiet der Medizin wird fortgeführt;
– in naturwissenschaftlichen, technischen und gesellschaftswissenschaftlichen Disziplinen werden Einschränkungen vorgenommen;
– die Lehrerausbildung und Ausbildung von Kindergärtnerinnen wird weitergeführt;
– die Ausbildung in der Veterinärmedizin wird weitergeführt, Tier- und Pflanzenproduktion (offenbar waren damit landwirtschaftswissenschaftliche Fachrichtungen gemeint; O.W.) eingeschränkt;
– die Ausbildung in den Kunst- und Kulturwissenschaften wird eingestellt«.

Studenten des letzten Studienjahres sollten ihr Studium vorzeitig abbrechen, die entsprechenden Maßnahmen waren innerhalb von 48 Stunden durchzusetzen. Doch war noch nicht geklärt, wie die insgesamt 45 000 Absolventen eingesetzt werden sollten. Dieser Einsatz müsse entsprechend den kriegswirtschaftlichen Erfordernissen erfolgen und verlange die Ausarbeitung zentraler Einsatzregelungen.[82] Offenbar sollte ihre Einberufung zu den bewaffneten Organen erst erfolgen, nachdem festgestellt worden war, daß sie wegen ihrer Qualifikation nicht für andere kriegswichtige Zwecke benötigt wurden. Für Reserveoffiziere und -unteroffiziere dürfte diese Regelung allerdings nicht gegolten haben.

Der *Ministerium für Handel und Versorgung (MfHV)* konnte in einer Vorlage für die 44. Sitzung am 30. November 1973 mitteilen, welche Rationen für den Kriegszustand geplant waren. Nichtberufstätigen Erwachsenen waren täglich 1900 Kalorien zugedacht, das waren 400 Gramm Kartoffeln, 90 Gramm Gemüse, 300 Gramm Brot, 40 Gramm Nährmittel, 40 Gramm Zucker, 60 Gramm Fleisch und 35 Gramm Fette. Milch sollten sie nicht bekommen, aber Berufstätige, die 2900 Kalorien erhielten, täglich 100 Gramm Magermilch, Kinder sogar 500 Gramm Vollmilch und 250 Gramm Magermilch. Die zusätzlichen Lebensmittel für Berufstätige und Kinder sollten in Werks- und Schulküchen ausgegeben werden.

Bei der Versorgung mit lebensnotwendigen Industriewaren sollten im ersten Kriegsjahr zunächst nur Arbeits- und Berufskleidung für Berufstätige abgegeben werden, lebensnotwendige Ausstattung für Säuglinge bzw. Kinder und ein geringer Ersatzbedarf für Erwachsene und für die Unterstützung von Geschädigten. Als Hauptproblem sah das Ministerium unter anderem den Druck und die Einlagerung von Lebensmittelkarten und Bezugscheinen an.[83]

Zehn Jahre später berichtete der MfHV, die Zeitberechnungen hätten ergeben, daß im Kriegszustand die Auslieferungslager und -betriebe für die Versorgung der bewaffneten Organe mit Nahrungsmitteln innerhalb von 48 Stunden funktionsfähig sein würden. Die Einführung der Kundenbindung könne nach 72 Stunden in Kraft treten, die Einführung der rationierten Versorgung der Bevölkerung mit Nahrungsmitteln nach 48 Stunden, mit Industriewaren nach

fünf Tagen. Die Versorgung mit Nahrungsmitteln sollte auf 65 % des gegenwärtigen Kalorienwerts begrenzt werden (1973 waren es noch 70 %). Die Zahl der diesem Ministerium unterstellten Arbeitskräfte sollte auf 53 % reduziert werden, der Wert der in seinem Verantwortungsbereich umgesetzten Waren auf 23 % zurückgehen.[84]
Auch der *Minister für Kohle und Energiewirtschaft (MfKE)* hatte, wegen der Bedeutung der Energieversorgung im Kriege, innerhalb von knapp zehn Jahren zwei Auftritte vor dem NVR. Am 20. September 1974 beschäftigte sich dieses Gremium mit der Vorlage von Minister Siebold, in der angekündigt wurde, daß die B-Reserve von wertmäßig gegenwärtig 12,4 Millionen Mark bis 1980 auf 67,6 Millionen erhöht werden sollte. Hingewiesen wurde auf die hohe Empfindlichkeit der Energiewirtschaft der DDR, da sich die Kohlelagerstätten und die großen Kraftwerke auf einem verhältnismäßig kleinen Raum im Süden des Territoriums konzentrierten. In der Vorlage wurde deshalb offen ausgesprochen, daß man bei Zerstörungen durch Luftangriffe des Gegners mit beträchtlichen Störungen in der Energieversorgung zu rechnen habe. Der Chef des Hauptstabes der NVA, Generaloberst Keßler, forderte deshalb in seiner Stellungnahme zu diesem Bericht, daß »kontinuierlich die Maßnahmen zur Erhöhung der *Standhaftigkeit vor Waffenwirkungen** vorbereitet und durchgesetzt werden«. Wie dieser Schutz vor Zerstörungen zu geschehen habe, sagte er allerdings nicht. Das MfKE konnte lediglich berichten, daß im Jahre 1973 10 800 Kräfte (das waren nur 5 %) an 63 Übungen der Zivilverteidigung teilgenommen hatten. Bis jetzt waren 29 900 Plätze in Schutzräumen fertiggestellt, weitere 45 000 konnten hergerichtet werden. Der B-Plan sah für das MfKE die relativ geringe Absenkung der Zahl der Beschäftigten auf 86 % des Friedensstandes vor.[85]
Am 1. Juli 1983 wurde in einem Bericht des MfKE mitgeteilt, daß Briketts für 45 Vorratstage vorhanden waren, Rohbraunkohle für 66. Im Kriege müsse der Energieverbrauch um mindestens 30 % eingeschränkt werden. Das im B-Plan vorgesehene Produktionsaufkommen war gesichert: bei Erdgas waren es 89 %, Elektroenergie 85 %, Rohbraunsiebkohle 63 % des Volkswirtschaftsplanes 1982. Schon 164 850 Schutzplätze für Beschäftigte waren nach diesem Bericht vorhanden, bei Überführung der DDR in den Kriegszustand konnten weitere 107 050 Schutzplätze ausgebaut werden. Für 10 300 Werktätige mußten allerdings Deckungen ohne Einsatz von Baukapazitäten geschaffen werden. Um viel mehr als Splittergräben kann es sich da wohl nicht gehandelt haben.
Kritisch merkte der Minister an, daß bei den ihm unterstellten »Kadern kriegsbezogenes Denken und Handeln noch stärker« entwickelt werden müsse. Da hatte er bei Honecker den Nerv getroffen, der diese Worte anstrich.[86]
Der *Minister für Kultur (MfK),* Hans-Joachim Hoffmann, war am 5. Dezember 1986 an der Reihe. Er legte »Grundsätze für die Aufgaben und den Einsatz kulturell-künstlerischer Kräfte und Mittel für die ideologische Arbeit in der NVA und unter der Bevölkerung in einer Spannungsperiode und im Verteidigungszustand« vor[87], die im Kapitel »Rechtsvorschriften für den Kriegszustand« beschrieben werden.
Der Kulturminister hatte auch Maßnahmen zum Schutz von Kulturgut bei Katastrophen und bewaffneten Konflikten ergriffen. Etwa 12 000 Exponate

sollten vor Auslösung einer höheren Stufe der Einsatzbereitschaft[88] ausgelagert werden. Es handelte sich um 2000 Exponate aus Berlin, 4300 aus Dresden, 4500 aus Weimar, zwölf aus Sanssouci und 1100 aus Schwerin. 1500 Quadratmeter Depotfläche waren dafür erforderlich. Für diesen Zweck waren von seinen Mitarbeitern ausgesucht worden:
- die Schachtanlage des VEB Kali- und Steinsalzbetrieb Saale (Werk Bernburg)
- die Schachtanlage des VEB Kalibetrieb »Ernst Schneller« in Zielitz
- die Festung Königstein, Kreis Pirna
- das Schloß Heidecksburg, Kreis Rudolstadt
- das Kalksteinbergwerk Rüdersdorf.

Um diese Auslagerung in fünf bis zehn Tagen durchführen zu können, brauchte Hoffmann 600 zusätzliche Hilfskräfte.[89]

Auch das Kulturministerium hatte einen B-Plan ausgearbeitet, in dem festgelegt wurde, daß die Zahl der in seinem Verantwortungsbereich Beschäftigten, die im Volkswirtschaftsplan 1986 84 338 betrug, im ersten Kriegsjahr auf 29 645 reduziert werden sollte.[90]

Der *Minister für Leichtindustrie (MfL)* meldete am 17. September 1982, die industrielle Warenproduktion im B-Jahr entspreche 49,5 % des Volkswirtschaftsplanes 1981. Dabei handele es sich um Waren zur Sicherstellung des Bedarfes der bewaffneten Organe, für den Export in die Staaten des Warschauer Paktes und den geplanten Bedarf für die anderen zentralen Staatsorgane und die Bevölkerung. B-Reserven waren eingelagert, vorrangig für die Produktion von Dienstkleidung, Dienstschuhwerk, Zelten und anderer militärischer Ausrüstung.[91]

Der *Minister für Land-, Forst- und Nahrungsgüterwirtschaft (MfLFN)* berichtete am 12. März 1976, daß die Bereitstellung von Nahrungsgütern für ein Jahr gewährleistet sei. Für den Leser dieses Berichtes geradezu unverständlich ist die Aussage, daß die Produktion der geforderten Humanseren nicht in vollem Umfang gewährleistet werden konnte, da zuwenig menschliches Blut gespendet wurde.[92]

Bei der Aufstellung des B-Planes Ernährung ging das MfLFN von einem kriegsbedingten Rückgang der Pflanzenproduktion und des Tierbestandes aus. Wurden in den Jahren 1971 bis 1975 jährlich durchschnittlich 8,6 Millionen Tonnen Getreide geerntet, sah das B-Jahr 5,2 Millionen vor. Bei Ölsaaten war die Relation 0,28 zu 0,15 Millionen, bei Kartoffeln 10,8 zu 9,9 Millionen und bei Zuckerrüben 6,5 Millionen zu 5,0 Millionen. Das staatliche Aufkommen an Schlachtvieh werde von 1,9 Millionen auf 1,2 Millionen Tonnen sinken, an Milch von 7,5 Millionen auf 4,635 Millionen Tonnen, bei Eiern von 3,92 Milliarden auf 1,831 Milliarden Stück.

Alle Bezirke mit Ausnahme von Ost-Berlin, Karl-Marx-Stadt (heute wieder Chemnitz) und Suhl waren in der Lage, für etwa drei Monate ihre Versorgung mit Hauptnahrungsgütern aus eigenen Beständen und eigenem Aufkommen zu gewährleisten. Die Militärs forderten das, wie Verteidigungsminister Hoffmann sagte, zumindest für etwa drei Monate, die Zeitspanne der ersten Phase des Krieges, »in der die Bewegungen der Truppen bzw. Transporte im Interesse der

Streitkräfte dominieren und somit beispielsweise Versorgungstransporte kaum durchführbar sein dürften«. An dieser Stelle wird deutlich, daß im Jahre 1952 bei der Abschaffung der Länder der DDR und der Schneidung der Bezirke auch militärökonomische Gesichtspunkte eine wichtige Rolle gespielt haben. Das MfLFN versprach jedenfalls, im Rahmen der volkswirtschaftlichen Möglichkeiten – diese Einschränkung mußte häufig gemacht werden – bis 1980 die Lagerkapazitäten für Getreide in den Bezirken Karl-Marx-Stadt und Suhl zu erweitern und in den an Berlin grenzenden Bezirken Potsdam und Frankfurt/Oder zusätzliche Lagermöglichkeiten für die »Hauptstadt der DDR« zu schaffen.

Das MfLFN hatte sich auch schon Gedanken darüber gemacht, wie die Produktion von Hauptnahrungsgütern bei Zerstörung von Produktionsbetrieben oder bei Energieausfall weitergeführt werden konnte. So wurden bereits Behelfseinrichtungen für die Rohmilchverarbeitung und die Schlachtung vorbereitet und an einer Behelfstechnologie für die Getreidevermahlung gearbeitet.[93]

Am 25. Januar 1985 berichtete Minister Lietz, die Nahrungsgüterwirtschaft habe in der ersten Dekade des ersten Kriegsjahres 2000 Tonnen Fleisch-, Schmalz- und Wurstkonserven in Blechdosen zu liefern. Es werde geprüft, ob man diese im voraus produzieren und in verkehrsgünstig gelegenen Kühlhäusern lagern könne. Außerdem werde daran gearbeitet, Importe aus westlichen Industrieländern »abzulösen«. Hierbei handle es sich insbesondere um Getreide, Sonderkulturen sowie Maschinen und Anlagen der Fleisch- und Milchwirtschaft. 1983 seien durch Aufarbeitung bzw. Eigenfertigung für 6,3 Millionen Mark »NSW-Ersatzteile abgelöst« worden.[94]

Kein ziviler Minister wurde vom NVR so gefordert wie der *Minister für Post- und Fernmeldewesen (MfPF),* von 1963 bis 1989 nominell der CDU-Funktionär Rudolf Schulze, einer der vier (von 45) Mitglieder des DDR-Ministerrates, die nicht der SED angehörten.[95] Das war verständlich, da ein moderner Krieg in starkem Maße von einem funktionierenden Kommunikationssystem abhängig war. Die DDR war auf diesem Gebiet hinter der Bundesrepublik weit zurück, wie auch in der Übung ELEKTRONIK-74 festgestellt wurde. Bei ihrer Auswertung forderte Honecker, bis 1990 ein stabiles Fernmeldegrundnetz zu schaffen.[96] Wie rückständig das DDR-Fernsprechnetz noch in diesem Jahr beschaffen war, mußte nach der Wiedervereinigung mit Entsetzen registriert werden.

Am 13. Juni 1963 legte der MfPF einen Bericht vor, der die Vorbereitung des Feldpostdienstes ankündigte und ein Verzeichnis von 12 000 im Kriegszustand vom Wehrdienst freizustellenden Kräften enthielt. Es wurde jedoch hinzugefügt, daß im Krieg von den 128 924 Beschäftigten der Deutschen Post »unbedingt« 103 800 benötigt würden.[97] Am 23. Oktober 1969 wurde in einer Vorlage über die Schaffung des Fernmeldegrundnetzes in den Jahren 1971 bis 1985 die Legung von insgesamt 3100 Trassen-Kilometern und der Bau von 81 Übertragungsstellen angekündigt, für die eine Investitionssumme von 2,21 Milliarden Mark benötigt wurde. Damit sollten drei Nord-Süd-Fernkabelhauptstraßen und sech Ost-West-Fernkabelhauptstraßen geschaffen werden.[98]

Minister Schulze am 13. Dezember 1972 rechtfertigen mußte, inwieweit schlüsse des NVR auf dem Gebiete des Fernmeldewesens durchgeführt

hatte, beklagt der Chef des Hauptstabes der NVA dessen immer noch trostlosen Zustand. Selbst bei radikalen Abschaltungen im öffentlichen Fernmeldenetz konnten nur etwa 50 % der geforderten Nachrichtenkanäle für die Streitkräfte bereitgestellt werden. Allerdings tröstete er sich mit der Feststellunmg, daß bis 1985 durch Bereitstellung der erforderlichen Kanäle die Versorgung auf dem gesamten Territorium der DDR gesichert sein werde. Er forderte jedoch zusätzlich den vollkommenen Schutz der Grundnetzknoten vor »Waffenwirkungen«, also Zerstörungen durch Bomben und Raketen, des Gegners. Dieser Schutz war aber nur zu 90 % in trümmersicherer Bauweise vorgesehen.[99]
Am 7. September 1979 mußte Minister Schulze zugeben, daß der »Stand der Erfüllung« des Beschlusses vom 23. Oktober 1969 sehr im argen lag. Zwar konnten die bis 1980 fertigzustellenden 2800 Kilometer Kabeltrassen mit 2920 übererfüllt werden, was aber von geringem Wert war, weil statt 17 Grundnetzknoten nur acht und statt 20 Knotenvermittlungsstellen gar nur drei fertiggestellt worden waren. Bis 1985 könnten weitere 1 020 Kilometer Kabeltrassen, zehn Grundnetzknoten und 15 Knotenvermittlungsstellen realisiert werden, womit noch nicht einmal die für 1980 geplanten Knotenvermittlungsstellen fertiggestellt wären. Nach 1985 würden, heißt es in der Vorlage des MfPF, noch zwei Fünfjahrplanzeiträume erforderlich sein, um die Errichtung des Grundnetzes im staatlichen Nachrichtenwesen abzuschließen, also im Jahre 1995.[100]
Statt ihre wirtschaftlichen Möglichkeiten auf die möglichst schnelle Fertigstellung des Grundnetzes zu konzentrieren, verzettelte die Partei- und Staatsführung ihre unzureichenden Ressourcen. Am 16. Dezember 1977 wurde vom NVR ein integriertes »Sondernetz 1« beschlossen, das ab 1979 schrittweise in Betrieb genommen werden und 1985 fertiggestellt sein sollte. Es war als Ersatz für die Sondernetze der Parteiführung, der bewaffneten Organe, des Ministerrates und der Zollverwaltung vorgesehen. Der Sonderstatus des WTSCH-Netzes war davon allerdings nicht berührt. Dieses arbeitete mit einem Verzerrer und verband die wichtigsten Mitglieder der Partei- und Staatsführung und die Führungen der Staaten des Warschauer Paktes, die Militärs und die Nachrichtendienste miteinander.[101]
Am 5. Dezember 1986 mußte Verteidigungsminister Keßler zugeben, daß der Beschluß vom 23. Juni 1980, die Errichtung des »Grundnetzes im staatlichen Nachrichtenwesen« bis 1985 abzuschließen, nicht verwirklicht werden konnte. Der »Erfüllungsgrad« betrug bei Kabeltrassenkilometern 65,3 %, bei Grundnetzknoten 47,7 % und bei Übertragungsstellen 14,9 %. Von dem am 16. Dezember 1977 beschlossenen »Sondernetz 1« war die erste Ausbaustufe (obere Netzebene) seit 1984 in Betrieb, die zweite (mittlere Netzebene) sollte 1993/95 fertig sein. Besonders unangenehm war, daß die Ausweichobjekte der Führungsstellen der Bevollmächtigen und der Vorsitzenden der Bezirkseinsatzleitungen nur eine »minimale stationäre Nachrichtenausrüstung« hatten und die Überlebensfähigkeit und militärische Nutzbarkeit des Netzes auf dem gesamten Territoriums der DDR gegenwärtig noch nicht gewährleistet war. Die von Keßler eingebrachte und von Generaloberst Streletz erarbeitete Vorlage ist übrigens von dem zuständigen Minister für Post- und Fernmeldewesen nicht einmal mitgezeichnet worden.[102]

Sehr wichtig für die Kriegsvorbereitungen war der *Minister für Schwermaschinen- und Anlagenbau (MfSAB).* Als sein Bericht am 3. Juli 1975 dem NVR vorlag, beschäftigte die Genossen vor allem die Instandsetzung von Panzern und gepanzerten Fahrzeugen. Der Volkswirtschaftsplan 1975 sah 616 Stück vor, der B-Plan jedoch 18 436, also 30mal mehr. Diesen Plan konnte der MfSAB nach dieser Vorlage erfüllen, aber die Schwierigkeiten der Umstellung von der Friedens- auf die Kriegsproduktion machten sich in den ersten drei Monaten des B-Jahres bemerkbar. Dort wurden von den Streitkräften 6930 gefordert, der MfSAB konnte aber nur 290 realisieren. Das Ministerium gab sich die größte Mühe, der Forderung der Militärs nachzukommen. Es hatte den VEB Reparaturwerk Neubrandenburg zum Leitbetrieb für die Instandsetzung von Panzern gemacht. Er sollte die 20 Betriebe, in denen im Kriegszustand Panzer und gepanzerte Fahrzeuge instandgesetzt werden sollten, durch Bereitstellung von Spezialisten und Bevorratung mit Ersatzteilen, Baugruppen und »technischen Dokumentationen« auf diese schwierige Aufgabe vorbereiten. Das konnte die Genossen nicht zufriedenstellen, deshalb wurde in den Beschluß zu diesem Tagesordnungspunkt hineingeschrieben: »Der Minister für Schwermaschinen- und Anlagenbau wird beauftragt, Lösungswege für die entscheidende Verbesserung des Abdeckungsgrades des Bedarfes an Instandsetzungsaufgaben für Panzertechnik in den ersten Monaten des Verteidigungszustandes herauszuarbeiten und die notwendigen Entscheidungen im I. Quartal 1976 dem Vorsitzenden der Staatlichen Plankommission und dem Minister für Nationale Verteidigung vorzulegen.«[103]
Auch die Steigerung der Produktion von Kettengliedern bereitete Schwierigkeiten. Waren es im Frieden 0,402 Millionen Stück, mußte die Produktion im Krieg auf 5,029 Millionen gesteigert werden, was die Einbeziehung weiterer Stahlgießereien und die Bereitstellung der technologisch notwendigen Glühkapazität erforderlich machte. Gegenwärtig ergaben die B-Planungen eine Abdeckung von 2,074 Millionen, immerhin 41 %.
Die Kombinate des MfSAB produzierten nicht nur Rüstungsgüter. Deshalb wurde die Produktion im B-Jahr auf 74,2 % des Volkswirtschaftsplanes 1975 abgesenkt. Aber die Produktion und die Leistungen für die bewaffneten Orgene mußten auf 705 % erhöht werden.
Der MfSAB gab sich die größte Mühe, die Anforderungen auch der Zivilverteidigung zu erfüllen. So waren 29 920 Personen in »Kräftegruppen der Zivilverteidigung« tätig, darunter 6136 in Instandsetzungseinheiten, 5705 in Sanitätseinheiten, 5042 in Brandschutzeinheiten. Die geforderten Schutzplätze für 50 % der Beschäftigten waren zu 71 % vorhanden.
Verteidigungsminister Hoffmann übte trotzdem in seinen »Ausführungen« herbe Kritik. Zum 31. Mai 1975 sei der Plan der industriellen Warenproduktion – also für den zivilen Bedarf der Volkswirtschaft – zu etwa 41,3 % erfüllt gewesen, die Produktion von Rüstungsgütern (»spezielle Staatsauflagen«) jedoch nur zu etwa 35,7 %. Als Folge dieser Benachteiligung der Rüstungsproduktion seien im vergangenen Jahr vier kleinere Mehrzweckschnellboote nicht rechtzeitig ausgeliefert worden, was zu einer Verzögerung des Erneuerungsprogramms der Volksmarine um sechs Monate geführt habe. Auch die nicht

termingerechte Erfüllung der Auflagen bei der Forschung und Entwicklung von Landungsschiffen, U-Jagdschiffen und Räumgeräten habe erhebliche Auswirkungen auf die Ablösung veralteter Schiffstypen gehabt. Der Verteidigungsminister forderte detaillierte Aussagen des MfSAB für das I. Quartal des B-Jahres, und zwar aufgeschlüsselt für den 1. bis 10., den 11. bis 30. und den 31. bis 90. Tag. Außerdem wollte er den Zeitpunkt des maximalen Produktionsausstoßes wissen.[104]

Mit der Instandsetzung von Panzern und gepanzerten Fahrzeugen beschäftigte sich eine zweite Vorlage des MfSAB, die für die 71. Sitzung des NVR am 11. November 1985 eingebracht wurde. Darin wurde berichtet, daß inzwischen 23 Betriebe in die Vorbereitungsarbeiten einbezogen waren. Nach den B-Betriebsplänen werde die Umstellung der Friedensproduktion auf die Panzerinstandsetzung innerhalb von durchschnittlich zehn Tagen durchgeführt werden können. In den 23 Umstellungsbetrieben hätten bereits Probeinstandsetzungen an Baugruppen und kompletter Panzertechnik stattgefunden. Dazu benötigte Werkzeuge und Prüfmittel waren eingelagert. Das für diese Arbeiten benötigte Material wurde zu 38,5 % in den Umstellungsbetrieben und anderen Betrieben des MfSAB hergestellt, bei 39 % handelte es sich um Zulieferungen aus der DDR-Industrie, 22,5 % waren Importe aus den heutigen Lieferländern. Im VEB Reparaturwerk Neubrandenburg wurden für 36,8 Millionen Mark Ersatzteile eingelagert. Dort wurden bereits 370 »Kader« aus den Umstellungsbetrieben geschult und in ihre Aufgaben eingewiesen. Die Kosten, die das MfSAB in der Zeit vom 1. Januar 1975 bis zum 30. Juni 1985 für diese Vorbereitungsarbeiten aufbringen mußte, betrugen 75,069 Millionen Mark.

Nun eine Überraschung: Während der B-Plan 1976 im ersten Kriegsjahr 18 436 Instandsetzungen verlangte, davon 6930 im ersten Quartal, wurde die Zahl im B-Plan 1981 stillschweigend auf 13 485 bzw. 3389 zurückgenommen. Für den B-Plan 1986 war wieder eine Steigerung vorgesehen, auf 14 897 und 4552. Diesmal wurden auch Angaben über den Anteil der zu reparierenden Panzerfahrzeuge der anderen Mitgliedsstaaten des Warschauer Paktes genannt: 1986 waren es 30 bzw. 24 %. In der besprochenen Vorlage wurden keine Angaben darüber gemacht, zu wieviel Prozent der B-Plan erfüllt werden konnte. Der in der folgenden Sitzung eingebrachten Vorlage des Vorsitzenden der Staatlichen Plankommission über den B-Plan 1986 können wir jedoch entnehmen, daß der Erfüllungsgrad 100 % betrug.[105]

Das Amt für Wasserwirtschaft, das später in das *Ministerium für Umweltschutz und Wasserwirtschaft (MfUW)* überführt wurde, kündigte am 8. Januar 1965 Maßnahmen an, die gewährleisten sollten, daß die wasserwirtschaftlichen Anlagen auch bei Zerstörungen oder Unterbrechung der Stromversorgung einen Notbetrieb aufrechterhalten konnten.[106]

Der Minister für Umweltschutz und Wasserwirtschaft, Dr. Hans Reichelt von der DBD, der im Protokoll als »Genosse« ausgewiesen wurde, brachte für die 57. Sitzung am 9. März 1979 eine Vorlage über den »Stand der Vorberbereitung der Wasserwirtschaft auf den Verteidigungszustand« ein, die die Zustimmung des Politbüromitgliedes Krolikowski gefunden hatte. Gleich im ersten Satz dieses Berichtes heißt es, daß das MfUW »entsprechend den Beschlüssen des IX.

Parteitages der SED« »weitere Fortschritte erreicht« habe. Reichelt mußte aber zugeben, daß beim Einsatz von Massenvernichtungsmitteln die Erfüllung der wasserwirtschaftlichen Hauptaufgaben eingeschränkt sei. Diese Einschränkung begründete er damit, daß an effektiven Verfahren und anwendungsbereiten Technologien zur Aufarbeitung von kontaminiertem Wasser in Großanlagen noch gearbeitet werde und die wasserwirtschaftlichen Anlagen bei gegnerischen Angriffen noch keine ausreichende Standhaftigkeit aufwiesen.[107]

Am 11. November 1985 berichtete Minister Reichelt, zur Erhöhung der Standhaftigkeit der Trinkwasseranlagen seien an 72 % der Werke Umgehungsleitungen gebaut worden, damit bei Ausfall der Anlagen zur Wasseraufbereitung Rohwasser unter Zugabe von Chlor direkt in das Netz eingespeist werden konnte. Für 69,4 % der Bevölkerung könne eine Notwasserversorgung aus 61 000 Brunnen ohne Elektroenergie gewährleistet werden, für weitere 13,6 % eine Notwasserversorgung aus Tiefbrunnen mit Hilfe von Notstromaggregaten. Bis 1989 war die Produktion von 12 000 Pumpen vorgesehen, was dringend notwendig war, weil die »zentrale Störreserve« des MfUW nur 685 Pumpen enthielt.[108]

Eine herausragende Rolle spielte bei den Kriegsvorbereitungen der DDR das Verkehrswesen. War doch in den operativen Planungen des Warschauer Paktes das schnelle »Durchschieben« von 25 Divisionen durch das Territorium der DDR in die Bundesrepublik vorgesehen. Ohne NATO-Luftangriffe sollte das in zwei bis drei Tagen, im anderen Falle in sechs bis sieben Tagen geschehen.[109]

Am 17. Mai 1973 berichtete der *Minister für Verkehrswesen (MfV)* in einer Vorlage, daß der vom NVR für die Zeit von 1971 bis 1975 geforderte Ausbau der Transportwege und des Großraumnetzes zum 31. Dezember 1972 zu 36 % erfüllt war. Zwei von den vier geforderten Eisenbahnstrecken von der Oder bis zur innerdeutschen Grenze entsprachen bereits den Anforderungen, die anderen beiden würden diese bis 1975 erfüllen. Eine dieser Strecken endete in Herrnburg östlich von Lübeck, eine in Marienborn, zwei endeten in Schwanheide auf der Strecke nach Hamburg.

Typisch für die Vorbereitung des DDR-Verkehrswesens auf den Kriegszustand waren die zivilen Spezialformationen mit einer Gesamtstärke von 44 700 Mann, und zwar 21 300 für die Eisenbahn, 17 700 für den Straßenverkehr, 3600 für den Seeverkehr und 2100 für den Verkehr auf den Binnenwasserstraßen. Sie hatten die Aufgabe, zusammen mit 56 »Transportbataillonen« (20 500 Mann mit 10 200 Kraftfahrzeugen und 8500 Anhängern) den Transport der Vereinten Streitkräfte des Warschauer Paktes an die Grenze zur Bundesrepublik zu unterstützen, und waren im Kriegszustand an die NVA oder die GSSD zu übergeben.

Folgende zivile Transportmittel mußten an die »bewaffneten Organe« abgegeben werden: 58 480 Lastkraftwagen (43 % des Bestandes), 25 542 Anhänger (18%), 7004 Omnibusse (34 %) und 3535 Zugmaschinen (7 %).

Die Ausführungen des Verkehrsministers wurden wegen der Wichtigkeit dieses Themas in die Akten des NVR aufgenommen, eine Ehre, die zivilen Ministern höchst selten widerfuhr. Probleme hatte er mit dem Fehlbedarf an Spezialisten für den Gleis- und Brückenbau, das Signal- und Fernmeldewesen sowie die

Schiffsführung. Dieses Defizit könne trotz der in seinem Verantwortungsbereich durchzuführenden Maßnahmen, wie Umschulung und Mehrfachqualifikation, nicht ausgeglichen werden. Deshalb regte er an, nach solchen Fachkräften in anderen Bereichen der Volkswirtschaft zu suchen. Der Verteidigungsminister hob bei dieser Gelegenheit noch einmal hervor, daß das Territorium der DDR in einem möglichen Krieg Entfaltungsraum für die Hauptkräfte der Vereinten Streitkräfte des Warschauer Paktes sei, »gleichzeitig aber als Transitland größte Bedeutung bei der Verwirklichung der strategischen Zielstellung, den Gegner im Falle einer militärischen Auseinandersetzung auf seinem eigenen Territorium zu zerschlagen, hat«. Dabei ersparte sich Armeegeneral Hoffmann die obligate, aber unglaubwürdige Formel, daß dieser »Zerschlagung« eine Aggression der NATO vorausgegangen war.[110]

Auch die zivile Luftfahrt war, wie der NVR am 14. Juli 1972 beschlossen hatte, im Kriegszustand dem MfNV zu unterstellen. Der Leiter der Hauptverwaltung (HV) Zivile Luftfahrt sollte dann die Dienststellung eines Stellvertreters des Chefs der Luftstreitkräfte/Luftverteidigung der NVA erhalten.[111] Das bereitete keine Schwierigkeiten, da er ohnehin ein Luftwaffengeneral war. So wurde am 3. Juli 1975 beschlossen, Generalmajor Dr. Klaus Henkes als Stellvertreter des Chefs des Stabes für Flugsicherheit und Gefechtsstände im Kommando der Luftstreitkräfte/Luftverteidigung zu entbinden. Er blieb im aktiven Wehrdienst, wurde Stellvertreter des Verkehrsministers, Leiter der HV Zivile Luftfahrt und Generaldirektor der Interflug. Diese Funktion bekleidete er, inzwischen zum Generalleutnant befördert, bis zum Jahre 1989.[112]

Am 30. September 1977 stand die zivile Luftfahrt wieder auf der Tagesordnung. Verkehrsminister Arndt berichtete, daß bei einem Start aller Flugzeuge 3000 Personen oder 1200 Verwundete oder 400 Tonnen Fracht transportiert werden könnten. Bei einer Entfernung von 2000 Kilometern betrage die Tagesleistung 10 000 Personen, 3500 Verwundete und 1200 Tonnen Fracht.

Die Aus- und Weiterbildung des fliegenden Personals erfolgte im Rahmen von »Solidaritätsaktionen« für die »um ihre Freiheit kämpfenden Völker Afrikas«. So wurden auf dem Hinflug Ausrüstungen und Bewaffnung, auf dem Rückflug Verwundete transportiert. Im Jahre 1977 hätten bereits 80 »Solidaritätsflüge« mit einer Gesamttonnage von 1200 Tonnen stattgefunden. Bei diese Gelegenheit wurde mitgeteilt, daß an den Flugzeugen der zivilen Luftfahrt im Krieg militärische Hoheitszeichen angebracht werden sollten.[113]

Über den Beitrag, den Honeckers Ehefrau Margot als *Minister für Volksbildung (MfVb)* für die Wehrerziehung leistete, ist bereits im Abschnitt »Gesellschaft für Sport und Technik, Wehrerziehung« berichtet worden.[114] Am 17. September 1982 beriet der NVR ihre Vorlage, in der mitgeteilt wurde, daß im Kriegszustand aus dem Bestand ihres Ministeriums 448 »Objekte« an die NVA und die Grenztruppen abgegeben werden sollten, 340 allerdings nur für maximal zehn Tage, da der Unterrichtsbetrieb an den Schulen auch im Krieg weitergehen sollte. Unter »Objekten« wurden hier Schulgebäude, aber auch Ferienheime, Weiterbildungsstätten und andere Liegenschaften des MfVb verstanden. Sie sollten von den Streitkräften als Reservelazarette, Hilfskrankenhäuser und Kasernen genutzt werden. Es darf vermutet werden, daß nach zehn Tagen der

Bedarf der Streitkräfte an solchen Liegenschaften nicht mehr so dringend sein würde, da sie dann auf »Objekte« in den »befreiten Gebieten« zurückgreifen konnten.[115]

Der *Minister für Wissenschaft und Technik (MfWT)* war stark gefordert, was bei der überragenden Bedeutung der Technik in einem modernen Krieg nicht überrascht. Minister Weiz stellte am 5. Dezember 1986 eine »Konzeption zum Einsatz des wissenschaftlich-technischen Potentials in Forschung und Entwicklung zur Unterstützung der Umstellung der Volkswirtschaft auf den Verteidigungszustand« vor. Von den 200 000 Beschäftigten in Forschung und Entwicklung sollten 60 000 für militärisch wichtige Aufgaben in Rüstungsbetrieben und in der Volkswirtschaft freigestellt werden. Dort sollten sie eingesetzt werden

- bei der Durchführung von Instandsetzungsaufgaben an Panzern und gepanzerten Fahrzeugen, Artillerie und Raketenwaffen, Technik der Luftstreitkräfte und Luftverteidigung, Kraftfahrtechnik, Nachrichten- und Führungsmitteltechnik in insgesamt 90 Betrieben
- zur Erhöhung der Produktion militärischer Erzeugnisse (Maschinenpistolen, Munition, militärische Nutzkraftwagen, Nachrichtenmittel, Schutzkleidung und andere)
- zur Sicherstellung der Grundfunktionen der Volkswirtschaft (Bereitstellung von Energie sowie Versorgung der Streitkräfte und der Bevölkerung mit Lebensmitteln, Bekleidung und Unterkünften)
- in den Bereichen Verkehrs- und Nachrichtenwesen
- zur medizinischen Versorgung der Streitkräfte und der Bevölkerung
- für Forschungs- und Entwicklungsaufgaben von hoher strategischer Bedeutung (u. a. Lasertechnik, Rechentechnik, neue Werkstoffe und Bearbeitungstechnologien).

Von den verbliebenen 140 000 Beschäftigten bildeten 110 000 die »operative Reserve«, die übrigen sollten zu den Streitkräften, den Kampfgruppen und der Zivilverteidigung einberufen werden.

Von den Universitäten und der Akademie der Wissenschaften waren nach 1987 jährlich im III. Quartal die Einsatzpläne zu präzisieren. Sie sahen die genaue Zahl der Beschäftigten vor, die den zuständigen Industrieministerien zugeteilt werden sollten, unterschieden nach Instandsetzungsaufgaben und Produktionsaufgaben.[116]

Der *Leiter der Staatlichen Verwaltung der Staatsreserve (StVSR)* gab am 30. September 1977 einen Überblick über die von ihm verwalteten Bestände. Demnach war die Staatsreserve »A« unterteilt in den Teil I für die bewaffneten Organe (per 30. 06. 77 wertmäßig 505 Millonen Mark) und in den Teil II für die Volkswirtschaft und zur Versorgung der Bevölkerung (1180 Millionen Mark). So lagerten in den Depots für die bewaffneten Organe unter anderem 80 000 Tonnen Motorenbenzin, 28 000 Tonnen Flugkraftstoffe und 160 000 Tonnen Treib- und Schmierstoffe. Zu den Reserven für die Volkswirtschaft und die Versorgung der Bevölkerung gehörten unter anderem 12 000 Tonnen Kupfer, 1000 Tonnen Zinn, 6000 Tonnen Quecksilber, 13 000 Tonnen Aluminium, 635 000 Tonnen Getreide, 16 000 Tonnen Fleisch, 9000 Tonnen Butter und 11 000 Tonnen Fleisch- und Wurstkonserven.

Außerdem bestand eine Staatsreserve »B« zur Sicherung des Bedarfes im ersten Kriegsjahr. Sie enthielt Treib- und feste Brennstoffe für 185 Millionen Mark, industrielle Rohstoffe für 429 Millionen Mark sowie Nahrungsgüter und Getreide für 156 Millionen Mark. Mit Verkündung des Kriegszustandes sollten die Staatsreserven »A« und »B« zusammengelegt werden.[117]
Der *Sekretär des Staatsrates* brachte am 16. Juni 1978 eine Vorlage ein, die vorsah, im Krieg das Ministerium der Justiz zur »Justizverwaltung der DDR« umzubilden und dem Führungsbereich des Staatsrates – ab 1985 des Bevollmächtigten für Staat und Recht – zuzuordnen. Die *Struktureinheiten**, wir würden sagen: Fachabteilungen, für Gesetzgebung und internationale Rechtsbeziehungen sollten bei dieser Gelegenheit herausgelöst und der Hauptverwaltung beim Ministerratsvorsitzenden unterstellt werden.[118]
Die am 21. November 1980 beschlossenen »Grundsätze über die Ausübung der Justiz und die Tätigkeit der Justizorgane im Verteidigungszustand« enthalten einen Katalog von Maßnahmen zur Vereinfachung ihrer Arbeit:

- Vorrangig werden Straftaten verfolgt, die die Landesverteidigung beeinträchtigen
- die Tätigkeit der Einzelrichter wird erweitert, die Schöffen werden auf bedeutsame Strafverfahren beschränkt
- die Zulassung eines Verteidigers wird auf bedeutsame oder komplizierte Strafverfahren beschränkt
- die Einlegung von Rechtsmitteln wird beschränkt
- geringfügigere Straftaten werden durch Disziplinarvorgesetzte, staatliche Organe oder von ihnen Beauftragte geahndet
- Zivil- und Familienrechtsverfahren werden vereinfacht oder ausgesetzt
- die staatlichen Notariate stellen ihre Tätigkeit ein, notwendige notarielle Aufgaben werden durch die Kreisgerichte wahrgenommen
- die Kollegien der Rechtsanwälte in den Bezirken werden den Direktoren der Bezirksgerichte unterstellt
- die Bezirks- und Kreisgerichte sowie die Militärober- und Militärgerichte werden durch den Leiter der Justizverwaltung geführt. Die Anleitung und Kontrolle ihrer Rechtsprechung erfolgt im Zusammenwirken mit dem Präsidenten des Obersten Gerichtes
- die Staatsanwälte und die Militärstaatsanwaltschaft werden durch den Generalstaatsanwalt geführt
- die Leiter der Militärjustizorgane sind dem Verteidigungsminister »für die Verwirklichung der militärischen Aufgabenstellung« verantwortlich
- die Wahlperioden der Richter und Schöffen werden generell verlängert, notwendige Ergänzungen werden durch die jeweiligen Führungsorgane vorgenommen.

Die Justizorgane in den Bezirken sollen unter komplizierten Lagebedingungen bzw. bei Unterbrechung der Verbindungen zur Zentrale weiterarbeiten können.[119] Diese Tendenz zur Dezentralisierung bis hin zur Autarkie war für den im Frieden streng zentralistischen SED-Staat im Kriegszustand typisch. Das konnte in den Dokumenten des NVR an mehreren Stellen festgestellt werden.[120]
Der *Staatssekretär für Arbeit und Löhne (SfAL)* berichtete am 13. März 1981,

die von ihm verlangten Rechtsvorschriften für die Vereinfachung der Lohn- und Gehaltsberechnungen im Kriegszustand würden bis zum 30. November 1981 fertiggestellt sein. In Durchführung eines Beschlusses des Sekretariats des ZK der SED vom 15. März 1979 sei in allen Kreisen eine Arbeitskräftekartei aufgebaut worden. Der staatlich gelenkte Arbeitskräfteeinsatz werde auf der Grundlage der Rechtsvorschrift »Über die Pflicht zu persönlichen Arbeitsleistungen und die Arbeitsverhältnisse« vorgenommen, die die Registrierung der Bürger »für alle erforderlichen Zwecke« ermögliche.[121]

Der *Vorsitzende des Komitees der Arbeiter- und Bauern-Inspektion (ABI),* eines Kontrollorgans des ZK der SED und des Ministerrates der DDR, brachte für dieselbe Sitzung eine Vorlage ein, in der er ausführte, daß er im Kriegszustand dem Leiter der Führungsstelle des ZK und dem Ministerratsvorsitzenden unterstehe. Seine Kontrolltätigkeit erstrecke sich dann ausschließlich auf dessen Führungsbereich (mit Ausnahme des MfAA), also nicht auf die Ministerien für die bewaffneten Organe. Hauptaufgabe der Organe der ABI auf allen Ebenen sei im Krieg, durch eine strenge Kontrolle auf die Erfüllung der den Staats- und wirtschaftsleitenden Organen, Kombinaten, Betrieben und Einrichtungen gestellten Aufgaben zur Unterstützung der Mobilmachung der bewaffenten Organe Einfluß zu nehmen, ebenso auf die Umstellung der Volkswirtschaft, auf die Sicherstellung des Bedarfes der Streitkräfte, die Versorgung der Bevölkerung und die Durchsetzung der im Kriegszustand geltenden Rechtsvorschriften. Die jeweiligen ABI-Vorsitzenden hätten das Recht, rechtswidrige Maßnahmen und Weisungen auszusetzen, Ordnungsstrafverfahren selbst durchzuführen und Kontrollergebnisse an die »zuständigen Organe« (womit wohl in erster Linie die Staatssicherheit gemeint war) zu geben.[122]

Der *Bevollmächtigte für Versorgung,* Politbüromitglied Felfe, berichtete am 3. Juli 1987 »über die Vorbereitung der Versorgung der Bevölkerung mit Lebensmitteln und lebensnotwendigen Industriewaren sowie der Industrie mit verteidigungsnotwendigen Fertigerzeugnissen und Rohstoffen während der Mobilmachung und im Verteidigungszustand«. Die Höchstbezugsmengen für Grundnahrungsmittel würden etwa 20 bis 30 % unter dem gegenwärtigen Versorgungsniveau liegen. Der Druck der Kundenausweise und die Einrichtung von Kartenstellen seien vorbereitet. Die bezirkliche Eigenversorgung sei für ein Jahr gesichert, in Einfuhrbezirken für zwei bis drei Monate. Obwohl sich dieser Bericht auf weiten Strecken recht optimistisch liest, enthält er am Schluß den Hinweis, daß die Versorgung mit Brot bei Ausfall von Energieträgern nicht gesichert sei.[123]

Der *Bevollmächtigte für Finanzen und Banken,* Alfred Neumann, Mitglied des Politbüros, der neben Honecker, Stoph und Mielke schon an der konstituierenden Sitzung des NVR im Jahre 1960 teilgenommen hatte, meldete am 3. Juni 1988, daß sein aus 766 »Kadern« bestehendes Führungsorgan (das waren 28 % des Friedensbestandes) einsatzfähig sei.

Der von seinem Stab ausgearbeitete und vom Generalsekretär bestätigte B-Staatshaushaltsplan, also der Haushaltsplan für das erste Kriegsjahr, sah 48 % der Gesamtausgaben für Verteidigung und Sicherheit vor; 1981 waren es nur 34 % gewesen.[124] In den B-Kreditplan waren 62 % der zur Verfügung gestellten

Mittel für verteidigungswichtige und lebensnotwendige Produktions- und Leistungsaufgaben eingestellt worden. Die Versorgung mit Bargeld sah Neumann als gesichert an, da auch die Militärgeldbestände zur Verfügung standen. Zur Unterstützung der verteidigungswichtigen Aufgaben sei ein genereller Preisstopp verfügt worden. Die bestehenden Preise müßten auch bei Änderung des Materialeinsatzes beibehalten werden.[125]

Der *Bevollmächtigte für Leistungen,* Politbüromitglied Krolikowski, legte am 5. Februar 1988 einen Bericht über die »Vorbereitung der ökonomischen Sicherstellung der Mobilmachung sowie der Handlungen der NVA, der anderen bewaffneten Organe und der Zivilverteidigung« vor. Er hatte fünf Regimenter mit einer Gesamtstärke von 4500 Mann für Spezialaufgaben, wie Nachrichteninstandsetzung, Eisenbahnbau, Straßenbau, Brückenbau und Hochbau, aufgestellt. Die Übergabe der Zivilluftfahrt an die NVA war vorbereitet. Desgleichen die Aufstellung von 78 Transportbataillonen, 21 Nachrichtenkommandanturen und Feldpostsammelstellen sowie elf Sanitätstransportbataillonen. Gesamtstärke: 29 300 Mann.

Mit der Aufstellung von zivilen Spezialformationen zur Sicherstellung der Operationsfreiheit der Vereinten Streitkräfte hatte sich der NVR bereits mehrfach beschäftigt. Jetzt konnte Krolikowski stolz verkünden, daß 608 mit zusammen 84 000 Kräften vorbereitet seien; bis auf sechs seien sie aufstellungsbereit. Das waren 11 500 Kräfte mehr als in der 50. Sitzung am 18. November 1976 vorgesehen.[126]

Zur Gewährleistung der ununterbrochenen Bewegung der Vereinten Streitkräfte an die Grenze zur Bundesrepublik war die Dublierung von 71 Straßen- und Eisenbahnbrücken vorbereitet, 17 Kilometer Brückengerät und Behelfsbrücken sowie 40 Glattdeckschubprahme standen zur Verfügung, für den B-Transportbedarf für die Streitkräfte 36 Transportzüge. Für die militärische Nutzung der See- und Binnenwasserstraßen waren 15 Häfen ausgebaut worden. 332 Binnenschiffe und Schubprahme waren für die Errichtung von vier schwimmenden Seebrücken zur Entladung von Schiffen vorgesehen.[127]

Sieben Autobahnabschnitte waren als Start- und Landebahnen für Flugzeuge angelegt worden. Zu den Materialreserven, die für den Krieg vorbereitet wurden, zählten auch 145 Sätze Militärverkehrszeichen, Schwellen für 160 Kilometer Gleis sowie Gleisjoche und Schienen für 130 Kilometer Gleis.

Als Bevollmächtigter für Leistungen war Krolikowksi auch für das Sanitätswesen zuständig. Die Erfolgsbilanz: Die Bereitstellung von 180 Reservelazaretten sei nahezu vollständig gewährleistet.[128]

Es liegt nahe, daß diese Vorbereitungen für die wirtschaftliche Mobilmachung in hohem Maße Arbeitskräfte banden, die der Volkswirtschaft verlorengingen. Das geschah in demselben Jahr, in dem Verteidigungsminister Keßler in seinem Befehl Nr. 104/88 für das Jahr 1989 den Einsatz von 10 000 Angehörigen der NVA und der Grenztruppen in 64 Industriekombinaten und -betrieben anordnete.[129] Bei der Interpretation dieses Berichtes sollte man sich jedoch auch vergegenwärtigen, daß die Militärdoktrin der Sowjetunion im Jahre 1987 auf den Verteidigungskrieg umgestellt worden war.[130] Davon war hier jedoch nichts zu merken, wurden nach wie vor Offensivkriegsvorbereitungen getroffen.

III.5.5. Bezirke

Das Statut der Einsatzleitungen der DDR ist in den dreieinhalb Jahrzehnten ihres Bestehens mehrfach geändert worden. Die am 2. Oktober 1981 beschlossene Fassung hat einen Umfang von 63 Seiten. Dieses Statut legt fest, daß in jedem Bezirk und in der »Hauptstadt der DDR, Berlin« eine Bezirkseinsatzleitung und in der Regel in jedem Kreis und in jedem Ost-Berliner Stadtbezirk eine Kreiseinsatzleitung zu bilden ist.

Die Einsatzleitungen arbeiten auf der Grundlage der Beschlüsse der SED, der Rechtsvorschriften der DDR, der Anordnungen und Beschlüsse des NVR sowie der Befehle und Direktiven seines Vorsitzenden, der im Auftrag des NVR durch den Verteidigungsminister für sie erlassenen Weisungen und der Beschlüsse der Bezirkseinsatzleitungen sowie der Befehle und Anordnungen ihrer Vorsitzenden.

Mitglieder einer *Bezirkseinsatzleitung** sind:

- der 1. Sekretär der SED-Bezirksleitung als Vorsitzender (künftig abgekürzt: BEL-Vorsitzender)
- der 2. Sekretär der SED-Bezirksleitung als Vertreter im Amt
- der Chef des NVA-Wehrbezirkskommandos als Stellvertreter des Vorsitzenden
- der Leiter der MfS-Bezirksverwaltung
- der Chef der Bezirksbehörde der DVP
- der Vorsitzende des Rates des Bezirkes und Leiter der Zivilverteidigung
- der Abteilungsleiter für Sicherheitsfragen der SED-Bezirksleitung als Sekretär.

Die *Kreiseinsatzleitungen** sind analog zusammengesetzt. Zu den Aufgaben der Einsatzleitungen gehören

- die Verteidigung ihres Territoriums
- die Gewährleistung der militärischen Mobilmachung
- die Unterstützung der Handlungen der Vereinten Streitkräfte
- die »Unterstützung der im Verteidigungszustand auf dem Territorium der DDR verbliebenen Kräfte der Nationalen Volksarmee und der Grenztruppen der DDR (die übrigen befinden sich unausgesprochen in den »befreiten Gebieten«; O. W.) bei der Erfüllung der ihnen gestellten Aufgaben«.

Ferner unter anderem Maßnahmen zur Gewährleistung der Sicherheit und Ordnung, der Umstellung aller Bereiche auf den Kriegszustand und der Auffüllung der bewaffneten Kräfte. Dabei haben die BEL-Vorsitzenden mit den auf ihrem Gebiet tätigen Leitern von zentralgeleiteten Kombinaten, Betrieben und Einrichtungen (im folgenden zentralgeleitete Wirtschaftsorgane genannt) zusammenzuarbeiten.[131]

Das Statut enthält umfangreiche Vorschriften für die Vorbereitung auf den Kriegszustand schon im Frieden. So sind Arbeitspläne durch die Bezirkseinsatzleitungen für ein Kalenderjahr, durch die Kreiseinsatzleitungen sogar für ein Kalenderhalbjahr zu beschließen. Die Bezirkseinsatzleitungen müssen mindestens einmal im Quartal, die Kreiseinsatzleitungen einmal in zwei Monaten zusammentreten. Zu den Sitzungen können Leiter von Staats- und Wirtschaftsorganen sowie Leiter von »gesellschaftlichen Organisationen« hinzugezogen werden. (Darunter wurden die Blockparteien und solche Massenorganisationen verstanden, die im Krieg ihre Tätigkeit fortsetzten.) An den Sitzungen können auch Beauftragte des Sekretärs des NVR und des Leiters der ZK-Abteilung für Sicherheitsfragen teilnehmen.[132]

Die für den NVR geltenden Bestimmungen über die Sitzungsunterlagen sind entsprechend anzuwenden. Zur Einreichung von Beschlußvorlagen sind neben den Mitgliedern der Einsatzleitungen auch die Leiter der auf dem jeweiligen Territorium dislozierten zentralgeleiteten Wirtschaftsorgane berechtigt. Das muß über den Vorsitzenden des Rates des Bezirkes bzw. Kreises geschehen.

Verschiedene Maßnahmen sind mit dem Hauptstab der NVA abzustimmen:

- die Standorte der Ausweichobjekte für Führungsstellen der Vorsitzenden und der Mitglieder der Einsatzleitungen, der leitenden Parteiorgane (der SED) und der leitenden Organe der gesellschaftlichen Organisationen
- die Unterbringungsräume für Evakuierungen und Dezentralisierungen
- Sammelräume für Kraftfahrzeuge und Schiffe der NATO-Staaten und aus Berlin (West).

Für die BEL-Vorsitzenden sind geschützte »Objekte« der Wehrkommandos der NVA als »Führungsstellen« vorzubereiten. Der Stab der NVA-Wehrbezirks- bzw. -kreiskommandos dient ihnen als »Arbeitsorgane«*. Die Ausweichobjekte der Mitglieder sollen in der Regel nicht weniger als zwei Kilometer, nicht mehr als zehn bis 15 Kilometer vom Ausweichobjekt des Vorsitzenden entfernt sein. Die erforderlichen Neu- bzw. Ausbauten sind über den Sekretär des NVR zu beantragen.

Auch für die Einsatzleitungen ist – analog zu der Regelung für die Hauptführungsstelle der Partei- und Staatsführung – festgelegt, wer sich auf der Führungsstelle des Vorsitzenden aufzuhalten hat, wie die Mitglieder über den Zeitpunkt der Lagebesprechung zu informieren sind, wer hinzugezogen werden kann und unter welchen Umständen die Führungsstelle in ein Ausweichobjekt verlegt werden muß. Dieses ist durch Kampfgruppen-Hundertschaften zu sichern.[133]

Bei »überraschendem Einbruch gegnerischer Kräfte in das Territorium« oder »plötzlicher ernsthafter Gefährdung der staatlichen Sicherheit im Bezirk« dürfen die BEL-Vorsitzenden für die nachgeordneten Organe und Kräfte der Bezirke und Kreise die »Volle Gefechts-/Einsatzbereitschaft« auslösen, die höchste Stufe der Einsatzbereitschaft.[134] Allerdings sind damit keine Maßnahmen der militärischen und wirtschaftlichen Mobilmachung verbunden.

Auf fünf Seiten beschreibt das Statut Weiterbildung, Übungen und Überprüfungen, die in Zuständigkeit der Einsatzleitungen durchzuführen sind. Die Bezirkseinsatzleitungen nehmen an den zwei- bis viertägigen zentralen Schulungsmaßnahmen MEISTERSCHAFT teil, die auf Beschluß des NVR periodisch durchzuführen sind (in den achtziger Jahren jedes zweite Jahr). Unter der Leitung der BEL-Vorsitzenden sind jährlich Schulungskurse von drei- bis viertägiger Dauer für die Mitglieder der Kreiseinsatzleitungen abzuhalten. Es können jedoch auch zusätzliche Weiterbildungsmaßnahmen festgelegt und Leiter von zentralgeleiteten Wirtschaftsorganen einbezogen werden, allerdings nach Abstimmung mit den zuständigen Vorgesetzten, also den Leitungen der Industrieministerien.

Bei diesen Weiterbildungsmaßnahmen handelt es sich nicht etwa um Seminare, sondern um Stabsübungen, Kommandostabsübungen und Überprüfungen der »Verteidigungsbereitschaft«, die das Ziel haben, »die Fähigkeiten und Fertigkeiten der Vorsitzenden und der Mitglieder der Einsatzleitungen zur Lösung der ihnen obliegenden Aufgaben zu vervollkommnen und das kriegsbezogene Denken und Handeln zu vertiefen«. Dabei ist die »Vorbereitung von Führungsentscheidungen bzw. Entschlüssen, der Ausarbeitung von Befehlen und anderen Weisungen sowie der Aufrechterhaltung einer ununterbrochenen Führung zu vervollkommnen«.

Die Überprüfung der Kreise ist für einen Zeitraum von fünf Jahren zu planen, erstmals für den Zeitraum 1981 bis 1985. Dabei sind die Kreise als »verteidigungsbereit« oder »nicht verteidigungsbereit« einzuschätzen. Bei letzterem Urteil sind die festgestellten Mängel kurzfristig zu beseitigen und ist die Überprüfung zu wiederholen.[135]

In den insgesamt sechs »Anhängen« wird unter anderem ausgeführt, daß zur Zuständigkeit der Einsatzleitungen »Maßnahmen gehören, die sich aus einer zeitweiligen Besetzung des Territoriums durch den Kriegsgegner ergeben«. In Fällen, in denen die bewaffneten Kräfte des Bezirkes für die »Vernichtung von Aufklärungs- und Diversionsgruppen sowie anderen bewaffneten Kräften des Gegners« nicht ausreichen, kann beim Vorsitzenden des NVR Unterstützung angefordert werden. Zu den Maßnahmen, die von den Einsatzleitungen im Kriegszustand auf dem Gebiet der öffentlichen Sicherheit und Ordnung zu ergreifen sind, gehört die Unterstützung bei der Internierung von »Bürgern anderer Staaten« und die »Herausnahme des grenzüberschreitenden Verkehrs auf den Transitwegen mit der Schließung von Grenzübergangsstellen«. Schon im Frieden haben sich die Einsatzleitungen um die Aufstellungsbereitschaft der zivilen Spezialformationen des Verkehrs-, Nachrichten-, Bau- und Gesundheitswesens[136] zu kümmern und auf die Vorbereitung der wirtschaftlichen Mobilmachung, insbesondere die Überführung der Wirtschaft vom Volkswirtschaftsplan auf den B-Plan[137], Einfluß zu nehmen. Auf dem Gebiet der Zivilverteidigung sind die Einsatzleitungen für den Einsatz der Bezirks/Kreiskräfte der Zivilverteidigung bei der Beseitigung der Folgen des Einsatzes von Massenvernichtungsmitteln des Gegners zuständig.

Die Anlage 2 des Statuts der Einsatzleitungen enthält »Signale der Warnung«. Es wird unterschieden zwischen Atom- und Luftalarm (an- und abschwellender Ton, fünf Sekunden Signal und fünf Sekunden Pause, Gesamtdauer fünf Minuten), Chemischem Alarm (zehn Sekunden Signal, 15 Sekunden Pause) und Entwarnung (drei Minunten ununterbrochener Sirenenton). Ist kein Alarm vorangegangen, bedeutet ein ununterbrochener Sirenenton eine »gefahrdrohende Situation«. In diesem Fall müssen alle Bürger sofort das Programm des Rundfunks bzw. Fernsehens der DDR abhören.

Dem Chef des Hauptstabes der NVA sind von jeder Bezirkseinsatzleitung alljährlich fünf Pläne zu übersenden:

– bis zum 20. Dezember der Arbeitsplan und die Befehle des Vorsitzenden über die Aufgaben zur Vorbereitung auf den Kriegszustand mit dem »Kalenderplan« der wichtigsten Maßnahmen

- bis zum 31. März der Plan der Verteidigung des Bezirkes und der Unterstützung der Handlungen der Vereinten Streitkräfte sowie der Plan der Überführung des Bezirkes vom Frieden in den Kriegszustand
- bis zum 15. Oktober des Vorjahres der Plan der Überprüfung der Verteidigungsbereitschaft der Kreise.

Zwei Jahre vor Beginn der neuen Fünfjahrplan-Periode sind bis zum 31. März Anträge für den erforderlichen Neu- bzw. Ausbau von Objekten für Führungsstellen des Vorsitzenden der Einsatzleitung einzureichen, bis zum 15. Oktober des Vorjahres der neuen Planungsperiode der Fünfjahrplan für die Überprüfung der Verteidigungsbereitschaft der Kreise.[138]

Für das weitverstreute »Gebiet Wismut«, auf dem für die Sowjets seit 1945 Uran gefördert wurde und das in der DDR einen »Staat im Staate«[139] bildete, erließ Honecker am 1. Dezember 1982 eine Direktive über die dortige »Gebietskoordinierungsgruppe«. Ihr Vorsitzender war der 1. Sekretär der Gebietsleitung Wismut der SED. Er hatte nicht die Rechtsstellung eines Vorsitzenden einer Bezirkseinsatzleitung, unterstand aber direkt dem Vorsitzenden des NVR. Die Zusammensetzung der Gebietskoordinierungsgruppe wich von der Zusammensetzung einer Bezirkseinsatzleitung ab. Der Stellvertreter des Vorsitzenden war nicht der Chef des Wehrkommandos – die NVA war im Gebiet Wismut offenbar gar nicht präsent –, sondern der Leiter der Abteilung für Sicherheitsfragen der Gebietsleitung der SED. Die Stelle des Vorsitzenden des Rates des Bezirkes nahm der 1. Stellvertreter des Generaldirektors der Sowjetisch-Deutschen Aktiengesellschaft (SDAG) Wismut ein, der gleichzeitig Leiter der Zivilverteidigung war. Das MfS war durch den Stellvertreter des Leiters der Bezirksverwaltung Karl-Marx-Stadt und Leiter der Abteilung W vertreten, die DVP durch den Kommandeur des Gebietskommandos BS (Betriebsschutz).

Der Gebietskoordinierungsgruppe unterstanden Abschnittskoordinierungsgruppen (AKG), die mit den Einsatzleitungen der Bezirke bzw. Kreise zusammenzuarbeiten hatten, auf denen sich Betriebe und Einrichtungen von Wismut befanden.[140] Einer Vorlage für die 54. Sitzung des NVR am 10. März 1978 können wir entnehmen, daß im Februar 1975 die AKG Gera eine Kommandostabsübung mit der dortigen Bezirkseinsatzleitung und Kreiseinsatzleitung durchführte, im August 1976 die AKG Aue zusammen mit der Bezirkseinsatzleitung und der Kreiseinsatzleitung Karl-Marx-Stadt. Die AKG Königstein und die nicht lokalisierte AKG Aufbereitungsbetriebe führten im Juni 1976 bzw. im November 1974 und im Oktober 1977 Komplexüberprüfungen durch, bei denen nicht mit benachbarten Einsatzleitungen zusammengearbeitet wurde.[141]

Honeckers Direktive wies den Genossen im Gebiet Wismut im Kriegszustand die Aufgabe zu, die Handlungen der Streitkräfte des Warschauer Paktes zu unterstützen, die militärische Mobilmachung durchzuführen und die eigenen Streitkräfte sowie die Zivilverteidigung personell aufzufüllen.[142]

In den Jahren 1973 bis 1981 legte der Sekretär des NVR, General Streletz, in Abständen von ein bis zwei Jahren Jahresberichte über die Tätigkeit der Bezirkseinsatzleitungen bzw. die Verteidigungsbereitschaft der Bezirke vor. Am 17. Mai 1973 bemängelte er, daß die »Zielstellung«, die Verteidigungsbereitschaft jedes Kreises mindestens einmal im Jahr zu überprüfen, in Ost-Berlin nur zu

62 % erfüllt worden sei. Daraufhin wurde der Beschluß gefaßt: »Der 1. Sekretär der Bezirksleitung der SED und Vorsitzende der Bezirkseinsatzleitung Berlin ist über die Forderung des Ersten Sekretärs des ZK der SED und Vorsitzenden des Nationalen Verteidigungsrates zu unterrichten, daß durch die Bezirkseinsatzleitung Berlin alle Anstrengungen zu unternehmen sind, um die geforderten Überprüfungen der Verteidigungsbereitschaft der Stadtbezirke in vollem Umfang durchzuführen«.[143] Die »Hauptstadt der DDR« kam auch in den folgenden Jahren in derartigen Berichten nicht besonders gut weg. Am 3. Mai 1974 wurde festgestellt, daß die Schulungskurse für die Mitglieder der Kreiseinsatzleitungen in den Kreisen der Republik drei bis vier Tage dauerten, in Ost- Berlin nur einen Tag.[144] Aus dem Bericht über die Tätigkeit der Bezirkseinsatzleitungen im Jahre 1976 geht hervor, daß Ost-Berlin bei der »Auffüllung der Kampfgruppen« mit 96,7 % bei den Bezirkskampfkräften, 97,5 % bei den Kreiskampfkräften und 96,6 % bei den Sicherungskräften unter dem Durchschnitt lag.[145]

Der Sekretär des NVR hatte aber auch andere Sorgen. Im Jahresbericht 1972 mußte er zugeben, daß die geforderte Geschlossenheit der Volkspolizei-Bereitschaften wegen ihres Einsatzes in der Energiewirtschaft »nicht voll erreicht« werden konnte.[146] Im Jahresbericht 1977 kritisierte er, daß die Komitees der Zivilverteidigung noch sehr unterschiedlich entwickelt waren. Rückstände hatte er insbesondere in Städten und Gemeinden mit weniger als 2000 Einwohnern festgestellt. Doch überwog das Positive. Und die Berichte endeten stets mit dem Urteil: »Die Bezirke der DDR sind verteidigungsbereit.«[147]

Zwischen 1971 und 1989 standen insgesamt 34 Berichte über den Stand der »Führungsbereitschaft« und der »Gefechts- und Einsatzbereitschaft der territorialen Kräfte des Bezirkes« und drei Berichte über den Stand der »Erfüllung der Hauptmaßnahmen der Zivilverteidigung zur Vorbereitung auf den Verteidigungszustand« auf der Tagesordnung des NVR. Nach welchen Gesichtspunkten sie ausgewählt wurden, geht aus den Akten nicht hervor. Sechs Bezirke kamen dreimal an die Reihe (Ost-Berlin, Dresden, Erfurt, Magdeburg, Potsdam und Rostock), die übrigen Bezirke zweimal, Wismut einmal. Eingereicht wurden die Vorlagen vom 1. Bezirkssekretär oder (in den siebziger Jahren überwiegend) vom Bezirksratsvorsitzenden. In diesem Fall wurden sie mit dem 1. Bezirkssekretär »abgestimmt«. An der Erarbeitung waren der Chef des Wehrbezirkskommandos und der Abteilungsleiter für Sicherheitsfragen der SED-Bezirksleitung (der in der Regel ein Oberst war) bzw. der Stab der Zivilverteidigung des Bezirkes beteiligt.

Den ersten Bericht legte am 30. September 1971 der Bezirk *Erfurt* vor, unterschrieben vom Bezirksratsvorsitzenden, Gothe. Er mußte zugeben, daß die militärischen Forderungen hinsichtlich der »Durchlaßfähigkeit der Straßen und der Tragfähigkeit der Brücken« gegenwärtig nicht erfüllt werden konnten. Von den 99 Brücken, die den Anforderungen nicht entsprachen, würden jedoch 69 bis 1975 ausgebaut sein. 230 Meter Ersatzbrücken seien eingelagert (250 waren gefordert), es sei sogar vorgesehen, die Reserve auf 450 Meter zu erweitern. Zur Unterstützung der Operationsfreiheit der Vereinten Streikräfte war eine zivile »Straßennutzungsabteilung« aufgestellt worden. Zwar bestand sie erst aus 850 (statt 1200) Mann, aber sie sei mit guten Ergebnissen erprobt worden. Am

schwierigsten waren die Anforderungen des Gesundheitsministeriums zu erfüllen. Sollte die Bettennorm von 4 % der Bevölkerung erreicht werden, fehlten etwa 20 000 Betten, 3000 Angehörige des medizinischen Hilfspersonals und 950 Chirurgen. Von den 14 776 im Bezirk vorhandenen Krankenhausbetten beanspruchten die bewaffneten Organe 9145.
Honecker gingen die Kriegsvorbereitungen der Erfurter Genossen nicht schnell genug. In seinen abschließenden Bemerkungen sagte er: »Genosse Gothe führte aus, daß eine allseitig vorbereitete und organisierte Umstellung auf die Erfordernisse des Verteidigungszustandes noch nicht gewährleistet ist. Hier darf man keinen Zeitverzug eintreten lassen.«[148]
Der 1. Sekretär der Gebietsleitung der SED und Vorsitzende der Gebietskoordinierungsgruppe *Wismut,* Alfred Rohde, berichtete am 10. März 1978, daß er mit den Bezirkseinsatzleitungen von Karl-Marx-Stadt, Gera, Leipzig und Dresden zusammenarbeite. Er konnte melden, daß nach dem B-Plan »die Versorgung während der Arbeitszeit sowie eine Vollverpflegung der kaserniert unterzubringenden Werktätigen und territorialen Kräfte des Gebietes durch die Betriebsversorgung Wismut gesichert« war. Mit 15 610 Plätzen in Schutzräumen und ausbaufähigen Räumen waren 63 % des Bedarfes für die stärkste Schicht der Betriebe und Einrichtungen gedeckt. 2682 Beschäftigte waren in 17 Hundertschaften und elf Zügen der Kampfgruppen organisiert, davon 81 % Kommunisten, was über dem Durchschnitt lag. Mit 4675 Kräften in der Zivilverteidigung war die Sollstärke allerdings nur zu 92 % erfüllt. Zivile Spezialformationen brauchte dieses Gebiet wegen seiner Sonderstellung nicht aufzustellen.[149]
Verteidigungsminister Hoffmann kommentierte diese Vorlage mit der Bemerkung, im Krieg werde die Hauptaufgabe von Wismut sein, die Produktion dieses strategisch wichtigen Rohstoffes – das Wort Uran sprach er nicht aus – aufrechtzuerhalten und entsprechend den realen Möglichkeiten maximal zu steigern. Er wurde beauftragt, in Verhandlungen mit dem sowjetischen Verteidigungsminister noch offene Fragen zu klären.[150]
Im Bericht des *Rostocker* Bezirksratsvorsitzenden für die 49. Sitzung am 12. März 1976 wurde mitgeteilt, daß 76 % der Fernstraßen und 96 % der Brücken den militärischen Anforderungen entsprächen. 1971 bis 1975 wurden 13 Ausweichhäfen für die Volksmarine neu gebaut oder vergrößert, bis 1980 seien drei weitere geplant. Das Probleme der Aufrechterhaltung der Versorgung der Insel Rügen nach einer Zerstörung des Rügendammes sei noch nicht gelöst. Ein weiteres Problem war die rechtzeitige und organisierte Rückführung der Urlauber und Kurpatienten, wofür allerdings bereits eine Lösungskonzeption vorliege. Honecker fügte in seinen abschließenden Bemerkungen hinzu, daß dem Zusammenwirken des Bezirkes Rostock mit seiner Breite von 220 Kilometern und durchschnittlichen Tiefe von nur 35 Kilometern mit den Nachbarbezirken größte Aufmerksamkeit geschenkt werden müsse. Die Rückführung der Urlauber – es waren nach seinen Angaben zweieinhalb bis drei Millionen im Jahr – in einer »Spannungsperiode« müsse »stabsmäßig« gründlich vorbereitet werden. Als eine Hauptaufgabe nannte er die Unterstützung der Vereinten Ostseeflotte.[151]
Der Bericht des 1. Bezirkssekretärs von *Magdeburg,* Tiedke, für die 60. Sitzung am 19. März 1980 gibt einen guten Einblick in den Aufwand, der bei der

Dublierung von Brücken getrieben wurde, also der Vorbereitung von Ersatzbrücken, falls die vorhandenen für das Transportaufkommen der Vereinten Streitkräfte nicht ausreichen oder durch den Gegner zerstört werden. Zwischen Stendal und Barby war die Dublierung von drei Eisenbahnbrücken über die Elbe vorbereitet bzw. geplant. Für die nördliche war die Zuführung bereits fertiggestellt und das Brückengerät eingelagert. Für die mittlere seien die Gleisbaustoffe eingelagert, die Einlagerung des Brückengeräts sei für 1980/81 geplant, die Baumaßnahmen stünden aber noch aus. Für die südliche seien bis jetzt weder Baumaßnahmen noch Einlagerungen durchgeführt worden.
Für die etwas längere Strecke zwischen Wittenberge und Aken waren insgesamt zehn Schiffsbrückendublierungen vorgesehen. Von den 844 Kilometern militärisch wichtiger Straßen des Bezirkes entsprächen 61 % den Anforderungen der Streitkräfte. Von den vorhandenen 245 Brücken besäßen lediglich zehn nicht die geforderte Tragfähigkeit. Für sie waren Pläne zum Bau von Behelfsbrücken oder für Umgehungen vorbereitet worden.[152]
Der 1. Bezirkssekretär von *Karl-Marx-Stadt,* dem heutigen Chemnitz, Siegfried Lorenz, legte seinen Bericht der 61. Sitzung am 23. Juni 1980 vor. Da Lorenz 1986 Vollmitglied des Politbüros wurde[153], dürfte er seine Sache in den Augen Honeckers gut gemacht haben. Er konnte melden, daß neben der Bezirkseinsatzleitung acht Kreiseinsatzleitungen Ausweichführungsstellen hatten, in denen allerdings teilweise wegen Überalterung der technischen Anlagen die Nutzungsfähigkeit beeinträchtigt war. In weiteren sieben Kreisen werde die geschützte Unterbringung bis Ende 1980 gewährleistet sein. Löbliches war über die Kampfgruppen der Arbeiterklasse zu sagen, die zu 69,2 % aus SED-Mitgliedern bestanden. Die Qualität der Gefechtsausbildung konnte verbessert, die Beteiligung mit 94,4 % trotz der höheren Belastungen bei der Erfüllung des Volkswirtschaftsplanes stabil gehalten werden. Honecker machte bei der Lektüre dieser Vorlage einen Kringel um diese Prozentzahl. An einer 1980 durchgeführten Alarmübung hatten sich 85,3 % beteiligt, gegenüber nur 81,3 % im Jahre 1979. Alle »Bezirks- und Kreiskampfkräfte« sind in diesem Jahr mit dem Fla-MG ausgerüstet worden, von den drei motorisierten Kampfgruppen-Bataillonen hatten bereits zwei eigene Gefechtsparks, der des III. Bataillons werde bis zum 1. Juli beziehbar sein.
Dieser Bericht äußerte sich auch zu der im Bezirk stationierten 9. Volkspolizei-Bereitschaft. Sie sei in der Lage, »Polizeikampf- und Ordnungseinsätze durchzuführen«. Die Ausbildung sei allerdings wegen der zentralen Einsätze in der Volkswirtschaft im Winterhalbjahr 1979/80 beeinträchtigt. Hier wird wieder zugegeben, was die SED-Herrschaft bis zu ihrem Zusammenbruch im November 1989 charakterisierte. Während durch die massiven Kriegsvorbereitungen ein hohes Arbeitskräftepotential gebunden wurde, mußten Soldaten und Polizisten in der Industrie eingesetzt werden, weil dort Arbeitskräfte fehlten.
Lorenz machte auch Angaben über die Führungsorgane und Einsatzkräfte der Zivilverteidigung, wo der gewünschte Frauenanteil von 22,6 % noch nicht erreicht werden konnte, aber die Mehrzahl der Führungsfunktionen mit SED-Mitgliedern besetzt war. Schließlich waren im Bezirk 66 zivile Spezialformationen aufzustellen. Der derzeitige Stand der Planung gestatte noch nicht die

volle Einsatzbereitschaft. 90 % der benötigten Kräfte seien jedoch geplant. Die materielle Ausrüstung, insbesondere für bestimmte Spezialtechnik, könne nicht in vollem Umfang gewährleistet werden.[154]
Der 1. Bezirkssekretär mußte in seinen Schlußfolgerungen auch kritische Anmerkungen machen. Es müsse der »Parteieinfluß« erhöht werden, ebenso wie politische Wachsamkeit und kriegsbezognenes Denken und Verhalten. Die Aus- und Weiterbildung sowie die überraschenden Überprüfungen müßten »noch effektiver und kriegsnäher« gestaltet werden. Im Fünfjahrplan 1981 bis 1985 müßten die sich aus der B-Planung ergebenden Forderungen so konzipiert werden, daß »alle militärökonomischen Aufgaben qualitäts-, sortiments- und termingerecht erfüllt (werden) und der Bezirk jederzeit seiner Verantwortung gegenüber den zentralen Aufgaben, den Exportverpflichtungen und den Streitkräften gerecht wird«.[155]
Die Berichte der Bezirke folgten durchaus nicht alle dem gleichen Schema, sie setzten unterschiedliche Schwerpunkte. So konnte der *Dresdener* 1. Bezirkssekretär, Modrow, am 5. Dezember 1986 die hohe Qualität der durchgeführten Übungen und Überprüfungen hervorheben. Für die Unterstützung der Handlungen der Vereinten Streitkräfte (womit ihr Durchmarsch an die Grenze zur Bundesrepublik gemeint war), die ja ein Hauptanliegen der Einsatzleitungen war, hatte Dresden die notwendigen Instandsetzungskapazitäten, Einrichtungen, wie Lager für Straßen- und Brückenbaureserven, geschaffen. In einer Anlage wurde auf einer Karte eingezeichnet, wo überall »zeitweilige Sammelräume« für Kraftfahrzeuge und Personen, wo Internierungslager eingerichtet werden sollten.
Auf die in seinem Bezirk vorbereiteten Internierungslager hatte Modrow schon in seiner Vorlage für die 56. Sitzung am 16. November 1978 hingewiesen. In seinen ersten Bericht fügte er einen Abschnitt über die Staatssicherheit (MfS) ein, in dem es heißt: »Das kriegsbezogene tschekistische Denken der Leiter und Mitarbeiter wurde im Prozeß der politisch-operativen und ideologischen Arbeit weiter gefestigt.« Eine Schwachstelle mußte Modrow im Jahre 1986 zugeben: Bei der Gewinnung von militärischem Berufsnachwuchs hatte der Bezirk die staatlichen Auflagen nicht erfüllt.[156]
Auch der Bezirk *Leipzig* hatte damit seine Schwierigkeiten, konnte aber als Anlage eine ausgezeichnete Karte über geplante Maßnahmen zur Unterstützung der Handlungen der Vereinten Streitkräfte vorlegen. Auf ihr waren die geplanten 15 Reservelazarette, die geplanten vier Brückendublierungen[157], zwölf Instandsetzungseinrichtungen für Kraftfahrzeuge, vier Brückenlager, sieben Straßenbaustofflager und vier Fährübersetzstellen eingezeichnet, außerdem 6715 laufende Meter Bahnelemente.[158]
Im Bericht des Grenzbezirkes *Suhl,* dessen 1. Bezirkssekretär, Albrecht, dem NVR angehörte, wurde hervorgehoben, daß der Parteianteil unter der Grenzbevölkerung gegenwärtig 17,3 % betrage, also über dem Durchschnitt liege. Die Kampfgruppen hätten gute und sehr gute Ergebnisse beim Gefechtsschießen der Flak- und Artillerieeinheiten erzielt. Erwähnenswert fand man hier, daß durch die Zurückstellung von »Führungskadern« und Spezialisten vom Wehrdienst die »personelle Funktionsfähigkeit der staatlichen Führung der Volkswirtschaft« im

Kriegszustand gewährleistet sei. Wie in anderen Berichten war von der geplanten Evakuierung der Kinder aus Großstädten die Rede, hier auch, nicht näher definiert, die Vorbereitung von Evakuierungsmaßnahmen aus dem Grenzgebiet.[159]
Während das staatliche, wirtschaftliche und gesellschaftliche Leben in der DDR im Frieden durch eine rigide Zentralisierung charakterisiert war, bereitete die Partei- und Staatsführung für den Kriegszustand eine Dezentralisierung bis hin zur Schaffung von autarken Gebieten vor. Bei der Schaffung der Bezirke im Jahre 1952 dürfte dieser Gesichtspunkt eine wichtige Rolle gespielt haben.
Eine Vorlage des Vorsitzenden des Rates des Bezirkes *Gera* für die 57. Sitzung am 9. März 1979 gibt darüber nähere Auskünfte. Der Bezirksratsvorsitzende, Karlheinz Fleischer, berichtete, daß die von den Ministerien für Handel und Versorgung, für Land-, Forst- und Nahrungsgüterwirtschaft sowie für Volksbildung für den Kriegszustand geforderte »Umunterstellung« zentral- und bezirksgeleiteter Betriebe und Einrichtungen in den Verantwortungsbereich der Räte der Bezirke und der Räte der Kreise »realisiert« worden sei. Die notwendigen »administrativen Regelungen« seien für 40 Betriebe und Einrichtungen erarbeitet und hinterlegt worden.
Fleischer wies darauf hin, daß das umfangreiche Talsperrensystem des Bezirkes, insbesondere der Saale, bei Zerstörung der Sperrmauern durch Feindeinwirkungen zu beträchtlichen Einschränkungen der Operationsfreiheit der Vereinten Streitkräfte führen könne. Das Stahlwerk Silbitz, Carl Zeiss Jena und andere Betriebe würden dadurch Produktionsausfälle erleiden.
Der Bezirk Gera hatte auch die »Umverteilung des gesellschaftlichen Arbeitsvermögens« auf die Schwerpunktbetriebe der Metallurgie, des Schwermaschinenbaus, des Wismut-Erzbergbaus, der Chemieindustrie, des Kraftfahrzeug-Instandsetzungswesens und des Gesundheitswesens sowie bestimmte Produktionseinstellungen vorbereitet. Aus Lehrlingen des zweiten und dritten Ausbildungsjahres, Schülern der Klassen 9 bis 12 und aus der nichtberufstätigen Bevölkerung im arbeitsfähigen Alter sei eine 89 000 Personen umfassende »Arbeitskräftereserve« gewonnen worden.[160]
Am 16. Juni 1989, in der letzten Sitzung des NVR, wurde ein neues Statut der Einsatzleitungen beschlossen. Es hatte mit Anlagen nur noch 38 Seiten (1981 waren es 63) und trug der Umsetzung der 1987 eingeführten neuen, defensiven Militärdoktrin der Sowjetunion Rechnung. Sonst unterschied es sich nicht grundsätzlich vom alten Statut, war nach wie vor die führende Rolle der SED und ihrer 1. Sekretäre Dreh- und Angelpunkt der Bezirkseinsatzleitungen und Kreiseinsatzleitungen. Es sollte am 1. Januar 1990 nach Bestätigung durch das Politbüro in Kraft treten, was wegen des Zusammenbruchs der SED-Herrschaft nicht mehr geschehen ist.[161]

* * *

An dieser Stelle sei ein kurzer Blick auf die Situation in der Bundesrepublik erlaubt. Interne Verwaltungsvorschriften sehen vor, daß auch hier Maßnahmen für die Aufrechterhaltung der Verwaltung der Landesregierungen, Bezirksregierungen, der Kreise und kreisfreien Städte im Verteidigungsfall getroffen wurden. Wenn die Arbeit der Behörden am Friedenssitz nicht mehr zu verwantworten ist, werden Befehlsstellen in Ausweichsitzen bezogen, in denen die lebens- und verteidigungswichtigen Aufgaben mit einem verkürzten Personalbestand erfüllt werden. Das betrifft in den Bezirksregierungen etwa 40 % der Dezernate. Diese Vorbereitungen führten jedoch nicht zu einer Militarisierung von Staat, Wirtschaft und Gesellschaft, schon gar nicht zu Gremien, die mit den Bezirkseinsatzleitungen und Kreiseinsatzleitungen der DDR vergleichbar wären.[162]

III.5.6. Gesellschaftliche Organisationen und Blockparteien

Im Kriegszustand sollten die gesellschaftlichen Organisationen einer rigiden Reglementierung unterworfen werden, zum größten Teil sollten sie sogar ihre Tätigkeit einstellen. Unter *gesellschaftlichen Organisationen** verstand das Regime »freiwillige Vereinigungen von Bürgern zur Wahrnehmung ihrer politischen, ökonomischen, kulturellen, sportlichen, beruflichen u.a. Interessen und zur Verwirklichung ihrer staatsbürgerlichen Rechte und Pflichten«.[163] Häufig wurden zu ihnen auch die Blockparteien (oder »befreundeten Parteien«) gezählt, so in den »Grundsätzen für die Tätigkeit der gesellschaftlichen Organisationen im Verteidigungszustand«. Diese Vorlage brachte der ZK-Abteilungsleiter für Sicherheitsfragen, Generaloberst Scheibe, für die 46. Sitzung des NVR am 20. September 1974 ein. In dieser Vorlage wird unterschieden zwischen
- Organisationen, die im Kriegszustand ihre Tätigkeit fortsetzen
- Organisationen, deren Aufgaben durch andere Organisationen wahrgenommen werden
- Organisationen, die ihre Tätigkeit fortsetzen, aber Leitern staatlicher Organe unterstellt werden
- Kirchen und Religionsgemeinschaften
- Organisationen, deren Tätigkeit ruht, aber deren weiterzuführende Aufgaben und das dazu erforderliche Personal und Vermögen von staatlichen Stellen übernommen werden
- Organisationen, die ihre Tätigkeit einstellen.[164]

Ihre Tätigkeit fortsetzen dürfen die Nationale Front, die Blockparteien CDU, LDPD, NDPD und DBD sowie die Massenorganisationen Freier Deutscher Gewerkschaftsbund (FDGB), Freie Deutsche Jugend (FDJ) mit der Pionierorganisation »Ernst Thälmann«, Gesellschaft für Sport und Technik (GST), Demokratischer Frauenbund Deutschlands (DFD), Deutscher Turn- und Sportbund (DTSB) und das Komitee der Antifaschistischen Widerstandskämpfer. Ihnen werden folgende Aufgaben gestellt:
- Mobilisierung der Bevölkerung zu erhöhten Arbeitsleistungen, Wachsamkeit und Disziplin im Interesse der Landesverteidigung
- Erziehung ihrer Mitglieder zu vorbildlicher Pflichterfüllung, »Haß gegen die Aggressoren«, Bereitschaft »zur Leistung des Wehrdienstes und jedes anderen Dienstes zum Schutze der Republik sowie zu grenzenloser Ergebenheit und zu festem Vertrauen zur Partei-, Staats- und militärischen Führung«

- Unterstützung der NVA und der anderen bewaffneten Organe der DDR, ihrer Verbündeten und der Organe der Zivilverteidigung sowie der staatlichen und wirtschaftsleitenden Organe.

Diese Organisationen müssen im Kriegszustand aus im Frieden genutzten Objekten bzw. aus Ausweichobjekten entsprechend den vom Sekretariat des ZK der SED erlassenen Vorschriften geführt und auf allen Ebenen von den zuständigen Organen der SED »angeleitet« werden. Das MfNV soll das für ihre Führung notwendigen hauptamtliche Personal vom Wehrdienst freistellen.

Die Aufgaben der Gesellschaft für Deutsch-Sowjetische Freundschaft werden im Kriegszustand von der Nationalen Front übernommen, die Aufgaben des Nationalen Olympischen Komitees und der Gesellschaft zur Förderung des olympischen Gedankens vom Deutschen Turn- und Sportbund.

Der Verband der Konsumgenossenschaften wird dem Ministerium für Handel und Versorgung unterstellt, die Vereinigung der gegenseitigen Bauernhilfe dem Ministerium für Land-, Forst- und Nahrungsgüterwirtschaft, das Deutsche Rote Kreuz ebenso wie die Volkssolidarität dem Ministerium für Gesundheitswesen.

Kirchen und Religionsgemeinschaften, die beim Ministerium des Innern zugelassen sind, dürfen ihre seelsorgerische Tätigkeit fortsetzen. Neuzulassungen sind jedoch untersagt.

Folgende Ministerien und zentrale Staatsorgane übernehmen weiterzuführende Aufgaben, Personal und Vermögen von Organisationen, deren Tätigkeit im Kriegszustand ruht:

- *Minister für Kultur:* Kulturbund, Verband Bildender Künstler, Verband der Komponisten und Musikwissenschaftler, Schriftstellerververband, Verband der Filmschaffenden, Verband der Theaterschaffenden
- *Minister für Auswärtige Angelegenheiten:* Liga für Völkerfreundschaft, Deutsche Liga für die Vereinten Nationen, Deutsch-Afrikanische, Deutsch-Arabische, Deutsch-Britische, Deutsch-Französische, Deutsch-Italienische, Deutsch-Lateinamerikanische, Deutsch-Nordische und Deutsch-Südostasiatische Gesellschaft, Gesellschaft für kulturelle Verbindung mit dem Ausland, Deutscher Friedensrat einschließlich des Komitees Städte- und Gemeindetag der DDR
- *Minister für Justiz:* Vereinigung Demokratischer Juristen, Komitee zum Schutze der Menschenrechte
- *Minister für Hoch- und Fachschulwesen:* URANIA
- *Minister für Außenhandel:* Kammer für Außenhandel
- *Minister für Land-, Forst- und Nahrungsgüterwirtschaft:* Deutsche Agrarwissenschaftliche Gesellschaft, Verband der Kleingärtner, Siedler und Kleintierzüchter
- *Minister für Wissenschaft und Technik:* Kammer der Technik
- *Minister für Bauwesen:* Bund der Architekten
- *Leiter des Presseamtes beim Vorsitzenden des Ministerrates:* Verband der Journalisten.

Alle übrigen Organisationen, Interessengemeinschaften und Vereine stellen ihre Tätigkeit ein.[165]

In den am 21. November 1968 beschlossenen »Grundsätzen« für die Tätigkeit der gesellschaftlichen Organisationen im »Verteidigungszustand« hatten die hier aufgeführten Organisationen noch das Attribut »Deutsch« in ihrem Namen geführt. Im Zuge von Honeckers Abgrenzungspolitik wurde es durch den Genetiv »der DDR« ersetzt. So wurde aus dem »Deutschen Schriftstellerverband« der »Schriftstellerverband der DDR«. Um den Leser nicht zu langweilen, ist dieser Zusatz bei der obigen Aufzählung weggelassen worden. Die neuen Grundsätze zeichnen sich noch durch eine besondere Radikalität aus. 1968 fanden sich von den acht Akademien der DDR wenigstens zwei, die Akademie der Wissenschaften und die Bauakademie, mit Personal und Vermögen im Ministerium für Forschung und Technik bzw. beim damaligen Bevollmächtigten für Bauwirtschaft wieder.[166] Jetzt ruhten bei allen acht die »gesellschaftlichen Gremien, Gesellschaften und Komitees«, was auf die Einstellung ihrer Arbeit hinauslief. Ein weiterer Beweis dafür, daß die Genossen der Partei- und Staatsführung einen totalen Krieg vorbereiteten, der westliche Vorstellungskraft übersteigt.
Ausdruck der herablassenden Behandlung, die die gesellschaftlichen Organisationen durch Honecker und seine Genossen erfuhren, war der Verteiler für den Beschluß über diese Vorlage. Von den zehn Ausfertigungen erhielten je zwei der ZK-Abteilungsleiter für Sicherheitsfragen und der Ministerratsvorsitzende, je eine der 1. ZK-Sekretär, der Staatsratsvorsitzende, die Minister für Nationale Verteidigung, für Staatssicherheit und des Innern sowie der Sekretär des NVR. Keine einzige war für die betroffenen Organisationen bestimmt. Sie waren eben nur »Transmissionsriemen« (Lenin) der allmächtigen »Partei der Arbeiterklasse«.[167]
»Grundsätze zur Arbeit mit Kirchen und Religionsgemeinschaften in einer Spannungsperiode und im Verteidigungszustand« standen auf der Tagesordnung der 62. Sitzung des NVR am 21. November 1980. Eingebracht hatte sie der Staatssekretär für Kirchenfragen, Klaus Gysi. Zugestimmt hatten der für Kirchenfragen zuständige ZK-Sekretär, Politbüromitglied Paul Verner, die Minister für Nationale Verteidigung, für Staatssicherheit und des Innern sowie die Bevollmächtigte für Bildung und Kultur, Margot Honecker. Gysi wurde als Vortragender zur Sitzung hinzugezogen – wenn auch seine Ausführungen, wie in solchen Fällen üblich, nicht in die Akten aufgenommen wurden –, außerdem ein Genosse Münchow, der »Leiter der speziellen Struktureinheit im Staatssekretariat für Kirchfragen«, der in dieser Behörde für die Kriegsvorbereitungen zuständig war.
Verteidigungsminister Hoffmann sagte in seinen Ausführungen zu dieser Vorlage, die Kirchen müßten im Krieg dazu beitragen, »die von ihnen beeinflußten Bevölkerungsteile zu hohen Arbeitsleistungen, vorbildlicher Erfüllung der Verteidigungsaufgaben und zu hoher Opferbereitschaft zu mobilisieren«. In den Grundsätzen heißt es dann, es müsse gewährleistet werden, »daß ein Gremium kirchenleitender Persönlichkeiten sowie Theologen und prominenter Laien die Gläubigen zum Schutz und zur Verteidigung des sozialistischen Vaterlandes aufruft. Da man das den rechtmäßigen Gremien der Kirchen nicht zutraute, sollte also ein regimetreuer Personenkreis dafür gewonnen werden. Zugleich sollte

den Einflüssen »gegnerischer Kräfte« auf Kirchen und Religionsgemeinschaften entgegengewirkt werden.
Im Krieg sollten zahlreiche kirchliche Einrichtungen und Organisationen ihre Tätigkeit einstellen: Evangelische Akademien, Ausbildungsstätten und Weiterbildungseinrichten (ausgenommen solche für medizinisches Personal, das man dringend benötigte), Missionsgesellschaften, Organisationen für Kinder- und Jugendarbeit, Männer- und Frauenarbeit sowie Evangelikale Gruppierungen, also Gruppen fundamentalistischer Christen. Zu unterbinden waren die ökumenischen Beziehungen von Kirchen und Religionsgemeinschaften, es sei denn, daß außenpolitische und Sicherheitsinteressen der DDR Ausnahmen erforderlich machten.
Heranzuziehen waren die Kirchen und Religionsgemeinschaften insbesondere zur

- »Nutzung diakonischer und karitativer Einrichtungen im Interesse der Landesverteidigung«
- »Unterstützung der staatlichen Maßnahmen zum Schutz der Bevölkerung durch humanitäre Hilfeleistung«
- Gewährleistung des Schutzes des Kulturgutes der Kirchen und Religionsgemeinschaften und zur Bereitstellung geeigneter Räume als Bergungsorte für anderes Kulturgut.[168]

Daß die Blockparteien unter dem SED-Regime Satelliten im wahrsten Sinne des Wortes waren, merkt man überall, wo in den Akten des NVR von ihnen die Rede ist. In der 75. Sitzung am 5. Februar 1988 stand der »Bericht über den Beitrag der Demokratischen Bauernpartei Deutschlands (DBD) zur sozialistischen Wehrerziehung der Bevölkerung und zum Stand der Vorbereitung der Partei auf ihre Tätigkeit im Verteidigungszustand« auf der Tagesordnung. Unterschrieben war er vom Parteivorsitzenden Maleuda, der während der Regierungszeit Modrows Präsident der Volkskammer war. Von der SED-Nachfolgepartei PDS wurde er im Jahre 1994 als Kandidat für die Bundestagswahl aufgestellt (Spitzenkandidat auf der Landesliste Mecklenburg-Vorpommern, Direktkandidat im Wahlkreis Neubrandenburg/Waren/Altentreptow/Röbel), und als einer von 30 PDS- Abgeordneten zog er in den 13. Deutschen Bundestag ein.[169] Die Vorlage trägt den Vermerk: »Zugestimmt hat: Mitglied des Politbüros und Sekretär des ZK, Genosse Egon Krenz«.[170]
Wie folgsam diese Partei, die es bei der freien Volkskammerwahl am 18. März 1990 auf 2,18 % der Stimmen brachte, die Aufgaben erfüllte, die ihr von der SED-Führung gestellt worden waren, geht aus den folgenden Absätzen hervor:
»Der XII. Parteitag der DBD hat die Beschlüsse des XI. Parteitages der SED zum mobilisierenden Kampfprogramm für das bewußte Mitwirken der 115 000 Mitglieder der DBD bei der weiteren Gestaltung der entwickelten sozialistischen Gesellschaft in der DDR erklärt.« An einer anderen Stelle heißt es: »In Mitgliederversammlungen, auf Weiterbildungsveranstaltungen sowie in den Kreisschulen der DBD werden zunehmend Probleme der Militär- und Sicherheitspolitik der SED beraten und offensive Auseinandersetzungen mit falschen Auffassungen und ideologischen Einflüssen des Gegners geführt.«[171]

Stolz konnte die DBD-Führung berichten, daß 84 Mitglieder Berufssoldaten und 177 Soldaten auf Zeit waren. Die Zahl der Parteimitglieder, die Reservisten der NVA und der Grenztruppen waren, habe von 3003 im Jahre 1983 auf 4581 im Jahre 1987 gesteigert werden können, die Zahl der freiwilligen Helfer der Volkspolizei von 3942 auf 5131, der freiwilligen Helfer der Grenztruppen von 665 auf 723, die Zahl der Mitglieder in den Kampfgruppen der Arbeiterklasse von 3354 auf 3725, in der GST sogar von 4192 auf 6144.
Überprüfungen der zuständigen Abteilungen des ZK der SED im Dezember 1985 hätten ebenso wie eigene Überprüfungen ergeben, daß in den Führungsstellen der DBD »die Normzeiten zur Herstellung der ›Erhöhten Führungsbereitschaft‹ eingehalten werden«. Selbstverständlich hat sich diese Blockpartei auch an den Schulungsmaßnahmen MOSAIKSTEIN beteiligt, wie im Kapitel »Schulungsmaßnahmen« zu berichten sein wird.[172]
CDU und LDPD, die beiden Parteien, die schon im Jahre 1945 gegründet wurden und bei den Landtagswahlen am 20. Oktober 1946 zusammen 49,1 % der Stimmen erhielten – 1,6 % mehr als die SED[173] –, hatten wegen des Zusammenbruchs der SED-Herrschaft im November 1989 keine Gelegenheit mehr, dem NVR über ihre Kriegsvorbereitungen Rechenschaft abzulegen. Ganz anders die Nationaldemokratische Partei Deutschlands (NDPD), die 1948 von der sowjetischen Besatzungsmacht als Auffangbecken für ehemalige Nationalsozialisten und Berufsoffiziere gegründet worden war, die in sowjetischer Kriegsgefangenschaft oder in den Nachkriegsjahren auf die kommunistische Karte gesetzt hatten.[174] Diese Partei brachte es am 18. März 1990 gar nur auf 0,38 % der Stimmen. Am 25. November 1988 konnte der Parteivorsitzende Homann, der in der Liste der zu der Sitzung Hinzugezogenen als »Genosse« tituliert wurde, melden: Allein seit dem XI. Parteitag der SED (1986), der offenbar auch für die NDPD die Zeitrechnung bestimmte, hätten 2850 ehrenamtliche Parteimitglieder an 150 wehrpolitischen Veranstaltungen teilgenommen, die für sie im Militärgeschichtlichen Institut der NVA durchgeführt worden waren. 906 Nationaldemokraten seien ehrenamtliche Helfer der Volkspolizei, 77 freiwillige Helfer der Grenztruppen, 2500 Kameraden der Feuerwehr, 252 Mitglieder der Kampfgruppen.[175] Mit der Erfolgsbilanz der Bauernpartei konnte sich die NDPD damit allerdings nicht messen.
Dafür hob sie hervor, die ihr angehörenden Handwerker erfüllten gewissenhaft ihre Verträge mit den bewaffneten Organen zur Gewährleistung guter Dienst-, Arbeits- und Lebensbedingungen. Mit Hilfe des ZK der SED erfolge die Schulung der hauptamtlichen Mitarbeiter für die Erfüllung ihrer Aufgaben im Kriegszustand. Die Vorbereitungen für die Schaffung von Schutzräumen und zur Verdunkelung der Arbeitsräume der Führungsstellen seien abgeschlossen. Der Vorsitzende der NDPD war Leiter der Führungsstelle seiner Partei und in dieser Eigenschaft dem Politbüromitglied Krenz unterstellt. Auch diese Partei sollte im Krieg ihren Apparat reduzieren: auf der zentralen Ebene auf 21 %, auf der Bezirksebene auf 23 bis 32 %.[176]

III.6. Rechtsvorschriften für den Kriegszustand

Eine Fülle von geheimen Rechtsvorschriften erließ der NVR, die bei Kriegsausbruch sofort aus der Schublade gezogen und in Kraft gesetzt worden wären. Am 3. Juli 1975 waren es bereits 120. Allein die Staatsbank hatte bis zum 19. März 1980 sechs Rechtsverordnungen und sechs Arbeitsrichtlinien vorbereitet. Sie wurden in einer zentralen Rechtsdokumentation erfaßt.[1]

Manchmal beschränkte sich der NVR auch auf die Entgegennahme von mündlichen Berichten des Verteidigungsministers oder eines seiner Verwaltungschefs. So informierte am 23. Juni 1980 der Chef Finanzökonomie, Generalleutnant Tappert, über die Vorbereitung der für den Kriegszustand vorgesehenen Einführung von Militärgeld. Dieses sollte »als Zweitwährung auf gegnerischem Territorium den dort gültigen Zahlungsmitteln gleichgestellt« werden und nur dort Gültigkeit haben. Begründet wurde das damit, daß die Stabilität der DDR-Währung als Binnenwährung unter Kriegsbedingungen nicht gefährdet werden dürfe. Ähnliche Regelungen zur Einführung von Militärgeld zur finanziellen Sicherstellung von Versorgungsgütern und Wehrsoldzahlungen auf gegnerischem Territorium hätten auch die Polnische Armee und die Tschechoslowakische Volksarmee getroffen.[2] Wer erinnert sich da nicht an das Besatzungsgeld, das die Amerikaner im Jahre 1945 als Sieger eingeführt hatten!

Tappert berichtete den Mitgliedern des NVR, daß die 1970 zur Vernichtung vorgesehenen Geldzeichen der Emission 1955 im Gesamtwert von 4,9 Milliarden Mark, die nicht im Umlauf gewesen waren, mit dem Aufdruck »Militärgeld« versehen worden seien. Sie seien in den Staatsbank-Depots Berlin, Leipzig, Weimar, Stendal und Bergen eingelagert worden. Dadurch könnten sie kurzfristig über das im Kriegszustand entfaltete Feldbanksystem der NVA an die Truppenteile und Verbände abgegeben werden. Münzen im Wert von einem Pfennig bis zu zwei Mark würden auch als Militärgeld anerkannt.

Mit Stolz konnte der Finanzchef des Verteidigungsministeriums darauf verweisen, daß wegen der Verwendung bereits vorhandener Geldscheine auf einen Neudruck verzichtet werden konnte, womit Kosten in Höhe von 13 Millionen Mark und 285 Tonnen Wertpapier eingespart worden seien.[3] Daraus kann man entnehmen, daß man auf das Militärgeld nicht etwa verfiel, weil man mit den vorhandenen Geldzeichen etwas anfangen wollte, sondern weil man es für die Befreiungskriegsdoktrin, nichts anderes stellte die Sozialistische Militärdoktrin dar, benötigte.[4] Daß es sich hierbei nicht um einen Alleingang der drei westlichen Mitgliedsstaaten des Warschauer Paktes handelte, verrät die Ankündigung, daß der Stab der Vereinten Streitkräfte im Jahre 1982 über eine einheitliche Regelung bei der Einführung von Militärgeld für die Verwendung auf gegnerischem Territorium beraten werde. Die DDR könne dann ihre Erfahrungen einbringen.[5]

Wen wundert es da, daß die Genossen für diesen Krieg bereits einen Orden im Asservatenkeller des Ministeriums für Nationale Verteidigung in Strausberg eingelagert hatten, den »Blücher-Orden für Tapferkeit«. Der Ministerrat der DDR hatte ihn bereits am 18. September 1968 gestiftet, mit der Maßgabe, daß der Vorsitzende über den Zeitpunkt der Veröffentlichung entscheiden solle. Der

NVR beschloß am 25. Januar 1985, daß sein Sekretär die Ordnung über die Verleihung dieses Ordens mit Verkündung des »Verteidigungszustandes« veröffentlichen werde.[6] Die Grundsatzentscheidung, einen Tapferkeitsorden mit dem Namen Blücher zu stiften, hatte dieses Gremium schon am 13. Oktober 1965 getroffen.[7]

Penibel bestimmt diese Ordnung, daß der »Blücher-Orden« in den Stufen Bronze, Silber und Gold verliehen wird und als »Blücher-Medaille«. Nach § 1 wird er »für tapferes, mutiges und kühnes Verhalten oder für hervorragende Leistungen und Verdienste in der Truppenführung beim zuverlässigen Schutz der DDR im Verteidigungszustand verliehen«. Neben Angehörigen der NVA und der Grenztruppen können auch Personen, die nicht in den Streitkräften dienen, diesen Orden erhalten. Eine mehrmalige Verleihung ist möglich (§ 2). Nach § 4 sind für den Blücher-Orden Kommandeure ab Ebene Division und Gleichgestellte vorschlagsberechtigt, die Verleihung erfolgt durch den Minister. Für die Blücher-Medaille können das bereits Regimentskommandeure und Gleichgestellte. Die Verleihung darf dann schon ein Stellvertreter des Ministers oder ein Armeebefehlshaber vornehmen.[8] Wie das Militärgeschichtliche Museum der Bundeswehr Dresden dem Autor am 13. März 1995 schriftlich mitteilte, läßt sich nicht mehr ermitteln, wieviel Exemplare dieses Ordens bereits geprägt wurden. Nach dem Ende der DDR sind Blücher-Orden und Blücher-Medaille in mehreren Publikationen abgebildet worden.[9]

Man könnte darüber spekulieren, warum eine Kriegsauszeichnung der DDR ausgerechnet nach einem preußischen Feldherrn benannt wurde, der als »Marschall Vorwärts« in die Geschichte eingegangen ist. Sicher hatte die SED eine Vorliebe für die Befreiungskriege gegen Napoleon, war der »Scharnhorst-Orden« die höchste militärische Auszeichnung, deren Verleihung der Vorsitzende des NVR durch Befehl persönlich vornahm.[10] Wenn kein offensiver Hintergedanke eine Rolle gespielt hätte, wäre dem Anliegen mit einer Bronzenen, Silbernen und Goldenen Tapferkeitsmedaille, wie sie beispielsweise im Ersten Weltkrieg der österreichische Kaiser verlieh, Genüge getan worden.

Die Stiftung des Scharnhorst-Ordens ist übrigens ebenfall am 13. Oktober 1965 beschlossen worden. Erstaunlich ist, daß bei dieser Gelegenheit der Vorschlag, den höchsten militärischen Orden nach Johann Philipp Becker zu benennen, verworfen wurde. Becker (1809–86) hatte es 1849 im badisch-pfälzischen Aufstand zum Oberst und Oberbefehlshaber der Volkswehr gebracht. Er schloß sich 1860 Marx und Engels an und organisierte 1864 in Genf eine Sektion der I. Internationale.[11] Vermutlich hielten die Genossen den Namen des preußischen Generals für attraktiver. Nach Johann Philipp Becker ist übrigens niemals ein DDR-Orden benannt worden.[12]

Der Generalstaatsanwalt der DDR brachte für die 67. Sitzung des NVR am 1. Juli 1983 eine »Anordnung des Nationalen Verteidigungsrates über die Organisation und Tätigkeit der Staatsanwaltschaft« ein, die strenger Geheimhaltung unterlag und nur für Bezirksstaatsanwälte und gleichgestellte Militärstaatsanwälte bestimmt war. Sie durfte erst auf besondere Weisung des Generalsekretärs des ZK der SED in Kraft gesetzt werden. Mit ihrem Inkrafttreten sollten alle Staatsanwälte mit einer Pistole, einschließlich Munition, bewaffnet werden.[13]

Diese Anordnung geht auf die am 21. November 1980 beschlossenen »Grundsätze über die Ausübung der Justiz und die Tätigkeit der Justizorgane im Verteidigungszustand« zurück, über die schon an anderer Stelle berichtet worden ist.[14]

In derselben Sitzung wurden Anordnungen des NVR

- über die Organisation und Tätigkeit der Gerichte – GAO -
- über die Durchführung von Straf-, Zivil-, Familien- und Notariatsverfahren – VOA – und
- zur Änderung und Ergänzung des Straf- und Ordnungsstrafrechtes – ÄStAO –

beschlossen. Von besonderem Interesse ist hierbei die Ausdehnung der Kompetenzen der Militärgerichte. Ihnen unterlagen im Kriegszustand alle Personen, die durch »Landesverrat, Diversion oder Sabotage die militärische Sicherheit gefährden«. Wie das Strafrecht verschärft wurde, beweist der § 1 der ÄStAO: »Wer die ihm als Verantwortlichen übertragenen Pflichten und Befugnisse zur Entscheidung über staatliche Bilanzen oder zur Vorbereitung, Erteilung, Durchführung oder Kontrolle von Planauflagen, Realisierungs- oder Kooperationsverpflichtungen verletzt und dadurch vorsätzlich oder fahrlässig verteidigungswichtige oder lebensnotwendige Maßnahmen gefährdet, wird mit Freiheitsstrafe bis zu fünf Jahren oder mit Verurteilung auf Bewährung bestraft.«[15]

Am 11. November 1985 wurden die obigen Anordnungen durch die Bestimmung verschärft, daß während der Mobilmachung und im Kriegszustand die Ausübung der Strafverfolgung und Rechtsprechung in Strafsachen gegenüber Zivilpersonen zeitweilig von den Militärjustizorganen übernommen werden kann, wenn

»a) für bestimmte Territorien oder verteidigungswichtige und lebensnotwendige Bereiche des Staates und der Volkswirtschaft ein besonderes militärisches Regime festgelegt oder diese unter militärische Befehlsgewalt gestellt werden

b) durch Straftaten die militärische Sicherheit oder anderweitige Interessen der Landesverteidigung gefährdet werden

c) die zuständigen zivilen Justizorgane aufgrund der militärischen Lage im Territorium ihre Tätigkeit vorübergehend nicht ausüben können«.[16]

Am 5. Dezember 1986 beschloß der NVR »Grundsätze für die Frontberichterstattung der DDR im Verteidigungszustand«. Dieser aus elf Punkten bestehende Katalog, der einen Umfang von vier Schreibmaschinenseiten hat, beginnt mit der Feststellung, daß die Frontberichterstattung auf der Grundlage der Beschlüsse des Politbüros der SED bzw. des NVR der DDR sowie auf Weisung des Generalsekretärs des ZK der SED geschehe. Sie ist mit dem Ziel zu führen,

- »den Kampf- und Siegeswillen der bewaffneten Kräfte der DDR, vor allem der Nationalen Volksarmee, zu entwickeln und sie zur entschlossenen, initiativreichen und bedingungslosen Erfüllung der Gefechtsaufgaben zu mobilisieren,
- das Klassen- und Waffenbündnis mit den sozialistischen Bruderstaaten, besonders der Sowjetunion, zu festigen,
- die Einheit von Partei, Staat und Armee zu stärken,

– die Verteidigungsbereitschaft und -fähigkeit der Bevölkerung der DDR zu fördern sowie
– den Haß auf den Feind auszuprägen«.[17]

Es kam also vornehmlich darauf an, die Armee und die Bevölkerung zu indoktrinieren; und dies in noch stärkerem Maße, als das schon in Friedenszeiten geschah.

Vorgesehen war die Frontberichterstattung durch die Militärpublikationen der NVA – sie verfügte schon im Frieden über eine eigene Zeitung, die »Volksarmee« – und ein Filmstudio – sein Direktor war Generalmajor[18] – sowie durch Frontberichterstatter und Sonderberichterstatter des Zentralen Nachrichten- und Informationsbüros (ZeNIB) und des SED-Zentralorgans »Neues Deutschland«. Berichterstatter von anderen Zeitungen waren nicht vorgesehen. Vom Bevollmächtigten des Generalsekretärs des ZK der SED und Vorsitzenden des Nationalen Verteidigungsrates für Bildung und Kultur, Honeckers Ehefrau Margot, sollten Film- und Kulturschaffende zur Frontberichterstattung und zur kulturellen Truppenbetreuung herangezogen werden. Wer erinnert sich da nicht an die »Fronttheater« des Zweiten Weltkrieges! Frau Honecker, der Vorsitzende des ZeNIB, Politbüromitglied Joachim Herrmann, und der Chefredakteur des »Neuen Deutschland«, Herbert Naumann, erhielten vom NVR den Auftrag, alle erforderlichen Vereinbarungen bis zum 31. Dezember 1987 abzuschließen und dem Verteidigungsminister die Angaben für die Einsatzplanung zur Frontberichterstattung jährlich zu übergeben. Schon im Frieden sollten sie den personellen Bedarf und den Einsatz der Kräfte der Frontberichterstattung in ihren Verantwortungsbereichen planen, die Ausstattung dieser Kräfte mit Medien und Transportkapazitäten sicherstellen und ihre Ausbildung und Qualifizierung in Zusammenarbeit mit dem Verteidigungsminister gewährleisten.[19]

In seinen Abschlußbemerkungen zur Beratung des Tagesordnungspunktes »Frontberichterstattung« sagte Honecker, bei der Vorbereitung dieser Arbeit sollten vor allem die Erfahrungen der Frontberichterstattung im »Großen Vaterländischen Krieg« sowie der Berichterstattung über lokale Konflikte nach 1945 »umfassend« vermittelt werden. Verständlich, daß er auf die Notwendigkeit strengster Geheimhaltung hinwies[20], denn wenn im Westen derart konkrete Kriegsvorbereitungen bekannt geworden wären, hätten Honeckers Bemühungen um eine weitere internationale Aufwertung seiner Person und seines Staates, vor allem die Einladung nach Bonn und die nicht mehr ausgesprochene Einladung nach Washington, einen empfindlichen Rückschlag erlitten.

Der Minister für Kultur, Hans-Joachim Hoffmann, ergänzte am 5. Dezember 1986 die Vorlage über die Frontberichterstattung mit sechsseitigen »Grundsätze(n) für die Aufgaben und den Einsatz kulturell-künsterlischer Kräfte und Mittel für die ideologische Arbeit in der NVA und unter der Bevölkerung in einer Spannungsperiode und im Verteidigungszustand«. Er war einer der wenigen, die das Kind beim Namen nannten, und sprach von einem möglichen Krieg, in dem die kulturpolitische Arbeit einen wichtigen Beitrag zur Erhöhung der Gefechtsbereitschaft der Angehörigen der Vereinten Streitkräfte des Warschauer Paktes, insbesondere der NVA, leisten sollte.[21] Sein Ministerium stellte dem Verteidigungsministerium künstlerische Kräfte zur Verfügung. Sie sollten in

Abstimmung mit der Politischen Hauptverwaltung (PHV) der NVA schon im Frieden ausgewählt und jährlich präzisiert werden.
Dem Verteidigungministerium direkt unterstellt werden sollten 30 Musiker, Sänger, Schauspieler und Artisten als »Kulturbrigade«, ferner 80 weitere künstlerische und kulturelle Kräfte, Gruppen und Formationen für zentralen Einsatz nach Aufforderung und für die Frontberichterstattung 30 Kameramänner und Aufnahmeleiter aus den DEFA-Studios für Spielfilme und dem Dokumentarfilmstudio. Die Kommandos der Teilstreitkräfte (Landstreitkräfte, Luftstreitkräfte/Luftverteidigung und Volksmarine) sowie die beiden Militärbezirke erhielten insgesamt 180 Musiker, Sänger, Schaupieler und Artisten aus den Bezirken Frankfurt/Oder, Potsdam, Cottbus, Rostock, Neubrandenburg und Leipzig.[22]
Hoffmann machte sich jedoch auch Gedanken über die »Stärkung der Verteidigungskraft« der Bevölkerung und ordnete an, daß drei Spitzenorchester, die Staatskapellen Berlin und Dresden sowie das Gewandhausorchester Leipzig, im Krieg als Ensembles erhalten bleiben und ihre Spitzenkräfte vom Wehrdienst zurückgestellt werden sollten. Auch für das Verlagswesen zuständig, kündigte er an, daß für den Kriegszustand die Herstellung von Druckerzeugnissen patriotisch-erzieherischen Inhalts vorgesehen war. In seiner Beschlußvorlage ließ er sich vom Leiter der Führungsstelle des ZK der SED, Politbüromitglied Krenz, die Bereitstellung von »Druckkapazitäten für die Verlagsproduktion des Ministeriums für Kultur in den Räumen Berlin und Leipzig durch den Generaldirektor der Zentrag« zusichern. Die *Zentrag**, Zentrale Druckerei-, Einkaufs- und Revisionsgesellschaft, war das parteieigene Verlags- und Druckereiimperium, dem 90 % der Druckkapazitäten der DDR gehörten.[23] Für den Fall, daß infolge von Kriegseinwirkungen das Fernsehen ausfallen sollte, war die Produktion einer »Aktuellen Filmschau« vorbereitet. Hoffmann versprach auch die Herstellung von »Aufklärungs- und Dokumentarfilmen im Interesse der Verteidigungsbereitschaft«. Insgesamt waren 3350 Personen für den Einsatz zur »ideologischen Arbeit unter der Bevölkerung« vorgesehen. Selbstverständlich sollte es sich um Künstler handeln, die eine »feste klassenmäßige Haltung zur Landesverteidigung« besäßen.[24]
Der Vorsitzende des Zentralen Nachrichten- und Informationsbüros legte am 5. Dezember 1986 »Grundsätze über die Zensur von Veröffentlichungen in der DDR während der Mobilmachung und im Verteidigungszustand« vor. In der DDR war schon in Friedenszeiten die Zensur eine Selbstverständlichkeit. Jedes Druckerzeugnis bis hin zur Visitenkarte oder Hochzeitsanzeige bedurfte der Genehmigung durch die zuständige Abteilung für Inneres beim Rat des Kreises. Für Bücher und Filme übte diese Funktion das Ministerium für Kultur aus. Die nichtkommunistische Presse unterlag einer rigiden Reglementierung durch das Presseamt beim Vorsitzenden des Ministerrates.[25] Hier wurde keine Vorzensur ausgeübt, aber bei den Redakteuren funktionierte die »Schere im Kopf«.
Im Krieg sollte eine strenge Vorzensur eingeführt werden. Aufgabe der »Zensurorgane« ist nach diesen »Grundsätzen«, alle Veröffentlichungen auf die Wahrung der Geheimhaltung zu prüfen. Ihre Prüfung erfolgt vor der Veröffentlichung (Vorzensur). Die von ihnen »gesperrten Materialien« sind einzubehal-

ten. Wurde die Veröffentlichung freigegeben, kann das mit Auflagen verbunden sein. Oberster Zensor und für Veröffentlichungen der Massenmedien verantwortlich ist der Vorsitzende des Zentralen Nachrichten- und Informationsbüros (ZeNIB), für das SED-Zentralorgan »Neues Deutschland« dessen Chefredakteur. Entscheidungen der Zensurorgane sind endgültig. Der Zensur unterliegen »alle für die Öffentlichkeit bestimmten Publikationen, Bekanntmachungen, Aufführungen und andere Informationen in Wort und Schrift sowie durch Bild und Film«; also nicht nur Veröffentlichungen über das Kriegsgeschehen. Diese müssen zusätzlich durch den Verteidigungsminister bestätigt werden. Ausgenommen von der Zensur sind lediglich Veröffentlichungen der Partei- und Staatsführung und damit in Zusammenhang stehende Rechtsvorschriften und öffentliche Bekanntmachungen.

Die Leiter der zentralen Führungsbereiche, die Bevollmächtigten und die 1. Sekretäre der SED-Bezirksleitungen sind für die Zensur von Veröffentlichungen ihres Bereiches verantwortlich. Sie setzen »Zensurorgane« ein, deren Leiter ihnen direkt unterstellt sind. Dem Vorsitzenden des ZeNIB obliegt das »operative, koordinierte Zusammenwirken« aller Bereiche bei der Einführung und Ausübung der Zensur und die Zusammenarbeit mit dem Verteidigungsministerium und den Staaten des Warschauer Paktes. Die Zensur erfolgt auf der Grundlage einer »Rahmennomenklatur über geheimzuhaltende Aufgaben«. Als Mitarbeiter der Zensurorgane bzw. Zensoren werden »parteiverbundene, politisch erfahrene und spezialfachlich hochqualifizierte Kader« ausgewählt, die durch den Minister für Staatssicherheit bestätigt werden müssen.[26]

Für die 74. Sitzung des NVR am 3. Juli 1987 brachte der Leiter des Sekretariats des Ministerrates, Kleinert, die Vorlage »Grundsätze der Vorbereitung, Gestaltung und Veröffentlichung der während der Mobilmachung und im Verteidigungszustand erforderlichen Rechtsvorschriften« ein. Demnach sind im Frieden geltende Rechtsvorschriften möglichst so zu gestalten, daß sie auch den Bedingungen der Mobilmachung und des Kriegszustandes Rechnung tragen. Für die Rechtsvorschriften, die während der Mobilmachung und im Krieg in Kraft zu setzen sind, hat die DDR-Tarnsprache eine neue Bezeichung erfunden: *»spezifische Rechtsvorschriften«**. Sie sind möglichst schon im Frieden vorzubereiten, aber auf das unbedingt notwendige Maß zu beschränken.

Das Zustandekommen dieser spezifischen Rechtsvorschriften ist überaus kompliziert. Leiter zentraler Staatsorgane, die sie erarbeitet haben, müssen sie mit dem MfNV, dem MfS, dem MdI und den Leitern der von ihnen betroffenen anderen zentralen Staatsorgane und Bezirksratsvorsitzenden, dem Ministerium der Justiz, dem Sekretariat des Ministerrates, dem Leiter der Zivilverteidigung und dem Militärbereich der Staatlichen Plankommission abstimmen. Sobald das Einverständnis des zuständigen Bevollmächtigten vorliegt, sind sie dem Leiter der Führungsstelle des ZK, dem Ministerratsvorsitzenden, dem MfNV, dem MfS, dem MdI und dem Vorsitzenden des ZeNIB zu übersenden. Nach deren Zustimmung sind sie dem Ministerratsvorsitzenden zum Erlaß vorzulegen.

Die Veröffentlichung der bereits im Frieden erlassenen spezifischen Rechtsvorschriften im Gesetzblatt der DDR ist durch den Leiter des Sekretariats des

Ministerrates so vorzubereiten, daß der Druck in Abhängigkeit von der militärischen Lage zentral oder dezentral durchgeführt werden kann. In ihnen ist in der Regel auf eine Präambel zu verzichten, Sinn und Zweck sind nicht zu erläutern. Die im Frieden vorzubereitenden spezifischen Rechtsvorschriften tragen kein Datum und keine Unterschrift, nur die Funktionsbezeichnung des Erlassenden.[27]

III.7. Schulungsmaßnahmen

III.7.1. MEILENSTEIN, MEISTERSCHAFT und MOSAIKSTEIN

Der totale Krieg, auf den die Partei- und Staatsführung das Land vorbereitete, setzte umfangreiche »Schulungsmaßnahmen« voraus. Nachdem die Einsatzleitungen schon in den sechziger Jahren an Mobilmachungsübungen teilnehmen mußten, über die im Abschnitt »Territorialverteidigung und Mobilmachungsübungen« berichtet wurde, begannen Mitte der siebziger Jahre Schulungsmaßnahmen unter der Tarnbezeichnung MEILENSTEIN*. Die erste fand auf Beschluß des Politbüros und des NVR in der Zeit vom 21. bis zum 24. Mai 1975 in dem Gebäudekomplex des Verteidigungsministeriums in Strausberg statt. An ihr nahmen die Bevollmächtigten mit den ihnen unterstellten Ministern und Leitern anderer zentraler Staatsorgane, der Vorsitzende des Zentralen Nachrichten- und Informationsbüros (ZeNIB) mit den ihm unterstellten Leitern der Massenmedien und der Chefredakteur des SED-Zentralorgans »Neues Deutschland« teil.
Ziel war vor allem, den Teilnehmern zu vermitteln, welche Aufgaben sie unmittelbar vor und im Krieg zu erfüllen hatten, und ihnen die militärischen Prinzipien der Führungstätigkeit im Krieg beizubringen, die Fähigkeit, eine Lage richtig zu erfassen und daraus Schlußfolgerungen für das praktische Handeln zu ziehen. Nach einführenden Referaten und seminaristischer Erarbeitung dieser Aufgabe fand eine zweitägige »Gruppenübung« statt. Zwei Jahre später benutzte man dafür den militärischen Fachausdruck Stabsübung.
Die gegebene Lage sah zwei Etappen vor: die erste kurz vor Ausbruch eines Krieges, die zweite am fünften Kriegstag nach Führung eines massierten Kernwaffenschlages durch den Gegner. In der ersten Etappe mußten die Teilnehmer ihren Bereich vom Frieden in den Kriegszustand umstellen, in der zweiten waren alle Maßnahmen zur Beseitigung bzw. Milderung der Auswirkungen des Kernwaffenschlages zu ergreifen.
Dem Bericht zufolge, den Verteidigungsminister Hoffmann dem NVR vorlegte, ist die gegebene Zielsetzung »vollinhaltlich« erreicht worden. Selbstverständlich war noch einiges zu bemängeln. So sei die »Befähigung zum kriegsbezogenen Denken und Handeln« noch nicht in genügendem Maße ausgeprägt. Es müsse geprüft werden, ob man nicht den Bevollmächtigten schon im Frieden den Kern eines »Stabsorgans« geben sollte, auf dessen Arbeit sich ihre Tätigkeit im Krieg stützen sollte. Auch habe sich das Fehlen eines einheitlichen Berichts- und Meldesystems für den Kriegszustand unangenehm bemerkbar gemacht. Ein solches solle bis 1976 geschaffen werden.
Die größte Sorge bereitete das gegenwärtige Unvermögen der DDR-Industrie,

sich im Krieg schnell genug auf die Instandsetzung von Militärtechnik umzustellen und Ausweichbetriebe für Produktionsbetriebe zu schaffen, die für bestimmte Rüstungsgüter ein Monopol hatten (z.B. Herstellung von Brückenpanzern, Kettengliedern usw.).[1] Mit dieser Problematik beschäftigte sich der NVR noch in dieser Sitzung bei der Beratung einer Vorlage des Ministeriums für Schwermaschinen- und Anlagenbau (MfSAB), über die im Abschnitt »Bevollmächtigte, Minister und Leiter anderer zentraler Staatsorgane« berichtet worden ist.
Über die Schulungsmaßnahme MEILENSTEIN-77 (19. bis 22. Januar 1977) werden wir noch besser informiert als über ihre Vorgängerin. Diesmal finden wir in den Akten eine Teilnehmerliste: Sie enthält zehn Mitglieder bzw. Kandidaten des Politbüros, die sich während des Kriegszustandes ständig auf der Hauptführungsstelle der Partei- und Staatsführung aufhalten sollten, die Leiter der sieben zentralen Führungsbereiche und die (damals noch) sechs Bevollmächtigten sowie den Außenminister. Mit Ausnahme der zehn Angehörigen des Politbüros hatte jeder Teilnehmer zwei bis elf Stellvertreter bzw. Mitglieder seines Führungsgremiums dabei.
In den von Verteidigungsminister Hoffmann vorgelegten »Schlußfolgerungen« wird mitgeteilt, daß einige bei dieser Übung aufgetauchten Probleme noch nicht gelöst werden konnten. Erst nach »Konsultationen mit den zuständigen Organen der UdSSR« könnten die erforderlichen Vorschläge unterbreitet werden. Zu diesen Problemen gehörten – was den Genossen offenbar immer wieder große Sorgen bereitete – Garantien für Lieferungen, mit denen in der Anfangsperiode des Krieges Produktion und Instandsetzung militärischer Bewaffnung und Technik aufrechterhalten werden konnten, aber auch

»– die Vorbereitung von Kadern für den Einsatz in besetzten Gebieten des Kriegsgegners
– die Nutzung des militärökonomischen Potentials des Kriegsgegners nach Einnahme durch unsere Truppen«.[2]

Das läßt den Schluß zu, daß die in den Akten verschiedentlich zu findenden Hinweise auf die »befreiten« oder »besetzten« Gebiete keine Alleingänge der DDR-Partei- und Staatsführung waren, sondern mit der sowjetischen Führung abgestimmt wurden. Die am 24. November 1975 beschlossene »Vorläufige Kriegsmeldeordnung der DDR« erlegte dem Staatssicherheitsminister und dem Ministerratsvorsitzenden auf, der Hauptführungsstelle der Partei- und Staatsführung über die Lage auf dem Territorium des Kriegsgegners »hinsichtlich der Nutzung von Kapazitäten und Potenzen für die eigene Kriegswirtschaft« zu berichten. Das Zentrale Nachrichten- und Informationsbüro hatte über »Hauptinhalt der massenpolitischen Einflußnahme auf die Bevölkerung befreiter Gebiete und Inbetriebnahme festgelegter Sender auf dem Territorium des Gegners« Meldung zu erstatten.[3]
In MEILENSTEIN-77 nahm erstmals die »vorgesehene« Führungsstelle des ZK der SED teil, wodurch die Leitung des Parteiapparates und die Tätigkeit aller Parteiorganisationen unter den Bedingungen des Kriegszustandes erprobt werden konnten.
Auch diesmal fand eine zweitägige Stabsübung statt. Sie hatte das Thema: »Die Umstellung der DDR auf den Verteidigungszustand; die Aufrechterhaltung der

Verteidigungsfähigkeit unter den Bedingungen des massierten Einsatzes konventioneller Waffen und beim Übergang zum Kernwaffeneinsatz«.[4]
In den folgenden Jahren hat man auf die Teilnahme von Politbüromitgliedern, die nicht Leiter eines zentralen Führungsbereiches oder Bevollmächtigte waren, verzichtet. Immer wieder ging es darum, die Teilnehmer mit moderner Führungs- und Gefechtstechnik vertraut zu machen. Ihnen selbst sollte ein Führungsverhalten beigebracht werden, das »weitestgehend realen Bedingungen« entsprach.[5] Den Teilnehmern wurden zur Vorbereitung auf diese Schulungsmaßnahme aufwendig hergestellte kunstlederne Mappen mit Texten und farbigen Karten zugeleitet. MEILENSTEIN-87 (2. bis 4. April 1987) ging bei der Darstellung der Lage von Einbrüchen des Gegners in Tiefen von 40 bis 60 Kilometern aus. Er kann jedoch sein Ziel nicht erreichen. Die »Eigenen« vernichten nach Heranführung zweier Staffeln und Reserven die eingebrochenen Gruppierungen des Gegners und schaffen die Voraussetzungen für eine Offensive. Hauptaufgabe der Teilnehmer an der Schulungsmaßnahme ist die Aufrechterhaltung einer stabilen Führung, die Unterstützung der Handlungen der Streitkräfte und die Versorgung und Betreuung der Bevölkerung.[6]
Die Schulung der Bezirkseinsatzleitungen erfolgte seit 1974 unter dem Tarnnamen *MEISTERSCHAFT**. MEISTERSCHAFT-74 fand vom 19. bis 22. Juni im Verteidigungsministerium in Strausberg statt. Im Mittelpunkt stand ein Kriegsspiel, in dem die Teilnehmer eine charakteristische Lage kurz vor Beginn und im Verlauf einer militärischen Auseinandersetzung durchzuarbeiten hatten. Dabei mußten sie einfache und komplizierte Situationen beurteilen sowie trainieren, wie man Führungsentscheidungen vorbereitet, begründet und durchsetzt. Auch hier war es den Vereinten Streitkräften nach erbitterten Grenzschlachten gelungen, auf das Territorium des Gegners vorzustoßen. Dieser versuchte, durch Luftangriffe auf Truppenkonzentrationen, Verkehrsknotenpunkte und Brücken sowie administrative Zentren die Nachführung von Reserven zu stören, und setzte dabei Napalm und chemische Kampfstoffe ein. Der schwierigste Teil der Übung war die Reaktion auf 102 Kernwaffenschläge des Gegners, die umfangreiche Zerstörungen und Verluste unter der Bevölkerung zur Folge hatten.
Die Minister für Nationale Verteidigung, für Staatssicherheit und des Innern haben nach Beendigung dieser Übung festgestellt, daß die vom Vorsitzenden des NVR gestellten Ziele »in vollem Umfang erreicht« wurden. Doch Verteidigungsminister Hoffmann verteilte in seinen »Schlußfolgerungen« Lob und Tadel. Zwar seien von den Bezirkseinsatzleitungen die »Schwerpunktaufgaben« richtig erkannt und die Vernichtung von »subversiven Kräften des Gegners« durch den Einsatz territorialer Kräfte sichergestellt worden. Aber die eigenen Kräfte seien nicht konzentriert und in der richtigen Reihenfolge eingesetzt worden. Auch bemängelte er die ungenügende Verwirklichung des »Prinzips der Einzelleitung« durch die Vorsitzenden der Bezirkseinsatzleitungen, also die 1. Bezirkssekretäre. »Kriegsbezogenes Denken« müsse weiterentwickelt, »bewährte militärische Prinzipien« müßten stärker beachtet werden.[7]
In den folgenden Jahren wurde das Thema des Kriegsspiels geringfügig variiert, stets drehte es sich dabei um folgende Hauptaufgaben:

- die Überführung des Bezirkes in den Kriegszustand
- die Gewährleistung der Operationsfreiheit der Vereinten Streitkräfte des Warschauer Paktes
- die Führung der territorialen Kräfte bei der Vernichtung von »subversiven Kräften des Gegners«
- die Beseitigung der durch Luftangriffe des Gegners verursachten Zerstörungen.[8]

Ab 1982 wurde die Schulungsmaßnahme MEISTERSCHAFT drei Wochen nach der Schulungsmaßnahme MEILENSTEIN durchgeführt, was wegen der nahezu identischen Themenstellung nahelag und ökonomischer war. An MEISTERSCHAFT-82 nahmen neben den Mitgliedern der Bezirkseinsatzleitungen auch einige Angehörige ihrer Stäbe teil, ebenso »operative Gruppen« der Bezirksdirektionen der Deutschen Post, der Energiekombinate, des VEB Minol, der Bezirksjustizorgane sowie ein Bezirksbüro der Massenmedien.[9]

Am 20. Mai 1977 beauftragte der NVR Verteidigungsminister Hoffmann, entsprechend einem Beschluß des Politbüros vom 29. Oktober 1974, zusammen mit dem Leiter der Führungsstelle des ZK der SED einen Vorschlag für eine Schulung der »Führungskader« der »gesellschaftlichen Organisationen« auszuarbeiten.[10] Sie erhielt die Tarnbezeichnung MOSAIKSTEIN: Die erste fand im Jahre 1980 statt. Dem NVR wurde über sie nicht berichtet, doch befindet sich in seinen Akten Honeckers »Befehl Nr. 08/80«, in dem die an ihr beteiligten Vorsitzenden der Blockparteien, Goldenbaum (DBD), Götting (CDU), Gerlach (LDPD) und Homann (NDPD), belobigt wurden. Außerdem der FDJ-Vorsitzende Krenz, die für Frauen zuständige ZK- Sekretärin Lange, der GST-Vorsitzende Teller und die DFD-Vorsitzende Thiele.[11]

Am 23. April 1982 billigte der NVR den »Vorschlag zur Vorbereitung, Durchführung und Auswertung der zentralen Schulungsmaßnahme *MOSAIKSTEIN-82*«*. Als Leiter war der zuständige ZK-Sekretär, Paul Verner, vorgesehen, der dem Politbüro den Vorschlag zur Beratung und Beschlußfassung vorlegen und über die Ergebnisse Bericht erstatten sollte. Zusammenarbeiten sollte er mit dem Chef des Hauptstabes der NVA. Finanziert werden sollte MOSAIKSTEIN-82 durch das ZK der SED. Folgende Aufgaben wurden dieser Schulung gestellt:
- Landesverteidigung der DDR unter Beachtung der Aufgabenstellung des X. Parteitages der SED
- Stabsmäßige Erprobung des Überganges der gesellschaftlichen Organisationen auf den Kriegszustand und Vervollkommnung ihrer Arbeisorgane
- Zusammenwirken der zentralen Führungsorgane der gesellschaftlichen Organisationen bei der Mobilmachung und in der Anfangsperiode eines Krieges.

Im theoretischen Teil waren Vorträge des Verteidigungsministers und des Chefs des Hauptstabes vorgesehen. Verner als Leiter der Führungsstelle des ZK sollte über »Inhalt und Organisation der politischen Arbeit der gesellschaftlichen Organisationen bei der Mobilmachung des Landes und im Verteidigungszustand« referieren.

Die Stabsübung hatte das Thema »Die Organisation der kurzfristigen Überfüh-

rung der gesellschaftlichen Organisationen der DDR vom Frieden in den Verteidigungszustand«.
Teilnehmer waren zehn Präsidenten, Vorsitzende bzw. 1. Sekretäre dieser Organsisationen, zehn für die Vorbereitung verantwortliche Stellvertreter und zehn B-Mitarbeiter. In die Stabsübung waren 30 Mitarbeiter (»operative Gruppen«) einzubeziehen. Der zuständige Abteilungsleiter des ZK der SED fungierte als Beauftragter des Leitenden. Durchgeführt werden sollte MOSAIKSTEIN-82 im Institut der Zivilverteidigung in Beeskow, Ausweichobjekt war die Schule des ZK »Karl Liebknecht« in Kleinmachnow. Es wurde darauf hingewiesen, daß bei der Vorbereitung und Durchführung die Bestimmungen über Wachsamkeit und Geheimhaltung strengstens zu beachten waren.[12]
Die Schulungsmaßnahmen MEILENSTEIN-85, MEISTERSCHAFT-85 und MOSAIKSTEIN-85 fanden nacheinander im April 1985 in Objekten des MfNV in Streganz, Pätz und Berlin-Grünau statt. In ihnen wurde »zu Ehren des 40. Jahrestages des Sieges über den Hitlerfaschismus und der Befreiung des deutschen Volkes und des 30. Jahrestages des Warschauer Vertrages sowie in Vorbereitung des XI. Parteitages der SED ein wichtiger Beitrag zur Vervollkommnung der Landesverteidigung geleistet«. MOSAIKSTEIN-85 wurde vom neuen ZK- Sekretär für Sicherheitsfragen, Politbüromitglied Krenz, geleitet. Die Stabsübung, die mit den Vertretern der Blockparteien und Massenorganisationen abgehalten wurde, hatte die Einweisung in die operativ-strategische Lage am dritten Kriegstag zum Thema.
Der Leiter von MEILENSTEIN-85 und MEISTERSCHAFT-85, Verteidigungsminister Hoffmann, war mit den Ergebnissen dieser Schulungsmaßnahmen zufrieden. In der Stabsübung wurden erstmals einige Formen der »gedeckten Überführung des Landes« vom Frieden in den Kriegszustand durchgeführt. Die »durch massierte Waffenwirkungen entstandenen Zerstörungen und die Wiederingangsetzung gestörter Produktionsabläufe« wurden nach der Vorlage, die dem NVR am 31. Mai 1985 vorgelegt wurde, beseitigt. Ein noch nicht gelöstes Problem war die weitere Verkürzung der Umstellungsarbeiten in der Volkswirtschaft vom Volkswirtschaftsplan auf den B-Plan.[13]
Die letzten Schulungsmaßnahmen MEILENSTEIN und MEISTERSCHAFT fanden im Jahre 1987 statt. Honecker sagte in seinen abschließenden Bemerkungen, man müsse vom »ausschließlichen Verteidigungscharakter unserer Militärdoktrin« ausgehen, jedoch müsse »jeder Fußbreit unseres Territoriums hartnäkkig und aktiv verteidigt werden«.[14] Diese neuen Töne waren die Folge einer Ansprache, die der sowjetische Verteidigungsminister, Marschall Sokolow, am 15. Mai 1987 in Moskau vor den Chefs der General-(Haupt)Stäbe der Armeen des Warschauer Paktes gehalten hatte. Darin meinte er, daß sich die Führungsorgane und die Truppen mehr als bisher auf die Erfüllung von Verteidigungsaufgaben konzentrieren müßten. In diesem Zusammenhang war von »unserer Verteidigungsdoktrin« die Rede. Gleichzeitig gelte es jedoch, den »Aggressor« durch entschlossene Angriffshandlungen endgültig zu zerschlagen. Der Warschauer Pakt dürfe nicht erst 100 bis 200 Kilometer Territorium verlieren und dann zum Angriff übergehen. Deshalb habe die rechtzeitige Planung des pioniermäßigen Ausbaues der Verteidigung große Bedeutung.[15]

So gewunden diese Formulierungen waren, über die ein fünfseitiger Vermerk gefertigt wurde, der die undatierte Paraphe Honeckers trägt, so unschwer sind die Motive der sowjetischen Seite zu erkennen. Diese gehen noch deutlicher aus ergänzenden zweiseitigen »Anmerkungen zur Militärdoktrin der DDR« hervor, in denen ausgeführt wird, daß der Einsatz von Kernwaffen die Existenz der ganzen Menschheit in Frage stellen und auch ein konventioneller Krieg in Europa verheerende Auswirkungen haben würde. Dabei wird auf die 200 Kernkraftwerksblöcke und ein verzweigtes Netz großer Chemiebetriebe verwiesen, deren Zerstörung ein Leben auf dem Kontinent unmöglich machen würde. Als Konsequenz dieser neuen Militärdoktrin werden eine »komplizierte« Organisation der Verteidigung des Territoriums der DDR (erstmals also eine Verteidigung, die diesen Namen verdient) und etwas Ähnliches wie die »Vorneverteidigung« der NATO als Aufgabe der operativen Planung angekündigt.[16]
Honecker hatte schon in einer Direktive vom 27. November 1985 angeordnet, auch im Jahre 1989 die Schulungsmaßnahmen MEILENSTEIN und MEISTERSCHAFT durchzuführen.[17] Nicht die neue Militärdoktrin, aber die Agonie des SED-Regimes hat diese Planung zunichte gemacht.

III.7.2. Kontrollen

Honeckers Direktive »über die Aufgaben bei der Vorbereitung der zentralen Führungsbereiche und der Bereiche der Bevollmächtigten auf den Verteidigungszustand im Zeitraum 1986 bis 1990« vom 27. November 1985 sah unter anderem vor, daß im Jahre 1986 die Bezirke Leipzig und Halle kontrolliert werden, 1987 Erfurt und Suhl, 1988 Neubrandenburg und Schwerin, 1989 Potsdam und Magdeburg, 1990 Karl-Marx-Stadt und Dresden.[18]
Wie solche Kontrollen verliefen, soll an einem Beispiel dargestellt werden. Schwerpunkte der *»Komplexkontrolle«** des NVR im September 1988 in den Bezirken Schwerin und Neubrandenburg waren:
»– Wirksamkeit der Führungs- und Leitungstätigkeit
– Stand der Führungs-/Gefechts-/Einsatzbereitschaft der Einsatzleitungen und der Führungsorgane der Mitglieder
– Qualität der Führungs-/Gefechts-/Einsatzdokumentation
– Funktionsfähigkeit der stationären Objekte der Führungsstellen der Vorsitzenden und der Mitglieder der Einsatzleitungen
– Stand der Erfüllung der Aufgaben zur ökonomischen Sicherstellung der Landesverteidigung
– Niveau der durchzuführenden Ausbildungs- und Überprüfungsmaßnahmen
– Stabilität der Zusammenarbeit der Führungsorgane der Mitglieder der Einsatzleitungen bei der Lösung der in der Zuständigkeit der Einsatzleitungen fallenden Aufgaben«.

Als »Verantwortliche« fungierten im Bezirk Schwerin der ZK-Abteilungsleiter für Sicherheitsfragen, Herger, im Bezirk Neubrandenburg Generaloberst Streletz. Ihnen unterstanden als »Kontrollorgane« Vertreter der ZK-Abteilungen für Sicherheitsfragen und für Agitation (ein Generalmajor und fünf Mitarbeiter), der

Ministerien für Nationale Verteidigung (ein Generalmajor und sieben Offiziere des Hauptstabes), für Staatssichherheit (ein Generalmajor und sechs Offiziere) und des Innern (ein Generaloberst und sieben Offiziere), der Hauptverwaltung Zivilverteidigung (ein Generalleutnant und sieben Offiziere bzw. Mitarbeiter), des Militärbereiches der Staatlichen Plankommission (ein Generalleutnant und fünf Offiziere bzw. Mitarbeiter) sowie die Kontrollgruppe des NVR.[19]
»Kontrollbereiche« waren die Bezirksleitungen der SED einschließlich des Bezirksbüros der Massenmedien[20], das Wehrbezirkskommando der NVA, die Bezirkverwaltung für Staatssicherheit, die Bezirksbehörde der Deutschen Volkspolizei, der Rat des Bezirkes, der Stab der Zivilverteidigung sowie die Kreise Gadebusch und Parchim im Bezirk Schwerin, Neubrandenburg und Pasewalk im Bezirk Neubrandenburg.[21]
Herger ließ zu Beginn seines ersten Zusammentreffens mit den Mitgliedern der Bezirkseinsatzleitung Schwerin erkennen, daß die neue sowjetische Militärdoktrin[22] Wirkung gezeigt hatte. Als politisches Anliegen nannte er die Stärkung der Verteidigungsbereitschaft »als Beitrag zur Verhinderung eines Krieges«. Das waren Töne, die man vor 1987 nicht gehört hatte. Daß daraus keine Konsequenzen für das Herrschaftssystem gezogen wurden, beweist seine Feststellung, daß »die Verwirklichung der führenden Rolle der Partei in allen Bereichen der Landesverteidigung, auf allen Gebieten des gesellschaftlichen Leben, speziell der Führung der politisch-ideologischen Arbeit unter der Bevölkerung« das »Schlüsselproblem« sei.
Den Teilnehmern lag ein 28seitiger »Auskunftsbericht« des 1. Bezirkssekretärs und Vorsitzenden der Bezirkseinsatzleitung, Ziegner, vor, in dem die politische Lage als »insgesamt stabil« bezeichnet und die hohe Aktivität der über 70 000 Kommunisten des Bezirkes bei den gegenwärtig stattfindenden Parteiwahlen hervorgehoben wird. Dem Hinweis, daß der »überwiegende Teil der Bürger« im »Kampf um die allseitige Erfüllung und gezielte Überbietung der volkswirtschaftlichen Aufgaben« durch die Erfolge des Sozialismus bei der Verwirklichung seiner »Friedenspolitik« stimuliert werde, folgt das Eingeständnis, daß doch nicht alles zum besten steht. So gibt es Rückstände vor allem im Nettogewinn der Betriebe, bei der Kostensenkung und im Export in das »Nichtsozialistische Wirtschaftsgebiet«. In der Landwirtschaft würden »große Anstrengungen unternommen«, Ausfälle in der Getreideproduktion durch ein »hohes pflanzliches Bruttoprodukt« zu kompensieren. Mit anderen Worten: Im Agrargebiet Mecklenburg mußten Ausfälle bei der Getreideernte durch Rüben und andere Agrarprodukte ausgeglichen werden.
Der Bezirksparteichef bezeichnet seinen Bezirk als »verteidigungsbereit«, kann berichten, daß der Auffüllungsgrad der Kampfgruppen 100 % betrage, der Einsatzkräfte der Zivilverteidigung und der Zivilen Spezialformationen 96 %, muß aber zugeben, daß 1988 bis jetzt 450 Erstanträge auf Übersiedlung in das Bundesgebiet gestellt worden sind.[23]
Bei der Zusammenkunft mit den Mitgliedern der Bezirkseinsatzleitung gab Herger dem 2. Bezirkssekretär, dem Bezirksratsvorsitzenden, dem Chef des Wehrbezirkskommandos, dem Leiter der Bezirksverwaltung für Staatssicherheit, dem Chef der Bezirksbehörde der Deutschen Volkspolizei und dem Leiter

der Abteilung für Sicherheitsfragen der SED-Bezirksleitung (einem Oberst der VP) Gelegenheit, sich über ihre Erfahrungen zu äußern.

Nach Abschluß der Kontrollen, die am 29. und 30. September stattfanden, diktierte Streletz eine Aktennotiz für Verteidigungsminister Keßler, in der er feststellte, daß in beiden Bezirken ein »insgesamt guter Stand der Vorbereitungsarbeit erreicht wurde«. Daneben fertigten er und Herger gesonderte Berichte für Honecker, in denen auch »sichtbar gewordene Probleme« genannt wurden. So war, laut Herger, die Notstromversorgung der Bezirksdruckerei der Zentrag nicht gesichert, was im Kriege das dezentrale Erscheinen der Zeitungen »Neues Deutschland«, »Berliner Zeitung« und »Junge Welt« gefährdet hätte. Auch die langfristige Sicherung des militärischen Berufsnachwuchses bereitete Sorgen, und schließlich – im Hinblick auf die seit 1987 erstmals defensive Militärdoktrin – waren noch nicht ausreichend geeignete Materialien für den Stellungsbau und für Sperranlagen erfaßt.[24]

Die Ergebnisse dieser »Komplexkontrolle« lassen an keiner Stelle erkennen, in welcher schweren Krise sich die SED-Herrschaft im Herbst 1988 bereits befand.

III.8. Westarbeit, Beziehungen zur Bundesrepublik, zu den Westmächten und anderen westlichen Staaten

Der »psychologische Angriff der NVA auf die Bundeswehr«[1] ist in den fünfziger und sechziger Jahren in der Bundesrepublik sorgfältig beobachtet und dokumentiert worden. Dabei hat man festgestellt, daß die zahlreichen Zersetzungsschriften unterschiedliche Zielgruppen ansprechen sollten und deshalb unterschiedlich aufgemacht waren, von reißerischen Magazinen bis zu Zeitschriften für die gehobene Leserschicht. Eines war ihnen gemeinsam: Das kommunistische System wurde so gut wie gar nicht angepriesen. Wohl aber wurden die NVA und die übrigen Armeen des Warschauer Paktes wegen ihrer vorbildlichen Ausrüstung und Führung, ihres fortschrittlichen und angeblich friedliebenden Charakters gelobt. Diese Schriften verfolgten den Zweck, unter den Angehörigen der Bundeswehr Unruhe und Unzufriedenheit auszulösen, Untergebene gegen Vorgesetzte aufzuhetzen, Generale und Offiziere zu diffamieren und damit das politische System der Bundesrepublik Deutschland zu schwächen.

An dieser Stelle wollen wir der Frage nachgehen, inwieweit sich der NVR mit der Westarbeit, wie man damals sagte, beschäftigt hat. Schon in der konstituierenden Sitzung am 16. März 1960 nahm er sich die »Festlegung der Hauptaufgaben der militär-politischen Propaganda, besonders nach Westdeutschland«, und »Grundsätze der politischen Maßnahmen, vor allem im Hinblick auf Westdeutschland« vor.[2] Dieses Thema stand häufig auf der Tagesordnung, und es kam vor, daß die Vorlagen, weil Ulbricht mit ihnen unzufrieden war, überarbeitet werden mußten.[3]

In der 2. Sitzung am 15. Juni 1960 wurde eine sechsseitige Konzeption für einen »Deutschen Soldatensender« beraten, der die Angehörigen der Bundeswehr, Reservisten und vor der Einberufung stehende Jugendliche beeinflussen sollte. An der Spitze standen ein Intendant und zwei Stellvertreter. Vorgesehen waren die Redaktionen Nachrichten, Militärpolitik, Deutsche Bundeswehr, Fragen der DDR und der NVA, Kulturpolitik, Unterhaltung und Musik. Verantwortlich war der Chef der Politischen Hauptverwaltung (PHV) der NVA, Vizeadmiral Waldemar Verner. Die Sendungen hatten die Aufgabe, die »Unbesiegbarkeit des sozialistischen Lagers« überzeugend zu beweisen, ebenso, daß die »nationale Politik der DDR die Grundlage für die friedliche Wiedervereinigung darstellt und die DDR der Retter der Nation ist«.[4] Im Oktober 1960 nahm dieser Sender seine Tätigkeit auf.[5]

In der 2. Sitzung nahm sich der NVR noch viel mehr vor: Man wollte an »alte Militärs« herankommen, die der Politik der Bundesregierung kritisch gegenüberstanden, und beauftragte das Politbüromitglied Norden, Vizeadmiral Verner und Staatssicherheitsminister Mielke, diese Angelegenheit zu organisieren. Bis Ende 1960 sollte ein »Stauffenberg-Kreis« gegründet werden[6], doch mußte in einem der 5. Sitzung vorgelegten Bericht zugegeben werden, daß dieses Vorhaben gescheitert war. Allerdings erhoffte man sich einige Wirkung auf ehemalige Wehrmachtangehörige in der Bundesrepublik durch das Mitteilungsblatt der »Arbeitsgemeinschaft ehemaliger Offiziere«.[7]

In dem »Bericht über die Erfüllung des Planes für die Weiterführung der militärpolitischen Arbeit« wurde mitgeteilt, daß insgesamt 300 000 Druckerzeugnisse für die Angehörigen der Bundeswehr herausgegeben worden seien, darunter die Schriften »Kaserne« und »Soldatenfreund«. Aufgabe des MfS war die »Arbeit« mit übergelaufenen Bundeswehrangehörigen. Mit zwei namentlich genannten, Winzer und v. Gliga, sollen 90 Versammlungen mit insgesamt 35 000 Besuchern durchgeführt worden sein. In dieser Sitzung wurden verschiedene Aspekte der Westarbeit bemängelt. So sei es falsch, Mitglieder von Traditionsverbänden pauschal als reaktionär und militaristisch abzutun.[8]

Kritik wurde auch an führenden NVA-Angehörigen geübt. Sie würden bei der »Entlarvung der Bonner Kriegspläne« zuwenig selbst auftreten. Offenbar waren sich die führenden Genossen darüber im klaren, daß es schwierig war, die dauernd betonte Notwendigkeit der Erhöhung der Gefechtsbereitschaft mit den offiziellen Abrüstungsforderungen der DDR-Regierung in Einklang zu bringen. In dem erwähnten Bericht wurde allerdings behauptet, daß das kein Widerspruch sei.[9]

Der Arbeitsplan für das zweite Halbjahr 1961 stellte die »Entlarvung der antinationalen und volksfeindlichen Politik des westdeutschen Militarismus, die Enthüllung der Atomkriegsvorbereitungen der deutschen Militaristen gegen die DDR und die anderen sozialistischen Staaten« in den Mittelpunkt. Dem Bonner »Generalstab« mit dem »Kriegsminister« Strauß an der Spitze wurde vorgeworfen, Lügen über die angeblich aggressiven Ziele des sozialistischen Lagers zu verbreiten. Die DDR-Führung beabsichtigte, bei den Aktionen in der Bundesrepublik die Denkweise unterschiedlicher Schichten zu berücksichtigten. Aufgezählt wurde dabei neben SPD- und DGB-Mitgliedern, Falken und Jungsozialisten, unter anderen auch Heimatvertriebene (in der SED-Sprache »Umsiedler«).[10]

Ein Jahr später wurde die NVA als die »einzig nationale rechtmäßige Armee« bezeichnet, während die Bundeswehr als »menschheitsfeindlich und antinatio-

nal« denunziert wurde. Die ständig größer werdende Überlegenheit und Stärke der sozialistischen Staaten und ihrer Organe sichere den »unaufhaltsamen Siegeszug des Sozialismus«. Die westdeutsche Bevölkerung müsse zu der Erkenntnis gelangen, daß ihre »nationale und vaterländische Pflicht«, aber auch ihre persönlichen Interessen »mutige Kampfaktionen« zur »Schwächung und letztlich Beseitigung des deutschen Militarismus« verlangten. Der Nationalrat der Nationalen Front, das MfS und das MfNV wurden dafür verantwortlich gemacht, die wichtigsten Träger der bundesdeutschen Verteidigungspolitik durch Veröffentlichung von Material über die »faschistische Vergangenheit und verbrecherische Handlungen« führender Bundeswehrgenerale und ziviler Spitzenbeamter im Verteidigungsministerium (das in den DDR-Papieren immer als »Kriegsministerium« bezeichnet wurde) zu »entlarven«.[11]
Die Leitung des Staatlichen Rundfunkkomitees erhielt den Auftrag, mit seinem Sender »Radio Berlin/International« militär-politische Fragen zu popularisieren. Adressaten waren die NATO-Staaten Frankreich, Großbritannien, Dänemark und Italien, das neutrale Österreich, aber auch die Nahoststaaten, Afrika, Lateinamerika und Südostasien. Gedanken machte man sich in diesem Zusammenhang auch über die Zersetzungsarbeit unter in der Bundesrepublik und West-Berlin stationierten alliierten Soldaten. Dabei sollte man sich sorgfältig ausgewählter Personen aus den NATO-Staaten bedienen. Die Verantwortung für diese Aktionen lag beim MfS und beim MfNV.[12]
Am 13. März 1963 lagen Erfahrungen des MfS bei der Auswertung von Informationen übergetretener Bundeswehrsoldaten vor. Sie bestätigten angeblich den Kastengeist der Offiziere, die soziale Ungleichheit, die Erziehung zu Kadavergehorsam, Nationalismus, Chauvinismus und Antikommunismus. Der NVR erteilte den Auftrag, die Wirksamkeit der militär-politischen Propaganda in die Bundesrepublik und in das »kapitalistische Ausland« systematisch zu erforschen und zu analysieren.[13]
Knapp ein Jahr darauf wurde die Vorlage über die militär-politische Agitation und Propaganda im Jahre 1964 vom NVR nicht bestätigt. Künftig solle die Arbeit nach Westdeutschland von der für die DDR und die NVA getrennt werden. Während der Einheitslistenwahlen (»Volkswahlen«) im Oktober 1963 wurde eine »Agitationskampagne« mit übergelaufenen amerikanischen, britischen und belgischen Soldaten durchgeführt. Star der Überläufer war der amerikanische Hauptmann Svenson, der auf Versammlungen, in Presse, Rundfunk und Fernsehen unter dem Motto »Ein Amerikaner sieht die DDR« herumgereicht wurde. Eine Vielzahl von Meldungen über die Überläufer wurde von der DDR-Propaganda in der Bundesrepublik und in West-Berlin verbreitet.[14]
Das Ergebnis der gegen die Bundesrepublik gerichteten Propaganda konnte die Genossen nicht zufriedenstellen. Am 18. Juni 1965 erhielt Verteidigungsminister Hoffmann den Auftrag, die qualitative Zusammensetzung der »Organe«, die sich mit dieser Propaganda beschäftigten, zu verbessern. In dieser Sitzung begann die Vorbereitung einer hysterischen Kampagne gegen die geplanten Notstandsgesetze. In einem Beschluß hieß es: »Mit der Atomrüstung und beschleunigten Durchpeitschung der Notstandsgesetze bereitet die Erhard-Regierung den Krieg vor. Die Ereignisse in der letzten Zeit in Westdeutschland

zeigen, daß der ganze Staatsapparat auf die psychologische und organisatorische Vorbereitung der Bevölkerung auf den Krieg eingestellt ist.« Eine Fernsehsendung vom 15. Juni, in der unter anderem über den »Gemeinsamen Ausschuß« (der später in den Artikel 115e des Grundgesetzes Eingang finden sollte) informiert wurde, nahm der NVR zum Anlaß, zu behaupten, das bedeute, daß ein Teil der Abgeordneten verhaftet werden solle.
Bei dieser Gelegenheit gab man sich der Hoffnung hin, ehemalige Wehrmachtoffiziere vor den kommunistischen Wagen spannen zu können. Sie sollten darlegen, »wie es Hitler machte, mit welchen Argumenten der Zweite Weltkrieg vorbereitet wurde«. Die »Arbeitsgemeinschaft ehemaliger Offiziere«, deren Vorsitz in der Zwischenzeit Generalmajor a.D. Arno von Lenski übernommen hatte, erhielt den Auftrag, hierbei tätig zu werden.[15]
Obwohl die DDR-Regierung im Jahre 1965 ein Staatssekretariat für gesamdeutsche Fragen erhielt[16], unterband das Regime alle deutsch-deutschen Beziehungen, die von ihm nicht instrumentalisiert weden konnten. So sollten Schulen und Hochschulen von ihren Ministerien angewiesen werden, Schülern und Studenten Briefkontakt mit westdeutschen Stellen, Institutionen, Clubs und ähnlichen Einrichtungen zu verbieten.[17]
Mit der bis zum Ende der DDR strittigen Frage des Verlaufes der Grenze zur Bundesrepublik an der Elbe beschäftigte sich der NVR erstmals am 8. Januar 1965. Der Ministerratsvorsitzende Stoph berichtete, daß weder das Verteidigungsministerium noch das Außenministerium der Sowjetunion genaue Unterlagen darüber besäßen. Deshalb wurde eine Arbeitsgruppe aus Stellvertretern des Verteidigungsministers und des Außenministers der DDR eingesetzt, die diese Angelegenheit untersuchen sollte.[18] Außenminister Winzer verband am 27. Oktober 1966 die Berichterstattung über die Untersuchungsergebnisse mit der Schilderung einer angeblichen Verletzung der Elbgrenze zwischen Dömitz und Lenzen durch bewaffnete Boote des Bundesgrenzschutzes und des Zolls am 18. Oktober 1966. Er wurde beauftragt, zusammen mit Verteidigungsminister Hoffmann dem Politbüro den Entwurf einer Protestnote an die Regierungen »Westdeutschlands«, Großbritanniens, der USA und Frankreichs zur Bestätigung vorzulegen. In ihr sollte festgestellt werden, daß nach den Normen des Völkerrechts auf schiffbaren Flüssen im allgemeinen die Mitte des Talweges als Grenzlinie betrachtet wird.[19] Damit wurde indirekt zugegeben, daß der erhoffte Beweis für den Grenzverlauf in der Elbmitte nicht gefunden worden war.
Am 21. November 1980 beschloß der NVR in seiner 62. Sitzung das Gesetz über die Staatsgrenze der Deutschen Demokratischen Republik (Grenzgesetz), das am 29. März 1982 von der Volkskammer verabschiedet wurde. Wie der Leiter der Rechtsabteilung des Ministeriums für Nationale Verteidigung in einer Lesenotiz für Honecker schrieb, beinhaltete es »den Rechtsstandpunkt der DDR über den Grenzverlauf auf der Elbe (Mitte Talweg) bei gleichzeitigem Offenhalten des Spielraumes für eine Vereinbarung mit der BRD über den Grenzverlauf auf der Mitte des Stromes« (§ 2 Absatz 2 Buchstabe b des Grenzgesetzes).[20]
Am 1. Juli 1972 stellte der »Deutsche Soldatensender« seine Tätigkeit ein. Als Begründung wurde in der 41. Sitzung des NVR am 14. Juli 1972 angegeben, daß

entsprechend der »Aufgabenstellung« des VIII. Parteitages der SED die Darstellung der Militärpolitik »unserer Partei« und die Entlarvung der »aggressiven Militärpolitik« der Bundesrepublik Aufgabe der Staatlichen Komitees für Rundfunk und für Fernsehen der DDR sei. Der Chef der Politischen Hauptverwaltung (PHV) der NVA, Admiral Verner, wurde beauftragt, mit dem Politbüromitglied und ZK-Sekretär für Agitation, Lamberz, eine Absprache über die Bildung einer I. Abteilung (Militärpolitische Abteilung) beim DDR-Nachrichtendienst ADN zu treffen. Das Verteidigungsministerium wurde angewiesen, zur Vorbereitung auf den Kriegszustand eine zentrale Sendeeinrichtung im Bestand der 2. Propagandabrigade der PHV zu schaffen.[21]

Am 23. April 1982 gab der Chef des Hauptstabes der NVA, Generaloberst Streletz, eine »Mündliche Information über Luftraum- und Sperrgebietsverletzungen 1981«. Vorausgegangen war ein Beschluß am 21. November 1980, in dem vom Verteidigungsministerium eine Analyse der Verletzungen

- des Luftraumes der DDR durch Luftfahrzeuge »kapitalistischer Staaten« und
- der militärischen Sperrgebiete durch Angehörige der Militärmissionen der USA, Großbritanniens und Frankreichs

gefordert wurde.

Streletz gab an, daß von Januar bis Dezember 1981 der Luftraum der DDR durch zwölf Flugzeuge, einen Hubschrauber und einen bemannten Ballon vom Territorium der Bundesrepublik aus verletzt worden sei. Fünf der Luftfahrzeuge hätten die »Staatsangehörigkeit BRD« gehabt, bei neun sei sie nicht feststellbar gewesen. Die Einflüge seien in Höhen unter 500 Meter erfolgt. Wie weit sie auf das DDR-Gebiet eingeflogen waren, wurde nicht angegeben, auch nicht, ob es sich etwa um Sportflugzeuge gehandelt hatte, die versehentlich vom Kurs abgekommen waren. Gegenüber dem Jahre 1980 seien die »Luftraumverletzungen« um 54 % zurückgegangen.

Folgende Gegenmaßnahmen wurden ergriffen:

- Seit April 1981 wurden zusätzlich sieben diensthabende Hubschrauber der Luftstreitkräfte/Luftverteidigung (LSK/LV), der Volkmarine (VM), der Grenztruppen der DDR und der Gruppe der Sowjetischen Streitkräfte in Deutschland (GSSD) entlang der »Staatsgrenze West« disloziert
- Das Funkmeßfeld wurde verdichtet und die Aufklärungstiefe in Höhen unter 200 Meter erweitert
- Das Zusammenwirken zwischen den LSK/LV und der GSSD »beim Anflug von Kampfflugzeugen kapitalistischer Staaten auf die Staatsgrenze der DDR« wurde verbessert.

Die beim Oberkommando der GSSD akkreditierten Alliierten Militärmissionen hätten im Jahre 1981 in 77 Fällen militärisches Sperrgebiet verletzt, das waren 31 % mehr als im Vorjahr. Beteiligt waren Großbritannien in 46 Fällen (= 59 %), die USA in 22 (= 29 %) und Frankreich in 9 (= 12 %).

Vorwiegend seien Objekte der Landstreitkräfte und der LSK/LV, vor allem in den Bezirken Magdeburg, Frankfurt/Oder und Cottbus, observiert worden. Die VM war davon nicht betroffen.

Der Bericht nannte einige Objekte dieser Sperrgebietsverletzungen:

- die Fla-Raketenabteilung-311, in der Stellungen ausgebaut wurden

- das Funktechnische Bataillon-61, für das ein Gefechtsstand errichtet wurde
- das Pontonregiment-5, das in der Nähe eines Raumes mit verstärkter Übungstätigkeit der NVA und der GSSD an der Elbe untergebracht war
- das Panzerregiment-14, in dem die Einführung eines neuen Panzertyps vermutet wurde
- das Artillerieregiment-7, in dem die Umrüstung der Artilleriebewaffnung auf Selbstfahrlafetten erfolgte.

Streletz hielt es für erforderlich, die Anstrengungen zur Kontrolle der Bewegungen von Angehörigen westlicher Militärmissionen noch enger zu koordinieren.[22]

Während sich der NVR in der ersten Hälfte der sechziger Jahre, wie oben ausgeführt, intensiv mit der »Westarbeit« beschäftigte, beschränkte er sich in den siebziger und achtziger Jahren auf die Bundeswehr und Übungen der NATO.[23] Selbst so wichtige Vorgänge wie der Abschluß des ersten Passierscheinabkommens, am 17. Dezember 1963, die Unterzeichnung des Berlin-Abkommens, am 3. September 1971, und die Unterzeichnung des Grundlagenvertrages, am 21. Dezember 1972[24], finden sich in den Protokollen des NVR nicht wieder. Dabei hätte man das erwarten müssen, denn obwohl der NVR nach seinem Statut nur eine Zuständigkeit für die Bestätigung der »Grundsätze der außenpolitischen Tätigkeit der zuständigen Organe der DDR und Ihrer Organisation im Verteidigungszustand« hatte[25], hatten die genannten Abkommen bzw. Verträge weitreichende Konsequenzen für die bewaffneten Organe der DDR. Auch hier riß also das Politbüro diese Beratungsgegenstände an sich, das allein in der Zeit vom 12. bis 17. Dezember 1963, während der Verhandlungsrunden des DDR-Staatssekretärs Wendt mit dem Berliner Senatsrat Korber, zu sieben Sitzungen zusammentrat.[26]

III.9. Grenzsicherungsanlagen und -maßnahmen

Während die Sicherheitskommission des ZK und der NVR vor 1961 der Grenze zur Bundesrepublik und zu West-Berlin wenig Beachtung geschenkt hatten, stand der »Schutz der Staatsgrenze« in den 71 Sitzungen, die zwischen dem 28. August 1961 und dem 16. Juni 1989 stattfanden, 24mal auf der Tagesordnung. Was dabei die Genossen beschäftigte, soll an Hand von einigen Beispielen illustriert werden.

Gleich am 28. August 1961 wurde ein Befehl des Innenministers über die Ausweisung von unzuverlässigen Personen aus dem Grenzgebiet an der »Westgrenze der DDR« bestätigt. Die im Schieferbergbau Lehesten im Thüringer Wald beschäftigten Arbeiter aus der Bundesrepublik sollten aufgefordert werden, in die DDR umzuziehen. In Berlin hatten bis zum 12. August Arbeitnehmer aus dem Westteil im Ostteil der Stadt gearbeitet (und umgekehrt). Ähnliches fand auch an dieser Stelle der Grenze zu Bayern statt, was das Regime nicht mehr zu tolerieren bereit war. Offenbar konnte man auf die westdeutschen Fachkräfte nicht verzichten. Der NVR ist mit dieser Angelegenheit nie wieder befaßt worden.

In dieser Sitzung sind die Verbände der Deutschen Grenzpolizei als »Grenztruppen der NVA« dem Verteidigungsministerium unterstellt worden. Die am »Ring um Westberlin« stationierten Kräfte unterstanden jedoch noch ein Jahr dem Innenministerium.
Staatssicherheitsminister Mielke, das für Propaganda zuständige Politbüromitglied Norden und Honecker erhielten den Auftrag, »unabhängig voneinander« eine »reale Einschätzung der Lage« vorzunehmen. Dabei sollten sie die »ideologische Entwicklung« einzelner Bevölkerungsschichten vor und nach dem 13. August 1961 erkunden. Zu diesem Zweck sollte in einer Großstadt (Ost-Berlin) und in einem Kreis eine exakte Untersuchung vorgenommen werden. Der NVR wollte wissen, in welchen Bezirken und Kreisen zu welchem Zeitpunkt »Feinde« aufgetreten waren.[1]
Am 29. November 1961 erhielt der NVR eine vorläufige Aufstellung der für den weiteren »pioniermäßigen Ausbau« der Staatsgrenze und der Sperrgebiete benötigten Mittel. Darin enthalten waren unter anderem 21 900 Infanterieminen, die ausdrücklich als Splitterminen bezeichnet wurden, und 1740 Tonnen Stacheldraht. Mielke und Innenminister Maron wurden beauftragt, einen Bericht über den »Menschenhandel« in Berlin und Vorschläge zu seiner Unterbindung vorzulegen.[2]
Die 10. Sitzung am 6. April 1962 billigte Schlußfolgerungen aus einem Bericht über die »Durchsetzung der Ordnung im 5-km-Sperrgebiet«. Kirchen sollten noch strenger überwacht, Gaststätten kontrolliert und vom FDGB Verträge mit privaten Vermietern von Einzelbetten gekündigt werden. Die NVA, die Volkspolizei und die Dienststellen des MfS sollten noch enger zusammenwirken als bisher.[3]
Was Mielke und Maron gegen den »Menschenhandel« zu unternehmen gedachten, billigten die Mitglieder des NVR am 30. Mai 1962. Mit Hilfe der SED und der Nationalen Front sollten Zivilisten an den Autobahn-Raststätten und Parkplätzen, in Lokalen und an Anlegestellen von Lastkähnen mit dem Auftrag eingesetzt werden, die Kontaktaufnahme von Westdeutschen mit DDR-Bewohnern zu verhindern. Bei dieser Gelegenheit mußte das Regime zugeben, daß die eigenen Bestände an Stacheldraht für die ausgedehnten Sperranlagen nicht ausreichten. Minister Balkow, damals noch zuständig für »Außen- und Innerdeutschen Handel«, wurde angewiesen, 700 Tonnen aus der Tschechoslowakei und Ungarn einzuführen.[4]
Der 12. Sitzung am 14. September 1962 lag ein Bericht vor, in dem bemängelt wurde, daß an der Grenze nach West-Berlin täglich durchschnittlich ein »Grenzdurchbruch« passiere, weil noch nicht alle Soldaten, Unteroffiziere und Offiziere erkannten, daß »Grenzverletzer in jedem Fall als Gegner gestellt, wenn notwendig, vernichtet werden müssen«. Die eingesetzten Kräfte seien noch nicht »in der treffsicheren Handhabung der Schußwaffe ausgebildet«. Bedauert wurde, daß es immer noch unübersichtliche Abschnitte gebe, die das Sicht- und Schußfeld behinderten. Hier sollte durch Abriß von Ruinengrundstücken und Schlagen von Schneisen, wo sich die Grenze durch Waldgebiete zog, Abhilfe geschaffen werden. An der innerstädtischen Grenze waren von den 44,75 Kilometern bereits 11,40 Kilometer durch eine Mauer »gesichert«. Geklagt

wurde über die mangelnde laufende Unterhaltung der Sperranlagen. Das Holz sei zum Teil bereits verfault.
In dieser Sitzung wurde zur Kenntnis genommen, daß die in Ost-Berlin eingerichtete Stadtkommandantur in der Hierarchie der NVA den Rang eines Militärbezirkes erhalten hatte. Die rund um West- Berlin stationierten Grenzbrigaden wurden ihr unterstellt und waren somit Teil der NVA.[5]
Der Ost-Berliner 1. Bezirkssekretär, Paul Verner, legte am 18. Juni 1965 einen Bericht über die vom NVR am 20. September 1963 geforderten »weiteren Räumungs-, Verlegungs- und Abrißarbeiten zur Erhöhung der Sicherheit an der Staatsgrenze« vor. Bis zum 31. Dezember 1964 wurden in den an West-Berlin angrenzenden Bezirken Pankow, Mitte und Treptow abgerissen: 50 Wohngebäude, 17 Betriebsgebäude bzw. Betriebsteile und 13 kleinere Bauten (Lauben, Schuppen, Garagen, Ställe und Ruinen). Wegen Schwierigkeiten bei der Sprengung oder Verlegung von Gewerbebetrieben konnten acht Wohn- und drei Betriebsgebäude noch nicht abgerissen werden.
Mit dieser Bilanz war Verner jedoch nicht zufrieden. Bis 1970 waren noch 186 Wohngebäude und 43 Betriebsgebäude sowie 112 kleinere Bauten abzureißen. Die Gesamtkosten wurden für die Jahre 1965 bis 1970 mit über 40 Millionen Mark beziffert.[6]
Sorgen bereiteten den Genossen in den ersten Jahren nach dem 13. August 1961 der »politisch-moralische Zustand« der Grenztruppen. Viele Soldaten konnten den »Kampfauftrag«, auf Deutsche schießen zu müssen, die von Deutschland nach Deutschland gehen wollten, seelisch nicht verarbeiten. Darüber wurde im Abschnitt »Grenztruppen« berichtet.
Am 14. Dezember 1963 lag dem NVR eine Statistik über die Situation an der Grenze zur Bundesrepublik vor. Demnach lebten im 500-Meter-Schutzstreifen 35 951 Bürger, in der Fünf-Kilometer-Sperrzone 303 451. Vom IV. Quartal 1961 bis zum III. Quartal 1963 war 4043 Menschen die Flucht über diese Sperranlagen gelungen, 6468 Fluchtversuche waren gescheitert.[7]
In Übereinstimmung mit einem Politbüro-Beschluß vom 6. Juli 1971 beriet der NVR am 14. Juli 1972 »weitere Maßnahmen zur Erhöhung der Sicherheit und Ordnung an der Staatsgrenze«. Erstmals wurde die Aufstellung von Streckmetallzäunen zur Anbringung von richtungsgebundenen Splitterminen erwähnt und die Vergrößerung des Sicht- und Schußfeldes angekündigt. Da die Größe der Fünf-Kilometer-Sperrzone die dort ansässigen Industriebetriebe in ihrer Arbeit behinderte, wurden 180 Ortschaften und 139 Ortsteile mit 164 955 Bewohnern aus ihr herausgelöst. Damit konnte die Zahl der im Sperrgebiet liegenden Industriebetriebe um 50 % verringert werden.[8]
Sorgen bereitete den Genossen im NVR, daß ihr rigides Grenzregime nicht nur bei Grenzsoldaten, sondern auch in der Bevölkerung der Grenzgebiete auf Unverständnis stieß. Um so mehr, als die westliche Seite nicht untätig blieb. Rundfunkanstalten wie Rias Berlin trafen mit ihren Sendungen für die Bevölkerung Ost-Berlins und der DDR, staatliche Einrichtungen wie das »Studio am Stacheldraht« des Berliner Senats mit ihrer Lautsprecherpropaganda und nichtstaatliche Einrichtungen wie das Ostbüro der SPD mit Ballonaktionen[9] den Nerv des Regimes. Am 20. September 1963 erhielt der ZK-Sekretär für Propaganda,

Norden, den Auftrag, eine Mitteilung zu veröffentlichen, daß von »westlichen Agenturen« durchgeführte Ballonflüge den Flugverkehr und die Bevölkerung gefährdeten. Wenn sie nicht innerhalb von 48 Stunden eingestellt würden, hätte das Gegenmaßnahmen zur Folge.[10] Solche Drohungen fruchteten nichts, später rühmte sich das MfNV eigener Flugblattaktionen, die ein Echo in Presse und Rundfunk der Bundesrepublik gefunden hätten.[11] Die Agitationskommission des ZK nahm es in die Hand, dem »aktiven Auftreten des Gegners an der Grenze« Paroli zu bieten. Sogar DDR-Minister wurden mobilisiert, um im Grenzgebiet in Versammlungen zur Bevölkerung zu sprechen und sie auf den rechten Weg zu bringen. Auch in eine Verstärkung der Politverwaltung im Kommando der Grenztruppen setzte man Hoffnungen.[12]

In keiner der zahlreichen Statistiken über »Grenzdurchbrüche«, Festnahmen und gegnerische »Kontaktaufnahmen« zu DDR-Grenzposten sind Angaben über Tote und Verletzte enthalten. So lag in der 41. Sitzung ein Bericht über die Zeit vom 1. Januar bis zum 31. Mai 1972 vor, in der 237 Personen in den »Handlungsstreifen« der Grenztruppen eingedrungen seien, von denen 134 festgenommen werden konnten, 103 die Flucht gelang. 1183 Fälle von »Kontaktaufnahmen zu unseren Grenzposten, davon 308 an der Grenze zu Westberlin« seien geschehen, in sieben Fällen seien Grenzposten mit der Waffe bedroht oder beschossen worden. Kein Wort über die zwei Menschen, die in dieser Zeit bei einem Fluchtversuch getötet worden sind.[13]

Wie unangenehm es dem Regime war, daß Medien und Justiz (Zentrale Erfassungsstelle der Landesjustizverwaltungen in Salzgitter) in der Bundesrepublik die Toten an Mauer und Stacheldraht immer wieder in das Bewußtsein der Öffentlichkeit brachten, kann man der Vorlage entnehmen, die Verteidigungsminister Hoffmann für die 67. Sitzung des NVR am 1. Juli 1983 einbrachte. Er bedauerte, daß es »gegnerischen Kräften« gelang, die Wirkungsweise der Grenzsicherungsanlagen »aufzuklären«. Die Anzahl der Personen, die den Signalzaun und die Sperranlagen unverletzt überwunden hätten, sei erheblich gestiegen. Die geringe Entfernung zwischen den Sperranlagen mit den Splitterminen (Selbstschußanlagen) und der Grenze, zwischen 30 und 50 Meter, ermögliche es den »Grenzverletzern«, nach deren Auslösung das Territorium der Bundesrepublik unverletzt oder verletzt zu erreichen und sich damit der Festnahme zu entziehen. Die Bergung von verletzten oder toten »Grenzverletzern« durch DDR-Grenzsoldaten könne vom Gegner beobachtet und dokumentiert werden.[14]

Zum Verständnis des Termins der obigen Ausführungen muß daran erinnert werden, daß seit April 1983 Kontakte zwischen dem bayerischen Ministerpräsidenten Strauß und DDR-Staatssekretär Schalck-Golodkowski bestanden. Sie führten am 29. Juni 1983 zu einem Milliarden-Kredit eines privaten Bankenkonsortiums, für den die Bundesregierung die Bürgschaft übernahm. Wie Strauß in seinen Memoiren schrieb, hatte Schalck ihm bei ihrer zweiten Begegnung, die im Mai stattgefunden haben muß, ein elfseitiges Schreiben Honeckers gezeigt (aber nicht ausgehändigt), in dem als Gegenleistung unter anderem eine Beseitigung der Selbstschußanlagen ab Herbst 1983 angeboten wurde.[15]

In der erwähnten Vorlage Hoffmanns wurde ein schrittweiser Abbau der Sperr-

anlagen mit Splitterminen am Grenzzaun I, aber die Anbringung von technisch ständig vervollkommneten Splitterminenanlagen am Grenzzaun II angekündigt, der sich etwa 500 Meter hinter der Grenzlinie befand. Diese Maßnahmen sollten »unter Beachtung der geographischen und demographischen Bedingungen« geschehen, also so getarnt, daß sie weder von DDR-Bewohnern noch von der Bundesrepublik aus eingesehen werden konnten. Dafür würden 340 Hektar land- und forstwirtschaftlicher Fläche benötigt. Besonderes Augenmerk sollte auf den Einsatz neuentwickelter Grenzsicherungsanlagen mit »physikalischen Wirkprinzipien« und »Grenzsignalzaunelektronik« gerichtet werden.[16]
Zu der Anbringung von verbesserten Selbstschußanlagen am Grenzzaun II ist es dann aber nicht gekommen, die bestehenden wurden bis zum 31. Dezember 1984 abgebaut. Auch die Erdminen, die ursprünglich lediglich modernisiert werden sollten, wurden bis zum 1. Juli 1985 geräumt. Gegen diese Initiative der DDR hat übrigens der Oberkommandierende der Gruppe der Sowjetischen Streitkräfte in Deutschland bei Honecker opponiert und anschließend seine Vorgesetzten in Moskau davon unterrichtet. Sie schickten daraufhin den Chef der sowjetischen Grenztruppen in die DDR, der sich davon überzeugen sollte, ob diese Maßnahme die UdSSR und die übrigen Staaten des Warschauer Paktes gefährdete.[17]
Danach beschäftigte sich der NVR am 2. Februar 1984 mit den Sperranlagen in Ost-Berlin, am 25. Januar 1985 mit der »weiteren Erhöhung der Wirksamkeit und der Verantwortung beim Schutz der Staatsgrenze« und am 16. Juni 1989 mit der »Vervollkommnung des Schutzes der Staatsgrenze« zur Bundesrepublik und zu West-Berlin.[18]
In der 69. Sitzung, am 25. Januar 1985, wurde der Verteidigungsminister beauftragt, die Erforschung und Entwicklung von modernen Grenzsicherungsanlagen mit physikalischen »Wirkprinzipien« ohne Minen, aber mit hoher Sperrwirkung, zu beschleunigen. Offenbar reichte das den Genossen nicht aus, sie suchten nach Wegen, die Arbeit der im Grenzbereich tätigen bewaffneten Organe besser zu koordinieren. Jedenfalls befindet sich in den Unterlagen zu dieser Sitzung ein von Verteidigungsminister Hoffmann unterschriebener und von Honecker zehn Monate später, am 29. November, bestätigter »Gemeinsamer Vorschlag für die Schaffung eines einheitlich zu führenden, am Verlauf der Staatsgrenze der DDR zur BRD beginnenden und bis zu den Zugängen zum Grenzgebiet zweckmäßig zu gestaltenden Grenzsicherungssystems«. Dieses sah ein enges Zusammenwirken der Grenztruppen, des MfS und des MdI auf der Ebene der Stellvertretenden Minister, der Grenzkommandos, der Grenzregimenter und der Grenzkompanien vor. Auf der zweiten, dritten und vierten Ebene traten neben den Leitern der Bezirksverwaltungen und Kreisdienststellen für Staatssicherheit und den entsprechenden Dienststellen der Volkspolizei »Grenzbeauftragte des MfS« in Aktion. Auf allen Ebenen sollten periodisch »gemeinsame Lageeinschätzungen« durchgeführt und der Einsatz der freiwilligen Helfer koordiniert werden.[19]

* * *

In dem Prozeß gegen Honecker, Keßler und andere Mitglieder des NVR, der am 12. November 1992 vor dem Landgericht Berlin begann, spielte ein Redebeitrag des Parteichefs am 3. Mai 1974 nach einem Bericht von Generaloberst Keßler »Über die Lage an der Staatsgrenze der DDR zur BRD, zu Westberlin und an der Seegrenze« eine große Rolle. Honecker sagte damals, »Grenzdurchbrüche« dürften »überhaupt nicht zugelassen werden«, es müsse überall »ein einwandfreies Schußfeld gewährleistet werden«. Und schließlich: »Nach wie vor muß bei Grenzdurchbruchsversuchen von der Schußwaffe rücksichtslos Gebrauch gemacht werden, und es sind die Genossen, die die Schußwaffe erfolgreich angewandt haben, zu belobigen.«[20]
Da über die Sitzungen des NVR keine Wortprotokolle gefertigt wurden, wären diese Worte Honeckers verlorengegangen, wenn nicht an diesem Tag Verteidigungsminister Hoffmann wegen einer Erkrankung den Sekretär, Generalleutnant Streletz, beauftragt hätte, für ihn eine Niederschrift mit Diskussionsbeiträgen zu verfassen.
Keßler berichtete in seiner Vorlage, an der 1360 Kilometer langen Grenze zur Bundesrepublik seien etwa 360 Kilometer »neue wirksame Minensperren« errichtet worden. Außerdem befänden sich auf einer Gesamtlänge von etwa 500 Kilometern noch Minensperren aus den Jahren 1961/62, die jedoch wegen der jahrelangen Witterungseinflüsse und der Auslösung durch Wild kaum noch eine Sperrfähigkeit ausübten. Keßlers Aufzählung wurde vervollständigt durch 450 Kilometer Grenzzaun, 450 Kilometer Signalzaun und 430 Kilometer Kraftfahrzeug-Sperrgraben. An der 168 Kilometer langen Grenze zu West-Berlin wurden errichtet: 130 Kilometer Grenzmauer, 59 Kilometer Grenzzaun, 95 Kilometer Kraftfahrzeug-Sperrgraben und 25 Kilometer Höckersperren.
Ein Lob erhielt die Volkspolizei, die in der Tiefe der DDR im Jahre 1973 19 % mehr Personen bei der Fluchtvorbereitung gestellt habe als im Vorjahr, im Grenzgebiet 10 %. Sonst hatte der damalige Chef des Hauptstabes der NVA wenig Positives zu melden: In »provokatorischer Absicht« sei die »Staatsgrenze« vom Gebiet der Bundesrepublik und West-Berlins 1973 von mindestes 4000 Personen »verletzt« (also einige Meter überschritten) worden, das seien 50 % mehr als 1972. Auch Angehörige der in West-Berlin stationierten amerikanischen und französischen Streitkräfte seien daran beteiligt gewesen. Die Mißachtung der Lufthoheit der DDR durch Hubschrauber der US-Armee, des Bundesgrenzschutzes und zivile Sportflugzeuge sei in 60 Fällen registriert worden, über 60 % öfter als im Vorjahr. An der Seegrenze seien 337 Fischerei- und Sportboote, viereinhalbmal mehr als 1972, in Gewässer der DDR eingedrungen. Keßler empörte sich auch über die von verschiedenen Organisationen und Bildungseinrichtungen durchgeführten Besichtigungsfahrten an die innerdeutsche Grenze: 1973 seien es mehr als 360 000 Personen gewesen, eine Steigerung um 15 %. Schließlich seien in 200 Fällen Grenzzeichen beseitigt, zerstört oder beschädigt worden. 20 Grenzposten seien beschossen worden, in 34 Fällen »wurde ihnen der Mord mit der Waffe angedroht«.
3004 Personen hätten 1973 die Flucht versucht, 305 mehr als 1972 (dieser Teil des Berichtes trägt die Überschrift: »Angriffe auf die Staatsgrenze der Deutschen Demokratischen Republik mit dem Ziel des Grenzdurchbruchs«), von

denen 92 % festgenommen wurden. Die Schlußfolgerungen, die Keßler aus seinem Bericht zog, sahen unter anderem den »zielgerichtet« fortzuführenden »pionier- und nachrichtentechnischen Ausbau« der Grenze und die weitere Förderung der Bereitschaft der Grenzbevölkerung vor, die Sicherheitskräfte aktiv zu unterstützen.[21]
Streletz hielt in seiner Niederschrift für Hoffmann die oben zitierte Äußerung über den »erfolgreichen« Schußwaffengebrauch und die Belobigung der Schützen fest. Honecker führte ferner aus, jeder »Grenzdurchbruch« bringe »politischen Schaden für die DDR«. Dann fragte er den Chef der Grenztruppen, Generalleutnant Erich Peter, wieviel Mittel für den weiteren Ausbau des Sperrsystems benötigt würden und ob es möglich sei, die sogenannten »Todesminen« zu überwinden. Der Angesprochene sagte, die genaue Summe liege ihm nicht vor, jedoch koste ein Kilometer Ausbau mit den neuen Splitterminen SM-70 annähernd 100 000 Mark. Aufgrund der Halterung der Minen bzw. durch einen zeitweiligen Stromausfall sei es »Grenzverletzern« in einigen Fällen gelungen, die Minensperren SM-70 zu überwinden, jedoch seien diese Mängel beseitigt worden.[22]
In dem erwähnten Prozeß sagte der ehemalige Sekretär des ZK der KPdSU, Falin, als Zeuge aus, die sowjetischen Parteichefs Breshnew und Gorbatschow hätten Honecker mehrfach gefragt, ob sich die Todesfälle an der Mauer vermeiden ließen. Auch auf niedrigeren Ebenen hätten solche Gespräche stattgefunden. Die Antwort der DDR-Vertreter sei jedesmal gewesen, das Grenzregime sei ihre Angelegenheit, die Toten seien zu bedauern, aber nicht zu vermeiden.[23]

III.10. Beziehungen zu den sozialistischen Staaten, zur Gruppe der Sowjetischen Streitkräfte in Deutschland (GSSD) und Übungen der Vereinten Streitkräfte des Warschauer Paktes

Die Übungen der Vereinten Streitkräfte des Warschauer Paktes waren häufig Anlaß zu großangelegten Propagandakampagnen. Diese sollten die Waffenbrüderschaft mit der Sowjetunion und den anderen sozialistischen Staaten demonstrieren und die eigenen Streitkräfte populär machen. Dabei wurde das Ziel der sozialistischen Militärdoktrin, im Falle eines Krieges den »Aggressor« auf dessen Territorium zu vernichten, offen ausgesprochen. Neben Fachzeitschriften und Wochenzeitungen, wie »Militärgeschichte« und »Volksarmee«, berichteten auch »Neues Deutschland« und andere Tageszeitungen sowie Rundfunk und Fernsehen ausführlich über diese Übungen, so daß sich die westliche Publizistik schon vor dem Zusammenbruch der SED-Herrschaft ein Bild von ihnen machen konnte.[1]
Im Zusammenhang mit der Arbeit des NVR soll hier dargestellt werden, wie sich diese Übungen in seinen Akten niederschlugen, wie sie eingebettet waren in die Beziehungen zur Gruppe der Sowjetischen Streitkräfte in Deutschland (GSSD) und zur sozialistischen Staatengemeinschaft. Dabei sollen die operativen Planungen herausgearbeitet, aber auch Unzulänglichkeiten erwähnt werden, die

bei der Durchführung der Übungen sichtbar wurden, sowie Meinungsverschiedenheiten zwischen den Teilnehmerstaaten des Warschauer Paktes und zwischen der DDR-Führung und der GSSD.
Anfang der sechziger Jahre gab Verteidigungsminister Hoffmann über die gemeinsamen Übungen lediglich mündliche Berichte, was in den Protokollen nur kurz erwähnt wurde.[2] Den NVR beschäftigte damals die Sorge, daß die Wirtschaft der DDR durch die Sowjets überfordert werden könnte. So erhielt am 14. September 1962 die DDR-Delegation für die Sitzung der Ständigen Kommission des Rates für gegenseitige Wirtschaftshilfe für die Verteidigungsindustrie vor ihrem Abflug nach Moskau eine ausführliche »Direktive«. Sie sollte sich dafür einsetzen, daß die Entwicklungs- und Kooperationsverpflichtungen für die Herstellung von Rüstungsgütern mit der vorgesehenen Entwicklung der einzelnen Industriezweige übereinstimmen müßten. Außerdem müsse unbedingt gewährleistet werden, daß die Produzenten von Kriegsmaterial die Lieferung von Ersatzteilen garantierten, solange diese noch benötigt würden. Auf dem Gebiet der Forschung und Entwicklung von militärischen Erzeugnissen müsse eine bessere Abstimmung erfolgen.[3] Es dürfte kein Zufall sein, daß in dieser Sitzung des NVR Sparmaßnahmen im Militär- und Polizeihaushalt für notwendig gehalten wurden und die zuständigen Minister aufgefordert wurden, Honecker innerhalb von 14 Tagen Vorschläge für die Reduzierung des Personalbestandes, des Material- und Warenplanes und der Ausgaben für Forschung und Entwicklung zu unterbreiten.[4]
Am 13. März und am 13. Juni 1963 beschäftigte sich der NVR mit einer im Gesetzblatt Teil I der DDR zu veröffentlichenden Sperrgebietsordnung, über deren Entwurf Ulbricht schriftlich den sowjetischen Botschafter Abrassimow informieren sollte, »damit er für den Fall, daß er Bemerkungen hat, dieselben mitteilen kann«. Im gleichen Sinne sollte Hoffmann an den Oberkommandierenden der GSSD, Jakubowski, herantreten. Zu dieser Sperrgebietsordnung wurde ein intern zu behandelnder Zusatzbeschluß gefaßt, der vorsah, daß »zur Durchführung von militärischen Maßnahmen außerhalb der Territorialgewässer der DDR, die besondere Gefahren für die internationale Schiffahrt oder Luftfahrt nach sich ziehen können, . . . die dafür notwendigen Seegebiete zeitweilig als ›Gefahrenzonen‹ zu erklären« seien.[5]
Am 20. September 1963 nahm der NVR die Übung QUARTETT des Warschauer Paktes zum Anlaß eines Beschlusses, in dem es für erforderlich gehalten wurde, die Truppen »auf moderne Kampfhandlungen und die Bedingungen des westlichen Kriegsschauplatzes (entwickeltes Industriegebiet, viele natürliche Hindernisse usw.) besser vorzubereiten«. Der Verlauf der Übung habe erneut die große Bedeutung der Beweglichkeit der Truppen gezeigt. Die Hauptstoßkräfte auf dem Gefechtsfeld stellten »unter den heutigen Bedingungen die Panzertruppen im Zusammenwirken mit Luftlandetruppen dar, die durch Raketen-, Artillerie- und Pioniertruppen verstärkt und durch massiven Einsatz der Luftstreitkräfte unterstützt werden«. Der NVR forderte die Durchführung von mehr Kommandostabsübungen und Kriegsspielen und verlangte von den Offizieren, daß sie noch intensiver die russische Sprache erlernten und in der Dienstdurchführung anwendeten.[6]

Die gemeinsamen Herbstmanöver erregten offenbar wegen der durch sie verursachten Störung des Produktionsablaufes den Unwillen der Mitarbeiter von Großbetrieben der DDR. Die Parteiorganisationen dieser Betriebe sollten deshalb laut Beschluß vom 13. Oktober 1965 »auf dem Parteiweg« eine spezielle Argumentationshilfe erhalten, in der die Betriebsangehörigen von der Notwendigkeit solcher Übungen überzeugt wurden.[7]
Erstmals für das Manöver OKTOBERSTURM (16. bis 23. Oktober 1965), das im Thüringer Raum stattfand, erhielten die Mitglieder des NVR eine umfangreiche schriftliche Analyse. Ihr ist zu entnehmen, daß an ihm die NVA mit 20 500 (von 64 100) Armeeangehörigen, 520 (von 1204) Panzern, 520 (von 1370) Schützenpanzerwagen, 290 (von 850) Rohren Artillerie und Flak beteiligt war. In dieser Vorlage wird hervorgehoben, daß zwischen der Bevölkerung des Übungsraumes und den Angehörigen der beteiligten vier Armeen (NVA, sowjetische, polnische und tschechoslowakische Armee) eine »herzliche Verbundenheit« bestanden habe. Zur Unterstützung der politischen Arbeit unter den Manövertruppen und der Bevölkerung im Übungsgebiet, aber auch »zur Beeinflussung der westdeutschen Bevölkerung im grenznahen Raum« wurde ein mobiler Sender eingesetzt. Diese »Beeinflussung« wurde durch Hunderttausende Flugblätter unterstützt, die auf das Gebiet der Bundesrepublik verschossen wurden.
Zum ersten Mal wurden auf deutschem Boden Kommandanturen zur Aufrechterhaltung der Sicherheit und Ordnung der Streitkräfte gebildet. 1000 Reservisten wurden eingezogen. Offenbar bereiteten davon betroffene Studenten Schwierigkeiten, denn der NVR forderte, die »sozialistische Wehrerziehung« unter diesen Kreisen der Jugendlichen zu verstärken.[8]
In dieser Sitzung war dieses Gremium damit einverstanden, daß sich die DDR am Haushalt des Oberkommandos und des Stabes der Vereinten Streitkräfte des Warschauer Paktes mit 10 % beteiligte.[9]
Das Manöver MOLDAU (19. bis 25. September 1966) war das bisher größte auf dem Territorium der Tschechoslowakei. An ihm nahm die NVA allerdings nur mit 3900 (von 90 000) Armeeangehörigen teil. Die Politabteilungen der NVA hätten im Rahmen der »politisch-ideologischen Öffentlichkeitsarbeit« bei der Bevölkerung »Verständnis für die Probleme unserer nationalen Politik« und die »Aggressivität des westdeutschen Imperialismus« gefunden. Neben positiven Ergebnissen wurden in dem Bericht, der dem NVR vorlag, auch Mängel festgestellt. So sei das Angriffstempo der Panzer bei der Annäherung an die vordere Linie der Verteidigung (in der Bundeswehr würde man sagen: an den Vorderen Rand der Verteidigung) des Gegners nach dem Absitzen der Mot.-Schützen zu gering gewesen. Bei der Unterstellung der 11. MSD unter die 11. tschechoslowakische Armee »bestanden außer sprachlichen Schwierigkeiten in der protokollarischen Konzipierung Unklarheiten über den Umfang der zu erarbeitenden Dokumentation«. Die Schlußfolgerungen, die aus den Erfahrungen dieses Manövers gezogen wurden, sahen vor, daß »die Vorbereitung der Armeeangehörigen auf den Raketen- und Kernwaffenkrieg weiterhin im Mittelpunkt der Ausbildung stehen muß«. Die Panzertruppenteile müßten befähigt werden, in engem Zusammenwirken mit den Mot.-Schützen »aus jeder Lage in

schwierigem und unbekanntem Gelände schnell, organisiert und voll einsatzbereit in das Gefecht einzutreten und den Angriff zügig in eine große Tiefe zu entwickeln«.[10]
Am 27. Juni 1968, acht Wochen vor dem Einmarsch von Truppen des Warschauer Paktes in die Tschechoslowakei, berichtete Verteidigungsminister Hoffmann über die »Empfehlung« des Oberkommandierenden der Vereinten Streitkräfte des Warschauer Paktes, Marschall Jakubowski, »zur Erhöhung der Gefechtbereitschaft in der Auswertung der israelischen Aggression gegen die arabischen Staaten«. Sie sei in der NVA am weitesten realisiert, gegenwärtig werde daran gearbeitet, daß die Hauptkräfte ihre Unterkünfte 30 bis 40 Minuten nach Auslösung des Gefechtsalarms verlassen können.
Bei dieser Gelegenheit beklagte Hoffmann, daß innerhalb des Warschauer Paktes Rumänien in mehreren Fragen eine abweichende Position einnahm und auch Ungarn nicht immer im Gleichschritt mitmarschierte. Nichts Nachteiliges konnte er über die Tschechoslowakei sagen, was belegt, daß die Prager Reformer nicht den geringsten Zweifel an ihrer Loyalität zum Warschauer Pakt aufkommen ließen. So hätten sich die Verteidigungsminister und die Chefs der General(Haupt)stäbe in mehreren Beratungen mehrheitlich dafür ausgesprochen, daß der Ständige Stellvertreter des Oberkommandierenden und Chef des Stabes, der Befehlshaber der Luftverteidigung und der Chef des Technischen Komitees nur sowjetische Generale sein sollten, obwohl der Politische Beratende Ausschuß (dem die 1. ZK-Sekretäre angehörten) beschlossen hatte, daß diese Positionen auch durch Marschälle oder Generale anderer Mitgliedsstaaten besetzt werden könnten.
Der in den erwähnten Beratungen beschlossene Militärrat aus je einem Stellvertreter des Verteidigungsministers jedes Teilnehmerstaates und dem Oberkommandierenden der Vereinten Streitkräfte konnte wegen der Opposition Rumäniens verbindliche »Empehlungen« nur für Armeen beschließen, deren Vertreter ihnen zugestimmt hatten. Auch den Grundsätzen eines einheitlichen Systems der Luftverteidigung habe Rumänien nicht zugestimmt. An die rumänische Partei- und Staatsführung wollte Marschall Jakubowski erst herantreten, wenn alle anderen zugestimmt hätten; aber auch die Stellungnahme Ungarns blieb aus.[11]
Von 1970 an berichtete Hoffmann häufig über die Sitzungen des Komitees der Verteidigungsminister und des Militärrates. In der 1. Sitzung des Komitees, am 22. und 23. Dezember 1969, habe der sowjetische Verteidigungsminister, Marschall Gretschko, erklärt, die Furcht vor der militärischen Überlegenheit der sozialistischen Staaten sowohl auf dem Gebiet der Kernwaffenrüstung als auch der herkömmlichen Rüstung habe die USA zu Verhandlungen über die Begrenzung der strategischen Rüstungen gezwungen. Jetzt sei der unmittelbare Ausbruch eines Krieges gegen die sozialistischen Staaten nicht zu erwarten, jedoch könnten aus der Ausweitung des Konfliktes im Nahen Osten und der »Aggression der USA in Südvietnam« Gefahren für den Frieden erwachsen. Die Politik der chinesischen Führer laufe sogar auf die Vorbereitung eines Krieges gegen die UdSSR hinaus. Die neue Bundesregierung (Brandt/Scheel) habe die aggressive Politik ihrer Vorgängerinnen nicht geändert. Indirekt mußte Gretschko

jedoch die defensive Militärdoktrin der NATO zugeben. Zwar sei der Einsatz von Kernminen, taktischen und operativ-taktischen Kernwaffen zunächst gegen Ziele auf dem Territorium der DDR, der Tschechoslowakei und Polens vorgesehen, aber andererseits werde das System der Sperren auf dem Gebiet der Bundesrepublik ausgebaut. 2200 Sprengkammern für Kernminen seien bereits bekannt.

Dem Kampfgeist der bundesdeutschen und der amerikanischen Soldaten stellte der sowjetische Verteidigungsminister ein gutes Zeugnis aus, dem der holländischen, belgischen, dänischen und norwegischen ein schlechtes.

Gretschko teilte mit, daß die sowjetischen Divisionen mit 8000 bis 9000 Mann einen zu geringen Personalbestand hätten. Deshalb würden 12 000 angestrebt. Alle Mot. Schützendivisionen würden mit Haubitzen-Artillerieregimentern verstärkt, alle Schützenregimenter mit dem Schützenpanzer BMP ausgerüstet. Auf Grund der Überbetonung der Raketenwaffen in den letzten fünf bis sieben Jahren seien bei der Ausrüstung der Artillerie und der Luftstreitkräfte Fehler gemacht worden. Deshalb seien noch viele veraltete MiG-15, -17 und -19 in Dienst, die 1971 bis 1975 durch MiG-21 und -23 ersetzt würden.

Hoffmann zog aus seinem Bericht Schlußfolgerungen für die NVA: Zur weiteren Erhöhung der Kampfkraft würden die Feldartillerie der Mot. Schützendivisionen von 81 auf 130 Rohre, die Frontfliegerkräfte bis 1975 auf vier bis sechs Staffeln (48 bis 72 Flugzeuge) erhöht werden. Zusätzlich würden 5000 Planstellen, 200 Millionen Mark für Kampftechnik und Ausrüstung, 970 Millionen für Bauinvestitionen benötigt.[12]

In der ersten Sitzung nach dem Sturz Ulbrichts lag ein Bericht über die Kommandostabsübung HERBSTSTURM-71 (13. bis 18. September 1971) vor. An ihr nahmen teil: die Führungen von zwei sowjetischen und einer polnischen Division, die Führungsstellen der Ministerien für Nationale Verteidigung, für Staatssicherheit und des Innern, der Stab der Zivilverteidigung, die Einsatzleitungen der Bezirke Neubrandenburg und Frankfurt/Oder, die Kommandos des Militärbezirkes V und der Volksmarine sowie das Grenzkommando Nord. Parallel zur Angriffsoperation einer Armee mit und ohne Kernwaffen war die Aufgabe der territorialen Kräfte, die ungehinderte Bewegung der Vereinten Streikräfte auf dem Territorium der DDR zu gewährleisten.

Als spielende Armee handelten die Feldführung und die Stäbe des Militärbezirkes V sowie die Führungen der einbezogenen polnischen und sowjetischen Verbände. Sie hatten die Aufgabe, die gegnerische Gruppierung im Raum Lübeck, Lauenburg, Rendsburg zu zerschlagen, Hamburg von Norden zu blockieren, den Nord-Ostsee-Kanal zu überschreiten und den Abschnitt Flensburg, Tondern einzunehmen. Danach sollten der Angriff in Richtung Viborg, Alborg geführt, die Insel Fünen im Zusammenwirken der Vereinten Ostseeflotte eingenommen, die Reserven des NATO-Kommandos Ostseezugänge zerschlagen und die Halbinsel Jütland besetzt werden. Ausdrücklich wurde in diesem Bericht vermerkt, daß die gestellten Aufgaben »annähernd der operativen Planung« entsprachen.

Diese Kommandostabsübung (in der Bundeswehr-Terminologie: Stabsrahmenübung) ist deshalb so wichtig, weil in ihr die Doppelnatur der Militärbezirke zu erkennen ist. Der nicht zur Feldführung gehörende Stab des Militärbezirkes V hatte die Aufgabe, die Stäbe, Verbände, Truppenteile und Einheiten der NVA auf die Kriegsstruktur zu ergänzen, die allgemeine Mobilmachung durchzuführen und den Ausgleich von Gefechtsverlusten vorzubereiten. Er und die Stäbe der Wehrbezirkskommandos »verstanden es,

– die Maßnahmen zur Instandsetzung bzw. Dublierung zerstörter und beschädigter Brücken sowie die Schaffung von Umgehungswegen
– die Organisation des Schutzes der Kräfte und Mittel vor den Wirkungen radioaktiven Niederschlages
– die Durchführung der Spezialbehandlung und der Bekämpfung von Wirkungsherden durch Kräfte der Zivilverteidigung sowie
– den Einsatz von Kampfkräften zur Vernichtung von Diversionsgruppen des Gegners

zweckmäßig zu planen und zu organisieren«.[13]

Wichtigstes Lehrziel (in der Bundeswehr würde man sagen: Übungsziel) der Kommandostabsübung SOJUS-81 war die »Vervollkommnung der Fähigkeiten der Befehlshaber und Stäbe in der Truppenführung beim Übergang aus dem Friedens- in den Kriegszustand und bei der Durchführung von Angriffsoperationen unter den Bedingungen des Einsatzes moderner Kampfmittel«. Verteidigungsoperationen waren nicht vorgesehen.

Teilnehmer waren »die Feldführungen der in der westlichen Richtung zum Einsatz vorgesehenen fünf Fronten (vergleichbar Heeresgruppen der NATO; O.W.) mit ausgewählten Armee- und Divisionsstäben sowie Truppenteilen aller Waffengattungen zur realen Darstellung der Handlungen«. Diese fanden auf den Truppenübungsplätzen der GSSD Jüterbog, Altengrabow und Magdeburg statt. Wie Verteidigungsminister Hoffmann mitteilte, begann am 12. Kriegstag der Übergang zum Kernwaffenkrieg, zunächst mit taktischen Kernwaffen, der schließlich zur Führung »des ersten massierten Kernwaffenschlages mit Einsatz der strategischen Mittel beider Seiten« eskalierte. Aus diesem Bericht geht nicht hervor, welche gegnerischen Gebiete besetzt wurden und wie diese Übung endete.[14]

Über das operativ-strategische Kriegsspiel des Jahres 1982 (es fand vom 10. bis zum 20. Juni statt) erfahren wir nichts in den Akten des NVR. Verteidigungsminister Hoffmann nannte jedoch am 15. Juni Einzelheiten in einem Schreiben an Honecker, in dem er auch über ein Gespräch mit dem sowjetischen Verteidigungsminister, Marschall Ustinow, und dem Oberkommandierenden der Vereinten Streitkräfte des Warschauer Paktes, Marschall Kulikow, berichtete, das am 14. Juni stattgefunden hatte. Kulikow handelte in diesem Kriegsspiel als Befehlshaber auf dem Westlichen Kriegsschauplatz. Beteiligt waren 108 Divisionen, davon 40 Panzerdivisionen, mit 29 000 Panzern, 25 000 Rohren Artillerie und 3500 Flugzeugen, davon 50 % Kernwaffenträger. Die NVA stellte zwei Armeen mit insgesamt elf Divisionen (eine Armee in der ersten Staffel, eine in der zweiten).

Wörtlich heißt es in Hoffmanns Bericht: »Auf den dänischen Inseln wird durch die Sowjetarmee die Anlandung einer Luftlandedivision und von Seelandetruppen vorgenommen. Am Rhein ist im Raum Wesel das Absetzen einer Luftlan-

dedivision vorgesehen. Der Einsatz einer dritten Luftlandedivison ist für die Einnahme von Paris geplant.«
Man ging in diesem Kriegsspiel davon aus, daß Polen und Rumänien aus dem Warschauer Pakt austreten wollten.
Hoffmanns Brief gibt auch einen Einblick in die Beurteilung des rumänischen Staats- und Parteichefs Ceausescu durch die Führungen anderer Mitgliedsstaaten des Warschauer Paktes. Weil er sich geweigert hatte, rumänische Truppen an dem für den Herbst geplanten Manöver SCHILD-82, das in Bulgarien stattfinden sollte, teilnehmen zu lassen, und nicht gestattete, daß Truppen der Verbündeten über rumänisches Territorium verlegt wurden, sagte Ustinow über ihn: »Genosse Ceausescu geht von keiner klassenmäßigen Position an die Beurteilung der Lage heran. Er verkauft praktisch die Interessen des sozialistischen Lagers. Entweder er versteht die gegenwärtige Lage nicht oder er ist vielleicht krank.«[15]
Die realen Handlungen des Manövers SCHILD-82 sahen vor:
- »den Durchbruch einer vorbereiteten Verteidigung des Gegners mit dem koordninierten Einsatz von Panzer- und Mot. Schützendivisionen, Jagdbomberfliegerkräften, Kampfhubschraubern und Truppenteilen der Artillerie;
- die schnelle Entwicklung des erreichten Erfolges durch den Einsatz von hochbeweglichen Manövergruppen, bestehend aus Panzerdivisionen und Luftsturmtruppenteilen;
- die Durchführung von kombinierten Luft- und Seelandeoperationen durch Luftlande- und Marineinfanterieverbände sowie Transportflieger- und Flottenkräfte zur Einnahme von Meerengen, wichtigen Küstenabschnitten und Inselgruppen in der Tiefe des Territoriums des Gegners«.

Nach dieser Beschreibung konnte diese Übung nur der Vorbereitung der Eroberung der NATO-Staaten Türkei und Griechenland dienen. Es wurden modernste Waffensysteme eingesetzt, unter anderen »fallschirmgebremste Bomben, die nach ihrem Aufschlag durch das Versprühen und Zünden von Brandaerosolen auf großen Flächen zur Vernichtung des Sauerstoffes in der Luft und damit zur Bekämpfung umfangreicher lebender Kräfte des Gegners führen«.[16]
Einen bestimmenden Einfluß auf das strategische Denken der militärischen Führung der Sowjetunion hatte damals Generalstabschef Marschall Ogarkow. Bei einem Zusammentreffen mit den Verteidigungsministern der Staaten des Warschauer Paktes Anfang September 1982 in Minsk sagte er, die gegenwärtige internationale Lage sei vergleichbar mit der Situation kurz vor Ausbruch des Zweiten Weltkrieges. Die USA hätten dem Warschauer Pakt »bildlich gesprochen schon den Krieg erklärt«. Er fuhr fort, daß ein Dritter Weltkrieg alle Erdteile und den Kosmos erfassen, ein Kampf zwischen den beiden Weltsystemen auf Leben und Tod sein würde. Die Entscheidung über den Ausgang des Krieges werde aber auf dem Westlichen Kriegsschauplatz fallen. Er kündigte an, daß vorgesehen sei, im Jahre 1983 im Rahmen einer entsprechenden Ausbildungsmaßnahme das Oberkommando auf dem Westlichen Kriegsschauplatz in seiner Kriegsstruktur zu entfalten.[17]
Welche Aufgaben die Vereinten Streitkräfte des Warschauer Paktes auf dem gesamten Westlichen Kriegsschauplatz zu erfüllen hatten, erfahren wir am

ausführlichsten in der strategischen Kommandostabsübung SOJUS-83 (30. Mai bis 9. Juni 1983), über die dem NVR am 1. Juli 1983 in einer von Verteidigungsminister Hoffmann erarbeiteten und unterschriebenen Vorlage berichtet wurde. Zur Darstellung von Gefechtshandlungen wurden die 35. Mot. Schützendivision der GSSD und die 7. Panzerdivision der NVA im vollen Bestand, in der Tschechoslowakei zwei Mot. Schützenregimenter und in Polen drei Divisonsstäbe herangezogen.

Die Darstellung der Ausgangslage ergab, daß die Regierung Griechenlands Handlungen ihrer Streitkräfte im NATO-Bündnis ablehnte, Finnland, Schweden, die Schweiz, Österreich, Albanien und Jugoslawien ihre Neutralität erklärten. Die »Idee der Handlungen« sah auf der NATO-Seite die überraschende Entfesselung eines Krieges am 10. Juni (operative Zeit) vor, mit dem Ziel, die Grenzen der UdSSR zu erreichen. Die Vereinten Streitkräfte hatten die Aufgabe, die »Aggression der NATO mit der Durchführung der strategischen Angriffsoperation« abzuwehren, die Hauptgruppierungen der NATO-Streitkräfte durch die Führung aufspaltender Schläge zu zerschlagen, die Territorien Dänemarks, der Bundesrepublik, der Niederlande, Belgiens und Frankreichs bis zum 35. bis 40. Kriegstag einzunehmen und diese Staaten aus dem Krieg herauszuführen. In der ersten Etappe wurden die Truppen und Flottenkräfte in höhere Stufen der Gefechtsbereitschaft versetzt, in der zweiten im Ergebnis der »von vornherein offensiven Handlungen der Vereinten Streitkräfte . . . den NATO-Streitkräften in den Grenzschlachten eine Niederlage zugefügt«. Die dritte Etappe umfaßte die Handlungen der Truppen und Flottenkräfte »bei der Entwicklung der Operationen in der Tiefe des gegnerischen Raumes«. Neben der NVA und den Grenztruppen erfüllten »die territorialen Kräfte und die Formationen der Zivilverteidigung sowie die Leistungsbereiche der Volkswirtschaft der DDR wichtige Aufgaben«. Die auf dem Territorium der DDR verbliebenen Kräfte hatten die Aufgabe, die Hauptverkehrswege zu unterhalten und bei Zerstörung wiederherzustellen, die geplanten zusätzlichen Massenverbrauchsgüter sowie Instandsetzungskapazitäten bereitzustellen.

An keiner Stelle dieser Vorlage wird angegeben, ob und gegebenenfalls bis zu welcher Linie den gegnerischen Streitkräften ein Einbruch auf das Territorium der DDR oder der Tschechoslowakei gelungen ist.[18] Die Akte »Operativ-Strategische Kommandostabsübung ›SOJUS-83‹«, die im MfNV archiviert wurde, spricht von der »Zerschlagung der eingeschlossenen Kräfte im Raum südlich Gotha«, an der vier Grenzbataillone teilgenommen hätten. An einer Stelle heißt es, daß dem Gegner im Streifen der 18. Armee im Abschnitt Zarrentin—Boizenburg ein Einbruch in einer Tiefe von 20 Kilometern gelungen sei, an einer anderen wird ein Durchbruch der »Westlichen« bis Stendal, Gardelegen, Oelsnitz und Karlsbad erwähnt.[19]

In seinen abschließenden Bemerkungen zu SOJUS-83 sagte Honecker, Verteidigungsminister Hoffmann sollte die »sowjetischen Genossen« bei der Schaffung eines Führungsorgans in der westlichen strategischen Richtung »entsprechend unseren Möglichketien« unterstützen.[20] Hierbei handelte es sich um den von den Sowjets nach SOJUS-83 begonnenen Aufbau des Oberkommandos auf dem Westlichen Kriegsschauplatz, das sein Hauptquartier in der Nähe von

Liegnitz hatte und auf Veranlassung des Generalstabschefs Ogarkow zunächst als rein sowjetisches Kommando betrieben wurde. Es war vom Stab der Vereinten Streitkräfte unabhängig. Offenbar wurde dieses Führungsorgan für die Einsatzplanung für den Ernstfall geschaffen, die nach Auskunft eines ehemaligen Offiziers der NVA nicht zu den Aufgaben des Stabes der Vereinten Streitkräfte gehörte.[21]
Schlußfolgerungen aus der »Gemeinsamen Übung der Truppen der Luftstreitkräfte/Luftverteidigung der Länder des Warschauer Vertrages auf dem Westlichen Kriegsschauplatz GRANIT-86« wurden am 3. Juli 1986 gezogen. Es war die letzte Übung des Warschauer Paktes, über die in einer Sitzung des NVR berichtet wurde. Sie fand in der Zeit vom 2. bis zum 7. April 1986 in der DDR, in Polen, in der Tschechoslowakei und in den westlichen Gebieten der UdSSR und auf der Ostsee statt. Leiter war Marschall Kulikow, doch wurde erstmals das Oberkommando auf dem Westlichen Kriegsschauplatz unter Leitung von Marschall Ogarkow einbezogen. Die beteiligten Oberkommandierenden und ihre Stellvertreter seien zu dem Ergebnis gekommen, daß kompetente Generale und Offiziere der verbündeten Armeen in dem neuen Oberkommando nach Möglichkeit schon in Friedenszeiten eingesetzt werden sollten.
Beim Lesen der von Verteidigungsminister Keßler eingebrachten und von Generaloberst Reinhold, dem Chef der Luftstreitkräfte/Luftverteidigung, erläuterten Vorlage hat man zunächst den Eindruck, daß es sich um eine defensive zweiseitige Übung handelte. 600 Kampfflugzeuge der Typen TU-22, TU-16 und SU-24 von zwei Luftarmeen des Obersten Kommandos und ausgewählten Verbänden der Luftstreitkräfte anderer sowjetischer Gruppen (GSSD, Nordgruppe in Polen, Zentralgruppe in der Tschechoslowakei) handelten als »Westliche«. Ihre Aufgabe war es, die Effektivität neuer Verfahren der NATO beim Durchbrechen der Luftverteidigung des Warschauer Paktes zu untersuchen. Diese 600 Flugzeuge seien zwar nur ein Viertel der im ersten massierten Schlag der Luftstreitkräfte der NATO zu erwartenden Fliegerkräfte, doch sei durch den kombinierten und aufeinanderfolgenden Einsatz der Zieldarstellungsflugzeuge eine ununterbrochene hohe Flugdichte erreicht worden, die die Luftverteidigungskräfte vor hohe Aufgaben stellte.
Insgesamt waren an dieser Übung als »Östliche« sieben Militärbezirke der vier Staaten beteiligt sowie drei Flotten, insgesamt 33 200 Mann Personal, 310 Flugzeuge bzw. Hubschrauber, 74 Fla-Raketenkomplexe, 40 Schiffe und Boote, 7100 Kraftfahrzeuge. Im Rahmen von Mobilmachungsübungen wurden Truppenteile und Einheiten der Luftstreitkräfte/Luftverteidigung der NVA real aufgestellt bzw. mit Reservisten, Fahrzeugen, Maschinen und Geräten aus der Volkswirtschaft ergänzt. Die Erfolge der Funktechnischen Truppen, der Fla-Raketentruppen und der Jagdflieger wurden in diesem Bericht gelobt. Bei einem gemeinsamen Gefechtsschießen am 6. April im Raum Astrachan hätten sie darüber hinaus die Note »Ausgezeichnet« erhalten. Während der Übung baten 581 Armeeangehörige, in die SED aufgenommen zu werden.[22]
Daß es sich bei dieser Übung jedoch nur um die Abwehr des Follow-On-Forces-Attack (FOFA) der NATO-Luftstreitkräfte handelte, die nach der defensiven NATO-Doktrin die einem Angriff des Warschauer Paktes folgenden Staffeln

bekämpfen sollten[23], können wir den Ausführungen von Generaloberst Reinhold entnehmen. Er erinnerte daran, daß die Verantwortung für die Luftverteidigung der DDR der Oberkommandierende der GSSD trage. In einem von Honecker gebilligten Plan der Luftverteidigung sei jedoch »vorgesehen, daß, nachdem die Kräfte der GSSD (Front) auf das (eroberte oder befreite; O.W.) Territorium des Gegners verlegt haben, die NVA die volle Verantwortung für die Sicherung des Luftraumes der DDR übernimmt«.[24]

Am 25. November 1988 berichtete Verteidigungsminister Keßler dem NVR über das Stationierungsabkommen mit der Sowjetunion vom 12. März 1957. Nach dem Wegfall der Besatzungsfunktion der sowjetischen Truppen durch den »Vertrag über die Beziehungen zwischen der Deutschen Demokratischen Republik und der Union der Sozialistischen Sowjetrepubliken« vom 20. September 1955 seien die Bedingungen des Verbleibs der sowjetischen Streitkräfte durch ein »Stationierungsprotokoll« vom selben Tage geregelt worden. Diese Regelung sei jedoch nur in einigen Grundsätzen geschehen, praktische Fragen wurden »Abmachungen an Ort und Stelle« überlassen. Dieses Verfahren sei aber nicht geeignet gewesen, die erforderliche Ordnung zu schaffen. Bei dieser Gelegenheit teilte Keßler mit, die DDR sei damals mit 1,6 Milliarden Mark an den Stationierungskosten beteiligt gewesen, später mit 0,8 Milliarden.[25] Die Kosten dürften in Wirklichkeit weit höher gewesen sein. Noch am 6. Dezember 1983 teilte der Chef des Militärbereiches der Staatlichen Plankommission, Generalleutnant Neidhardt, Verteidigungsminister Hoffmann in einem Schreiben mit, im Volkswirtschaftsplan 1984 seien materielle Gesamtaufwendungen für die GSSD in Höhe von 1,7614 Milliarden Mark vorgesehen.[26]

Auch das Stationierungsabkommen vom 12. März 1957 habe, wie Keßler ausführte, zu keiner befriedigenden Lösung dieses Problems geführt. Die Mehrzahl der Vereinbarungen sei mit der GSSD erst in den achtziger Jahren getroffen worden. Aber immer noch nicht seien geregelt:

»– die Vermittlung von Arbeitskräften für Dienststellen, Betriebe und Einrichtungen der GSSD,
– das Jagdwesen,
– der Umweltschutz,
– allgemeine Fragen der Ordnung und Sicherheit,
– die Zusammenarbeit auf dem Gebiet des Gesundheitswesens,
– der Umschlag von Versorgungsgütern der GSSD im Seeverkehr.«

Keßler klagte darüber, daß die größten Schwierigkeiten auf dem Gebiet der Sicherheit und Ordnung bestünden. Im Jahre 1987 seien durch Angehörige der sowjetischen Truppen 49 Vergewaltigungen, 717 Verkehrsdelikte mit 28 Toten und 40 Raubüberfälle verübt worden.

Die Konsultationspflicht bei der Veränderung der Stärke und Standortverteilung der sowjetischen Streitkräfte sei bis auf die politisch-strategische Entscheidung hinsichtlich der Raketenstationierung nicht wirksam geworden. Eine Festlegung zur Durchsetzung der Sperrgebietsverordnung sei vom Verteidigungsministerium mit der GSSD erst am 15. Januar 1988 getroffen worden.[27]

Keßlers Ausführungen beweisen, daß die Bezeichnung »Freunde« nicht immer ehrlich war (sie wurde schon in den Protokollen der Sicherheitskommission des

ZK verwendet, wenn von den Sowjets die Rede war[28]). Auf der Divisions- und Regimentsebene bestanden aber oft gute Beziehungen zwischen NVA- und GSSD-Offizieren, und viele NVA-Generale und -Offiziere schlossen während ihres Studiums an sowjetischen Militärakademien Freundschaft mit sowjetischen Militärs.(X) Wie weit der offizielle Kult mit den »sowjetischen Freunden« getrieben wurde, illustriert – ein Beispiel für viele – eine Ausgabe der »Deutschen Lehrerzeitung«, des Organs des Ministeriums für Volksbildung, vom 23. Februar 1983. Sie zeigt auf der Titelseite unter der Überschrift »Hüten wir den Frieden wie unseren Augapfel!« ein von einer Kolumne eines sowjetischen Generalobersts eingerahmtes ganzseitiges Foto eines sowjetischen Soldaten, der einen Blumenstrauß in beiden Händen hält.[29]
Honecker und Keßler setzten sich in dieser Sitzung des NVR (es war die vorletzte) dafür ein, daß die Bezeichnung »Gruppe der Sowjetischen Streitkräfte in Deutschland« geändert werde. Das Wort Deutschland erinnerte an das Festhalten der Sowjetunion an ihren Rechten in bezug auf Berlin und Deutschland als Ganzes, die von der DDR bestritten, aber im Zwei-plus-Vier-Vertrag vom 12. September 1990 bestätigt wurden.[30] Am liebsten wäre Honecker und Keßler die Umbenennung in »zeitweilig in der DDR stationierte Streitkräfte« gewesen. Außenminister Fischer wurde beauftragt, mit diesem Anliegen an die sowjetische Regierung heranzutreten.[31] Die Sowjetunion hat jedoch diesem Wunsch durch Umbenennung in »Westgruppe der Truppen« nur zum Teil Rechnung getragen. Allerdings war das ein Pendant zu den Bezeichnungen Nordgruppe (in Polen), Zentralgruppe (in der Tschechslowakei) und Südgruppe (in Ungarn) der Truppen.[32]
Honecker bemerkte zu diesem Tagesordnungspunkt noch, mit den ökonomischen Ressourcen und materiellen Mitteln müsse sorgfältiger umgegangen werden als bisher. Das gelte auch für die Inanspruchnahme von Geländeflächen. Noch wichtiger sei die unbedingte Einhaltung aller Sicherheitsbestimmungen beim Schießen auf Truppenübungsplätzen. Dort müßten an die sowjetischen Truppen dieselben strengen Maßstäbe angelegt werden, wie sie für die NVA und die anderen bewaffneten Organe der DDR bindend seien.[33] Man wundert sich darüber, daß er dieses Thema nicht bei seinen vielen Zusammenkünften mit den sowjetischen Parteichefs zur Sprache gebracht hatte, bei denen unentwegt Bruderküsse ausgetauscht wurden. Daß er es jetzt tat, als die Beziehungen der DDR-Partei- und Staatsführung zum sowjetischen Parteichef Gorbatschow geradezu am Gefrierpunkt angelangt waren, macht mißtrauisch.
Erst unter der Regierung Modrow (November 1989 bis März 1990) wurde vom Verteidigungsministerium die Stelle eines Regierungsverantwortlichen für die Kontakte zur Westgruppe der Truppen vorgeschlagen.[34]

III.11. Bundeswehr und Übungen der NATO

Mit den operativen Planungen und Übungen der NATO sowie der Kampfkraft der Bundeswehr beschäftigte sich der NVR in den ersten Jahren seines Bestehens höchst selten. Das Ministerium für Nationale Verteidigung (MfNV) legte am

20. Januar 1961 einen Bericht über das NATO-Manöver HOLD FAST vor. Es hatte in Schleswig-Holstein stattgefunden, woraus das Ministerium schloß, die »Militaristen in Bonn« hätten die Absicht, die DDR durch einen »Handstreich« zu erobern. Schleswig-Holstein diene ihnen als »strategische Ausgangsbasis Nr. 1«, die Ostsee als »Rollbahn ihres Aggressionskrieges«. Als Beweis für diese Behauptung mußte die geographische Ähnlichkeit Schleswig-Holsteins mit dem Ostseebezirk der DDR (Rostock) und dem Küstengebiet Polens herhalten.[1] Das mißglückte Bild von der Ostsee als »Rollbahn« sollte wohl für große Landungsoperationen der NATO an den Küsten der DDR und Polens stehen.

Die Realität sah anders aus. Angriffsoperationen von Land- und Seestreitkräften von Truppen des Warschauer Paktes, der Durchbruch durch Meerengen und Landungen von See gehörten damals zum Ausbildungsplan der NVA.[2] Beteiligt waren daran Großverbände der Sowjetarmee, der Polnischen Armee und der 5. Armee der NVA sowie die Vereinte Ostseeflotte (VOF), Teile der Luftstreitkräfte/Luftverteidigung und Luftlandedivisionen sowie Marineinfanteriedivisionen der Sowjetunion und Polens.(X) Kommandostabsübungen des Warschauer Paktes, in denen die Aufgabe gestellt wurde, Schleswig-Holstein, die Halbinsel Jütland und die dänischen Inseln zu erobern, fanden mehrfach statt.[3] Charakteristisch für die unterschiedlichen operativen Planungen in Ost und West war die Ausrüstung der Seestreitkräfte mit Landungsfahrzeugen. Während die Volksmarine der DDR in den siebziger Jahren zwölf Landungsschiffe der Frosch I Klasse erhielt, die vollbeladen eine Wasserverdrängung von 4000 Tonnen hatten und zwölf Panzer transportieren konnten, besaß die Bundesmarine lediglich 22 Landungsfahrzeuge der Barbe Klasse, die zehnmal kleiner waren und eine maximale Wasserverdrängung von 403 Tonnen hatten.[4] Dänemarks Marine besaß überhaupt keine Landungsfahrzeuge.[5]

1967 dienten dem MfNV Modernisierungsmaßnahmen der Bundeswehr, unter anderem die Umrüstung der Bundesmarine auf Raketen-Schnellboote, -Fregatten und -Zerstörer sowie die Ersetzung der veralteten HONEST JOHN-Raketen (Reichweite 37 Kilometer) durch LANCE-Raketen (Reichweite bis 120 Kilometer) als Beweis für die »Erhöhung der Angriffskraft der Bundeswehr«.[6] Auf eine Einflußnahme der Bundeswehrführung führte Verteidigungsminister Heinz Hoffmann 1968 die angebliche Eröffnung des allgemeinen Kernwaffenkrieges durch die NATO in den Übungen FALLEX-68/SILVERSTONE und FALLEX-68/GOLDEN ROAD zurück.[7]

1972 berichtete der damalige Chef des Hauptstabes der NVA, Generaloberst Keßler, über die angeblichen Angriffsvorbereitungen der NATO. Sie sei in der Lage, moderne Angriffs- und Verteidigungshandlungen unter allen Bedingungen durchzuführen. Ihre Schwächen bestünden jedoch in dem Ausscheiden Frankreichs aus der militärischen Integration und dem Unvermögen der wirtschaftlich schwachen Mitgliedsstaaten, die Rüstungs- und Personal-Forderungen der NATO-Führung zu erfüllen. Außerdem sei das NATO-Territorium wegen seiner geringen strategischen Tiefe und der Abhängigkeit von Seeverbindungen sehr empfindlich.

Keßler bezeichnete bei dieser Gelegenheit die NATO-Strategie der »Vorneverteidigung« als »Aggressionskriegsführung«. Als Beleg gab er an, daß nach den

Vorstellungen der Bundeswehrführung die Entscheidung ostwärts der Linie Kiel, Hamburg, Weser, Vogelberg, Spessart, Nürnberg, Landshut, Rosenheim sowie in der Ostsee zu suchen sei. Wie man aus dieser Linie eine Aggressionskriegsführung herleiten kann, bleibt unerfindlich, denn ihr muß ja das Eindringen des Warschauer Paktes auf das Territorium der Bundesrepublik vorausgegangen sein. Honecker sagte in seinen abschließenden Bemerkungen zu diesem Tagesordnungspunkt – es waren die Monate, in denen der Grundlagenvertrag zwischen der Bundesrepublik und der DDR ausgehandelt wurde –, die Vermittlung des Feindbildes müsse verstärkt durchgeführt werden. Bei dieser Gelegenheit hob er die Unbesiegbarkeit des Sozialismus und seine große politische, ökonomische und militärische Macht hervor.[8]

Die defensive NATO-Doktrin mußte Keßler bei seiner Berichterstattung über die NATO-Übung WINTEX-73 zugeben. In der vom Verteidigungsminister eingereichten Vorlage heißt es: »Ein Vergleich zwischen dem bei WINTEX-73 gespielten Verlauf der Handlungen und theoretischen Untersuchungen der Bundeswehr zum sogenannten begrenzten Kernwaffeneinsatz ergibt, daß bei Überschreiten der allgemeinen Linie Hamburg, Hannover, Kiel, Würzburg, Bamberg, Schwandorf, Passau durch unsere Kräfte, spätestens aber bei ca. 100 km Eindringtiefe, mit dem Einsatz taktischer Kernwaffen der NATO gerechnet werden muß.«[9]

Den Mitgliedern des NVR muß beim Lesen dieses Berichtes aufgefallen sein, daß der in dieser Übung gespielte Krieg nach dem Willen der NATO nicht mit der Vernichtung des Gegners auf dessen Territorium endete – wie das die sozialistische Militärdoktrin lehrte –, sondern mit dem Rückzug der Verbände des Warschauer Paktes auf ihr eigenes Territorium. Das Bestreben des westlichen Bündnisses, möglichst schnell zu einem Ende der Kampfhandlungen zu kommen, war auch an seinen politischen Initiativen erkennbar, die – nach dem Bericht, der den Mitgliedern des NVR vorlag – am vierten Kriegstag zu einer Feuerpause und Verhandlungen führten. Erst nach deren Scheitern wurden die Kämpfe wiederaufgenommen, wobei von beiden Seiten chemische Kampfstoffe und Kernwaffen eingesetzt wurden. Die Territorien der Sowjetunion, Frankreichs, der USA und Kanadas wurden von Kernwaffenschlägen ausgenommen.[10]

Fortan kamen die WINTEX-Übungen regelmäßig auf die Tagesordnung. Hier soll nur wiedergegeben werden, was bei der Berichterstattung über die einzelnen Übungen an neuen Gesichtspunkten auftrat. Bei WINTEX-75 ging die NATO von einem annähernden Gleichgewicht der strategischen Kernwaffen, aber von einer fast zweieinhalbfachen zahlenmäßigen Überlegenheit der Vereinten Streitkräfte des Warschauer Paktes aus. Aus dem Bericht, den wiederum Keßler gab, geht nicht hervor, wer in dieser Übung die Kampfhandlungen begonnen hat. Er sagte nur, dieser Krieg sei an der Nordflanke der NATO in Norwegen (wo sie hoffnungslos unterlegen war) eröffnet worden und habe nach eineinhalb Stunden auf Mittel- und Südeuropa übergegriffen. Am vierten Kriegstag gingen nach dieser Darstellung beide Seiten zum begrenzten Kernwaffeneinsatz über, die Ausweitung zum allgemeinen Kernwaffenkrieg erfolgte am sechsten Kriegstag. Mit der Führung des ersten massiven Kernwaffenschlages sei WINTEX-75

beendet worden, denn die NATO gehe davon aus, »daß nach massiertem Kernwaffeneinsatz aufgrund der hohen Verluste, umfangreichen Zerstörungen und Aktivierungen des Geländes, der Zerstörung der materiellen Basis und Nachschubverbindungen die Kampfhandlungen der Streitkräfte zum Erliegen kommen und örtlichen Charakter annehmen.«
Aus einer solchen Einstellung läßt sich wohl keine Aggressivität des westlichen Bündnisses herauslesen. Die Hauptschwäche der NATO habe, nach der Analyse, die dem NVR vorgetragen wurde, neben dem Fernbleiben Frankreichs, Portugals, Griechenlands und der Türkei in der mangelnden Rüstungskooperation, geringen Standardisierung von Bewaffnung und Ausrüstung, in den unzureichenden Transportkapazitäten und nicht abgeschlossenen Vorbereitungen im zivilen Sektor bestanden.[11]
Am 9. März 1979 berichtete der Chef der Verwaltung Aufklärung des MfNV über »Die NATO-Ratstagung im Dezember 1978 und ihre Auswirkungen auf die weitere Aggressionsvorbereitung der NATO«. Er behauptete in seinen mündlichen Ausführungen, daß das westliche Bündnis in der Lage wäre, bei einer Mobilmachungsdauer von 25 bis 30 Tagen durch Heranführungen aus den USA und Großbritannien, Eingliederung der französischen Landstreitkräfte und Aufstellung von zusätzlichen Verbänden in den westeuropäischen NATO-Staaten die Zahl seiner Divisionen von 25 auf etwa 75 bis 80 zu erhöhen und die Zahl seiner taktischen Flugzeuge zu verdoppeln. Das würde die NATO in die Lage versetzen, sofort mit Kriegsbeginn offensive Kampfhandlungen zu führen, Einbrüche von 150 bis 180 Kilometer Tiefe auf den Territorien der DDR und der Tschechoslowakei zu erzielen und die Hauptkräfte der in der ersten operativen Staffel eingesetzten Verbände der Vereinten Streikräfte des Warschauer Paktes zu zerschlagen.
In der Vorlage wurde die von den Amerikanern geplante Umrüstung ihrer Mittelstreckenrakete Pershing I (bis 700 Kilometer Reichweite) auf die Pershing II (bis 1800 Kilometer) erwähnt.[12] Dabei wurde verschwiegen, daß der Westen zu dieser Maßnahme gezwungen war, weil er der sowjetischen Mittelstreckenrakete SS-20 (2700 bis 4500 Kilometer) hinsichtlich Treffgenauigkeit, Beweglichkeit und Reichweite nichts Gleichwertiges entgegensetzen konnte und durch sie das Gleichgewicht in Europa ernsthaft gefährdet wurde. Mit der Stationierung von 108 Persing II und von 464 Marschflugkörpern sollte nach dem sogenannten NATO-Nachrüstungsbeschluß vom 12. Dezember 1979 nur begonnen werden, wenn es nicht gelingen würde, bis 1983 in Rüstungskontrollverhandlungen über Mittelstreckenraketen von der Sowjetunion den Abbau der SS-20 zu erreichen, womit ein stabiles militärisches Kräfteverhältnis in Europa hergestellt worden wäre.[13] Daß ein solches Angebot, das damals von der Sowjetunion zurückgewiesen wurde, nicht unrealistisch war, beweist der Abschluß des sowjetisch-amerikanischen Vertrages vom 7. Dezember 1987, der die Zerstörung aller Mittelstreckenraketen größerer (1000 bis 5500 Kilometer) und kürzerer (500 bis 1000 Kilometer) Reichweite vorsah.[14] Aufschlußreich ist, daß in dem Bericht über die NATO-Ratstagung vom Dezember 1979 in der 60. Sitzung des NVR am 19. März 1980 die Bedingungen für den Verzicht auf die Nachrüstung mit keinem Wort erwähnt wurden.[15]

Am 24. Oktober 1983 wurde eine »Mitteilung des Nationalen Verteidigungsrates der DDR« veröffentlicht. In ihr heißt es: Da die USA die Vorbereitungen zur Stationierung landgestützter ballistischer Pershing-II-Raketen und Marschflugkörper mit großer Reichweite in einer Reihe westeuropäischer NATO-Staaten zum Abschluß brächten, seien die Sowjetunion, die DDR und die anderen sozialistischen Staaten gezwungen, zusätzliche Maßnahmen zu ihrer Sicherheit zu ergreifen. Entsprechend einer Vereinbarung zwischen der Regierung der UdSSR und der Regierung der DDR werde auf dem Territorium der DDR mit den Vorarbeiten zur Stationierung von Raketenkomplexen operativ-taktischer Bestimmung begonnen.[16]
Der Entwurf dieser Mitteilung war Honecker entsprechend seiner »Aufgabenstellung« am 21. Oktober von Verteidigungsminister Hoffmann zugeleitet worden. Der Parteichef war damit einverstanden und schrieb an den Rand des Briefes: »Veröffentlichung erfolgt durch Gen. J. Herrmann«[17], das für Agitation und Propaganda zuständige Politbüromitglied. Die sowjetische Seite sah offenbar die Stationierung der Pershing II und der Cruise Missiles nicht so dramatisch, wie sie in der Öffentlichkeit tat. Verteidigungsminister Ustinow sagte Mitte Juli in einem Gespräch mit Hoffmann, zu ihrer Bekämpfung reichten die mobilen operativ-taktischen Raketen der Ebene Armee und Front (mit Reichweiten von 900 Kilometern) aus, es sei nicht erforderlich, deswegen die SS-20 in der DDR und in der Tschechoslowakei zu stationieren.[18]
Am 23. November 1979 sagte der NVA-Aufklärungschef, Generalleutnant Gregori, in seinem mündlichen Bericht über die NATO-Herbstmanöver, im Verlauf von AUTUMN FORGE-79 seien Truppen in Stärke von etwa 120 000 Mann mit etwa 6500 Gefechtsfahrzeugen auf dem Gebiet der Bundesrepublik konzentriert gewesen. Bei der Luftwaffenübung COLD FIRE seien 1200 Kampfflugzeuge eingesetzt worden. Er fuhr fort: »Damit waren zur gleichen Zeit zwei Stoßgruppierungen der NATO-Streitkräfte unmittelbar gegenüber der Deutschen Demokratischen Republik entfaltet, deren Grad der Gefechtsbereitschaft es ihnen ermöglicht hätte, überraschende Aggressionshandlungen in den Richtungen nördlich und südlich von Berlin zu eröffnen.« Über den Übungsverlauf wird in dieser Vorlage wenig ausgeführt. Lediglich wird erwähnt, daß der Seite »Rot« überraschende Überfälle unterstellt wurden, die mit vereinten Anstrengungen aller NATO-Staaten abgewehrt werden konnten. Welches Ziel die »erfolgreiche Gegenoffensive« hatte, erfährt der Leser nicht. Aufschlußreich ist der Hinweis, daß der DDR vier Übungen angekündigt und zu zwei Manövern auf dem Gebiet der Bundesrepublik Manöverbeobachter eingeladen wurden. Da die DDR bei ihrer Ständigen Vertretung in der Bundesrepublik keinen Militärattaché hatte, sei sie dieser Einladung nicht nachgekommen.[19]
In dem Bericht über die NATO-Übung HERBSTSCHMIEDE-80 für die 62. Sitzung des NVR am 21. November 1980 wurde erwähnt, daß sich Belgien aus finanziellen Gründen nicht beteiligt habe. Auch diesmal seien zu drei Manövern Beobachter der DDR eingaladen worden. Diese Einladung sei aber nicht angenommen worden.[20]
Über die NATO-Übung WINTEX/CIMEX-83 erfahren wir in der von Vertei-

digungsminister Hoffmann als Tagesordnungspunkt 1 eingereichten Vorlage für die 67. Sitzung am 1. Juli 1983, daß das westliche Bündnis von einem Kräfteverhältnis 2 : 1 zugunsten des Warschauer Paktes ausging. Wörtlich heißt es in dieser »Information«:
»Trotz anwachsender Kräfteüberlegenheit der Vereinten Streitkräfte des Warschauer Vertrages in den ersten Kriegstagen und Einsatz chemischer Kampfstoffe ab drittem Kriegstag durch denselben, ging die NATO – offenbar im Hinblick auf die hohe Wirksamkeit ihrer modernen Bewaffnung und Kampftechnik – von Einbrüchen auf ihr Territorium aus, die an einzelnen Frontabschnitten bis 100 Kilometer, allgemein aber nur 50 bis 60 Kilometer tief waren.«
Am sechsten Kriegstag wurden von der NATO innerhalb von 7 1/2 Stunden 34 Kernwaffenschläge gegen militärische Ziele außerhalb der Sowjetunion durchgeführt, um die Staaten des Warschauer Paktes zur Einstellung der Kampfhandlungen zu zwingen. Damit der selektive Kernwaffeneinsatz als solcher erkannt wurde, unterrichtete der amerikanische Präsident die Partei- und Staatsführung der UdSSR davon. Mit der Aufnahme von Verhandlungen über die Beendigung des Krieges am siebenten Kriegstag endete die Übung.[21]
Man kann nur darüber staunen, daß die Mitglieder des NVR nicht hellhörig wurden, als ihnen als Tagesordnungspunkt 2 ein Bericht über die Kommandostabsübung SOJUS-83 des Warschauer Paktes vorgelegt wurde, in der ein ganz anderes Szenarium dargeboten wurde, nämlich die Einnahme Dänemarks, der Bundesrepublik, der Benelux-Staaten und Frankreichs bis zum 35. bis 40. Kriegstag.[22]
Am 31. Mai 1985 mußte der Hauptstab des Verteidigungsministeriums in seiner Einschätzung der strategischen Stabsrahmenübung WINTEX/CIMEX-85 folgendes Kriegsbild zugeben: Die NATO ging davon aus, daß es den Streitkräften des Warschauer Paktes, die sechs Stunden nach Kriegsbeginn chemische Kampfstoffe einsetzten, in den ersten beiden Kriegstagen gelang, »den 50 bis 70 km tiefen Sicherungsstreifen zu überwinden und in den folgenden Tagen in die Verteidigungsstreifen der Armeekorps der ersten Staffel 40 bis 60 km tief einzudringen (Angriffstempo: 8 bis 12 km/Tag)«.[23]
Am 3. Juli 1986 beschäftigte sich der NVR mit der Vorlage »Ziele und Hauptrichtungen der operativen Ausbildung der Führungsorgane der Streitkräfte der NATO«. Unter Berufung auf die 18. Sitzung des Komitees der Verteidigungsminister des Warschauer Paktes, die Anfang Dezember 1985 in Strausberg stattgefunden hatte, wurde behauptet, daß die NATO-Verbände befähigt werden sollten, unter allen Lagebedingungen, aber besonders unter Deckung durch großangelegte Übungen in grenznahen Räumen, »zuvorkommende, überraschende Schläge auf die gesamte Tiefe des operativen Aufbaues der Gruppierungen der Vereinten Streitkräfte des Warschauer Vertrages zu führen«. Hier muß den Offizieren des Hauptstabes der NVA bei der Formulierung des Textes eine Freudsche Fehlleistung unterlaufen sein. Selbst wenn diese Aussage stimmte, würden »zuvorkommende« Schläge bedeuten, daß der Gegner, also der Warschauer Pakt, dabei war, einen Angriff zu beginnen. Ähnlich ist es mit der Aussage über die Einbeziehung des FOFA-Konzeptes der NATO, der »zuvorkommenden überraschenden Schläge und der komplexen Bekämpfung durch

Feuer auf die gesamte Tiefe des operativen Aufbaues der Vereinten Streitkräfte des Warschauer Vertrages«.[24]
Die NATO hat nie ein Geheimnis daraus gemacht, daß der *Follow-On-Forces-Attack (FOFA)** das Ziel hatte, die nach Angriffsbeginn des Warschauer Paktes nachfolgenden Landstreitkräfte vor Eintreten in das Gefecht wirkungsvoll zu bekämpfen.[25] Dazu paßt in der NVR-Vorlage die Aussage, in Planspielen seien die 44 wichtigsten geschützten Einsatzflughäfen des Warschauer Paktes bis in die Tiefe von 350 Kilometern sechs Stunden und länger ausgeschaltet worden. Der zweite operative Einsatzschwerpunkt des FOFA sei es, die Einführung der zweiten Staffel der Verbände und Vereinigungen der Landstreitkräfte des Warschauer Paktes, ihr Aufschließen, zu verhindern und den Nachschub für beide Staffeln zu unterbrechen. Auch die Ausbildung auf das schnelle Erringen und Behaupten der Seeherrschaft in der Nordsee kann man nicht mit Angriffsabsichten der NATO in Verbindung bringen. Ihr muß das Eindringen der Vereinten Ostseeflotte des Warschauer Paktes in die Nordsee vorausgegangen sein.
Jeglicher Grundlage entbehrt der in dieser Vorlage behauptete schnelle Vorstoß starker NATO-Verbände auf die Territorien der DDR und der Tschechoslowakei entsprechend dem operativ-strategischen Prinzip der »Vorwärtsverteidigung«.[26] Da war doch Keßler als Chef des Hauptstabes ehrlicher gewesen, als er am 17. Februar 1972 von der »Vorneverteidigung« sprach, auch wenn er sie wider besseren Wissens als »Aggressionskriegsführung« bezeichnete.[27]
Aus diesem Bericht kann man kaum herauslesen, daß der Warschauer Pakt damals einen unmittelbaren Angriff der NATO befürchtete. Denn erst »mit Beginn der 90er Jahre« sei zu erwarten, daß die Möglichkeiten der NATO zur überraschenden Entfesselung sowohl eines Kernwaffen- als auch eines konventionellen Krieges unter dem Deckmantel großangelegter Übungen anwachsen würden.[28]
Am 5. Dezember 1986 behauptete Verteidigungsminister Keßler, der Angriffscharakter der Bundeswehr werde deutlich:
»– in der operativen und Gefechtsausbildung
– in der Organisationsstruktur und Ausrüstung der Truppe
– in der Zuführung neuartiger Munition«.
Wegen der Dichte des Netzes der Militärstützpunkte, der mehr als 600 Garnisonen sowie des Umfangs des auf ihrem Territorium stationierten Truppen und angehäuften Waffen sei die Bundesrepublik »das auf einen Aggressionskrieg am besten vorbereitete Gebiet der Welt«. Die zwölf Divisionen der Bundeswehr seien angriffsorientiert, die Waffensysteme Leopard 2, Tornado und Raketenfregatte 122 seien die leistungsfähigsten ihrer Klasse in den »imperialistischen« Staaten. Fünf Prozent der Industrieproduktion würden in der Bundesrepublik für die Rüstung ausgegeben.[29]
Während immer wieder vom Angriffscharakter der NATO gesprochen wurde, ergibt die Beschreibung der NATO-Übungen durch das MfNV, daß das westliche Bündnis regelmäßig von einer Eröffnung der Kriegsführung durch den Warschauer Pakt ausging. In WINTEX/CIMEX-87 begann der Krieg mit einem massierten konventionellen Schlag der Luft- und Landstreitkräfte und mit

nachfolgenden Angriffsoperationen der Vereinten Streitkräfte in Zentraleuropa. Er griff schon am zweiten Tag auf den Mittleren und Fernen Osten und Mittelamerika über. Auch diesmal waren die gespielten Kriegshandlungen von fieberhaften diplomatischen Aktivitäten begleitet, wobei die NATO hoffte, daß einzelne Staaten des Warschauer Paktes, vor allem Rumänien, auf eine Beendigung des Krieges dringen würden.
Die NATO habe am siebenten Kriegstag einen selektiven Kernwaffeneinsatz erstmals auch mit strategischen Kernwaffen mittlerer Reichweite durchgeführt, und zwar gegen 22 Ziele in der Sowjetunion, acht in der DDR, fünf in Polen, sechs in der Tschechoslowakei, sechs in Ungarn, zwei in Rumänien. Als Ziele waren vorgesehen: 32 Flugplätze, zwei Flottenstützpunkte, elf Führungsstellen, drei Nachschubknotenpunkte, ein Depot für chemische Kampfstoffe.
Nach dieser Darstellung wußte die NATO, daß sie auf dem europäischen Kriegsschauplatz nur dann erfolgreich kämpfen konnte, wenn es ihr gelang, mit ihrer Luftwaffe die zweiten operativen und strategischen Staffeln des Warschauer Paktes vor ihrer Einführung stark zu schwächen oder zu zerschlagen. Zu einer längeren konventionellen Kriegsführung war sie zu schwach. Aus den erwarteten hohen Verlusten ihrer Luftstreitkräfte leitete die NATO ihre Forderung ab, »möglichst schnell neue Waffentechnologien zu entwickeln und zum Einsatz zu bringen, mit denen ähnliche Bekämpfungsmöglichkeiten wie mit Kernwaffen ohne deren Nebenwirkungen erreicht werden«.[30]
Die dem NVR mitgeteilten 49 selektiven Kernwaffenschläge der NATO waren deshalb so aufschlußreich, weil der übenden Truppe in einer ihm nicht vorgelegten Informationsunterlage »Wahrscheinliche Gruppierung und Handlungen der NATO-Streitkräfte« folgende Angaben gemacht wurden:

- Erster massiver Kernwaffenschlag auf dem westlichen Kriegsschauplatz:
  insgesamt 2714 Schläge (ohne Frankreich)
  insgesamt 2874 Schläge (mit Frankreich)
- Folgender Kernwaffenschlag:
  1528 Schläge (ohne Frankreich)
  1624 Schläge (mit Frankreich).

Gleichfalls vorenthalten wurde dem obersten militärischen Gremium der DDR, daß während der Übung WAFFENBRÜDERSCHAFT-80 der 1. Front, die aus der GSSD und der NVA bestand, 840 taktische Atomwaffen zur Verfügung standen, von denen auf dem Zielraum Schleswig- Holstein insgesamt 62, dem Zielraum Ost-Niedersachsen 115, dem Zielraum Nordhessen 175 und dem Zielraum Ostbayern 175 Schläge niedergehen sollten.[31]
Am 3. Juni 1988 heißt es in einer von Verteidigungsminister Keßler eingebrachten Vorlage: »Ausgehend von den Erfordernissen unserer neuen Militärdoktrin (die erstmals defensiv war. In Wirklichkeit handelte es sich um die sowjetische Militärdoktrin; O. W.) kommt es aus unserer Sicht in der weiteren Arbeit darauf an, die Produktion von verteidigungswichtigen Erzeugnissen aus dem grenznahen Raum zur BRD schrittweise entsprechend den gegebenen Möglichkeiten zu verlegen . . .« Offenbar hat die DDR derartiges bis dahin trotz der am 17. September 1982 beschlossenen »Grundsätze für die Vorbereitung des grenznahen Raumes zur BRD auf die Erfordernisse des Verteidigungszustandes« wegen

der offensiven Militärdoktrin des Warschauer Paktes nicht ernsthaft betrieben. Auch weiterhin wurde behauptet, daß die Bundeswehr ständig gefährlicher werde. Generaloberst Streletz berichtete als Chef des Hauptstabes der NVA, durch qualitative Veränderungen in der Militärtechnik eröffneten sich der Bundeswehr Möglichkeiten, Personal einzusparen. So könne durch zielsuchende oder flächendeckende Munition die Wirkung zum Teil um das Fünfzigfache gesteigert werden. Allerdings seien die Kosten enorm. Der Preis für ein Kampfflugzeug sei von sieben auf 70 Millionen DM gestiegen.[32]

Generalmajor Petroschka, Stellvertreter des Chefs des Stabes des Kommandos der Landstreitkräfte der NVA, hatte noch in seiner 1985 fertiggestellten Dissertation »Über die Armeeangriffsoperationen zur Einnahme eines Ballungsgebietes aus der Bewegung ohne Einsatz von Kernwaffen« eine genaue Übersicht über die für einen Krieg auf dem Territorium der Bundesrepublik vorgesehenen »Operations-Richtungen« gegeben:

- Jütländische Operations-Richtung: Ballungsgebiet Hamburg, Verdichtungsräume Lübeck, Kiel
- Küsten-Operations-Richtung: Ballungsgebiet Bremen, Verdichtungsräume Osnabrück, Bremerhaven
- Operations-Richtung Ruhrgebiet: Ballungsgebiete Hannover, Rhein-Ruhr, Verdichtungsräume Braunschweig, Bielefeld, Herford, Kassel, Siegen, Aachen
- Luxemburgische Operations-Richtung: Ballungsgebiete Rhein-Main, Rhein-Neckar, Verdichtungsräume Koblenz, Saarbrücken
- Bayerische Operations-Richtung: Ballungsgebiete Nürnberg, Stuttgart, München, Verdichtungsräume Augsburg, Karlsruhe, Freiburg.

Petroschka war übrigens als Stellvertreter des Befehlshabers und Chef des Stabes der Besonderen Gruppierung an dem Kriegsspiel BORDKANTE-86 beteiligt, in dem Stäbe von bewaffneten Kräften der DDR und der UdSSR unter Leitung des Stellvertreters des Chefs der Landstreitkräfte der NVA, Generalleutnant Skerra, die Eroberung West-Berlins übten. BORDKANTE-Übungen fanden auch in den Jahren 1985, 1987 und 1988 statt.[33]

Von diesen Operations-Richtungen war bei verschiedenen Übungen des Warschauer Paktes die Rede, so in der Operativ-Strategischen Kommandostabsübung SOJUS-83.[34] Um auch der NATO Angriffsabsichten zu unterstellen, konstruierte die NVA-Führung drei auf das Territorium der DDR bzw. der Tschechoslowakei zielende »Richtungen«: die »Berliner Richtung« (I. Armeekorps Bundesrepublik; NATO-Terminologie: I. GE KORPS), die »Leipziger Richtung« (III. Armeekorps Bundesrepublik) und die »Prager Richtung« (II. Armeekorps Bundesrepublik). Diese Angriffsgruppierungen wurden in dem oben zitierten Bericht von Streletz durch alliierte Großverbände verstärkt, so das III. Korps durch die 1. Französische Armee, die, wie dem NVR bekannt war, überhaupt nicht dem NATO-Kommando unterstand.[35] Für diese drei »Richtungen« wurden keinerlei Beweise vorgelegt. Dabei wäre es für die DDR-Aufklärungsorgane ein leichtes gewesen, ein westliches Gegenstück zu Petroschkas Dissertation zu beschaffen – wenn es denn eines gegeben hätte.

In der Vorlage über WINTEX/CIMEX-89, die der NVR für seine letzte Sitzung

am 16. Juni 1989 erhielt, mußte zugegeben werden: Auch diese Übung ging davon aus, daß der Warschauer Pakt diesen Krieg auslöste und seine Streitkräfte ihn mit massierten Schlägen und Angriffsoperationen begannen. Trotzdem wurde in der Schlußfolgerung behauptet, »daß die NATO an ihrer Offensivdoktrin festhält«. Belegt wurde das mit Schlägen der NATO-Luftstreitkräfte in die Tiefe der Staaten des Warschauer Paktes, eine offensive Seekriegsführung und den Kernwaffeneinsatz ausschließlich durch die NATO.
Während der Übung seien die »Aggressionshandlungen im zivilen Bereich« überprüft worden, in allen zehn Bundesländern, in 17 von 26 Regierungsbezirken sowie ausgewählten Kreisen, Städten und Gemeinden. Das »Kriegskabinett« mit Staatssekretär Schreckenberger als Bundeskanzler »Üb« und die zum Führungsorgan der Bundesregierung gehörenden Arbeitsgruppen der Ministerien seien in dessen verbunkerte Führungsstelle nach Neuenahr/Ahrweiler verlegt worden.
Was im zivilen Bereich geschah, läßt sich jedoch schlecht als Aggressionshandlungen hinstellen. Es ging um die Aufrechterhaltung der Staats- und Regierungsgewalt, vielseitige Leistungen des zivilen Bereiches für die NATO-Streitkräfte und die Umstellung der Wirtschaft auf Kriegsproduktion. Die Zwangsevakuierung von mehr als zwei Millionen Personen aus der Grenzzone und aus Einsatzräumen von Streitkräften sowie die Lenkung der erwarteten großen Flüchtlingsströme von etwa 5,6 Millionen Menschen läßt eindeutig auf Verteidigungshandlungen schließen.[36]
Merkwürdigerweise erfahren wir in den Akten des NVR nichts über den NATO-Operationsplan LIVE OAK, der im Falle einer neuerlichen Blockade West-Berlins Anwendung finden sollte.[37]
Der langjährige Leiter der Hauptverwaltung Aufklärung des MfS, Generaloberst Wolf, sagte am 29. Mai 1994 in einer Veranstaltung der »Alternativen Enquetekommission«, er sei »stets über die Tätigkeit der NATO-Verbindungsgruppe ›Live Oak‹ im Bilde gewesen, die für den Fall der Abschnürung West-Berlins entsprechende Vorkehrungen zu treffen hatte. Dazu hätten auch selektive Nuklearschläge gehört«.[38] Staatssicherheitsminister Mielke schickte am 1. Juli 1969 dem damaligen Partei- und Staatschef Ulbricht ein streng geheimes, persönliches Schreiben, dem er einen Bericht über »Pläne, Absichten und Maßnahmen des westdeutschen Imperialismus zur Verschärfung des aggressiven Kurses gegen die DDR und andere sozialistische Staaten« beifügte. Darin heißt es in dem Abschnitt »Zur militärischen ›Krisenplanung‹ für Westberlin«, die geplanten streng geheimen Maßnahmen begännen mit Sondierungsversuchen auf der Autobahn mit kleinen nicht-kombattanten Einheiten und reichten bis zum Einsatz von britischen, amerikanischen und französischen Truppenteilen, die insgesamt die Stärke einer Division erreichen könnten, zur gewaltsamen Öffnung der Zugangswege nach West-Berlin. Daneben gebe es einen weiteren Katalog von Maßnahmen, bis zum Angriff in Korpsstärke zur Schaffung territorialer Faustpfänder. Die Pläne für die Luftstreitkräfte reichten von der Gestellung eines Begleitschutzes für Transport- und Passagiermaschinen in den Luftkorridoren bis zum Angriff auf militärische Ziele auf dem Territorium der DDR. Es gebe auch einen Plan zur Zündung von Kernwaffen in großer Höhe über

militärischen Objekten in der DDR, wodurch der Wille zum Einsatz nuklearer Mittel demonstriert werden solle.[39]
Einige westliche Militärs vermuten, daß die Pläne des Warschauer Paktes zur Eroberung West-Berlins die »Antwort« auf LIVE OAK gewesen seien, wie überhaupt die östliche Seite an die Gefahr eines westlichen Angriffs geglaubt habe.[40] Den Autor vermag das nicht zu überzeugen. Die Sowjetunion hat sicher gewußt, daß eine erneute Blockade West-Berlins eine eindeutige Verletzung eines der »three essentials« Präsident Kennedys vom Juli 1961 gewesen wäre[41] und eine westliche Gegenaktion ausgelöst hätte. Daraus konnte keine Bedrohung geschlußfolgert werden. Auf der anderen Seite war, wie in diesem Buch an mehreren Stellen ausgeführt wurde, die sowjetische Militärdoktrin bis 1987 eine reine Angriffsdoktrin, waren die Streitkräfte des Warschauer Paktes auf einen Verteidigungskrieg überhaupt nicht vorbereitet. Schließlich hätte auch die Furcht vor einem Angriff der NATO in keinem Fall das strategische Ziel gerechtfertigt, Westeuropa bis zur spanischen Grenze zu erobern.[42]

III.12. Stellungnahmen zu aktuellen Vorgängen

III.12.1. 13. August 1961

Die Protokolle des NVR geben für die Vorgeschichte des 13. August 1961 überhaupt nichts her. Kein einziges Mal wurde in den Sitzungen die Flüchtlingswelle angesprochen. In den sechs Sitzungen, die in der Zeit vom 16. März 1960 bis zum 23. Juni 1961 stattfanden – sie dauerten unter Ulbricht länger und waren weniger reglementiert als unter Honecker –, wurde laut Protokoll zweimal ausführlich über die »militär-politische Arbeit« beraten.[1] An keiner Stelle gibt es einen Hinweis auf Beratungen über Möglichkeiten, den Flüchtlingsstrom zu stoppen, oder Berichte über diesbezügliche Kontakte zur Sowjetunion und zu den anderen Teilnehmerstaaten des Warschauer Paktes. Es fällt auf, daß in der entscheidenden Zeit zwischen dem 23. Juni und dem 28. August 1961 keine Sitzungen des NVR abgehalten wurden. In den ersten drei Sitzungen nach dem 13. August – am 28. August und am 29. November 1961, am 11. Januar 1962 – beschäftigte er sich mit den »Sicherungsmaßnahmen« an der Grenze zu West-Berlin und an der Staatsgrenze der DDR, über die im Kapitel »Grenzsicherungsanlagen und -maßnahmen« berichtet worden ist.[2]
Anders als das Politbüro, das während der Berliner Passierscheinverhandlungen in der Zeit vom 12. bis zum 17. Dezember 1963 fünfmal zusammentrat[3], war der NVR ein schwerfälliges Organ, das in Krisenzeiten nur durch seinen Vorsitzenden handelte. Das sollte sich im Sommer und Herbst 1989 wiederholen.[4]
Es fällt auf, daß der NVR in seiner ersten Sitzung nach dem 13. August, am 28. August, als Tagesordnungspunkt 1 nicht die Situation in Berlin behandelte, sondern dem Politbüro vorschlug, den Entwurf eines Gesetzes über die Allgemeine Wehrpflicht zu bestätigen.[5] Offenbar brauchte man jetzt nicht mehr zu befürchten, daß durch sie junge Menschen zusätzlich veranlaßt würden, aus der DDR zu flüchten. Wie unzulänglich damals das Ineinandergreifen von Politbüro

und NVR funktionierte, beweist die Tatsache, daß in einem Politbüro-Beschluß vom 22. August der NVR beauftragt wurde, am Montag, also am 28. August, die Frage des Verhaltens von Schülern und Studenten zu behandeln, die in West-Berlin zur Schule bzw. Hochschule gegangen sind, das NVR-Protokoll von diesem Tag aber keinen Hinweis auf einen derartigen Beratungsgegenstand enthält.[6]

Zur »Einweisung in die vorgesehenen Maßnahmen zur Sicherung der Staatsgrenze der DDR zu Westberlin« lud Ulbricht als Vorsitzender des NVR zum 12. August, 22 Uhr folgende Personen nach Groß Dölln am Rande der Schorfheide ein: den amtierenden Ministerratsvorsitzenden Stoph, den Ost-Berliner Oberbürgermeister Ebert, den Volkskammerpräsidenten Dieckmann, die Vertreter der Blockparteien im Staatsrat, Gerlach (LDPD), Götting (CDU), Homann (NDPD) und Rietz (DBD), den Nationalratspräsidenten Correns und den Sekretär des Staatsrates, Gotsche. Diese Namen enthält eine Aufstellung, die der Sekretär des NVR, Generaloberst Streletz, am 22. Februar 1980 fertigte, wobei er hinzufügte, daß ein Protokoll über diese Einweisung, die bereits um 23 Uhr endete, nicht vorhanden war.[7]

Am 13. August 1961 um 1 Uhr erließ Ulbricht einen Befehl an die Vorsitzenden der Bezirkseinsatzleitungen, in dem die Alarmstufe I angeordnet wurde. Für die Kampfgruppen der an Berlin grenzenden Kreise Bernau, Oranienburg, Nauen, Potsdam, Zossen und Königs Wusterhausen wurden Alarmstufe II und volle Gefechtsbereitschaft in festgelegten Konzentrierungsräumen befohlen. Besonders gefordert war die Ost-Berliner Bezirkseinsatzleitung. Sie war noch am 4. September verpflichtet, ständig zwei motorisierte Kampfgruppen-Bataillone als diensthabende Einheiten in ständiger Einsatzbereitschaft zu halten. Die »Kämpfer« mußten sich mit voller Bewaffnung und Ausrüstung 24 Stunden in ihrem Betrieb aufhalten und wurden während der Tageszeit in der Produktion eingesetzt.

In den folgenden Wochen erhielt Innenminister Maron von Ulbricht mehrere Befehle, in denen er angewiesen wurde, an »gefährdeten Abschnitten an der Staatsgrenze zwischen der Hauptstadt der DDR und Westberlin massive Sperranlagen« zu errichten. Verteidigungsminister Hoffmann und Staatssicherheitsminister Mielke erhielten den Befehl, diese Maßnahmen zu unterstützen.[8]

Das operative Gremium, das ab 14. August 1961 alle Maßnahmen, die mit der Verhängung der Sperrmaßnahmen zusammenhingen, beriet, war der Zentrale Stab. Er hielt in der Zeit vom 14. bis zum 18. August täglich zwei Sitzungen ab, in der Regel zwischen 8.00 und 11.30 Uhr sowie zwischen 19.00 und 21.30 Uhr. Vom 19. bis zum 21. August tagte er nur einmal. Zu seiner letzten Sitzung trat er am 20. September zusammen. Teilnehmer waren regelmäßig Honecker als Vorsitzender, der Ost-Berliner 1. Bezirkssekretär, Paul Verner, Staatssicherheitsminister Mielke, Verkehrsminister Kramer, Vertreter des MfNV und des MdI, der Ost-Berliner Polizeipräsident, Generalmajor Eickemeier, ein Vertreter der sowjetischen Botschaft, ein bis zwei Vertreter der GSSD und Mitglieder der Kontrollgruppe des NVR, von der die Protokolle gefertigt wurden. Der Zentrale Stab leistete jedoch nicht Zuarbeit für den NVR, sondern für das Politbüro. Von Fall zu Fall nahmen an den Sitzungen auch der amtierende Ministerratsvorsitzende Stoph, Verteidigungsminister Hoffmann, Innenminister Maron und der ZK-Sekretär Norden teil, dreimal hatte Partei- und Staatschef Ulbricht den Vorsitz.

Beratungsgegenstände des Zentralen Stabes waren »Provokationen« von West-Berliner Seite, durch die Absperrmaßnahmen bedingte Umleitungen des Verkehrs, die Situation an den »Kontrollpunkten«, Probleme bei der Unterbringung von Ost-Berlinern, die bis zum 12. August in West-Berlin gearbeitet hatten, in Ost-Berliner Betrieben, Probleme der medizinischen Versorgung und der Sicherung des Theaterbetriebes in Ost-Berlin, die durch das Ausbleiben von »Grenzgängern« aus West-Berlin entstanden waren. Berichtet wurde über die ständige Verbesserung der Sperranlagen, die Verhinderung von »Grenzdurchbrüchen«, »Republikfluchten« und »Fahnenfluchten« sowie die Vornahme von Verhaftungen. Sorgen bereitete in einigen Sitzungen die Versorgungslage in Ost-Berlin und die Versorgung der Angehörigen der Kampfgruppen. Mehrmals beschäftigte sich der Zentrale Stab mit der Situation der SPD im Ostteil der Stadt, wobei das Bestreben erkennbar war, Gruppen von SPD-Mitgliedern zu Erklärungen gegen den Berliner Landesvorsitzenden und Regierenden Bürgermeister, Willy Brandt, zu veranlassen. Redebeiträge der sowjetischen Vertreter wurden im Protokoll nicht festgehalten.[9]

Am 20. August berichtete Verner, für den Fall, daß der amerikanische Vizepräsident Johnson während seines Berlin-Besuches nach Ost-Berlin fahren sollte, würden im Polizeipräsidium 200 FDJler und 150 Kämpfer der Kampfgruppen mit Fahrzeugen bereitstehen. Sie hätten die Aufgabe, Johnson bei seinem Eintreffen demonstrativ folgende Parolen zuzurufen: »Ami go home«, »Wir fordern eine Freie Stadt Westberlin«, »Für den Abschluß eines Friedensvertrages«, »Wir sind für friedliche Verhandlungen«. Daß das SED-Regime nicht friedlich war, kann man auch einer Äußerung Honeckers am 20. September entnehmen: »Gegen Verräter und Grenzverletzer ist die Schußwaffe anzuwenden. Es sind solche Maßnahmen zu treffen, daß Verbrecher in der 100 m Sperrzone gestellt werden können. Beobachtungs- und Schußfeld ist in der Sperrzone zu schaffen.«

Am 21. August wurde auf den NVR Bezug genommen. Ihm sollten bis zum 28. August der Kommandeur, der Politstellvertreter und der Stabschef der neu aufzustellenden Grenzbrigade zur Bestätigung vorgelegt werden. Bei dieser Gelegenheit wurde beschlossen, die 1. Mot. Schützendivisision (MSD) – mit Ausnahme des Mot. Schützenregimentes-3 und des Panzerregimentes-1 – in ihre Objekte zurückzuverlegen. Die 8. MSD sollte feste Unterkünfte in Ost-Berlin beziehen.

In dieser Sitzung wurde die Einführung von Tagespassierscheinen für »westberliner Bürger« beschlossen, da von ihnen die bisherige Freizügigkeit mißbraucht und Schiebung mit West-Berliner Ausweisen betrieben worden sei.[10] Das DDR-Innenministerium erließ am folgenden Tag eine entsprechende Bekanntmachung und kündigte die Ausgabe von solchen Passierscheinen durch in West-Berlin einzurichtende Büros an. Diese wurden von den alliierten Stadtkommandanten am 26. August geschlossen, da sich die DDR die Ausübung von Hoheitsrechten in West-Berlin angemaßt habe. Das hatte zur Folge, daß West-Berliner bis zum Abschluß des Passierscheinabkommens vom 17. Dezember 1963 den Ostteil der Stadt nicht mehr besuchen durften.[11]

Das Politbüro hielt schon am 14. August 1961 eine Sitzung ab, in der »Schlußfolgerungen aus der gegenwärtigen Lage und aus dem Stand der durchgeführten Maßnahmen« beschlossen wurden. Folgende Dokumente wurden bestätigt: der Befehl des Innenministers »Erhöhung der Sicherheit im Grenzsperrgebiet und an der Staatsgrenze West«, seine Mitteilung, daß »auf Provokationen von westberliner Seite (Steinwürfe etc.) ab sofort mit entsprechenden Gegenmaßnahmen geantwortet wird«, und die »Verordnung über den Besitz und die Verwendung von Personalausweisen«, die vom amtierenden Ministerratsvorsitzenden und vom Innenminister unterzeichnet wurde.

Schon am nächsten Tag wurde eine »Einschätzung der gegenwärtigen Lage in Durchführung der Beschlüsse der Volkskammer und des Ministerrates« beschlossen. Ferner wurden drei Beschlüsse des Zentralen Stabes bestätigt. In ihnen ging es um die Ausarbeitung von Plänen für den weiteren Ausbau der Grenzsicherung, für den Übergang zu einer »regulären Sicherung« und für die Sicherung der »Staatsgrenze West« durch Truppenteile der Deutschen Grenzpolizei und der NVA.

Am 22. August beschloß das Politbüro weitere »Maßnahmen zur Sicherung der Grenze der DDR«. Mit seinem Beschluß »Zu einigen Fragen der Verteidigung der DDR« am 29. August wurde der vom NVR vorgelegte Entwurf eines Gesetzes über die Allgemeine Wehrpflicht bestätigt; ebenso die Unterstellung der Verbände der Deutschen Grenzpolizei (außer der im Ring um West-Berlin eingesetzten Truppenteile) unter das Verteidigungsministerium.[12]

III.12.2. Der Vietnamkrieg

Der Vietnamkrieg hat den NVR mehrfach beschäftigt. Am 26. Januar 1966 erhielt Verteidigungsminister Hoffmann nach einer Aussprache den Auftrag, eine umfangreiche Auswertung der Erfahrungen, die in diesem Krieg gemacht wurden, vorzulegen.[13] Das geschah dann schon am 25. März, als ein Bericht über die »Berücksichtigung der Kampferfahrungen der Demokratischen Republik Vietnam« vorlag, der eine Fülle von Aktivitäten auslöste. Zwei Offiziere, einer von der Verwaltung Operativ des Hauptstabes der NVA und einer vom Kommando der Luftstreitkräfte/Luftverteidigung, wurden als Journalisten getarnt mit dem nächsten Korrespondenteneinsatz des Verbandes der Journalisten der DDR nach Vietnam geschickt. »Unmittelbare Kampferfahrung« sollten acht hochkarätige Armeeangehörige machen, geführt vom Chef der Artillerie- und Raketentruppen, Generalleutnant Kunath. Weitere Teilnehmer waren unter anderen der stellvertretende Chef der Verwaltung Operativ, ein stellvertretender Divisionskommandeur der Landstreitkräfte, je ein verantwortlicher Offizier des Kommandos der Luftstreitkräfte/Luftverteidigung und des Kommandos der Volksmarine sowie ein leitender Politoffizier.

Das MfNV wurde angewiesen, die Erfahrungen der Kriegsführung in insbesondere auf dem Gebiet der Luftverteidigung des Landes und der luftabwehr zu berücksichtigen. Das sollte Auswirkungen auf die Ausbildung der Fla-Raketentruppen, der Fliegerkräfte, der Funktechnischen Truppen sowie der Kommandeure und Stäbe haben. Aber auch an die Kampfgruppen der Arbeiterklasse wurde dabei gedacht. In zwölf Großbetrieben erhielten sie aus Beständen des Verteidigungsministeriums insgesamt 100 Fla-Geschütze des Kalibers 37 mm. Zu den ausgewählten Betrieben gehörten die Warnow-Werft in Warnemünde, die Volkswerft Stralsund, das Ernst-Thälmann-Werk in Magdeburg, der VEB Waggonbau Dessau, das Erdölverarbeitungswerk Schwedt und die Leuna-Werke »Walter Ulbricht«. Die Genossen versprachen sich davon den Schutz dieser Betriebe und in der Nähe gelegener Anlagen gegen tieffliegende Kampfflugzeuge.[14]

Die am 17. Februar 1979 von China begonnene »begrenzte Strafaktion« gegen Vietnam nahm der NVR am 9. März 1979 zum Anlaß, einen Beschluß zu fassen, in dem es heißt:

»Die Tätigkeit auf dem Gebiet der Agitation und Propaganda ist weiterhin darauf zu konzentrieren, die antikommunistische Politik Chinas schonungslos zu entlarven, den verbrecherischen Überfall auf das vietnamesische Volk entschieden zu verurteilen und den heldenhaften Kampf der vietnamesischen Genossen vielfältig zu propagieren sowie die Solidarität mit dem vietnamesischen Brudervolk auf allen Gebieten zu verstärken.«[15]

Honecker sprach von der Bereitschaft vieler Jugendlicher der DDR, als Freiwillige Schulter an Schulter mit den vietnamesischen »Klassengenossen« gegen den »Aggressor« zu kämpfen. Verteidigungsminister Hoffmann erhielt den Auftrag, den Bitten der vietnamesischen Genossen nach Lieferung von militärischer Technik und Ausrüstung nach Möglichkeit zu entsprechen. Der Sekretär des NVR, Generalleutnant Streletz, der seit Januar 1979 die Funktion des Chefs des Hauptstabes der NVA bekleidete, sagte in seinem »Mündlichen Bericht zur Aggression Chinas gegen die Sozialistische Republik Vietnam«, daß die Vietnamesische Volksarmee den chinesischen Truppen an Kampferfahrungen und in der Ausrüstung überlegen sei und immer besser die moderne sowjetische Bewaffnung beherrsche.[16]

China hatte bereits am 5. März die Einstellung der Kampfhandlungen bekanntgegeben und den Rückzug seiner Truppen aus Vietnam begonnen.[17] Die Genossen des NVR bewiesen mit ihrer vier Tage später erfolgten Beratung dieses Themas, wie wenig flexibel sie waren.

III.12.3. Naher Osten

Am 1. September 1967 berichtete der neue Chef des Hauptstabes der NVA, Generaloberst Keßler, über die »Aggression Israels im Rahmen der Globalstrategie der USA«. Sie sei ein Versuch der militärischen Zerschlagung der »wichtigsten Formation der nationalen Befreiungsbewegung, der Bewegung der arabischen Völker«. Von ihr erhofften sich die »USA-Imperialisten eine Entlastung zugunsten ihrer Aggression gegen das vietnamesische Volk«.

Die »Bonner Intervention im Nahen Osten« (gemeint war die Aufnahme diplo-

matischer Beziehungen der Bundesrepublik zum Staat Israel) habe zu einer Verstärkung der ökonomischen und militärischen Grundlagen der expansionistischen Politik Israels beigetragen. Durch ihre eindeutige politische und moralische Hilfestellung für Israel habe sich der »Bonner Staat« erneut als »entschiedenster Vertreter israelischer Aggressionspolitik erwiesen«.
Die israelische Armee habe die Erfahrungen der deutschen und der britischen Truppen in den Afrikafeldzügen des Zweiten Weltkrieges »allseitig ausgewertet«. Das politische Ziel der Israelis sei der »Sturz des fortschrittlichen Regimes«, die Ausschaltung des Einflusses der Sowjetunion und anderer sozialistischer Staaten und die Wiederherstellung der Erdölmonopole der »imperialistischen Staaten« in diesem Teil der Welt gewesen. Dieses Ziel sei nicht erreicht worden, im Gegenteil sei der Einfluß der USA, Großbritanniens und der Bundesrepublik »entscheidend geschwächt«.
Als Ursache der Niederlage der arabischen Staaten bezeichnete Keßler ihre Uneinigkeit und die mangelnde Absprache vieler ihrer Aktionen mit der Sowjetunion. Eine große Schuld gab er dem ägyptischen Feldmarschall Amer, der zwei Tage vor Beginn des israelischen Angriffs befohlen habe, die Vorbereitung der Verteidigung an der israelischen Grenze abzubrechen und den Angriff zu planen. Den Kommandeuren Ägyptens, Syriens und Jordaniens fehle es an »politischer Stählung«. Außerdem verträten sie nicht die fortschrittlichen politischen Ziele Nassers.
Der Berichterstatter konnte den israelischen Streitkräften seine Anerkennung wegen des hohen Standes ihrer Allgemein- und Spezialausbildung, ihrer wirksamen Gefechtsausbildung und ihres Kampfwertes nicht versagen.
Aufschlußreich sind die Schlußfolgerungen für die Landesverteidigung der DDR. Der Nahostkonflikt bestätige, daß die »imperialistischen Staaten« in der Lage seien, bei den Angehörigen ihrer Armeen »mit den Mitteln einer ununterbrochenen und raffinierten psychologischen Beeinflussung ein hohes Maß an Kampfbereitschaft zu erzeugen und ihnen ein durchaus stabiles Wehrmotiv zu geben«. Das werde von den Bonner Militärs gründlich ausgewertet, weshalb sich die Angehörigen der NVA auf eine »unerbittliche militärische Klassenauseinandersetzung mit der westdeutschen imperialistischen Armee für den Fall eines möglichen Krieges in Deutschland vorbereiten« müsse.
Die NVA müsse deshalb ihre Gefechts- und Einsatzbereitschaft ständig erhöhen, was eine der wichtigsten Voraussetzungen zur »erfolgreichen Zerschlagung des imperialistischen Aggressors auf seinem Territorium« sei, »wenn er einen Angriff auf unser sozialistisches Vaterland wagen sollte«. Mehr als bisher müßten Kommandostabsübungen und Truppenübungen unter realen Bedingungen abgehalten werden. Das Luftwarnsystem der DDR müsse unkontrolliertes Einfliegen, besonders in niedrigen Höhen, ausschließen. In Absprache mit dem Oberkommando der GSSD würden Maßnahmen zur Vervollkommnung des Systems der Luftverteidigung und der gefechtsmäßigen Sicherung der Staatsgrenze zur Bundesrepublik getroffen werden.
Einen Schwerpunkt bilde der Einsatz panzerbrechender Waffen und mobiler Panzertruppenteile, »um bereits vor der vollen Entfaltung der Verbände einen Einbruch des Gegners zu verhindern«. Auf jedem Feldflugplatz werde gegen

tieffliegende Luftangriffsmittel eine 57-mm-Fla-SFL-Batterie bzw. Flakbatterie 14,5 mm Vierling stationiert. In den Landstreitkräften werde die Ausbildung der Mot.- Schützen zur Bekämpfung von Tieffliegern verstärkt.[18]
Der Nahe Osten im weiteren Sinne war noch einmal Gegenstand einer Erörterung im NVR. Am 17. Mai 1973 teilte Honecker mit, die palästinensische Terrororganisation »Schwarzer September« habe in Briefen und Anrufen gedroht, für den Fall, daß israelische Jugendliche an den X. Weltfestspielen teilnehmen, »zuzuschlagen«. Er fuhr fort, so etwas wie den Überfall des »Schwarzen September« auf die israelische Olympiamannschaft am 3. September 1972 in München dürfe in der DDR nicht geschehen. Das Wachregiment des MfS, Truppenteile der NVA und des MdI müßten in der Nähe von Berlin in Einsatzbereitschaft gehalten werden. Bis Mitte Juni sei Honecker ein Plan zur Sicherheit der X. Weltfestspiele durch Sicherung der Veranstaltungen, der Unterkünfte, Absperrung des Zentrums der Stadt und Sicherung des Grenzgebietes vorzulegen. Mit der Ausarbeitung wurden die Ministerien für Staatssicherheit (federführend), für Nationale Verteidigung und des Innern beauftragt.[19]

III.12.4. Militärhilfe für die Dritte Welt

Mit der Militärhilfe für die Dritte Welt beschäftigte sich der NVR einmal in einem besonderen Tagesordnungspunkt, zweimal nur am Rande. Das war jedoch nur die Spitze des Eisberges, wie dem Schriftverkehr des Verteidigungsministers mit dem Generalsekretär des ZK zu entnehmen ist.
Am 2. Februar 1970 beriet der NVR über den Ausbau der Küsten der Insel Sansibar in den Jahren 1971 bis 1975. Die DDR hatte dort im Jahre 1964 mit dem Aufbau des maritimen Küstenschutzes begonnen und bis Ende 1969 vier Barkassen, fünf Räum- und Schnellboote mit aller Ausrüstung geliefert. Die Zahl der dort tätigen Spezialisten der Volksmarine wurde von vier (1964) auf zwölf (1969) erhöht. Gleichzeitig wurden 60 Sansibaris in der DDR militärisch ausgebildet.
Diese Boote müßten wegen ihres Alters, des Klimas und der unzureichenden Wartung zwischen 1970 und 1975 durch neue ersetzt werden. Um was für einen Bootstyp es sich dabei handelte, wurde in der Vorlage nicht mitgeteilt. Es wurde jedoch hinzugefügt, daß die neuen Boote besser seien als die von der Bundesrepublik an Tansania gelieferten Rhein-Kontrollboote. (Sansibar war seit 1964 Teil des Staates Tansania, hatte aber einen Sonderstatus und ging in einigen Bereichen der Politik eigene Wege.) Der Aufwand für diese Beschaffung wurde mit 30 Millionen Mark angegeben. Die in Sansibar tätigen Spezialisten der Volksmarine wurden übrigens aus einem »Sonderfonds« des Ministerrates finanziert.[20]
Am 20. Mai 1977 wurde der Ministerratsvorsitzende beauftragt, jährlich einen vom Außenhandelsminister erarbeiteten und vom Verteidigungsminister mitgezeichneten »Plan der Liefermöglichkeiten für Lieferungen an befreundete Entwicklungsländer und progressive Befreiungsorganisationen« dem Generalsekretär zur Bestätigung vorzulegen. Generaloberst Keßler teilte in dieser Sitzung

mit, es sei notwendig, noch größere Anstrengungen zur Abdeckung des Bedarfes der Mitgliedsstaaten des Warschauer Paktes und der Entwicklungsländer an Bewaffnung und Ausrüstung zu unternehmen. Die damit verbundenen Erwartungen nähmen ständig zu und überstiegen teilweise die Möglichkeiten der DDR. Das Außenministerium wurde bei dieser Gelegenheit beauftragt, die Vorschläge zur Durchführung von Rüstungsexporten in befreundete Entwicklungsländer zu prüfen, die diplomatischen Vertreter der DDR sollten die Vorbereitung und Durchführung unterstützen.[21]

Am 30. September 1977 berichtete Verkehrsminister Arndt, in diesem Jahr hätten bereits 80 »Solidaritätsflüge« zu »um ihre Freiheit kämpfenden Völkern Afrikas« mit einer Gesamttonnage von 1200 Tonnen stattgefunden. Auf dem Hinflug wurden Ausrüstungen und Bewaffnung, auf dem Rückflug Verwundete transportiert.[22]

Am 31. Januar 1977 schrieb Hoffmann an Honecker, mit dem Generalstab der Sowjetarmee sei abgestimmt worden, Mocambique Rüstungsgüter für 3,8 Millionen Mark (zuzüglich eine Million Transportkosten) zu liefern, darunter 30 mittlere Panzer des Typs 34/85.[23]

Einem Schreiben, das Hoffmann am 1. April 1977 an den Vorsitzenden des Verteidigungsausschusses der Volkskammer, Politbüromitglied Paul Verner, richtete, verdanken wir eine Aufstellung über die von 1967 bis 1977 an verschiedene arabische und afrikanische Staaten sowie prokommunistische Befreiungsbewegungen gelieferte Kampftechnik, Bewaffnung und Ausrüstung. Empfänger waren Ägypten, Syrien, Tansania, Nord-Jemen, Süd-Jemen, Guinea-Bissau, Irak, Kongo (Brazzaville), Mocambique, Angola, Somalia und Äthiopien sowie die Befreiungsbewegungen PAIGC, Frelimo und MPLA. Die Angaben über den Wert dieser Lieferungen sind leider unvollständig. Die genannten Beträge ergeben insgesamt 241 Millionen Mark.[24]

Die Wünsche der prokommunistischen Entwicklungsländer nach Militärhilfe lösten im Verteidigungsministerium nicht immer Begeisterung aus. So schrieb Armeegeneral Hoffmann am 27. Januar 1982 an Honecker, die Bitte der Volksrepublik Angola um Bewaffnung, Ausrüstung und Verbrauchsmaterial könne mit Lieferungen in Höhe von 3,1753 Millionen Mark erfüllt werden. Die Kosten sollten jedoch vom Solidaritätskomitee der DDR an das MfNV erstattet werden, also nicht zu Lasten der NVA gehen. Bei dieser Gelegenheit schlug Hoffmann vor, Nachrichten- und Pioniermaterial im Wert von 610 900 Mark, das offenbar veraltet war, im Rahmen »kommerzieller Beziehungen«, also nicht unentgeltlich, abzugeben.[25]

Der Leiter des Bereiches Kommerzielle Koordinierung, Staatssekretär Schalck-Golodkowski, sah im Rüstungsexport in zahlungskräftige Länder der Dritten Welt eine Möglichkeit, der chronischen Devisenknappheit abzuhelfen, bereitete dabei aber dem Verteidigungsminister große Sorgen. Dieser schrieb am 31. März 1982 seinem Parteichef, die ihm über ZK-Sekretär Mittag zugeleitete Wunschliste mit Absatzmöglichkeiten für »spezielle Technik«, also Rüstungsgüter, im Wert von 600 bis 800 Millionen Valutamark könne er nur im Umfang von 227,5 Millionen Valutamark erfüllen, da sonst die Gefechts- und Einsatzbereitschaft der NVA beeinträchtigt werde. Mittag ließ jedoch nicht locker. Drei Monate

später forderte er zusätzlich 100 000 Maschinenpistolen (geliefert werden konnten jedoch nur 10 000) und 100 Millionen Schuß Munition.[26]
Selbst dem kubanischen Partei- und Staatschef Castro standen nicht alle Türen offen. Als er im Herbst 1983 um Unterstützung bei der Aufstellung und Bewaffnung von Territorialmilizkräften bat, mußte Hoffmann am 3. November Honecker mitteilen, daß die gewünschten 50 000 Maschinenpistolen »K« und 100 Millionen Patronen M-43 1983/84 weder unentgeltlich noch nach dem Prinzip Ware gegen Ware geliefert werden könnten. Das sei erst 1984/85 möglich. Voraussetzung sei, daß Kuba Nickel liefere und gegen einen Weiterverkauf gegen Devisen keine Einwände erhebe.[27]

III.12.5. Tschechoslowakei 1968

Die Ereignisse vor und nach dem Einmarsch von Truppen des Warschauer Paktes in die Tschechoslowakei im Jahre 1968 spiegeln sich in des Protokollen des NVR nur wenig besser wider als die Ereignisse am 13. August 1961. Schlüssige Antworten auf die Fragen des Historikers geben auch sie nicht. Am 29. Juli 1968 wurden unter dem Tagesordnungspunkt »Aktuelle Fragen (CSSR). Maßnahmen und Festlegungen« nach einem Bericht von Generaloberst Keßler folgende Maßnahmen des MfNV und des MfS bestätigt:
- Urlaubssperre für »verantwortliche Kader und Spezialisten«. Alle verantwortlichen Funktionäre müssen ständig erreichbar sein
- Durch das MdI Erfassung aller DDR-Bürger, die die tschechische Sprache beherrschen, aus dem Gebiet der Tschechoslowakei stammen und einsatzfähig sind
- Einstellung aller Wochenendreisen in die Tschechoslowakei mit der Begründung, daß keine Reisebusse zur Verfügung stehen
- Verstärkte Aufklärungsarbeit unter der Bevölkerung »nach erfolgter Veröffentlichung über das Manöver« (also dem als Manöver getarnten Einmarsch).

Das für Propaganda zuständige Politbüromitglied Norden berichtete unter dem Tagesordnungspunkt »Die politische Kampagne der Konterrevolution in der CSSR«, in der Argumentation zur Lage in der Tschechoslowakei müsse von dem Vertrag über Freundschaft, Zusammenarbeit und gegenseitigen Beistand zwischen Albanien, Bulgarien, Ungarn, der DDR, Polen, Rumänien, der Sowjetunion und der Tschechoslowakei ausgegangen und an den Artikel 3 angeknüpft werden »zur Begründung, weshalb die fünf sozialistischen Länder allein handeln mußten«.[28] An dieser Formulierung fällt auf, daß schon 24 Tage vor dem Einmarsch diese Aktion ebenso feststand wie die Verweigerung Albaniens und Rumäniens.
Zur 34. Sitzung des NVR am 22. August 1968 wurden, einmalig in der Geschichte dieses Gremiums, alle 1. Bezirkssekretäre der SED hinzugezogen. Die Sitzung dauerte vier Stunden. Einziger Tagesordnungspunkt war ein Bericht von Verteidigungsminister Hoffmann über »Handlungen der Truppenteile der verbündeten sozialistischen Länder«. Das Protokoll, das nur zwei Seiten umfaßt, hält lediglich fest, daß folgende Dokumente bestätigt wurden:

- der Brief des Vorsitzenden des NVR vom 20. August 1968 über die »Erfüllung der Bitte der fortschrittlichen demokratischen Kräfte des tschechoslowakischen Volkes um Hilfe und Unterstützung bei der Festigung der Macht der Arbeiterklasse und der Wiederherstellung der sozialistischen Ordnung in der CSSR durch die bewaffneten Organe der DDR«
- der Bericht des Verteidigungsministers »über Handlungen der Truppenteile der verbündeten sozialistischen Länder und die von der NVA durchgeführten Maßnahmen«.[29]

Im Mai 1990 ist von dem ehemaligen Politbüromitglied Sindermann und anschließend von Militärhistorikern der NVA bestritten worden, daß die für den Einmarsch vorgesehene 7. Panzerdivision (PD) und die 11. Mot. Schützendivision überhaupt die tschechoslowakische Grenze überschritten haben. Lediglich sechs Stabsoffiziere und 24 Nachrichtensoldaten hätten sich beim Stab der verbündeten Armeen in diesem Land aufgehalten. Rüdiger Wenzke vom Militärgeschichtlichen Institut der NVA nahm in einem Interview, das am 23. Mai 1990 im »Neuen Deutschland« veröffentlicht wurde, an, daß Näheres über die politische Entscheidung, die NVA nicht an dem Einmarsch zu beteiligen, in den damals noch geheimen Unterlagen des NVR zu finden sein werde.[30] Wie er eineinhalb Jahre später im Deutschland Archiv feststellte, brachte eine Einsichtnahme in diese Unterlagen keine Klärung.[31]

Der Autor kann das nur bestätigen. Der NVR trat in der Zeit vom 20. August bis zum 11. September nur in der Person seines Vorsitzenden, Ulbricht, in Erscheinung. In seinem ersten Befehl erhielt der Verteidigungsminister den Auftrag, zur Erfüllung der internationalen Verpflichtungen »die Vorbereitung und Durchführung aller der NVA in diesem Zusammenhang gestellten Aufgaben zu organisieren und zu leiten sowie den Einsatz der bewaffneten Organe zu koordinieren«. Mit seinem Befehl vom 30. August 1968 hob er die zeitweilige Schließung der Grenzübergangsstellen an der Staatsgrenze der DDR zur Tschechoslowakei wieder auf, und in seinem letzten Befehl wurde die »erhöhte Gefechtsbereitschaft« für die NVA aufgehoben. Ausgenommen davon waren die 7. Panzerdivison und die 11. Mot. Schützendivision, die vom Verteidigungsministerium bei den Kommandostäben der verbündeten Truppen gebildeten operativen Gruppen und die zur Sicherstellung der beiden Divisionen und der operativen Gruppen eingesetzten Kräfte.[32]

Diese Befehle befinden sich nicht in den Akten des NVR, sondern in der vom Chef der Verwaltung Operativ des MfNV angelegten Akte »Maßnahmen zur Gewährleistung der erhöhten Gefechtsbereitschaft der NVA Juli–September 1968«. Sie enthält außerdem eine Reihe von Befehlen von Verteidigungsminister Hoffmann bzw. Generaloberst Keßler, die den Schluß zulassen, daß der Einmarsch sorgfältig vorbereitet wurde. Am 26. Juli ordnete Keßler im Befehl Nr. 73/68 über die Vorbereitung einer Truppenübung an, daß die Sanitätsbataillone der 7. PD und der 11. MSD entsprechend Soll II (Kriegsstärke) mit Reservisten aufzufüllen waren. Mit Befehl Nr. 85/68 vom 19. August 1968 ordnete Hoffmann an, daß ab 20. August an der Militärakademie »Friedrich Engels« ein Sonderlehrgang zu Fragen der Organisation und Leitung von Militärkommandanturen durchzuführen sei. Als Leiter wurde Oberst Gerhard

Kunze bestimmt, Stellvertreter des Chefs des Hauptstabes für Mechanisierung und Automatisierung der Truppenführung. Einer seiner vier Stellvertreter war für Wirtschaftsfragen zuständig. Es handelte sich um den 1. Sekretär der Kreisleitung Pirna der SED, Conrad Hesse.
Mit Befehl Nr. 91/68 vom 23. August 1968 erhielt die 11. MSD den Auftrag, »das Territorium der CSSR auf drei Marschstraßen zu betreten und Handlungen in Richtung Sokolow (Falkenau an der Eger; O.W.) zu führen«. Darüber, ob es zu diesem Einmarsch gekommen ist, enthält diese Akte keine Hinweise. Am 26. August wurde mit Befehl Nr. 92/68 der Reservistenwehrdienst der zur 11. MSD und zur 7. PD und zum Propaganda- und Versorgungszug-3 einberufenen Reservisten bis zum 30. September verlängert. Mit Befehl Nr. 103/68 vom 12. September wurde die erhöhte Gefechtsbereitschaft für die 7. PD und die 11. MSD aufgehoben. Schon am 10. September war mit Befehl Nr. 13/68 der Sonderlehrgang an der Militärakademie »Friedrich Engels« unterbrochen worden, und am 17. Oktober wurde mit Befehl Nr. 119/68 die Rückverlegung der 7. PD und der 11. MSD in ihre Garnisonen angeordnet. Dieser Befehl enthält den Satz: »Die im Zusammenhang mit der Hilfsaktion sozialistischer Länder gestellten Aufgaben wurden erfüllt.«[33]
Wenn die beiden NVA-Divisionen nicht in die Tschechoslowakei einmarschierten, sondern die 7. PD im Raum Weißwasser–Nochten und die 11. MSD im Raum Oelsnitz, Adorf, Auerbach, also auf DDR-Gebiet, verblieb, dürfte das darauf zurückzuführen sein, daß die sowjetische Führung ihren Einsatz nicht für erforderlich hielt.[34] Allerdings muß man hinzufügen, daß sich die DDR-Geschichtsschreibung des Einmarsches der NVA in die Tschechoslowakei bis zum Ende der SED-Herrschaft rühmte.[35]

III.12.6. Polen 1980/81

Die dramatischen Ereignisse im Polen der Jahre 1980/81, die Gründung der Gewerkschaft »Solidarnosc«, die vom kommunistischen Regime unter dem Druck der Streikbewegung offiziell zugelassen wurde, und schließlich die Rettung der kommunistischen Herrschaft durch die Verkündung des Ausnahmezustandes, fanden in den Protokollen des NVR keinen Niederschlag. Die einzige indirekte Erwähnung finden wir in der Vorlage »Stand der Führungsbereitschaft der Einsatzleitungen sowie der Gefechts- und Einsatzbereitschaft der territorialen Kräfte des Bezirkes Frankfurt/Oder« für die 65. Sitzung am 23. April 1982, wo es an einer Stelle heißt, »angesichts der Ereignisse in der Volksrepublik Polen« wüchsen »zugleich Bekenntnis und Tat, die Republik weiter zu stärken und zu verteidigen«.[36]
Da im NVR seit dem 17. Mai 1973 nicht mehr über die Sitzungen des Komitees der Verteidigungsminister des Warschauer Paktes berichtet wurde[37], bestand kein Anlaß, die Ereignisse in Polen auf diesem Umweg zur Sprache zu bringen. Selbstverständlich wurde Honecker als 1. ZK-Sekretär bzw. Generalsekretär laufend über die Beratungen der Verteidigungsminister informiert.[38]
Wie unmittelbar nach dem 13. August 1961 riß das Politbüro, das wegen seiner wöchentlichen Routinesitzungen flexibler war als der schwerfällige NVR, die

Behandlung dieses aktuellen Themas an sich. Am 28. November 1980 hielt es eine außerordentliche Sitzung sogar am Sitz des NVR in Strausberg ab, wo dieser erst eine Woche vorher getagt hatte.[39] Es bestätigte einen Brief, in dem Honecker vom sowjetischen Generalsekretär Breschnew die Einberufung einer Konferenz der Parteichefs der Mitgliedsstaaten des Warschauer Paktes zur Beratung der polnischen Ergeignisse erbeten hatte. Am 2. Dezember bestimmte das Politbüro in seiner turnusmäßigen Sitzung die Mitglieder, die Honecker auf seiner Reise nach Moskau begleiten sollten: den Ministerratsvorsitzenden Stoph, den ZK-Sekretär für Internationale Verbindungen, Politbüromitglied Axen, und die Minister für Nationale Verteidigung und Staatssicherheit, Hoffmann und Mielke. Es bestätigte den Entwurf der Rede, die Honecker auf dieser Beratung halten wollte.

Die Konferenz der Parteichefs fand am 5. Dezember in Moskau statt. Honecker kritisierte scharf das »Zurückweichen« der polnischen Partei vor der »Konterrevolution«, merkte jedoch, daß er mit einer Forderung nach sofortiger militärischer Intervention bei keinem seiner Kollegen Unterstützung fand. Darum entschärfte er den vom Politbüro gebilligten Redetext, strich er die Formulierung, daß »Blutvergießen« das »letzte Mittel« sei, »wenn die Arbeiter- und Bauernmacht auf dem Spiele steht«.[40]

Wie die militärische Führung der DDR die Ereignisse in Polen während des Jahres 1981 einschätzte, können wir den Schreiben entnehmen, die Verteidigungsminister Hoffmann an Honecker richtete. Ihnen waren mehrmals Berichte über Gespräche mit dem Oberkommandierenden der Vereinten Streitkräfte des Warschauer Paktes, Marschall Kulikow, beigefügt. Am 19. Januar 1981 schrieb Hoffmann seinem Generalsekretär, daß es dem sowjetischen Marschall bei seinem Warschau-Besuch mit Mühe gelungen sei, Parteichef Kania zu einer gemeinsamen Übung zu überreden, an der auch die NVA teilnehmen sollte. Während die Polen nur eine theoretische Übung, also ein Kriegsspiel, wollten, hatten die Sowjets, unterstützt von der DDR, die Absicht, sie mit realen Handlungen auf Truppenübungsplätzen zu verbinden. Schließlich wurde für die Zeit vom 17. bis zum 25. März 1981 die Kommandostabsübung SOJUS-81 vereinbart. Leitender war Kulikow, der gleichzeitig in der Funktion des Oberkomandierenden auf dem Westlichen Kriegsschauplatz auftrat. Teilnehmer waren die Armeen der Sowjetunion, Polens, der Tschechoslowakei und der DDR. Es fällt auf, daß während der Übung die von Waffengeneral (Drei-Sterne-General) Molcyk geführte 3. Front der polnischen Armee der von Generalleutnant (Zwei-Sterne-General) Gehmert geführten 17. Armee der NVA unterstellt wurde.

In einem längeren Bericht über Gespräche mit Kulikow während seines Aufenthaltes in der DDR am 21. März heißt es an einer Stelle:

»Ein Einmarsch der Armeen des Warschauer Vertrages in Polen hätte sehr große politische Auswirkungen und würde sich zweifellos äußerst nachteilig auf Kuba, Äthiopien, Angola, Mocambique, Kampuchea und andere fortschrittliche Länder auswirken.« Kulikow fügte jedoch hinzu, es könne notwendig sein, die jetzt laufende Übung SOJUS-81 zu verlängern. Offenbar sollte damit Druck auf die polnische Führung ausgeübt werden.[41]

Aus dem Bericht, den Verteidigungsminister Hoffmann in der 63. Sitzung des NVR am 13. März 1981 über die geplante Übung SOJUS-81 gab, geht nicht hervor, welche gegnerischen Gebiete besetzt werden sollten.[42] Am 23. März hielt er sich auf polnischem Territorium, im sowjetischen Hauptquartier in Liegnitz, auf. Dort wurden für die Fortsetzung von SOJUS-81 folgende Aufgaben festgelegt: In der ersten Etappe der Übergang zum Raketenkernwaffenkrieg (Zeitdauer drei bis vier Tage), in der zweiten Etappe der Kampf um die Inbesitznahme des Rheins und des Territoriums der Bundesrepublik (drei bis vier Tage), in der dritten Etappe die Beendigung der ersten Frontoperation und die nicht näher beschriebene Fortsetzung der Operation auf dem Kriegsschauplatz (zwei bis drei Tage). Danach sollte die Planung der neuen Operationen auf dem Kriegsschauplatz beginnen.
Verteidigungsminister Armeegeneral Jaruzelski soll zu Hoffmann gesagt haben, SOJUS-81 helfe den Polen moralisch. Der DDR-Verteidigungsminister vertrat die Ansicht: »Der einzige Ausweg aus der jetzigen Situation wäre, wenn man den Ausnahmezustand verhängt, über 5000 bis 6000 Rädelsführer der Konterrevolution verhaftet und hart und kompromißlos durchgreift.« Jaruzelski soll darauf geantwortet haben, daß das gegenwärtig in Polen nicht möglich sei, da »Solidarnosc« auch in den Betrieben und anderen Einrichtungen sitze und er ja nicht mit Panzern in die Betriebe eindringen könne, um die Rädelsführer zu verhaften. Leitende Generale des polnischen Generalstabes hätten jedoch, so Hoffmann, geäußert, daß es einen konkreten Plan und eine namentliche Aufstellung der zu verhaftenden »Rädelsführer der Konterrevolution« gebe. Am 27. März schrieb Hoffmann an Honecker, daß die Polnische Armee bereit sei zu kämpfen und die NVA in der Lage und fähig sei, »in kurzer Zeit, wenn notwendig, volle Gefechtsbereitschaft herzustellen und entsprechend Deiner gegebenen Weisung jede Aufgabe zu erfüllen«.
Die stellvertretenden Verteidigungsminister Keßler und Streletz mußten am 7. April in einem Gespräch mit Kulikow in Liegnitz erfahren, das sowjetische Ziel sei es, die Probleme ohne Einmarsch der verbündeten Armeen zu lösen. »Die sowjetischen Genossen«, schrieben sie in ihrem Bericht, »gehen davon aus, daß, bevor nicht die polnischen Sicherheitsorgane und die Polnische Armee eingesetzt würden, nicht mit Hilfe von außen gerechnet werden könne, da sich sonst große internationale Komplikationen ergeben«.
Auf Empfehlung von Marschall Kulikow fanden in der Zeit vom 10. bis zum 15. August gemeinsame Truppenübungen mit Regimentern der NVA und der Polnischen Armee auf den Truppenübungsplätzen Dramburg (Polen) und Nochten (DDR) statt.
Einem undatierten Bericht des DDR-Militärattachés in Polen zufolge, forderte der Militärrat der Polnischen Armee am 14. September die Verhängung des Ausnahmezustandes. Jaruzelski war damals dagegen, erklärte sich jedoch schließlich am 9. Dezember nach einem Gespräch mit Kulikow, das von 2.00 Uhr nachts bis 5.00 Uhr morgens stattfand, unter dem Druck der Polnischen Armee und von 1. Sekretären von Wojwodschaftskomittees der Vereinigten Polnischen Arbeiterpartei dazu bereit. Wie Hoffmann am 10. Dezember an Honecker schrieb, sei der polnische Verteidigungsminister und Ministerpräsident zu

diesem Entschluß »nur zögernd und schwankend mit immer noch geringen Vorbehalten« gekommen.
Am 18. Dezember schlug Hoffmann seinem Parteichef vor (und der schrieb sein »Einverstanden« an den Rand des Briefes), den Polen 7350 Paar Stricksocken für Kinder, 143 Tonnen Lebensmittel und für 99 600 Mark Arzneimittel zu schicken. Sie sollten in 30 Lastwagen der NVA nach Polen geschickt werden. Ein weiterer Lastwagen wurde mit »technischen Mitteln für die Propagandaarbeit« der Armee in das Nachbarland geschickt, unter anderem 1000 Kilogramm Offsetdruckpapier, zwei Filmprojektoren, zwei Kleinbildkameras, ein Kurzwellenempfänger, fünf Flächendrucker A 4 und 500 Tonbandkassetten.[43] Man weiß nicht, worüber man sich mehr wundern soll: die Dürftigkeit dieser Geschenke oder die Armseligkeit der Polen, die darauf angewiesen waren.
Am 2. März 1982 berichtete Hoffmann in einem Schreiben an Honecker, der sowjetische Verteidigungsminister, Marschall Ustinow, habe am 18./19. Februar in Moskau bei einer Besprechung mit einer von Generaloberst Streletz geführten Delegation der NVA die Notwendigkeit unterstrichen, »bei allen Treffen mit den führenden Genossen der Volksrepublik Polen, vor allem den Militärs, ihnen zu empfehlen, den Ausnahmezustand zur Normalisierung des Lebens und zur Wiederherstellung der Grundlagen des Sozialismus so lange wie möglich aufrechtzuerhalten und keinerlei Zugeständnisse gegenüber der Konterrevolution zu machen«.[44]
Am 4. März 1982 sagte Armeegeneral Jaruzelski, der jetzt neben den Ämtern des Verteidigungsministers und des Ministerpräsidenten auch das des 1. ZK-Sekretärs bekleidete, bei einem Zusammentreffen mit Keßler und Streletz in Moskau, in Polen sei der Lebensstandard in den letzten zwei Jahren um 30 % gesunken. Vor sechs Jahren habe man noch jährlich acht bis neun Millionen Tonnen Getreide eingeführt, 1982 reichten die Devisen nur noch für 2,5 Millionen. In den Massenmedien hätten nach der Verhängung des Ausnahmezustandes 30 % des Personals wegen »konterrevolutionärer Arbeit« entlassen werden müssen, an den Universitäten und Hochschulen 20 % der Professoren und 40 % der Rektoren und Prorektoren. Gegenwärtig seien 4000 Personen interniert.[45] Solche Worte mußten das Überlegenheitsgefühl der DDR-Partei- und Staatsführung fördern und sie über ihre eigenen wirtschaftlichen und gesellschaftlichen Schwierigkeiten hinwegtäuschen.

III.12.7. Wiener Verhandlungen, Stockholmer Dokument und VKSE

Seit dem 30. Oktober 1973 fanden in Wien zwischen den Staaten der NATO und des Warschauer Paktes »Verhandlungen über eine gegenseitige Verminderung von Streitkräften und Rüstungen und damit zusammenhängende Maßnahmen in Mitteleuropa« statt. Betroffen waren als »Verminderungsraum« die Territorien der NATO-Staaten Bundesrepublik Deutschland, Niederlande, Belgien und Luxemburg sowie die Territorien der Warschauer-Pakt-Staaten Polen, Tschechoslowakei und DDR. In der 50. Sitzung des NVR am 18. November 1976 wurde ein Bericht über die militärischen Aspekte dieser Verhandlungen beraten, der sich durch ein geradezu entwaffnende Offenheit auszeichnete. Es wurde nämlich zugegeben, daß die Forderung der Amerikaner nach Abzug von 68 000 Mann und 1700 Panzern auf der sowjetischen Seite – sie selbst würden 29 000 Mann abziehen – das Ziel verfolge, »durch eine Schwächung der Armeen des Warschauer Vertrages zu verhindern, daß im Falle einer von der NATO provozierten militärischen Auseinandersetzung ihre Streitkräfte schnell von den Seeverbindungen über die Nordsee- und Kanalhäfen abgeschnitten werden«. Mit anderen Worten: Der Warschauer Pakt wollte sich seine Angriffsfähigkeit nicht durch eine ausgewogene Truppenreduzierung aus der Hand nehmen lassen. Die Sowjetunion schlug hingegen auf beiden Seiten eine Verminderung um 15 % des Personalbestandes vor, also eine Aufrechterhaltung ihrer Überlegenheit an Truppen und Bewaffnung. Hierbei muß man berücksichtigen, daß auf dem Gebiet des Warschauer Paktes die Grenztruppen sowie die Formationen anderer Ministerien und Organisationen nicht mitgezählt wurden. In der DDR betraf das die Grenztruppen der DDR, das MfS-Wachregiment »Feliks Dzierzynski«, die Volkspolizei-Bereitschaften und die Kampfgruppen der Arbeiterklasse.

Die Sowjets schlugen schließlich am 19. Februar 1976 eine beiderseitige Reduzierung um 29 000 Mann vor, worauf sich die Amerikaner nicht einlassen konnten. Interessant ist, daß diesen in dieser Vorlage auch die Forderung nach Vereinbarungen über die Begrenzung der Aktivitäten der Streitkräfte und nach Durchführung umfassender Kontrollmaßnahmen vorgeworfen wurde. Damit wolle die NATO die Bewegungsfreiheit insbesondere der sowjetischen Truppen im Verminderungsraum beschränken und größere Aufklärungsmöglichkeiten erhalten.[46] In dem im nächsten Absatz zu beschreibenden Stockholmer Dokument ist zehn Jahre später auch der Warschauer Pakt auf diese Forderungen eingegangen.

Über die Konferenz für Sicherheit und Zusammenarbeit in Europa (KSZE) und die Unterzeichnung der Schlußakte von Helsinki am 30. Juli/1. August 1975 findet man in den Akten des NVR kein einziges Wort. Trotz der weitreichenden militärpolitischen Folgen dieses Dokumentes handelt es sich wieder um eine »Politbüro-Sache«, mit der sich der NVR nicht beschäftigte. Erst die Konsequenzen der am 22. September 1986 beendeten Stockholmer Konferenz über vertrauens- und sicherheitsbildende Maßnahmen und Abrüstung in Europa erschienen am 3. Juli 1987 auf seiner Tagesordnung.

Das Stockholmer Dokument verpflichtete die Teilnehmerstaaten, Übungen oder Verlegungen von Landstreitkräften, an denen mindestens 13 000 Mann oder 300 Panzer teilnahmen, 42 Tage im voraus anzukündigen, ebenfalls amphibische Landungen oder Fallschirmlandungen mit mindestens 3000 Mann sowie Übungen der Luftstreitkräfte mit mindestens 200 Flugzeugeinsätzen. Zu Übungen bzw. Verlegungen von 17 000 Mann, amphischen Landungen oder Fallschirmlandungen mit mindestens 5000 Mann mußten sogar Manöverbeobachter eingeladen werden. Außerdem waren Inspektionen von militärischen Einrichtungen vorgesehen.

In der Sitzung des NVR wurde mitgeteilt, daß zur Erfüllung der damit auf die DDR zukommenden Aufgaben eine Arbeitsgruppe aus Vertretern der Ministerien für Nationale Verteidigung, für Staatssicherheit, des Innern und für Auswärtige Angelegenheiten gebildet worden sei. Das MfS sollte vor allem bei der Auswahl und Bestätigung der für die Manöverbeobachtung im Ausland vorgesehenen Generale und Offiziere der NVA tätig werden. Außerdem während der Ein- und Ausreise sowie während des Aufenthaltes ausländischer Manöverbeobachter und Inspektoren auf dem Territorium der DDR. Für die Unterbringung und Versorgung der ausländischen Militärs hatte entsprechend den Forderungen des Verteidigungsministeriums das Ministerium für Handel und Versorgung zu sorgen.

Es wurde mitgeteilt, daß die DDR 1987 verpflichtet war, fünf Übungen anzukündigen, von denen vier von der GSSD (mit Teilnahme der NVA) durchgeführt wurden. Zu drei Übungen der GSSD und einer der NVA mußte sie Beobachter einladen. Außerdem mußte sie bereit sein, bis zu drei Inspektionen durch Vertreter von NATO-Staaten bzw. nichtpaktgebundenen Staaten zu empfangen. Auf der anderen Seite war sie berechtigt, zu zehn Übungen der NATO, davon sieben auf dem Territorium der Bundesrepublik, sowie sechs Übungen des Warschauer Paktes je zwei Beobachter zu entsenden und Inspektionen auf dem Territorium anderer Teilnehmerstaaten zu beantragen.[47]

Am 21. Januar 1989 unterschrieb Honecker einen Beschluß des NVR über die Reduzierungen der NVA um 10 000 Mann. Wie Streletz an Honecker schrieb, war der Text auf der Grundlage von dessen Aufgabenstellung entworfen und mit den Mitgliedern des NVR abgestimmt worden. In der Präambel zu diesem Beschluß heißt es, damit werde der gute Wille und die Bereitschaft zur Verminderung der Streitkräfte und konventionellen Rüstungen durch Taten gezeigt. Diese Truppenreduzierung hatte die Auflösung von sechs Panzerregimentern und eines Jagdgeschwaders zur Folge.[48]

In der letzten Sitzung des NVR, am 16. Juni 1989, wurde mitgeteilt, daß 150 der außer Dienst gestellten Panzer in der Volkswirtschaft eingesetzt und 200 an Drittländer verkauft werden sollten. 250 sollten zerlegt werden, wobei noch verwertbare Ersatzteile weiterverwendet, das übrige verschrottet werden sollte. Von den außer Dienst gestellten 50 Flugzeugen des Typs MiG-21 SPS sollten 24 Stück Drittländern angeboten und 26 zur Ersatzteilgewinnung bzw. Verschrottung zerlegt werden.[49]

Maßgebend für diese Truppenreduzierung dürften wohl nicht die in Wien stattfindenden Verhandlungen über konventionelle Streitkräfte in Europa (VKSE), sondern die wirtschaftliche Misere des Landes gewesen sein, die das Regime zwang, Armeeangehörige auf Dauer oder befristet an die Industrie abzugeben[50] sowie finanzielle Mittel, die im Fünfjahrplan für die NVA vorgesehen waren, dafür nicht in Anspruch zu nehmen. Für 1990 waren das 955,5 Millionen Mark, für den Fünfjahrplan 1986 bis 1990 insgesamt 2,83 Milliarden Mark.

In den Kasernen der aufgelösten Panzerregimenter sollten Ausbildungsbasen geschaffen werden, in denen Armeeangehörige der Arbeitskommandos nach ihrer Einberufung drei Monate lang ausgebildet wurden, um anschließend 15 Monate in Betrieben eingesetzt zu werden. Beim Übergang auf den Kriegszustand könnten in diesen Kasernen innerhalb von 18 Stunden Mot. Schützenregimenter (Mob) aufgestellt werden.

Gesagt wurde jedoch, daß diese Maßnahme ein Vorgriff auf die mögliche Realisierung des in den VKSE-Verhandlungen vom Warschauer Pakt vorgeschlagenen Drei-Stufen-Planes zur Reduzierung der konventionellen Streitkräfte in Europa sei. Die dort genannte Obergrenze der dritten Etappe würde folgende Reduzierung des gegenwärtigen Bestandes erforderlich machen:

	1. 1. 89	3. Etappe
Personalbestand der NVA (Landstreitkräfte und Front-[taktische] Fliegerkräfte)	105 600	63 000
Panzer	3 144	1 060
gepanzerte Gefechtsfahrzeuge	5 903	2 352
Geschoßwerfer, Geschütze und Granatwerfer (Kaliber 100 mm und darüber)	2 243	840
Angriffsflugzeuge	41	25
Kampfhubschrauber	64	44[51]

III.12.8. Die DDR 1988/89

In den Dokumenten des NVR schlägt sich die Agonie und schließlich der Kollaps des SED-Regimes nieder. In den drei Sitzungen des Jahres 1988 ging noch alles, wie gewohnt, seinen sozialistischen Gang. Die Bevollmächtigten für Leistungen (Krolikowski) und für Finanzen und Banken (Neumann) berichteten über die weitere Vervollkommnung ihrer Vorbereitungen auf den Kriegszustand.[52] Die zum Rapport angetretenen Bezirke Erfurt, Suhl, Potsdam und Magdeburg lieferten ihre Erfolgsmeldungen ab[53], wobei Erfurt mit der Bemerkung brillierte, die Werktätigen machten »ihren Arbeitsplatz immer bewußter zu ihrem Kampfplatz für den Frieden«.[54]
Am 5. Februar 1988 wurden »Grundsätze über die bedingte Entlassung Strafgefangener aus dem Strafvollzug während der Mobilmachung des Landes und im Verteidigungszustand« beschlossen, mit denen das Ziel verfolgt wurde, »die zur Entlassung kommenden Personen unter Ausnutzung ihrer Qualifikation wirksamer zur Erfüllung von Aufgaben im Rahmen der Landesverteidigung einzusetzen«. Ausgenommen waren Personen, die ein Strafmaß von mehr als sechs Jahren hatten, aber auch solche, die »Verbrechen gegen die DDR« begangen hatten oder während ihrer bisherigen Haft »eine feindliche Einstellung zur DDR erkennen ließen«.[55]
Der Minister für Auswärtige Angelegenheiten legte »Grundsätze für die Rückführung der DDR-Bürger aus dem Ausland, ihren Verbleib im Aufenthaltsstaat oder ihre Umsetzung in andere Staaten in einer Spannungsperiode und im Verteidigungszustand« vor. Darin wurde mitgeteilt, daß sich etwa 20 000 DDR-Bürger aus dienstlichen Gründen längerfristig im Ausland aufhielten. Zurückgeführt werden sollten vor allem Spezialisten, die für die Landesverteidigung der DDR von Bedeutung waren, sowie DDR-Bürger, deren Aufenthalt im Ausland nicht mehr gerechtfertigt war. Bei der Heimreise war das Territorium der NATO-Staaten zu meiden. Es wurde angeordnet, die Arbeitsfähigkeit der Botschaften

in den Ländern des Warschauer Paktes zu gewährleisten, bei Bedarf sogar zu verstärken. Sollte eine Rückführung direkt in die DDR nicht mehr möglich sein, sollten DDR-Bürger in sogenannte Konzentrierungsländer umgesetzt werden. Deren Festlegung richtete sich nach der außenpolitischen Haltung des jeweiligen Staates.[56]

Anschließend wurden »Außenpolitische Grundsätze für die Entscheidung zur Einschränkung des grenzüberschreitenden Personen- und Güterverkehrs sowie zur Schließung der Grenzübergangsstellen« beschlossen. Soweit die Bundesrepublik und West-Berlin davon betroffen waren, sollte das durch den Minister für Auswärtige Angelegenheiten der DDR mit den zuständigen Organen der UdSSR abgestimmt werden. Die USA, Großbritannien und Frankreich sollten davon auf diplomatischem Wege in Kenntnis gesetzt, die Behörden der Bundesrepublik und West-Berlins lediglich informiert werden. Dabei sollten die schnelle Einreise von aus dem Ausland zurückkehrenden DDR-Bürgern und das schnelle Abschieben von unerwünschten Ausländern nicht gefährdet werden.[57]

In seiner letzten Sitzung, am 16. Juni 1989, beschäftigte sich der NVR mit einer Aktion, die die NVA in hohem Maße demoralisierte: dem Einsatz in der Produktion. Es wurde mitgeteilt, daß ab Mitte November 1989 2500 zusätzliche Armeeangehörige für den Einsatz in der Volkswirtschaft zur Verfügung gestellt werden sollten.[58] Verteidigungsminister Keßler hatte schon mit Befehl Nr. 104/88 für das ganze Jahr 1989 den Einsatz von insgesamt 10 000 Angehörigen der NVA und der Grenztruppen in 64 Industriekombinaten und Betrieben angeordnet. Damit erhoffte sich die Staatliche Plankommission einen Zuwachs der industriellen Warenproduktion von einer Milliarde Mark und zusätzliche Exporte in das sozialistische und in das nichtsozialistische Wirtschaftsgebiet, womit sie sich zusätzliche Valutaeinnahmen versprach – ein wirtschaftspolitischer Offenbarungseid. Jetzt teilte Keßler mit, 11 500 Armeeangehörige hätten bereits Arbeit in der Volkswirtschaft aufgenommen. Insgesamt konnten, wenn man die vom NVR am 21. Januar 1989 beschlossene einseitige Truppenreduzierung der NVA (Auflösung von sechs Panzerregimentern und eines Jagdgeschwaders) hinzuzählt, der Volkswirtschaft bis Ende 1990 etwa 28 400 Arbeitskräfte zur Verfügung gestellt werden.[59]

In seinen abschließenden Bemerkungen über das in dieser Sitzung beschlossene neue Statut der Einsatzleitungen sagte Honecker, in Anbetracht der sich verstärkenden Angriffe auf den Sozialismus, auf die Stabilität und »Ausstrahlungskraft« der DDR – das waren Töne, die man bisher nicht gehört hatte – sollte es zunehmend Anliegen der Einsatzleitungen sein, »allen Provokationen und Verleumdungskampagnen durch koordiniertes und unmittelbares Handeln entgegenzutreten«. Die Kontrollgruppe des NVR hatte ihm in seinen Sprechzettel zum Tagesordnungspunkt »Stand der Bereitschaft des Bezirkes Rostock zur Überführung vom Frieden in den Verteidigungszustand« hineingeschrieben: »Die unverändert komplizierte militärpolitische Situation, die die Gefahr einer schnellen Zuspitzung der Lage in sich trägt, verpflichtet uns mit Nachdruck, eine hohe Bereitschaft zur Überführung des Landes in den Verteidigungszustand zu gewährleisten.« Das erschien dem SED- Generalsekretär nun doch übertrieben, und er strich diesen Satz.[60]

Das System der »Komplexkontrollen« zum Stand der Vorbereitungsarbeit auf den Kriegszustand geriet jetzt ins Trudeln. In der Zeit vom 11. bis 13. Oktober 1989 sollten die Bezirke Magdeburg und Potsdam an die Reihe kommen. Am 18. September schrieb der Sekretär des NVR, Generaloberst Streletz, an den ZK-Abteilungsleiter für Sicherheitsfragen, Herger, daß wegen der angespannten politischen Situation nicht, wie ursprünglich vorgesehen, die zuständigen 1. Sekretäre der SED-Bezirksleitungen, Eberlein und Jahn, als Verantwortliche herangezogen werden sollten, sondern die Generalmajore Christians und Glomba.[61]

Sonst lief das Ritual ab wie in den Vorjahren. Die beiden Bezirkseinsatzleitungen gaben einen Auskunftsbericht von 30 Minuten Dauer, der Einzelheiten der Bereitschaft des Bezirkes zur Überführung vom Frieden in den Kriegszustand enthielt. In einem dieser Berichte hieß es: »Es wurde unter anderem deutlich, daß unter Führung der Bezirksparteiorganisation in den Verantwortungsbereichen der Mitglieder der Bezirkseinsatzleitung eine zielstrebige Arbeit geleistet wurde, um

- das politische Anliegen der Stärkung der Verteidigungsbereitschaft als Beitrag zur Verhinderung eines Krieges allen in die Vorbereitungsarbeit einbezogenen Führungskadern und Mitarbeitern zu verdeutlichen und
- die in der Vorbereitungsarbeit erreichten Ergebnisse unter den neuen Bedingungen (der 1987 eingeführten neuen Militärdoktrin des Warschauer Paktes; O.W.) noch mehr auch zur Bewältigung komplizierter Situationen im Frieden, zur Festigung der innenpolitischen Stabilität und damit zur Stärkung des Sozialismus in unserem Lande zu nutzen.«[62]

Als Generalsekretär des ZK der SED und Vorsitzender des NVR unterzeichnete Honecker im Jahre 1989 noch neun Befehle. Mit den Befehlen Nr. 1/89 bis 7/89 wurden in der NVA 18 Ernennungen zum Generalmajor bzw. Konteradmiral ausgesprochen, sieben Beförderungen zum Generalleutnant bzw. Vizeadmiral und eine zum Generaloberst. Zum Generalmajor a.D. ernannt wurden drei Oberste, zum Generalleutnant a.D. befördert ein Generalmajor. Die Zahlen für das MfS: zwölf Generalmajore, fünf Generalleutnants und ein Generaloberst. Relativ bescheiden schnitt das Ministerium des Innern ab: sechs Generalmajore und zwei Generalleutnants. Den Scharnhorst-Orden erhielten aus der Hand Honeckers der Vertreter des Oberkommandierenden der Vereinten Streitkräfte des Warschauer Paktes in der NVA, Generaloberst Merezkow, und 14 deutsche Generale. Der nordkoreanische Verteidigungsminister O Tschinu erhielt den Militärischen Verdienstorden der DDR I. Klasse.[63]

Der Befehl Nr. 8/89 wirft ein Schlaglicht auf die Krise, in die die SED-Herrschaft geraten war. Mit ihm unternahm Honecker einen hoffnungslosen Versuch, das Rad der Geschichte noch einmal aufzuhalten. Er ordnete »Maßnahmen zur Gewährleistung der Sicherheit und Ordnung in der Hauptstadt der DDR, Berlin, anläßlich des 40. Jahrestages der DDR« an. »Bestimmten Kreisen in der BRD und Berlin (West) sowie von ihnen ausgehaltenen und beeinflußten feindlichen Gruppen« wurde eine »Störung des Ablaufs des normalen Lebens« unterstellt. Aus diesem Grund wurde der Bezirkseinsatzleitung und den Kreiseinsatzleitungen »Führungsbereitschaft« befohlen. Sie wurden verpflichtet, dem Generalsekretär sofort über schwerwiegende Vorkommnisse Meldung zu erstatten, über die Gesamtlage täglich schriftlich bis 8.00 Uhr mit Stand von 6.00 Uhr. Honecker verlangte ein »offensives Reagieren auf provokatorische Erscheinungen und Aktivitäten« und versprach sich die Gewährleistung von Sicherheit und Ordnung durch eine ständige Analyse der politischen Lage und die Festlegung »politisch-ideologischer« und »politisch-operativer« Maßnahmen. Dabei sollten der Stab des Vorsitzenden der Bezirkseinsatzleitung, des Ost-Berliner Parteichefs Schabowski, und die Stäbe ihrer Mitglieder (vor allem der Bezirksverantwortlichen der NVA, des MfS und des MdI) ununterbrochen eng zusammenwirken.[64]

Nach dem Statut, das der NVR in seiner konstituierenden Sitzung am 16. März 1960 bestätigte, hätte er in diesen kritischen Tagen zusammentreten und eine »vorbereitete zentrale Führungsstelle« beziehen müssen, »um von dort die ständige Leitung aller politischen, militärischen und ökonomischen Maßnahmen zu gewährleisten«.[65] Aber dazu brachte die hoffnungslos überalterte Partei- und Staatsführung nicht mehr die Kraft auf – und paßten die Ereignisse, die auf die DDR einstürmten, nun gar nicht in die Szenarien, mit denen sich der NVR fast drei Jahrzehnte lang beschäftigt hatte.

Keine drei Wochen nach seinem Befehl Nr. 8/89 mußte Honecker resigniert feststellen, daß er die Schlacht verloren hatte. In seinem (letzten) Befehl Nr. 9/89 vom 13. Oktober 1989, vier Tage nach der entscheidenden Montagsdemonstration in Leipzig, bestätigte er die Entscheidung des Vorsitzenden der dortigen Bezirkseinsatzleitung, polizeiliche Kräfte nur bei Gewaltanwendung der Demonstranten, die bekanntlich niemals stattfand, einzusetzen. Der Gebrauch von Schußwaffen wurde grundsätzlich verboten. Hilflos wurde in diesen Befehl der Satz eingefügt, daß Vertreter der westlichen Medien bis auf weiteres keine Arbeitsgenehmigung für Leipzig erhalten würden.[66]

Nach dem Sturz Honeckers versuchten sein Nachfolger Krenz und der Sekretär des NVR, Generaloberst Streletz, den bisherigen Arbeitsstil beizubehalten. Da am 18. Oktober auch Mittag und Herrmann aus dem Politbüro entfernt worden waren, leitete Streletz Verteidigungsminister Keßler eine Aktennotiz zu, in der vorgeschlagen wurde, Mittags Stellvertreter als Bevollmächtigter für Produktion, Blessing, mit der Wahrnehmung der Geschäfte zu beauftragen. Herrmanns Stellvertreter, Geggel, sollte die Aufgaben des Vorsitzenden des Zentralen Nachrichten- und Informationsbüros übernehmen. Beide wurden von Krenz mit Schreiben vom 25. Oktober beauftragt. Aber so ganz sicher war man sich nicht, daß alles weitergehen würde wie bisher. Darum wurde entschieden, Mittags Funktion als Vorsitzender der Kommission zur ökonomischen Sicherstellung der Landesverteidigung beim Politbüro »solange ruhen zu lassen, bis eine Entscheidung über die weitere Arbeit auf diesem Gebiet getroffen wurde«.[67]

Und die Ereignisse überstürzten sich. Der Befehl Nr. 11/89 vom 3. November über »Maßnahmen zur Gewährleistung der Sicherheit und Ordnung in den Bezirken der DDR« sollte die SED wieder in die »politische und ideologische Offensive« führen und »sozialismusfeindlichen Auffassungen« entgegenwirken. Krenz verpflichtete den Regierungschef Stoph, Verteidigungsminister Keßler, Staatssicherheitsminister Mielke, Innenminister Dickel und das für

Kaderfragen zuständige Politbüromitglied Dohlus, ihm täglich bis 8.00 Uhr mit dem Stand 2.00 Uhr kurzgefaßte Lageinformationen vorzulegen.[68] Der Befehl Nr. 12/89 vom 10. November, einen Tag nach der Maueröffnung, sah als Verzweiflungsschritt die Bildung einer »operativen Führungsgruppe« des NVR vor, zur »Beherrschung der unter den gegenwärtigen Bedingungen bestehenden komplizierten sicherheitspolitischen Situation der DDR und dem sich daraus ergebenden Erfordernis, auf jede weitere Zuspitzung der Lage kurzfristig und angemessen zu reagieren«. Unter der Leitung von Generaloberst Streletz gehörten ihr je ein Stellvertreter der Minister für Staatssicherheit und des Innern, der Chef der Grenztruppen, ein Stellvertreter des Außenministers, der ZK-Abteilungsleiter für Parteiorgane und der Leiter der Arbeitsgruppe für Organisation und Inspektion beim Ministerrat an. Dieser Krisenstab sollte noch am selben Tag um 16.00 Uhr seine Arbeit im Lage- und Informationszentrum des Innenministeriums aufnehmen.
Streletz befahl an diesem Tage Erhöhte Gefechtsbereitschaft für die 1. Mot. Schützendivision und das Luftsturmregiment-40. Dieser Befehl wurde von ihm jedoch schon am 11. November widerrufen, nachdem Generale und Kommandeure der NVA und der Grenztruppen am Morgen bei Beratungen im Verteidigungsministerium in Strausberg ein militärisches Eingreifen abgelehnt hatten. Der Oberbefehlshaber der Westgruppe der sowjetischen Truppen hatte schon am Vorabend von Botschafter Kotschemassow den Befehl aus Moskau übermittelt bekommen, »keine Aktionen« zu unternehmen.[69]
Das Ende kam schneller als erwartet. Der Befehl Nr. 13/89 verpflichtete noch einmal den Vorsitzenden des Ministerrates und die Vorsitzenden der Bezirkseinsatzleitungen, die Voraussetzungen für eine »kurzfristige Erhöhung der Führungsbereitschaft« zu schaffen. Er wurde jedoch, wie Streletz am 24. November vermerkte, wegen der Auflösung der Einsatzleitungen mit Wirkung vom 30. November 1989 nicht in Kraft gesetzt.[70] Damit wurde der Perfektionierung der Kriegsvorbereitungen, die der Hauptinhalt der fast dreißigjährigen Tätigkeit des NVR gewesen war, ein Ende bereitet. Mit seinem Befehl Nr. 16/89 vom 29. November, es war der letzte, wurde von Krenz, der nur noch als Vorsitzender des NVR unterschrieb – womit die Einheit von Partei und Staat aufgehoben wurde –, diese Auflösung mit der auf der 12. Tagung der Volkskammer angenommenen Regierungserklärung Modrows begründet, insbesondere der »Stärkung der Rechtsstaatlichkeit und Rechtssicherheit«. Als Trostpflaster erhielten die Genossen das Lob, die Vorsitzenden und Mitglieder aller Einsatzleitungen hätten einen wertvollen Beitrag »zur Entwicklung und Stabilität der Landesverteidigung sowie zur Erfüllung der Bündnisverpflichtungen der DDR im Warschauer Vertrag geleistet«.[71]
Streletz war zum Schluß noch um den Ruf des NVR besorgt. Am 30. November schrieb er an Herger, der seit dem 10. ZK-Plenum Politbüromitglied und ZK-Sekretär für Sicherheitsfragen war, laut einer Meldung des »Neuen Deutschland« vom selben Tage habe die zeitweilige Untersuchungskommission der Volkskammer zu den Ereignissen am 7./8. Oktober Beweise darüber erbracht, »daß die Befehle für die Übergriffe aus dem Politbüro kamen und vom Nationalen Verteidigungsrat«. Der General betonte, daß im Befehl Nr. 08/89 »keine

konkreten Aufgaben oder Maßnahmen für einen gewaltsamen Einsatz« enthalten gewesen seien.[72]
Am 6. Dezember erklärte Krenz seinen Rücktritt als Vorsitzender des Staatsrates und des NVR. Auf Beschluß des Staatsrates wurden alle Mitglieder des NVR von dieser Funktion abberufen.[73] Damit hat er aufgehört zu bestehen, obwohl die ihn betreffenden Artikel 50 und 73 der Verfassung bis zum Ende der DDR nicht aufgehoben wurden.[74]

Schlußbetrachtung

Der NVR war kein Machtzentrum, sondern eine Akklamationsmaschine für Vorlagen, die mit Zustimmung Honeckers auf die Tagesordnung gesetzt und auf den zuständigen Mitarbeiterebenen abgestimmt worden waren. Trotzdem nahm er in der Hierarchie der Gremien des SED-Regimes nach dem Politbüro und dem Sekretariat des ZK faktisch den Platz drei ein. 70 % seiner Mitglieder gehörten dem Politbüro an, die übrigen dem ZK. Honecker hatte als Vorsitzender des NVR keinen Stellvertreter und hat alle Sitzungen selbst geleitet. Wie ernst er diese Arbeit nahm, kann man daraus ablesen, daß er die umfangreichen Vorlagen aufmerksam las und mit Unterstreichungen, gelegentlich Korrekturen versah. Den ihm vorgelegten Entwurf seiner »abschließenden Bemerkungen« korrigierte er, wenn er es für notwendig hielt, so daß man sagen kann, daß sie seine Auffassung wiedergaben.
Die Mitglieder des NVR erhielten in diesem Gremium einen guten Einblick in die Kriegsvorbereitungen, in die nicht nur die bewaffneten Organe, sondern Staat, Wirtschaft und Gesellschaft einbezogen waren. Verschiedenen Vorlagen kann man entnehmen, daß die Armeen des Warschauer Paktes für den Angriff ausgebildet wurden, Angriffsabsichten der NATO dagegen nicht zu belegen waren. Auch wenn die operativen Planungen für die militärische und politische Eroberung West-Berlins und der Bundesrepublik dem NVR nicht vorgelegt wurden, konnte er sich aus verschiedenen Informationen ein Bild davon machen, daß derartiges vorbereitet wurde: so wenn die Einlagerung von Militärgeld beschlossen wurde, in den DDR-Medien die Übernahme von Rundfunk- und Fernsehstudios sowie Zeitungsredaktionen in den »befreiten Gebieten des Kriegsgegners« ebenso geplant war wie die Herausgabe von Extrablättern des »Neuen Deutschland« für die Bevölkerung der »befreiten Gebiete«. Schließlich ist er über mehrere Übungen des Warschauer Paktes informiert worden, die die Eroberung Dänemarks, der Bundesrepublik, Belgiens, der Niederlande und Frankreichs zum Thema hatten.
Die Vorlagen des NVR informieren jedoch nur lückenhaft über die bewaffneten Organe. Weder der Haushaltsplan noch der Stellenplan des MfNV, des MfS und des MdI wurden jemals bekanntgegeben. Ebensowenig erhielten die Mitglieder umfassende Aufstellungen über die Bewaffnung der NVA, der Grenztruppen und der Truppen des MfS und des MdI. Wo Angaben gemacht wurden, waren sie punktuell, wenn man von der letzten Sitzung, am 16. Juni 1989, absieht, in der Angaben über die Anzahl der Panzer, der gepanzerten Gefechtsfahrzeuge,

der Geschoßwerfer, Geschütze und Granatwerfer (Kaliber 100 mm und darüber), der Angriffsflugzeuge und der Kampfhubschrauber gemacht wurden. Was sonst mitgeteilt wurde, war bruchstückhaft.

Die Akten des NVR geben aber auch Aufschluß über die wirtschaftlichen Schwierigkeiten der DDR in den 18 Honecker-Jahren: die Notwendigkeit, Angehörige der Streitkräfte in der »sozialistischen Produktion« einzusetzen, die Rückständigkeit des Fernmeldewesens, die Abhängigkeit von Importen aus dem »Nichtsozialistischen Wirtschaftsgebiet« in einigen sicherheitsrelevanten Bereichen, um nur einige Beispiele herauszugreifen.

Der letzte ZK-Abteilungsleiter für Sicherheitsfragen, Wolfgang Herger, sein Sektorenleiter Werner Hübner und sein politischer Mitarbeiter Günther Frenzel zitieren 1994 in einem Beitrag zur Militär- und Sicherheitspolitik der SED Honeckers Rede auf der Internationalen Karl-Marx-Konferenz 1983 vom »einigenden Willen, mit ganzer Kraft für das große Ziel des Friedens zu wirken«. Sie fügen seinen »später vielzitierten Satz: Alles für den Frieden, jetzt erst recht!« auf der 7. Tagung des Zentralkomitees hinzu, dessen Hintergrund der Bundestagsbeschluß zur Raketennachrüstung gewesen sein soll.[1] Kein Wort darüber, daß es zur Stationierung der Pershing II und der Cruise Missiles damals nicht gekommen wäre, wenn sich die Sowjetunion zum Abbau ihrer Westeuropa bedrohenden SS-20-Mittelstreckenraketen bereiterklärt hätte. Kein Wort darüber, daß in der strategischen Komandostabstübung SOJUS-83 den Streitkräften des Warschauer Paktes die Aufgabe gestellt wurde, zwischen dem 35. und 40. Tag die spanische Grenze zu erreichen.

Honeckers Friedensbeteuerungen in der Öffentlichkeit waren Lippenbekenntnisse, wenn man sie mit seinen Äußerungen in den geheimen Sitzungen des NVR vergleicht, in denen er immer wieder »kriegsbezogenes Denken und Handeln« verlangte. Am 17. September 1982 sagte er in der 66. Sitzung dieses Gremiums, es komme darauf an, die Vorbereitung auf den Kriegszustand, der in der SED-Tarnsprache »Verteidigungszustand« hieß, »als festen Bestandteil der täglichen politischen und pädagogischen Arbeit (der Lehrer in der Schule; O.W.) zu verwirklichen«, und es müßten große Anstregungen »zur Entwicklung des kriegsbezogenen Denkens und Handelns der Pädagogen« unternommen werden.[2]

Wenn Herger, der seit 1985 an den Sitzungen des NVR teilnahm, und seine damaligen Mitarbeiter für die DDR ein »Neues Denken« reklamieren[3], so muß man ihnen entgegnen, daß davon in den Akten des NVR vor 1987, der Verkündung der neuen sowjetischen Militärdoktrin, nichts zu finden ist. Aber auch danach war an vielem noch kein »Neues Denken« zu merken, so wenn der Bevollmächtigte für Leistungen (am 5. Februar 1988) und der Bevollmächtigte für Finanzen und Banken (am 3. Juli 1988) dem NVR in altem Geist über ihre Kriegsvorbereitungen berichteten[4] und auch in BORDKANTE-88 die Eroberung West-Berlins geübt wurde.[5]

1

73. Sitzung des NVR am 5. Dezember 1986 (Deckblatt)

Geheime Verschlußsache

~~Geheime Kommandosache (persönlich!)~~

Geheime Kommandosache!
GKdos-Nr.: B 912 192
1. Ausfertigung = 26 Blatt

03

Bestätigt:
Generalsekretär des ZK der SED
und Vorsitzender des Nationalen
Verteidigungsrates der DDR

am: 8. 12. 1986

E. Honecker

P r o t o k o l l

der 73. Sitzung des Nationalen Verteidigungsrates
der Deutschen Demokratischen Republik

05. 12. 1986

1.1.

Liste der Teilnehmer und der Hinzugezogenen, Tagesordnung, Ablaufplan[1]

Tagungsort:	Ministerium für Nationale Verteidigung STRAUSBERG
Beginn der Sitzung:	10.00 Uhr
Ende der Sitzung:	12.40 Uhr

Teilnehmer der Sitzung:

Genosse E. Honecker
Genosse W. Stoph
Genosse H. Sindermann
Genosse E. Krenz
Genosse G. Mittag
Genosse W. Felfe
Genosse K. Hager
Genosse E. Mielke
Genosse H. Keßler
Genosse W. Krolikowski
Genosse A. Neumann
Genosse W. Eberlein
Genosse H. Albrecht
Genosse F. Dickel
Genosse F. Streletz
Genosse H. Brünner
Genosse W. Herger

Zur Sitzung wurden hinzugezogen:

Zum Tagesordnungspunkt 1
Genosse Generalleutnant Krause
Chef Aufklärung des Ministeriums für Nationale Verteidigung

Zum Tagesordnungspunkt 3
Genosse Generalleutnant Peter
Leiter der Zivilverteidigung der DDR

Zum Tagesordnungspunkt 4
Genosse Generalleutnant Paduch
Chef Nachrichten der NVA

Zum Tagesordnungspunkt 7
Genosse Herrmann
Vorsitzender des ZeNIB

Genosse Oberst Langnese
Leiter des Sektors B-Arbeit der Abteilung Agitation des Zentralkomitees der SED

Zum Tagesordnungspunkt 8
Genosse Weiz
Stellvertreter des Vorsitzenden des Ministerrates und Minister für Wissenschaft und Technik

Genosse Rehling
Leiter der Abteilung I

Zum Tagesordnungspunkt 9 und 10
Genosse Hoffmann
Minister für Kultur

Genosse Oberst Lins
Leiter der Hauptabteilung I

Zum Tagesordnungspunkt 11
Genosse Modrow
1. Sektretär der Bezirksleitung der SED und
Vorsitzender der Bezirkseinsatzleitung DRESDEN

Genosse Generalmajor Mädler
Chef des Wehrbezikskommandos DRESDEN

Tagesordnung:

1. Einschätzung der militärischen Leistung der BRD in der NATO
   Berichterstatter: Genosse Generalleutnant Krause
   Chef Aufklärung des Ministeriums
   für Nationale Verteidigung

2. Direktive des Generalsekretärs des Zentralkomitees der SED und Vorsitzenden des Nationalen Verteidigungsrates über die Verteidigungsbereitschaft der Deutschen Demokratischen Republik
   Berichterstatter: Genosse Armeegeneral Keßler
   Minister für Nationale Verteidigung

3. Bericht über die Durchführung der Beschlüsse des Nationalen Verteidigungsrates der DDR zur Gestaltung der Zivilverteidigung und über die effektivere Vorbereitung des Staatsapparates und der Volkswirtschaft auf den Verteidigungszustand
   Berichterstatter: Genosse Generalleutnant Peter
   Leiter der Zivilverteidigung der DDR

4. Bericht zum Stand der Erfüllung der Beschlüsse des Nationalen Verteidigungsrates über die Schaffung des einheitlichen Nachrichtensystems zur Sicherstellung der Führung der DDR im Verteidigungszustand
   Berichterstatter: Genosse Generalleutnant Paduch
   Chef Nachrichten der NVA

5. Bereitstellung von Seetransportraum aus dem Bestand der Zivilflotte der DDR
   Berichterstatter: Genosse Generaloberst Streletz
   Stellvertreter des Ministers und
   Chef des Hauptstabes der NVA

6. Grundsätze für die Frontberichterstattung der DDR im Verteidigungszustand
   Berichterstatter: Genosse Generalleutnant Brünner
   Stellvertreter des Ministers und
   Chef der Politischen Hauptverwaltung der NVA

7. Grundsätze über die Zensur von Veröffentlichungen in der Deutschen Demokratischen Republik während der Mobilmachung und im Verteidigungszustand
Berichterstatter: Genosse Herrmann
Vorsitzender des ZeNIB

8. Konzeption zum Einsatz des wissenschaftlich-technischen Potentials in Forschung und Entwicklung zur Unterstützung der Umstellung der Volkswirtschaft auf den Verteidigungszustand
Berichterstatter: Genosse Weiz
Stellvertreter des Vorsitzenden des Ministerrates
und Minister für Wissenschaft und Technik

9. Grundsätze für die Aufgaben und den Einsatz kulturell-künstlerischer Kräfte und Mittel für die ideologische Arbeit in der NVA und unter der Bevölkerung in einer Spannungsperiode und im Verteidigungszustand
Berichterstatter: Genosse Hoffmann
Minister für Kultur

10. Maßnahmen zur Verbesserung des Schutzes von Kulturgut bei Katastrophen und bewaffneten Konflikten
Berichterstatter: Genosse Hoffmann
Minister für Kultur

11. Stand der Bereitschaft des Bezirkes DRESDEN zur Überführung vom Frieden in den Verteidigungszustand
Berichterstatter: Genosse Modrow
1. Sekretär der Bezirksleitung der SED
und Vorsitzender der Bezirkseinsatzleitung DRESDEN

12. Stiftung der »Medaille für treue Dienste freiwilliger Helfer beim Schutz der Staatsgrenze der Deutschen Demokratischen Republik«
Berichterstatter: Genosse Armeegeneral Keßler
Minister für Nationale Verteidigung

13. Kaderfragen

14. Zusätzlicher Beschluß des Nationalen Verteidigungsrates der DDR im Zusammenhang mit der »demographischen Entwicklung in der DDR«

Ablaufplan
für die Sitzung des Nationalen Verteidigungsrates
der Deutschen Demokratischen Republik
am 05. 12. 1986

gez. E. H.
5. 12. 86

1. 10.00 – 10.10 Uhr
Einschätzung der militärischen Leistung der BRD in der NATO
Vortragender und zusätzlicher Teilnehmer: Generalleutnant Krause
Chef der Verwaltung Aufklärung = 10 Min.

2. 10.10 – 10.25 Uhr
Direktive des Generalsekretärs des Zentralkomitees der SED und Vorsitzenden des Nationalen Verteidigungsrates über die Verteidigungsbereitschaft der Deutschen Demokratischen Republik
Vortragender: Genosse Minister Keßler = 15 Min.

3. 10.25 – 10.35 Uhr
Bericht über die Durchführung der Beschlüsse des Nationalen Verteidigungsrates der DDR zur Gestaltung der Zivilverteidigung und über die effektivere Vorbereitung des Staatsapparates und der Volkswirtschaft auf den Verteidigungszustand
Vortragender und zusätzlicher Teilnehmer: Generalleutnant Peter, Leiter der Zivilverteidigung der DDR = 10 Min.

4. 10.35 – 10.45 Uhr
Bericht zum Stand der Erfüllung der Beschlüsse des Nationalen Verteidigungsrates über die Schaffung des einheitlichen Nachrichtensystems zur Sicherstellung der Führung der DDR im Verteidigungszustand
Vortragender und zusätzlicher Teilnehmer: Generalleutnant Paduch, Chef Nachrichten der NVA = 10 Min.

5. 10.45 – 10.55 Uhr
Bereitstellung von Seetransportraum aus dem Bestand der Zivilflotte der DDR
Vortragender: Generaloberst Streletz = 10 Min.

6. 10.55 – 11.05 Uhr
Grundsätze für die Frontberichterstattung der DDR im Verteidigungszustand
Vortragender: Generalleutnant Brünner = 10 Min.

11.05 – 11.20 Uhr PAUSE

7. 11.20 – 11.30 Uhr
Grundsätze über die Zensur von Veröffentlichungen in der Deutschen Demokratischen Republik während der Mobilmachung und im Verteidigungszustand
Vortragender und zusätzliche Teilnehmer: Genosse Herrmann = 10 Min.
Oberst Langnese
Leiter des Sektors B-Arbeit der Abteilung Agitation des Zentralkomitees der SED

8. 11.30 – 11.40 Uhr
Konzeption zum Einsatz des wissenschaftlich-technischen Potentials in Forschung und Entwicklung zur Unterstützung der Umstellung der Volkswirtschaft auf den Verteidigungszustand
Vortragender und zusätzliche Teilnehmer: Genosse Minister Weiz = 10 Min.
Genosse Rehling
Leiter der Abteilung I

9. 11.40 – 11.50 Uhr
Grundsätze für die Aufgaben und den Einsatz kulturell-künstlerischer Kräfte und Mittel für die ideologische Arbeit in der NVA und unter der Bevölkerung in einer

Spannungsperiode und im Verteidigungszustand

Vortragender und	Genosse Minister Hoffmann	= 10 Min.
zusätzliche Teilnehmer:	Oberst Lins	
	Leiter der Hauptabteilung I	

10. 11.50 – 12.00 Uhr
Maßnahmen zur Verbesserung des Schutzes von Kulturgut bei Katastrophen und bewaffneten Konflikten

Vortragender und	Genosse Minister Hoffmann	= 10 Min.
zusätzliche Teilnehmer:	Oberst Lins	

11. 12.00 – 12.10 Uhr
Stand der Bereitschaft des Bezirkes DRESDEN zur Überführung vom Frieden in den Verteidigungszustand

Vortragender und	Genosse Hans Modrow	= 10 Min.
zusätzliche Teilnehmer:	Generalmajor Mädler	
	Chef des Wehrbezirkskommandos	

12. 12.10 – 12.15 Uhr
Stiftung der »Medaille für treue Dienste freiwilliger Helfer beim Schutz der Staatsgrenze der Deutschen Demokratischen Republik«

Vortragender:	Genosse Minister Keßler	= 5 Min.

13. 12.15 – 12.20 Uhr
Kaderfragen = 5 Min.

1.2.

Beschlußvorlage zum TOP 6[2]

Geheime Kommandosache
(persönlich)

Eingereicht von: Mitglied des Politbüros des Zentralkomitees der SED und Minister für Nationale Verteidigung, Genossen Armeegeneral H. Keßler

Beschlußvorlage
für den
Nationalen Verteidigungsrat
der Deutschen Demokratischen Republik

Inhalt: Grundsätze für die Frontberichterstattung der DDR im Verteidigungszustand

Erarbeitet von: Stellvertreter des Ministers und Chef der Politischen Hauptverwaltung der NVA
Genossen Generalleutnant H. Brünner

Zugestimmt haben: Leiter der Führungsstelle
des Zentralkomitees der SED,
Genosse E. Krenz

Minister für Staatssicherheit
Genosse Armeegeneral E. Mielke

Vorsitzender des Zentralen
Nachrichten- und Informationsbüros,
Genosse J. Herrmann

Chefredakteur des Organs des
Zentralkomitees der SED »Neues Deutschland«
Genosse H. Naumann

Bevollmächtigter des Generalsekretärs
des Zentralkomitees der SED und
Vorsitzenden des Nationalen Verteidigungsrates der DDR für Bildung und Kultur,
Genossin M. Honecker

Berlin, den 16. 09. 1986

H. Keßler
Armeegeneral

Geheime Kommandosache

Beschluß
des Nationalen Verteidigungsrates
der Deutschen Demokratischen Republik

Der Nationale Verteidigungsrat der Deutschen Demokratischen Republik beschließt:

1. Den »Grundsätzen für die Frontberichterstattung der DDR im Verteidigungszustand« wird unter Beachtung der während der Sitzung gegebenen Hinweise und unterbreiteten Vorschläge zugestimmt.
2. Der Minister für Nationale Verteidigung wird in Zusammenarbeit mit dem Vorsitzenden des Zentralen Nachrichten- und Informationsbüros, dem Chefredakteur des Organs des Zentralkomitees der SED »Neues Deutschland« und dem Bevollmächtigten des Generalsekretärs des Zentralkomitees der SED und Vorsitzenden des Nationalen Verteidigungsrates der DDR für Bildung und Kultur beauftragt:
   (1) auf der Grundlage dieses Beschlusses alle notwendigen Maßnahmen, die mit der Frontberichterstattung zusammenhängen, durchzusetzen;
   (2) eine Ordnung für den Einsatz der Organe der Frontberichterstattung zu erarbeiten;
   (3) bis zum 31. Dezember 1987 alle erforderlichen Vereinbarungen für die Frontberichterstattung der DDR im Verteidigungszustand abzuschließen.

3. Der Vorsitzende des Zentralen Nachrichten- und Informationsbüros, der Chefredakteur des Organs des Zentralkomitees der SED »Neues Deutschland« und der Bevollmächtigte des Generalsekretärs des Zentralkomitees der SED und Vorsitzenden des Nationalen Verteidigungsrates der DDR für Bildung und Kultur haben
(1) für ihre Bereiche Weisungen zur Führung der Frontberichterstattung sowie für die Vorbereitung der Organe der Frontberichterstattung auf den Einsatz zu erarbeiten und mit dem Minister für Nationale Verteidigung abzustimmen;
(2) dem Minister für Nationale Verteidigung die Angaben für die Einsatzplanung zur Frontberichterstattung zu übergeben.

Begründung

In Verwirklichung der in den neuen Grundsatzdokumenten der Landesverteidigung der DDR für die Massenmedien gestellten Aufgaben ist es notwendig, auch die Frontberichterstattung der DDR im Verteidigungszustand zu regeln.
Die schnelle und gedeckte Überführung der DDR vom Frieden in den Verteidigungszustand und die Handlungen im Verteidigungszustand erfordern eine lagebezogene, ununterbrochene, zielgerichtete und straff geführte Frontberichterstattung unter strenger Beachtung aller Maßnahmen der Wachsamkeit und Geheimhaltung.
Grundlage dafür ist die rechtzeitige Planung, Organisation, Sicherstellung und Koordinierung aller erforderlichen Maßnahmen zur Frontberichterstattung.
Bei der Erarbeitung der »Grundsätze für die Frontberichterstattung der DDR im Verteidigungszustand« wurden Erfahrungen des Zweiten Weltkrieges, insbesondere des Großen Vaterländischen Krieges der Sowjetunion, und von lokalen Konflikten nach 1945 ausgewertet.
Die Beschlußvorlage enthält alle grundsätzlichen Festlegungen für die Vorbereitung sowie den Einsatz der Organe der Frontberichterstattung und für die Frontberichterstattung im Verteidigungszustand.

Geheime Kommandosache

Grundsätze für die Frontberichterstattung der DDR im Verteidigungszustand

I. Ziel und Inhalt der Frontberichterstattung

1. Die Frontberichterstattung der DDR erfolgt auf der Grundlage der Beschlüsse des Politbüros des Zentralkomitees der SED bzw. des Nationalen Verteidigungsrates der DDR sowie auf Weisung des Generalsekretärs des Zentralkomitees der SED und Vorsitzenden des Nationalen Verteidigungsrates der DDR.
2. Die Frontberichterstattung ist mit dem Ziel zu führen, den Kampf- und Siegeswillen der bewaffneten Kräfte der DDR, vor allem der NVA, zu entwickeln und sie zur entschlossenen, initiativreichen und bedingungslosen Erfüllung der Gefechtsaufgaben zu mobilisieren, das Klassen- und Waffenbündnis mit den sozialistischen Bruderstaaten, besonders der Sowjetunion, zu festigen, die Einheit von Partei, Volk und Armee zu stärken, die Verteidigungsbereitschaft und -fähigkeit der Bevölkerung der DDR zu fördern sowie den Haß auf den Feind auszuprägen.

3. Die Frontberichterstattung hat die Entwicklung der militärpolitischen Lage, den Verlauf der Kampfhandlungen der Vereinten Streitkräfte, besonders der NVA, an der Front sowie die Verteidigungsanstrengungen der bewaffneten Kräfte und der Bevölkerung zum Inhalt.

II. Kräfte der Frontberichterstattung

4. (1) Die Frontberichterstattung erfolgt durch Kräfte der Nationalen Volksarmee, der Massenmedien sowie durch Film- und Kulturschaffende.
   (2) Sie wird verwirklicht durch:
   - Frontberichterstatter der Militärpublikationen und des Filmstudios der Nationalen Volksarmee,
   - Frontberichterstatter und Sonderberichterstatter des Zentralen Nachrichten- und Informationsbüros (ZeNIB) und des Organs des Zentralkomitees der SED »Neues Deutschland«,
   - Film- und Kulturschaffende aus dem Bereich des Bevollmächtigten des Generalsekretärs des Zentralkomitees der SED und Vorsitzenden des Nationalen Verteidigungsrates der DDR für Bildung und Kultur (Bevollmächtigter für Bildung und Kultur).
5. (1) Die Kräfte der Frontberichterstattung haben den völkerrechtlichen Status von Nichtkombattanten.
   (2) Die zivilen Frontberichterstatter sind für den Fronteinsatz mit Ausweiskarten entsprechend den völkerrechtlichen Bestimmungen auszustatten.
6. Die Kräfte der Frontberichterstattung des ZeNIB, des Organs des Zentralkomitees der SED »Neues Deutschland« und des Bevollmächtigten für Bildung und Kultur werden während der Mobilmachung und im Verteidigungszustand vom Wehrdienst zeitweilig zurückgestellt.

III. Führung und Organisation der Frontberichterstattung

7. Die Frontberichterstattung und der Einsatz ihrer Kräfte im Frontgebiet erfolgt auf Befehl des Ministers für Nationale Verteidigung im engen Zusammenwirken mit dem Vorsitzenden des Zentralen Nachrichten- und Informationsbüros, dem Chefredakteur des Ogans des Zentralkomitees der SED »Neues Deutschland« und dem Bevollmächtigten für Bildung und Kultur.
8. Der Minister für Nationale Verteidigung
   (1) organisiert das Zusammenwirken zur Frontberichterstattung mit dem Oberkommando der Vereinten Streitkräfte auf dem westlichen Kriegsschauplatz, den Führungsorganen der operativ-strategischen Vereinigungen und mit den Generalstäben der Armeen des Warschauer Vertrages;
   (2) weist den Organen der Frontberichterstattung Einsatzorte bzw. -gebiete für die Berichterstattung zu und sichert ihre Ausstattung mit den erforderlichen Vollmachten und Dokumenten;
   (3) gewährleistet die Handlungen der Organe der Frontberichterstattung während ihres Einsatzes;
   (4) regelt die Freigabe aller Frontberichte.
9. Der Vorsitzende des Zentralen Nachrichten- und Informationsbüros und der Chefredakteur des Organs des Zentralkomitees der SED »Neues Deutschland«
   (1) sind für die Frontberichterstattung in ihren Bereichen verantwortlich;
   (2) stellen die inhaltlichen Aufgaben zur Frontberichterstattung an die Kräfte aus ihrem Verantwortungsbereich.
10. Der Bevollmächtigte für Bildung und Kultur stellt auf Anforderung des Vorsitzenden des Zentralen Nachrichten- und Informationsbüros und des Chefredakteurs

des Organs des Zentralkomitees der SED »Neues Deutschland« Kräfte und Mittel für die Frontberichterstattung zur Verfügung.

11. Der Vorsitzende des Zentralen Nachrichten- und Informationsbüros, der Chefredakteur des Organs des Zentralkomitees der SED »Neues Deutschland« und der Bevollmächtigte für Bildung und Kultur
(1) organisieren die Planung des personellen Bedarfs und des Ersatzes für die Kräfte der Frontberichterstattung aus ihren Verantwortungsbereichen;
(2) sichern die medienspezifische Ausrüstung und Transportsicherstellung dieser Kräfte;
(3) gewährleisten die Ausbildung und Qualifizierung dieser Kräfte im Zusammenwirken mit dem Minister für Nationale Verteidigung.

1.3.

Ausführungen des Stellvertreters des Ministers für Nationale Verteidigung und Chefs der Politischen Hauptverwaltung der NVA zum TOP 6[3]

Geheime Verschlußsache!
GVS-Nr.: A 625 401 1. Ausf. Bl. 13

Ausführungen des Genossen Generalleutnant
Brünner zum Tagesordnungspunkt 6:
»Grundsätze für die Frontberichterstattung
der DDR im Verteidigungszustand«

Genosse Vorsitzender!
Genossen Mitglieder des Nationalen Verteidigungsrates!

Gestatten Sie mir, im Auftrage des Ministers für Nationale Verteidigung zu melden:
In Vorbereitung unseres Landes auf den Verteidigungszustand ist es erforderlich, auch die Frontberichterstattung zu sichern.
Dazu wurden in den neuen Grundsatzdokumenten zur Landesverteidigung der DDR entspechende Aufgaben gestellt.
Im Interesse des einheitlichen Herangehens an die Realisierung der Frontberichterstattung erscheint es zweckmäßig, gundsätzliche Regelungen zu treffen. Damit ist es möglich, die weiterführenden Arbeiten besser zu koordinieren.
Diesem Ziel dienen die in der eingereichten Beschlußvorlage vorgeschlagenen Festlegungen.
Der wesentliche Inhalt des Dokumentes beruht auf Erfahrungen der Sowjetarmee und eigenen Erkenntnissen aus Übungen, insbesondere auch aus den gesamtstaatlichen Schulungsmaßnahmen.
Davon ausgehend sollte die Frontberichterstattung, wir auf dem Schema 1 dargestellt, das Ziel haben:

- die Ausprägung des Kampf- und Siegeswillens der bewaffneten Kräfte der DDR, vor allem der NVA und ihre Mobilisierung zur entschossenen, initiativreichen und bedingungslosen Erfüllung der Gefechtsaufgaben;
- die Stärkung der Einheit von Partei, Volk und Armee sowie Förderung der Verteidigungsbereitschaft und -fähigkeit der Bevölkerung der DDR und ihre Mobilisierung zur konsequenten Erfüllung der Verteidigungsaufgaben;
- die Festigung des Klassen- und Waffenbündnisses mit der Sowjetunion und den

ruhmreichen sowjetischen Streitkräften sowie den anderen Bruderländern und -armeen der Teilnehmerstaaten des Warschauer Vertrages;
- die Ausprägung des Hasses auf den Feind.

Unter Beachtung dieser Zielstellung sollte sich die Frontberichterstattung auf folgenden Inhalt konzentrieren:
- die militärpolitische Lage in der Welt;
- die Kampfhandlungen der Vereinten Streitkräfte der Teilnehmerstaaten des Warschauer Vertrages, besonders der Verbände und Truppenteile der Teilstreitkräfte der Nationalen Volksarmee;
- die Verteidigungsanstrengungen der bewaffneten Kräfte und der Bevölkerung der Deutschen Demokratischen Republik;
- die aggressiven, abenteuerlichen und menschenfeindlichen Handlungen des Imperialismus.

Die Führung und das Zusammenwirken zur Frontberichterstattung sind auf dem Schema 2 dargestellt:

1. Grundlagen der Frontberichterstattung sind:
   - die Beschlüsse des Politbüros des Zentralkomitees der SED bzw. des Nationalen Verteidigungsrates der DDR sowie
   - die Weisungen des Generalsekretärs der Zentralkomitees der SED und Vorsitzenden des Nationalen Verteidigungsrates der DDR.
2. Realisiert wird die Frontberichterstattung durch Kräfte
   - des Zentralen Nachrichten-und Informationsbüros;
   - des Organs des Zentralkomitees der SED »Neues Deutschland«;
   - des Ministeriums für Nationale Verteidigung und
   - des Bevollmächtigten für Bildung und Kultur.
3. Durch den Vorsitzenden des Zentralen Nachrichten- und Informationsbüros, den Chefredakteur des Organs des Zentralkomitees der SED »Neues Deutschland«, den Bevollmächtigten für Bildung und Kultur und den Minister für Nationale Verteidigung sind folgende allgemeine Aufgaben zur Frontberichterstattung zu lösen:
   - die Planung des personellen Bedarfs und des Ersatzes;
   - die Gewährleistung der medienspezifischen und Transportsicherstellung;
   - die Ausbildung und Qualifizierung der Kräfte zur Frontberichterstattung.
4. Die spezielle Führungsverantwortung auf dem Gebiet der Frontberichterstattung würde für den Vorsitzenden des Zentralen Nachrichten- und Informationsbüros und den Chefredakteur des Organs des Zentralkomitees der SED »Neues Deutschland« umfassen:
   - die Führung der Frontberichterstattung in den Massenmedien bzw. im »Neuen Deutschland«;
   - die Aufgabenstellung zum Inhalt der Frontberichterstattung an ihre Kräfte;
   - die Abstimmung der Einsatzorte bzw. -gebiete für die Kräfte zur Frontberichterstattung mit dem Ministerium für Nationale Verteidigung und
   - die Organisation des Zusammenwirkens zur Frontberichterstattung.
5. Dem Bevollmächtigten für Bildung und Kultur würde außer der Erfüllung der genannten allgemeinen Aufgaben

   die Bereitstellung von Kräften und Mitteln für die Frontberichterstattung auf Anforderung des Vorsitzenden des Zentralen Nachrichten- und Informationsbüros, des Chefredakteurs des Organs des Zentralkomitees der SED »Neues Deutschland« und des Ministers für Nationale Verteidigung obliegen.

6. Der Minister für Nationale Verteidigung wäre im Rahmen der Frontberichterstattung zuständig für:
   - die Organisation des Zusammenwirkens zur Frontberichterstattung im Warschauer Vertrag;
   - die Zuweisung von Einsatzorten bzw. -gebieten zur Frontberichterstattung und die Bereitstellung von erforderlichen Dokumenten;
   - die Sicherstellung der Frontberichterstattung während des Einsatzes;
   - die Freigabe aller Frontberichte.

Der Einsatz der Kräfte zur Frontberichterstattung im Frontgebiet sowie im territorialen Bereich der Landesverteidigung erfolgt auf Befehl des Ministers für Nationale Verteidigung in Abstimmung mit den zuständigen Leitern zentraler Führungsbereiche und dem Bevollmächtigten für Bildung und Kultur.

Die Verwirklichung der in der Beschlußvorlage vorgeschlagenen Maßnahmen gewährleistet aus unserer Sicht

- ein einheitliches Herangehen an die Frontberichterstattung im Verteidigungszustand;
- eine straffe Führung und
- ein enges Zusammenwirken zwischen allen zuständigen Bereichen.

Im Auftrage des Ministers für Nationale Verteidiung bitte ich um Zustimmung zur eingereichten Beschlußvorlage.

Genosse Vorsitzender!
Ausführungen beendet.

1.4.

Abschließende Bemerkungen des Vorsitzenden des NVR zum TOP 6[4]

Geheime Verschlußsache!
GVS-Nr.: A 625 402 1. Ausf. Bl. 7

gez. E. H.

Vorschlag für abschließende Bemerkungen zum Tagesordnungspunkt 6:
»Grundsätze für die Frontberichterstattung der DDR im Verteidigungszustand«

Genossen!
Die vorbereiteten Grundsätze für die Frontberichterstattung der DDR im Verteidigungszustand bilden eine zweckmäßige Orientierung für die massenwirksame Popularisierung der Verteidigungsanstrengungen an der Front und im Hinterland entsprechend den lagebedingten Erfordernissen der politisch-ideologischen Arbeit unserer Partei.

Sie sollten für ein koordiniertes Handeln der vorgesehenen Kräfte der Nationalen Volksarmee und der Massenmedien sowie der Film- und Kulturschaffenden umfassend genutzt werden.

Hinsichtlich der Vorbereitung der Frontberichterstatter sollte das Hauptaugenmerk auf eine sorgfältige Auswahl der Kader und auf ihre Befähigung zur parteilichen, sachkundigen und aktuellen Berichterstattung gelegt werden.

Dazu sind ihnen vor allem die Erfahrungen der Frontberichterstattung im Großen Vaterländischen Krieg sowie der Berichterstattung über lokale Konflikte nach 1945 umfassend zu vermitteln.
Bei der konkreten Ausgestaltung der Maßnahmen und Dokumente für die Frontberichterstattung sollte weiterhin eng mit den zuständigen Organen der Vereinten Streitkräfte, vor allem der Sowjetarmee, zusammengearbeitet werden, um ein einheitliches und abgestimmtes Handeln auf diesem wichtigen Gebiet der Tätigkeit der Massenmedien zu gewährleisten.
Alle diese Maßnahmen sind unter Wahrung strengster Geheimhaltung durchzuführen.

Genossen!
Ich bitte um Zustimmung zu der Beschlußvorlage.

1.5.

Protokoll zum TOP 6[5]

Geheime Verschlußsache!
GKdos-Nr.: B 912192 1. Ausf. Bl. 13

Zum Tagesordnungspunkt 6
»Grundsätze für die Frontberichterstattung der DDR im Verteidigungszustand«
– Anlage 6 –

1. Den
   »Grundsätzen für die Frontberichterstattung der DDR
   im Verteidigungszustand«
   wird unter Beachtung der während der Sitzung gegebenen Hinweise und unterbreiteten Vorschläge zugestimmt.
2. Der Minister für Nationale Verteidigung wird in Zusammenarbeit mit dem Vorsitzenden des Zentralen Nachrichten- und Informationsbüros, dem Chefredakteur des Organs des Zentralkomitees der SED »Neues Deutschland« und dem Bevollmächtigten des Generalsekretärs des Zentralkomitees der SED und Vorsitzenden des Nationalen Verteidigungsrates der DDR für Bildung und Kultur beauftragt:
   (1) auf der Grundlage dieses Beschlusses alle notwendigen Maßnahmen, die mit der Frontberichterstattung zusammenhängen, durchzusetzen;
   (2) eine Ordnung für den Einsatz der Organe der Frontberichterstattung zu erarbeiten;
   (3) bis zum 31. Dezember 1987 alle erforderlichen Vereinbarungen für die Frontberichterstattung der DDR im Verteidigungszustand abzuschließen.
3. Der Vorsitzende des Zentralen Nachrichten- und Informationsbüros, der Chefredakteur des Organs des Zentralkomitees der SED »Neues Deutschland« und der Bevollmächtigte des Generalsekretärs des Zentralkomitees der SED und Vorsitzenden des Nationalen Verteidigungsrates der DDR für Bildung und Kultur haben

(1) für ihre Bereiche Weisungen zur Führung der Frontberichterstattung sowie für die Vorbereitung der Organe der Frontberichterstattung auf den Einsatz zu erarbeiten und mit dem Minister für Nationale Verteidigung abzustimmen;
(2) dem Minister für Nationale Verteidigung die Angaben für die Einsatzplanung zur Frontberichterstattung zu übergeben.

1.6

Geplante Internierung im Bezirk Dresden[6]

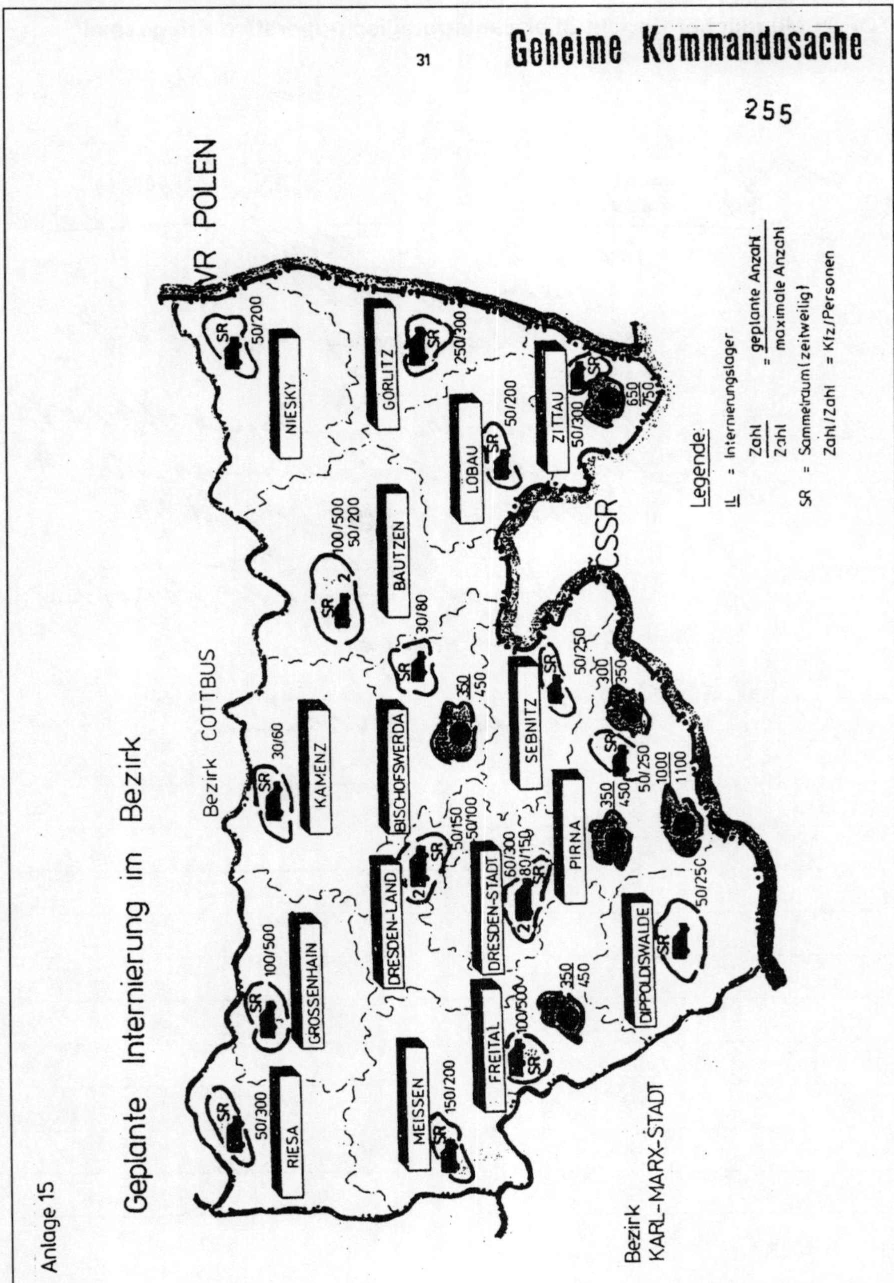

2

Notizen des Ministers für Staatssicherheit aus der 36. Sitzung des NVR am 23. Oktober 1969, TOP 2: Mündlicher Bericht über das strategisch-operative Kriegsspiel[7]

Gen. Kessler:

Einnahme v. Wstbln.
D.– v. Wstd.
~~Koordinierung mit M.f.N.V.~~

Koordinierung mit M.f.N.V.
zwecks Sicherung des Territoriums der DDR.

Einbeziehung von Kräften der Territorial Verteidigung

Angriffsrichtung?

3

Nomenklatur des Nationalen Verteidigungsrates[8]

Geheime Kommandosache
(persönlich)

Kadernomenklatur
des Nationalen Verteidigungsrates der DDR

I. NATIONALE VOLKSARMEE

1.	Stellvertreter des Ministers für Nationale Verteidigung und – Chef Technik und Bewaffnung – Chef der Rückwärtigen Dienste – Chef der Landstreitkräfte – Chef der Luftstreitkräfte/Luftverteidigung – Chef der Volksmarine – Chef der Grenztruppen der DDR	6
2.	Hauptinspekteur der NVA	1
3.	Stellvertreter des Chefs des Hauptstabes – für operative Fragen – für Organisation – für Mechanisierung und Automatisierung der Truppenführung	3
4.	Stellvertreter des Chefs der Politischen Hauptverwaltung der NVA – für organisationspolitische Arbeit – für ideologische Arbeit	2
5.	die Chefs – Kader – Militärbauwesen und Unterbringung – Finanzökonomie	3
6.	Chef Aufklärung	1
7.	Militärattachés	z. Zt. 34
8.	Chefs der Militärbezirke III und V	2
9.	Stadtkommandant der Hauptstadt der DDR – Berlin	1
10.	Stellvertreter des Chefs – der Landstreitkräfte (5) – der Luftstreitkräfte/Luftverteidigung (6) – der Volksmarine (4) – der Grenztruppen der DDR (5)	20
11.	Stellvertreter des Chefs der Militärbezirke III und V und Chefs der Politischen Verwaltungen	2
12.	Kommandeure der Grenzkommandos Mitte, Nord und Süd	3
13.	Kommandeure der Divisionen der – Landstreitkräfte (7) – Luftstreitkräfte/Luftverteidigung (3) – Flottillen der Volksmarine (3) – 6. Grenzbrigade/Küste (1)	14
14.	Chef der Militärakademie »Friedrich Engels«	1
15.	Stellvertreter des Chefs der Militärakademie »Friedrich Engels« und Leiter der Politabteilung	1

16. Kommandeure der Offiziershochschulen 7
   - der Landstreitkräfte »Ernst Thälmann«
   - der Landstreitkräfte »Otto Winzer«
   - der Luftstreitkräfte und Luftverteidigung »Franz Mehring«
   - der Luftstreitkräfte/Luftverteidigung für Militärflieger
   - der Volksmarine »Karl Liebknecht«
   - der Grenztruppen der DDR »Rosa Luxemburg«
   - der Militärpolitischen Hochschule »Wilhelm Pieck«
17. Chefs der Wehrbezirkskommandos 15
18. Stellvertreter des Chefs des Stabes der Vereinten Streitkräfte der Teilnehmerstaaten des Warschauer Vertrages für die NVA 1
19. Stellvertreter des Chefs des Technischen Komitees der Vereinten Streitkräfte der Teilnehmerstaaten des Warschauer Vertrages 1
20. Leiter der Kontrollgruppe des Nationalen Verteidigungsrates 1
21. Fliegerkosmonauten der DDR

II. ZIVILVERTEIDIGUNG DER DDR

1. Leiter der Zivilverteidigung der DDR 1
2. Stellvertreter des Leiters der Zivilverteidigung der DDR und Chef der Politischen Verwaltung 1

III. MINISTERIUM DES INNERN

1. Stellvertreter des Ministers des Innern 6
   - 1. Stellvertreter des Ministers des Innern und Chefs der Deutschen Volkspolizei
   - Stellvertreter des Ministers des Innern
   - Stellvertreter des Ministers des Innern für Bereitschaften und Kampfgruppen
   - Stellvertreter des Ministers des Innern und Leiter der Politischen Verwaltung des MdI
   - Stellvertreter des Ministers des Innern und Chef des Stabes des MdI
   - Stellvertreter des Ministers des Innern und Leiter der Versorgungsdienste
2. Leiter Kader 1
3. Leiter der Verwaltung Finanzen 1
4. Leiter der Verwaltung Strafvollzug 1
5. Leiter der Hauptabteilung Kampfgruppen 1
6. Leiter der Hauptabteilung Bereitschaften 1
7. Leiter der Hauptabteilung Kriminalpolizei 1
8. Leiter der Hauptabteilung Schutzpolizei 1
9. Leiter der Hauptabteilung Verkehrspolizei 1
10. Leiter der Hauptabteilung Transportpolizei 1
11. Leiter der Hauptabteilung Feuerwehr 1
12. Leiter der Hauptabteilung Paß- und Meldewesen 1
13. Leiter der Hauptabteilung Betriebsschutz 1
14. Leiter der Hauptinspektion 1
15. Chefs der Bezirksbehörden der Deutschen Volkspolizei 14
16. Präsident der Volkspolizei Berlin 1

17.	Leiter der Hochschule der Deutschen Volkspolizei »Karl Liebknecht«	1
18.	Kommandeur der Offiziershochschule VP-Bereitschaften »Artur Becker«	1

IV. MINISTERIUM FÜR STAATSSICHERHEIT

1.	Stellvertreter des Ministers für Staatssicherheit	4
2.	1. Stellvertreter des Leiters der Hauptverwaltung A	1
3.	Leiter der Arbeitsgruppe des Ministers	1
4.	Leiter der Zentralen Auswertungs- und Informationsgruppe	1
5.	Leiter der Hauptabteilungen I, II, XVIII, XIX, XX.	5
6.	Leiter der Hauptabteilung PS	1
7.	Leiter der Hauptabteilung Kader und Schulung	1
8.	Rektor der Hochschule des MfS	1
9.	Leiter der Bezirksverwaltungen des MfS	15
10.	Kommandeur des Wachregiments »Feliks Dzierzynski«	1

V. ZOLLVERWALTUNG DER DDR

Leiter der Zollverwaltung der DDR	1

VI. Ernennungen, Beförderungen sowie Entlassungen von Generalen und Admiralen

4

Dienstliche Beurteilung eines Nomenklaturkaders[9]

Begründungen zum Beschluß

über die Ernennungen von Offizieren
der Nationalen Volksarmee und der Zivilverteidigung der DDR
zum Generalmajor/Konteradmiral

Zu lfd. Nr. 1

Oberst B   ist seit 1949 Angehöriger der bewaffneten Organe der Deutschen Demokratischen Republik. Er absolvierte von 1955 bis 1959 die Militärpolitische Akademie "W. I. Lenin", war 8 Jahre erfolgreich als Stellvertreter des Kommandeurs und Leiter der Politabteilung der 11. MSD tätig und ist seit 1977 als Chef des Wehrbezirkskommandos   eingesetzt.
Unter seiner Führung hat sich das Wehrbezirkskommando in den letzten Jahren weiter gefestigt und insgesamt gute Ergebnisse bei der Lösung der politischen und militärischen Aufgaben erreicht.
Mit persönlichem Engagement setzt Oberst B   sich für die Gewährleistung einer ständig hohen Gefechts- und Mobilmachungsbereitschaft ein und entwickelt dabei Initiative und Entschlußkraft. Er zeichnet sich stets durch Fleiß, vorbildliche Dienstauffassung und hohe persönliche Einsatzbereitschaft aus. Verbunden mit einem festen parteilichen Standpunkt führte das zu einer hohen Autorität und Vertrauen bei den nachgeordneten Leitern, Armeeangehörigen und Zivilbeschäftigten des Dienstbereiches.
Oberst B   setzt in seiner Führungstätigkeit die Parteibeschlüsse und militärischen Grundsatzdokumente durch und verwirklicht die Einheit von politischer und militärischer Führung.
Als Mitglied der SED-Bezirksleitung genießt er Ansehen und setzt sich für eine enge Zusammenarbeit mit den Partei-, Staats- und Wirtschaftsorganen des Bezirkes ein. In seiner Grundorganisation leistet er eine aktive und konstruktive Parteiarbeit.
Seine Beförderung zum Oberst erfolgte am 07. 10. 1968.
Es wird vorgeschlagen, Oberst B   aus Anlaß des 31. Jahrestages der Deutschen Demokratischen Republik zum Generalmajor zu ernennen.

5

Schema der leitenden Organe der SED im Verteidigungszustand[10]

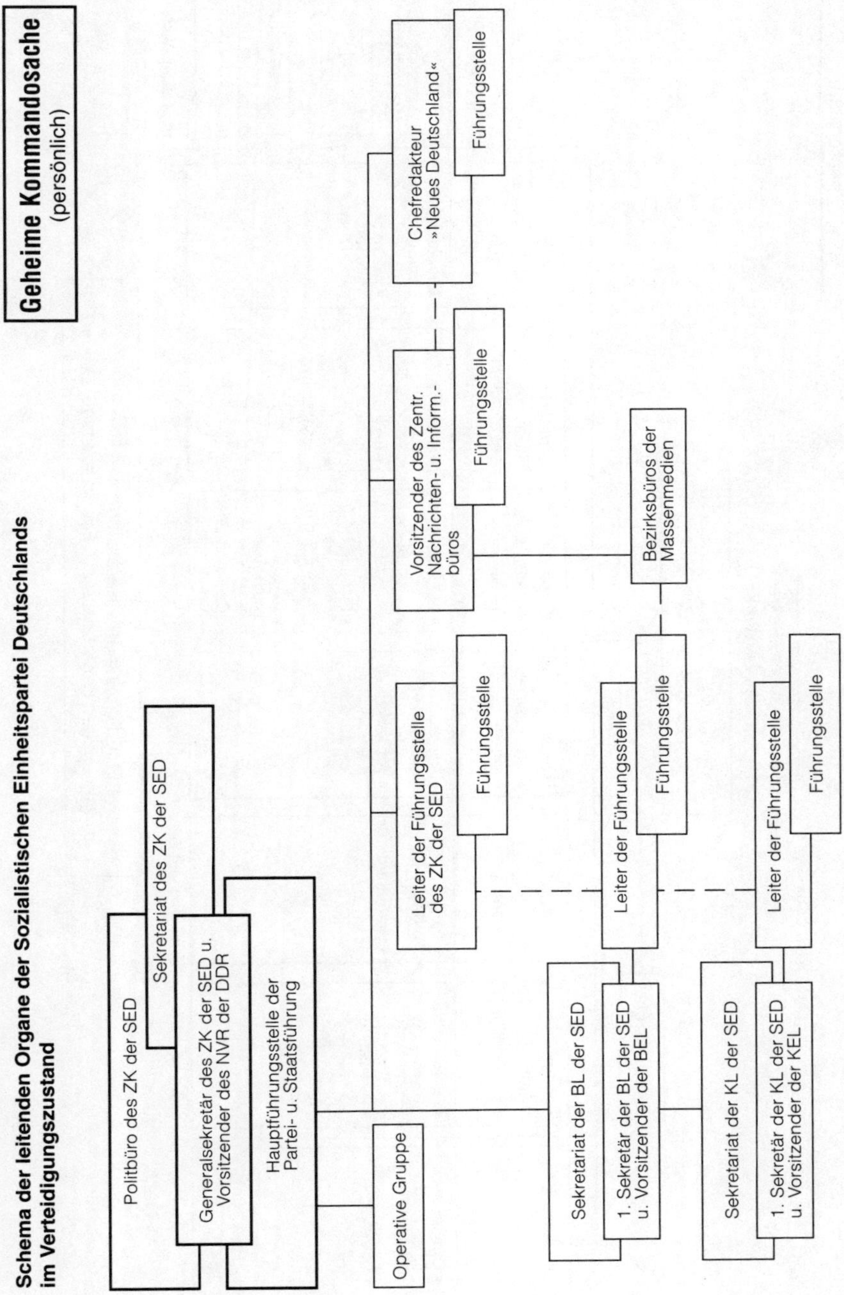

6

Rahmenstruktur der Führungsstelle des ZK der SED[11]

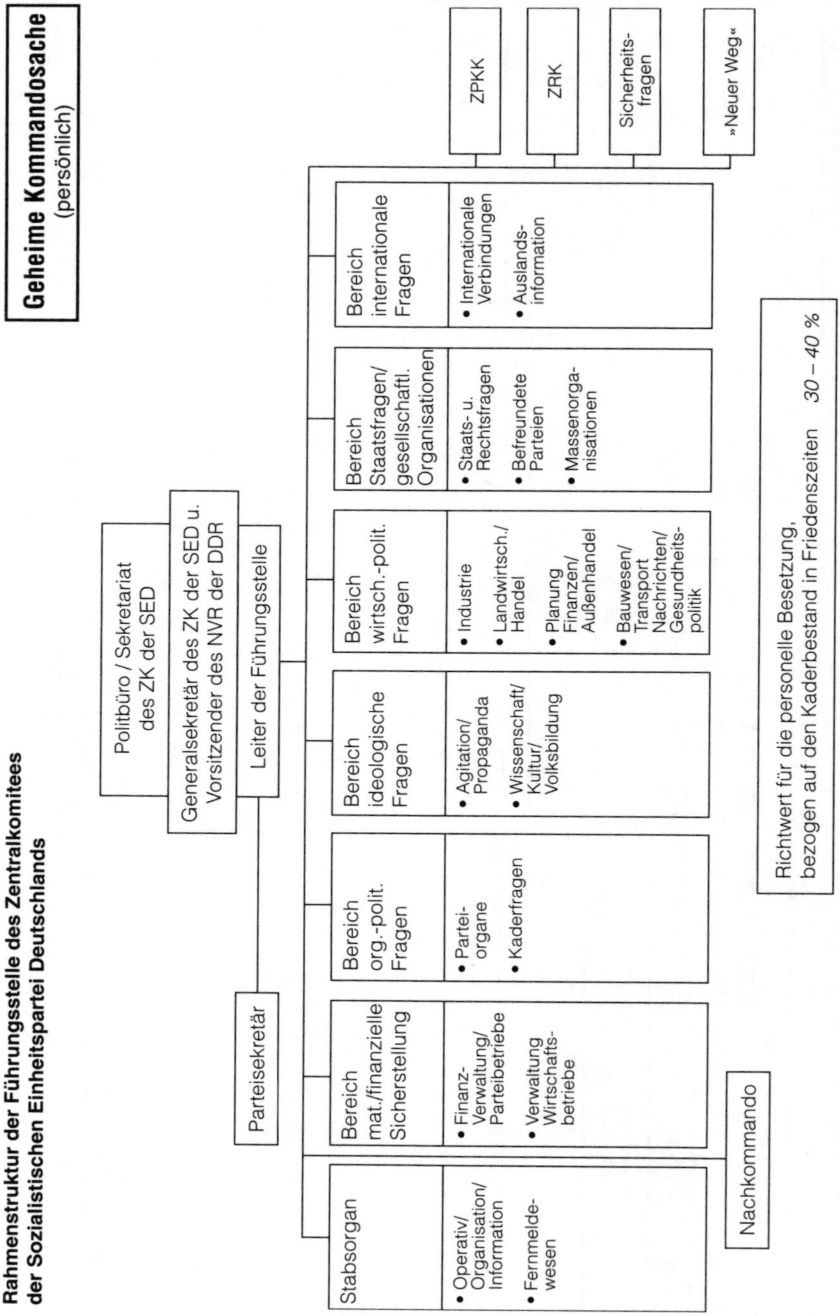

Gesamtführung der DDR im Verteidigungszustand[12]

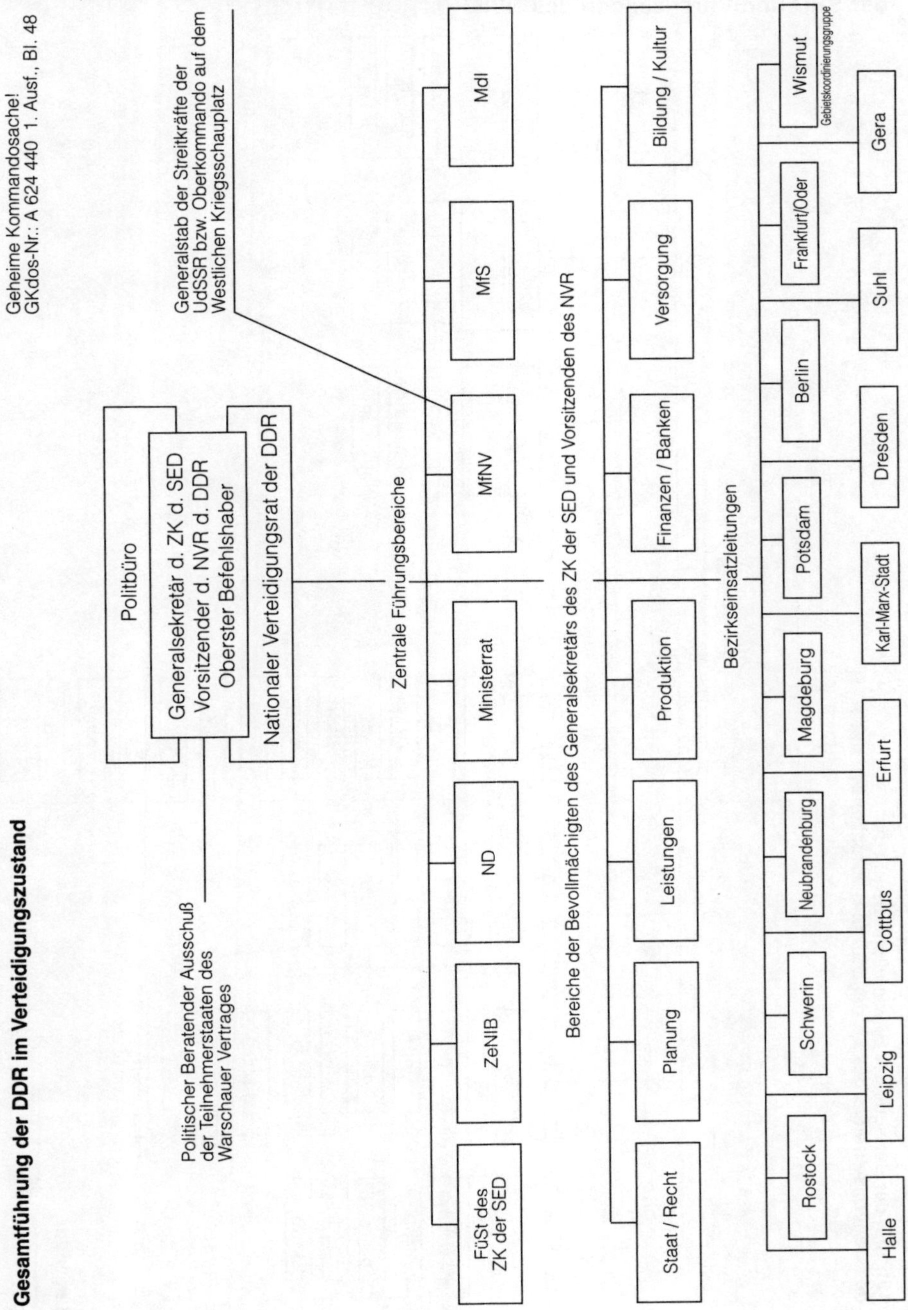

8

Führung der Bereiche der Bevollmächtigten des Generalsekretärs des ZK der SED und Vorsitzenden des NVR[13]

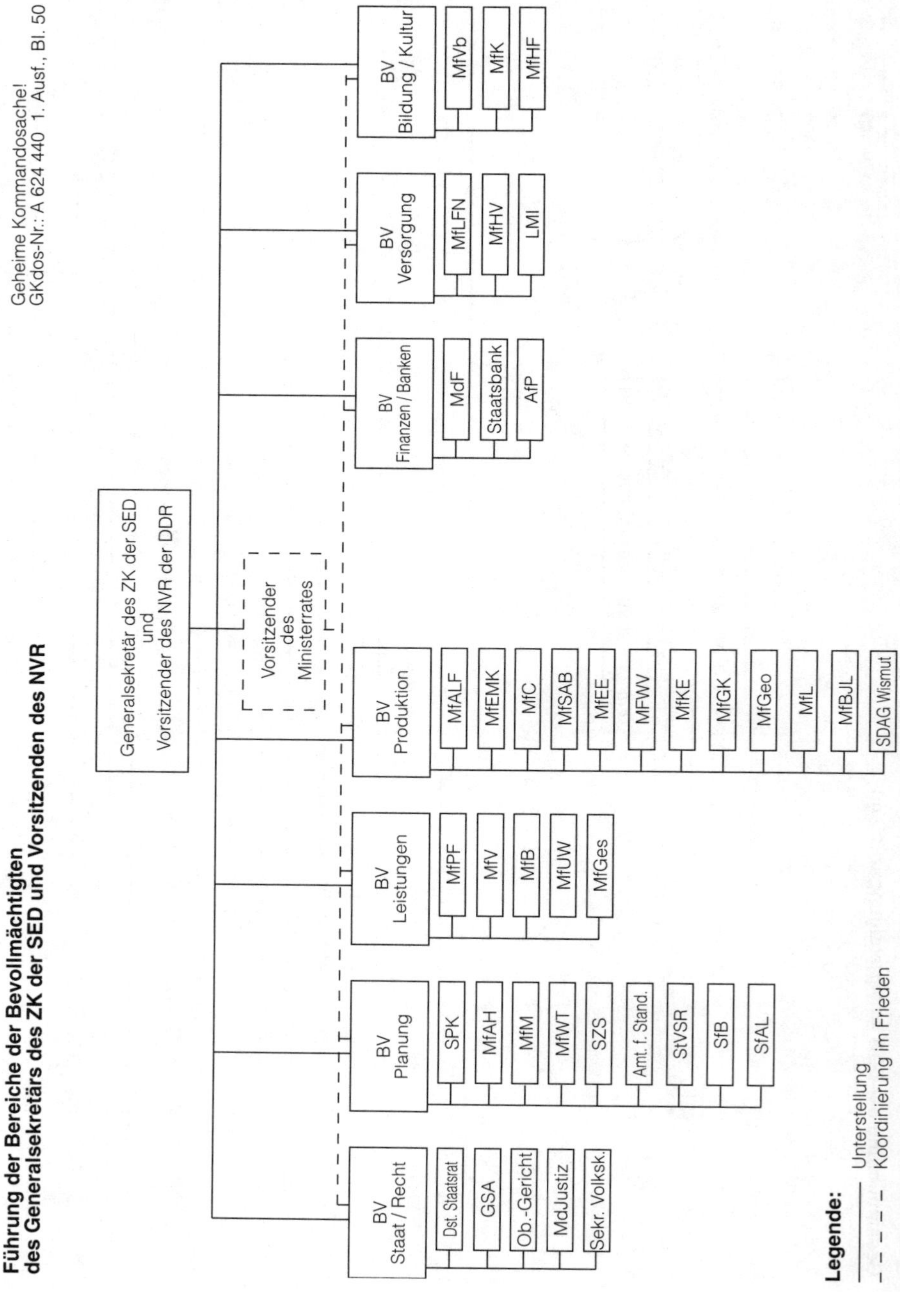

9

Befehle Nr. 16/85 und 12/86 des Generalsekretärs des ZK der SED und Vorsitzenden des NVR[14/15]

Geheime Verschlußsache

Geheime Kommandosache (persönlich!)

203

DEUTSCHE DEMOKRATISCHE REPUBLIK

NATIONALER VERTEIDIGUNGSRAT

DER VORSITZENDE

Geheime Kommandosache!

GKdos-Nr.: A 624 421

1. Ausfertigung = 2. Blatt

BEFEHL Nr. 16 / 85

des Vorsitzenden des Nationalen Verteidigungsrates der Deutschen Demokratischen Republik

vom 31. 10. 1985

Auf der Grundlage der

"Grundsätze der Führung der Deutschen Demokratischen Republik im Verteidigungszustand"

BEFEHLE ICH:

1. Mit Wirkung vom 01. 12. 1985 wird das Mitglied des Politbüros des Zentralkomitees der SED und Präsident der Volkskammer der DDR

   Genosse Horst S i n d e r m a n n

   als Bevollmächtigter des Generalsekretärs des Zentralkomitees der SED und Vorsitzenden des Nationalen Verteidigungsrates für Staat und Recht

   eingesetzt.

2. Als Stellvertreter des Bevollmächtigten für Staat und Recht wird der Sekretär des Staatsrates der DDR

   Genosse Heinz E i c h l e r

   bestätigt.

Geheime Kommandosache

Geheime Kommandosache!

GKdos-Nr.: A 624 421 .1. Ausf. Bl. 2

3. Dem Bevollmächtigten für Staat und Recht werden im Verteidigungszustand unterstellt:

   - die Dienststelle des Staatsrates der DDR
   - der Generalstaatsanwalt der DDR
   - das Oberste Gericht der DDR
   - das Ministerium der Justiz
   - das Sekretariat der Volkskammer der DDR.

4. Der Minister für Nationale Verteidigung hat in meinem Auftrag den Bevollmächtigten für Staat und Recht und seinen Stellvertreter bis zum 30. 11. 1985 in seine Aufgaben einzuweisen.

Dieser Befehl tritt mit sofortiger Wirkung in Kraft und hat Gültigkeit bis auf Widerruf.

Berlin, den 31.10. 1985

E. Honecker

E. Honecker
Generalsekretär des Zentralkomitees
der Sozialistischen Einheitspartei
Deutschlands und Vorsitzender des
Nationalen Verteidigungsrates der
Deutschen Demokratischen Republik

~~Geheime Verschlußsache~~ ~~Geheime Kommandosache (persönlich)~~

DEUTSCHE DEMOKRATISCHE REPUBLIK

NATIONALER VERTEIDIGUNGSRAT
DER VORSITZENDE

26.08.86
47062 E

GHGr abgestuft: auf GVS

Geheime Kommandosache!
GKdos-Nr.: A 624 772
01. Ausfertigung = 5. Blatt

B E F E H L Nr. 12 / 86

des Vorsitzenden des Nationalen Verteidigungsrates
der Deutschen Demokratischen Republik

über

Maßnahmen zur Vorbereitung
auf den Verteidigungszustand

vom 12. 08. 1986

Zur einheitlichen Durchsetzung der in den "Grundsätzen der Führung der DDR im Verteidigungszustand" vom 27. 11. 1985 getroffenen Festlegungen über den Einsatz von Stellvertretern der Bevollmächtigten des Generalsekretärs des Zentralkomitees der SED und Vorsitzenden des Nationalen Verteidigungsrates[1)] sowie zur Koordinierung der Vorbereitung der Bereiche der Bevollmächtigten auf den Verteidigungszustand[2)]

B E F E H L E I C H :

1) Im weiteren "Bevollmächtigte" genannt.
2) Im weiteren "Vorbereitungsarbeit" genannt.

Geheime Kommandosache

Geheime Kommandosache!

GKdos-Nr.: A-624-772 ~~.1. Ausf. Bl. 2~~

1. (1) Als Stellvertreter des Leiters des Führungsbereiches des Vorsitzenden des Ministerrates wird das Mitglied des Politbüros des Zentralkomitees der SED, der Stellvertreter des Vorsitzenden des Ministerrates und ständige Vertreter der DDR im RGW, Genosse Günther K l e i b e r , festgelegt.

(2) Gemäß den "Grundsätzen der Führung der DDR im Verteidigungszustand", Ziffer 23, Absatz 2, werden eingesetzt als

Stellvertreter des Bevollmächtigten

a) für Staat und Recht, Genossen Horst S i n d e r m a n n , Mitglied des Politbüros des Zentralkomitees der SED und Präsident der Volkskammer der DDR,

der Sekretär des Staatsrates der DDR, Genosse Heinz E i c h l e r ;

b) für Planung, Genossen Gerhard S c h ü r e r , Kandidat des Politbüros des Zentralkomitees der SED und Vorsitzender der Staatlichen Plankommission,

der Leiter der politischen Führungsgruppe, Genosse Günter E h r e n s p e r g e r ;

c) für Leistungen, Genossen Werner K r o l i k o w s k i , Mitglied des Politbüros des Zentralkomitees der SED und Erster Stellvertreter des Vorsitzenden des Ministerrates der DDR,

der Leiter der politischen Führungsgruppe, Genosse Gerhard T r ö l i t z s c h ;

d) für Produktion, Genossen Günter M i t t a g , Mitglied des Politbüros und Sekretär des Zentralkomitees der SED,

der Leiter der politischen Führungsgruppe, Genosse Klaus B l e s s i n g ;

e) für Finanzen und Banken, Genossen Alfred N e u m a n n, Mitglied des Politbüros des Zentralkomitees der SED und Erster Stellvertreter des Vorsitzenden des Ministerrates der DDR,

der Leiter der politischen Führungsgruppe, Genosse Hans D i e t z e l ;

f) für Versorgung, Genossen Werner F e l f e, Mitglied des Politbüros und Sekretär des Zentralkomitees der SED,

der Leiter der politischen Führungsgruppe, Genosse Helmut S e m m e l m a n n ;

g) für Bildung und Kultur, Genossin Margot H o n e c k e r, Minister für Volksbildung,

der Leiter der politischen Führungsgruppe, Genosse Johannes H ö r n i g .

2. Die unter Ziffer 1 genannten Stellvertreter haben folgende Hauptaufgaben zu erfüllen:

a) im Frieden

- Vertretung des Vorsitzenden/Bevollmächtigten bei dessen Abwesenheit,

- Abstimmung von Maßnahmen der Vorbereitung des Bereiches auf den Verteidigungszustand im Auftrage des Vorsitzenden/Bevollmächtigten in Zusammenarbeit mit dem Leiter des Stabsorgans,

- Leitung von Ausbildungs- und Überprüfungsmaßnahmen im Auftrage des Vorsitzenden/Bevollmächtigten sowie deren Vorbereitung, Durchführung und Auswertung in Zusammenarbeit mit dem Leiter des Stabsorgans,

- Erfüllung von Aufgaben bzw. Durchsetzung von Festlegungen des Vorsitzenden/Bevollmächtigten;

Geheime Kommandosache

Geheime Kommandosache! 1. Ausf. Bl. 5

GKdos-Nr.: A 624 772 .1. Ausf. Bl. 4

b) im Verteidigungszustand

- Vertretung des Vorsitzenden/Bevollmächtigten bei dessen Abwesenheit auf der Führungsstelle,
- Aufrechterhaltung der ständigen Verbindung zum Vorsitzenden/Bevollmächtigten und Durchsetzung seiner Weisungen,
- Koordinierung der Vorbereitung von Führungsentscheidungen des Vorsitzenden/Bevollmächtigten in Zusammenarbeit mit dem Leiter des Stabsorgans,
- Aufrechterhaltung der Verbindung und Zusammenwirken mit den Stellvertretern der anderen Bereiche.

3. Der Vorsitzende des Ministerrates bzw. die Bevollmächtigten haben ihre Stellvertreter bis zum 30. 09. 1986 in ihre Aufgaben einzuweisen.

4. Dieser Befehl tritt mit Wirkung vom 01. 09. 1986 in Kraft und hat Gültigkeit bis auf Widerruf.

Berlin, den 17. 8. 1986

E. Honecker

E. H o n e c k e r
Generalsekretär des Zentralkomitees der Sozialistischen Einheitspartei Deutschlands und Vorsitzender des Nationalen Verteidigungsrates der Deutschen Demokratischen Republik

Führung des zentralen Führungsbereiches des VMR[16]

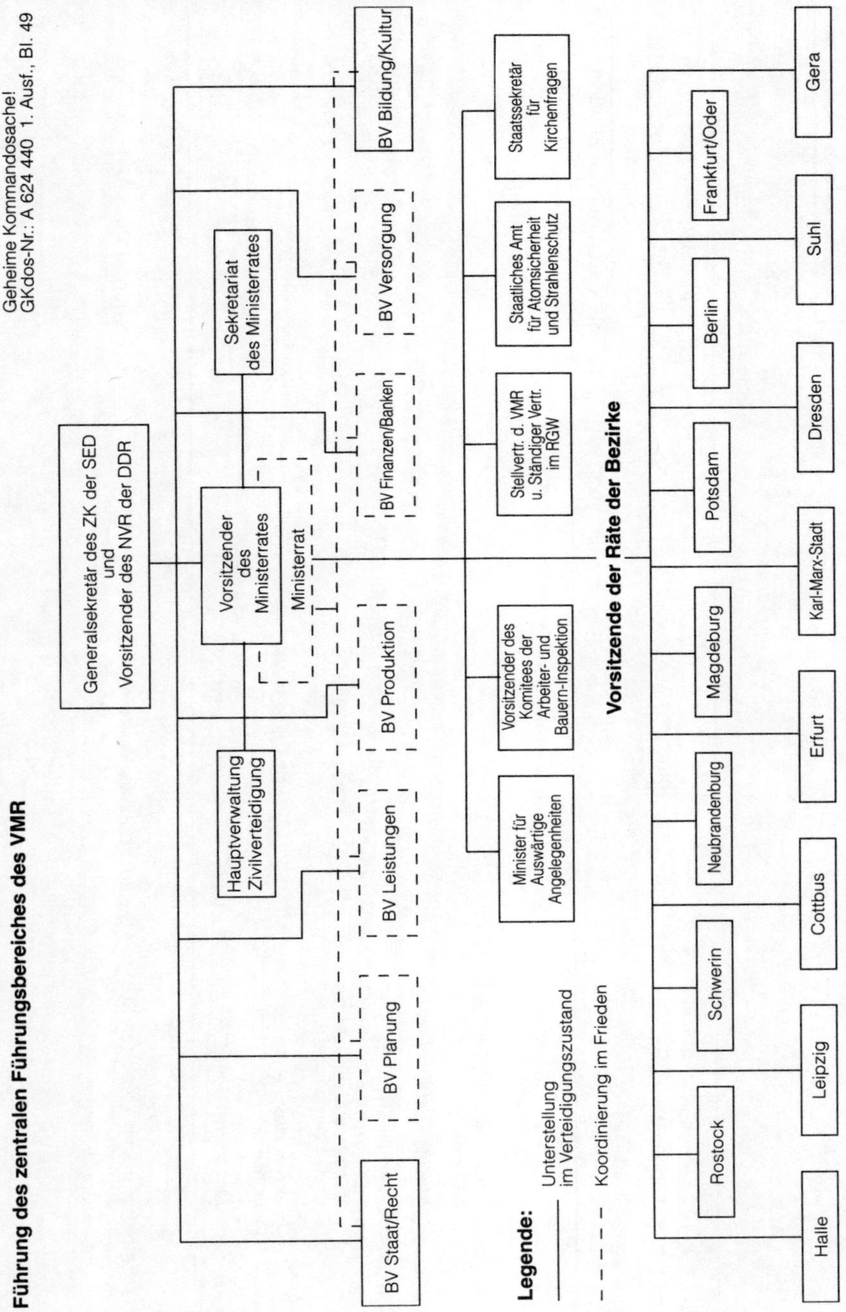

11

Übersicht über die Standorte der Ausweichobjekte für Führungsstellen[17]

Geheime Kommandosache
GKdos-Nr.: A 479 222 1. Ausf. Bl. 108

Übersicht
über die Standorte der Ausweichobjekte für Führungsstellen

Anlage 7

Lfd. Nr.	Führungsbereich	Standort des Ausweichobjektes (Ortslage)	Entfernung zur Hauptführungsstelle der Partei- und Staatsführung 1) in ca.		
			km	Stunden	
				bei V = 80 km/h	bei V = 60 km/h
1.	Ministerium für Nationale Verteidigung	1030 BAD FREIENWALDE	45	0:34	0:45
2.	Ministerium für Staatssicherheit		7	0:05	0:07
3.	Ministerium des Innern	1296 BIESENTHAL	35	0:26	0:35
4.	Zentralkomitee der SED	1303 FINOWFURT-ÜDERSEE	20	0:15	0:20
5.	Zentrales Nachrichten- und Informationsbüro	1301 ALTENHOF	15	0:11	0:15
6.	Organ des Zentralkomitees der SED »Neues Deutschland«	1408 LIEBENWALDE	35	0:26	0:35
7.	Ministerrat der DDR	1230 BEESKOW	135	1:41	2:15

1) Entfernung vom jeweiligen Standort bis zur nächstgelegenen Autobahnanschlußstelle zur Hauptführungsstelle

(Fortsetzung Seite 265)

(Fortsetzung)

Lfd. Nr.	Führungsbereich	Standort des Ausweichobjektes (Ortslage)	Entfernung zur Hauptführungsstelle der Partei- und Staatsführung 1) in ca.		
			km	Stunden	
				bei V = 80 km/h	bei V = 60 km/h
8.	Bevollmächtigter für Staat und Recht	1020 BERLIN	60	0:45	1:00
9.	Bevollmächtigter für Planung	1240 FÜRSTENWALDE	110	1:23	1:50
10.	Bevollmächtigter für Leistungen	1250 ERKNER	75	0:56	1:15
11.	Bevollmächtigter für Produktion	1233 STORKOW-HUBERTUSHÖHE	110	1:23	1:50
12.	Bevollmächtigter für Finanzen/Banken	1601 BLOSSIN	95	1:11	1:35
13.	Bevollmächtigter für Versorgung	1278 MÜNCHEBERG	90	1:08	1:30
14.	Bevollmächtigter für Bildung/Kultur	1276 BUCKOW	105	1:19	1:45
15.	Ministerium für Auswärtige Angelegenheiten	1614 ZERNSDORF	100	1:15	1:40

Statut des Nationalen Verteidigungsrates[18]

Eingereicht von: Minister für Nationale Verteidigung, Genossen Armeegeneral H. Hoffmann

Geheime Kommandosache
(persönlich)

Beschlußvorlage
für den Nationalen Verteidigungsrat
der Deutschen Demokratischen Republik

Inhalt: Statut des Nationalen Verteidigungsrates der Deutschen Demokratischen Republik

Erarbeitet von: Stellvertreter des Ministers und Chef des Hauptstabes, Genossen Generaloberst F. Streletz

Zugestimmt haben: Vorsitzender des Ministerrates der Deutschen Demokratischen Republik, Genosse W. Stoph

Minister für Staatssicherheit, Genosse Armeegeneral E. Mielke

Minister des Innern und Chef der Deutschen Volkspolizei, Genosse Generaloberst F. Dickel

Leiter der Abteilung für Sicherheitsfragen des Zentralkomitees der SED, Genosse Generaloberst H. Scheibe

Hoffmann
Armeegeneral

Beschluß
des Nationalen Verteidigungsrates
der Deutschen Demokratischen Republik

Der Nationale Verteidigungsrat der Deutschen Demokratischen Republik beschließt:

1. Dem Statut des Nationalen Verteidigungsrates der Deutschen Demokratischen Republik wird unter Beachtung der während der Sitzung gegebenen Hinweise und unterbreiteten Vorschläge zugestimmt.
2. Dem Generalsekretär des Zentralkomitee der SED und Vorsitzenden des Nationalen Verteidigungsrates der DDR wird empfohlen:
   - das Statut des Nationalen Verteidigungsrates der DDR dem Politbüro des Zentralkomitees der SED zur Bestätigung vorzulegen
   - das Statut nach der Bestätigung durch das Politbüro zu unterzeichnen und in Kraft zu setzen.

3. Der Sekretär des Nationalen Verteidigungsrates wird beauftragt, das Statut an den im Verteiler festgelegten Personenkreis zu übergeben.

Begründung:

Die ständige Vervollkommnung der Landesverteidigung der DDR erforderte eine Präzisierung des Statuts des Nationalen Verteidigungsrates der DDR vom 30. 11. 1973.

Bei der Neufassung des Statuts wurde insbesondere von den Anforderungen des X. Parteitages der SED an die Führung und Organisation der Verteidigungs- und Sicherheitsmaßnahmen sowie vom Gesetz über die Landesverteidigung der Deutschen Demokratischen Republik vom 13. 10. 1978 ausgegangen.

Im Statut werden vor allem berücksichtigt:

- die höheren Ansprüche an die Tätigkeit des Nationalen Verteidigungsrates der DDR und seiner Organe sowie
- die entwicklungsbedingten Veränderungen auf dem Gebiet der Landesverteidigung.

Mit den Festlegungen des Statuts wird der Tätigkeit des Nationalen Verteidigungsrates der DDR sowohl im Frieden als auch unter den Bedingungen einer Spannungsperiode und des Verteidigungszustandes Rechnung getragen.

Deutsche Demokratische Republik
Nationaler Verteidigungsrat

STATUT
des Nationalen Verteidigungsrates der Deutschen Demokratischen Republik vom . . . 1981

I. Stellung und Funktion des Nationalen Verteidigungsrates

1. Der Nationale Verteidigungsrat ist das oberste zentrale Führungsorgan der Landesverteidigung der Deutschen Demokratischen Republik.
2. Grundlage für seine Tätigkeit sind die Beschlüsse des Zentralkomitees der Sozialistischen Einheitspartei Deutschlands und seines Politbüros, der Volkskammer und des Staatsrates, insbesondere das Gesetz über die Landesverteidigung der Deutschen Demokratischen Republik.
3. (1) Der Nationale Verteidigungsrat ist ein kollektiv arbeitendes Organ.
   (2) Der Generalsekretär des Zentralkomitees der SED und Vorsitzende des Nationalen Verteidigungsrates leitet die Tätigkeit des Rates. Er verfügt über das alleinige Weisungsrecht gegenüber den Leitern der zentralen Führungsbereiche sowie den 1. Sekretären der Bezirksleitungen der SED und Vorsitzenden der Bezirkseinsatzleitungen.
4. Der Nationale Verteidigungsrat
   - organisiert und leitet alle erforderlichen Verteidigungs- und Sicherheitsmaßnahmen und regelt alle grundsätzlichen internationalen Fragen der Militär- und Sicherheitspolitik der Deutschen Demokratischen Republik
   - bestimmt für alle staatlichen, wirtschaftsleitenden und gesellschaftlichen Organe, Institutionen und Organisationen verbindlich die zum Schutz und zur

Sicherheit der Deutschen Demokratischen Republik, zur Erfüllung ihrer internationalen militärischen Bündnisverpflichtungen sowie zur Gewährleistung der Verteidigungsbereitschaft und Verteidigungsfähigkeit des Landes erforderlichen Aufgaben und Maßnahmen

- übt die oberste militärische Kommandogewalt gegenüber allen bewaffneten Kräften der DDR aus
- verwirklicht die unmittelbare Leitung des Einsatzes der Nationalen Volksarmee und der Schutz- und Sicherheitsorgane der DDR sowie dessen Koordinierung mit den Handlungen der Vereinten Streitkräfte bei Gefährdung der inneren und äußeren Sicherheit.

5. (1) Der Nationale Verteidigungsrat erläßt Rechtsvorschriften in Form von Anordnungen und Beschlüssen.
   (2) Der Generalsekretär des Zentralkomitees der SED und Vorsitzende des Nationalen Verteidigungsrates erläßt zur administrativen Regelung von Fragen der sozialistischen Landesverteidigung Befehle und Direktiven.
6. (1) In einer Spannungsperiode, zur Durchführung der Mobilmachung des Landes und im Verteidigungszustand ist der Generalsekretär des Zentralkomitees der SED und Vorsitzende des Nationalen Verteidigungsrates Oberster Befehlshaber aller bewaffneten Kräfte der DDR.
   (2) Er verwirklicht die operative Führung des Landes nach dem Prinzip der Einzelleitung entsprechend den Grundsätzen für die Führung der DDR im Verteidigungszustand über
   a) die Leiter der zentralen Führungsbereiche
   b) die 1. Sekretäre der Bezirksleitungen der SED und Vorsitzenden der Bezirkseinsatzleitungen.
7. Der Generalsekretär des Zentralkomitees der SED und Vorsitzende des Nationalen Verteidigungsrates bestätigt
   - den Plan der Überführung der DDR vom Frieden in den Verteidigungszustand
   - die Einsatzplanung der Nationalen Volksarmee und der Schutz- und Sicherheitsorgane der DDR
   - die Entschlüsse der Vorsitzenden der Bezirkseinsatzleitungen zur Verteidigung der Bezirke und Gewährleistung der Operationsfreiheit sowie
   - den Plan der Maßnahmen des Nationalen Verteidigungsrates für das laufende Kalenderjahr.

II. Hauptaufgaben des Nationalen Verteidigungsrates

8. Der Nationale Verteidigungsrat erfüllt in Übereinstimmung mit den Beschlüssen der Organe der Teilnehmerstaaten des Warschauer Vertrages folgende Hauptaufgaben:
   a) Bestätigung der Gesamtkonzeption zur Verteidigung der Deutschen Demokratischen Republik sowie zur Gewährleistung ihrer Sicherheit
   b) Schaffung und Durchsetzung der organisatorischen und rechtlichen Grundlagen für die Verteidigung und Sicherheit der Deutschen Demokratischen Republik auf der Grundlage der Normen des Völkerrechts
   c) Regelung aller grundsätzlichen Maßnahmen, die sich aus der Anwesenheit von Streitkräften der Teilnehmerstaaten des Warschauer Vertrages auf dem Hoheitsgebiet der Deutschen Demokratischen Republik ergeben
   d) Gewährleistung der Organisation der operativen Führung der DDR im Vertei-

digungszustand und Bestimmung der Verantwortung der zentralen und örtlichen Staatsorgane auf dem Gebiet der Landesverteidigung

e) Bestimmung der Grundsätze und Hauptmaßnahmen zur Überführung des Landes vom Frieden in den Verteidigungszustand

f) Festlegung grundsätzlicher Maßnahmen der sozialistischen Wehrerziehung der Bevölkerung der DDR und der militärischen Propaganda

g) Einleitung von Abrüstungsmaßnahmen der DDR im Falle entsprechender internationaler Vereinbarungen.

9. (1) Der Nationale Verteidigungsrat ist zuständig für die Festlegung und Durchsetzung grundsätzlicher Verteidigungs- und Sicherheitsmaßnahmen auf politischem, militärischem, staatlichem, wirtschaftlichem und internationalem Gebiet.
(2) Die Zuständigkeit umfaßt die im Anhang 1 festgelegten Aufgaben und Maßnahmen.

III. Arbeitsweise des Nationalen Verteidigungsrates

10. (1) Der Nationale Verteidigungsrat bestimmt eines seiner Mitglieder zum Sekretär.
(2) Der Sekretär des Nationalen Verteidigungsrates arbeitet auf der Grundlage der Weisungen des Generalsekretärs des Zentralkomitees der SED und Vorsitzenden des Nationalen Verteidigungsrates sowie der Beschlüsse des Nationalen Verteidigungsrates gemäß den im Anhang 2 festgelegten funktionellen Pflichten.

11. Der Nationale Verteidigungsrat tritt in der Regel einmal vierteljährlich zu einer Beratung zusammen.

12. Darüber hinaus können Sitzungen einberufen werden
   a) auf der Grundlage eines Beschlusses des Politbüros des Zentralkomitees der SED
   b) auf Antrag eines Mitgliedes des Nationalen Verteidigungsrates
   c) infolge der Zuspitzung der Lage
   d) auf Grund von Sofortmeldungen
      - des Ministers für Nationale Verteidigung
      - des Ministers für Staatssicherheit
      - des Ministers des Innern und Chefs der Deutschen Volkspolizei
      - der 1. Sekretäre der Bezirksleitungen der SED und Vorsitzenden der Bezirkseinsatzleitungen.

13. Die Einberufung der Sitzungen sowie die Bestätigung der Tagesordnung, des Ortes der Durchführung und zusätzlicher Teilnehmer mit beratender Stimme erfolgen durch den Generalsekretär des Zentralkomitees der SED und Vorsitzenden des Nationalen Verteidigungsrates.

14. (1) Der Nationale Verteidigungsrat beschließt mit Stimmenmehrheit. Bei Stimmengleichheit entscheidet die Stimme des Vorsitzenden.
(2) Der Verlauf der Sitzungen des Nationalen Verteidigungsrates ist zu protokollieren. Die gefaßten Beschlüsse sind im Protokoll festzuhalten.
(3) Im Dringlichkeitsfall können Beschlüsse des Nationalen Verteidigungsrates durch Bestätigung der Vorlagen im Umlaufverfahren herbeigeführt werden.

15. Die Ordnung über die Einreichung von Beschlußvorlagen und die Behandlung von Beschlüssen ist im Anhang 3 festgelegt.

IV. Organe des Nationalen Verteidigungsrates

16. (1) Das Ministerium für Nationale Verteidigung ist das zentrale Organ des Nationalen Verteidigungsrates für die komplexe Planung, Koordinierung und Durchsetzung grundsätzlicher Maßnahmen der Landesverteidigung.
(2) Es gewährleistet die materielle und finanzielle Sicherstellung der Tätigkeit des Nationalen Verteidigungsrates.
17. Der Hauptstab der Nationalen Volksarmee ist das militärische Planungs- und Koordinierungsorgan des Nationalen Verteidigungsrates. Seine Funktionen bestimmen sich nach Anhang 4 dieses Statutes.
18. Die Kontrollgruppe des Nationalen Verteidigungsrates ist das Organ zur ständigen Gewährleistung der organisatorischen Sicherstellung der Arbeit des Nationalen Verteidigungsrates, der Kontrolle der Durchsetzung und Erfüllung der Beschlüsse sowie zur Sicherung der Zusammenarbeit mit den zentralen Führungsbereichen und Bezirkseinsatzleitungen.
Die Mitglieder der Kontrollgruppe werden durch den Nationalen Verteidigungsrat bestätigt.
Die Aufgaben der Kontrollgruppe sind im Anhang 5 festgelegt.

V. Schlußbestimmungen

19. (1) Dieses Statut tritt am 01. 11. 1981 in Kraft. Es ist gemäß Anlage zu verteilen.
(2) Gleichzeitig tritt das Statut des Nationalen Verteidigungsrates vom 10. 12. 1973 außer Kraft.

E. Honecker
Generalsekretär des Zentralkomitees
der Sozialistischen Einheitspartei
Deutschlands und Vorsitzender des
Nationalen Verteidigungsrates der
Deutschen Demokratischen Republik

13

Statut der Einsatzleitungen der Deutschen Demokratischen Republik[19]

Geheime Kommandosache
(persönlich!)

Eingereicht von:	Minister für Nationale Verteidigung, Genossen Armeegeneral H. Hoffmann

Beschlußvorlage
für den Nationalen Verteidigungsrat
der Deutschen Demokratischen Republik

Inhalt:	Statut der Einsatzleitungen der Deutschen Demokratischen Republik
Erarbeitet von:	Stellvertreter des Ministers und Chef des Hauptstabes der NVA, Genossen Generaloberst F. Streletz
Zugestimmt haben:	Vorsitzender des Ministerrates der DDR, Genosse W. Stoph
	Leiter der Führungsstelle des Zentralkomitees der SED, Genosse P. Verner
	Minister für Staatssicherheit, Genosse Armeegeneral E. Mielke
	Minister des Innern und Chef der Deutschen Volkspolizei, Genosse Generaloberst F. Dickel
	Leiter der Abteilung für Sicherheitsfragen des Zentralkomitees der SED, Genosse Generaloberst H. Scheibe

Hoffmann
Armeegeneral

Beschluß des Nationalen Verteidigungsrates der Deutschen Demokratischen Republik

Der Nationale Verteidigungsrat der Deutschen Demokratischen Republik beschließt:

1. Dem »Statut der Einsatzleitungen der Deutschen Demokratischen Republik« wird, unter Beachtung der während der Sitzung des Nationalen Verteidigungsrates gegebenen Hinweise und unterbreiteten Vorschläge, zugestimmt.
2. Dem Generalsekretär des Zentralkomitees der SED und Vorsitzenden des Nationalen Verteidigungsrates der Deutschen Demokratischen Republik, Ge-

nossen Erich Honecker, wird empfohlen, das Statut nach Beratung und Beschlußfassung im Politbüro zu erlassen und mit Wirkung vom 01. 01. 1982 in Kraft zu setzen.

3. Das Mitglied des Politbüros des Zentralkomitees der SED und Minister für Nationale Verteidigung, Armeegeneral H. Hoffmann, wird beauftragt, das Dokument dem Politbüro des Zentralkomitees der SED zur Beratung und Beschlußfassung vorzulegen.
4. Die Leiter der zentralen Führungsbereiche haben
   - alle sich aus den Festlegungen des Statutes ergebenden Forderungen für ihre Bereiche durchzusetzen bzw. den Bestimmungen des Dokumentes entgegenstehende Regelungen zu präzisieren
   - die Voraussetzungen für die Inkraftsetzung des Statutes am 01. 01. 1982 zu schaffen.
5. In Verantwortlichkeit des Ministers für Nationale Verteidigung sind die für die Tätigkeit der Koordinierungsgruppen der WISMUT bestehenden Regelungen auf der Grundlage des vorliegenden Statutes im Jahre 1982 zu präzisieren.
6. Der Minister der Finanzen wird beauftragt, die Regelungen zur finanziellen Sicherstellung der Tätigkeit der Einsatzleitungen der Deutschen Demokratischen Republik, einschließlich der Vorbereitung, Durchführung und Auswertung von Ausbildungs- und Überprüfungsmaßnahmen in Zuständigkeit der Einsatzleitungen der Deutschen Demokratischen Republik, durch die Vorsitzenden der Räte der Bezirke/Kreise zu erlassen.

Begründung

Gemäß dem Beschluß des Nationalen Verteidigungsrates der DDR vom 23. 06. 1980 wurde der vorliegende Entwurf des Statutes der Einsatzleitungen der Deutschen Demokratischen Republik vorbereitet.
Die Neufassung dieses Dokumentes berücksichtigt vor allem
- die Bestimmungen der Direktive des Generalsekretärs des Zentralkomitees der SED und Vorsitzenden des Nationalen Verteidigungsrates über die Verteidigungsbereitschaft der Deutschen Demokratischen Republik vom 02. 07. 1980
- die im Verlaufe des vergangenen Jahrzehnts herangereiften neuen Erkenntnisse und Erfordernisse
- die bei Ausbildungs- und Überprüfungsmaßnahmen gewonnenen Erfahrungen
- die Forderung nach Reduzierung der Anzahl an Grundsatzdokumenten.

Mit diesem Statut soll eine noch bessere Grundlage für das einheitliche Handeln der Vorsitzenden und der Mitglieder der Einsatzleitungen der Deutschen Demokratischen Republik und ihrer Führungsorgane zur
- Erfüllung der vom Nationalen Verteidigungsrat der DDR und seinem Vorsitzenden gestellten Aufgaben sowie zur
- weiteren Vorbereitung des Landes auf den Verteidigungszustand geschaffen werden.

Eine Veränderung der für die Tätigkeit der Koordinierungsgruppen der WISMUT erlassenen Bestimmungen würde sich ebenfalls erforderlich machen.

Deutsche Demokratische Republik
Nationaler Verteidigungsrat

STATUT
der Einsatzleitungen der Deutschen Demokratischen Republik
Berlin 1981

I. Stellung, Zusammensetzung und Hauptaufgaben der Einsatzleitungen

1. In den Bezirken und Kreisen der Deutschen Demokratischen Republik, einschließlich der Hauptstadt der DDR, BERLIN[1], ist die Planung, Realisierung und Kontrolle der Maßnahmen der Landesverteidigung durch Einsatzleitungen zu koordinieren und einheitlich durchzusetzen.
Zuständigkeit der Einsatzleitungen – Anhang 1.
2. (1) Einsatzleitungen sind zu bilden:
a) in jedem Bezirk und in der Hauptstadt der DDR, BERLIN,
– eine Bezirkseinsatzleitung
b) in der Regel in jedem Kreis bzw. Stadtbezirk der Hauptstadt der DDR, BERLIN,
– eine Kreiseinsatzleitung.
(2) In Stammbetrieben von Kombinaten mit Industriekreisleitungen der Sozialistischen Einheitspartei Deutschlands sowie in Stadtbezirken von Großstädten mit Stadtbezirksleitungen der Sozialistischen Einheitspartei Deutschlands können bei Notwendigkeit für die einheitliche Durchsetzung von Aufgaben der Landesverteidigung Koordinierungsgruppen (Kombinats- bzw. Stadtbezirkskoordinierungsgruppen) gebildet werden. Stellung, Zusammensetzung und Aufgaben der Koordinierungsgruppen – Anhang 2.
(3) Kreiseinsatzleitungen können auf Antrag der 1. Sekretäre der Bezirksleitungen der Sozialistischen Einheitspartei Deutschlands und Vorsitzenden der Bezirkseinsatzleitungen[2] an den Nationalen Verteidigungsrat der Deutschen Demokratischen Republik über den Sekretär des Nationalen Verteidigungsrates gebildet werden.
Die Bildung bedarf nach Abstimmung mit den zuständigen zentralen Organen der Bestätigung durch den Generalsekretär des Zentralkomitees der Sozialistischen Einheitspartei Deutschlands und Vorsitzenden des Nationalen Verteidigungsrates der Deutschen Demokratischen Republik.[3]
Vorschläge zur Neubildung von Kreiseinsatzleitungen können erstmalig bis 15. 01. 1983 und im weiteren jährlich bis 15. 01. eingereicht werden.
3. (1) Die Einsatzleitungen arbeiten auf der Grundlage:
a) der Beschlüsse der Sozialistischen Einheitspartei Deutschlands
b) der Rechtsvorschriften der Deutschen Demokratischen Republik
c) der Anordnungen und Beschlüsse des Nationalen Verteidigungsrates der Deutschen Demokratischen Republik sowie der Befehle und Direktiven seines Vorsitzenden
d) der im Auftrage des Nationalen Verteidigungsrates durch den Minister für Nationale Verteidigung für sie erlassenen Weisungen
e) der Beschlüsse der Bezirkseinsatzleitungen sowie der Befehle und Anordnungen ihrer Vorsitzenden.
(2) Die Einsatzleitungen sind verpflichtet, die durch den Vorsitzenden des Ministerrates, den Minister für Nationale Verteidigung, den Minister für Staatssi-

cherheit und den Minister des Innern und Chef der Deutschen Volkspolizei ihren Nachgeordneten in den Bezirken direkt oder über Beauftragte gestellten Aufgaben, die einer Koordinierung bedürfen, durchzusetzen.

4. (1) Die Bezirkseinsatzleitungen setzen sich zusammen aus:
   a) dem 1. Sekretär der Bezirksleitung der Sozialistischen Einheitspartei Deutschlands als Vorsitzenden
   b) dem 2. Sekretär der Bezirksleitung der Sozialistischen Einheitspartei Deutschlands als Mitglied, zugleich Vertreter des Vorsitzenden im Amt
   c) dem Chef des Wehrbezirkskommandos der Nationalen Volksarmee als Mitglied, zugleich Stellvertreter des Vorsitzenden
   d) dem Leiter der Bezirksverwaltung für Staatssicherheit als Mitglied
   e) dem Chef der Bezirksbehörde der Deutschen Volkspolizei[4] als Mitglied
   f) dem Vorsitzenden des Rates des Bezirkes und Leiter der Zivilverteidigung[4] als Mitglied
   g) dem Leiter der Abteilung für Sicherheitsfragen der Bezirksleitung der Sozialistischen Einheitspartei Deutschlands als Mitglied, zugleich Sekretär.

   (2) Die Vorsitzenden der Bezirkseinsatzleitungen unterstehen unmittelbar dem Vorsitzenden des Nationalen Verteidigungsrates der Deutschen Demokratischen Republik.

5. (1) Die Kreiseinsatzleitungen setzten sich zusammen aus:
   a) dem 1. Sekretär der Kreisleitung/Stadtleitung[5] der Sozialistischen Einheitspartei Deutschlands als Vorsitzenden[6]
   b) dem 2. Sekretär der Kreisleitung der Sozialistischen Einheitspartei Deutschlands als Mitglied, zugleich Vertreter des Vorsitzenden im Amt
   c) dem Leiter des Wehrkreiskommandos der Nationalen Volksarmee als Mitglied, zugleich Stellvertreter des Vorsitzenden
   d) dem Leiter der Kreisdienststelle für Staatssicherheit als Mitglied
   e) dem Leiter des Volkspolizei-Kreisamtes/der Volkspolizei-Inspektion/des Volkspolizei-Amtes[7] als Mitglied
   f) dem Vorsitzenden des Rates des Kreises/dem Stadtbezirksbürgermeister des Stadtbezirkes der Hauptstadt der DDR, BERLIN/dem Oberbürgermeister der Bezirks- bzw. Großstadt und Leiter der Zivilverteidigung[8] als Mitglied
   g) dem Mitarbeiter für Sicherheitsfragen des 1. Sekretärs der Kreisleitung der Sozialistischen Einheitspartei Deutschlands als Mitglied, zugleich Sekretär.

   (2) Wenn für einen Stadt- und Landkreis zusammen nur eine Kreiseinsatzleitung festgelegt wird, so sind die nicht als Vorsitzende bestimmten 1. Sekretäre von Kreisleitungen der Sozialistischen Einheitspartei Deutschlands und die Leiter der entsprechenden Führungsorgane des betreffenden Kreises als gleichberechtigte Mitglieder einzubeziehen.

   (3) Die 1. und 2. Sekretäre von Stadtbezirksleitungen der Sozialistischen Einheitspartei Deutschlands, die den Status eines 1. und 2. Sekretärs einer Kreisleitung der Sozialistischen Einheitspartei Deutschlands einnehmen, können zur Erfüllung bestimmter Aufgaben zur Vorbereitung auf den Verteidigungszustand und im Verteidigungszustand in die Arbeit der Kreiseinsatzleitungen einbezogen werden.

   (4) Die Vorsitzenden der Kreiseinsatzleitungen unterstehen unmittelbar den Vorsitzenden der Bezirkseinsatzleitungen.

6. Für die 2. Sekretäre als Mitglieder der Einsatzleitungen und Vertreter der Vorsitzenden im Amt werden die Aufgaben für die Partei- und massenpolitische Arbeit und die sich aus ihrer Tätigkeit als Mitglieder der Einsatzleitungen ergebenden Pflichten von den Vorsitzenden der Einsatzleitungen bestimmt.

7. Für den Fall der Abwesenheit von Mitgliedern der Einsatzleitungen sind ihre Vertreter im Amt durch die Vorsitzenden als Vertreter zu bestätigen.
8. Den Einsatzleitungen obliegen in Vorbereitung auf den Verteidigungszustand bzw. im Verteidigungszustand folgende Hauptaufgaben:
   a) Planung, Koordinierung und Durchsetzung von Maßnahmen zur
      - Verteidigung des zum Verantwortungsbereich gehörenden Territoriums
      - Gewährleistung der militärischen Mobilmachung sowie der personellen Auffüllung
      - Unterstützung der Handlungen der Vereinten Streitkräfte
      - Unterstützung der im Verteidigungszustand auf dem Territorium der Deutschen Demokratischen Republik verbleibenden Kräfte der Nationalen Volksarmee und der Grenztruppen der Deutschen Demokratischen Republik bei der Erfüllung der ihnen gestellten Aufgaben
   b) Planung und Koordinierung sowie Unterstützung von Maßnahmen zur Gewährleistung der allseitigen staatlichen Sicherheit und der öffentlichen Ordnung und Sicherheit auf ihrem Territorium
   c) Koordinierung und Kontrolle von Maßnahmen zur Umstellung bzw. Überführung aller Bereiche auf den Verteidigungszustand, insbesondere zur
      - Sicherstellung des Nachrichtensystems
      - Durchführung der wirtschaftlichen Mobilmachung
      - ständigen Sicherung der Produktions- und Leistungsaufgaben
      - Realisierung der Aufgaben der Zivilverteidigung
      - Aufrechterhaltung des gesellschaftlichen Lebens
   d) Koordinierung und Kontrolle der Vorbereitung und Realisierung von Maßnahmen zur operativen Vorbereitung des Territoriums
   e) Koordinierung staatlicher und gesellschaftlicher Aufgaben zur personellen Auffüllung der Führungsorgane und Truppen der Nationalen Volksarmee und der anderen bewaffneten Kräfte, hauptsächlich zur langfristigen Bereitstellung des militärischen Berufsnachwuchses und der Auffüllung der Grenztruppen der Deutschen Demokratischen Republik.

9. Zur Erfüllung der den Einsatzleitungen obliegenden Hauptaufgaben ist durch die Vorsitzenden und die Mitglieder der Bezirkseinsatzleitungen ein enges Zusammenwirken mit den Generaldirektoren, Direktoren oder Leitern von zentralgeleiteten Kombinaten, wirtschaftsleitenden Organen, Betrieben und Einrichtungen[9] zu organisieren.

10. (1) Die Einsatzleitungen organisieren das Zusammenwirken mit den Nachbarbezirken/-kreisen von Nord nach Süd und von Ost nach West hinsichtlich
   - einer ständigen gegenseitigen Information über die Lage
   - der Koordinierung des Einsatzes der Kampfkräfte zur Vernichtung von subversiven Kräften
   - der Aufklärung gegnerischer Vernichtungsmittel und der rechtzeitigen gegenseitigen Warnung vor diesen und deren Auswirkungen
   - des gemeinsamen Handelns bei der Unterstützung der Vereinten Streitkräfte
   - der Planung, Organisation und Sicherstellung der Nachrichtenverbindungen
   - der Hilfe bei der Beseitigung der Folgen des Einsatzes von Vernichtungsmitteln
   - der Durchführung von Evakuierungs- und Dezentralisierungsmaßnahmen sowie der Aufnahme Obdachloser.

   (2) Die Einsatzleitungen in den Bezirken KARL-MARX-STADT, GERA, DRESDEN und LEIPZIG haben zusätzlich mit den Koordinierungsgruppen der WISMUT zusammenzuwirken.

II. Arbeitsweise der Einsatzleitungen in Vorbereitung auf den Verteidigungszustand

11. Die Einsatzleitungen der Deutschen Demokratischen Republik gewährleisten in Vorbereitung auf den Verteidigungszustand eine ständige Führungsbereitschaft.
Kriterien der ständigen Führungsbereitschaft der Einsatzleitungen – Anhang 3.

12. (1) Die Einsatzleitungen arbeiten nach Arbeitsplänen. Diese sind jeweils:
- durch die Bezirkseinsatzleitungen für ein Kalenderjahr
- durch die Kreiseinsatzleitungen für ein Kalenderhalbjahr

zu beschließen.

(2) die Arbeitspläne sind in Verantwortlichkeit der Sekretäre in Zusammenarbeit mit den anderen Mitgliedern der Einsatzleitungen zu erarbeiten, von den Vorsitzenden zu bestätigen und in den Bezirkseinsatzleitungen 5 Jahre, in den Kreiseinsatzleitungen 3 Jahre aufzubewahren.

13. (1) Zur Beratung und Beschlußfassung treten
- die Bezirkseinsatzleitungen mindestens einmal im Quartal
- die Kreiseinsatzleitungen mindestens einmal in 2 Monaten

zusammen.

(2) Die Einberufung der Sitzungen und die Bestätigung der Tagesordnung erfolgt durch die Vorsitzenden der Einsatzleitungen.

(3) Die Mitglieder haben das Recht, bei gegebener Veranlassung die Einberufung einer außerordentlichen Sitzung bei den Vorsitzenden der Einsatzleitungen zu beantragen.

(4) Für die Vorbereitung und Sicherstellung der Sitzungen der Einsatzleitungen sind die Sekretäre verantwortlich.

(5) Auf Entscheidung der Vorsitzenden der Einsatzleitungen können zu den Sitzungen Leiter von Staats- und Wirtschaftsorganen sowie leitende Funktionäre gesellschaftlicher Organisationen[10] der betreffenden Bezirke/Kreise hinzugezogen werden.

(6) An den Sitzungen der Einsatzleitungen können Beauftragte des Sekretärs des Nationalen Verteidigungsrates der Deutschen Demokratischen Republik und des Leiters der Abteilung für Sicherheitsfragen des Zentralkomitees der Sozialistischen Einheitspartei Deutschlands und an den Beratungen der Kreiseinsatzleitungen außerdem Beauftragte der Stellvertreter der Vorsitzenden und der Sekretäre der Bezirkseinsatzleitungen teilnehmen.

14. (1) Die Einsatzleitungen fassen zu den eingereichten Vorlagen bzw. mündlichen oder schriftlichen Berichten Beschlüsse.

(2) Die Beschlüsse und Vorlagen/Berichte sind den Sitzungsprotokollen der Einsatzleitungen als Anhang beizufügen. Die Protokolle werden durch die Sekretäre der Einsatzleitungen unterzeichnet und von den Vorsitzenden bestätigt. Sie sind durch die Sekretäre aufzubewahren.

(3) Die Sekretäre der Einsatzleitungen fertigen die erforderlichen Beschlußauszüge an und stellen sie, einschließlich der sich aus den Vorlagen ergebenden Aufgaben, dem im Protokoll festgelegten Personenkreis zu. Diese Beschlußauszüge sind nach Erfüllung an die Sekretäre zurückzugeben. Eine Vernichtung der Beschlußauszüge ist nur den Sekretären der Einsatzleitungen gestattet.

(4) Die Beschlüsse sind durch die Mitglieder der Einsatzleitungen bzw. die verantwortlichen Leiter innerhalb ihrer Verantwortungsbereiche zu verwirklichen.

(5) Die Sekretäre organisieren im Auftrage der Vorsitzenden die Kontrolle der Verwirklichung der Beschlüsse.

15. (1) Die Mitglieder der Einsatzleitungen sind zur Einreichung von Beschlußvorlagen berechtigt.
Die Leiter der auf dem Territorium dislozierten zentralgeleiteten Wirtschaftsorgane können Beschlußvorlagen über die Vorsitzenden der Räte der Bezirke und Kreise einreichen.
(2) Die Beschlußvorlagen sind den Sekretären in der Regel bis spätestens 12 Tage vor dem Termin der Sitzung in der erforderlichen Anzahl zu übergeben.
Die Beschlußvorlagen sind als »Vertrauliche Verschlußsache«, »Geheime Verschlußsache«, »Geheime Verschlußsache – B – persönlich« oder »Geheime Kommandosache« einzustufen.
Der entsprechende Geheimhaltungsgrad ist durch die Mitglieder der Einsatzleitungen festzulegen, die die Beschlußvorlage einreichen.
(3) Durch die Sekretäre sind bis spätestens 8 Tage vor dem Termin der Sitzung den Vorsitzenden und den Mitgliedern je ein Exemplar der Beschlußvorlagen zuzustellen.
(4) Nach Beendigung der Sitzungen sind die Vorlagen durch die Sekretäre einzuziehen und nach festgestellter Vollzähligkeit zu vernichten.
Eine Ausfertigung jeder Beschlußvorlage ist als Nachweisdokument durch die Sekretäre aufzubewahren.
Eine weitere Ausführung der Beschlußvorlage verbleibt bei den Einreichenden als Grundlage für die Realisierung des dazu von der Einsatzleitung gefaßten Beschlusses.

16. (1) Die Vorsitzenden der Einsatzleitungen handeln in Durchsetzung der Anordnungen und Beschlüsse des Nationalen Verteidigungsrates der Deutschen Demokratischen Republik sowie der Befehle und Direktiven seines Vorsitzenden nach dem Prinzip der Einzelleitung.
(2) Die Vorsitzenden der Bezirkseinsatzleitungen verwirklichen die Führung über die Mitglieder der Bezirkseinsatzleitungen und die Vorsitzenden der Kreiseinsatzleitungen.
(3) Die Vorsitzenden der Kreiseinsatzleitungen verwirklichen die Führung über die Mitglieder der Kreiseinsatzleitungen.

17. (1) Die Vorsitzenden der Einsatzleitungen und ihre Vertreter im Amt sind gegenüber den Mitgliedern hinsichtlich der Erfüllung der durch den Vorsitzenden des Nationalen Verteidigungsrates der Deutschen Demokratischen Republik gestellten Aufgaben sowie der Durchsetzung der durch die Einsatzleitungen gefaßten Beschlüsse weisungsberechtigt.
(2) Die Beschlüsse der Einsatzleitungen sowie die Befehle und Anordnungen ihrer Vorsitzenden sind für die Leiter der in den Territorien dislozierten zentralgeleiteten Wirtschaftsorgane verbindlich.
(3) Das Unterstellungsverhältnis der Mitglieder der Einsatzleitungen und der Leiter der in den Territorien dislozierten zentralgeleiteten Wirtschaftsorgane gegenüber ihren unmittelbaren Vorgesetzten wird durch die Festlegung der Absätze 1 und 2 nicht berührt.

18. (1) Die Vorsitzenden der Einsatzleitungen erlassen zur Koordinierung und einheitlichen Durchsetzung der Maßnahmen der Landesverteidigung Befehle und Anordnungen.
(2) Die Stellvertreter organisieren im Auftrage der Vorsitzenden in Zusammenarbeit mit den anderen Mitgliedern der Einsatzleitungen Maßnahmen der Anleitung und Kontrolle zur Verwirklichung der gestellten Aufgaben.

19. (1) Die Stabschefs der Wehrkommandos haben in Friedenszeiten periodisch

bzw. zu bestimmten Schwerpunkten der Vorbereitung auf den Verteidigungszustand Koordinierungsbesprechungen durchzuführen.

(2) Teilnehmer an den Koordinierungsbesprechungen:

a) in den Bezirken
   - ein festgelegter Vertreter der Bezirksleitung der Sozialistischen Einheitspartei Deutschlands
   - der Leiter der Arbeitsgruppe des Leiters der Bezirksverwaltung für Staatssicherheit
   - der Stabschef der Bezirksbehörde der Deutschen Volkspolizei
   - der Leiter der Abteilung I beim Vorsitzenden des Rates des Bezirkes
   - der Stellvertreter des Vorsitzenden der Bezirksplankommission und Leiter der Abteilung I
   - der Stellvertreter des Leiters der Zivilverteidigung und Stabschef der Zivilverteidigung des Bezirkes
b) in den Kreisen
   - ein festgelegter Vertreter der Kreisleitung der Sozialistischen Einheitspartei Deutschlands
   - der Beauftragte des Leiters der Kreisdienststelle für Staatssicherheit
   - der Stabschef des Volkspolizei-Kreisamtes
   - der Mitarbeiter I beim Vorsitzenden des Rates des Kreises
   - der Mitarbeiter I beim Vorsitzenden der Kreisplankommission
   - der Stellvertreter des Leiters der Zivilverteidigung und Stabschef der Zivilverteidigung des Kreises.

20. (1) Zur Verwirklichung der Forderungen der Direktiven des Vorsitzenden des Nationalen Verteidigungsrates der Deutschen Demokratischen Republik über die Aufgaben der Einsatzleitungen zur Vorbereitung auf den Verteidigungszustand und anderer Grundsatzdokumente sowie der Beschlüsse der Bezirkseinsatzleitungen erarbeiten:

a) die Stellvertreter der Vorsitzenden der Bezirkseinsatzleitungen in Zusammenarbeit mit den anderen Mitgliedern für jeweils ein Kalenderjahr
   - einen Befehl des Vorsitzenden der Bezirkseinsatzleitung über die Aufgaben der Bezirkseinsatzleitung und der Kreiseinsatzleitungen zur Vorbereitung auf den Verteidigungszustand mit
   - einem Kalenderplan der wichtigsten Maßnahmen
b) die Stellvertreter der Vorsitzenden der Kreiseinsatzleitungen in Zusammenarbeit mit den anderen Mitgliedern jeweils für ein Kalenderhalbjahr
   - einen Kalenderplan der wichtigsten Maßnahmen.

(2) Die Vorsitzenden der Bezirkseinsatzleitungen haben jährlich die Ergebnisse der Arbeit im Kalenderjahr mit den Kreiseinsatzleitungen auszuwerten und die Aufgaben für das folgende Jahr zu erläutern.

21. (1) Die Einsatzleitungen planen und koordinieren in Vorbereitung auf den Verteidigungszustand den möglichen Einsatz der territorialen Kräfte zur Erfüllung der ihnen obliegenden Aufgaben.

(2) Dazu sind folgende Einsatzdokumente der Einsatzleitungen zu erarbeiten:

a) Entschlüsse der Vorsitzenden der Einsatzleitungen für die Verteidigung der Bezirke/Kreise und die Unterstützung der Handlungen der Vereinten Streitkräfte
b) Pläne der Verteidigung der Bezirke/Kreise und der Unterstützung der Handlungen der Vereinten Streitkräfte
c) Pläne der Überführung der Bezirke/Kreise vom Frieden in den Verteidigungszustand

d) Pläne der Führung und Nachrichtenverbindungen der Bezirke/Kreise.

(3) Die in Absatz 2 genannten Dokumente sind auf der Grundlage der dafür vom Minister für Nationale Verteidigung erlassenen Bestimmungen zu erarbeiten.

(4) Für die Erarbeitung der Einsatzdokumente der Einsatzleitungen sind die Stellvertreter der Vorsitzenden in Zusammenarbeit mit den anderen Mitgliedern der Einsatzleitungen verantwortlich.

Die Stellvertreter der Vorsitzenden der Einsatzleitungen haben außerdem die ständige Übereinstimmung der Einsatzdokumente mit den realen Bedingungen zu gewährleisten.

22. (1) Die Entschlüsse der Vorsitzenden der Bezirkseinsatzleitungen für die Verteidigung der Bezirke und die Unterstützung der Handlungen der Vereinten Streitkräfte sind dem Vorsitzenden des Nationalen Verteidigungsrates der Deutschen Demokratischen Republik über den Sekretär des Nationalen Verteidigungsrates in zweifacher Ausfertigung zur Bestätigung einzureichen.

(2) Die Entschlüsse der Vorsitzenden der Kreiseinsatzleitungen für die Verteidigung der Kreise und die Unterstützung der Handlungen der Vereinten Streitkräfte sind in zweifacher Ausfertigung zu erarbeiten und durch die jeweiligen Vorsitzenden der Bezirkseinsatzleitungen zu bestätigen.

(3) Veränderungen der Entschlüsse unterliegen der gleichen Ordnung.

23. (1) Die Pläne der Verteidigung der Bezirke/Kreise und der Unterstützung der Handlungen der Vereinten Streitkräfte sind durch die jeweiligen Vorsitzenden der Einsatzleitungen zu bestätigen und von deren Stellvertretern zu unterzeichnen.

(2) Die Pläne der Überführung der Bezirke/Kreise vom Frieden in den Verteidigungszustand sind durch die jeweiligen Vorsitzenden der Einsatzleitungen und von deren Stellvertretern zu unterzeichnen.

24. Mit dem Hauptstab der Nationalen Volksarmee sind abzustimmen:

a) Standorte der Ausweichobjekte für die Führungsstellen der Vorsitzenden und der Mitglieder der Einsatzleitungen sowie der leitenden Parteiorgane und der leitenden Organe der gesellschaftlichen Organisationen

b) Konzentrierungs-, Ausweichunterbringungs-, Unterbringungs-, Evakuierungs- und Dezentralisierungsräume, Aufnahme- sowie Unterbringungsorte bzw. -objekte

c) Sammelräume für Kraftfahrzeuge und Schiffe der NATO-Staaten und aus BERLIN (WEST).

25. (1) Die Forderungen zur Inanspruchnahme des Post- und Fernmeldewesens bei der Nachrichtensicherstellung der Einsatzleitungen sind in den Bezirken zu erfassen, zu koordinieren und den Leitern der Bezirksdirektionen der Deutschen Post zu übergeben.

(2) Zur Realisierung der Forderungen erarbeiten die Leiter der Bezirksdirektionen der Deutschen Post Pläne für die Nachrichtenversorgung im Verteidigungszustand und legen diese, nach Abstimmung mit den Stellvertretern der Vorsitzenden der Bezirkseinsatzleitungen, den Vorsitzenden der Bezirkseinsatzleitungen zur Bestätigung vor.

26. (1) Für die Vorsitzenden der Einsatzleitungen sind Führungsstellen vorzubereiten. Objekte dieser Führungsstellen sind die Wehrkommandos der Nationalen Volksarmee.

(2) Für die Führungsstellen der Vorsitzenden der Bezirkseinsatzleitungen sowie von ihnen festzulegende Vorsitzende von Kreiseinsatzleitungen können – nach gründlicher Beurteilung der im Verteidigungszustand zu erwartenden Lagebedingungen und realen Möglichkeiten der Nachrichtensicherstellung – an geeigneten Orten Ausweichobjekte vorgesehen werden.

(3) Die Festlegung und Vorbereitung von Ausweichobjekten für die Führungsstellen der Mitglieder der Einsatzleitungen erfolgt in Verantwortung der Leiter der zuständigen zentralen Führungsbereiche.

(4) Die Entfernungen der Ausweichobjekte für die Führungsstellen der Mitglieder von den Ausweichobjekten für die Führungsstellen der Vorsitzenden der Einsatzleitungen sollten in der Regel nicht weniger als 2 km und nicht mehr als 10 bis 15 km betragen.

Die Entfernungen zwischen den Ausweichobjekten der Führungsstellen der Mitglieder sollten nicht geringer als 2 km sein.

27. (1) Über den Neu- und weiteren Ausbau der stationären und der Ausweichobjekte für die Führungsstellen der Vorsitzenden der Einsatzleitungen sowie über andere Maßnahmen zur Gewährleistung ihrer Führungsbereitschaft befinden die Einsatzleitungen auf Vorschlag der Stellvertreter der Vorsitzenden.

(2) Erforderliche Neu- bzw. Ausbauten sind über den Sekretär des Nationalen Verteidigungsrates zu beantragen.

III. Arbeitsweise der Einsatzleitungen nach kurzfristiger Erhöhung der Führungsbereitschaft

28. Die Führungsbereitschaft der Einsatzleitungen ist kurzfristig zu erhöhen:
a) auf Befehl des Vorsitzenden des Nationalen Verteidigungsrates der Deutschen Demokratischen Republik
b) auf Entschluß der Vorsitzenden der Bezirkseinsatzleitungen
c) wenn für das Führungsorgan eines bzw. mehrerer Mitglieder höhere Stufen der Gefechts-/Einsatzbereitschaft bzw. Maßnahmen der militärischen Mobilmachung ausgelöst wurden.

Forderungen an die kurzfristige Erhöhung der Führungsbereitschaft der Einsatzleitungen – Anhang 4.

29. (1) Zur kurzfristigen Erhöhung der Führungsbereitschaft der Bezirkseinsatzleitungen wird kein gesondertes zentrales System der Benachrichtigung organisiert.

Organisation der Benachrichtigung der Einsatzleitungen – Anlage 1.

(2) Auf Entschluß der Vorsitzenden der Bezirkseinsatzleitungen kann die Benachrichtigung zur kurzfristigen Erhöhung der Führungsbereitschaft der Einsatzleitungen mit einem Losungswort übermittelt werden.

30. Die Warnung erfolgt mit den für das Warnsystem der Deutschen Demokratischen Republik festgelegten Signalen – Anlage 2.

31. Die Vorsitzenden der Einsatzleitungen verwirklichen die Führung aus ihren Führungsstellen.

32. (1) Auf den Führungsstellen der Vorsitzenden der Einsatzleitungen befinden sich:
a) die Vorsitzenden der Einsatzleitungen
b) die Stellvertreter der Vorsitzenden der Einsatzleitungen
c) die Sekretäre der Einsatzleitungen
d) die Arbeitsorgane der Vorsitzenden der Einsatzleitungen
e) persönliche Mitarbeiter der 1. Sekretäre der Bezirksleitungen/Kreisleitungen der Sozialistischen Einheitspartei Deutschlands.

(2) In den Objekten der Wehrkommandos der Nationalen Volksarmee ist für den im Absatz 1 genannten Personenkreis die geschützte Unterbringung zu gewährleisten.

33. (1) Nach der Benachrichtigung zur kurzfristigen Erhöhung der Führungsbereitschaft treten die Einsatzleitungen zu einer ersten Lagebesprechung zusammen. Ausgehend von der Lage, den Aufgaben und der zur Verfügung stehenden Zeit erfolgt diese:

a) auf Weisung der Vorsitzenden der Einsatzleitungen bzw. deren Vertreter im Amt
(die Mitglieder der Einsatzleitungen werden über die Diensthabenden der Wehrkommandos benachrichtigt)

b) nach persönlicher Meldung an die Vorsitzenden der Einsatzleitungen bzw. deren Vertreter im Amt durch die jeweiligen Mitglieder über die Auslösung einer höheren Stufe der Gefechts-/Einsatzbereitschaft für ihre Führungsorgane[11]

c) auf Veranlassung der jeweiligen Mitglieder, in deren Führungsorganen eine höhere Stufe der Gefechts-/Einsatzbereitschaft ausgelöst wurde, wenn
   - die Vorsitzenden der Einsatzleitungen bzw. ihre Vertreter im Amt nicht rechtzeitig erreichbar sind oder
   - es die erhaltene Aufgabe bzw. die Lage ohne Zeitverzug erfordert
   (die Vorsitzenden und die anderen Mitglieder der Einsatzleitungen sind durch die Diensthabenden der Wehrkommandos über den Zeitpunkt der Lagebesprechung zu informieren).

(2) Die Mitglieder der Einsatzleitungen, für deren Führungsorgane keine höhere Stufe der Gefechts-/Einsatzbereitschaft ausgelöst wurde, haben in eigener Zuständigkeit Maßnahmen einzuleiten, die eine kurzfristige Erhöhung der Führungsbereitschaft und die Tätigkeit der Einsatzleitungen gewährleisten.

(3) Wurde für die Wehrkommandos keine höhere Stufe der Gefechtsbereitschaft ausgelöst, haben die Arbeitsorgane der Vorsitzenden der Einsatzleitungen die Arbeitsbereitschaft herzustellen, ohne eine Ergänzung der Stäbe der Wehrkommandos oder Maßnahmen der militärischen Mobilmachung durchzuführen.

34. (1) Mit der Benachrichtigung der Einsatzleitungen zur kurzfristigen Erhöhung der Führungsbereitschaft übernehmen die Vorsitzenden der Einsatzleitungen die ununterbrochene Führung zur Lösung aller in die Zuständigkeit der Einsatzleitungen fallenden Aufgaben.

(2) Die Leiter der auf den Territorien der Bezirke/Kreise dislozierten zentralgeleiteten Wirtschaftsorgane können in Abhängigkeit von der Lage und der Aufgabe zur ersten und den nachfolgenden Lagebesprechungen hinzugezogen werden.

35. Zu grundsätzlichen Fragen der Vervollkommnung der Verteidigungsfähigkeit des Territoriums können Beschlüsse gefaßt werden.

36. (1) Die Mitglieder der Einsatzleitungen verwirklichen die von den Vorsitzenden der Einsatzleitungen und die von ihren unmittelbaren Vorgesetzten gestellten Aufgaben sowie die Beschlüsse der Einsatzleitungen aus ihren Führungsstellen.

(2) Bei längerer Aufrechterhaltung der erhöhten Führungsbereitschaft treten die Einsatzleitungen auf Weisung ihrer Vorsitzenden in periodischen Zeitabständen bzw. in besonderen Situationen in den Führungsstellen der Vorsitzenden zu Lagebesprechungen zusammen.

(3) Die Mitglieder der Einsatzleitungen[12] und, auf Entscheidung der Vorsitzenden, die Leiter von zentralgeleiteten Wirtschaftsorganen sowie leitende Funktionäre der gesellschaftlichen Organisationen der betreffenden Bezirke/Kreise haben vor den Gremien der Einsatzleitungen für ihre Verantwortungsbereiche die Lage zu melden bzw. Bericht zu erstatten.

37. (1) Die Führungsstellen der Vorsitzenden der Einsatzleitungen sind in die geplanten Ausweichobjekte zu verlegen:
a) auf Befehl des Vorsitzenden des Nationalen Verteidigungsrates der Deutschen Demokratischen Republik
b) auf Entschluß der Vorsitzenden der Bezirkseinsatzleitungen.
(2) Die Verlegung der Führungsstellen der Vorsitzenden der Einsatzleitungen in die Ausweichobjekte auf Entschluß der Vorsitzenden der Bezirkseinsatzleitungen ist unter Beachtung der
- allgemeinen Lage
- zu erwartenden Handlungen des Gegners auf dem Territorium des Bezirkes
- zu erfüllenden Aufgaben
- Bereitschaft zur Sicherstellung der Führung aus diesen Objekten

durchzuführen.
(3) Die Ausweichobjekte für die Führungsstellen der Vorsitzenden der Einsatzleitungen sind entsprechend den Plänen der Überführung der Wehrkommandos der Nationalen Volksarmee in eine höhere Stufe der Gefechtsbereitschaft vorzubereiten.
(4) Zur militärischen Sicherung und Verteidigung der Ausweichobjekte für die Führungsstellen der Vorsitzenden sind, nach Auslösung der Gefechtsbereitschaft bei Kriegsgefahr für die Kampfgruppen der Arbeiterklasse bzw. auf Befehl der Vorsitzenden der Einsatzleitungen, die Kampfgruppenhundertschaften (A)/ Kampfgruppenzüge (A) einzusetzen.
(5) Grundsätzlich verlegen die Mitglieder der Einsatzleitungen, für die eine Verlegung vorgesehen ist, mit ihren Führungsorganen zur gleichen Zeit wie die Vorsitzenden der Einsatzleitungen in die vorbereiteten Ausweichobjekte.

IV. Erhöhung der Verteidigungsbereitschaft des Territoriums auf Grund einer besonderen Lage

38. (1) Die Vorsitzenden der Bezirkseinsatzleitungen haben das Recht, bei
- überraschendem Einbruch gegnerischer Kräfte in das Territorium des Bezirkes oder
- plötzlicher ernsthafter Gefährdung der staatlichen Sicherheit im Bezirk

die kurzfristige Erhöhung der Führungsbereitschaft für die Einsatzleitungen des Bezirkes anzuweisen und die volle Gefechts-/Einsatzbereitschaft
- für die leitenden Parteiorgane und gesellschaftlichen Organisationen sowie
- über die Mitglieder der Bezirkseinsatzleitungen für deren nachgeordnete Führungsorgane und Kräfte der Bezirke und der Kreise

auszulösen.
(2) Dem Vorsitzenden des Nationalen Verteidigungsrates der Deutschen Demokratischen Republik ist darüber unverzüglich Meldung zu erstatten.
Außerdem haben die Mitglieder der Bezirkseinsatzleitungen ihrem unmittelbaren Vorgesetzten die Auslösung der vollen Gefechts-/Einsatzbereitschaft zu melden.

39. (1) Bei Auslösung der vollen Gefechts-/Einsatzbereitschaft gemäß Ziffer 38 sind keine Maßnahmen der militärischen[13] und wirtschaftlichen Mobilmachung sowie andere Umstellungsmaßnahmen auf den Verteidigungszustand durchzuführen.
(2) Die operative Führung der Kampfkräfte der Kampfgruppen der Arbeiterklasse ist nicht an die Wehrkommandos der Nationalen Volksarmee zu übergeben.

V. Sicherstellung der Tätigkeit der Vorsitzenden der Einsatzleitungen

40. Arbeitsorgane der Vorsitzenden der Einsatzleitungen zur koordinierten Planung, Realisierung und Kontrolle von Maßnahmen der Landesverteidigung im Territorium sind die Stäbe der Wehrkommandos der Nationalen Volksarmee.
Hauptaufgaben der Stäbe der Wehrkommandos als Arbeitsorgane der Vorsitzenden der Einsatzleitungen – Anhang 5.
41. Die Führungsorgane der Mitglieder der Einsatzleitungen haben in enger Zusammenarbeit mit den Arbeitsorganen der Vorsitzenden die ihnen obliegenden Maßnahmen der Landesverteidigung unter Beachtung der Zuständigkeit der Einsatzleitungen zu koordinieren und aktiv die Vorbereitung bzw. Realisierung von Führungsentscheidungen der Vorsitzenden der Einsatzleitungen zu unterstützen.
Aufgaben zur Unterstützung der Arbeitsorgane der Vorsitzenden der Einsatzleitungen – Anhang 6.
42. (1) Zur allseitigen Gewährleistung standhafter Nachrichtenverbindungen sowie zur Erfüllung der Aufgaben im einheitlichen System der KCB-Aufklärung und zur Abstimmung der Maßnahmen der Pioniersicherstellung in den Bezirken sind zeitweilige
- Arbeitsgruppen Nachrichten und
- Koordinierungsgruppen Chemische Dienste und Pionierwesen.

vorzubereiten.
(2) Die Beratungen dieser Gruppen sind in Verantwortung der Stabschefs der Wehrbezirkskommandos zu planen und durchzuführen.
(3) Zu Fragen der Durchsetzung von Aufgaben der Nachrichtensicherstellung der Kreiseinsatzleitungen sind in Verantwortung der Stabschefs der Wehrkreiskommandos Beratungen mit den zuständigen Offizieren/Mitarbeitern der Führungsorgane der Mitglieder der Kreiseinsatzleitungen durchzuführen.

VI. Weiterbildung der Einsatzleitungen; Übungen und Überprüfungen in Zuständigkeit der Einsatzleitungen

43. Die Weiterbildung der Einsatzleitungen ist entsprechend der Führungsebene differenziert mit dem Ziel durchzuführen:
a) neue Probleme der sozialistischen Militärpolitik und der Landesverteidigung zu studieren und daraus Schlußfolgerungen für die Tätigkeit im eigenen Verantwortungsbereich abzuleiten
b) die Kenntnisse, Fähigkeiten und Fertigkeiten zur Erfüllung der Aufgaben ständig zu aktualisieren, zu vertiefen und zu ergänzen
c) regelmäßig den Stand der Aggressionsvorbereitung der NATO-Staaten, insbesondere der BRD, zu analysieren und daraus die Schwerpunkte für die Arbeit in den jeweiligen Zuständigkeitsbereichen zu bestimmen, um auf mögliche Handlungen des Gegners schnell und zweckmäßig reagieren zu können.
44. (1) Mit den Bezirkseinsatzleitungen wird periodisch eine zentrale Schulungsmaßnahme mit einer Dauer von 2 bis 4 Tagen auf Beschluß des Nationalen Verteidigungsrates der Deutschen Demokratischen Republik durchgeführt.
(2) Mit den Kreiseinsatzleitungen hat jährlich ein Schulungskurs von 3 bis 4 Tagen unter Leitung der Vorsitzenden der Bezirkseinsatzleitungen zu erfolgen. Für die Planung und Vorbereitung sowie die Organisation der Durchführung

dieser Schulungskurse sind die Stellvertreter der Vorsitzenden in Zusammenarbeit mit den anderen Mitgliedern der Bezirkseinsatzleitungen verantwortlich.

(3) Die Vorsitzenden der Bezirkseinsatzleitungen haben das Recht

- zusätzliche Weiterbildungsmaßnahmen festzulegen
- Leiter von zentralgeleiteten Wirtschaftsorganen, nach Abstimmung mit den zuständigen Vorgesetzten, in Weiterbildungsmaßnahmen einzubeziehen.

45. (1) Die Schwerpunkte für die Weiterbildung werden in den Direktiven des Vorsitzenden des Nationalen Verteidigungsrates der Deutschen Demokratischen Republik über die Aufgaben der Einsatzleitungen zur Vorbereitung auf den Verteidigungszustand bestimmt.

(2) Die Weiterbildung der Einsatzleitungen ist für jeweils ein Kalenderjahr zu planen. Die Termine für die Durchführung der Schulungskurse mit den Kreiseinsatzleitungen sind in die Kalenderpläne der Einsatzleitungen aufzunehmen.

(3) Die Stellvertreter der Vorsitzenden der Einsatzleitungen sind für die ordnungsgemäße Nachweisführung der Weiterbildungmaßnahmen verantwortlich.

46. (1) Zur ständigen Vervollkommnung der Gefechts-/Einsatzbereitschaft sowie der Verteidigungsbereitschaft[14] sind periodisch komplexe Übungen und Überprüfungen durchzuführen.

(2) Übungen und Überprüfungen sind:

a) Stabsübungen
b) Kommandostabsübungen
c) Überprüfungen der Verteidigungsbereitschaft.

47. (1) Übungen (Stabs- und Kommandostabsübungen) haben das Ziel:

a) die Fähigkeiten und Fertigkeiten der Vorsitzenden und der Mitglieder der Einsatzleitungen zur Lösung der ihnen obliegenden Aufgaben zu vervollkommnen und das kriegsbezogene Denken und Handeln zu vertiefen
b) die Zusammenarbeit zwischen den Führungsorganen der Mitglieder der Einsatzleitungen bei der Vorbereitung von Führungsentscheidungen bzw. Entschlüssen, der Ausarbeitung von Befehlen und anderen Weisungen sowie der Aufrechterhaltung einer ununterbrochenen Führung zu vervollkommnen.
c) die Informationstätigkeit zu trainieren.

(2) An Stabsübungen, als der höchsten Form der Stabsausbildung, sowie an Kommandostabsübungen haben die Führungsorgane der Mitglieder der Einsatzleitungen in der Regel im vollen Bestand teilzunehmen.

(3) Mit der Leitung der Stabsübungen sind die Stellvertreter der Vorsitzenden oder andere Mitglieder der Einsatzleitungen zu beauftragen.
Auf Entscheidung der Vorsitzenden haben die Mitglieder der Einsatzleitungen an den Stabsübungen teilzunehmen.

(4) Kommandostabsübungen sind durch die Vorsitzenden der Bezirkseinsatzleitungen oder ihre Vertreter im Amt zu leiten.

48. (1) Überprüfungen der Verteidigungsbereitschaft sind mit dem Ziel durchzuführen:

a) den Stand der Führungs-, Gefechts- bzw. Einsatzbereitschaft der Einsatzleitungen und der Führungsorgane ihrer Mitglieder sowie der territorialen Kräfte zu erhöhen und real einzuschätzen
b) die Fähigkeiten der Einsatzleitungen und der Führungsorgane ihrer Mitglieder zur koordinierten Planung, Realisierung und Kontrolle der Maßnahmen der Landesverteidigung zu überprüfen
c) den Ausbildungsstand der Einheiten/Formationen der territorialen Kräfte zu beurteilen.

(2) Die Vorsitzenden der Bezirkseinsatzleitungen haben das Recht, höhere Stufen der Gefechts-/Einsatzbereitschaft im Rahmen der Überprüfung der Verteidigungsbereitschaft der Kreise über die Mitglieder der Bezirkseinsatzleitungen für

- die Führungsorgane der Mitglieder der Kreiseinsatzleitungen und die ihnen nachgeordneten Kräfte[15]
- Teile der den Mitgliedern der Bezirkseinsatzleitungen direkt unterstellten Kräfte

auszulösen.

(3) Bei Überprüfungen der Verteidigungsbereitschaft der Bezirke und Kreise ist die Führungsbereitschaft der Einsatzleitungen kurzfristig zu erhöhen. Bei Überprüfungen einzelner Bereiche der Mitglieder der Einsatzleitungen, einschließlich der Mobilmachungsbereitschaft der Wehrbezirke/-kreise sowie bei Mobilmachungsübungen der Nationalen Volksarmee, erfolgt die Erhöhung der Führungsbereitschaft der Einsatzleitungen auf Entschluß ihrer Vorsitzenden.

49. (1) Überprüfungen der Verteidigungsbereitschaft der Kreise sind für einen Zeitraum von 5 Jahren, erstmals für die Jahre 1981 bis 1985, zu planen.

(2) Für das jeweils folgende Kalenderjahr ist ein Plan der Überprüfung der Verteidigungsbereitschaft der Kreise zu erarbeiten – Anlage 3.
Die Pläne sind durch die Vorsitzenden der Bezirkseinsatzleitungen zu bestätigen und von deren Stellvertretern zu unterzeichnen.

(3) Überprüfungen der Verteidigungsbereitschaft von mehr als 3 Kreisen gleichzeitig sind dem Vorsitzenden des Nationalen Verteidigungsrates der Deutschen Demokratischen Republik über den Sekretär des Nationalen Verteidigungsrates zur Bestätigung einzureichen.

50. (1) Die überprüften Kreise sind als »verteidigungsbereit« bzw. »nicht verteidigungsbereit« einzuschätzen.
Grundlage für die Bewertung bilden:

a) Führungstätigkeit der Vorsitzenden und der Mitglieder der Kreiseinsatzleitungen zur Verwirklichung der festgelegten Aufgaben
b) Einhaltung der befohlenen Kriterien und Richtwerte sowie Realisierung der Hauptmaßnahmen
c) Erfüllung der Ziele der Überprüfung.

(2) Wird ein Kreis als »nicht verteidigungsbereit« eingeschätzt, sind Aufgaben zur kurzfristigen Beseitigung der Mängel zu stellen und die Überprüfung ist zu wiederholen.

51. Die in den Bezirken KARL-MARX-STADT, GERA, DRESDEN und LEIPZIG durchzuführenden Übungen und Überprüfungen sind weitestgehend mit entsprechenden Maßnahmen der WISMUT zu koordinieren.

VII. Meldungen und Berichte

52. Dem Vorsitzenden des Nationalen Verteidigungsrates der Deutschen Demokratischen Republik sind durch die Vorsitzenden der Bezirkseinsatzleitungen und den Vorsitzenden der Bezirkseinsatzleitungen durch die Vorsitzenden der Kreiseinsatzleitungen folgende Meldungen zu erstatten bzw. Berichte vorzulegen:

a) in Vorbereitung auf den Verteidigungszustand
   - eine Sofortmeldung bei Gefährdung der staatlichen Sicherheit in den Bezirken/Kreisen – persönlich unter Ausnutzung aller Mittel
   - ein Jahresbericht über den Stand der Verteidigungsbereitschaft

- der Bezirke jeweils bis zum 15. 01. des folgenden Jahres – an den Vorsitzenden des Nationalen Verteidigungsrates der Deutschen Demokratischen Republik über den Sekretär des Nationalen Verteidigungsrates
- der Kreise jeweils bis zum 15. 12. des laufenden Jahres – an die Vorsitzenden der Bezirkseinsatzleitungen über deren Stellvertreter.

Die Vorsitzenden der Bezirkseinsatzleitungen haben bereit zu sein, auf Weisung dem Nationalen Verteidigungsrat über Probleme der Vorbereitung der Bezirke auf den Verteidigungszustand zu berichten.

Die Vorsitzenden der Kreiseinsatzleitungen berichten auf Weisung der Vorsitzenden der Bezirkseinsatzleitungen.

b) nach kurzfristiger Erhöhung der Führungsbereitschaft der Einsatzleitungen – entsprechend besonderen Festlegungen, unter strenger Einhaltung der Forderungen der gedeckten Führung.

53. (1) Der Verlust von Führungs-, Berichts- und Auskunftsdokumenten der Einsatzleitungen oder andere schwerwiegende Verletzungen der Geheimhaltungsbestimmungen in diesem Zusammenhang sind sofort dem Vorsitzenden des Nationalen Verteidigungsrates der Deutschen Demokratischen Republik über den Sekretär des Nationalen Verteidigungsrates zu melden.
(2) Die Vorsitzenden der Kreiseinsatzleitungen melden solche besonderen Vorkommnisse sofort den Vorsitzenden der Bezirkseinsatzleitungen über deren Stellvertreter.

VIII. Schlußbestimmungen

54. (1) Das Statut der Einsatzleitungen tritt mit Wirkung vom 01. 01. 1982 in Kraft und hat Gültigkeit bis auf Widerruf.
(2) Zum gleichen Zeitpunkt werden außer Kraft gesetzt:
a) das Statut der Bezirkseinsatzleitungen vom 21. 08. 1972
b) das Statut der Kreiseinsatzleitungen (Muster)
c) die Direktive des Vorsitzenden des Nationalen Verteidigungsrates der Deutschen Demokratischen Republik über die Weiterbildung der Einsatzleitungen der Deutschen Demokratischen Republik vom 23. 08. 1972
d) die Ordnung des Ministers für Nationale Verteidigung über die Führungsbereitschaft der Einsatzleitungen vom 06. 10. 1980.
(3) Die außer Kraft gesetzten Dokumente sind, außer der Urschrift, bis zum 31. 03. 1982 in eigener Zuständigkeit zu vernichten.
55. Die für die Tätigkeit der Einsatzleitungen der Deutschen Demokratischen Republik und damit im Zusammenhang für territoriale Führungsorgane und Kräfte erlassenen Dokumente, deren Bestimmungen diesem Statut entgegenstehende Regelungen beinhalten, sind bis zum 31. 03. 1982 mit dem vorliegenden Dokument in Übereinstimmung zu bringen.
56. Dem Stellvertreter des Ministers für Nationale Verteidigung und Chef des Hauptstabes der Nationalen Volksarmee bzw. den Stellvertretern der Vorsitzenden der Bezirkseinsatzleitungen sind die in der Anlage 4 festgelegten Dokumente zum Verbleib bzw. zur Abstimmung zu übersenden.
57. Die Vorsitzenden der Räte der Bezirke/Kreise haben die materielle und finanzielle Sicherstellung der Tätigkeit der Einsatzleitungen, einschließlich der Vorbereitung, Durchführung und Auswertung von Ausbildungs- und Überprüfungsmaßnahmen in Zuständigkeit der Einsatzleitungen, zu gewährleisten.

58. (1) Der Minister für Nationale Verteidigung wird mit der Anleitung und Kontrolle der Einsatzleitungen der Deutschen Demokratischen Republik zur Durchsetzung der Forderungen des Statuts beauftragt.
(2) Die Leiter der entsprechenden zentralen Führungsbereiche haben ihren Nachgeordneten in den Bezirken direkt oder über Beauftragte Anleitung und Hilfe zu gewähren und die Erfüllung der ihrer Zuständigkeit obliegenden Aufgaben zu überprüfen.
(3) Dem Sekretär des Nationalen Verteidigungsrates der Deutschen Demokratischen Republik obliegt, in Abstimmung mit dem Leiter der Abteilung für Sicherheitsfragen des Zentralkomitees der Sozialistischen Einheitspartei Deutschlands, die Anleitung der Sekretäre der Bezirkseinsatzleitungen bei der Erfüllung der den Einsatzleitungen gestellten Aufgaben.
59. Die Anhänge 1 bis 6 und die Anlagen 1 bis 5 werden bestätigt.
60. Das Statut ist entsprechend Anlage 5 zu verteilen.

Berlin, den 1981

E. Honecker
Generalsekretär des Zentralkomitees
der Sozialistischen Einheitspartei
Deutschlands und Vorsitzender des
Nationalen Verteidigungsrates der
Deutschen Demokratischen Republik

Anmerkungen
(im Original jeweils seitenweise numeriert, hier fortlaufend)

1 Schließt nicht das Gebiet der WISMUT ein.
2 Im weiteren nur noch als Vorsitzende der Bezirkseinsatzleitungen bezeichnet.
3 Im weiteren als Vorsitzender des Nationalen Verteidigungsrates der Deutschen Demokratischen Republik bezeichnet.
4 Die entsprechenden Organe der Hauptstadt der DDR, BERLIN, werden nicht gesondert genannt.
5 Im weiteren nur noch als Kreisleitung bezeichnet.
6 Im weiteren nur noch als Vorsitzende der Kreiseinsatzleitungen bezeichnet.
7 Im weiteren als Volkspolizei-Kreisamt bezeichnet.
8 Im weiteren als Vorsitzender des Rates des Kreises und Leiter der Zivilverteidigung bezeichnet.
9 Im weiteren nur noch als Leiter von zentralgeleiteten Wirtschaftsorganen bezeichnet.
10 Gesellschaftliche Organisationen sind hier und im weiteren die befreundeten Parteien und die Massenorganisationen, die im Verteidigungszustand ihre Tätigkeit fortsetzen.
11 Gleichzeitig damit sind
- die erhaltene Aufgabe zu melden und
- ein Vorschlag zur kurzfristigen Erhöhung der Führungsbereitschaft der Einsatzleitungen sowie für den Zeitpunkt der Durchführung einer Lagebesprechung zu unterbreiten. Nach Bestätigung des Vorschlages übermitteln diese Mitglieder persönlich oder über Beauftragte die Weisung der Vorsitzenden der Einsatzleitungen an die anderen Mitglieder.

12 Ausgenommen die 2. Sekretäre der Bezirks-/Kreisleitungen der Sozialistischen Einheitspartei Deutschlands.
13 Ausgenommen ist die Ergänzung der Arbeitsorgane der Vorsitzenden der Einsatzleitungen mit operativen Offizieren.
14 Die Bereitschaft der Bezirke/Kreise zur Erfüllung ihrer Aufgaben im Verteidigungszustand wird als Verteidigungsbereitschaft bezeichnet. Sie wird nicht in Stufen untergliedert.

15 Die im Territorium der Kreise befindlichen zentralgeleiteten Wirtschaftsorgane sind nur im Umfang der von ihnen zu erfüllenden Aufgaben zur Sicherstellung der militärischen Mobilmachung und anderer Maßnahmen der Landesverteidigung im Territorium einzubeziehen.

Anmerkungen

Anmerkungen zur Einleitung, Seite 11–15

1 Siehe Abschnitt III.5.1., S. 118.
2 Vgl. Kleines Politisches Wörterbuch. Neuausgabe 1988, Berlin (Ost) 1989, S. 662 f.
3 Vgl. Bundesministerium für innerdeutsche Beziehungen (Hrsg.), DDR Handbuch, 3., überarbeitete und erweiterte Auflage, Köln 1985, Band 2, S. 938.
4 55. Sitzung des Nationalen Verteidigungsrates der DDR (künftig zitiert: 55. NVR), 16.6.78, Mikrofilm in: Bundesarchiv – Militärisches Zwischenarchiv Potsdam (künftig zitiert: BA-MZAP), VA-01/39514, Bl. 44. Der »Verteidigungszustand« war in der Zeit der offensiven Militärdoktrin des Warschauer Paktes (bis 1987) mit den Verteidigungsvorbereitungen der Bundesrepublik nicht zu vergleichen. (Vgl. Otto Wenzel: »Der Tag X«, Deutschland Archiv Heft 12/1993, S. 1362.)
5 Vgl. Otto Wenzel: »Kriegsvorbereitungen im Spiegel des Protokolle des Nationalen Verteidigungsrates der DDR«, Deutschland Archiv Heft 11/1994, S. 1158 ff.
6 Vgl. Wenzel (Anm. 4), S. 1360 ff.
7 Siehe Kapitel II.2., S. 33.
8 Vgl. Thomas M. Forster, NVA – Die Armee der Sowjetzone, 3., völlig überarbeitete Auflage, Köln 1966/67; ders., NVA – Kernstück der Landesverteidigung der DDR, 6. überarbeitete Auflage, Köln 1983; Gunter Holzweißig, Militärwesen in der DDR, Berlin 1985; Peter Joachim Lapp, Frontdienst im Frieden – Die Grenztruppen der DDR. Entwicklung – Struktur – Aufgaben, 2. Auflage, Koblenz 1987.
9

Offizielle Funktionsbezeichnung	*Kurzfassung*
Bevollmächtigter des Generalsekretärs des ZK der SED und Vorsitzenden des Nationalen Verteidigungsrates der DDR	Bevollmächtigter
1. Sekretär der Bezirksleitung der SED	1. Bezirkssekretär
1. Sekretär der Kreisleitung der SED	1. Kreissekretär
Generalsekretär des ZK der SED	Generalsekretär
1. Sekretär des ZK der SED	1. ZK-Sekretär
Sekretär des ZK der SED	ZK-Sekretär
Abteilungsleiter des ZK der SED	ZK-Abteilungsleiter
Vorsitzender des Ministerrates der DDR	Ministerratsvorsitzender
1. Stellvertreter des Vorsitzenden des Ministerrates	1. stellvertretender Ministerratsvorsitzender
Minister für Nationale Verteidigung	Verteidigungsminister
Minister des Innern und Chef der Deutschen Volkspolizei	Innenminister
Minister für Staatssicherheit	Staatssicherheitsminister
Minister für Auswärtige Angelegenheiten	Außenminister
»Neues Deutschland«, Organ des ZK der SED	SED-Zentralorgan »Neues Deutschland«
Vorsitzender der Bezirkseinsatzleitung	BEL-Vorsitzender
Vorsitzender der Kreiseinsatzleitung	KEL-Vorsitzender
Vorsitzender des Rates des Bezirkes	Bezirksratsvorsitzender
Vorsitzender des Staatsrates	Staatsratsvorsitzender

Anmerkungen zu I., Seite 17–27

1 Vgl. Carola Stern, Porträt einer bolschewistischen Partei. Entwicklung, Funktion und Situation der SED, Köln 1957, S. 276.

2 2. und 11. Sitzung der Sicherheitskommission des ZK (künftig zitiert: 2. und 11. SK), 26. 10. 54 und 28. 10. 56, Mikrofilm in: Bundesarchiv – Militärisches Zwischenarchiv Potsdam (künftig zitiert: BA-MZAP), VA-01/39544 und 39553, jeweils Bl. 1.

3 2. SK (Anm. 2), Bl. 1. Generalleutnant Heinz Hoffmann war seit 1953 Stellvertreter des Ministers des Innern und Chef der Kasernierten Volkspolizei (KVP), von 1960 bis 1985 Minister für Nationale Verteidigung. Mit der Aufstellung von militärischen Kaderverbänden wurde in der späteren DDR schon 1948 begonnen. Ende 1953 hatte die KVP bereits vier Infanteriedivisionen und drei Panzerdivisionen. Als sie im Januar 1956 in Nationale Volksarmee (NVA) umbenannt wurde, betrug ihre Gesamtstärke einschließlich der See- und Luftstreitkräfte 120 000 Mann. In diesem Monat wurden in der Bundesrepublik Deutschland die ersten 1000 Freiwilligen zur Bundeswehr einberufen. (Thomas M. Forster, NVA. Kernstück der Landesverteidigung der DDR, 6. überarbeitete Auflage, Köln 1983, S. 25, 375 ff.; Helmut Göpel: »NVA-Landstreitkräfte«, in: Klaus Naumann (Hrsg.), NVA – Anspruch und Wirklichkeit nach ausgewählten Dokumenten, Berlin/Bonn/Herford 1993, S. 78).

4 7. SK, 22.11.55, BA-MZAP, VA-01/39549, Bl. 2; 8. SK, 2.2.56, BA-MZAP, VA-01/39550, Bl. 2.

5 Vgl. Karl Wilhelm Fricke, Die DDR Staatssicherheit. Entwicklung, Strukturen, Aktionsfelder, 3. aktualisierte und ergänzte Auflage, Köln 1989, S. 206 ff., 212.

6 Die *Kollegien** waren Beratungsgremien der Minister, denen ihre Stellvertreter und die wichtigsten Hauptabteilungsleiter angehörten. Am 31. Juli 1957 wurde mitgeteilt, daß das Kollegium des MfS durch Aufnahme der Leiter der Hauptabteilungen I, II, III und V sowie des Stellvertreters des Leiters der Hauptverwaltung Aufklärung erweitert worden sei. (17. SK, 31.7.57, BA-MZAP, VA- 01/39559, Bl. 2).

7 1. SK, 6.7.54, BA-MZAP, VA-01/39543, Bl. 2.

8 3. SK, 4.3.55, BA-MZAP, VA-01/39545, Bl. 4. Fechner wurde am 24.5.55, Merker am 30.3.55 zu acht Jahren Zuchthaus verurteilt (Karl Wilhelm Fricke: »Kein Recht gebrochen? Das MfS und die praktische Strafjustiz der DDR«, Aus Politik und Zeitgeschichte. Beilage zur Wochenzeitung Das Parlament B 40/94, S. 29).

9 9. SK, 20.4.56, BA-MZAP, VA-01/39551, B. 5 f.

10 4. SK, 31.3.55, BA-MZAP, VA 01/39546, B. 1 f.

11 Ingo von Münch (Hrsg.), Dokumente des geteilten Deutschland, Stuttgart 1968, S. 329 f.

12 5. SK, 29.6.55, BA-MZAP, VA-01/39547, Bl. 1 f.

13 9. SK (Anm. 9), Bl. 2 f.; 77. Sitzung des Nationalen Verteidigungsrates der DDR (künftig zitiert: 77. NVR), 25.11.88, BA-MZAP, VA-01/39538, Bl. 97 ff.

14 3. SK (Anm. 8), Bl. 2; 4. SK (Anm. 10), Bl. 7.

15 7. SK (Anm. 4), Bl. 1.

16 2. SK (Anm. 2), Bl. 2 f.; 10. SK, 24.8.56, BA-MZAP, VA- 01/39552, Bl. 4.

17 4. SK (Anm. 10), Bl. 6. Vgl. auch Otto Wenzel: »Verlogener Antifaschismus«, Die politische Meinung Nr. 283, 1993, S. 81. Das Wort *»Organ«**, wurde in Meyers Neuem Lexikon (Zweite, völlig neu erarbeitete Auflage in achtzehn Bänden, Band 10, Leipzig 1974, S. 320) wie folgt definiert: »3. *Journalistik* Zeitung oder Zeitschrift einer Partei, Organisation, Gesellschaft, Interessengruppe. – 4. *Staatsrecht* zur Leitung, d. h. zur Willensbildung und -ausführung berufene (gewählte, eingesetzte, ernannte, durch Rechtsvorschriften, Vertrag, Statut oder Satzung bestimmte) Person oder Personengruppe (Kollektiv-O.) im Staat (Staatsorgan, z. B. Ministerrat, Minister, Rat des Kreises, Bürgermeister), in der Wirtschaft (z.B. Generaldirektor, Werkleiter) sowie in allen anderen Bereichen des gesellschaftlichen Lebens (z.B. BGL, Vorstand einer LPG). . .« Die Ministerien der *»bewaffneten Organe«** waren das MfNV, das MfS und das MdI.

18 11. SK (Anm. 2), Bl. 1.

19 12., SK, 30.11.56, BA-MZAP, VA-01/39554, Bl. 5.

20 Ebd., Bl. 24 ff.
21 27. SK, 23.10.59, BA-MZAP, VA-01/39569, Bl. 4.
22 12. SK (Anm. 19), Bl. 2, 6 ff. In der 15. SK wurde der Struktur- und Stellenplan der ZK-Abteilung für Sicherheitsfragen vorgelegt. An der Spitze standen der Abteilungsleiter und sein Stellvertreter mit zwei technischen Kräften. Ihnen unterstanden die Sektoren MfNV (zehn politische Mitarbeiter), MdI (neun politische Mitarbeiter), MfS (drei politische Mitarbeiter) und Sport (fünf politische Mitarbeiter). Jeder Sektor hatte zusätzliche eine technische Kraft. Unter technischen Kräften waren Sekretärinnen zu verstehen. (15. SK, 3. 4. 57, BA-MZAP, VA-01/39557, Bl. 24 ff.). Der Stellenplan der ZK-Abteilung für Sicherheitsfragen ist den Mitgliedern der Sicherheitskommission oder des Nationalen Verteidigungsrates nie wieder vorgelegt worden.
23 13. SK, 9.2.57, BA-MZAP, VA-01/39555, Bl. 2.
24 15. SK (Anm. 22), Bl. 4 f.
25 Ebd., Bl. 7, 9 f.
26 Peter Przybylski, Tatort Politbüro. Die Akte Honecker, Berlin 1991, S. 89 f. Unter *operativ** verstand die Stasi »Beobachtung, Kontrolle, Bearbeitung und gegebenenfalls Liquidierung feindlich-negativer Auffassungen und Handlungen« (Guntolf Herzberg: »Erkenntnis und operatives Interesse«, Frankfurter Allgemeine Zeitung vom 30. 9. 94, S. 42).
27 Fricke (Anm. 5), S. 33.
28 Przybylski (Anm. 26), S. 261, 97, 100.
29 20. SK, 15.3.58, BA-MZAP, VA-01/39562, Bl. 3, 19 ff. Wer Mitglied der SED werden wollte, mußte als Bewährungsprobe eine einjährige Kandidatenzeit durchlaufen, in der er kein Stimmrecht hatte.
30 17. SK (Anm. 6), Bl. 17 f. Unter *Objekten** verstand man in der Regel Anlagen, die nur mit besonderem Ausweis und mit besonderer Genehmigung zu betreten waren. Besucher wurden am »Objekteingang« abgeholt. Einzelne Häuser konnten auch Objekte sein. Zu erkennen an einer guten Umzäunung, es fehlte ein Name, es gab immer Sprechgeräte neben dem verschlossenen Eingang. (Schriftliche Mitteilung Frau Ingrid Ebert, Redakteurin der Deutschen Lehrerzeitung, 28. März 1994). In der Wirtschaft wurden auch betriebswirtschaftliche Einheiten, z.B. Verkaufsstellen, Fabriken und Bahnhofsanlagen, als Objekte bezeichnet. (Lexikon A-Z in zwei Bänden, Zweiter Band, Leipzig 1958, S. 265).
31 14. SK, 25.2.57, BA-MZAP, VA-01/39556, Bl. 1, 5.
32 26. SK, 3.8.59, BA-MZAP, VA-01/39568, Bl. 4.
33 14. SK (Anm. 31), Bl. 7 f. Vgl. Karl Wilhelm Fricke, MfS intern. Macht, Strukturen, Auflösung der DDR-Staatssicherheit. Analyse und Dokumentation, Köln 1991, S. 53. Fricke vermutete noch, daß die Arbeit mit OibE etwa im Jahr 1968 begonnen wurde.
34 14. SK (Anm. 31), Bl. 8, 10 f.
35 Ebd., Bl. 3.
36 21. SK, 10.4.58, BA-MZAP, VA-01/39563, Bl. 4.
37 19. SK, 9.1.58, BA-MZAP, VA-01/39561, Bl. 2, 6, 4, 11 f.
38 22. SK, 30.7.58, BA-MZAP, VA-01/39564, Bl. 43, 50.
39 20. SK (Anm. 29), Bl. 12.
40 22. SK (Anm. 38), Bl. 53.
41 24. SK, 22.1.59, BA-MZAP, VA-01/39566, Bl. 5.
42 22. SK (Anm. 38), Bl. 60 f.
43 24. SK (Anm. 41), Bl. 6.
44 25. SK, 13.5.59, BA-MZAP, VA-01/39567, Bl. 20, 22.
45 Ebd., Bl. 20 f.
46 Ebd., Bl. 21.
47 Ebd., Bl. 24.
48 Ebd., Bl. 32 ff.
49 28. SK, 5.11.59, BA-MZAP, VA-01/39570, Bl. 15.
50 Thomas M. Forster, NVA. Die Armee der Sowjetzone, 3., völlig überarbeitete Auflage, Köln 1966/67, S. 30, 104.
51 28. SK (Anm. 49), Bl. 11 f., 17.

52 27. SK, 23.10.59, BA-MZAP, VA-01/39569, Bl. 34 ff. In den Akten des Manövers WAFFENBRÜDERSCHAFT-70 befinden sich Karten in russischer Sprache, auf denen Landungen auf Lolland, Mon und Seeland sowie Vorstöße zur Nordspitze Jütlands und nach Kopenhagen eingezeichnet sind. (Topographische Karten zur Vorbereitung und Durchführung des Manövers WAFFENBRÜDERSCHAFT-70 der Vereinten Streitkräfte des Warschauer Vertrages, im Oktober 1970, BA-MZAP, VA-01/24666, Karten 2729 und 2730.) Es ist anzunehmen, daß solche Manöveraufgaben schon in den sechziger Jahren gestellt wurden.
53 26. SK, 3.8.59, BA-MZAP, VA-01/39568, Bl. 18.
54 Forster (Anm. 50), S. 279 ff.; Günther Buch, Namen und Daten wichtiger Personen der DDR, 3., überarbeitete und erweiterte Auflage, Berlin/Bonn 1982, S. 187, 377.
55 26. SK (Anm. 53), Bl. 49.
56 18. SK, 12.12.57, BA-MZAP, VA-01/39560, Bl. 2, 5; 52. NVR, 30.9.77, BA-MZAP, VA-01/39511, Bl. 24, 301; Forster (Anm. 3), S. 279.
57 26. SK (Anm. 53), Bl. 50, 52.
58 Jochen Černý (Hrsg.), Wer war wer – DDR. Ein biographisches Lexikon, 2. Auflage, Berlin 1992, S. 332 f., 176 f.
59 Günther Buch, Namen und Daten wichtiger Personen der DDR, 4., überarbeitete und erweiterte Auflage, Berlin/Bonn 1987, S. 54.
60 26. SK (Anm. 53), Bl. 53; Forster (Anm. 50), S. 279.
61 29. SK, 28.1.60, BA-MZAP, VA-01/39571, Bl. 1.
62 15. SK (Anm. 22), Bl. 2.
63 Buch (Anm. 54), 269.
64 73. NVR, 5.12.86, BA-MZAP, VA-01/39534, Bl. 4.
65 15. SK (Anm. 22), Bl. 1; 20. SK (Anm. 29), Bl. 1; 25. SK (Anm. 44), Bl. 1.
66 Fricke (Anm. 5), S. 60.
67 29. SK (Anm. 61), Bl. 9, 39.

Anmerkungen zu II.1., Seite 29–33

1 Vgl. Deutsche Verfassungen, 8. erweiterte Auflage, München 1976, S. 208 f.
2 Ebd., S. 231, 235.
3 Kleines Lexikon der Sowjetstreitkräfte, Berlin (Ost) 1987, S. 302; Die sowjetische Rüstung. Pentagon-Papier zur sowjetischen Rüstung, München 1981, S. 19 f.
4 Gesetzblatt der Deutschen Demokratischen Republik, 1978, Teil I, Nr. 35, S. 377 f.
5 So Nr. 9. Abs. 2 des Statuts vom 23. Oktober 1967 (30. NVR, 23.10.67 BA-MZAP, VA-01/39487, Bl. 7).
6 Vgl. 44. NVR, 30.11.73, BA-MZAP, VA-01/39502, Bl. 104.
7 Günther Buch, Namen und Daten wichtiger Personen der DDR, 4., überarbeitete und erweiterte Auflage, Berlin/Bonn 1987, S. 132.
8 Grundsatzdokumente, Befehle und Anordnungen des Nationalen Verteidigungsrates der DDR November 1973 bis September 1986 (künftig zitiert: Grundsatzdokumente 1973-86), BA-MZAP, VA- 01/39541, Bl. 75.
9 Siehe Abschnitt III.5.5., S. 152.
10 Vgl. 44. NVR (Anm. 6), Bl. 113, 115, 117. Näheres zur Hauptführungsstelle der Partei- und Staatsführung im Abschnitt III.5.1., S. 117 f.
11 64. NVR, 2. 10. 81, BA-MZAP, VA-01/39525, Bl. 66 ff.; vgl. Dokument IV.12., S. 266 ff.
12 Ebd., Bl. 73 ff. Das östliche Militärbündnis hieß offiziell »Warschauer Vertrag«. Die in westlichen Publikationen gebräuchliche Bezeichnung Warschauer Pakt wird in diesem Buch außerhalb von Zitaten durchgehend verwendet.
13 64. NVR (Anm. 11), Bl. 76.
14 Ebd., Bl. 77. Unter *Nomenklatur** verstand man in der DDR die »Bezeichnung für das Verzeichnis von Führungspositionen in Partei, Staat und Gesellschaft«. Die Nomenklatur erfaßte alle wichtigen Funktionen und Personen in der DDR und ordnete sie nach Leitungsebenen und Bereichen. (Bundesministerium für innerdeutsche Beziehungen

(Hrsg.), DDR Handbuch, 3. überarbeitete und erweiterte Auflage, Köln 1985, Band 2, S. 945.) Siehe auch Dokument IV.3., S. 249 ff.

15 64. NVR (Anm. 11), Bl. 81. Unter *Kadern** verstand man in der DDR-Terminologie »Menschen, die die Verantwortung für die Leitung eines Kollektivs tragen«. (Kleines Politisches Wörterbuch, Neuausgabe 1988, Berlin (Ost) 1988, S. 467.) Es handelte sich also um Personalentscheidungen und Führungspersonal. In der NVR-Nomenklatursprache wurde ein Oberst zum Generalmajor *ernannt*, ein Generalmajor zum Generalleutnant *befördert*.

16 Staatsanwaltschaft beim Kammergericht Berlin, Anklageschrift gegen Honecker u.a. – Az. 2 Js 26/90 – vom 12.5.92, S. 179.

17 Urteil des Landgerichts Berlin in der Strafsache gegen Keßler, Streletz und Albrecht – Az. (527) 2 Js 26/90 Ks (10/92) – vom 16.9.93, Bl. 238 ff.

18 Manfred Uschner, Die zweite Etage. Funktionsweise eines Machtapparats, Berlin 1993, S. 70 ff.; Günter Schabowski, Der Absturz, Berlin 1991, S. 115; MfNV. Sekretariat des Ministers, Schriftwechsel des Ministers für Nationale Verteidigung mit dem Politbüro des ZK der SED 1986 bis 1987, BA-MZAP, Strausberg AZN 32650, Bl. 167.

19 »Günter Mittags Rolle in der DDR-Wirtschaft. Fritz Schenk im Gespräch mit Gerhard Schürer«, Deutschland Archiv Heft 6/1994, S. 636; Schabowski (Anm. 18), S. 115; »Schürers Krisenanalyse«, Deutschland Archiv Heft 10/1992, S. 1112 ff.

20 66. NVR, 17.9.82, BA-MZAP, VA-01/39527, Bl. 121.

21 Vgl. Abschnitt III.12.6., S. 220 f.

Anmerkungen zu II.2., Seite 33–34

1 Gesamtdeutsches Institut (Hrsg.), Staats- und Parteiapparat der DDR. Personelle Besetzung. Stand: 25. Juni 1989, S. 3 ff.; Bundesministerium für innerdeutsche Beziehungen (Hrsg.), DDR-Handbuch, 3., überarbeitete und erweiterte Auflage, Band 2, S. 1440.

2 73. NVR, 5.12.1986, BA-MZAP, VA 01/39534, Bl. 4.

3 Hager wurde mit Befehl Nr. 9/87 vom 24.7.1987 aus Anlaß seines 75. Geburtstages »für die langjährige konstruktive und schöpferische Arbeit . . . im Kollektiv der Parteiführung und als Mitglied des Nationalen Verteidigungsrates der DDR im Interesse der ständigen Stärkung der Landesverteidigung der DDR« mit dem Scharnhorst-Orden ausgezeichnet. (Befehle des Vorsitzenden des Nationalen Verteidigungsrates der DDR 1980 bis 1989, BA-MZAP, VA-01/40336, Bl. 71).

4 DDR Handbuch (Anm. 1), S. 938.

5 Manfred Uschner, Die zweite Etage. Funktionsweise eines Machtapparates, Berlin 1993, S. 53, 55.

6 1. NVR, 16.3.60, BA-MZAP, VA-01/39458, Bl. 1.

7 Günther Buch, Namen und Daten wichtiger Personen der DDR, 4., überarbeitete und erweiterte Auflage, Berlin/Bonn 1987, S. 218 f.

Anmerkungen zu II.3., Seite 34–41

1 64. NVR, 2.10.81, BA-MZAP, VA-01/39525, Bl. 67.

2 1. NVR, 16.3.60, BA-MZAP, VA-01/39458, Bl. 2, 18 f.

3 64. NVR (Anm. 1), Bl. 10.

4 Vgl. Befehle des Vorsitzenden des Nationalen Verteidigungsrates der DDR der Jahre 1980 bis 1989 (künftig zitiert: Befehle 1980-89), BA-MZAP, VA-01/40336, Bl. 27 ff.

5 1. NVR (Anm. 2), Bl. 3.

6 Vgl. 5. NVR, 3.5.61, BA-MZAP, VA-01/39462, Bl. 1.

7 1. NVR (Anm. 2), Bl. 8.

8 30. NVR, 23.10.67, BA-MZAP, VA-01/39487, Bl. 5.

9 Peter Przybylski, Tatort Politbüro. Die Akte Honecker, Berlin 1991, S. 101 ff., 280 ff.

10 Vgl. 39. bis 43. NVR, jeweils Bl. 4.

11 39. NVR, 30.9.71, BA-MZAP, VA-01/39496, Bl.6; Günther Buch, Namen und Daten wichtiger Personen der DDR, 4., überarbeitete und erweiterte Auflage, Berlin/Bonn 1987, S. 396 f.
12 39. NVR (Anm. 11), Bl. 6.
13 Vgl. Manfred Uschner, Die zweite Etage. Funktionsweise eines Machtapparates, Berlin 1993, S. 70.
14 44. NVR, 30.11.73, BA-MZAP, VA-01/39502, Bl. 115.
15 1. NVR (Anm. 2.), Bl. 8.
16 44. NVR (Anm. 14), Bl. 114.
17 Vgl. den Anhang Verzeichnis und Zitierweise der benutzten Akten.
18 Vgl. 64. NVR (Anm. 1), Bl. 71.
19 Vgl. Dokumente IV.1.1. bis IV.1.5., S. 234–246.
20 64. NVR (Anm. 1), Bl. 80 f.; Urteil des Landgerichts Berlin in der Strafsache gegen Keßler, Streletz und Albrecht – Az. (527) 2 Js 26/90 Ks – vom 16.9.93 (künftig zitiert: Urteil Keßler), Bl. 29; Staatsanwaltschaft beim Kammergericht, Anklage gegen Honecker u.a. – Az. 2 Js 26/90 – vom 12.5.92 (künftig zitiert: Anklage Honecker), Bl. 752. Zu den zentralen Führungsbereichen vgl. Abschnitt III.5.1., S. 118 ff.; vgl. »Plan der Maßnahmen des Nationalen Verteidigungsrates der DDR für das Jahr 1988«, in: Der Bundesbeauftragte für die Unterlagen des Staatssicherheitsdienstes der ehemaligen Deutschen Demokratischen Republik (künftig zitiert: BStU), ZA, SDM 26, Bl. 80; vgl. BStU, ZA, SDM 1578, Bl. 22 (Schreiben von Streletz an Mielke vom 16.10.75).
21 73. NVR, 5.12.86, BA-MZAP, VA-01/39534, Bl. 199 ff. Über die Führungsstelle des ZK der SED, das Zentrale Nachrichten- und Informationsbüro und den Bevollmächtigten für Bildung und Kultur siehe Abschnitt III.5.1., S. 118 ff.
22 Vgl. Dokumente IV.1.2., S. 239 f. und IV.1.5., S. 245 f.
23 43. NVR, 17.5.73, BA-MZAP, VA-91/39500, Bl. 28 f.
24 44. NVR, (Anm. 14), Bl. 70
25 71. NVR, 11.11.85, BA-MZAP, VA-01/39532, Bl. 206 f., 23; vgl. Jochen Černý (Hrsg.), Wer war wer – DDR. Ein biographisches Lexikon, 2., durchgesehene Auflage, Berlin 1992, S. 29, 119.
26 Anklage Honecker (Anm. 20), Bl. 754, 752.
27 BStU, ZA, SDM 5, Bl. 7 ff.
28 Urteil Keßler (Anm. 20), Bl. 29 f.; 64. NVR (Anm. 1), Bl. 82.
29 BStU, ZA, SDM 39, Bl. 400.
30 Ebd., Bl. 392.
31 Vgl. Dokument IV.1.4., S. 244 f.; Urteil Keßler (Anm. 20), Bl. 29.
32 BStU, ZA, AGM 575, Bl. 107, 111 ff.
33 64. NVR (Anm. 1), Bl. 83; Theodor Hoffmann, Das letzte Kommando. Ein Minister erinnert sich, Berlin/Bonn/Herford 1993, S. 49.
34 2. NVR, 15.6.60, BA-MZAP, VA-01/39459, Bl. 4.
35 Befehle 1980-89 (Anm. 4), 107.
36 Ebd., Bl. 112; 21. SK, 10.4.58, BA-MZAP, VA-01/39563, Bl. 4.
37 64. NVR (Anm. 1), Bl. 85 f.
38 40. NVR, 17.2.72, BA-MZAP, VA-01/39497, Bl. 5; 64. NVR (Anm. 1), Bl. 25 ff., 7; vgl. MfNV. Sekretariat des Ministers, Beschlüsse des Politbüros des ZK der SED 1976, BA-MZAP, Strausberg AZN 32611, Bl. 29 ff.: Beschluß der 3. Tagung vom 28.10.76: »Vorschlag an den Staatsrat für die Zusammensetzung des Nationalen Verteidigungsrates der DDR wird bestätigt.«
39 Vgl. 22. NVR, 15.4.65, BA-MZAP, VA-01/39479, Bl. 1.
40 Vgl. 6. NVR, 23.6.61, BA-MZAP, VA-01/39463, Bl. 5.
41 13. NVR, 23.11.62, BA-MZAP, VA-01/39470, Bl. 7.
42 Vgl. 22. NVR (Anm. 39), Bl. 3.
43 Vgl. Dokument IV.1., S. 234 f.
44 50. NVR, 18.11.76, BA-MZAP, VA-01/3909, Bl. 44.
45 Vgl. Abschnitt III.5.1., S. 117 ff.
46 Vgl. Abschnitt III.5.3., S. 129 ff.
47 72. NVR, 3.7.86, BA-MZAP, VA-01/39533, Bl. 99.; vgl. Abschnitt III.7.1., S. 176.

Anmerkungen zu III.1., Seite 43–46

1 44. NVR, 30.11.73, BA-MZAP, VA-01/39502, Bl. 32 f. Welche Veränderungen die Führung der DDR im Kriegszustand erfahren sollte, wird im Abschnitt III.5.1. (S. 117 ff.) an Hand der wesentlich umfassenderen Grundsätze vom 27. November 1985 beschrieben.
2 44. NVR (Anm. 1), Bl. 34.
3 Klaus Naumann (Hrsg.), NVA – Anspruch und Wirklichkeit nach ausgewählten Dokumenten, Berlin/Bonn/Herford 1993, S. 349.
4 44. NVR (Anm. 1), Bl. 37.
5 Ebd., Bl. 40 f.
6 Berichte und Auswertungen von Kommandostabsübungen 1961 bis 1964, BA-MZAP, VA-01/5203, Bl. 5.
7 Ebd., Bl. 7.
8 Ebd., Bl. 57.
9 Ebd., Bl. 47.
10 8. NVR, 29.11.61, BA-MZAP, VA-01/39465, S. 3.
11 1. NVR, 16.3.60, BA-MZAP, VA-01/39458, S. 31 f.
12 Deutsche Verfassungen, 8. erweiterte Auflage, München 1976, S. 245, 220.
13 Horst-Henning Basler: »Das operative Denken der NVA«, in: Naumann (Anm. 3), S. 192. Der Chef Aufklärung des Ministeriums für Nationale Verteidigung erwähnte in der 78. Sitzung des NVR (16. 6. 89), daß in der NATO-Übung WINTEX/CIMEX (26.2. bis 9.3.) die Lenkung eines Flüchtlingsstromes von etwa 5,6 Millionen Menschen vorgesehen war (BA-MZAP, VA-01/39539, Bl. 51). Unter einer *Kommandostabsübung** verstand die NVA eine »Form der operativen und taktischen Ausbildung der Führungsorgane, in der sich Offiziere Kenntnisse und Fertigkeiten in der Planung, Operation und Führung von Operationen oder Gefechten aneignen und diese vervollkommnen und in der die Geschlossenheit der Führungsorgane durch das Trainieren von Führungstätigkeiten unter angenäherten Gefechtsbedingungen gefestigt wird«. (Militärlexikon, 2. Auflage, Berlin (Ost) 1973, S. 179).
14 66. NVR, 17.9.82, BA-MZAP, VA-01/39527, Bl. 135.
15 48. NVR, 24.11.75, BA-MZAP, VA-01/39507, Bl. 49; vgl. Abschnitt III.4.8., S. 111.
16 Basler (Anm. 13), S. 205.
17 Günther Pöschel: »Seefahrt macht frei! Leider nicht immer. . .«, in: Manfred Backerra (Hrsg.), NVA. Ein Rückblick für die Zukunft, Köln 1992, S. 171.
18 Walter Jablonsky: »Die NVA in den Vereinten Streitkräften des Warschauer Paktes«, in: Naumann (Anm. 3), S. 63 ff.; Beatrice Heuser: »Warsaw Pact Military Doctrines in the 1970s and 1980s: Findings in the East German Archives«, Comparative Strategy Vol. 12, 1993, S. 449; vgl auch Abschnitt III.7.1., S. 176 f.
19 Pöschel (Anm. 17), S. 173.

Anmerkungen zu III.2., Seite 46–51

1 Manfred Uschner, Die zweite Etage. Funktionsweise eines Machtapparates, Berlin 1993, S. 98.
2 Der Bundesbeauftragte für die Unterlagen des Staatssicherheitsdienstes der ehemaligen Deutschen Demokratischen Republik (künftig zitiert: BStU), ZA, SDM 26, Bl. 58 ff.
3 Beschlüsse des Nationalen Verteidigungsrates der DDR 1986 (künftig zitiert: Beschlüsse 1986), BA-MZAP, VA-01/39589, Bl. 258 ff. Siehe Dokument IV.3., S. 249 ff.
4 63. NVR, 13.3.81, BA-MZAP, VA-01/39524, Bl. 15.
5 Beschlüsse 1986 (Anm. 3), Bl. 258 ff.
6 Gesetzblatt der DDR, 1974, Teil I, Nr. 52, S. 481 ff.; 46. NVR, 20.9.74, BA-MZAP, VA-01/39505, Bl. 277, 292.
7 Direktiven und Statut des Nationalen Verteidigungsrates der DDR August 1972 bis Dezember 1986 (künftig zitiert: Direktiven und Statut 1972–86), BA-MZAP, VA-01/39542, Bl. 217.

8 61. NVR, 23.6.80, BA-MZAP, VA-01/39522, Bl. 267; vgl. Dokument IV.4., S. 252.
9 61. NVR (Anm. 8), Bl. 284 ff.
10 Vgl. 73. NVR, 5.12.86, BA-MZAP, Bl. 296 f.
11 Vgl. 61. NVR (Anm. 8), Bl. 283.
12 46. NVR (Anm. 6), Bl. 371.
13 Beschlüsse des Staatsrates der DDR über die Berufung und Entbindung von Mitgliedern des Nationalen Verteidigungsrates der DDR, 1971, 1976, 1979, BA-MZAP, VA-01/40338, Bl. 35 f.
14 MfNV. Sekretariat des Ministers, Schriftverkehr des Ministers für Nationale Verteidigung mit dem Generalsekretär des ZK der SED Januar bis August 1977, BA-MZAP, Strausberg AZN 32656, Bl. 161 f.
15 58. NVR, 7.9.79, BA-MZAP, VA-01/39518, Bl. 19 ff.
16 76. NVR, 3.6.88, BA-MZAP, VA-01/39537, Bl. 172.
17 Dieter Borkowski, Für jeden kommt der Tag... Stationen einer Jugend in der DDR, Frankfurt a.M. 1981, S. 172 f.
18 5. NVR, 3.5.61, BA-MZAP, VA-01/39462, Bl. 29, 44, 32.
19 1. NVR, 16.3.60, BA-MZAP, VA-01/39458, Bl. 29, 42.
20 2. NVR, 15.6.60, BA-MZAP, VA-01/39459, Bl. 6 ff., 64 ff.
21 Wilfried Hanisch/Rüdiger Wenzke: »Die Geschichte des Offizierskorps der ehemaligen NVA«, in: Paul Klein/Jürgen Kuhlmann/Horst Rohde, Soldat – ein Berufsbild im Wandel, Bonn/Dortmund 1993, S. 72; Heinz Hampel: »Im Ministerium für Nationale Verteidigung«, in: Manfred Backerra (Hrsg.), NVA. Ein Rückblick für die Zukunft, Köln 1992, S. 188.
22 55. NVR, 16.6.78, BA-MZAP, VA-01/39515, Bl. 178.

Anmerkungen zu III.3., Seite 51–57

1 8. NVR, 29.11.61. BA-MZAP, VA-01/39465, Bl. 47.
2 Gesetzblatt der DDR, 1978, Teil I, Nr. 35, S. 378 (§ 4).
3 8. NVR (Anm. 1), Bl. 41 f.
4 Ebd., Bl. 45, 43 f.
5 Ebd., Bl. 46.
6 Ebd., Bl. 47.
7 10. NVR, 6.4.62, BA-MZAP, VA-01/39467, Bl. 14 f., 16.
8 Ebd., Bl. 18, 50, 22.
9 43. NVR, 17.5.73, BA-MZAP, VA-0/39500, Bl. 47.
10 Vgl. Kapitel II.3., S. 37.
11 43. NVR (Anm. 9), Bl. 56, 60 f., 51.
12 66. NVR, 17.9.82, BA-MZAP, VA-01/39527, Bl. 9, 41, 128. Zur Zivilverteidigung vgl. Abschnitt III.4.7., S. 98 ff.
13 66. NVR (Anm. 12), Bl. 125. Zu den Bevollmächtigten vgl. Abschnitt III.5.1., S. 118.
14 66. NVR (Anm. 12), Bl. 128. Unter Struktureinheiten wurden Verwaltungsabteilungen verstanden.
15 50. NVR, 18.11.76, BA-MZAP, VA-01/39509, Bl. 249 ff.
16 Ebd., Bl. 260 f.
17 65. NVR, 23.4.82, BA-MZAP, VA-01/39526, Bl. 133 f., 137, 139, 142, 151. Zu den Zivilen Spezialformationen vgl. Abschnitt III.4.8., S. 108 f.
18 72. NVR, 3.7.86, BA-MZAP, VA-01/39533, Bl. 111, 113, 116, 123, 125. Unter *Kräften** verstand man »die einem Verband, einem Truppenteil oder einer Einheit zugehörenden Menschen« (Militärlexikon, 2. Auflage, Berlin [Ost] 1973, S. 181).
19 Vgl. Abschnitt III.5.1., S. 118 ff.
20 Direktiven und Statut des Nationalen Verteidigungsrates der DDR August 1972 bis Dezember 1986, BA-MZAP, VA-01/39542, Bl. 141, 150.
21 Ebd., Bl. 147, 150 f.
22 48. NVR, 24.11.75, BA-MZAP, VA-01/39507, Bl. 140, 145, 158 ff.
23 Ebd., Bl. 165, 170 ff.

Anmerkungen zu III.4.1., Seite 57–74

1 *Sicherstellung** war die NVA-Bezeichnung für Logistik. Man unterschied zwischen Gefechtssicherstellung, Technischer Sicherstellung und Rückwärtiger Sicherstellung.(X) Sie umfaßte »alle Maßnahmen für die rechtzeitige, ununterbrochene und vollständige Versorgung der Truppen sowie des Nachschubs mit den zum Kampf und zum Leben notwendigen materiellen Mitteln«.(Militärlexikon, 2. Auflage, Berlin (Ost) 1973, S. 226).

2 Ministerium für Nationale Verteidigung. Hauptstab. Stellvertreter des Chefs des Hauptstabes für operative Fragen und Chef der Verwaltung Operativ, Maßnahmen zur Gewährleistung der erhöhten Gefechtsbereitschaft der NVA Juli bis September 1968, BA-MZAP, VA-01/12824, Bl. 1 f. Vgl. dazu Abschnitt III.12.5., S. 219.

3 Der Bundesbeauftragte für die Unterlagen des Staatssicherheitsdienstes der ehemaligen Deutschen Demokratischen Republik (Hrsg.), Die Organisationsstruktur des Ministeriums für Staatssicherheit 1989, Dokumente Nr. 2/93, Berlin 1993, S. 119.

4 Thomas M. Forster, Die NVA. Kernstück der Landesverteidigung der DDR, 6. überarbeitete Auflage, Köln 1983, S. 133, 136; Karl Wilhelm Fricke, MfS intern. Macht, Strukturen, Auflösung der DDR-Staatssicherheit, Köln 1991, S. 28.

5 Forster (Anm. 4), S. 132/33. Dort das Organisationsschema des Ministeriums. Ein *Chef** stand in der NVA an der Spitze einer Verwaltung des Ministeriums, einer Teilstreitkraft, eines Militärbezirkes, eines Wehrbezirkskommandos – und einer Kompanie. Davon zu unterscheiden sind die Stabschefs, vom Chef des Hauptstabes (der mit dem Generalstab der anderen Mitgliedsstaaten des Warschauer Paktes vergleichbar war) bis zum Chef eines Bataillonsstabes. Kommandeure führten Divisionen, Brigaden, Regimenter und Bataillone, Befehlshaber Armeen und Armeekorps.

6 Bundesministerium für innerdeutsche Beziehungen (Hrsg.), DDR Handbuch, Band 1, 3., überarbeitete und erweitere Auflage, Köln 1985, S. 576; vgl. Abschnitt III.12.7., S. 224.

7 Vgl. Abschnitt III.4.7., S. 98.

8 Forster (Anm. 4), S. 191.

9 Instruktion für die leitenden Parteiorgane (Politorgane) und für die Parteiorganisationen der Sozialistischen Einheitspartei Deutschlands in der Nationalen Volksarmee – Parteiinstruktion -, bestätigt vom Politbüro des ZK der SED am 14. November 1967, Broschüre auf dem Mikrofilm 30. NVR, 23. Oktober 1967, BA-MZAP, VA-01/39487, Bl. 64 ff. Künftig zitiert mit Seitenangabe der Broschüre. Obige Angaben auf S. 40 ff.

10 Ebd., S. 47 ff.

11 55. NVR, 16.6.78, BA-MZAP, VA-01/39515, Bl. 160, 193 f.

12 Theodor Hoffmann, Das letzte Kommando. Ein Minister erinnert sich, Berlin/Bonn/Herford 1993, S. 165.

13 Kurt Held/Heinz Friedrich/Dagmar Pietsch: »Politische Bildung und Erziehung in der NVA«, in: Manfred Backerra (Hrsg.), NVA. Ein Rückblick für die Zukunft, Köln 1992, S. 209 f.; Hoffmann (Anm. 12), S. 165; Forster (Anm. 4), S. 191.

14 Vgl. Otto Wenzel: »Der Tag X«, Deutschland Archiv Heft 12/1993, S. 1366.

15 15. NVR, 13.6.63, BA-MZAP, VA-01/39472, Bl. 16, 21.

16 Vgl. Dokumente der Sozialistischen Einheitspartei Deutschlands. Beschlüsse und Erklärungen des Zentralkomitees sowie seines Politbüros und seines Sekretariats, Band IX, Berlin (Ost) 1965, S. 267 ff.

17 15. NVR (Anm. 15), Bl. 22 ff.

18 3. NVR, 19.10.60, BA-MZAP, VA-012/39460, Bl. 8.

19 Karl Dietrich Erdmann, Die Zeit der Weltkriege (= Bruno Gebhardt, Handbuch der Deutschen Geschichte, 8., völlig neu bearbeitete Auflage herausgegeben von Herbert Grundmann, Band 4), 2. verbesserter Nachdruck, Stuttgart 1959, S. 89.

20 Günther Pöschel: »Seefahrt mach frei! Leider nicht immer...«, in: Backerra (Anm. 13), S. 156.

21 5. NVR, 3.5.61, BA-MZAP, VA-01/39462, Bl. 5, 75 ff.

22 30. NVR (Anm. 9), Bl. 42 ff.

23 Vgl. Abschnitt III.7.1., S. 174.

24 6. NVR, 23.6.61, BA-MZAP, VA-01/39463, Bl. 95.
25 15. NVR (Anm. 15), Bl. 6.
26 Pöschel (Anm. 20), S. 156.; Befehle des Vorsitzenden des Nationalen Verteidigungsrates der DDR der Jahre 1980 bis 1989, BA-MZAP, VA-01/40336, Bl. 37.
27 15. NVR (Anm. 15), Bl. 6; Forster (Anm. 4), S. 381.
28 39. NVR, 30.9.71, BA-MZAP, VA-01/39496, Bl. 23 f., 26 f., 35 f., 29 f.
29 37. NVR, 2.2.70, BA-MZAP, VA-01/39494, Bl. 82; vgl. Abschnitt III.4.6., S. 95.
30 41. NVR, 14.7.72, BA-MZAP, VA-01/39498, Bl. 10 f., 178 ff.; PD = Panzerdivision.
31 44. NVR, 30.11.73, BA-MZAP, VA-01/39502, Bl. 142 ff., 161.
32 MfNV. Sekretariat des Ministers, Schriftwechsel des Ministers für Nationale Verteidigung mit dem Generalsekretär des ZK der SED und mit dem Stellvertreter des Vorsitzenden der Staatlichen Plankommission und Chef des Mililtärbereiches 1983 (künftig zitiert: Schriftwechsel 83), BA-MZAP, Strausberg AZN 32646, Bl. 143; Statistisches Jahrbuch 1984 der DDR. Herausgegeben von der Staatlichen Zentralverwaltung für Statistik, 29. Jahrgang, Berlin (Ost) 1984, S. 259.
33 Bundesministerium für innerdeutsche Beziehungen (Hrsg.), DDR Handbuch, Band 2, 3., überarbeitete und erweiterte Auflage, Köln 1985, S. 1433 f.
34 Vgl. »Günter Mittags Rolle in der DDR-Wirtschaft. Fritz Schenk im Gespräch mit Gerhard Schürer«, Deutschland Archiv Heft 6/1994, S. 635; Statistisches Jahrbuch 1989 der DDR, 34. Jahrgang, Berlin (Ost) 1989, S. 263.
35 44. NVR (Anm. 31), Bl. 159 f.; Hoffmann (Anm. 12), S. 198.
36 58. NVR, 7.9.79, BA-MZAP, VA-01/39518, Bl. 103 ff., 110 ff., 101.
37 Hans Joachim Wagner: »Hauptarten der Technik«, in: Dieter Farwick (Hrsg.), Ein Staat – Eine Armee. Von der NVA zur Bundeswehr, Frankfurt (Main)/Bonn 1992, S. 109, 91.
38 59. NVR, 23.11.79, BA-MZAP, VA-01/39520, Bl. 78 f., 39, 88 f., 84 f., 89 f. Unter einem *Raketenkomplex** verstand man eine Startrampe mit einem Meteorologenzug, einem Technischen Zug und einem Tankzug.(X)
39 Schriftwechsel 83 (Anm. 32), Bl. 8 ff.
40 MfNV. Sekretariat des Ministers, Schriftverkehr des Ministers für Nationale Verteidigung mit dem Generalsekretär des ZK der SED 1982, BA-MZAP, Strausberg AZN 32643 (künftig zitiert: Schriftverkehr 82), Bl. 1.
41 Ebd., Bl. 61.
42 71. NVR, 11.11.85, BA-MZAP, FA-01/39532, Bl. 107 ff. Zur Nutzung von Autobahnabschnitten als Behelfsstart- und -landebahnen vgl. Abschnitt III.4.8., S. 107.
43 Schriftverkehr 82 (Anm. 40), Bl. 67 f.
44 71. NVR (Anm. 42), Bl. 110a.
45 64. NVR, 2.10.81, BA-MZAP, VA-01/39525, Bl. 54 ff.; zu SOJUS-81 vgl. Kapitel III.10., S. 195.
46 65. NVR, 23.4.82, BA-MZAP, VA-01/39526, Bl. 19.
47 Vgl. Otto Wenzel: »Die geplante Wiedervereinigung unter kommunistischem Vorzeichen«, Politische Studien Nr. 324, 1992, S. 95; Volker Koop, Erbe der NVA. Eindrücke aus ihrer Geschichte und den Tagen der Wende, 2., erweitere Auflage, Waldbröl 1993, S. 190 ff. Der Autor hat das Operative Ausbildungszentrum am 24.3.92 besichtigt. Unter einem *Truppenteil** wurde in der NVA ein Regiment, eine Geschwader oder ein selbständiges Bataillon verstanden. Ein *Verband** war eine Vereinigung mehrerer Truppenteile und *Einheiten** (Kompanien, Bataillone) einer oder verschiedener Waffengattungen. Man unterschied zwischen *taktischen* Verbänden* (Divisionen), *operativ-taktischen* Verbänden* (Armeekorps) und *operativen* Verbänden* (Armeen). (Nach Militärlexikon, 2. Auflage, Berlin (Ost) 1973, S. 370, 76, 384 f.)
48 64. NVR (Anm. 45), Bl. 151 f., 155 f., 170. Das Wehrdienstgesetz ist abgedruckt bei Forster (Anm. 4), S. 394 ff.
49 Schriftverkehr 82 (Bl. 40), Bl. 12 f.
50 MfNV. Sekretariat des Ministers, Schriftwechsel des Ministers für Nationale Verteidigung 1983 mit dem Generalsekretär des ZK der SED, mit dem Leiter der Abteilung für Sicherheitsfragen des ZK der SED und dem Vorsitzenden des Ministerrates der DDR, BA-MZAP, Strausberg AZN 32645, Bl. 209.
51 68. NVR, 2.2.84, BA-MZAP, VA-01/39529, Bl. 77 ff., 34.

52 Walter Jablonsky: »NVA-Volksmarine«, in: Klaus Naumann (Hrsg.), NVA – Anspruch und Wirklichkeit nach ausgewählten Dokumenten, Berlin/Bonn/Herford 1993, S. 167.
53 Die Volksmarine besaß zwölf Landungsschiffe der Frosch I Klasse, die voll ausgerüstet eine Wasserverdrängung von 4000 t hatten und zwölf Panzer transportieren konnten. (Vgl.Wenzel – Anm. 47 –, S. 93). Eine sehr gute Aufnahme von den Landungsschiffen der Volksmarine bei Forster (Anm. 4), S. 265.
54 73. NVR, 5.12.86, BA-MZAP, VA-01/39534, Bl. 153 ff.
55 Pöschel (Anm. 20), S. 171 ff. Vgl. Kapitel III.1., S. 45 f.
56 MfNV. Sekretariat des Ministers, Direktive Nr. 1/85 des Ministers für Nationale Verteidigung über die Führung der NVA und der Grenztruppen der DDR im Kriege (künftig zitiert: Direktive 1/85), BA-MZAP, Strausberg AZN 32112, Bl. 1, 5 ff.
57 Vgl. Abschnitt III.5.3., S. 130.
58 Direktive 1/85 (Anm. 56), Bl. 16 ff., 6, 38.
59 Originale der Anordnungen des Stellvertreters des Ministers und Chefs der Landstreitkräfte des Jahrgangs 1985, BA-MZAP, VA-10-23226, Bl. 151 ff.
60 Bruno Petroschka, Über die Armeeangriffsoperationen zur Einnahme eines Ballungsgebietes aus der Bewegung ohne Einsatz von Kernwaffen, Diss. Militärakademie »Friedrich Engels«, Dresden 1986, BA-MZAP, VA-10-25907, S. 8, 18, 68, 125 f. Zu den Operativen Manövergruppen, die weit vor der Front operierten und erstmals im Jahre 1981 in einer Übung des Warschauer Paktes eingesetzt wurden, vgl. Beatrice Heuser: »Warsaw Pact Military Doctrines in the 1970s an 1980s: Findings in the East German Archives«, Comparative Strategy Vol 12, 1993, S. 442, 454 (Anm. 42).
61 Vgl. Wenzel (Anm. 14), S. 1264 ff.; Helmut Goepel: »Die Berlin-Operation«, in: Naumann (Anm. 52), S. 287. Das *Kriegsspiel** war eine Ausbildungsform, »in der sich Kommandeure und Stäbe an der Karte anhand einer für alle Beteiligten einheitlichen Lage Fähigkeiten in der Organisation und Führung von Kampfhandlungen aneignen«. (Militärlexikon, 2. Auflage, Berlin (Ost) 1973, S. 194.)
62 BORDKANTE-89, in: BA-MZAP, VA-10-25911, Bl. 1.
63 Wenzel (Anm. 14), S. 1362 ff.; ders.: »East German Plans for the Conquest and Occupation of West Berlin«, ARMOR November- December 1994, S. 6 ff.; Goepel (Anm. 61), S. 287 ff. Ehemalige Angehörige der NVA haben Anhaltspunkte dafür, daß es für die Eroberung West-Berlins einen Alternativplan gab: den Einsatz der 35. sowjetischen Mot. Schützendivision (Krampnitz), von Teilen der 90. sowjetischen Panzerdivision (Bernau) und – wie in der dargestellten Planung – der 6. selbständigen Mot. Schützenbrigade (Ost-Berlin).(X)
64 Hans-Georg Löffler: »Gefechtsbereitschaft – das Ziel der Ausbildung«, in: Backerra (Anm. 13), S. 98.
65 Mündliche Mitteilung Brigadegeneral a.D. Wolfgang Gerhardt, 20.11.94; Manfred R. Hamm: »The AirLand Battle Doctrine: NATO Strategy and Arms Control in Europe«, Comparative Strategy Vol. 7, 1988, S. 190, 204. Zu FOFA vgl. Kapitel III.11., S. 205 f.
65a Günter Sieber: »Schwierige Beziehungen. Die Haltung der SED zur KPdSU und zur Perestroika«, in: Hans Modorw (Hrsg.), Das Große Haus. Insider berichten aus dem ZK der SED, Berlin 1994, S. 81 f., 94, 91 f.
66 67. NVR, 1.7.83, BA-MZAP, VA-01/39528, Bl. 242, 245 f.
67 70. NVR, 31.5.85, BA-MZAP, VA-01/39531, Bl. 33 ff.; Schreiben von Verteidigungsminister Hoffmann an Generalsekretär Honecker vom 28.6.82 (Schriftverkehr 82 – Anm. 40 –, Bl. 85).
68 73. NVR (Anm. 54), Bl. 27 f.
69 MfNV. Sekretariat des Ministers, Schriftverkehr des Ministers für Nationale Verteidigung mit dem Generalsekretär des ZK der SED 1984 – 1986, BA-MZAP, Strausberg AZN 32647, Bl. 315.
70 Vgl. Abschnitt III.12.7., S. 225.

Anmerkungen zu III.4.2., Seite 74–78

71 Armee für Frieden und Sozialismus. Geschichte der Nationalen Volksarmee der DDR, 2. Auflage, Berlin (Ost) 1987, S. 315.
72 8. NVR, 29.11.61, BA-MZAP, VA-01/39465, Bl. 100f., 106. Wer der SED beitrat, mußte sich ein Jahr lang als Kandidat bewähren. In dieser Zeit hatte er weder das passive noch das aktive Wahlrecht. Der Einfachheit halber werden in diesem Buch bei der Angabe der Zahl der SED-Mitglieder auch die Kandidaten hinzugezählt.
73 16. NVR, 20.9.63, BA-MZAP, VA-01/39473, Bl. 17, 43.
74 Ebd., Bl. 18, 20 ff., 36.
75 Peter Joachim Lapp, Frontdienst im Frieden – Die Grenztruppen der DDR. Entwicklung – Strukturen – Aufgaben, 2. Auflage, Koblenz 1987.
76 16. NVR (Anm. 73), Bl. 24 ff., 34.
77 19. NVR, 22.6.64, BA-MZAP, VA-01/39476, Bl. 53, 57 f.
78 15. NVR, 13.6.63, BA-MZAP, VA-01/39472, Bl. 7.
79 44. NVR, 30.11.73, BA-MZAP, VA-01/39502, Bl. 151, 157.
80 Operatives Kriegsspiel zum Thema: »Die Vorbereitung und Durchführung einer Angriffsoperation einer Armee zu Beginn eines Krieges«, BA-MZAP, GT 6724, Bl. 167.
81 Vgl. Kapitel III.9., S. 188.
82 MfNV. Sekretariat des Ministers, Schriftverkehr des Ministers für Nationale Verteidigung 1983 mit dem Generalsekretär des ZK der SED und mit dem Stellvertreter des Vorsitzenden der Staatlichen Plankommission und Chef des Militärbereiches, BA-MZAP, Strausberg AZN 32646, Bl. 114, 117.
83 Vgl. Otto Wenzel: »Der Tag X«, Deutschland Archiv Heft 12/1993, S. 1363, 1366 f.
84 BORDKANTE-86, BA-MZAP, VA-10-22942, Bl. 310.
85 78. NVR, 16.6.89, BA-MZAP, VA-01/39539, Bl. 58, 62 ff., 10, 65. Zu den Einsatzleitungen vgl. Abschnitt III.5.5., S. 152 ff.

Anmerkungen zu III.4.3., Seite 78–82

86 Vgl. Teil I., S. 17 f., 20 ff.
87 3. NVR, 19.10.60, BA-MZAP, VA-01/39460, Bl. 4.
88 5. NVR, 3.5.61, BA-MZAP, VA-01/39462, Bl. 1 f.
89 10. NVR, 6.4.62, BA-MZAP, VA-01/39467, Bl. 6; 48. NVR, 24.11.75, BA-MZAP, VA-01/39507, Bl. 112.
90 14. NVR, 13.3.63, BA-MZAP, VA-.01/39471, Bl. 2 f.
91 22. NVR, 15.4.65, BA-MZAP, VA-01/39479, Bl. 2.
92 27. NVR, 27.10.66, BA-MZAP, VA-01/39484, Bl. 2 ff.
93 Der Bundesbeauftragte für die Unterlagen des Staatssicherheitsdienstes der ehemaligen Deutschen Demokratischen Republik, inoffiziell Gauck-Behörde genannt (künftig zitiert BStU), ZA, SDM 23, Bl. 316, 319.
94 Vgl. Otto Wenzel: »Der Tag X«, Deutschland Archiv Heft 12/1993, S. 1368 ff.
95 ZWIE GESPRÄCH 9. Beiträge zur Aufarbeitung der Staatssicherheits-Vergangenheit, 1992, S. 12.
96 Der Bundesminister des Innern (Hrsg.), Extremismus, Terrorismus, Spionage. Herausforderungen für unsere freiheitliche Demokratie, Bonn 1988, S. 14.
97 Vgl. Otto Wenzel: »Modrow – mit Jelzin nicht zu vergleichen«, Politische Studien Nr. 327, 1993, S. 50.
98 Telefonische Mitteilung von Frank Wolfgang Sonntag, 15.10.94.
99 Der Spiegel Nr. 10, 1993, S. 98 f. Die Gauck-Behörde teilte dem Autor mit Schreiben vom 12. August 1993 mit, daß bei ihr weder der Film noch das Szenario der »Aktion Faustpfand« gefunden worden ist.
100 BStU, ZA, SDM 1578, Bl. 22 ff., 47, 178 u.a.; vgl. Armin Mitter/Stefan Wolle (Hrsg.), Ich liebe euch doch alle! Befehle und Lageberichte des MfS. Januar – November 1989, Berlin (Ost) 1990.
101 Günter Schabowski, Der Absturz, Berlin 1991, S. 115.

102 Staatsanwaltschaft beim Kammergericht Berlin – Az. 2Js26/90 – vom 12.5.92, Anklage gegen Honecker u.a., S. 754.
103 BStU, ZA, SDM 39, Bl. 392, 397.
104 62. NVR, 21.11.80, BA-MZAP, VA-01/39523, Bl. 10.

Anmerkungen zu III.4.4., Seite 82–87

105 Günther Buch, Namen und Daten wichtiger Personen der DDR, 4., überarbeitete und erweiterte Auflage, Berlin/Bonn 1987, S. 389.
106 16. NVR, 20.9.63, BA-MZAP, VA-01/39473, Bl. 9. Vgl. Teil I., S. 17.
107 Buch (Anm. 105), S. 47, 384, 212.
108 46. NVR, 20.9.74, BA-MZAP, VA-01/39505, Bl. 371.
109 14. NVR, 13.3.63, BA-MZAP, VA-01/39471, Bl. 85 ff.
110 Die Parteileitung des MdI hatte – wie die Parteileitung des MfS – die Rechtsstellung einer Kreisleitung. Es war jedoch möglich, der Kreisleitung eines Ministeriums unterstellten Parteileitungen (z.B. einer Hauptverwaltung) in einigen Fragen die Rechte einer Kreisleitung zu übertragen. Sie führten dann den Zusatz VII und durften, was sonst nur den Kreisleitungen zustand, über die Aufnahme von Mitgliedern entscheiden, eine Parteikontrollkommission haben u.ä. Um welche Kreisleitung es sich in dem obigen Fall handelte, konnte vom Autor nicht ermittelt werden. Bekannt ist ihm jedoch, daß die Parteileitung in der MfS-Hauptverwaltung Aufklärung (HVA) die Rechtsstellung einer Kreisleitung mit der Bezeichnung VII/r hatte.(14. SK, 25.2.57, BA-MZAP, VA- 01/39556, Bl. 13).
111 14. NVR (Anm. 109), Bl. 94 ff.
112 16. NVR (Anm. 106), Bl. 107 ff.
113 37. NVR, 2.2.70, BA-MZAP, VA-01/39494, Bl. 104 f.
114 61. NVR, 23.6.80, BA-MZAP, VA-01/39522, Bl. 174 ff.
115 Vgl. Otto Wenzel: »Der Tag X«, Deutschland Archiv Heft 12/1993, S. 1363.
116 59. NVR, 23.11.79, BA-MZAP, VA-01/39520, S. 144, 149, 151 ff.
117 70. NVR, 31.5.85, BA-MZAP, VA-01/39531, Bl. 15 f.

Anmerkungen zu III.4.5., Seite 87–92

118 Kleines Politisches Wörterbuch, Neuausgabe 1988, Berlin (Ost) 1989, S. 470.
119 4. SK, 31.3.55, BA-MZAP, VA-01/39546, Bl. 5.
120 22. SK, 30.7.58, BA-MZAP, VA-01/39564, Bl. 60 f.
121 17. SK, 31.7.57, BA-MZAP, VA-01/39559, Bl. 12 f.
122 24. SK, 22.1.59, BA-MZAP, VA-01/39566, Bl. 5.
123 4. NVR, 20.1.61, BA-MZAP, VA-01/39461, Bl. 13 ff.
124 8. NVR, 29.11.61, BA-MZAP, VA-01/39465, Bl. 50, 55.
125 39. NVR, 30.9.71, BA-MZAP, VA-01/39496, Bl. 55 f., 62 ff., 71, 75. Unter *Diversion** versteht das Wörterbuch der Staatssicherheit einen Bestandteil des »Systems der Feindtätigkeit gegen die DDR und die anderen sozialistischen Staaten. Sie wird von imperialistischen Geheimdiensten sowie anderen feindlich tätigen Stellen oder Personen organisiert und im Zusammenwirken mit ihnen bzw. auch ohne Verbindung zu diesen Stellen oder Personen durchgeführt«. (Der Bundesbeauftragte für die Unterlagen des Staatssicherheitsdienstes der ehemaligen Deutschen Demokratischen Republik – Hrsg. -, Das Wörterbuch der Staatssicherheit. Definitionen des MfS zur »politisch-operativen Arbeit«, Berlin 1993, S. 77 f.)
126 50. NVR, 18.11.76, BA-MZAP, VA-01/39509, Bl. 281, 269 ff.
127 54. NVR, 10.3.78, BA-MZAP, VA-01/39513, Bl. 91.
128 Direktiven und Statut des Nationalen Verteidigungsrates der DDR August 1972 bis Dezember 1986 (künftig zitiert: Direktiven und Statut 1972-86), BA-MZAP, VA-01/39542, Bl. 101.
129 Vgl. Abschnitt III.5.3., S. 130.

130 Direktiven und Statut 1972-86 (Anm. 128), Bl. 101 ff.
131 Ebd., hinter Bl. 107 (nicht paginiert).
132 Ebd., Bl. 112.
133 60. NVR, 19.3.80, BA-MZAP, VA-01/39521, Bl. 80, 85 ff.; Beschlüsse des Nationalen Verteidigungsrates der DDR 1985, BA-MZAP, VA-01/39588, Bl. 123.
134 70. NVR, 31.5.85, BA-MZAP, VA-01/39531, Bl. 86, 90, 99, 96.
135 Vgl. Otto Wenzel: »Der Tag X«, Deutschland Archiv Heft 12/1993, S. 1363.

Anmerkungen zu III.4.6., Seite 92–98

136 Kleines Politisches Wörterbuch, Neuausgabe 1988, Berlin (Ost) 1989, S. 321.
137 6. NVR, 23.6.61, BA-MZAP, VA-01/39463, Bl. 22 ff.
138 24. SK, 22.1.59, BA-MZAP, VA-01/39566, Bl. 31 f.
139 42. NVR, 13.12.72, BA-MZAP, VA-01/39499, Bl. 200 ff.
140 74. NVR, 3.7.87, BA-MZAP, VA-01/39535, Bl. 256, 261 ff., 269.
141 11. NVR, 30.5.62, BA-MZAP, VA-01/39468, Bl. 35 f.
142 37. NVR, 2.2.70, BA-MZAP, VA-01/39494, Bl. 79, 82 ff., 93.
143 56. NVR, 16.11.78, BA-MZAP, VA-01/39516, Bl. 130 f., 141, 137, 126.
144 71. NVR, 11.11.85, BA-MZAP, VA-01/39532, Bl. 73, 77 ff., 86 ff.
145 Ebd., Bl. 97 ff., 11.
146 66. NVR, 17.9.82, BA-MZAP, VA-01/39527, Bl. 154, 70 f.
147 MfNV. Sekretariat des Ministers, Schriftverkehr des Ministers für Nationale Verteidigung mit dem Generalsekretär des ZK der SED Januar bis August 1977, BA-MZAP, Strausberg AZN 32656, Bl. 60.

Anmerkungen zu III.4.7., Seite 98–106

148 Verteidigungsgesetz vom 13. Oktober 1978, § 5 Abs. 2, in: Gesetzblatt der DDR, 1978, Teil I, Nr. 35, S. 378. Vgl. auch: Thomas M. Forster, NVA. Kernstück der Landesverteidigung der DDR, 6. überarbeitete Auflage, Köln 1983, S. 172 f.
149 68. NVR, 2.2.84, BA-MZAP, VA-01/39529, Bl. 98.; Forster (Anm. 148), S. 133; Jochen Černý (Hrsg.), Wer war wer – DDR, 2., durchgesehene Auflage, Berlin 1992, S. 345 f.
150 22. SK, 30.7.58, BA-MZAP, VA-01/39564, Bl. 2, 10, 37, 28.
151 3. NVR, 19.10.60, BA-MZAP, VA-01/39460, Bl. 16 f.
152 14. NVR, 13.3.63, BA-MZAP, VA-01/39471, Bl. 100 ff, 106, 111 f.
153 16. NVR, 20.9.63, BA-MAZP, VA-01/39473, Bl. 120 ff., 7.
154 27. NVR, 27.10.66, BA-MZAP, VA-01/39484, Bl. 7, 38; 35. NVR, 21.11.68, BA-MZAP, VA-01/39492, Bl. 118 ff; Verteidigungsgesetz (Anm. 148), S. 378.
155 Ebd., Bl. 120, 128.
156 32. NVR, 27.6.68, BA-MZAP, VA-01/39489, Bl. 6, 79 ff.
157 38. NVR, 9.11.70, BA-MZAP, VA-01/39495, Bl. 48 ff.
158 48. NVR, 24.11.75, BA-MZAP, VA-01/39507, Bl. 14, 194 ff.
159 52. NVR, 30.9.77, BA-MZAP, VA-01/39511, Bl. 143 f., 81 f., 16, 166, 157.
160 51. NVR, 20.5.77, BA-MZAP, VA-01/39510, Bl. 43, 174, 184, 176 f.
161 56. NVR, 16.11.78, BA-MZAP, VA-01/39516, Bl. 68, 71, 73, 81 ff.
162 51. NVR (Anm. 160), Bl. 84.
163 54. NVR, 10.3.78, BA-MZAP, VA-01/39513, Bl. 107 f., 110, 119 f.
164 59. NVR, 23.11.79, BA-MZAP, VA-01/39520, Bl. 161.
165 58. NVR, 7.9.79, BA-MZAP, VA-01/3918, Bl. 117 ff.
166 56. NVR (Anm. 161), Bl. 40.
167 60. NVR, 19.3.80, BA-MZAP, VA-01/39521, Bl. 48.
168 63. NVR, 13.3.81, BA-MZAP, VA-01/39524, Bl. 53 f.
169 68. NVR (Anm. 149), Bl. 96, 99.
170 Ebd., Bl. 99 ff.
171 69. NVR, 25.1.85, BA-MZAP, VA-01/39530, Bl. 157 f., 160.

172 73. NVR, 5.12.86, BA-MZAP, VA-01/39534, Bl. 128, 137, 139 f.
173 Focus Nr. 32, 1994, S. 28; Brockhaus Enzyklopädie in 20 Bänden, 18. Band, Wiesbaden 1973, S. 525.
174 Der Bundesminister der Verteidigung (Hrsg.), Weißbuch 1985. Zur Lage und Entwicklung der Bundeswehr, Bonn 1985, S. 68.
175 Ebd., S. 69, 71.
176 Bundesministerium der Verteidigung (Hrsg.), Weißbuch 1994. Weißbuch zur Sicherheit der Bundesrepublik Deutschland und zur Lage und Zukunft der Bundeswehr, Bonn 1994, S. 133.

Anmerkungen zu III.4.8., Seite 107–112

177 47. NVR, 3.7.75, BA-MZAP, VA-01/39506, Bl. 10, 38.
178 Ebd., Bl. 47 f.
179 Gerhard Mahler: »Die operative Vorbereitung des Territoriums der DDR als Teil des Kriegsschauplatzes«, in: Klaus Naumann (Hrsg.), NVA – Anspruch und Wirklichkeit nach ausgewählten Dokumenten, Berlin/Bonn/Herford 1993, S. 279.
180 47. NVR (Anm. 177), Bl. 48.
181 Ebd., Bl. 42.
182 50. NVR, 18.11.76, BA-MZAP, VA-01/39509, Bl. 254, 257 ff.
183 59. NVR, 23.11.79, BA-MZAP, VA-01/39520, Bl. 104 f., 111 f., 43.
184 57. NVR, 9.3.79, BA-MZAP, VA-01/39517, Bl. 180.
185 59. NVR (Anm. 183), Bl. 99 ff., 41, 103.
186 68. NVR, 2.2.84, BA-MZAP, VA-01/39529, Bl. 46. Bis zum Ende der DDR hatte die NVA insgesamt 37 Flußübergänge über die genannten Flüsse und die Havel vorbereitet. (Gerhard Mahler: »Die Einheit von operativer Planung, Logistik und Infrastruktur«, in: Dieter Farwick (Hrsg.), Ein Staat – Eine Armee. Von der NVA zur Bundeswehr, Frankfurt a. M./Bonn 1992, S. 119).
187 65. NVR, 23.4.82, BA-MZAP, VA-01/39526, Bl. 11, 35, 98 f., 105.
188 75. NVR, 5.2.88, BA-MZAP, VA-01/39536, Bl. 118.
189 Mahler (Anm. 186), S. 127.
190 66. NVR, 17.9.82, BA-MZAP, VA-01/39527, Bl. 135 f., 138 f.
191 Vgl. Abschnitt III.5.3., S. 129 ff.
192 66. NVR (Anm. 190), Bl. 139 f.

Anmerkungen zu III.4.9., Seite 112–116

193 Militärlexikon, 2. Auflage, Berlin (Ost) 1973, S. 364.
194 31. NVR, 25.3.68, BA-MZAP, VA-01/39488, Bl. 26 ff.; vgl. Abschnitt III.4.5, S. 89; Kapitel III.5.5., S. 152.
195 31. NVR (Anm. 2), Bl. 29 ff., 52.
196 Vgl. Kapitel III.3., S. 51 f.
197 12. NVR, 14.9.62, BA-MZAP, VA-01/39469, Bl. 33 f.
198 27. NVR, 27.10.66, BA-MZAP, VA-01/39484, Bl. 36 f. Unter *Entfaltung** verstand man in der NVA die »Bewegung der Truppen vor dem Gefecht oder in dessen Verlauf zur Einnahme der Vorgefechts- oder Gefechtsordnung aus der Marschordnung oder anderen Lagen«. (Militärlexikon – Anm. 193 – S. 80).
Wurde ein Artillerieregiment zu einer Artilleriebrigade »entfaltet«, bedeutete das seine für den Kriegszustand benötigte Auffüllung mit Personal, Bewaffnung und Ausrüstung, was in Mobilmachungsübungen geprobt wurde.
199 39. NVR, 30.9.71, BA-MZAP, VA-01/39496, Bl. 52.
200 Ebd., Bl. 86 ff.
201 Helmut Göpel: »NVA-Landstreitkräfte«, in: Klaus Naumann (Hrsg.), NVA – Anspruch und Wirklichkeit nach ausgewählten Dokumenten, Berlin/Bonn/Herford 1993, S. 99.
202 39. NVR (Anm. 199), Bl. 93.
203 46. NVR, 20.9.74, BA-MZAP, VA-01/39504, Bl. 36 ff., 49 ff.

204 49. NVR, 12.3.76, BA-MZAP, VA-01/39508, Bl. 53, 57 ff.
205 55. NVR, 16.6.78, BA-MZAP, VA-01/39514, Bl. 48 f.
206 56. NVR, 16.11.78, BA-MZAP, VA-01/39516, Bl. 21, 55 ff., 60, 65 ff.
207 MfNV. Sekretariat des Ministers, Schriftverkehr des Ministers für Nationale Verteidigung mit dem Generalsekretär des ZK der SED 1982, BA-MZAP, Strausberg AZN 32643, Bl. 39 f.

Anmerkungen zu III.5.1., Seite 116–124

1 44. NVR, 30.11.73, BA-MZAP, VA-01/39502, Bl. 65.
2 28. NVR, 26.1.67, BA-MZAP, VA-01/39485, Bl. 3 f., 25a, 25b.
3 Martin Broszat, Der Staat Hitlers, München 1969, S. 382.
4 44. NVR (Anm. 1), Bl. 48, 58.
5 Grundsatzdokumente, Befehle und Anordnungen des Nationalen Verteidigungsrates der DDR November 1973 bis September 1986 (künftig zitiert: Grundsatzdokumente 1973-86), BA-MZAP, VA- 01/39541, Bl. 16 ff. Mit Inkrafttreten dieser »Grundsätze« und des im Kapitel III.5.3. beschriebenen »Planes der Überführung der DDR vom Frieden in den Verteidigungszustand« wurden folgende Beschlüsse des NVR außer Kraft gesetzt: »Grundsätze der Führung der DDR im Verteidigungszustand« vom 30.11.73, »Grundsätze für die Tätigkeit der gesellschaftlichen Organisationen im Verteidigungszustand« vom 20.9.74, »Grundsätze für die einheitliche Führung der Nachrichtendienste, des Rundfunks, des Fernsehens und der Presse der DDR im Verteidigungszustand« vom 20.9.74, »Grundsätze für die Rechtsordnung der DDR während der Mobilmachung und im Verteidigungszustand« vom 23.6.80, »Kriegsmeldeordnung der DDR« vom 21.11.80, »Grundsätze zur effektiveren Gestaltung der Vorbereitung des Staatsapparates und der Volkswirtschaft auf den Verteidigungszustand« vom 17.9.82, »Direktive des Generalsekretärs des ZK der SED und Vorsitzenden des Nationalen Verteidigungsrates der DDR über die Organisation der Tätigkeit auf der Hauptführungsstelle der Partei- und Staatsführung« vom 17.9.82.
6 Grundsatzdokumente 1973-86 (Anm. 5), Bl. 22. Die Hauptführungsstelle der Partei- und Staatsführung befand sich in einer unterirdischen Bunkeranlage in Prenden nördlich von Berlin. (Vgl. Berliner Morgenpost vom 21. März 1993).
7 66. NVR, 17.9.82, BA-MZAP, VA-01/39527, Bl. 108.
8 Vgl. Der Spiegel Nr. 10, 1993, S. 99.
9 Grundgesetz für die Bundesrepublik Deutschland Art. 115 a bis 115 l.
10 Hans-Henning Basler: »Das operative Denken der NVA«, in: Klaus Naumann (Hrsg.), NVA – Anspruch und Wirklichkeit nach ausgewählten Dokumenten, Berlin/Bonn/Herford 1993, S. 192.
11 Grundsatzdokumente 1973-86 (Anm. 5), Bl. 69.
12 Ebd., Bl. 182 f. Siehe auch Dokument IV.11., S. 264 f.
13 Grundsatzdokumente 1973-86 (Anm. 5), Bl. 63.
14 Ebd., Bl. 203 f., 211 ff., 65; Befehle des Vorsitzenden des Nationalen Verteidigungsrates der DDR der Jahre 1980 bis 1989, BA-MZAP, VA-01/40336, Bl. 43 f. Siehe auch S. 317, Anm. 15.
15 Grundsatzdokumente 1973-86 (Anm. 5), Bl. 65, 64.
16 Ebd., Bl. 27 f.
17 Ebd., Bl. 29 f.
18 Der Beauftragte für die Unterlagen des Staatssicherheitsdienstes der ehemaligen Deutschen Demokratischen Republik (Hrsg.), Das Wörterbuch der Staatssicherheit, Berlin 1993, S. 277.
19 Grundsatzdokumente 1972-86 (Anm. 5), Bl. 30 ff.
20 Ebd., Bl. 32 f.
21 Unter Sicherstellung wurden hier »alle Maßnahmen für die rechtzeitige, ununterbrochene und vollständige Versorgung der Truppen sowie des Nachschubs mit den zum Kampf und zum Leben notwendigen materiellen Mitteln« verstanden. (Militärlexikon, 2. Auflage, Berlin (Ost) 1973, S. 226).

22 Grundsatzdokumente 1972-86 (Anm. 5), Bl. 34 ff.
23 Ebd., Bl. 40 f.
24 Ebd., Bl. 51.
25 Ebd., Bl. 54 f.
26 Ebd., Bl. 46 f. Unter einer *Dokumentation** verstand man in der DDR Dokumente, die Informationen über die Vorbereitung bestimmter Maßnahmen gaben, z.B. die Durchführung von Kampfhandlungen, die Umstellung von Friedens- auf Kriegsproduktion, die Umstellung einer Verwaltung auf die Erfordernisse des Kriegszustandes u.ä.
27 10. NVR, 6.4.62, BA-MZAP, VA-01/39467, Bl. 6.
28 64. NVR, 2.10.81, BA-MZAP, VA-01/39525, Bl. 336 ff.; MfNV. Sekretariat des Ministers, Schriftwechsel des Ministers für Nationale Verteidigung 1983 mit dem Generalsekretär des ZK der SED und mit dem Stellvertreter des Vorsitzenden der Staatlichen Plankommission und Chef des Militärbereiches, BA-MZAP, Strausberg AZN 32646, Bl. 128.

Anmerkungen zu III.5.2., Seite 124–129

29 65. NVR, 23.4.82, BA-MZAP, VA-01/39526, Bl. 72 ff.
30 44. NVR, 30.11.73, BA-MZAP, VA-01/39502, Bl. 81 ff.
31 Vgl. Abschnitt III.7.1., S. 172 ff.
32 65. NVR (Anm. 29), Bl. 72.
33 Ebd., Bl. 85 f.
34 Carl-Heinz Janson, Totengräber der DDR. Wie Günter Mittag den SED-Staat ruinierte, Düsseldorf u.a. 1991, S. 167.
35 44. NVR (Anm. 30), Bl. 87.
36 65. NVR (Anm. 29), Bl. 73 ff.
37 Ebd., Bl. 75 f., 87.
38 46. NVR, 20.9.74, BA-MZAP, VA-01/39504, Bl. 221, 223 f., 248, 236, 238, 241, 237.
39 Ebd., Bl. 249.
40 59. NVR, 23.11.79, BA-MZAP, VA-01/39520, Bl. 141 ff., 140, 139.
41 73. NVR, 5.12.86, BA-MZAP, VA-01/39534, Bl. 172 ff.
42 63. NVR, 13.3.81, BA-MZAP, VA-01/39524, Bl. 8.
43 Vgl. Kapitel III.10., S. 196 f.
44 Vgl. Abschnitt III.12.8., S. 229.
45 Vgl. Kapitel III.6., S. 168 f., 170 f.; 65. NVR (Anm. 29), Bl. 82.
46 Grundsatzdokumente, Befehle und Anordnungen des Nationalen Verteidigungsrates der DDR November 1973 bis September 1986, BA-MZAP, VA-01/39541, Bl. 153.
47 Ebd., Bl. 155, 28.
48 65. NVR (Anm. 29), Bl. 82.

Anmerkungen zu III.5.3., Seite 129–131

49 Grundsatzdokumente, Befehle und Anordnungen des Nationalen Verteidigungsrates der DDR November 1973 bis September 1986 (künftig zitiert: Grundsatzdokumente 1973-86), BA-MZAP, VA-01/39541, Bl. 75 ff.
50 Im Militärlexikon, 2. Auflage, Berlin (Ost) 1973, wird der Begriff *Führungsorgan** wie folgt definiert: »Im Militärwesen strukturmäßig festgelegte Gruppe von Armeeangehörigen, deren Funktion im wesentlichen darin besteht, die Befehle ihres Kommandeurs (Chefs, Leiters) rechtzeitig vorzubereiten und konsequent durchzuführen sowie die Unterstellten des Kommandeurs in dessen Auftrag zu kontrollieren und anzuleiten und Informationen von oben nach unten und umgekehrt zu gewährleisten.«(S. 112) Wegen der Militarisierung des staatlichen und gesellschaftlichen Lebens hatten auch alle nichtmilitärischen Einrichtungen, die in die Kriegsvorbereitungen einbezogen waren, Führungsorgane.
51 Grundsatzdokumente 1973–86 (Anm. 49), Bl. 79 f., 83 f., 87.
52 Ebd., Bl. 89.

53 Ebd., Bl. 98 f., 104, 113.
54 Ebd., Bl. 116.
55 Ebd., BL. 126, 116.
56 Ebd., Bl. 149 f.
57 Ebd., Bl. 151 ff.
58 Ebd., Bl. 159 ff.
59 Ebd., Bl. 164 ff.

Anmerkungen zu III.5.4., Seite 131–151

60 61. NVR, 23.6.80, BA-MZAP, VA-01/39522, Bl. 219.
61 53. NVR, 16.12.77, BA-MZAP, VA-01/39512, Bl. 61 ff.
62 Ebd., Bl. 170 ff.
63 29. NVR, 1.9.67, BA-MZAP, VA-01/39486, Bl. 4; Andreas Kabus, Auftrag Windrose. Der militärische Geheimdienst der DDR, Berlin 1993, S. 127 ff.
64 36. NVR, 23.10.69, BA-MZAP, VA-01/39493, Bl. 127.
65 58. NVR, 7.9.79, BA-MZAP, VA-01/39518, Bl. 152, 155.
66 Vgl. Abschnitt III.5.3., S. 129 ff.
67 58. NVR (Anm. 65), Bl. 171 ff., 162.
68 50. NVR, 18.11.76, BA-MZAP, VA-01/39509,Bl. 283, 300, 291. Zum B-Plan vgl. Kapitel III.3., S. 54 ff.
69 Bei der bezirksgeleiteten Industrie handelte es sich um vorwiegend mittlere und kleinere Betriebe, die dem Wirtschaftsrat des Bezirkes unterstanden, zusätzlich jedoch dem MfBJL unterstellt waren.(Bundesministerium für innerdeutsche Beziehungen – Hrsg. –, DDR Handbuch, 3., überarbeitete und erweiterte Auflage, Band 1, Köln 1985, S. 222).
70 68. NVR, 2.2.84, BA-MZAP, VA-01/39529, Bl. 154, 162, 164.
71 51. NVR, 20.5.77, BA-MZAP, VA-01/39510, Bl. 193 ff.
72 60. NVR, 19.3.80, BA-MAZP, VA-01/39521, Bl. 103, 111 f., 99, 105 f.; Statistisches Jahrbuch 1984 der DDR. Herausgegeben von der Zentralverwaltung für Statistik, 29. Jahrgang, Berlin (Ost) 1984, S. 259, 261.
73 Hans-Peter Stein, Symbole und Zeremoniell in deutschen Streitkräften vom 18. bis zum 20. Jahrhundert, Augsburg 1991, S. 61.
74 60. NVR (Anm. 72), Bl. 118, 123, 122.
75 Vgl. Kapitel III.6., S. 166.
76 60. NVR (Anm. 72), Bl. 121. Gute Aufnahmen von Militärgeldscheinen enthält die Zeitschrift Der Geldschein Sammler Ausgabe 7/1994, S. 1, 25 f.
77 60. NVR (Anm. 76), Bl. 118, 120.
78 44. NVR, 30.11.73, BA-MZAP, VA-01/39502, Bl. 235 ff.; Militärlexikon, 2. Auflage, Berlin (Ost) 1973, S. 130.
79 54. NVR, 10.3.78, BA-MZAP, VA-01/39513, Bl. 121 ff.
80 63. NVR, 13.3.81, BA-MZAP, VA-01/39524, Bl. 101, 105.
81 74. NVR, 3.7.87, BA-MTAP, VA-91/39535, Bl. 243, 247 ff.
82 56. NVR, 16.11.78, BA-MZAP, VA-01/39516, Bl. 124, 139 f., 128.
83 44. NVR (Anm. 78), Bl. 265 ff., 274.
84 68. NVR (Anm. 70), Bl. 138, 142 f.; 44. NVR (Anm. 78), Bl. 265.
85 46. NVR, 20.9.74, BA-MZAP, VA-01/39504, Bl. 109, 122, 129, 161, 124 f., 150.
86 67. NVR, 1.7.83, BA-MZAP, VA-01/39528, Bl. 153, 151, 145, 141.
87 73. NVR, 5.12.86, BA-MZAP, VA-01/39534, Bl. 73.
88 Vgl. Abschnitt III.5.3., S. 129 ff.
89 73. NVR (Anm. 87), Bl. 212, 223, 217, 220.
90 Ebd., Bl. 209.
91 66. NVR, 17.9.82, BA-MZAP, VA-01/39527, Bl. 210 f.
92 49. NVR, 12.3.76, BA-MZAP, VA-01/39508, Bl. 131.
93 Ebd., Bl. 143, 145, 135 f., 149.
94 69. NVR, 25.1.85, BA-MZAP, VA-01/39530, Bl. 112, 117.

95 Vgl. Gesamtdeutsche Institut (Hrsg.), Staats- und Parteiapparat der DDR. Personelle Besetzung. Stand: 25. Juni 1989 (künftig zitiert: Staats- und Parteiapparat), Bonn 1989, S. 5 f.
96 46. NVR (Anm. 85), Bl. 53. Vgl. Abschnitt III.4.9., S. 115.
97 15. NVR, 13.6.63, BA-MZAP, VA-01/39472, Bl. 107, 142, 146.
98 36. NVR, 23.10.69, BA-MZAP, VA-01/39493, Bl. 118, 124.
99 42. NVR, 13.12.72, BA-MZAP, VA-01/39499, Bl. 128 ff.
100 58. NVR, 7.9.79, BA-MZAP, VA-01/39518, Bl. 128, 133 ff.
101 53. NVR (Anm. 61), Bl. 51 ff.; Manfred Uschner, Die zweite Etage. Funktionsweise eines Machtapparates, Berlin 1993, S. 66.
102 73. NVR (Anm. 87), Bl. 143 f., 146 ff.
103 47. NVR, 3.7.75, BA-MZAP, VA-01/39506, Bl. 122, 130 f., 15.
104 Ebd., Bl. 121, 120, 134, 136, 138.
105 71. NVR, 11.11.85, BA-MZAP, VA-01/39532, Bl. 145, 150 ff., 156, 166, 160; 72. NVR, 3.7.86, BA-MZAP, VA-01/39533, Bl. 123.
106 21. NVR, 8.1.65, BA-MZAP, VA-01/39478, Bl. 135.
107 57. NVR, 9.3.79, BA-MZAP, VA-01/39517, Bl. 4, 132, 135, 132.
108 71. NVR (Anm. 105), Bl. 132, 135.
109 Gerhard Mahler: »Die operative Vorbereitung des Territoriums der DDR als Teil des Kriegsschauplatzes«, in: Klaus Naumann (Hrsg.), NVA – Anspruch und Wirklichkeit nach ausgewählten Dokumenten, Berlin/Bonn/Herford 1983, S. 279.
110 43. NVR, 17.5.73, BA-MZAP, VA-01/39500, Bl. 120, 132, 117, 131, 137, 142.
111 41. NVR, 14.7.72, BA-MZAP, VA-01/39498, Bl. 12 f.
112 47. NVR (Anm. 103), Bl. 192; Staats- und Parteiapparat (Anm. 95), S. 21.
113 52. NVR, 30.9.77, BA-MZAP, VA-01/39511, Bl. 238 f., 93.
114 Vgl. Abschnitt III.4.6., S. 97 f.
115 66. NVR, 17.9.82, BA-MZAP, VA-01/39527, Bl. 46 f.
116 73. NVR (Anm. 87), Bl.178,183 ff.
117 52. NVR (Anm. 113), Bl. 252 ff.
118 55. NVR, 16.6.78, BA-MZAP, VA-01/39514, Bl. 41, 135.
119 62. NVR, 21.11.80, BA-MZAP, VA-01/39523, Bl. 393, 400 ff.
120 Vgl. Kapitel III.5.5., S. 160.
121 63. NVR (Anm. 80) Bl. 131, 134 ff.
122 Ebd., Bl. 146 ff, 150.
123 74. NVR, 3.7 87, BA-MZAP, VA-01/39535, Bl. 192, 194 ff., 199.
124 76. NVR, 3.6.88, BA-MZAP, VA-01/39537, Bl. 72., 74 f.; vgl. 60. NVR (Anm. 72), Bl. 112.
125 76. NVR (Anm. 124), Bl. 83, 75 f. Zum Militärgeld vgl. 60. NVR (Anm. 72), Bl. 121, Kapitel III.6., S. 166.
126 75. NVR, 5.2.88, BA-MZAP, VA-01/39536, Bl. 114 f; 50. NVR (Anm. 68), Bl. 257.
127 75. NVR (Anm. 126), Bl. 119. Vgl. Abschnitt III.4.8., S. 107.
128 75. NVR (Anm. 126), Bl. 121, 129, 120.
129 Vgl. Abschnitt III.12.8., S. 227.
130 Vgl. Kapitel III.1., S. 46.

Anmerkungen zu III.5.5., Seite 152–161

131 64. NVR, 2.10.81. BA-MZAP, VA-01/39525, Bl. 88 ff.; vgl. Dokument IV.13., S. 271 ff.
132 Ebd., Bl. 100 ff. Vgl. Abschnitt III.5.6., S. 161 f.
133 64. NVR (Anm. 131), Bl. 103 ff.
134 Ebd., Bl. 116. Vgl. Abschnitt III.5.3., S. 130 f.
135 64. NVR (Anm 131), Bl. 118 ff.
136 Vgl. Abschnitt III.4.8., S. 108 f.
137 Vgl. Kapitel III.3., S. 52 ff.
138 64. NVR (Anm. 131), Bl. 127, 131, 133, 144, 146 f.

139 Rainer Karlsch: »›Ein Staat im Staate‹. Der Uranbergbau der Wismut AG in Sachsen und Thüringen«, Aus Politik und Zeitgeschichte. Beilage zur Wochenzeitung Das Parlament Nr. 49, 1993, S. 14 ff.
140 Direktiven und Statut des Nationalen Verteidigungsrates der DDR August 1972 bis Dezember 1986 (künftig zitiert: Direktiven und Statut 1972-86), BA-MZAP, VA-01/39542, Bl. 113 ff.
141 54. NVR, 10.3.78, BA-MZAP, VA-01/39513, Bl. 177.
142 Direktiven und Statut 1972-86 (Anm. 140), Bl. 116.
143 43. NVR, 17.5.73, BA-MZAP, VA-01/39500, Bl. 170, 12.
144 45. NVR, 3.5.74, BA-MZAP, VA-01/39503, Bl. 81.
145 51. NVR, 20.5.77, BA-MZAP, VA-01/39510, Bl. 124.
146 43. NVR (Anm. 143), Bl. 173.
147 54. NVR (Anm. 141), Bl. 91, 95.
148 39. NVR, 30.9.71, BA-MZAP, 01/39496, Bl. 125 f., 128, 172.
149 54. NVR (Anm. 141) Bl. 170, 173 ff., 178, 180, 100.
150 Ebd., Bl. 63 f., 12.
151 49. NVR, 12.3.76, BA-MZAP, VA-01/39508, Bl. 152, 157 f., 173.
152 60. NVR, 19.3.80, BA-MZAP, VA-01/39521, Bl. 151, 136, 158, 137.
153 Günther Buch, Namen und Daten wichtiger Personen der DDR, 4., überarbeitete und erweiterte Auflage, Berlin/Bonn 1987, S. 196; 61. NVR, 23.6.80, BA-MZAP, VA-01/39522, Bl. 194 ff.
154 Ebd., Bl. 199 ff.
155 Ebd., Bl. 203 f.
156 73. NVR, 5.12.86, BA-MZAP, VA-01/39534, Bl. 230, 234 f., 229; 56. NVR, 16.11.78, BA-MZAP, VA-01/39516, Bl. 148. Vgl. Otto Wenzel: »Modrow – mit Jelzin nicht zu vergleichen«, Politische Studien Nr. 327, 1993, S. 47 ff. Zu den Internierungslagern vgl. Dokument IV.1.6., S. 247.
157 Vgl. Abschnitt III.4.8., S. 107.
158 67. NVR, 1.7.83, BA-MZAP, VA-01/39528, Bl. 228, 232.
159 75. NVR, 5.2.88, BA-MZAP, VA-01/39536, Bl. 162, 160, 164, 163.
160 57. NVR, 9.3.79, BA-MZAP, VA-01/39517, Bl. 118, 120 f.
161 78. NVR, 16.6.89, BA-MZAP, VA-01/39539, Bl. 30, 67 ff., 10.
162 Vgl. Abschnitt III.4.7., S. 106.

Anmerkungen zu III.5.6., Seite 161–165

163 Kleines Politisches Wörterbuch, Neuausgabe 1988, Berlin (Ost) 1989, S. 328.
164 46. NVR, 20.9.74, BA-MZAP, VA-01/39504, Bl. 196, 207 ff.
165 Ebd., Bl. 207 ff.
166 35. NVR, 21.11.68, BA-MZAP, VA-01/39492, Bl. 51 ff.
167 46. NVR (Anm. 164), Bl. 205 f.
168 62. NVR, 21.11.80, BA-MZAP, VA-01/39523, Bl. 37, 407 ff., 79, 410, 414, 412, 411. Zu den Bevollmächtigten vgl. Abschnitt III.5.1., S. 118.
169 Jürgen P. Lang/Patrick Moreau: »PDS. Das Erbe der Diktatur«, Politische Studien, Sonderdruck 1/1994, S. 164, 166; Peter Jochen Winters: »Ein Honecker-Stellvertreter im Deutschen Bundestag«, Frankfurter Allgemeine Zeitung vom 19. Oktober 1994, S. 3.
170 75. NVR, 5.2.88, BA-MZAP, VA-01/39536, Bl. 204 f.
171 Ebd., Bl. 205, 208.
172 Ebd., Bl. 209 ff.
173 Bundesministerium für gesamtdeutsche Fragen (Hrsg.), Die Wahlen in der Sowjetzone, 5., erweiterte Auflage, Bonn 1963, S. 16.
174 Vgl. Otto Wenzel: »Verlogener Antifaschismus«, Die politische Meinung Nr. 283, 1993, S. 82.
175 77. NVR, 25.11.88, BA-MZAP, VA-01/39538, Bl. 6, 296 f.
176 Ebd., Bl. 298 ff., 307.

Anmerkungen zu III.6., Seite 166–172

1 47. NVR, 3.7.75, BA-MZAP, VA-01/39506, Bl. 102; 60. NVR, 19.3.80, BA-MZAP, VA-01/39521, Bl. 126 f.
2 61. NVR, 23.6.80, BA-MZAP, VA-01/39522, Bl. 69 f.
3 Ebd., Bl. 71. Militärgeldscheine in den Werten 5, 10, 20, 50 und 100 Mark sind in der Zeitschrift Der Geldschein Sammler Ausgabe 7/1994, S. 25 f. abgebildet.
4 Vgl. Kapitel III.1., S. 43 ff.
5 61. NVR (Anm. 2), Bl. 71.
6 69. NVR, 25.1.85, BA-MZAP, VA-01/39530, Bl. 161 ff.
7 24. NVR, 13.10.65, BA-MZAP, VA-01/39481, Bl. 3
8 69. NVR (Anm. 6), Bl. 165 f.
9 Berliner Morgenpost vom 17. November 1991; Klaus Naumann (Hrsg.), NVA – Anspruch und Wirklichkeit nach ausgewählten Dokumenten, Berlin/Bonn/Herford 1993, S. 248.
10 Vgl. Abschnitt III.12.8., S. 228.
11 24. NVR (Anm. 7), Bl. 3; Meyers Neues Lexikon in achtzehn Bänden, Bd. 2, 2. Auflage, Leipzig 1972, S. 142.
12 Vgl. Günter Tautz, Orden und Medaillen. Staatliche Auszeichnungen der Deutschen Demokratischen Republik, Leipzig 1983.
13 67. NVR, 1.7.83, BA-MZAP, VA-01/39528, Bl. 204, 246, 206.
14 Vgl. Abschnitt III.5.4., S. 149 f.
15 67. NVR (Anm. 13), Bl. 260, 269, 292.
16 71. NVR, 11.11.85, BA-MZAP, VA-01/39532, Bl. 168, 170 f.
17 Beschlüsse des Nationalen Verteidigungsrates der DDR 1986, BA-MZAP, VA-01/39589, Bl. 169 ff. Vgl. auch Otto Wenzel: »Kriegsvorbereitungen im Spiegel der Protokolle des Nationalen Verteidigungsrates der DDR«, Deutschland Archiv Heft 11/1994, S. 1160 f.
18 76. NVR, 3.6.88, BA-MZAP, VA-01/39537, Bl. 15.
19 Beschlüsse 1986 (Anm. 17), Bl. 174; 73. NVR, 5.12.86, BA- MZAP, VA-01/39534, Bl. 16. Der Vorsitzende des ZeNIB, der Chefredakteur des »Neuen Deutschland« und der Bevollmächtigte für Bildung und Kultur gehörten zur »Gesamtführung der DDR im Verteidigungszustand« (vgl. Abschnitt III.5.1, S. 118, und Dokument IV.7., S. 255).
20 73. NVR (Anm. 19), Bl. 47. Vgl. Dokument IV.1.4., S. 244 f.
21 73. NVR (Anm. 19), Bl. 199 ff.
22 Ebd., Bl. 210.
23 Ebd., Bl. 206, 201; Bundesministerium für innerdeutsche Beziehungen (Hrsg.), DDR Handbuch, Band 2, 3., überarbeitete und erweiterte Auflage 1985, S. 1536.
24 73. NVR (Anm. 19), Bl. 211, 207, 204.
25 DDR Handbuch (Anm. 23), S. 1536. Vgl. auch: Gesamtdeutsches Institut (Hrsg.), DDR-Presse unter Parteikontrolle. Kommentierte Dokumentation. Bearbeitet von Gunter Holzweißig, Bonn 1991.
26 73. NVR (Anm. 19), Bl. 172 ff.
27 74. NVR, 3.7.87, BA-MZAP, VA-01/39535, Bl. 166, 171, 174, 177, 180 f.

Anmerkungen zu III.7.1., Seite 172–177

1 47. NVR, 3.7.75, BA-MZAP, VA-01/39506, Bl. 67 ff., 76 ff.; 51. NVR, 20.5.77, BA-MZAP, VA-01/39510, Bl. 57.
2 Ebd., Bl. 86, 98, 94.
3 48. NVR, 24.11.75, BA-MZAP, VA-01/39507, Bl. 68, 59.
4 51. NVR (Anm. 1), Bl. 95, 97.
5 66. NVR, 17.9.82, BA-MZAP, VA-01/39527, Bl. 87, 93.
6 Der Beauftragte für die Unterlagen des Staatssicherheitsdienstes der ehemaligen DDR (künftig zitiert: BStU), ZA, SDM 26, Bl. 83, 95.
7 46. NVR, 20.9.74, BA-MZAP, VA-01/39504, Bl. 164, 169 f., 174 f., 179, 177, 188.
8 Vgl. 64. NVR, 2.10.81, BA-MZAP, VA-01/39525, Bl. 327 f.; 61. NVR, 23.6.80, BA-MZAP, VA-01/39522, Bl. 102.

9 66. NVR (Anm. 5), Bl. 86.
10 51. NVR (Anm. 1), Bl. 10.
11 Befehle des Vorsitzenden des Nationalen Verteidigungsrates der DDR der Jahre 1980 bis 1989, BA-MZAP, VA-01/40336, Bl. 291, 295.
12 65. NVR, 23.4.82, BA-MZAP, VA-01/39526, Bl. 57 ff.
13 70. NVR, 31.5.85, BA-MZAP, VA-01/39531, Bl. 69 ff., 30, 78 f.
14 74. NVR, 3.7.87, BA-MZAP, VA-01/39535, Bl. 57, 74 f.; vgl. Beatrice Heuser: »Warsaw Pact Military Doctrines in the 1970s and 1980s: Findings in the East German Archives«, Comparative Strategy Vol. 12, 1993, S. 448.
15 »Wesentlicher Inhalt der Ausführungen des Ministers für Verteidigung der UdSSR, Genossen Marschall der Sowjetunion Sokolow, am 18, Mai 1987«, in: MfNV. Sekretariat des Ministers, Schriftverkehr des Ministers für Nationale Verteidigung mit dem Generalsekretär des ZK der SED 1987, BA-MZAP, Strausberg AZN 32651, Bl. 53 ff.
16 »Anmerkungen zur Militärdoktrin der DDR«, ebd., Bl. 65 f.
17 Direktiven und Statut des Nationalen Verteidigungsrates der DDR August 1972 bis Dezember 1986, BA-MZAP, VA-01/39542, Bl. 154.

Anmerkungen zu III.7.2., Seite 177–179

18 Direktiven und Statut des Nationalen Verteidigungsrates der DDR August 1972 bis Dezember 1986, BA-MZAP, VA-01/39542, Bl. 154.
19 Planung und Auswertung der Komplexkontrolle des Nationalen Verteidigungsrates vom September 1988 zum Stand der Vorbereitungsarbeit für den Verteidigungszustand durch die Einsatzleitungen der Bezirke Schwerin und Neubrandenburg (künftig zitiert: Komplexkontrolle 88), BA-MZAP, VA-01/39580, Bl. 1a, 2, 25.
20 Vgl. Abschnitt III.5.2., S. 127.
21 Komplexkontrolle 88 (Anm. 19), Bl. 2.
22 Vgl. Abschnitt III.7.1., S. 176 f.
23 Komplexkontrolle 88 (Anm. 19), Bl. 7 f., 38 ff., 44, 64, 48.
24 Ebd., Bl. 8 ff., 152, 179 f.

Anmerkungen zu III.8., Seite 179–184

1 Thomas M. Forster, NVA. Die Armee der Sowjetzone, 3., völlig überarbeitete Auflage, Köln 1966/67, S. 240 ff.
2 1. NVR, 16.3.60, BA-MZAP, VA-01/39458, Bl. 12.
3 6. NVR, 23.6.61, BA-MZAP, VA-01/39463, Bl. 5.
4 2. NVR, 15.6.60, BA-MZAP, VA-01/39459, Bl. 28 ff.
5 5. NVR, 3.5.61, BA-MZAP, VA-01/39462, Bl. 21.
6 2. NVR (Anm. 4), Bl. 3, 14 ff.
7 5. NVR (Anm. 5), Bl. 21.
8 Ebd., Bl. 14, 16, 21, 25. Der Bundeswehr-Major Bruno Winzer ist 1960 in die DDR übergetreten. 1987 kehrte er in die Bundesrepublik zurück. (Hans Brückl, Zwischen braun und rot. Unveröffentlichtes Manuskript, Bad Kösen 1994, S. 45).
9 5. NVR (Anm. 5), Bl. 25, 28.
10 6. NVR (Anm. 3), Bl. 81, 83.
11 11. NVR, 30.5.62 BA-MZAP, VA-01/39468, Bl. 22 ff., 31.
12 Ebd., Bl. 34.
13 14. NVR, 13.3.63, BA-MZAP, VA-01/39471, Bl. 24 f.
14 18. NVR, 26.2.64, BA-MZAP, VA-01/39475, Bl. 3, 13.
15 23. NVR, 18.6.65, BA-MZAP, VA-01/39480, Bl. 3, 11 ff.
16 Jochen Staadt, Die geheime Westpolitik der SED 1960–1970. Von der gesamtdeutschen Orientierung zur sozialistischen Nation, Berlin 1993, S. 147.
17 27. NVR, 27.10.66, BA-MZAP, VA-01/39484, Bl. 3.

18 21. NVR, 8.1.65, BA-MZAP, VA-01/39478, Bl. 2 f.
19 27. NVR (Anm. 17), Bl. 6 f.; Zeittafel zur Militärgeschichte der Deutschen Demokratischen Republik 1949 bis 1988, 2., erweiterte und durchgesehene Auflage, Berlin (Ost) 1989, S. 222 f.
20 62. NVR, 21.11.80, BA-MZAP, VA-01/39523, Bl. 85, 160; Gesetzblatt der DDR, 1982, Teil I, Nr. 11, S. 197 ff.
21 41. NVR, 14.7.72, BA-MZAP, VA-01/39498, Bl. 16 f.
22 65. NVR, 23.4.82, BA-MZAP, VA-01/39526, Bl. 30 ff.
23 Vgl. Kapitel III.11., S. 201 ff.
24 Volker Gransow/Konrad H. Jarausch (Hrsg.), Die deutsche Vereinigung. Dokumente zur Bürgerbewegung, Annäherung und Beitritt, Köln 1991, S. 41, 43.
25 Vgl. Kapitel II.1., S. 31.
26 Staadt (Anm. 16), S. 84.

Anmerkungen zu III.9., Seite 184–190

1 7. NVR, 28.8.61, BA-MZAP, VA-01/39464, Bl. 3 ff.
2 8. NVR, 29.11.61, BA-MZAP, VA-01/39465, Bl. 18, 5.
3 10. NVR, 6.4.62, BA-MZAP, VA-01/39467, Bl. 158, 170.
4 11. NVR, 30.5.62, BA-MZAP, VA-01/39468, Bl. 2 f.
5 12. NVR, 14.9.62, BA-MZAP, VA-01/39469, Bl. 2 f., 15 ff., 13.
6 23. NVR, 18.6.65, BA-MZAP, VA-01/39480, Bl. 61 ff.
7 17. NVR, 14.12.63, BA-MZAP, VA-01/39474, Bl. 29, 37.
8 41. NVR, 14.7.72, BA-MZAP, VA-01/39498, Bl. 201, 206, 209.
9 Helmut Bärwald, Das Ostbüro der SPD, Krefeld 1991, S. 60 ff. An jedem dieser Ballons waren mehrere tausend Flugblätter befestigt. Den Luftverkehr gefährdeten sie in keinem Fall.
10 16. NVR, 20.9.63, BA-MZAP, VA-01/39473, Bl. 3.
11 Vgl. 26. NVR, 25.3.66, BA-MZAP, VA-01/39483, Bl. 19.
12 20. NVR, 29.10.64, BA-MZAP, VA-01/39477, Bl. 3.
13 41. NVR (Anm. 8), Bl. 211 f.; Heiner Sauer/Hans-Otto Plumeyer, Der Salzgitter Report. Die Zentrale Erfassungsstelle berichtet über Verbrechen im SED-Staat, Eßlingen/München 1991, S. 301 f.
14 67. NVR, 1.7.83, BA-MZAP, VA-01/39528, Bl. 337.
15 Werner Weidenfeld/Karl-Rudolf Korte (Hrsg.), Handwörterbuch zur deutschen Einheit, Bonn 1991, S. 184; Franz Josef Strauß, Erinnerungen, Berlin 1989, S. 471 ff.
16 67. NVR, (Anm. 14), Bl. 339, 343.
17 Urteil des Landgerichts Berlin in der Strafsache gegen Keßler, Streletz und Albrecht – Az. (527) 2 Js 26/90 Ks (10/92) – vom 16.9.93 (künftig zitiert: Urteil Keßler), Bl. 117 f.
18 68. NVR, 2.2.84, BA-MZAP, VA-01/39529, Bl. 15 ff.; 69. NVR, 25.1.85, BA-MZAP, VA-01/39530, Bl. 89 ff.; 78. NVR, 16.6.89, BA-MZAP, VA-01/39539, Bl. 58 ff.
19 69. NVR (Anm. 18), Bl. 91, 101 ff.
20 Der Spiegel Nr. 22, 1991, S. 18.
21 45. NVR, 3.5.74, BA-MZAP, VA-01/39503, Bl. 166 ff.
22 Ebd., Bl. 34 f.
23 Urteil Keßler (Anm. 17), Bl. 159.

Anmerkungen zu III.10., Seite 190–200

1 Vgl. Thomas M. Forster, Die NVA. Kernstück der Landesverteidigung der DDR, 6. überarbeitete Auflage, Köln 1983, S. 97 ff.
2 Vgl. 6. NVR, 23.6.61, BA-MZAP, VA-01/39463, Bl. 2; 8. NVR, 29.11.61, BA-MZAP, VA-01/39465, Bl. 3.
3 12. NVR, 14.9.62, BA-MZAP, VA-01/39469, Bl. 22 ff.
4 Ebd., Bl. 4.

5 14. NVR, 13.3.63, BA-MZAP, VA-01/39471, Bl. 4 f., 45 ff.; 15. NVR, 13.6.63, BA-MZAP, VA-01/39472, Bl. 9, 72.
6 16. NVR, 20.9.63, BA-MZAP, VA-01/39473, Bl. 14 ff. Unter einer Kommandostabsübung verstand die NVA »eine Form der operativen und taktischen Ausbildung der Führungsorgane, in der sich Offiziere Kenntnisse und Fertigkeiten in der Planung, Organisation und Führung von Operationen oder Gefechten aneignen und diese vervollkommnen und in der die Geschlossenheit der Führungsorgane durch das Trainieren von Führungstätigkeiten unter angenäherten Gefechtsbedingungen gefestigt wird«. (Militärlexikon, 2. Auflage, Berlin (Ost) 1973, S. 179.) Während einer Kommandostabsübung fanden auf Truppenübungesplätzen *reale Handlungen** statt, also das Durchbrechen von Verteidigungsstellungen, die Einnahme von Ortschaften, das Überqueren von Flüssen, der Einsatz von Luftlandetruppen u.a.
7 24. NVR, 13.10.65, BA-MZAP, VA-01/39481, Bl. 2.
8 26. NVR, 25.3.66, BA-MZAP, VA-01/39483, Bl. 6 f., 14, 17 ff., 23 f., 28.
9 Ebd., Bl. 43.
10 27. NVR, 27.10.66, BA-MZAP, VA-01/39484, Bl. 15 ff., 23 ff.
11 32. NVR, 27.6.68, BA-MZAP, VA-01/39489, Bl. 10 ff.
12 37. NVR, 2.2.70, BA-MZAP, VA-01/39494, Bl. 10 ff., 16, 19, 26 f., 35 f.
13 39. NVR, 30.9.71., BA-MZAP, VA-01/39496, Bl. 100 f., 105, 109 f., 112 f.
14 63. NVR, 13.3.81, BA-MZAP, VA-01/39524, Bl. 82 f., 65.
15 MfNV. Sekretariat des Ministers, Schriftverkehr des Ministers für Nationale Verteidigung mit dem Generalsekretär des ZK der SED 1982, BA-MZAP, Strausberg AZN 32643, Bl. 72, 74 ff., 105, 78.
16 Ebd., Bl. 103 f.
17 Ebd., Bl. 117, 119 f., 124 f.
18 67. NVR, 1.7.83, BA-MZAP, VA-01/39528, Bl. 72 ff.
19 Operativ-Strategische Kommandostabsübung »SOJUS-83«, BA-MZAP, VA-01-30725, Band 3, Bl. 558, 613, Band 5, Bl. 825.
20 67. NVR (Anm. 18), Bl. 48.
21 Karl Harms: »Im Oberkommando der Vereinten Streitkräfte«, in: Manfred Backerra (Hrsg.), NVA. Ein Rückblick für die Zukunft, Köln 1992, 340 ff.
22 72. NVR, 3.7.86, BA-MZAP, VA-01/39533, Bl. 79, 81 f., 86, 83, 82, 85.
23 Vgl. Kapitel III.11., S. 205 f.; Buchbender/Bühl/Kujat, Wörterbuch zur Sicherheitspolitik, 3., vollständig überarbeitete Auflage, Herford/Bonn 1992, S. 56.
24 72. NVR, (Anm. 22), Bl. 40.
25 77. NVR, 25.11.88, BA-MZAP, VA-01/39538, Bl. 95, 97.
26 MfNV. Sekretariat des Ministers, Schriftwechsel des Ministers für Nationale Verteidigung mit dem Generalsekretär des ZK der SED und mit dem Stellvertreter des Vorsitzenden der Staatlichen Plankommission und Chef des Militärbereiches 1983, BA-MZAP, Strausberg AZN 32646, Bl. 147.
27 77. NVR (Anm. 25), Bl. 98 ff.
28 Vgl. 17. SK, 31.7.57, BA-MZAP, VA-01/39559, Bl. 18.
29 Forster (Anm. 1), S. 45.
30 Vgl. Artikel 7 dieses Vertrages. (Die Verträge zur Einheit Deutschlands. Textausgabe mit Sachverzeichnis und einer Einführung von Professor Dr. Ingo v. Münch, München o.J., S. 33).
31 77. NVR (Anm. 25), Bl. 40, 71.
32 Vgl. Buchbender/Bühl/Quaden, Sicherheit und Frieden, 3., ergänzte Auflage, Herford 1987, S. 43.
33 77. NVR (Anm. 25), Bl. 70.
34 Theodor Hoffmann, Das letzte Kommando. Ein Minister erinnert sich, Berlin/Bonn/Herford 1993, S. 212.

Anmerkungen zu III.11., Seite 200–210

1 4. NVR, 20.1.61, BA-MZAP, VA-01/39461, Bl. 39, 52 f.
2 Vgl. Teil I., S. 25.
3 Vgl. S. 292, Anm. 52; Kapitel III.10., S. 194.
4 Vgl. S. 299, Anm. 53.
5 Vgl. Weyers Flottentaschenbuch, 58. Jahrgang 1986/87, Koblenz 1986, S. 46 ff.
6 29. NVR, 1.9.67, BA-MZAP, VA-01/39486, Bl. 33, 45; Hubertus Hoffmann, Atomkrieg – Atomfrieden. Technik, Strategie, Abrüstung, München 1980, S. 131.
7 35. NVR, 21.11.68, BA-MZAP, VA-01/39492, Bl. 14, 17.
8 40. NVR, 17.2.72, BA-MZAP, VA-01/39497, Bl. 39 f., 47 ff., 58. Raketen mit einer Reichweite von mehr als 100 Kilometern wurden im Warschauer Pakt als *operativ-taktische**, solche mit einer kürzeren Reichweite als *taktische Raketen** bezeichnet.
9 43. NVR, 17.5.73, BA-MZAP, VA-01/39500, Bl. 223. WINTEX* = Winter Exercises, die Winterübungen der NATO.
10 43. NVR (Anm. 9), Bl. 218.
11 47. NVR, 3.7.75, BA-MZAP, VA-01/39506, Bl. 56, 59 f.
12 57. NVR, 9.3.79, BA-MZAP, VA-01/39517, Bl. 53 f., 73.
13 Hubertus Hoffmann (Anm. 6), S. 174 f., 130, 236 f.
14 Buchbender/Bühl/Kujat, Wörterbuch zur Sicherheitspolitik. 3., vollständig überarbeitete Auflage, Herford/Bonn 1992, S. 100.
15 60. NVR, 19.3.80, BA-MZAP, VA-01/39521, Bl. 42.
16 Zeittafel zur Militärgeschichte der Deutschen Demokratischen Republik 1949 bis 1988, 2., erweiterte und durchgesehene Auflage, Berlin (Ost) 1989, S. 506.
17 MfNV. Sekretariat des Ministers, Schriftwechsel des Ministers für Nationale Verteidigung 1983 mit dem Generalsekretär des ZK der SED und mit dem Stellvertreter des Vorsitzenden der Staatlichen Plankommission und Chef des Militärbereiches, BA-MZAP, Strausberg AZN 32646, Bl. 109.
18 Ebd., Bl. 69.
19 59. NVR, 23.11.79, BA-MZAP, VA-01/39520, Bl. 34, 72. Rechtsgrundlage für diese Einladungen war das Dokument über vertrauensbildende Maßnahmen und bestimmte Aspekte der Sicherheit und Abrüstung. Es ist Bestandteil der am 1. August 1975 in Helsinki unterzeichneten Schlußakte der Konferenz über Sicherheit und Zusammenarbeit in Europa. (Vgl. Curt Gasteyger, Europa zwischen Spaltung und Einigung 1945 bis 1993, Bonn 1994, S. 325 ff.)
20 62. NVR, 21.11.80, BA-MZAP, VA-01/39523, Bl. 92 ff.
21 67. NVR, 1.7.83, BA-MZAP, VA-01/39528, Bl. 60, 63, 67 f., 64.
22 Vgl. Kapitel III.10., S. 196 f.
23 70. NVR, 31.5.85, BA-MZAP, VA-01/39531, Bl. 53, 60. Die DDR- Aufklärung (MfS und NVA) war etwa seit 1983 im Besitz von Kopien sämtlicher WINTEX-Akten. Vgl. Bundesministerium der Verteidigung (Hrsg.), Militärische Planungen des Warschauer Paktes. Eine Studie (künftig zitiert: Militärische Planungen), Bonn 1992, S. 6. Die *CIMEX-Übungen** (= Civil Military Exercises) fanden parallel zu den militärischen Übungen statt. In ihnen wurde die Zivil-Militärische Zusammenarbeit (ZMZ) geübt.
24 72. NVR, 3.7.86, BA-MZAP, VA-01/39533, Bl. 67, 69 f., 72.
25 Buchbender/Bühl/Kujat (Anm. 14), S. 56; Bundesminister der Verteidigung (Hrsg.), Weißbuch 1985. Zur Lage und Entwicklung der Bundeswehr, Bonn 1985, S. 29.
26 72. NVR (Anm. 24), Bl. 73, 72.
27 Vgl. oben, S. 201 f.
28 72. NVR (Anm. 24), Bl. 76.
29 73. NVR, 5.12.86, BA-MZAP, VA-01/39534, Bl. 56, 82, 84 f.
30 74. NVR, 3.7.87, BA-MZAP, VA-01/39535, Bl. 90 ff.
31 Militärische Planungen (Anm. 23), S. 6, 4 f., 10.
32 76. NVR, 3.6.88, BA-MZAP, VA-91/39537, Bl. 40, 56 f.; 66. NVR, 17.9.82, BA-MZAP, VA-01/39527, Bl. 135 ff.
33 Bruno Petroschka, Über die Angriffsoperationen zur Einnahme eines Ballungsgebietes aus der Bewegung ohne Einsatz von Kernwaffen, Dissertation Militärakademie »Fried-

rich Engels«, Dresden 1985, BA-MZAP, VA-10-25907, S. 18, 8. Vgl. Otto Wenzel: »Der Tag X«, Deutschland Archiv Heft 12/1993, S. 1364 ff.; Historischer Nachweis BORDKANTE-86, BA-MZAP, VA-10-22942, Bl. 1, 160.

34 Vgl. Operativ-Strategische Kommandostabsübung »SOJUS-83«, BA-MZAP, VA-01-30725, Bl. 556.

35 76. NVR (Anm. 32), Bl. 59. Vgl. auch: Ministerium für Nationale Verteidigung – Chef Aufklärung, Auskunftsdokument »Streitkräfte der NATO/WKSP« – Führungsdokument –, Stand: Dezember 1988, Abbildung 12: »Wahrscheinliche Gruppierung der Landstreitkräfte der NATO- Staaten – Westlicher Kriegsschauplatz (Variante für 30 Tage)«. In diesem Dokument – eine Kopie befindet sich im Besitz des Verfassers – wird die Gesamtstärke der NATO-Streitkräfte auf dem Westlichen Kriegsschauplatz mit maximalen Mobilisierungs- und Verstärkungskräften für die Bundesrepublik mit 24 Divisionen (die Zahl der Bundeswehrdivisionen also verdoppelt!) angegeben, für Frankreich mit 17 und für Spanien mit 15. (S. 11).

36 78. NVR, 16.6.89, BA-MZAP, VA-01/39539, Bl. 49 ff.

37 Schriftliche Mitteilung Brigadegeneral a.D. Wolfgang Gerhardt, 30. Mai 1994.

38 Gunter Holzweißig: »Geheimdienstgrusical im Berliner Ensemble«, Deutschland Archiv Heft 7/1994, S. 689.

39 BStU, ZA, SDM 1381, Bl. 1, 32 f.

40 Mitteilung Gerhardt (Anm. 37); Mündliche Mitteilung Oberstleutnant i.G.a.D. Harald Nielsen, 10. Mai 1994. Zu den Operationen STOSS und ZENTRUM (Eroberung West-Berlins) vgl. Abschnitt III.4.1., S. 72.

41 Werner Weidenfeld/Karl-Rudolf Korte (Hrsg.), Handwörterbuch der deutschen Einheit, Bonn 1991, S. 31.

42 Vgl. Kapitel III.10., S. 197.

Anmerkungen zu III.12.1., Seite 210–213

1 Vgl. Kapitel III.8., S. 179.

2 Vgl. Kapitel III.9., S. 184 f.

3 Jochen Staadt, Die geheime Westpolitik der SED 1960-1970. Von der gesamtdeutschen Orientierung zur sozialistischen Nation, Berlin 1993, S. 84.

4 Vgl. Abschnitt III.12.8., S. 228 ff.

5 7. NVR, 28.8.61, BA-MZAP, VA-01/39464, Bl. 2.

6 Staadt (Anm. 3), S. 58; 7. NVR (Anm. 5).

7 Beschlüsse des Staatsrates der DDR über die Berufung und Entbindung von Mitgliedern des Nationalen Verteidigungsrates der DDR 1971, 1976 und 1979, BA-MZAP, VA-01/40338, Bl. 19.

8 Befehle des Vorsitzenden des Nationalen Verteidigungsrates der DDR 1961 bis 1979 (künftig zitiert: Befehle 1961-79), BA-MZAP, VA-01/40335, Bl. 207, 216, 218, 204, 190, 195.

9 Protokolle über die Lagebesprechungen des Zentralen Stabes »Maßnahmen des 13. August 1961« vom 14. August bis 20. September 1961, BA-MZAP, VA-01/39573, Bl. 1 ff.

10 Ebd., Bl. 73, 97, 85 f., 91.

11 Jürgen Rühle/Gunter Holzweißig, 13. August 1961. Die Mauer von Berlin, Edition Deutschland Archiv, Köln 1981, S. 164, 167.

12 MfNV. Sekretariat des Ministers, Beschlüsse des Politbüros des ZK der SED 1960-1963, BA-MZAP, Strausberg AZN 32602, Bl. 62 ff., 69 ff., 72 f., 55 ff., 17 ff. Die Blätter dieser Akte sind nicht chronologisch paginiert.

Anmerkungen zu III.12.2., Seite 213–214

13 25. NVR, 26.1.66, BA-MZAP, VA-01/39482, Bl. 3.

14 26. NVR, 25.3.66, BA-MZAP, VA-01/39483, Bl. 45 ff.

15 57. NVR, 9.3.79, BA-MZAP, VA-01/39517, Bl. 8.

16 Ebd., Bl. 26, 39, 43, 46.
17 Der Große Ploetz, 29. Auflage, Freiburg/Würzburg 1980, S. 1418, 1423.

Anmerkungen zu III.12.3., Seite 214–216

18 29. NVR, 1.9.67, BA-MZAP, VA-01/39486, Bl. 13 f., 19 ff.
19 43. NVR, 17.5.73, BA-MZAP, VA-01/39500, Bl. 31 ff.

Anmerkungen zu III.12.4., Seite 216–218

20 37. NVR, 2.2.70, BA-MZAP, VA-01/39494, Bl. 95 ff., 4.
21 51. NVR, 20.5.77, BA-MZAP, VA-01/39510, Bl. 17, 76, 234.
22 52. NVR, 30.9.77, BA-MZAP, VA-01/39511, Bl. 239.
23 MfNV. Sekretariat des Ministers, Schriftverkehr des Ministers für Nationale Verteidigung mit dem Generalsekretär des ZK der SED Januar bis August 1977, BA-MZAP, Strausberg AZN 32656, Bl. 26 f.
24 Ebd., Bl. 39 ff.
25 MfNV. Sekretariat des Ministers, Schriftverkehr des Ministers für Nationale Verteidigung mit dem Generalsekretär des ZK der SED 1982, BA-MZAP, Strausberg AZN 32643, Bl. 3 f.
26 Ebd., Bl. 46, 50, 53.
27 MfNV. Sekretariat des Ministers, Schriftwechsel des Ministers für Nationale Verteidigung 1983 mit dem Generalsekretär des ZK der SED und mit dem Stellvertreter des Vorsitzenden der Staatlichen Plankommission und Chef des Militärbereiches, BA-MZAP, Strausberg AZN 32646, Bl. 110.

Anmerkungen zu III.12.5., Seite 218–220

28 33. NVR, 29.7.68, BA-MZAP, VA-01/39490, Bl. 2 f.
29 34. NVR, 22.8.68, BA-MZAP, VA-01/39491, Bl. 1 f.
30 Walter Rehm: »Neue Erkenntnisse über die Rolle der NVA bei der Besetzung der CSSR im August 1968«, Deutschland Archiv Heft 2/1991, S. 175 ff.
31 Rüdiger Wenzke: »Zur Beteiligung der NVA an der mililtärischen Operation von Warschauer-Pakt-Streitkräften gegen die CSSR 1968. Einige Ergänzungen zu einem Beitrag von Walter Rehm«, Deutschland Archiv Heft 11/1991, S. 1185.
32 Ministerium für Nationale Verteidigung. Hauptstab. Stellvertreter des Chefs des Hauptstabes für operative Fragen und Chef der Verwaltung Operativ, Maßnahmen zur Gewährleistung der erhöhten Gefechtsbereitschaft der NVA Juli bis September 1968, BA-MZAP, VA-01/12824, Bl. 1 ff. Unter *operativen Gruppen** verstand man in der NVA für bestimmte, zeitliche begrenzte Aufgaben zusammengestellte Gruppen.(X)
33 Ebd., Bl. 9 f., 13 f., 19, 21, 25, 31, 36, 50.
34 Vgl. Wenzke (Anm. 31), S. 1183 ff.
35 Vgl. Rehm (Anm. 30), S. 175.

Anmerkungen zu III.12.6., Seite 220–223

36 65. NVR, 23.4.82, BA-MZAP, VA-01/39526, Bl. 192.
37 43. NVR, 17.5.73, BA-MZAP, VA-01/39500, Bl. 149 ff. Lediglich in der 72. Sitzung des NVR am 3. Juli 1986 wurde erwähnt, daß das Komitee der Verteidigungsminister des Warschauer Paktes Anfang Dezember 1985 den Angriffscharakter der Militärdoktrin der USA untersucht habe.(72. NVR, 3.7.86, BA-MZAP, VA-01/39533, Bl. 69.)
38 Vgl. MfNV. Sekretariat des Ministers, Schriftwechsel des Ministers für Nationale Verteidigung 1983 mit dem Generalsekretär des ZK der SED und mit dem Stellvertreter des

Vorsitzenden der Staatlichen Plankommisiion und Chef des Militärbereiches, BA-MZAP, Strausberg AZN 32646, Bl. 2.

39 Manfred Wilke/Michael Kubina: »›Die Lage in Polen ist schlimmer als 1968 in der CSSR . . .‹. Die Forderungen des SED-Politbüros nach einer Intervention in Polen im Herbst 1980«, Deutschland Archiv Heft 3/1993, S. 336; 62. NVR, 21.11.80, BA-MZAP, VA-01/39523.

40 Wilke/Kubina (Anm. 39), S. 337 ff., 340.

41 MfNV. Sekretariat des Ministers, Meldungen/Informationen an den Generalsekretär des ZK der SED 1981 zur Situation in der VR Polen (künftig zitiert: Polen 1981), BA-MZAP, Strausberg AZN 32642, Bl. 7 f., 16, 20, 24 f.

42 Vgl. Kapitel III.10., S. 195.

43 Polen 1981 (Anm. 41), Bl. 28 ff., 34, 38 ff., 66, 80, 87, 108/110.

44 MfNV. Sekretariat des Ministers, Schriftverkehr des Ministers für Nationale Verteidigung mit dem Generalsekretär des ZK der SED 1982, BA-MZAP, Strausberg AZN 32643, Bl. 12, 17.

45 Ebd., Bl. 29, 31 f.

Anmerkungen zu III.12.7., Seite 223–226

46 50. NVR, 18.11.76, BA-MZAP, VA-01/39509, Bl. 147, 145, 71, 157, 70, 155, 154.

47 Zeittafel zur Militärgeschichte der Deutschen Demokratischen Republik 1949 bis 1988, 2., erweiterte und durchgesehene Auflage, Berlin (Ost) 1989, S. 571; 74. NVR, 3.7.87, BA-MZAP, VA-01/39535, Bl. 102, 47, 105, 107.

48 Beschluß des Nationalen Verteidigungsrates der DDR vom 21. Januar 1989 über Truppenreduzierungen in der NVA, BA-MZAP, VA-01/39540, Bl. 1 f.

49 78. NVR, 16.6.89, BA-MZAP, VA-01/39539, Bl. 134 f.

50 Vgl. Abschnitt III.12.8., S. 227.

51 78. NVR (Anm. 49), Bl. 40, 137, 37 f., 136, 143.

Anmerkungen zu III.12.8., Seite 226–231

52 Siehe Abschnitt III.5.4., S. 150 f.

53 Siehe Abschnitt III.5.5., S. 159 f.

54 75. NVR, 5.2.88. BA-MZAP, VA-01/39536, Bl. 132.

55 Ebd., Bl. 178, 182, 184.

56 Ebd., Bl. 186, 189, 191, 193 f.

57 Ebd., Bl. 196, 202.

58 78. NVR, 16.6.89, BA-MZAP, VA-01/39539, Bl. 12.

59 Theodor Hoffmann, Das letzte Kommando. Ein Minister erinnert sich, Berlin/Bonn/Herford 1993, S. 17; 78. NVR (Anm. 58), Bl. 32, 138. Zur einseitigen Truppenreduzierung vgl. Abschnitt III.12.7., S. 225 f.

60 78. NVR (Anm. 58), Bl. 30 f.

61 Planung und Auswertung der Komplexkontrolle des Nationalen Verteidigungsrates der DDR Oktober 1989 in den Bezirken Magdeburg und Potsdam, BA-MZAP, VA-01/39582, Bl. 7.

62 Ebd., Bl. 50.

63 Befehle des Vorsitzenden des Nationalen Verteidigungsrates der DDR 1980 bis 1989 (künftig zitiert: Befehle 1980-89), BA-MZAP, VA-01/40336, Bl. 27 ff.

64 Ebd., Bl. 24 f.

65 1. NVR, 16.3.60, BA-MZAP, VA-01/39458, Bl. 9.

66 Befehle 1980-89 (Anm. 63), Bl. 21 ff.

67 Beschlüsse des Staatsrates der DDR über die Berufung und Entbindung von Mitgliedern des Nationalen Verteidigungsrates der DDR 1971, 1976 und 1979 (künftig zitiert: Staatsrat 1971/76/79), BA-MZAP, VA-01/40338, Bl. 1 ff.

68 Befehle 1980-89 (Anm. 63), Bl. 14 ff.

69 Ebd., Bl. 11 ff.; Igor F. Maximytschew/Hans-Hermann Hertle: »Die Maueröffnung. Eine russisch-deutsche Trilogie«, Deutschland Archiv Heft 12/1994, S. 1247, 1250.
70 Befehle 1980–89 (Anm. 63), Bl. 8.
71 Ebd., Bl. 1 ff.
72 Staatsrat 1971/76/79 (Anm. 67), Bl. 7 f.
73 Chronik der Ereignisse in der DDR, Edition Deutschland Archiv, 4. erweiterte Auflage, Köln 1990, S. 35.
74 Vgl. das Gesetz zur Änderung und Ergänzung der Verfassung der Deutschen Demokratischen Republik vom 5. April 1990, durch das der Staatsrat und der NVR nicht abgeschafft wurden, sondern ein Artikel 75a eingefügt wurde. Es bestimmt, daß bis zur Verabschiedung eines Gesetzes über den Präsidenten der Republik und seine Wahl das Präsidium der Volkskammer die Befugnisse des Staatsrates und der Präsident der Volkskammer die Befugnisse des Vorsitzenden des Staatsrates wahrnimmt (Gesetzblatt der DDR, 1990, Teil I, Nr. 23, S. 221).

Anmerkungen zur Schlußbetrachtung, Seite 231–232

1 Wolfgang Herger/Werner Hübner/Günther Frenzel: »Eigenverantwortung und Selbstbestimmung. Zur Militär- und Sicherheitspolitik der SED«, in: Hans Modrow (Hrsg.), Das Große Haus. Insider berichten aus dem ZK der SED, Berlin 1994, S. 182.
2 66. NVR, 17.9.82, BA-MZAP, VA-01/39527, Bl. 70 f.
3 Herger/Hübner/Frenzel (Anm. 1), S. 184.
4 Vgl. Abschnitt III.5.4., S. 150 f.
5 Vgl. Abschnitt III.4.1., S. 71.

Anmerkungen zu IV., S. 233–288

1 73. NVR, 5. 12. 86, BA-MZAP, VA-01/39534, Bl. 03-09, 38-40.
2 Ebd., Bl. 158–166.
3 Ebd., Bl. 67–71.
4 Ebd., Bl. 47.
5 Ebd., Bl. 15–16.
6 Ebd., Bl. 255.
7 BStU, ZA, SDM 23, Bl. 319.
8 Beschlüsse des Nationalen Verteidigungsrates der DDR, 1986, BA-MZAP, VA-01/39589, Bl. 258–262.
9 61. NVR, 23. 6. 80, BA-MZAP, VA-01/39522, Bl. 267.
10 65. NVR, 23. 4. 82, BA-MZAP, VA-01/39526, Bl. 85.
11 Ebd., Bl. 86.
12 Grundsatzdokumente, Befehle und Anordnungen des NVR der DDR November 1973 bis September 1986 (künftig zitiert: Grundsatzdokumente 1973–86), BA-MZAP, VA-01/39541, Bl. 63.
13 Ebd., Bl. 65.
14 Ebd., Bl. 203–204.
15 Ebd., Bl. 211–214.
Die Stellvertreter der Bevollmächtigten bekleideten hauptamtlich folgende Funktionen:

Eichler	Sekretär des Staatsrates
Ehrensperger	ZK-Abteilungsleiter für Planung und Finanzen
Trölitzsch	ZK-Abteilungsleiter für Bauwesen
Blessing	ZK-Abteilungsleiter für Maschinenbau und Matallurgie
Dietzel	stellv. ZK-Abteilungsleiter für Planung und Finanzen
Semmelmann	ZK-Abteilungsleiter für Landwirtschaft
Hörnig	ZK-Abteilungsleiter für Wissenschaft

(nach: Gesamtdeutsches Institut (Hrsg.), Staats- und Parteiapparat der DDR. Personelle Besetzung. Stand: 25. Juni 1989, S. 46 f.)

16 Grundsatzdokumente 1973–86 (Anm. 12), Bl. 64.
17 Ebd., Bl. 182–183.
18 64. NVR, 2.10.81, BA-MZAP, VA-01/39525, Bl. 61 ff.
19 Ebd., Bl. 88 ff.

Verzeichnis der Abkürzungen

ABI	Arbeiter- und Bauerninspektion
AB	Arbeitsbereich
ADN	Allgemeiner Deutscher Nachrichtendienst
AeO	Arbeitsgemeinschaft ehemaliger Offiziere
AfP	Amt für Preise
AGM	Arbeitsgruppe Minister
ASV	Armeesportvereinigung
AZN	Archivzugangsnummer
B-	Berechnungs-
BA-MZAP	Bundesarchiv – Militärisches Zwischenarchiv Potsdam
BDVP	Bezirksbehörde der Deutschen Volkspolizei
BEL	Bezirkseinsatzleitung
Benelux	Belgien, Niederlande, Luxemburg
BL	Bezirksleitung
BStU	Der Bundesbeauftragte für die Unterlagen des Staatssicherheitsdienstes der ehemaligen Deutschen Demokratischen Republik
BV	Bevollmächtigter (keine offizielle Abkürzung)
CDU	Christlich-Demokratische Union
CIMEX	Civil Military Exercises
CSSR	Tschechoslowakische Sozialistische Republik
CSA	Tschechoslowakische Volksarmee
CVM	Chef der Volksmarine
DBD	Demokratische Bauernpartei Deutschlands
DDR	Deutsche Demokratische Republik
DEFA	Deutsche Film-AG
DFD	Demokratischer Frauenbund Deutschlands
DRK	Deutsches Rotes Kreuz in der DDR
DSF	Gesellschaft für Deutsch-Sowjetische Freundschaft
DTSB	Deutscher Turn- und Sportbund
DVP	Deutsche Volkspolizei
EOS	Erweiterte Oberschule
FDGB	Freier Deutscher Gewerkschaftsbund
FDJ	Freie Deutsche Jugend
Fla-	Flugabwehr-
Flak	Flugabwehrkanone
FOFA	Follow-On-Forces-Attack
FR	Fachrichtung
FüSt	Führungsstelle
GO	Grundorganisation
GSA	Generalstaatsanwalt
GSSD	Gruppe der Sowjetischen Streitkräfte in Deutschland
GST	Gesellschaft für Sport und Technik
GT	Grenztruppen der DDR
HA	Hauptabteilung
HVA	Hauptverwaltung Aufklärung

IM	Inoffizieller Mitarbeiter
(m)KGB	(motorisiertes) Kampfgruppenbataillon
KEL	Kreiseinsatzleitung
KL	Kreisleitung
KPdSU	Kommunistische Partei der Sowjetunion
KSZE	Konferenz für Sicherheit und Zusammenarbeit in Europa
KVP	Kasernierte Volkspolizei
LDPD	Liberaldemokratische Partei Deutschlands
LaSK	Landstreitkräfte
LPG	Landwirtschaftliche Produktionsgenossenschaft
LSK/LV	Luftstreitkräfte/Luftverteidigung
MB	Militärbezirk
MdF	Ministerium der Finanzen
MdI	Ministerium des Innern
MdJ	Ministerium der Justiz
MfAA	Ministerium für Auswärtige Angelegenheiten
MfAH	Ministerium für Außenhandel
MfALF	Ministerium für Allgemeinen Maschinen-, Landmaschinen- und Fahrzeugbau
MfB	Ministerium für Bauwesen
MfBJL	Ministerium für Bezirksgeleitete Industrie und Lebensmittelindustrie
MfC	Ministerium für Chemische Industrie
MfEE	Ministerium für Elektrotechnik und Elektronik
MfEMK	Ministerium für Erzbergbau, Metallurgie und Kali
MfGeo	Ministerium für Geologie
MfGes	Ministerium für Gesundheitswesen
MfGK	Ministerium für Glas- und Keramikindustrie
MfHF	Ministerium für Hoch- und Fachschulwesen
MfHV	Ministerium für Handel und Versorgung
MfK	Ministerium für Kultur
MfKE	Ministerium für Kohle und Energie
MfL	Ministerium für Leichtindustrie
MfLFN	Ministerium für Land-, Forst- und Nahrungsgüterwirtschaft
MfM	Ministerium für Materialwirtschaft
MfNV	Ministerium für Nationale Verteidigung
MfPF	Ministerium für Post- und Fernmeldewesen
MfS	Ministerium für Staatssicherheit
MfSAB	Ministerium für Schwermaschinen- und Anlagenbau
MfUW	Ministerium für Umweltschutz und Wasserwirtschaft
MfV	Ministerium für Verkehrswesen
MfVb	Ministerium für Volksbildung
MfWT	Ministerium für Wissenschaft und Technik
MfWV	Ministerium für Werkzeug- und Verarbeitungsmaschinenbau
Mob-	Mobilmachungs-
Mot.	Motorisierte(s)
MPHS	Militär-Politische Hochschule »Wilhelm Pieck«
MR	Ministerrat
(s)MSBr	(selbständige) Motorisierte Schützenbrigade
MSD	Motorisierte Schützendivision
MSR	Motorisiertes Schützenregiment
NATO	Nord-Atlantik-Pakt
ND	»Neues Deutschland«
NDPD	Nationaldemokratische Partei Deutschlands
NGT	Nordgruppe der Truppen
NSW	Nichtsozialistisches Wirtschaftsgebiet
NVA	Nationale Volksarmee
NVR	Nationaler Verteidigungsrat

OibE	Offizier(e) im besonderen Einsatz
Pak	Panzerabwehrkanone
PD	Panzerdivision
PHV	Politische Hauptverwaltung
PKK	Parteikontrollkommission
POS	Polytechnische Oberschule
RGW	Rat für Gegenseitige Wirtschaftshilfe
SDAG Wismut	Sowjetisch-Deutsche Aktiengesellschaft Wismut
SDM	Sekretariat des Ministers
SED	Sozialistische Einheitspartei Deutschlands
SfAL	Staatssekretariat für Arbeit und Löhne
SfB	Staatssekretariat für Berufsbildung
SK	Sicherheitskommission des ZK der SED (keine offizielle Abkürzung)
SPK	Staatliche Plankommission
SPW	Schützenpanzerwagen
Stasi	Staatssicherheit
StVSR	Staatliche Verwaltung der Staatsreserve
SZS	Staatliche Zentralverwaltung für Statistik
UdSSR	Union der Sozialistischen Sowjetrepubliken
U-Jagdschiff	Unterseeboot-Jagdschiff
VDJ	Verband der Journalisten der DDR
VEB	Volkseigener Betrieb
VEG	Volkseigenes Gut
VKSE	Verhandlungen über konventionelle Streitkräfte in Europa
VM	Volksmarine
VMR	Vorsitzender des Ministerrates
VOF	Vereinte Ostseeflotte
VP	Volkspolizei
VPB	Volkspolizei-Bereitschaft
VPD	Volkspolizei-Direktion
VPKA	Volkspolizei-Kreisamt
VS	Vereinte Streitkräfte
VW	Volkswirtschaft (keine offizielle Abkürzung)
WB	West-Berlin
WGT	Westgruppe der Truppen
WKSP	Westlicher Kriegsschauplatz
WP	Warschauer Pakt
WV	Warschauer Vertrag
ZA	Zentralarchiv
ZeNIB	Zentrales Nachrichten- und Informationsbüro
Zentrag	Zentrale Druckerei-, Einkaufs- und Revisionsgesellschaft
ZGT	Zentralgruppe der Truppen
ZK	Zentralkomitee
ZMZ	Zivil-Militärische Zusammenarbeit
ZPKK	Zentrale Parteikontrollkommission
ZPL	Zentrale Parteileitung
ZRK	Zentrale Revisionskommission
ZV	Zivilverteidigung

Verzeichnis und Zitierweise der benutzten Akten

Verzeichnis
der im Bundesarchiv – Militärisches Zwischenarchiv Potsdam (BA-MZAP) benutzten Akten (z. T. Mikrofilme) und Zitierweise
der beim Bundesbeauftragten für die Unterlagen des Staatssicherheitsdienstes der ehemaligen Deutschen Demokratischen Republik (BStU) benutzten Akten und Zitierweise

Protokoll der 1. Sitzung der Sicherheitskommission des ZK der SED, 6. Juli 1954, zitiert:

1. SK, 06.07.54	Archiv-Nr.: BA-MZAP, VA-01/39543
2. SK, 26.10.54	/39544
3. SK, 04.03.55	/39545
4. SK, 31.03.55	/39546
5. SK, 29.06.55	/39547
6. SK, 19.08.55	/39548
7. SK, 22.11.55	/39549
8. SK, 02.02.56	/39550
9. SK, 20.04.56	/39551
10. SK, 24.08.56	/39552
11. SK, 28.10.56	/39553
12. SK, 30.11.56	/39554
13. SK, 09.02.57	/39555
14. SK, 25.02.57	/39556
15. SK, 03.04.57	/39557
16. SK, 15.04.57	/39558
17. SK, 31.07.57	/39559
18. SK, 12.12.57	/39560
19. SK, 09.01.58	/39561
20. SK, 15.03.58	/39562
21. SK, 10.04.58	/39563
22. SK, 30.07.58	/39564
23. SK, 26.11.58	/39565
24. SK, 22.01.59	/39566
25. SK, 13.05.59	/39567
26. SK, 03.08.59	/39568
27. SK, 23.10.59	/39569
28. SK, 05.11.59	/39570
29. SK, 28.01.60	/39571

Protokoll der 1. Sitzung des Nationalen Verteidigungsrates der DDR, 16. März 1960, zitiert:

1. NVR, 16.03.60	Archiv-Nr.: BA-MZAP, VA-01/39458
2. NVR, 15.06.60	/39459
3. NVR, 19.10.60	/39460
4. NVR, 20.01.61	/39461
5. NVR, 03.05.61	/39462
6. NVR, 23.06.61	/39463
7. NVR, 28.08.61	/39464

8. NVR, 29.11.61 . . . /39465
9. NVR, 11.01.62 . . . /39466
10. NVR, 06.04.62 . . . /39467
11. NVR, 30.05.62 . . . /39468
12. NVR, 14.09.62 . . . /39469
13. NVR, 23.11.62 . . . /39470
14. NVR, 13.03.63 . . . /39471
15. NVR, 13.06.63 . . . /39472
16. NVR, 20.09.63 . . . /39473
17. NVR, 14.12.63 . . . /39474
18. NVR, 26.02.64 . . . /39475
19. NVR, 22.06.64 . . . /39476
20. NVR, 29.10.64 . . . /39477
21. NVR, 08.01.65 . . . /39478
22. NVR, 15.04.65 . . . /39479
23. NVR, 18.06.65 . . . /39480
24. NVR, 13.10.65 . . . /39481
25. NVR, 26.01.66 . . . /39482
26. NVR, 25.03.66 . . . /39483
27. NVR, 27.10.66 . . . /39484
28. NVR, 26.01.67 . . . /39485
29. NVR, 01.09.67 . . . /39486
30. NVR, 23.10.67 . . . /39487
31. NVR, 25.03.68 . . . /39488
32. NVA, 27.06.68 . . . /39489
33. NVR, 29.07.68 . . . /39490
34. NVR, 22.08.68 . . . /39491
35. NVR, 21.11.68 . . . /39492
36. NVR, 23.10.69 . . . /39493
37. NVR, 02.02.70 . . . /39494
38. NVR, 09.11.70 . . . /39495
39. NVR, 30.09.71 . . . /39496
40. NVR, 17.02.72 . . . /39497
41. NVR, 14.07.72 . . . /39498
42. NVR, 13.12.72 . . . /39499
43. NVR, 17.05.73 . . . /39500/01
44. NVR, 30.11.73 . . . /39502
45. NVR, 03.05.74 . . . /39503
46. NVR, 20.09.74 . . . /39504/05
47. NVR, 03.07.75 . . . /39506
48. NVR, 24.11.75 . . . /39507
49. NVR, 12.03.76 . . . /39508
50. NVR, 18.11.76 . . . /39509
51. NVR, 20.05.77 . . . /39510
52. NVR, 30.09.77 . . . /39511
53. NVR, 16.12.77 . . . /39512
54. NVR, 10.03.78 . . . /39513
55. NVR, 16.06.78 . . . /39514/15
56. NVR, 16.11.78 . . . /39516
57. NVR, 09.03.79 . . . /39517
58. NVR, 07.09.79 . . . /39518/19
59. NVR, 23.11.79 . . . /39520
60. NVR, 19.03.80 . . . /39521
61. NVR, 23.06.80 . . . /39522
62. NVR, 21.11.80 . . . /39523
63. NVR, 13.03.81 . . . /39524
64. NVR, 02.10.81 . . . /39525

65. NVR, 23.04.82 . . . . /39526
66. NVR, 17.09.82 . . . . /39527
67. NVR, 01.07.83 . . . . /39528
68. NVR, 02.02.84 . . . . /39529
69. NVR, 25.01.85 . . . . /39530
70. NVR, 31.05.85 . . . . /39531
71. NVR, 11.11.85 . . . . /39532
72. NVR, 03.07.86 . . . . /39533
73. NVR, 05.12.86 . . . . /39534
74. NVR, 03.07.87 . . . . /39535
75. NVR, 05.02.88 . . . . /39536
76. NVR, 03.06.88 . . . . /39537
77. NVR, 25.11.88 . . . . /39538
78. NVR, 16.06.89 . . . . /39539

Befehl Nr. 5/71 vom 13. September 1971 des Vorsitzenden des Nationalen Verteidigungsrates der DDR, zitiert:
Befehl 13.9.71 . . . . BA-MZAP, VA-01/24571

Kontrollen des ZK der SED und des Nationalen Verteidigungsrates der DDR zum Stand der B-Vorbereitung in der Volkswirtschaft der DDR, zitiert:
Kontrollen ZK . . . . /34016

Beschluß des Nationalen Verteidigungsrates der DDR vom 21. Januar 1989, zitiert:
Beschluß 21.01.89 . . . . /39540

Grundsatzdokumente, Befehle und Anordnungen des Nationalen Verteidigungsrates der DDR November 1973 bis September 1986, zitiert:
Grundsatzdokumente 1973–86 . . . . /39541

Direktiven und Statut des Nationalen Verteidigungsrates der DDR August 1972 bis Dezember 1986, zitiert:
Direktiven und Statut 1972–86 . . . . /39542

Planung und Auswertung der Komplexkontrolle des Nationalen Verteidigungsrates der DDR September 1988 in den Bezirken Schwerin und Neubrandenburg, zitiert:
Komplexkontrolle 1988 . . . . /39580

Planung und Auswertung der Komplexkontrolle des Nationalen Verteidigungsrates der DDR Oktober 1989 in den Bezirken Magdeburg und Potsdam, zitiert:
Komplexkontrolle 1989 . . . . /39582

Grundsatzdokumente der Bezirks- und Kreiseinsatzleitungen, zitiert:
Grundsatzdokumente B/KEL . . . . /39581

Beschlüsse des Nationalen Verteidigungsrates der DDR 1982, zitiert:
Beschlüsse 1982 . . . . /39585

Beschlüsse des Nationalen Verteidigungsrates der DDR 1983, zitiert:
Beschlüsse 1983 . . . . /39586

Beschlüsse des Nationalen Verteidigungsrates der DDR 1985, zitiert:
Beschlüsse 1985 . . . . /39588

Beschlüsse des Nationalen Verteidigungsrates der DDR 1986, zitiert:
Beschlüsse 1986 . . . . /39589

Beschlüsse des Nationalen Verteidigungsrates der DDR 1987, zitiert:
Beschlüsse 1987 . . . . /39590

Befehle des Vorsitzenden des Nationalen Verteidigungsrates der DDR der Jahre 1961 bis 1963, 1965, 1967 bis 1968, 1970, 1972 bis 1979, zitiert:
Befehle 1961–79 . . . . /40335

Befehle des Vorsitzenden des Nationalen Verteidigungsrates der DDR 1980 bis 1989, zitiert:
Befehle 1980–89 . . . . /40336

Direktiven des Nationalen Verteidigungsrates der DDR 1966, 1967 und 1971, zitiert:
Direktiven 1966/67/71 . . . . /40337

Beschlüsse des Staatsrates der DDR über die Berufung und Entbindung von Mitgliedern des Nationalen Verteidigungsrates der DDR 1971, 1976 und 1979, zitiert:
Staatsrat 1971/76/79 . . . . /40338

Berichte und Auswertungen von Kommandostabsübungen 1961 bis 1964, zitiert:
Kommandostabsübungen 1961–64 . . . . /5203

MfNV. Hauptstab, Stellvertreter des Chefs des Hauptstabes für operative Fragen und Chef der Verwaltung Operativ, Maßnahmen zur Gewährleistung der erhöhten Gefechtsbereitschaft der NVA Juli bis Sept. 1968 . . . . /12824

Vorbereitung und Durchführung des Manövers WAFFENBRÜDERSCHAFT der Vereinten Streitkräfte des Warschauer Vertrages im Oktober 1970 . . . . /24657

Protokolle über Lagebesprechungen des Zentralen Stabes »Maßnahmen des 13. August 1961« vom 14. August bis 20. September 1961 . . . . /39573

Historischer Nachweis BORDKANTE-85 . . . . VA-10-20750

Historischer Nachweis BORDKANTE-86 . . . . VA-10-22942

Historischer Nachweis BORDKANTE-87 . . . . VA-10-22939

Historischer Nachweis BORDKANTE-88 . . . . VA-10-23894

Historischer Nachweis BORDKANTE-89 . . . . VA-10-25911

Originale der Anordnungen des Stellvertreters des Ministers und Chefs der Landstreitkräfte des Jahrganges 1985 . . . . VA-10-23226

Bruno Petroschka, Über die Armeeangriffsoperationen zur Einnahme eines Ballungsgebietes aus der Bewegung ohne Einsatz von Kernwaffen, Diss. Militärakademie »Friedrich Engels«, Dresden 1985 . . . . VA-10-25907

Operativ-Strategische Kommandostabsübung SOJUS-83 . . . . VA-01-30725

Operatives Kriegsspiel zum Thema: »Die Vorbereitung und Durchführung einer Angriffsoperation einer Armee zu Beginn eines Krieges« Januar 1975 bis Oktober 1976 . . . . GT 6724

MfNV. Sekretariat des Ministers, Direktive Nr. 1/85 des Ministers für Nationale Verteidigung über die Führung der NVA und der Grenztruppen der DDR im Kriege . . . . Strausberg AZN 32112

MfNV. Sekretariat des Ministers, Beschlüsse des Politbüros des ZK der SED 1960 bis 1963 . . . . Strausberg AZN 32602

MfNV. Sekretariat des Ministers, Beschlüsse des Politbüros des ZK der SED 1976. . . . . .Strausberg AZN 32611

MfNV. Sekretariat des Minsters, Meldungen/Informationen an den Generalsekretär des ZK der SED 1981 zur Situation in der VR Polen . . . . Strausberg AZN 32642

MfNV. Sekretariat des Ministers, Schriftverkehr des Ministers für Nationale Verteidigung mit dem Generalsekretär des ZK der SED 1982, zitiert:
Schriftverkehr 1982 . . . . Strausberg AZN 32643

MfNV. Sekretariat des Ministers, Schriftwechsel des Ministers für Nationale Verteidigung 1983 mit dem Generalsekretär des ZK der SED, mit dem Leiter der Abteilung für Sicherheitsfragen des ZK der SED und dem Vorsitzenden des Ministerrates der DDR, zitiert:
Schriftwechsel 1983 GS/LAS/VMR. . . . . Strausberg AZN 32645

MfNV. Sekretariat des Ministers, Schriftwechsel des Ministers für Nationale Verteidigung 1983 mit dem Generalsekretär des ZK der SED und mit dem Stellvertreter des Vorsitzenden der Staatlichen Plankommission und Chef des Militärbereiches, zitiert:
Schriftwechsel 1983 GS/CMB . . . . Strausberg AZN 32646

MfNV. Sekretariat des Ministers, Schriftverkehr des Ministers für Nationale Verteidigung mit dem Generalsekretär des ZK der SED 1984 bis 1986, ztiert:
Schriftverkehr 1984–86 . . . . Strausberg AZN 32647
MfNV. Sekretariat des Ministers, Schriftwechsel des Ministers für Nationale Verteidigung mit dem Politbüro des ZK der SED 1986-87, zitiert:
Schriftverkehr 1986-87 Politbüro . . . . Strausberg AZN 32650
MfNV. Sekretariat des Ministers, Schriftverkehr des Ministers für Nationale Verteidigung mit dem Generalsekretär des ZK der SED 1987, zitiert:
Schriftverkehr 1987 . . . . Strausberg AZN 32651
MfNV. Sekretariat des Ministers, Schriftverkehr des Ministers für Nationale Verteidigung mit dem Generalsekretär des ZK der SED Januar bis August 1977, zitiert:
Schriftverkehr 1977 . . . . Strausberg AZN 32656

*

Die beim Bundesbeauftragten für die Unterlagen des Staatssicherheitsdienstes der ehemaligen Deutschen Demokratischen Republik (BStU) benutzten Akten sind noch nicht systematisch aufgearbeitet. Sie sind im Zentralarchiv (ZA) archiviert und entstammen dem Sekretariat des Ministers (SDM) und der Arbeitsgruppe Minister (AGM). Sie werden zitiert:

BStU, ZA, SDM mit einer ein- bis vierstelligen Zahl.
BStU, ZA, AGM mit einer ein- bis vierstelligen Zahl.

Liste der Mitglieder des Nationalen Verteidigungsrates 1960–1989

In Klammern die Dauer der Zugehörigkeit. Es werden die Funktionen angegeben, die während dieser Zeit ausgeübt wurden. Nach: Günther Buch, Namen und Daten wichtiger Personen der DDR, 4., überarbeitetete und erweiterte Auflage, Berlin/Bonn 1987.

Albrecht, Hans (1972–89)
Mitglied des ZK, 1. Sekretär der BL Suhl
Bräutigam, Alois (1963–72)
Mitglied des ZK, 1. Sekretär der BL Erfurt
Brünner, Horst (1986–89)
Mitglied des ZK, Generalleutnant, seit 1987 Generaloberst, Chef der PHV der NVA und stellv. MfNV
Dickel, Friedrich (1963–89)
MdI, Generalleutnant, 1965 Generaloberst, seit 1984 Armeegeneral, seit 1967 Mitglied des ZK
Eberlein, Werner (1984–89)
Mitglied des ZK, 1.Sekretär der BL Magdeburg, 1985-86 Kandidat, seit 1986 Mitglied des Politbüros
Felfe, Heinz (1976–88)
Mitglied des Politbüros, 1. Sekretär der BL Halle, seit 1981 ZK- Sekretär für Landwirtschaft
Grotewohl, Otto (1960–64)
Mitglied des Politbüros, Vorsitzender des MR
Hager, Kurt (1979–89)
Mitglied des Politbüros, ZK-Sekretär für Wissenschaft und Kultur
Herger, Wolfgang (1986–89)
Mitglied des ZK, ZK-Abteilungsleiter für Sicherheitsfragen
Hoffmann, Heinz (1960–85)
Mitglied des ZK, 1. Stellv. des MfNV, seit Juli 1960 MfNV, Generaloberst, seit 1961 Armeegeneral, seit 1973 Mitglied des Politbüros
Honecker, Erich (1960–89)
Mitglied des Politbüros, ZK-Sekretär für Sicherheitsfragen, Sekretär des NVR, seit 1971 Erster Sekretär bzw. (seit 1976) Generalsekretär des ZK und Vorsitzender des NVR, seit 1976 Vorsitzender des Staatsrates
Keßler, Heinz (1967–89)
Mitglied des ZK, Generaloberst, Chef des Hauptstabe der NVA und stellv. MfNV, 1979-85 Chef der PHV der NVA, seit 1985 MfNV und Armeegeneral, seit 1986 Mitglied des Politbüros
Kleiber, Günther (1988–89)
Mitglied des Politbüros, 1. stellv. Vorsitzender des MR
Krenz, Egon (1985–89)
Mitglied des Politbüros, ZK-Sekretär für Sicherheitsfragen
Krolikowski, Werner (1973–89)
Mitglied des Politbüros, ZK-Sekretär für Wirtschaft, seit 1976 1. stellv. Vorsitzender des MR, seit 1988 ZK-Sekretär für Landwirtschaft

Leuschner, Bruno (1960–65)
Mitglied des Politbüros, Vorsitzender der SPK, seit 1961 stellv. Vorsitzender des MR für die Koordinierung der wirtschaftlichen Grundaufgaben
Maron, Karl (1960–63)
Mitglied des ZK, MdI, Generalleutnant, seit 1962 Generaloberst
Matern, Hermann (1960–71)
Mitglied des Politbüros, Vorsitzender der ZPKK
Mielke, Erich (1960–89)
Mitglied des ZK, MfS, Generaloberst, seit 1980 Armeegeneral, 1971–76 Kandidat, seit 1976 Mitglied des Politbüros
Mittag, Günter (1979–89)
Mitglied des Politbüros, ZK-Sekretär für Wirtschaft
Neumann, Alfred (1960–89)
Mitglied des Politbüros, ZK-Sekretär für Organisation, 1961–65 Vorsitzender des Volkswirtschaftsrates, seit 1965 stellv., seit 1968 1. stellv. Vorsitzender des MR
Norden, Albert (1960–79)
Mitglied des Politbüros, ZK-Sekretär für Propaganda
Pisnik, Alois (1960–79)
Bis 1963 Kandidat des Politbüros, Mitglied des ZK, 1. Sekretär der BL Magdeburg
Riedel, Siegfried (1963–67)
Generalleutnant, Chef des Hauptstabes der NVA und stellv. MfNV
Sindermann, Horst (1972–89)
Mitglied des Politbüros, 1973–76 Vorsitzender des MR, seit 1976 Präsident der Volkskammer
Stoph, Willi (1960–89)
Mitglied des Politbüros, Armeegeneral, MfNV bis Juli 1960, stellv., ab 1961 1. stellv. Vorsitzender des MR, 1964–73 Vorsitzender des MR, 1973–76 Vorsitzender des Staatsrates, seit 1976 erneut Vorsitzender des MR
Streletz, Fritz (1971–89)
Generalleutnant, Sekretär des NVR, stellv. Chef, seit 1979 Chef des Hauptstabes der NVA, stellv. MfNV und Generaloberst, seit 1981 Mitglied des ZK
Tiedke, Kurt (1979–84)
Mitglied des ZK, 1. Sekretär der BL Magdeburg
Ulbricht, Walter (1960–73)
Erster Sekretär des ZK und Vorsitzender des NVR bis 1971, Mitglied des Politbüros und Vorsitzender des Staatsrates
Verner, Waldemar (1960–79)
Kandidat, sei 1963 Mitglied des ZK, Vizeadmiral, seit 1961 Admiral, Chef der PHV der NVA und stellv. MfNV

Register der Definitionen

Die hier aufgeführten Begriffe bzw. Funktionen und Einrichtungen werden auf der angegebenen Seite entweder im Text oder in der Fußnote hinter einem * definiert oder beschrieben.

Der Autor

Otto Wenzel

Geboren 1929 in Prag. Studium der Geschichte und Germanistik an der Universität Leipzig und an der Freien Universität Berlin. 1955 Promotion mit einer Dissertation über die Kommunistische Partei Deutschlands im Jahre 1923.
1956 bis 1970 im Höheren Schuldienst (seit 1966 als Oberstudiendirektor eines Gymnasiums), 1970 bis 1985 hauptamtlicher Bezirksstadtrat für Volksbildung in Berlin-Wedding. Seit 1986 Lehrbeauftragter für Politik an der Technischen Fachhochschule Berlin.
Seit 1988 Vorsitzender des Landesverbandes Berlin im Volksbund Deutsche Kriegsgräberfürsorge.